제4판

경찰행정법

최영규 저

법영사

제4판 서 문

제3판이 출간된 지 6년, 그 사이에 경찰 관련 법령의 근본적인 변화는 없었지만, 부분적인 개정은 적지 않았다. 또한 경찰행정에 적용되는 일반행정 관련 법령 중에서는 「행정심판법」이 전부개정되고 「공공기관의 개인정보보호에 관한 법률」을 대체하는 「개인정보 보호법」이 제정되는 등, 상당한 변화가 있었다. 더욱 중요한 것은, 그 사이에 여러 선배·동료 학자들에 의한 본격적인 경찰행정법 관련 연구성과가 눈에 띄게 많아졌다는 점이다. 논문은 말할 것도 없고, 교과서와 연구서만 해도 홍정선 교수의 「경찰행정법」(제2판 2010, 제3판 2013), 서정범·김연태·이기춘 교수의 「경찰법연구」(초판 2009, 제2판 2012), 김재광 교수의 「경찰법각론」(2007)과 「경찰관직무집행법」(초판 2012), 손재영 교수의 「경찰법」(초판 2012)과 같은 역저들이 출간되어, 학계의 목마름을 달래주었다. 이제 우리 경찰법학이 본격적인 도약기에 접어들었다고 보아도 좋을 것 같다.

그동안의 법령 및 판례의 변화와 학계의 연구성과를 반영하기 위하여 진작 개정을 해야 했으나, 저자가 게으른 터에, 2011년과 2012년에는 뜻하지 않게 저자가 재직하는 학교에서 능력에 부치는 보직을 맡는 바람에 엄두를 내지 못하였다. 개정된 법령을 일일이 대조하느라고 의외로 손이 많이 가는 개정작업을 겨우 마치고, 이제야 새 판으로 독자를 대하게 되었다. 제4판에서는 2013년 7월 31일 현재의 법령에 맞추어 내용을 손질하고, 제3판 출간 후에 새로 나온 경찰행정법 관련 문헌을 최대한 반영하고자 노력하였다.

그럼에도 불구하고 이번 판에서도 기본적인 구성과 내용상의 기조, 그리고 여러 쟁점에 대한 저자의 견해는 달라진 것이 없다. 특히 그동안 산출된 뛰어난 연구성과들이 독일의 이론상황을 정확하게 소개함으로써 우리 경찰법학의 발전에 방향을 제시한 공이 지대하지만, 상당수가 우리 법제와 실무의 현실에 터잡은 것이 아니어서, '한국의 경찰법학'이라고 할 수 있는지 의문을 느끼는 일이 없지 않

왔다. 저자가 협의의 경찰개념이나 경찰권 발동의 개괄적 수권조항의 불필요론·위헌론을 외롭게 견지하는 것은, 우리의 현실에서 그러한 이론구성이 필요함을 뼈저리게 느끼기 때문이다. 여러모로 부족한 능력이지만, 우리 학계에서 이런 책, 이런 견해도 있었다는 증빙을 남기는 것도 무위한 일은 아니리라.

그동안 저자를 격려하고 응원해 주신 많은 분들과, 계속해서 개정판의 출간을 맡아 주신 법영사 高畯英 사장님과 직원들께 진심을 담아 감사를 표한다.

2013년 8월 1일

저 자 씀

제3판 서 문

제2판이 출간된 지 2년 반이 지났다. 제2판에서 최대한 오식을 바로잡는다고 애썼지만 그래도 여러 군데 오식이 남아 있어 독자에게 죄송하던 터에, 그 사이에 경찰법, 경찰공무원법, 「제주특별자치도 설치 및 국제자유도시 조성을 위한 특별법」 등의 경찰 관련 법령과 행정절차법, 「공공기관의 개인정보보호에 관한 법률」, 행정조사기본법 등 경찰에도 적용되는 중요한 행정 관련 법령들이 다수 개정되거나 새로 제정되어, 2005년 초에 출간된 제2판은 이미 현행법과 맞지 않는 부분이 많아졌다.

제3판에서는 2007년 6월 말까지 제정·개정된 법령에 맞추어 내용을 손질하고, 제2판에서도 남아 있던 오·탈자를 바로잡음과 아울러, 그 사이에 새로 출간되거나 개정된 경찰행정법 관련 문헌도 최대한 반영하였다. 그러다 보니 상당히 많은 부분에서 수정과 보완이 이루어져, 제2판보다 상당한 지면증가가 있었다. 그러나 기본적인 구성과 체계, 그리고 내용의 기조와 여러 쟁점에 대한 저자의 견해는 초판 이래 달라진 것이 없다.

본서는 대학에서 경찰학이나 법학을 전공하는 학생을 위한 교과서로서, 한국의 실정법을 토대로 그것을 체계적으로 이해하기 위한 틀을 제공하는 것을 변함없이 최대의 목표로 하고 있다. 그리하여 지나치게 이론적인 내용이나 외국의 제도와 이론을 토대로 한 설명은 가급적 피하였다. 또한 참고문헌의 표기는 원문대로 하여야 한다는 원칙에도 불구하고 한글 전용의 추세를 감안하여 제3판에서는 모두 한글로 표기하였음을 밝힌다.

출판계의 어려운 사정에도 불구하고 계속해서 제3판의 출간을 맡아 주신 법영사 高畯英 사장님과 직원들께 다시 감사를 표한다.

2007년 8월 1일

저 자 씀

제2판 서 문

초판을 출간한 뒤, 적지 않은 수의 오·탈자를 발견하여 독자 여러분에게 죄송한 마음을 금할 수 없었다. 나아가 불과 1년 사이에 경찰법과 경찰공무원법 등 적지 않는 경찰관련 법령의 개정이 있었다. 제2판에서는 초판에서 발견된 오·탈자를 바로잡는 동시에 그간 개정된 법령과 새로 출간된 문헌을 반영하고, 아울러 여러 군데서 서술을 좀 더 다듬었다. 그러나 본서의 기본적인 체계와 내용은 달라지지 않았다.

특히 저자가 초판을 쓸 때부터 가장 고심하였던 문제 중의 하나는, 경찰행정법의 출발점이라고 할 실질적 의미의 경찰개념이 오늘날 과연 필요하고 현실에 적합한 것인가 하는 점이었다. 무엇보다도 경찰행정법의 기능은 경찰기관의 실무에 기준과 지침을 제공하는 데서 찾아야 할 것인바, 오늘날 실질적 의미의 경찰개념(특히 광의의 경찰개념)은 실정법상 경찰기관의 관할과 너무 동떨어져 있어서, 경찰의 실무에 의미 있는 나침반의 역할을 별로 하지 못하고 있는 것으로 보인다. 특히 경찰의 조직과 행태는 영미식의 경찰제도를 모델로 하고 있는 데 비하여 법이론은 독일식의 그것을 추종한 데서 오는 현실과 규범의 괴리는, 기존의 경찰개념 및 경찰행정법의 체계에 근본적인 반성을 요구하고 있는 것으로 생각된다. 앞으로 보다 적실성 있는 경찰개념과 경찰행정법의 체계가 태동할 것을 기대하면서도, 아직 이를 위한 토대가 갖추어지지 않았기에, 현단계에서는 기존의 실질적 경찰개념 및 경찰행정법의 체계를 토대로 할 수밖에 없었다. 이 판에서도 실질적 의미의 경찰개념의 필요성에 관하여 의문을 제기하는 한 문단을 추가한 것 외에는, 변경을 가하지 않았다.

상당한 재정적 출혈을 무릅쓰고 제2판의 출간을 선뜻 수락해 주신 법영사 高畯英 사장님에게 다시금 감사를 드린다.

2005년 2월 25일

저 자 씀

서 문

공공의 안녕과 질서 유지는 국가의 가장 기본적인 기능이자 책무 중의 하나로서, 경찰의 조직과 작용을 법적으로 규율하고 통제하는 것은 법치국가의 초석이라고 할 수 있다. 현대국가에 있어서 행정의 중점이 복리행정으로 옮겨갔다고 하지만, 이는 어디까지나 경찰행정이 법과 국민의 의사 및 이익에 적합하게 수행되어 더 이상 경찰권의 남용이 문제되지 않을 만큼 법치행정이 성숙되었음을 전제로 하는 것이지, 아직 근대적·시민적 법치행정조차 제대로 뿌리내렸다고 할 수 없는 우리나라의 법과 행정의 현실에서는 오히려 경찰행정의 법적 규율과 통제의 확립이 보다 시급한 과제라고 아니할 수 없다. 그럼에도 불구하고 기존의 법학과와 행정학과의 교과과정에서 경찰행정법은 특별행정법의 일부로서 두세 주에 걸쳐 강의가 이루어졌을 뿐, 독립된 교과목으로 개설되지는 않았다. 그러나 최근 전국의 많은 대학에 경찰관련 학과가 신설되면서 경찰행정법이 독립된 교과목으로 개설되는 경우가 많아졌고, 이에 따라 경찰행정법에 대한 관심이 높아진 것은, 만시지탄은 있지만, 다행한 일이라고 아니할 수 없다.

저자가 봉직하는 대학에서도 학부와 행정대학원에 경찰행정학 전공 및 경찰학과가 신설되어 지난해 처음으로 경찰행정법을 독립된 교과목으로 강의하게 되었다. 그러나 의외로 시중에 출간되어 있는 경찰행정법 교과서가 몇 종 되지 않을 뿐만 아니라, 그 내용도 대체로 기존의 행정법 교과서에 수록되어 있는 경찰행정법 부분을 보완한 것에서 크게 벗어나지 않음을 발견하였다. 독립된 교과목으로서의 경찰행정법 강의를 위한 체계적인 교과서가 필요하다는 점을 절감한 저자는, 미력하나마 스스로 강의안을 정리하여 보았고, 이를 교과서의 형태로 다듬어 출간하기에 이르렀다.

저자가 본서를 집필하면서 가장 역점을 둔 것은, 우리나라의 실정 법규와 제도를 토대로 한국의 경찰행정법을 기술하고자 하는 것이었다. 우리나라의 행정법학 일반이 그렇듯이, 경찰행정법에 있어서도 독일의 경찰법 이론을 무비판적으로 도입하여 그것이 우리의 법제도에 기초한 이론인 듯 설명하는 경향이 있어 왔음을 부인할 수 없다. 그러나 우리의 실정 법규와 제도는 독일의 그것과 같지 않으며, 독일의 법제에 기초한 이론이 우리의 법제를 설명하는 데는 한계가 있을 수밖에 없다. 특히 현실의 경찰 제도와 실무는, 독일적이라기보다는 미국적인 모델을 지향하고 있는 것으로 보인다. 우리의 법과 행정 현실에 뿌리내린 경찰행정법학을 구축하기 위해서는, 먼저 우리 경찰의 법제와 실무를 정확하게 분석하고, 또한 미국을 포함한 선진 각국의 법제와 법이론을 참고하되, 항상 우리 현실에의 적합성을 검증하여야 할 것이다. 그럼에도 불구하고 저자의 능력의 한계로 인하여, 이 책에서는 독일에서 유래한 전통적인 행정법 및 경찰법이론의 틀 안에서 우리나라의 실정법을 기술하는 데 그칠 수밖에 없었다. 다만, 그러면서도 독일의 실정법에 관한 설명을 그대로 우리 실정법의 해석으로 원용하는 것은 피하고자 노력하였다. 앞으로 동학 여러분의 노력으로 진정한 '한국 경찰행정법학'이 태동하기를 기대하며, 저자도 그것을 위하여 일조를 할 수 있기를 바랄 뿐이다.

항상 빚지지 않고 살아가려고 노력해 왔지만, 돌이켜보면 오늘의 저자가 있기까지 너무 많은 분들에게 너무 많은 빚을 져 왔다. 알게 모르게 도움을 주신 분들을 일일이 거명한다는 것은 오히려 그 분들에게 누가 되는 일일 것이다. 그럼에도 불구하고 몇 분에게는 이 자리를 빌어 감사의 말씀을 드리지 않을 수 없다. 낳아주시고 길러주신 부모님, 그리고 어렸을 때 돌아가신 아버님을 대신하여 동생들을 키워주신 형님, 이 분들의 자기희생 위에 나는 존재하고 있다. 이 분들께 감사를 표현하기에는, 언어는 너무 무력하다. 넉넉지 않은 형편에도 불평 없이 뒷바라지하고 가정을 꾸려 온 아내 然淑에게도, 감사라는 말로는 표현될 수 없는 고마움을 전한다. 누구보다도, 저자를 학문의 길로 인도하고, 때로는 꾸짖음으로 때로는 격려로, 홀로 설 수 있도록 이끌어주신 스승 徐元宇 교수님과 金東熙 교수님, 崔松和 교수님이 안 계셨더라면, 오늘의 저자도 이 책도 없었을 것이다. 끝으로, 변변찮은 원고의 출간을 흔쾌히 수락해주신 法英社의 高晙英 사장님과 편집 및 교정에 수고해주신 사원 여러분께도 감사를 드린다.

2004년 1월 10일
월영 언덕 연구실에서
저 자 씀

차 례

제 1 장 서 설

제 2 장 경찰조직법

제 3 장 경찰공무원법

제 5 장 경찰작용의 행위형식

◈법령 및 참고문헌 약호◈

◆ 법 령

* 자주 인용되는 법령의 출처를 본문이나 각주의 괄호 안에서 표시할 때에는 다음의 약호로 표시하였다.

개인정보	개인정보 보호법
경공	경찰공무원법
경공임	경찰공무원임용령
경공임규	경찰공무원임용령 시행규칙
경공승	경찰공무원 승진임용 규정
경공징	경찰공무원 징계령
경직	경찰관직무집행법
경찰	경찰법
국공	국가공무원법
국배	국가배상법
정보공개	공공기관의 정보공개에 관한 법률
제주특별	제주특별자치도 설치 및 국제자유도시 조성을 위한 특별법
질서위반	질서위반행위규제법
총포도검	총포·도검·화약류 등 단속법
행절	행정절차법
행정조사	행정조사기본법

◆ 참고문헌

* 각주에서 자주 인용되는 참고문헌은 다음의 약호로 표시하였다.

김·김(II)	김남진·김연태, 행정법II, 제17판, 법문사, 2013.
김남진(경찰)	김남진, 경찰행정법, 초판, 경세원, 2002.
김도창(하)	김도창, 일반행정법론(하), 제4전정판, 청운사, 1992.
김동희(II)	김동희, 행정법II, 제19판, 박영사, 2013.
김재광(각론)	김재광, 경찰법각론, 한국법제연구원, 2007.
김철용(행정)	김철용, 행정법, 초판, 박영사, 2011.
류·박(신론)	류지태·박종수, 행정법신론, 제15판, 박영사, 2013.

박·김(경찰) 박균성·김재광, 경찰행정법, 초판, 박영사, 2010.
박·정(하) 박윤흔·정형근, 최신행정법강의(하), 개정28판, 박영사, 2009.
박균성(하) 박균성, 행정법론(하), 제11판, 박영사, 2013.
서·김·이(연구) 서정범·김연태·이기춘, 경찰법연구, 제2판, 세창출판사, 2012.
석·송(하) 석종현·송동수, 일반행정법(하), 제12판, 삼영사, 2010.
손재영(경찰) 손재영, 경찰법－경찰법의 기본체계와 이론적 기초－, 초판, 박영사, 2012.
이상규(하) 이상규, 신행정법론(하), 신판, 법문사, 1994.
이철호(경찰) 이철호, 경찰행정법, 개정판, 대영문화사, 2013.
정하중(개론) 정하중, 행정법개론, 제7판, 법문사, 2013.
홍정선(경찰) 홍정선, 경찰행정법, 제3판, 박영사, 2013.
홍준형(행정) 홍정선, 행정법, 초판, 법사, 2011.

제 1 장

서 설

제 1 절 경찰의 의의

§1. 경찰의 개념

Ⅰ. 개 설

(1) 경찰행정법은 경찰행정을 규율하는 법이다. 따라서 경찰 내지 경찰행정이 무엇을 의미하는지를 정확하게 이해하는 것이 경찰행정법의 개념과 범위는 물론, 그 전반적 내용을 이해하는 데에도 필수적인 첫걸음이 된다.

(2) '경찰(警察)'이라는 말은 여러 가지 의미로 사용된다.[1)]

(가) 조직으로서의 경찰 일상용어로서는 경찰이 경찰조직을 의미하는 경우가 많다. "경찰은 범인을 뒤쫓고 있다"든지 "경찰은 교통법규 위반행위를 강력하게 단속할 방침이다"라고 할 때의 경찰이 그것이다.[2)]

(나) 작용으로서의 경찰 그러나 법적으로는 경찰이라고 하면 일정한 국가작용을 가리킨다(따라서 '경찰'과 '경찰작용'은 같은 의미이다). 작용으로서의 경찰은 넓은 의미로는 사법경찰을 포함하지만, 보통은 행정작용의 일부인 경찰, 즉 행정경찰을 의미한다(이러한 의미에서는 '경찰' 즉 '경찰작용'과 '경찰행정'은 같은 의미이

---

1) 독일의 경찰법 문헌은 경찰의 개념을 제도적(조직적) 의미의 경찰, 형식적 의미의 경찰 및 실질적 의미의 경찰로 구분하는 것이 보통이다. 우리나라에서도 경찰의 개념을 이와 같이 셋으로 구분하는 입장이 있다(홍정선(경찰) 4-15면; 류·박(신론) 967-968면; 서·김·이(연구) 37-53면). 그러나 제도적 의미의 경찰이 조직으로서의 경찰을 가리키는 데 비하여 형식적 의미의 경찰과 실질적 의미의 경찰은 작용으로서의 경찰을 대상으로 한다는 점에서, 이 셋을 같은 차원에서 논의하는 것은 논리적이라고 하기 어렵다. 한편, 제도적 의미의 경찰을 형식적 의미의 경찰과 같은 뜻으로 사용하는 입장도 있다(박·김(경찰) 3면; 박·정(하) 288-289면).

2) "공공의 안녕과 질서를 유지하기 위한 조직체로서, 주권자인 시민을 위하여 때로는 명령·강제 등 권력적 수단이나 수사권한을 동원하여 법을 집행하고, 때로는 서비스를 통하여 적극 봉사하는 조직"이라는 경찰의 정의(김남현·이운주·정경선 편저, 경찰행정법, 개정판, 사단법인 경찰공제회, 2002, 9면)는 영미의 경찰개념을 도입한 것으로서, 경찰을 일정한 작용이 아니라 그러한 작용을 수행하는 조직으로 이해하고 있다.

다). 경찰행정법의 규율대상인 경찰도 이러한 의미의 경찰이다.

(3) 작용으로서의 경찰도 개념 정립의 기준을 어디에 두는가－담당기관이 누구인가 또는 작용의 성질이 무엇인가－에 따라 형식적 의미의 경찰과 실질적 의미의 경찰이라는 두 가지 개념으로 나누어 고찰하는 것이 보통이다.

Ⅱ. 형식적 의미의 경찰

(1) 형식적 의미의 경찰이란 작용의 성질에 관계없이 실정법상 일반경찰기관의 권한에 속하는 모든 작용을 의미한다. 여기에는 행정작용의 성질을 가진 것(행정경찰)과 사법작용의 성질을 가진 것(사법경찰)이 포함된다. 나아가 법령이 행정경찰·사법경찰의 어느 것에도 속하지 않는 행정작용(예컨대, 복리행정에 속하는 작용)을 일반경찰기관이 관장하도록 규정하는 경우에는, 이것도 형식적 의미의 경찰에 속한다.

(2) 따라서 형식적 의미의 경찰의 내용은 실정법에서 찾아야 한다. 현행 실정법 중에서 경찰법 제3조는 국가경찰의 임무를 다음과 같이 열거하고 있다.

1. 국민의 생명·신체 및 재산의 보호
2. 범죄의 예방·진압 및 수사
3. 경비·요인경호 및 대간첩작전수행
4. 치안정보의 수집·작성 및 배포
5. 교통의 단속과 위해의 방지
6. 그 밖의 공공의 안녕과 질서유지

경찰관직무집행법 제2조가 규정하는 경찰관의 직무도 같다. 따라서 우리나라에서 형식적 의미의 경찰은, 국가경찰에 한정된 것이기는 하지만, "국민의 생명·신체 및 재산의 보호, 범죄의 예방·진압 및 수사, 경비·요인경호 및 대간첩작전 수행, 치안정보의 수집·작성 및 배포, 교통의 단속과 위해의 방지, 그 밖의 공공의 안녕과 질서 유지를 임무로 하는 작용"으로 정의할 수 있다.[3] 다만, 이러한 성질

3) 현행법상 국가경찰과 자치경찰을 아우르는 임무규정은 없으며, 자치경찰의 임무에 관한 일반법적 규정도 없다. 단지 「제주특별자치도 설치 및 국제자유도시 조성을 위한 특별법」(이하 이 장에서 '제주특별법'으로 약칭함) 제108조는 제주특별자치도 자치경찰의 사무로서 "1. 주민의 생활안전활동에 관한 사무, 2. 지역교통활동에 관한 사무, 3. 공공시설 및 지역행사장 등의 지역경비에 관한 사무, 4. 「사법경찰관리의 직무를 행할 자와 그 직무범

을 가진 작용이라도 일반경찰기관이 아닌 다른 행정기관이 담당하는 경우에는 형식적 의미의 경찰이 아닌 것은 물론이다.

Ⅲ. 실질적 의미의 경찰

1. 개 관

실질적 의미의 경찰이란 담당기관과는 무관하게 작용의 성질을 기준으로 하여 정립된 경찰의 개념을 가리킨다. 실질적 의미의 경찰 개념은 역사적으로 변천되어 왔으나, 오늘날의 통설에 의하면 실질적 의미의 경찰은 '공공의 안녕과 질서를 유지하기 위하여 일반통치권에 근거하여 국민에게 권력적으로 명령·강제함으로써 위해를 방지하는 작용'으로 이해된다.

실질적 의미의 경찰은 형식적 의미에서뿐만 아니라 실질적 의미에서도 행정의 일부로서, 행정경찰을 의미한다. 그것은 행정의 분류상 사회목적적 행정 중에서 소극목적행정에 속한다.

경찰개념의 역사

(1) 경찰(警察)은 우리 고유어가 아니라 유럽 각국의 police(영), police(불), Polizei (독)를 번역한 말이다.4) 우리나라를 포함한 한자문화권에서 경찰이 "경계·감찰"의 의미로 사용된 적은 있으나, 오늘날과 같은 의미로 사용되지는 않았다.

(2) 유럽에서 경찰이라는 용어는 고대 그리스의 도시국가를 뜻하는 πολις (polis)에 기원을 두고 있다. 고대 그리스에서 πολιτεια (politeia)는 국정 전반 또는 국가의 체제(국체·국헌)를 뜻하였고, 고대 로마의 politia도 같은 의미였다. 14

위에 관한 법률」에서 자치경찰공무원의 직무로 규정하고 있는 사법경찰관리의 직무"를 열거하고 있는바, 이 사무들은 경찰법 제3조가 정한 국가경찰의 임무 중 일부이다.

4) 우리나라에서 경찰이라는 용어가 최초로 사용된 것은 구한말의 일이다. 고종 31년(1894년) 6월 28일(음력)의 「각 아문 관제(各衙門官制)」는 "법무아문은 사법·행정경찰을 관장한다(法務衙門管理司法行政警察)"고 규정하여, 경찰이라는 용어를 처음 사용하였다. 동년 7월 1일(음력)에는 경찰의 소속을 내무아문으로 변경하고, 7월 14일(음력)에는 경찰의 조직에 관한 법인 「경무청 관제 직장(警務廳官制職掌)」과 경찰의 작용에 관한 법인 「행정경찰장정(行政警察章程)」을 제정하였다. 갑오개혁의 일환인 이러한 개혁에 의하여 종래의 경찰기관이었던 포도청(捕盜廳)이 폐지되고 경무청(警務廳)이 설치되어 근대적 경찰제도가 도입되었다. 그러나 당시 경무청의 직무는 사법경찰과 소방·감옥사무를 포함하고 있어서, 오늘날의 경찰기관보다 훨씬 광범위한 업무를 관장하였다.

세기에 프랑스에서 국가의 질서 있는 상태를 의미하는 la police라는 용어가 성립되어 독일·영국 등 유럽 각국으로 전파되었다. 이후 경찰의 개념은 계속적으로 축소되는 과정을 겪었다. 15-16세기에 경찰은 교회활동을 제외한 세속적 국가활동 전체를 뜻하였고, 17세기에는 국가작용의 분화에 따라 외교·군사·재정·사법행정 등의 국가목적적 행정을 제외한 사회목적적 행정 전반(따라서 경찰 외에 오늘날 복리행정에 해당하는 것을 포함한다)을 뜻하는 것으로 축소되었다. 그러나 이러한 경찰개념은 군주가 경찰권의 이름으로 신민의 복지를 위하여 아무런 제한 없이 절대권력을 행사할 수 있다는 것으로 이해되어 경찰국가가 성립하게 되는 기반이 되었다.

(3) 근대국가의 출범과 함께 법치국가가 성립되면서 경찰의 개념은 다시 축소되었다. 국가의 임무가 '국가와 개인의 안전의 보호'에 국한되는 소극적인 것으로 이해됨에 따라, 경찰의 개념도 소극적인 질서유지 내지 그것을 위한 위해방지를 위한 작용으로 축소되고, 적극적인 복리증진작용이 제외되게 된 것이다. 이러한 소극적 경찰개념은 18세기 말에 이미 나타났으나,[5] 그것이 실정법상의 경찰개념으로 확립된 것은 19세기 후반에 이르러서였다. 이 시기에 독일의 각 란트에서는 입법을 통하여 법치국가적·소극적 경찰개념을 정립하기 위한 노력이 기울여졌다. 특히 근대적 경찰개념을 확립한 계기가 된 것은 1882년의 크로이츠베르크 판결(Kreuzberg-Urteil)이었다. 이 판결에서 프로이센 고등행정법원은 전승기념비에 대한 조망을 보전하기 위하여 크로이츠베르크 지역에서 건축물의 고도를 제한한 베를린 경찰청장의 경찰명령을 무효로 판시하였다. 경찰명령은 소극적인 위해방지만을 목적으로 하여야 하나, 문제된 경찰명령은 적극적인 복리증진을 목적으로 하는 것이므로 프로이센 일반국법 제17편 제2장 제10조에 위반된다는 것이 그 이유였다. 이 판결에 의하여 잊혀졌던 프로이센 일반국법 제17편 제2장 제10조가 되살아나고, 경찰의 권한은 소극적인 위해방지에 국한되게 되었다. 프로이센 고등행정법원은 당시의 지배적인 학설의 지지를 받으면서 그 후 수십년간 이러한 입장을 고수함으로써 정치한 경찰법체계를 발전시키는 데 기여하였다. 1931년에는 프로이센 경찰행정법(PVG)이 제정되어 소극적 경찰개념을 재확인하였다.[6]

---

5) 1770년에 독일의 공법학자 퓌터(Johann Stephan Pütter)는 「독일공법제요(*Institutiones Iuris Publici Germanici*)」에서 "경찰의 임무는 급박한 위험의 방지이다. 공공복리의 증진은 경찰의 본래의 임무가 아니다"라고 천명한 바 있다. 또한 1794년의 프로이센 일반국법(ALR) 제2편 제17장 제10조는 "공공의 평온과 안녕 및 질서를 유지하고 공중 또는 그 구성원인 개인에 대한 위해를 방지하기 위하여 필요한 수단을 취하는 것이 경찰의 임무이다"라고 규정하였으며, 1795년의 프랑스 경범죄처벌법전(Code des délits et des peines)도 제16조에서 "경찰은 공공의 질서와 개인의 자유·재산·안전을 유지하는 것을 임무로 한다"고 규정하였다. 그러나 독일에서는 이러한 경찰개념은 이내 잊혀지고 경찰국가가 성립되었다.

6) 동법은 제14조에서 "① 경찰청은 공공의 안전과 질서를 위협하는 위험을 일반 또는 개인으로부터 방지하기 위하여 현행법의 범위 안에서 성실한 재량에 따라 필요한 조치를 취하여야 한다. ② 경찰청은 기타 법령에 의하여 위임된 직무를 수행하여야 한다"고 규정하였다.

(4) 나치스 치하에서도 소극적 경찰개념은 형식적으로는 폐기되지 않았지만, 실제로는 비밀경찰(Gestapo)이 무소불위의 권력을 행사하여 법치국가원리와 소극적 경찰개념은 형해화되었다. 제2차세계대전 후 독일연방공화국에서는 소극적 경찰개념이 부활하였을 뿐만 아니라, 많은 주에서 탈경찰화(Entpolizeilichung)가 진행되어 경찰개념이 다시 한번 축소되는 결과를 초래하였다. 대부분의 주에서 이른바 분리시스템(Trennungssystem)을 채택하여, 경찰의 권한을 급박한 경우에 있어서의 위해방지, 범죄와 질서위반행위에 대한 수사에의 공조, 집행원조 및 기타 법률이 정하는 직무에 한정하고, 각 행정영역에 있어서의 위해방지는 그 행정영역을 관장하는 일반행정기관이 담당하도록 한 것이다. 이로써 경찰도 일반경찰기관이 담당하는 위해방지에 국한되고, 일반행정기관이 담당하는 위해방지는 질서행정(Ordnungsverwaltung)으로 불리게 되었다. 다만, 몇 개 주(바덴-뷔르템베르크, 브레멘, 자르란트 및 작센)는 단일시스템(Einheitssystem)을 고수하여, 아직도 일반경찰기관이 관장하는 위해방지와 일반행정기관이 관장하는 위해방지를 모두 경찰에 포함시키고 있다.

2. 실질적 의미의 경찰의 개념

통설은 실질적 의미의 경찰을 "공공의 안녕과 질서를 유지하기 위하여 일반통치권에 근거하여 국민에게 권력적으로 명령·강제하는 작용"으로 정의한다. 이러한 경찰 개념은 다음과 같은 요소를 내용으로 한다.

1) 경찰의 목적

경찰은 공공의 안녕과 질서를 유지하기 위하여 위해를 방지하는 것을 목적으로 하는 작용이다.

가) 공공의 안녕과 질서

(1) '공공의 안녕(öffentliche Sicherheit)'이란 "한편으로 개인의 생명·신체·건강·자유·재산과 같은 개인적 법익과 다른 한편으로 국가적 공동체의 존속 및 기능과 같은 국가적 법익이 침해되지 않는 상태"를 의미한다.7)

7) 김남진(경찰) 18면. "① 사회생활을 영위하는 각 개인이 그 생명·신체·명예·재산 기타 '개인적 법익'에 대하여 어떠한 침해도 받지 아니할 상태에 있고, ② 국가의 존속과 기능이 보장되며, ③ 법질서가 보호되고 있는 상태"라고 설명하기도 한다(박·정(하) 290면). 법질서 전체의 불가침성, 국가·공동체의 존립과 기능성, 개인의 법익의 불가침성을 내용으로 한다는 설명(김동희(Ⅱ) 196-197면)도 같은 취지이다.

(2) '공공의 질서(öffentliche Ordnung)'란 "지배적인 사회·윤리관에 비추어 그것을 준수하는 것이 원만한 공동생활을 위한 전제조건으로 간주되는 법규범 이외의 규범의 총체"를 의미한다.[8] 법규범을 여기에서 제외하는 것은 그것이 '공공의 안녕'에 포함되기 때문이다. 그러나 오늘날 법체제가 정비되어 '원만한 공동생활을 위한 전제조건으로 간주되는 규범'의 대부분이 실정법에 규정되고 있으므로, '공공의 안녕'이 아닌 '공공의 질서'가 경찰권발동의 목적으로 되는 경우는 많지 않다. 따라서 '공공의 질서'를 '공공의 안녕'과 별개의 경찰의 목적으로 보아야 할지에 관해서는 의문이 제기되고 있다.[9]

(3) 나아가 실정법상으로도 '공공의 안녕'과 '공공의 질서'를 구별하는 경우는 없다. 따라서 경찰의 목적으로서 '공공의 안녕'과 '공공의 질서'를 굳이 구별할 실익은 없으며, '공공의 안녕과 질서'를 단일개념으로 파악하여,[10] "사회 공동생활의 질서가 보전되어 사회가 평온하고 건전한 상태에 있는 것"[11]이라고 하여도 무방하다.[12] 이 경우에 '공공의 안녕과 질서의 유지'를 간단히 '질서유지'라고 줄여서 말하는 것이 보통이다(예컨대, 헌법 37조②, 경직 1조①, 경범죄처벌법 1조).

사익과 공공의 안녕

경찰권에 의하여 보호되어야 하는 이익은 국가적 공동체의 존속 및 기능과 같은 공공의 이익이지 개개인의 이익이 아니다. 개인적 법익, 즉 사익을 보호하는 것은 원칙적으로 사적 자치의 원칙에 따라 개인이 자기 책임 하에 처리하여

---

8) 김남진(경찰) 18면. 공공의 질서를 "일반적인 사회생활이 정상적으로 행하여지고 있는 상태"라고 풀이하기도 한다(박·정(하) 291면).

9) 나아가 지배적인 가치관이나 윤리관은 내용이 확정되어 있지 않고 시간과 장소에 따라 가변적이어서 국민의 예측가능성을 저해하고 남용의 우려가 있다는 이유로, 경찰의 목적으로서 '공공의 질서'라는 관념 자체를 제외하여야 한다는 견해도 있다(김·김(II) 278-279면). 반대로 '공공의 질서'라는 경찰목적의 독자성·정당성을 주장하는 견해로는, 서·김·이(연구) 121-122면; 손재영(경찰) 120-121면, 154-155면 등.

10) 박·정(하) 291면; 석·송(하) 302면; 이광윤·김민호·강현호, 행정작용법론, 초판, 법문사, 2002, 4면.

11) 김동희, 행정법II, 제16판, 박영사, 2010, 192면.

12) '안녕과 질서'를 "법익과 법질서"로 해석하고 '공공'을 국가·사회 및 국민 일반을 포괄하는 의미로 파악하여 결국 '공공의 안녕과 질서유지'를 "국가·사회·개인이 갖는 법익 및 이에 관한 법질서의 보호·유지"로 해석하는 견해(박정훈·정초영, 사권보호를 위한 경찰권발동에 관한 연구－경찰공공의 원칙에 대한 비판적 검토－, 치안연구소, 2001, 26면)도 기본적으로 같은 입장으로 이해된다.

야 할 일이며, 국가의 관여는 법원에 의한 재판의 형태로 이루어지고, 경찰은 사익의 보호를 위하여 개입하지 못하는 것이 원칙이다(경찰 공공의 원칙). 즉, 사익의 보호는 원칙적으로 공공의 안녕의 구성요소가 아니다. 그러나 다음과 같은 경우에는 사익에 대한 침해가 동시에 공공의 안녕에 대한 침해를 구성하는 것으로 간주되며, 따라서 경찰권이 개입할 수 있다.

(가) 개인적 법익에 대한 침해가 동시에 공법규범, 특히 형벌법규에 위반하게 되는 경우이다. 개인의 생명·신체·건강·자유·재산 등의 개인적 법익 중에서도 중요한 것은 형벌법규에 의한 보호를 받으며, 그에 대한 침해는 범죄를 구성한다. 범죄의 발생 또는 그 발생의 개연성은 언제나 공공의 안녕에 대한 위해이다. 따라서 형벌법규에 의하여 보호되는 개인적 법익은 공공의 안녕의 구성요소이며, 경찰권은 이러한 개인적 법익의 보호를 위하여 개입할 수 있다.[13)]

(나) 사익의 보호가 동시에 공익을 보호하는 것으로 인정되는 경우에는 이를 위하여 경찰권이 발동될 수 있다. 불특정다수인의 개인적 법익이 위협받고 있는 경우,[14)] 또는 특정인의 개인적 법익이라고 하더라도 그의 개성과 무관하게 공익의 대표자의 지위에서 법익을 위협받고 있는 경우가 그 예이다.

(다) 사권으로 표현되고 사법질서에 의하여 보호되는 개인적 이익은 원칙적으로 경찰권의 보호대상이 아니지만, 근래 독일의 통설은 일정한 요건 하에서 사권 보호를 위한 경찰의 개입을 허용되는 것으로 보고 있다. 즉, 법원에 의한 효과적인 보호가 불가능하고, 권리자 개인의 힘으로써는 자력구제 역시 불가능하거나 불충분하며, 권리자가 경찰의 개입을 원하는 경우가 그것이다.[15)] 다만, 이 경우에도 경찰의 개입은 권리의 보전을 위한 잠정적인 조치에 국한되어야 하고,

---

13) 개인의 법익에 대한 침해가 항상 타인의 행위에 의해서만 일어나는 것은 아니며, 본인의 행위나 물건 또는 자연의 상태에 의하여 개인의 법익이 침해되는 경우도 많다. 이 경우에도 개인의 생명·신체·건강 및 자유의 보호는 일반적으로 공공의 안녕에 포함된다. 그러나 개인의 재산의 보호는 원칙적으로 공공의 안녕의 구성요소가 아니다(홍정선(경찰) 17면. 반대의 견해로는, 서·김·이(연구) 91면).

14) 불특정다수인의 이익이 바로 공익이기 때문에, 이 경우는 엄밀히 말해서 사익의 보호가 아니다.

15) 그렇다고 하여 실정법상 근거 없이도 사권보호를 위하여 경찰권이 발동될 수 있다고 볼 수는 없다. 독일의 경우에는 경찰권 발동을 위한 개괄적 수권조항이 존재하므로, 위해로 인정되는 경우에는 개괄적 수권조항을 근거로 경찰권이 발동될 수 있다(나아가 독일의 경찰법 모범초안(MEPolG) 제1조 제2항은, 비록 권한규범이 아니라 임무규범으로 이해되기는 하지만, 법원에 의한 보호가 적시에 이루어질 수 없고 경찰의 개입 없이는 권리의 실현이 불가능하게 되거나 현저히 곤란하게 될 경우에 사권을 보호하는 것을 경찰의 임무로 규정하고 있고, 대부분의 주가 이를 따르고 있다는 점도 고려할 필요가 있다). 우리나라에서도 개괄적 수권조항의 존재를 전제로 이러한 경우에 경찰이 개입할 수 있다고 주장하는 견해가 있으나, 우리나라에는 개괄적 수권조항이 존재하지 않는다고 보아야 하므로, 사권에 대한 위해가 존재하는 것만으로는 경찰권 발동의 충분한 근거가 되지 못한다(제4장 주 35 참조).

궁극적인 권리의 실현까지 경찰이 조력할 수 있는 것은 아니라고 한다.

나) 위해방지

(1) 경찰은 공공의 안녕과 질서를 유지하기 위하여 위해를 방지하는 것을 직접적인 목적으로 한다. 위해란 공공의 안녕과 질서가 이미 교란되었거나 교란될 충분한 개연성이 있는 상태를 의미한다. 공공의 안녕과 질서가 이미 교란된 상태를 장해(Störung)라고 하고, 아직 현실적으로 교란되지는 않았지만 그대로 방치하면 앞으로 교란된 개연성이 충분한 상태를 위험(Gefahr)이라고 한다.[16] 따라서 위해방지는 장해의 제거(진압)와 위험의 방지(예방 및 제거)를 합친 개념이다. 즉, 경찰은 공공의 안녕과 질서에 대한 장해가 존재하는 경우에는 이를 제거하고 그러한 장해가 발생할 개연성이 있는 경우에는 이를 방지하는 작용인 것이다.

(2) 공공의 안녕과 질서에 대한 위해는 자연 또는 인공의 물건의 상태에 의하여 발생하기도 하고(예컨대, 화재, 홍수, 가옥의 붕괴 등), 사람의 행위에 의하여 발생하기도 한다.[17]

다) 경찰목적의 소극성

(1) 경찰이 공공의 안녕과 질서를 유지하기 위하여 위해를 방지하더라도 현상이 유지될 뿐 적극적으로 공공복리가 증진되는 것은 아니다. 따라서 경찰은 소극목적작용이다.

(2) 경찰의 목적을 소극적인 위해방지에 국한하는 것은, 권력적 명령·강제라는 수단을 사용하여 국민의 자유를 제한하는 작용이라는 경찰의 성질에 비추어, 경찰권이 발동될 수 있는 경우를 엄격하게 제한하고자 하는 데 취지가 있다(경찰 소

---

16) 경찰의 직접목적을 '위험방지'라고 설명하는 것이 보통이다. 그러나 이미 현실화된 위험, 즉 장해의 제거도 경찰의 중요한 임무이다. 따라서 이 책에서는 김도창(하) 290면; 김·김(II) 279면; 김철용(행정) 988면; 박·정(하) 292면; 석·송(하) 302면 등의 용례에 따라, 위험과 장해를 포괄하는 개념으로서 '위해'라는 용어를 사용한다. 이를 '광의의 위험'으로 부르는 예도 있다(홍정선(경찰) 22면 주 2). 한편, 박균성(하) 549-551면; 류·박(신론) 967면 등도 '위해'라는 용어를 사용하고 있으나, 거기에서의 위해는 이 책에서의 위험에 해당하며, 장해에 대비되는 의미로 사용되고 있다.

17) 사람의 행위에 의하여 발생하는 위해 중에서 전형적인 것 중의 하나가 범죄이다. 범죄의 수사(범인의 체포, 증거의 수집 등)는 앞에서 본 바와 같이 형사사법작용에 속하며, 직접적으로 위해방지를 목적으로 하는 작용이 아니다. 그러나 범죄의 예방과 진압은 위해방지에 속하며, 전형적인 경찰의 임무 중 하나이다.

극목적의 원칙). 경찰이 국민의 복지를 위한다는 명분 하에 무소불위의 권력을 행사하였던 경찰국가의 전철을 밟지 않기 위하여 경찰의 목적과 활동영역을 소극적인 위해방지로 제한하는 것이 바로 실질적 경찰개념의 성립과정이었던 것이다.

(3) 그러나 현대 행정의 다양화·복잡화에 따라 소극적인 위해방지작용과 적극적인 복리증진작용의 구별이 어려운 경우도 많게 되었다. 이러한 현상은 특히 종래 협의의 행정경찰로 이해되어 온 작용의 경우에 현저하다. 여기에서 실질적 의미의 경찰을 협의로 이해할 필요성이 제기된다.

라) 다른 작용과의 구별

경찰은 공공의 안녕과 질서를 유지하기 위하여 위해를 방지하는 것을 목적으로 하는 작용으로서, 이 점에서 다음과 같은 작용들과 구별된다.

(1) **복리행정과의 구별** 경찰행정과 복리행정은 다 같이 사회목적적 행정에 속하지만, 경찰행정은 소극적으로 질서유지·위해방지를 목적으로 하는 데 반하여 복리행정은 적극적으로 공공복리를 증진하는 것을 목적으로 한다는 점에서 구별된다. 특히 복리행정 중의 규제행정은 주로 권력적 명령·강제를 수단으로 한다는 점에서 경찰과 구별하기 어려운 경우가 많으나, 그 목적이 소극적인 질서유지가 아니라 적극적으로 공공복리 증진을 위하여 경제질서나 생활환경 등을 일정한 방향으로 유도·형성하는 데 있다는 점에서 경찰과 구별하여야 한다는 것이 통설이다.

(2) **국가목적적 행정과의 구별** 외무행정·재무행정·군사행정 등의 국가목적적 행정은 국가의 존립과 유지를 위한 행정이라는 점에서, 설혹 이러한 목적을 위하여 권력적 명령·강제를 사용하는 경우가 있다 하더라도, 사회목적적 행정에 속하는 경찰과 구별된다.

(3) **사법작용과의 구별** 법원에 의한 사법작용은 경찰과는 담당기관에 차이가 있을 뿐 아니라, 법질서의 유지를 직접적인 목적으로 하는 점에서 위해방지를 직접적인 목적으로 하는 경찰과 구별된다. 특히 형사사법작용은 범죄를 수사하여 범죄인에게 형벌을 과하는 작용으로서, 범죄의 예방과 진압을 주요한 내용으로 하는 공공의 안녕·질서 유지와 밀접한 관계가 있으며, 형사사법작용의 일부인 범죄의 수사는 일반경찰기관의 직무로 되어 있다는 점에서, 경찰과 구별하기 어려운 경우가 많다. 그러나 형사사법작용은 직접적으로는 과거의 범죄행위에 대하여 형벌을 과함으로써 법질서를 유지하는 것을 목적으로 하는 작용으로서, 공공의 안녕·질서에 대한 사실상의 위해를 방지하는 것을 직접적인 목적으로 하는 경찰과 구별된다. 다만, 형사사법작용에 의한 형벌의 부과도 간접적으로는 범죄를 예

방하여 공공의 안녕·질서를 유지하는 데 기여하는 효과가 있으며, 또한 경찰의무 위반에 대하여 형벌이 부과됨으로써 형사사법작용이 경찰의무 이행을 확보하기 위한 수단이 되는 경우가 있다.

2) 경찰의 수단

(1) 권력적 명령·강제 경찰은 국민에 대하여 권력적으로 명령·강제하는 작용이라는 점에 특징이 있다. '명령'이란 경찰기관의 일방적인 의사에 따라 상대방에게 의무를 부과하거나 면제하는 것을 말하며, '강제'란 개인의 신체·재산·가택 등에 대하여 실력을 행사하여 바람직한 상태(경찰의 경우에는 위해가 없는 상태)를 실현하는 작용을 말한다. 명령이든 강제든, 그것에 의하여 개인의 자연적 자유가 제한되거나 회복될 뿐이고, 권리 그 밖의 법률상 힘이 창설되거나 제한되지는 않는 것이 원칙이다.[18]

(2) 비권력적 수단 실제로 경찰기관은 위해방지를 위하여 권력적 명령·강제 외에도 비권력적 수단을 많이 사용한다. 요인과 중요시설의 경비, 정보의 수집과 배포, 방범을 위한 순찰, 미아·행려병자 등의 보호, 교통질서 확립을 위한 지도·계몽 등, 경찰이 사용하는 비권력적 수단은 지극히 다양할 뿐 아니라, 양적으로 권력적 명령·강제보다 훨씬 많다고 할 수 있다. 그렇다면 이러한 비권력적 작용은 위해방지를 목적으로 하는 것임에도 불구하고 경찰이 아닌가라는 문제가 제기된다. 종래의 통설은 경찰기관이 부수적으로 비권력적인 수단을 사용하더라도 실질적 의미의 경찰은 아닌 것으로 이해하여 왔다. 그러나 비권력작용을 경찰에서 제외하면 그것은 어떤 행정영역에 속하는가가 문제되며,[19] 현실적으로 경찰기관의 활동의 대부분에 대하여 법적 규율을 포기하는 결과가 될 것이다. 따라서 경찰기관의 비

18) 권력적인 명령·강제는, 경찰기관의 일방적 의사에 의한 개인의 자유의 회복도 포함하지만, 그것보다는 자유의 제한에 중점이 놓여 있는 것이 사실이다. 그러나 활동형식이 아니라 활동내용(경찰의 기능·임무)면에서 볼 때에는 경찰은 개인의 자유와 재산에 대한 위해를 방지함으로써 그것들을 보호해주는 역할을 담당하고 있으며, 따라서 경찰은 개인의 '자유·권리를 제한하는 작용'이 아니라 그것을 '지켜주고 보호해주는 작용'이라고 볼 수 있다는 지적이 있다(서·김·이(연구) 49-50면).

19) 위해방지를 위한 비권력작용이 사회목적적 행정에 속하는 것은 분명하다. 만일 소극목적행정인 경찰이 아니라면 적극목적행정인 복리행정이라고 할 수밖에 없는데, 위해방지를 위한 비권력적 행정을 복리행정으로 볼 수는 없다. 종래의 통설은 이러한 난점을 회피하기 위하여 위해방지를 위한 비권력작용을 고유한 의미의 경찰은 아니지만 경찰에 부수하는 작용으로 보았는데, 그렇다면 '경찰에 부수하는 작용'은 경찰인지 아닌지가 여전히 문제된다.

권력작용도 그것이 위해방지를 목적으로 하는 작용이라면 당연히 경찰에 포함되는 것으로 보아야 한다. 특히 명령·강제에 의한 소극적인 질서유지 외에 적극적인 서비스활동이 경찰의 임무로서 강조되고 있는 오늘날, 비권력적 위해방지활동을 경찰작용으로 포섭하여 경찰행정법의 규율 아래 놓이게 할 필요성은 매우 크다. 실질적 의미의 경찰의 개념요소인 '권력적 명령·강제작용'이란 권력적 명령·강제가 경찰의 주요한 수단이며 동시에 그것이 경찰의 두드러진 특징이라는 의미이지, 비권력작용을 경찰에서 배제하는 것으로 이해해서는 안 된다.[20]

3) 경찰권의 기초

(1) 일반통치권　　경찰은 위해방지를 위하여 국민에게 권력적으로 명령·강제하는 작용으로서, 그러한 명령·강제를 할 수 있는 권력, 즉 경찰권은 일반통치권에서 유래한다.[21] 일반통치권은 국가 외에 지방자치단체도 가진다(지방자치단체가 가지는 일반통치권을 자치권이라고 한다). 따라서 경찰은 국가가 관장할 수도 있고(국가경찰), 지방자치단체가 관장할 수도 있다(자치체경찰). 현재 우리나라에서는 경찰의 대부분은 국가가 관장하고, 소방과 제주자치도의 자치경찰만 지방자치단체가 관장하고 있다.

(2) 경찰권의 대상　　경찰은 일반통치권의 작용이므로, 자연인과 법인을 막론하고 모든 국민이 경찰권의 대상이 되며, 나아가 국내에 거주하는 외국인도 경찰권의 대상이 된다. 다만, 외교사절이나 협정에 의하여 국내에 주둔하는 외국군대의 구성원과 같이 치외법권을 가진 외국인은 제외된다.

(3) 구별　　경찰은 일반통치권에 근거하여 일반 국민에 대하여 명령·강제하는 작용이므로, 국회의 자율권이나 법원의 법정질서유지권에 근거하여 국회 내부 또는 법정 내부의 질서를 유지하기 위한 의원경찰(議院警察)이나 법정경찰(法廷警察)과 구별된다.

---

20) 동지: 박·정(하) 296면; 김동희(II) 199면; 석·송(하) 296면; 홍정선(경찰) 30-31면; 정하중(개론) 1073면; 서·김·이(연구) 47면.

21) 종래의 통설이 경찰은 일반통치권에 근거한 작용임을 강조한 것은 공무원의 징계 등과 같이 특별권력에 근거한 작용을 경찰과 구별하는 데 목적이 있었다. 그러나 특별권력관계 내지 특별행정법관계라는 개념을 인정하더라도 특별권력 역시 일반통치권의 발동으로 보아야 하므로 '경찰권의 기초=일반통치권'을 실질적 의미의 경찰의 개념요소에서 배제하여야 한다는 견해도 있다(홍정선(경찰) 31면).

이른바 특별권력관계의 내부질서 유지작용과 경찰과의 구별 문제

일반통치권이란 일반 국민에 대한 통치권으로서, 특별한 신분을 가진 국민에 대하여 명령·강제하는 권한을 의미하는 특별권력에 대비되는 개념이다. 제2차세계대전 전에 독일에서는, 국가는 공무원·군인·국공립학교 학생 등과 같이 특별한 신분을 가진 국민에 대해서는 법률의 근거 없이도 기본권을 제한할 수 있다고 보고, 그러한 권력을 특별권력, 그 관계를 특별권력관계라고 불렀다.[22)]

종래 경찰권은 일반통치권에 기초한 작용으로서 특별권력관계의 내부질서 유지를 위한 명령·강제작용과 구별된다고 설명하는 경우가 많았다. 그 예로서는 공무원이나 국공립학교 학생의 징계, 헌병에 의한 군대 내에서의 질서유지, 의원경찰·법정경찰 등을 들었다. 그러나 오늘날 특별권력관계라는 개념 자체가 더 이상 인정될 수 없을 뿐만 아니라, 이러한 작용들 중 일부는 처음부터 경찰과 무관하고, 일부는 실질적 의미의 경찰에 포함되는 것으로 보아야 한다. 구체적으로, (a) 공무원이나 국공립학교 학생의 징계는 과거의 의무위반에 대한 제재로서, 장래를 위한 위해방지를 뜻하는 실질적 의미의 경찰에는 처음부터 해당되지 않는다. (b) 헌병에 의한 군대 내에서의 질서유지작용 중에서 군인·군무원의 징계와 같이 군조직 내부질서의 유지를 위한 작용은 경찰이 아니다. 그러나 군인·군무원이나 군사에 관련된 민간인을 대상으로 한 위해방지작용은 일반통치권에 근거한 작용으로서 실질적 의미의 경찰에 해당되며,[23)] 따라서 경찰작용에 관한 법원리가 기본적으로 적용된다고 보아야 한다. (c) 의원경찰·법정경찰도 각기 국회의 입법권에 부수된 자율권의 한 내용인 내부질서유지권 또는 법원의 재판권에 부수하여 법률에 의하여 부여된 법정질서유지권의 행사로서,[24)] 역시 일반통치권에 근거한 것으로 보아야 하고, 특별권력관계의 개념을 원용할 필요는 없다. 나아가 설사 특별권력관계의 개념을 인정하더라도 의원경찰의 대상인 국회의원이나 방청인, 법정경찰의 대상인 당사자·변호인·방청인 등과 국가와의 관계가 특별권력관계라고 보는 것은 특별권력관계 개념의 외연을 지나치게 확대한 것이다.

---

22) 특별권력관계이론의 내용과 그 인정 여부에 관해서는 139-140면 참조.

23) 헌병은 군조직 내부질서의 유지를 담당하는 데 그치지 않고 군인·군무원 또는 군사에 관련된 일반경찰작용을 관장한다는 설명(박·정(하) 307면)은, 전자는 군사작용이지 실질적 의미의 경찰이 아니지만 후자는 실질적 의미의 경찰에 속한다는 의미로 해석된다.

24) 홍정선(경찰) 18면은 국회·정부·법원 등의 공적 기관의 활동에 대한 위법한 방해에 대한 경찰상의 보호와 그러한 기관들이 스스로 자신의 기능 수행의 방해를 방지하기 위하여 행하는 고유한 권한(공법상 가택권 및 질서권)의 행사는 구별되어야 한다고 하면서, 그러나 질서권이 경찰권과 동일시되는 경우로 국회의장의 경찰권을 들고 있다. 이는 의원경찰이 국회의장의 질서권 행사와 일반통치권에 근거한 경찰작용의 성질을 아울러 가진다는 의미로 이해된다.

3. 광의의 경찰과 협의의 경찰

통설의 정의에 의하면 실질적 의미의 경찰에는 일반경찰기관이 관장하는 위해방지작용(이른바 보안경찰) 외에 다른 행정기관이 그가 관장하는 행정영역에서 발생하는 위해를 방지하는 작용(이른바 협의의 행정경찰)도 포함된다. 그러나 협의의 행정경찰을 실질적 의미의 경찰에서 제외하고, 일반경찰기관에 의한 위해방지작용만을 실질적 의미의 경찰로 이해하는 견해도 있다.[25] 이 책에서는 후자를 실질적 의미의 경찰 중에서도 협의의 경찰로 이해하고, 여기에 협의의 행정경찰을 합친 것을 광의의 경찰로 부르기로 한다.[26]

광의의 경찰
- 보안경찰 = 협의의 경찰
- 협의의 행정경찰

광의의 경찰개념의 문제점

(1) 실질적 의미의 경찰은 담당기관을 불문하고 일정한 성질(목적·수단·권력의 기초 등)을 가진 행정작용을 총칭하는 개념으로서, 위에서 본 것처럼 보안경찰과 협의의 행정경찰을 포함한 광의로 이해되어 왔다. 그러나 이른바 협의의 행정경찰이라는 개념을 인정하여야 할 것인지, 그리고 이를 실질적 의미의 경찰에 포함시키는 것이 타당한지에 관하여는 의문의 여지가 많다.

첫째, 통설이 협의의 행정경찰을 경찰의 일종으로 이해하였던 것은, 거기에도 경찰작용을 규율하는 법원리(특히 경찰권의 근거와 한계에 관한 법원리)가 적용됨을 분명히 하고자 하는 데 있었다. 그러나 행정의 모든 부문이 많든 적든 그 영역에서의 위해방지를 포함한다고 볼 때,[27] 경찰개념을 광의로 이해하면 사실상 모든 행정기관이 경찰작용을 부분적으로 수행하는 것으로 되고, 결과적으로 모든 행정기관이 경찰기관(협의의 행정경찰기관)이라는 결과가 된다. 그렇다면 경찰은

25) 김도창(하) 289-290면; 석·송(하) 300면, 309면.

26) 동지: 김도창(하) 288면; 석·송(하) 300면(다만, 두 분 모두 '경찰' 대신에 '질서행정'이라는 용어를 사용하며, 또한 광의의 경찰에 생활공간정서행정(공간규제행정)과 경제규제행정을 포함하여 최광의의 질서행정이라고 한다).

27) 실제로 학자들이 협의의 행정경찰의 예로 드는 것을 보면, 건축경찰·위생경찰·산림경찰·영업경찰·환경경찰·경제경찰·공물경찰·공기업경찰·재정경찰 등, 행정의 모든 영역에 걸친다.

하나의 고유한 행정영역이 아니라, 단지 모든 행정영역에 있어서 행정기관이 수행하는 직무의 일부일 뿐이라고 하여야 한다. 나아가 각각의 행정영역에는 각기 그에 고유한 법규와 법원리가 존재하며, 그러한 법규와 법원리가 그 영역에 있어서의 위해방지활동에도 기본적으로 적용되어야 한다는 점도 간과되고 있다.

둘째로, 우리나라에서는 복리행정의 일종으로서 규제행정 내지 정서행정(整序行政)이라는 영역을 인정하면서 경제규제·환경규제 등을 이에 포함시키는 것이 일반적이다. 규제행정은 권력적 명령·강제를 주된 수단으로 한다는 점에서는 경찰과 같지만, 적극적으로 공공복리를 증진하는 것을 목적으로 하는 점에서 소극적으로 위해방지를 목적으로 하는 경찰과 구별된다고 한다. 그러나 실제로 경제규제나 환경규제를 경제행정·환경행정 영역에서의 위해방지와 구별하는 것은 대단히 어렵다. 협의의 행정경찰 개념을 인정하고 이를 실질적 의미의 경찰에 포함되는 것으로 보는 한, 규제행정과 협의의 행정경찰은 대부분 중복되는 것으로 보아야 한다.[28]

셋째로, 경찰개념을 광의로 이해함으로써 경찰권의 비대화에 구실을 제공하여 결과적으로 경찰국가로 전락하였던 독일과 일본의 전철을 밟지 않기 위해서도 경찰개념을 협의로 이해하는 것이 바람직하며, 나아가 일반공안 유지만을 경찰로 이해하는 영미 경찰개념의 민주적 성격을 도입할 필요가 있다는 지적[29]도 경청할 가치가 있다.

결국, 실질적 의미의 경찰은 협의로 이해하고, 복리행정이나 재무행정 영역에서의 질서유지·위해방지를 위한 작용은 경찰이 아니라 각각 복리행정 또는 재무행정 자체일 뿐이며, 각기 그에 고유한 법규와 법원리가 적용된다고 보아야 한다. 다만, 그러한 영역에서도 질서유지·위해방지의 필요성은 존재하며, 이를 위한 행정권 발동에는, 그 행정영역에 고유한 법규와 법원리가 미비한 경우에, 그 한도 안에서 경찰권의 근거와 한계에 관한 법원리가 준용될 수는 있다.

(2) 보다 근본적으로는, 광의이든 협의이든 실질적 의미의 경찰개념이 오늘날에도 과연 필요한 것인지에 관하여도 의문의 소지가 있다. 실질적 의미의 경찰개념의 역사는 축소의 역사이며, 그렇게 하여 성립된 실질적 의미의 경찰개념이 국가기관의 활동근거에 관한 실정법이 불비하던 시기에 경찰의 활동영역을 소극적인 질서유지·위해방지에 한정하는 기능을 수행한 공로가 있음은 부인할 수 없다. 그러나 국가기관의 활동근거와 요건·절차에 관한 실정법이 거의 완비된 오늘날, 각 기관의 활동영역과 권한은 법규에 규정되어 있고, 법규의 미비를 보충하기 위하여 실질적 의미의 경찰개념을 원용할 필요성은 거의 없어졌다고 할 수 있다. 예컨대, 크로이츠베르크 판결에서 문제되었던, 경찰기관이 전망 보전을

28) 협의의 행정경찰을 실질적 의미의 경찰에 포함시키면서도, 오늘날 그 대부분이 규제작용 내지 그 본체인 복리행정작용에 융화시켜 볼 수 있는 것들이며, 본체인 행정작용과 이에 부수된 협의의 행정경찰작용을 가르는 것이 어렵고 또한 별 의미가 없다는 점에서, 협의의 행정경찰이라는 개념을 따로 인정할 실익은 매우 희박하다는 견해도 있다(박·정(하) 300면).

29) 김도창(하) 289면.

위한 경찰명령을 발할 권한이 있는지 여부는, 이제 건축법과 경찰법·경찰관직무집행법 등 관련 법규의 해석에 의하여 판단되면 족하지, 실질적 의미의 경찰개념을 원용할 필요는 없는 것이다.[30)]

재난·재해의 예방·진압활동의 성질

자연 또는 인공의 물건의 상태에 의하여 발생하는 위해의 대표적인 예가 재난[31)] 및 재해[32)]이다. 따라서 재난·재해의 예방과 진압은 전형적인 위해방지작용이라고 할 수 있다. 그러나 오늘날 재난·재해에 대한 대응은 소극적인 예방·진압의 차원을 넘어서 재난의 예방·대비·대응 및 복구를 위한 모든 활동을 뜻하는 재난관리행정 내지 방재행정으로 발전하고 있다. 이러한 작용은 대부분 일반행정기관(국가의 차원에서는 안전행정부장관과 소방방재청장, 지방자치단체의 차원에서는 지방자치단체의 장)의 권한으로 되어 있어서, 형식적 의미의 경찰이 아닐 뿐만 아니라, 그 성격에 있어서도 소극적인 위해방지의 차원을 넘어 적극적인 생존배려를 포함한 복합적인 목적 아래 모든 행정기술을 동원하여 수행되는 종합행정으로 진화하였고, 오늘날 경찰과 구별되는 독자적인 행정의 영역으로 인정되고 있다. 다만, 재난관리행정 중에서도 재난·재해의 예방·진압 및 인

---

30) 일본의 대표적인 경찰행정법 문헌 중 하나는 "경찰의 개념에서 경찰권확대의 억제기능을 찾을 수는 없다고 할 것이다. 오늘날에 있어서는 경찰권의 한계를 획정하는 것은 법률의 규정 및 헌법, 특히 기본적 인권이다. 경찰에 관한 소극적인 개념규정은 이제 중요하지는 않다"고 단언하고 있다(宮田三郎, 韓貴鉉 역, 日本警察法, 한국법제연구원, 2003, 8면). 이는 결국 실질적 의미의 경찰개념의 임무종료 선언이라고 할 수 있다.

31) 재난은 그 원인이 자연적인 것이건 인위적·사회적인 것이건 간에 국민의 생명·신체 및 재산과 국가에 피해를 주는 원인을 말한다. 재난방지행정에 관한 일반법인 「재난 및 안전관리 기본법」은 재난을 "국민의 생명·신체·재산과 국가에 피해를 주거나 줄 수 있는 것으로서 다음 각 목의 것을 말한다. 가. 태풍, 홍수, 호우(豪雨), 강풍, 풍랑, 해일(海溢), 대설, 낙뢰, 가뭄, 지진, 황사(黃砂), 적조(赤潮), 조수(潮水), 그 밖에 이에 준하는 자연현상으로 인하여 발생하는 재해, 나. 화재, 붕괴, 폭발, 교통사고, 화생방사고, 환경오염사고, 그 밖에 이와 유사한 사고로 발생하는 대통령령으로 정하는 규모 이상의 피해, 다. 에너지, 통신, 교통, 금융, 의료, 수도 등 국가기반체계의 마비와 「감염병의 예방 및 관리에 관한 법률」에 따른 감염병, 「가축전염병예방법」에 따른 가축전염병 확산 등으로 인한 피해"로 정의하고 있다(3조 1호).

32) 재해는 실정법상 다양한 의미로 사용된다. 산업재해, 어선재해 등과 같이 인간의 활동이나 인공적 시설을 원인으로 하는 것도 있으나, 자연재해를 가리키는 경우가 많다. 자연재해대책법은 재해를 "「재난 및 안전관리 기본법」(이하 '기본법'이라 한다) 제3조 제1호에 따른 재난으로 인하여 발생하는 피해"로 정의하고, 그 중에서 "제1호에 따른 재해 중 기본법 제3조 제1호 가목에 따른 자연현상으로 인하여 발생하는 재해"를 자연재해라고 부르고 있다(동법 2조 1호·2호).

명과 재산의 긴급구조와 같은 부분은 위해방지를 목적으로 하는 작용이므로 실질적 의미의 경찰에 속한다고 할 수 있으며, 그러한 작용이 화재의 예방·진압(소방기본법 12조 이하)이나 수난구호업무(수난구호법 13조)와 같이 실정법상 일반경찰기관의 권한으로 규정되어 있는 경우에는 그러한 성격이 더욱 뚜렷하다. 그러나 경찰기관이 아닌 일반행정기관이 관장하는 경우에는, 소극적인 위해방지 목적의 활동이 포함되어 있다고 하더라도, 재난관리행정이 전체로서 실질적 의미의 경찰이라고 하기는 어렵게 되었다.

Ⅳ. 경찰행정법의 대상

경찰행정법의 규율대상인 경찰은 실질적 의미의 경찰이다. 다만, 경찰행정법 중 경찰조직법은 작용으로서의 경찰이 아닌 조직으로서의 경찰을 대상으로 한다.[33] 또한 경찰작용법의 제1차적 규율대상은 실질적 의미의 경찰 중에서도 협의의 경찰이지만, 일반행정기관에 의한 위해방지작용(이른바 협의의 행정경찰)에 대하여도 그에 관한 법규와 법원리가 따로 없는 한도에서 보충적으로 적용된다.

§2. 경찰의 종류

Ⅰ. 경찰의 분류

1. 행정경찰과 사법경찰

경찰기관이 행하는 작용은 성질(목적)을 기준으로 행정경찰과 사법경찰로 구분된다. 사법경찰은 경찰기관이 관장하는 작용 중에서 범죄수사작용을 말하며, 실질적 의미에서는 행정작용이 아니라 형사사법작용에 속한다. 행정경찰은 행정작용의 일종인 경찰, 즉 공공의 안녕과 질서를 유지하기 위하여 위해를 방지하는 작용을 말하며, 실질적 의미의 경찰(광의)이 바로 그것이다. 경찰행정법에서 경찰이라고 하면 행정경찰을 가리키며, 사법경찰은 경찰행정법상의 경찰이 아니다.

33) 경찰조직법은 형식적 의미의 경찰을 대상으로 한다고 설명하는 것이 보통이다. 그러나 형식적 의미의 경찰도 경찰의 조직이 아니라 일정한 작용을 가리키는 것임을 생각하면, 경찰조직법이 형식적 의미의 경찰을 대상으로 한다는 것은 모순이다.

행정경찰 · 사법경찰

(1) 경찰을 전통적으로 행정경찰과 사법경찰로 구분해 왔다. 사법경찰은 범죄수사작용을 말하며, 형식적 의미에서는 행정에 속하지만 실질적 의미에서는 형사사법작용에 속한다. 사법경찰은 일반경찰기관 외에도 '사법경찰관리의 직무를 행할 자와 그 직무범위에 관한 법률'이 정하는 다양한 행정기관에 의하여 수행된다. 반면에 행정경찰은 실질적 의미의 행정의 일종으로서, 통설에 의하면 사회공공의 안녕·질서를 유지하기 위하여 위해를 방지하는 작용을 의미한다. 실질적 의미의 경찰(광의)이 바로 이에 해당한다. 행정경찰은 다시 담당기관에 따라 일반경찰기관이 행하는 보안경찰과 그 밖의 행정기관이 행하는 협의의 행정경찰로 구분하는 것이 보통이다.

담당기관 / 목 적	일반경찰기관	기타의 행정기관
공공의 안녕·질서유지(위해방지)	A (보안경찰)	B (협의의 행정경찰)
범죄수사	C	D

행정경찰 = A + B
사법경찰 = C + D
형식적 의미의 경찰 = A + C
실질적 의미의 경찰(광의) = A + B

(2) 이처럼 행정경찰과 사법경찰은 그 성질과 목적이 전혀 다르지만, 일반경찰기관이 양자를 함께 담당하게 하는 것이 우리나라만이 아니라 세계적으로도 상례이다. 이는 사법경찰에 속한 범죄수사와 행정경찰에 속한 사회 공공의 안녕·질서유지(특히 범죄의 예방 및 진압)가 시간적으로나 사항적으로 긴밀히 관련되어 있어, 양자를 동일한 기관이 수행하는 것이 능률적이기 때문이다.

(3) 행정경찰과 사법경찰을 합친 것을 형식적 의미의 경찰이라고 설명하는 경우가 많다. 그러나 행정경찰 중에서 일반경찰기관이 아닌 행정기관이 담당하는 부분(B, 협의의 행정경찰)과 사법경찰 중에서 일반경찰기관이 아닌 행정기관이 담당하는 부분(D, 실무상 '특별사법경찰'로 불린다)은 형식적 의미의 경찰이 아니다.

2. 보안경찰과 협의의 행정경찰

(1) 행정경찰, 즉 실질적 의미의 경찰(광의)은 담당기관에 따라 보안경찰과 협의의 행정경찰로 구분하여 왔다. 보안경찰은 공공의 안녕·질서를 유지하기 위하여 다른 종류의 행정작용에 수반됨이 없이 그것 자체가 독립하여 행하여지는 경찰작용, 즉 일반경찰기관이 관장하는 위해방지작용을 뜻한다. 협의의 행정경찰은 고유

의 행정임무를 가진 일반행정기관이 그 임무와 관련하여 그가 관장하는 행정영역에서 위해를 방지하는 작용을 말한다. 건축행정기관이 건축으로 인한 위해를 방지하는 작용(건축경찰), 위생행정기관이 위생상의 위해를 방지하는 작용(위생경찰), 공물관리기관이 공물로 인한 위해를 방지하는 작용(공물경찰) 등이 그 예이다. 보안경찰을 일반경찰, 협의의 행정경찰을 특별경찰로 부르기도 한다.[34]

(2) 실질적 의미의 경찰을 협의로 이해할 때에는 협의의 행정경찰은 경찰에서 제외되며, 보안경찰만이 경찰이다.[35]

3. 국가경찰과 자치체경찰

(1) 경찰권 내지 경찰임무의 소재에 따른 구분이다. 경찰권을 국가에 귀속시키고 경찰조직을 국가의 행정조직으로 하는 것이 국가경찰이고, 경찰권을 지방자치단체에 귀속시키고 경찰조직을 지방자치단체의 행정조직으로 하는 것이 자치체경찰(지방자치단체경찰)이다.[36]

(2) 우리나라는 정부수립 이래 오랫동안 국가경찰 일원주의를 채택하여, 경찰권을 국가가 독점하고 경찰조직을 국가에 소속시켜 왔다. 현재에도 대부분의 경찰사무는 국가가 관장하고 있다. 그러나 소방은 광역자치단체의 사무로 되어 있고, 2006년 이후 제주특별자치도에 소규모의 자치경찰이 설치되어 제한된 경찰권을 행사하고 있다.[37] 따라서 소방과 제주특별자치도의 자치경찰은 자치체경찰에 속한다.

4. 평시경찰과 비상경찰

평시경찰은 평시에 일반경찰기관이 일반경찰법규에 의하여 수행하는 경찰을 말한다. 비상경찰은 비상시에 있어서 일반경찰기관 이외의 기관, 특히 군대가 치안

34) 홍정선(경찰) 37면.

35) 오늘날 독일에서는 대다수의 주에서 이른바 분리시스템을 채택하여 보안경찰을 집행경찰(Vollzugspolizei), 협의의 행정경찰을 질서행정(Ordnungsverwaltung)으로 부르면서, 집행경찰만을 경찰로 보고, 경찰과 질서행정을 구별하고 있다.

36) 자치체경찰을 지방경찰이라고 부르는 경우도 있으나, 지방경찰은 국가경찰의 지역단위조직을 일컫는 경우도 있으므로(예컨대, 경찰 4장), 주의할 필요가 있다.

37) 제주특별자치도의 자치경찰은 제주특별법에 의하여 2006년 7월 1일 출범하였다. 그러나 그 사무도 극히 제한되어 있을 뿐 아니라(위 주 3 참조), 정원도 126명에 불과한 소규모이다(제주특별자치도 지방공무원정원 조례 2조 3호).

의 임무를 수행하는 것을 말한다. 비상경찰은 헌법적 근거를 필요로 한다. 현행 헌법상 계엄이 선포된 경우에 계엄사령관이 휘하의 병력으로써 공공의 안녕질서를 유지하는 경우가 이에 해당한다.

5. 예방경찰과 진압경찰

경찰권 발동의 시점을 기준으로 한 구별이다. 예방경찰은 공공의 안녕·질서에 대한 위해가 현실로 발생하기 전에 이를 예방하는 작용(위험방지)이며, 진압경찰은 위해가 현실로 발생한 후에 이를 제거하는 작용(장해제거)이다.[38)]

6. 고등경찰과 보통경찰

프랑스법에서 유래한 것으로, 경찰에 의하여 보호되는 법익을 기준으로 한 구별이다. 원래 고등경찰은 사회적으로 보다 우월한 가치를 지닌 법익을 보호하기 위한 경찰활동을 의미하였으나, 나중에는 사상·종교·집회·결사·언론의 자유에 대한 정보수집·단속과 같이 국가의 존립과 유지를 보장하기 위하여 국가적 기관 및 제도에 대한 위해를 방지하는 활동을 의미하게 되었다. 이에 대하여 교통의 안전, 풍속의 유지, 범죄의 예방·진압과 같이 일반사회 공공의 안녕과 질서 유지를 목적으로 하는 활동을 보통경찰이라고 한다. 그러나 이러한 구별은 실무상으로는 의미는 있어도 법적으로는 의미가 없으며, 제도적으로도 일반경찰기관이 함께 관장하고 있다(다만, 경찰관서 내부에서 담당부서의 차이가 있고, 또한 고등경찰에 속한 활동을 위해서 국가정보원 등의 특수한 경찰기관이 설치되어 있다는 정도의 차이는 있다).

---

38) 행정경찰은 예방경찰의 성격을, 사법경찰은 진압경찰의 성격을 많이 가진다고 설명하는 경우가 많다. 사법경찰은 성질상 진압경찰일 수밖에 없다. 그러나 진압경찰 중에는 행정경찰에 속하는 작용도 많다. 범죄가 행해진 뒤에 범인을 체포하고 증거를 수집하는 작용은 사법경찰이지만, 진행중인 범죄행위를 제지하고 피해자를 구조하며 범죄의 결과를 처리하여 범죄가 행해지기 전의 상태로 회복시키는 작용은 행정경찰이다. 나아가 교통사고의 수습, 화재의 진압 등과 같이 범죄와 관계없는 장해의 제거도 경찰의 중요한 내용인바, 이러한 작용은 분명히 진압경찰이지만 사법경찰은 아니다(진압경찰 중에도 행정경찰에 속하는 작용이 있음을 긍정하는 견해로는, 김·김(Ⅱ) 266면; 홍정선(경찰) 38면; 홍준형(행정) 1279면; 박균성(하) 541면 등).

7. 기타의 분류

(1) 경찰의 실무에 있어서는 경찰의 수단 내지 경찰서비스의 구체적 내용을 기준으로 질서경찰과 봉사경찰로 구분하기도 한다.[39] 질서경찰은 권력적 명령·강제를 수단으로 하는 범죄수사·진압·경범죄처벌·범칙금부과·즉시강제 등의 활동(따라서 여기에는 사법경찰에 속한 작용이 포함된다)을, 봉사경찰은 질서유지(위해방지)를 목적으로 하면서도 계몽·지도·보호 등의 비권력적인 수단을 사용하여 행해지는 활동(청소년선도·교통안내·방범순찰·재난구호 등)을 의미한다. 대체로 권력적 경찰과 비권력적 경찰의 구분과 일치하며, 법적으로는 수단의 차이 이상의 의미는 없다.

(2) 경찰의 구체적 업무를 기준으로 집회결사경찰·교통경찰·소방경찰·풍속경찰·위험물경찰·재해경찰 등으로 구분하기도 한다. 역시 법적으로는 큰 의미가 없다.

Ⅱ. 특수한 경찰

협의의 경찰에 속하지만, 모든 위해가 아니라 특정한 분야의 위해만을 방지하는 것을 임무로 하거나 특별한 조직에 의하여 수행되는 경우를 특수한 경찰이라고 할 수 있다. 협의의 경찰에 속한다는 점에서 협의의 행정경찰과 다르며, 평시경찰에 속한다는 점에서 비상시에 예외적으로 행해지는 비상경찰과도 차이가 있다. 현행법상 이러한 의미의 특수한 경찰에는 소방, 군사경찰(헌병의 작용), 국가정보원에 의한 국가안전보장과 관련된 경찰작용, 전투경찰대에 의한 대간첩작전 및 치안업무보조작용 등이 있고, 그 밖에 청원경찰의 작용도 특수한 경찰로 볼 것인지가 문제된다. 여기에서는 소방과 청원경찰에 관해서만 살펴본다.

1. 소 방

화재도 전형적인 위해의 하나이다. 따라서 화재의 예방과 진압, 즉 소방은 실질적 의미의 경찰에 속한다. 그러나 소방은 그 업무의 전문적 성격으로 인하여 보통경찰기관이 아닌 별도의 행정조직에 의하여 수행되며, 작용법적으로도 소방기본법 등의 별개의 법적 근거에 의하여 활동한다. 이 점에서 소방은 제도적 의미

39) 이철호(경찰) 37면.

의 경찰이 아니다. 그럼에도 불구하고 소방행정기관은 다른 고유한 임무에 부수하여 위해방지를 담당하는 것이 아니라 위해방지 자체를 고유한 임무로 하는 것이므로, 성질상으로는 협의의 행정경찰이 아니라 보안경찰(협의의 경찰)에 속하는 것으로 보아야 한다. 경찰권의 근거와 한계에 관한 법리도 소방에 직접적으로 적용된다. 다만, 소방행정기관은 포괄적인 위해방지가 아니라 화재와 재난·재해라는 특별한 종류의 위해를 방지하는 것만을 임무로 하므로, 이 책에서는 소방을 특수한 경찰로 취급하고, 소방행정기관도 일반경찰기관의 일종인 특수한 경찰기관으로 분류한다.

2. 청원경찰

(1) 청원경찰법은, 국가기관 또는 공공단체와 그 관리 하에 있는 중요 시설 또는 사업장, 국내 주재 외국기관, 그 밖에 안전행정부령으로 정하는 중요 시설, 사업장 또는 장소의 장 또는 경영자(청원주)가 경비를 부담할 것을 조건으로 경찰의 배치를 신청하는 경우에 그 기관·시설 또는 사업장 등의 경비를 담당하게 하기 위하여 청원경찰을 배치할 수 있고(2조), 청원경찰은 그 경비구역만의 경비를 목적으로 필요한 범위에서 경찰관직무집행법에 따른 경찰관의 직무를 수행한다고 규정하고 있다(3조). 이러한 청원경찰의 활동을 실질적 의미의 경찰로 볼 것인지가 문제된다(형식적 의미의 경찰이 아닌 것은 분명하다).

(2) 청원경찰이 경찰관직무집행법에 의한 경찰관의 직무를 행한다는 점에서, 그 활동을 실질적 의미의 경찰로 볼 여지도 있다. 통설이 특별경찰집행기관의 일종으로 청원경찰을 들고 있는 것은 이러한 이유 때문으로 보인다. 그러나 청원경찰은 공공의 안녕·질서가 아닌 청원주 개인의 법익을 보호하는 것을 임무로 하며, 지방경찰청장의 승인을 받기는 하지만 청원주가 자신의 경비부담으로 임용하고, 또한 경찰관직무집행법에 의한 직무수행도 그 경비구역만의 경비를 목적으로 필요한 범위에 국한된다는[40] 점에서(5조①, 6조, 3조), 실질적 의미의 경찰로 보기는

40) 나아가, 목적에 따른 제한을 규정한다고 해도, 청원경찰에게 경찰관직무집행법(경직법)에 의한 직무수행을 수권한 것이 입법론상 바람직한지도 의문이다. 경직법은 제3조 이하에서 경찰관에게 위해방지를 위하여 필요한 조치를 취할 수 있도록 매우 광범위한 권한을 부여하고 있다. '그 경비구역만의 경비를 목적으로 필요한 범위에서'라는 제한만으로는, 청원경찰이 직무수행의 준거로 삼을 수 있는 조항이 무엇인지 명확하지 않다. 자칫하면 청원경찰이 경직법 제3조 이하의 모든 권한을 행사할 수 있는 것으로 오해할 소지도 있다. 청원경찰법을 개정하여 청원경찰의 권한을 명확하게 한정적으로 명시할 필요가 있다.

어렵고, 오히려 경비업법에 의한 경비원(특히 특수경비원)의 직무와 본질을 같이한다고 할 수 있다.[41]

청원경찰제도의 역사

(1) 청원경찰은 원래 구한말 일제가 조선을 침탈하는 과정에서 우리나라에 있는 자국 산업시설 등을 보호하기 위하여 시작된 제도로서, 정부수립 후인 1952년에 국가중요시설의 장의 요청에 의하여 현직 경찰관을 파견하여 경비하게 하는 제도로 도입되었다고 한다.[42] 이러한 제도 하에서는 청원경찰이 그 자체로서 경찰의 일부였음이 분명하다.

(2) 청원경찰이 법률의 근거를 갖춘 것은 1962년에 제정된 청원경찰법(법률 제1049호)에 의해서였다. 동법과 그 시행령은 청원경찰관을 청원자의 신청에 의하여 내무부장관이 임명·배치하고, 청원경찰관은 4급 또는 5급(오늘날의 6급 내지 9급) 국가공무원의 신분을 가지며, 배치된 시설 또는 기관의 구역을 관할하는 경찰서장의 감독을 받아 그 경비구역 내에 한하여 경찰관의 직무를 행하도록 규정하였다(동법 4조②, 동법 시행령 8조, 9조). 따라서 아직도 청원경찰관은 경찰관의 일종이고 그 직무는 실질적 의미의 경찰에 속한다고 볼 수 있었다. 그러나 1967년 개정된 청원경찰법 시행령(대통령령 제3002호)은 청원경찰관의 임명권자를 도지사로 바꾸고, 또한 청원경찰관의 신분을 "그 배치된 시설 또는 기관의 경비구역 내에서 경찰관직무집행법에 의한 경찰관의 직무를 행하는 자"라고 규정하여 민간인의 신분으로 바꾸었다(9조, 8조). 1973년 전문개정된 청원경찰법(법률 제2666호)은 "청원경찰업무에 종사하는 자는 형법 기타 법령에 의한 벌칙의 적용에 있어서는 공무원으로 본다"고 함으로써(10조②), 청원경찰이 신분상 공무원이 아님을 확인하였고, 1974년 전문개정된 동법 시행령(대통령령 제7149호)은 제19조에서 "청원경찰에 대하여는 형법 기타 법령에 의한 벌칙의 적용과 법 및 이 영에서 특히 규정한 경우를 제외하고는 이를 공무원으로 보지 아니하며, 그 직무상 불법행위에 대하여는 국가배상법을 적용하지 아니한다"고 규정하여[43] 이를 더욱 분명히 하였다. 나아가 1980년에 개정된 청원경찰법(법률 제3228

41) "청원경찰제도는 민간경비제도의 발전단계라는 과도기적 시기에 만들어진, 외국에서 유례를 찾아볼 수 없는 경비제도"라고 평가하면서, 경비업법과 청원경찰법을 통합하자는 제안도 있다(김재광(각론) 311면, 319-324면).

42) 이운주, "경찰법상의 개괄수권조항에 관한 연구," 서울대학교 법학박사학위논문, 2005, 191면 주 600.

43) 동조는 1980년에 "청원경찰에 대하여는 형법 기타 법령에 의한 벌칙의 적용과 법 및 이 영에서 특히 규정한 경우를 제외하고는 이를 공무원으로 보지 아니한다"로 개정되어, 국가나 지방자치단체에 근무하는 청원경찰의 직무상 불법행위에 대해서는 국가배상법이 적용될 수 있도록 되었다.

호)은 청원경찰의 임명권자도 청원주로 바꾸었다(5조).[44]

(3) 청원경찰의 직무와 그 준거법에 관해서도, 1962년의 청원경찰법은 관할 경찰서장의 감독 하에서 경비구역 내에 한하여 "경찰관의 직무를 행한다"고 포괄적으로 규정하였던 것을(4조②), 1973년에는 "[관할] 경찰서장의 감독을 받아 그 경비구역 내에 한하여 경찰관직무집행법에 의한 경찰관의 직무를 행한다"로 바뀌었고(3조), 1980년에는 감독권자에 청원주를 추가하였다. 나아가 2001년의 개정(법률 제6466호)에서는 청원경찰이 "[청원주와 관할] 경찰서장의 감독을 받아 그 경비구역 안에 한하여 경비목적을 위하여 필요한 범위 안에서 경찰관직무집행법에 의한 경찰관의 직무를 행한다"고 규정하여(3조), 경직법에 의한 직무수행을 경비목적을 위하여 필요한 범위 내로 제한하였다.[45]

(4) 이러한 변천과정을 볼 때, 청원경찰은 제도 창설 당시에는 조직법상으로도 작용법상으로도 경찰의 일종이라고 보기에 무리가 없었다. 그러나 여러 차례 개정을 거듭하면서 청원경찰의 신분과 직무가 민간화되어, 현행법상의 청원경찰은 조직법상의 경찰이 아님이 물론, 그 직무가 실질적 의미의 경찰에 속한다고 말하기도 어렵게 되었다.

---

44) 대법원은, 국가나 지방자치단체에 근무하는 청원경찰은 공무원은 아니지만 그 임용권자가 행정기관의 장이고 국가나 지방자치단체로부터 보수를 받으며 직무상의 불법행위에 대하여도 국가배상법이 적용되는 등의 특질이 있다는 이유로, 그 근무관계를 사법상의 고용계약관계로 보기는 어렵고 따라서 그에 대한 징계처분의 시정 청구는 민사소송이 아니라 행정소송의 대상이라고 판시한 바 있다(대판 1993.7.13, 92다47564). 그러나 이 판결은 모든 청원경찰이 아니라 국가나 지방자치단체에 근무하는 청원경찰에 한정하여 그 근무관계가 공법관계임을 인정한 것에 불과하며, 청원경찰이 신분상 공무원이라고 인정한 것은 아니다.

45) 2010년에는 제3조를 청원주와 경찰서장의 "감독을 받아 그 경비구역만의 경비를 목적으로 필요한 범위에서 「경찰관직무집행법」에 따른 경찰관의 직무를 수행한다"로 개정하였으나, 자구수정에 불과하고 내용상의 변화는 없다.

제 2 절 경찰행정법

§1. 경찰행정법의 의의와 내용

Ⅰ. 경찰행정법의 의의와 범위

1. 경찰행정법의 의의

(1) 경찰행정법은 경찰의 조직과 작용 및 경찰에 대한 국민의 권리구제에 관한 법이다.[46)]

(2) 경찰은 행정의 한 부분이다. 따라서 경찰행정법은 행정법의 일부이며, 경찰의 조직과 작용 및 경찰에 대한 국민의 권리구제에 관하여 따로 법령의 규정이나 고유한 법원리가 있는 경우를 제외하고는 행정법의 일반적인 규정이나 원리가 그대로 적용된다.

2. 경찰행정법의 범위

(1) 일반경찰행정법과 특별경찰행정법 실질적 의미의 경찰을 광의로 이해하는 경우에, 협의의 경찰(보안경찰)에 관한 법을 일반경찰행정법(일반경찰법), 협의의 행정경찰에 관한 법을 특별경찰행정법(특별경찰법)이라고 부르는 경우가 있다.[47)] 협의의 경찰 개념을 채택하는 경우에는 이러한 의미의 특별경찰행정법은 부정된다. 이 책은 원칙적으로 일반경찰행정법만을 대상으로 한다.

(2) 경찰행정에 고유한 법과 일반행정법 경찰행정법은 좁은 의미로는 경찰의 조직과 작용 및 경찰작용에 대한 국민의 권리구제에 고유한 성문·불문의 법

---

46) 경찰과 경찰행정이 동의어인 까닭에, 경찰행정법을 경찰법이라고 불러도 무방하다. 그러나 경찰법이라고 하면 형식적 의미의 경찰법(「경찰법」이라는 명칭을 가진 법률)과 혼동하기 쉬우므로, 우리나라에서는 경찰행정법이라는 용어를 사용하는 것이 보통이다.

47) 홍정선(경찰) 40면; 류·박(신론) 973면.

규범만을 가리킨다. 그러나 실제로 경찰은 이처럼 경찰에 고유한 법 외에 행정일반에 관한 법(일반행정법)에 의해서도 규율되고 있다. 따라서 경찰행정을 규율하는 법을 총체적으로 파악하기 위해서는 경찰행정에 고유한 법만이 아니라 그러한 법규 내지 법원리가 없는 경우에 적용되는 행정 일반의 조직과 작용 및 구제에 관한 법규와 법원리를 포함하여 이해하여야 한다. 즉, 경찰행정법은 경찰에 고유한 법만이 아니라 경찰에 적용되는 일반행정법도 포함하는 것으로 보아야 하는 것이다.

Ⅱ. 경찰행정법의 내용

경찰행정법은 경찰조직법, 경찰작용법 및 경찰구제법으로 구성된다.

1. 경찰조직법

경찰조직법은 경찰의 조직에 관한 법이며, 경찰행정기관의 구성과 직무에 관한 법 외에 광의로는 경찰행정기관의 구성원인 경찰공무원에 관한 법을 포함한다. 이 책의 제2장과 제3장이 그에 해당한다.

2. 경찰작용법

경찰작용법은 경찰의 작용에 관한 법이며, 경찰작용에 관한 실체법 외에 경찰작용을 위하여 거쳐야 할 절차에 관한 법을 포함한다. 이 책의 제4장 내지 제7장이 그에 해당한다.

3. 경찰구제법

경찰구제법은 경찰작용으로 인한 국민의 권리·이익침해를 구제하기 위한 법으로서, 흠 있는 경찰작용의 시정을 구하기 위한 절차에 관한 법 및 경찰작용으로 인한 실체적 손해를 전보하기 위한 법이 포함된다. 이 책의 제8장이 그에 해당한다.

§2. 경찰행정법의 기본원리

Ⅰ. 개 설

경찰행정법의 기본원리가 무엇인지에 관하여 확립된 견해는 없다. 그러나 경찰행정법도 행정법의 일부이므로, 행정법의 기본원리가 경찰의 성질에 반하지 않는 한 그대로 적용된다고 하여야 할 것이다. 우리나라 행정법의 기본원리의 내용에 관하여도 통일된 견해는 없지만, 공통적으로 드는 것은 민주행정의 원리, 법치행정의 원리 및 복리행정의 원리이다. 이 중 복리행정의 원리는 경찰에는 해당되지 않는다고 보아야 할 것이다. 결국 우리나라 경찰행정법의 기본원리는 민주행정의 원리와 법치행정의 원리가 경찰행정에 적용된 민주적 경찰행정의 원리 및 법치경찰행정의 원리라고 할 수 있다. 한편, 일반적으로 행정법의 기본원리에 포함되지는 않지만, 경찰행정에 있어서는 그 조직과 활동의 효율성이 민주행정·법치행정 다음으로 중요한 가치를 지닌다고 생각된다. 따라서 이 책에서는 민주적 경찰행정의 원리, 법치경찰행정의 원리 및 효율적 경찰행정의 원리를 경찰행정법의 기본원리로 보기로 한다.[48)]

Ⅱ. 민주적 경찰행정의 원리

1. 민주국가원리와 경찰행정

(1) 우리 헌법은 자유민주주의를 기본질서로 선언하고(전문), 그 실현을 위하여 국민투표제도(72조, 130조①), 대의제도(41조①, 67조①), 참정권과 선거제도(24조, 25조, 41조①, 67조, 118조), 복수정당제도(8조), 지방자치제도(117조, 118조) 등을 규정하여, 민주국가원리를 채택하고 있다.

(2) 민주국가원리는 경찰행정 역시 국민에 의하여, 국민의 의사에 따라, 국민의 이익을 위하여 행하여질 것을 요구한다. 헌법에 민주적 경찰행정을 특히 명시한

48) 이 책과 같은 견해로는, 김동복, 경찰행정법, 초판, 문두사, 2005, 24-29면; 조만형, 경찰행정법, 제3판, 박문각, 2009, 56-62면; 유상현·설계경, 경찰행정법, 1판, 법률출판사, 17-21면.

규정은 없지만, 대통령의 직접선거(67조), 국회에 의한 행정부의 견제·감시(86조①, 63조, 54조, 58조, 60-63조, 76조③·④, 77조④·⑤, 79조②), 행정조직법정주의(96조, 100조, 114조⑦, 118조②), 지방자치제도의 보장(117조, 118조), 민주적 공무원제도(7조①) 등으로 표현되는 민주행정의 원리가 경찰행정에도 그대로 적용된다. 따라서 경찰은 국민의 의사를 존중하고 국민의 이익을 위하여 조직되고 활동하여야 한다.

2. 민주적 경찰행정원리의 구현

(1) 경찰법은 목적의 하나로서 '경찰의 민주적인 관리·운영'을 들고 있고(1조), 경찰행정에 관한 중요사항을 심의·의결하기 위한 경찰위원회와 지방행정과 치안행정의 업무조정과 그 밖의 필요한 사항을 협의·조정하기 위한 치안행정협의회를 설치하며, 경찰청장의 임명에 있어서의 국회의 인사청문을 거치도록 하는 등(5조, 16조, 11조② 2문), 경찰행정에서 민주국가원리를 구현하기 위한 제도적 장치를 마련하고 있다.

(2) 민주행정원리가 실제로 행정에서 구현되기 위해서는 국민의 행정에의 참가와 행정의 공개·투명화가 실현되어야 한다. 전자는 행정절차제도에 의하여, 후자는 정보공개제도에 의하여 실현된다. 우리나라에서도 완전하지는 않으나 이 두 가지 제도가 채택되고 있으며, 이러한 제도는 경찰행정에도 그대로 적용된다.

Ⅲ. 법치경찰행정의 원리

1. 개 관

(1) 우리 헌법은 국가권력의 남용을 방지하고 국민의 자유와 권리를 보호하기 위하여 법치주의 내지 법치국가원리를 기본원리의 하나로 채택하고 있다. 법치주의란 국가도 법 아래에 있다는 것을 전제로 국가권력의 행사는 법에 근거를 두고 법에 적합하게 이루어져야 한다는 원리를 말한다. 그 궁극적 목적은 국민의 자유와 권리를 보장하는 데 있다. 우리 헌법상 법치주의를 명문으로 선언한 조항은 없으나, 국민의 기본권을 보장하고(2장) 권력을 분립시키며(40조, 66조④, 101조) 위헌법률심사제도를 채택하고(107조①) 법치행정을 보장하며(75조, 107조②·③, 96조, 100조, 114조⑥·⑦) 국가작용에 의하여 국민의 권리·이익이 침해된 경우에 구제제도를 마련하고 있어서(29조, 23조③, 28조, 26조, 111조① 5호, 107조①), 법치주의를 기

본원리로 채택하고 있음은 의문의 여지가 없다.

(2) 법치주의의 행정에의 적용형태인 법치행정의 원리는 행정권의 행사가 법에 근거하여 법에 적합하게 이루어질 것을 요구한다. 특히 국민에 대한 권력적 명령·강제를 주된 수단으로 하는 경찰에 있어서는 법치행정의 원리가 더욱 중요한 의미를 가진다. 경찰권의 근거와 한계에 관한 여러 원리는 바로 법치행정원리가 경찰행정의 영역에서 구체화된 것이라고 할 수 있다.

(3) 법치행정의 원리는 종래 법률에 의한 행정의 원리와 동의어로 이해되었으나, 오늘날은 법률에 의한 행정은 법치행정의 일부에 불과하며, 그 밖에 행정의 모든 법에의 기속(행정의 법적합성), 행정구제 및 행정통제제도의 확립, 절차적 보장의 확보 등도 법치행정원리의 구성요소로 인식되고 있다. 이러한 원리들은 권력적 명령·강제를 본질로 하는 경찰행정의 영역에서 특히 중요한 의미를 가진다.

2. 법률에 의한 경찰행정

1) 의 의

(1) 법치행정의 원리는 행정이 무엇보다도 형식적 의미의 법률(국회가 제정하는 성문법)에 적합할 것을 요구한다. 법률이야말로 국민의 대표기관인 국회가 제정하는 법으로서 국민의 의사를 표현하는 것이라고 믿기 때문이다. 이러한 원리를 법률에 의한 행정의 원리 또는 행정의 법률적합성의 원리라고 한다. 경찰행정 역시 법률에 적합하여야 함은 두 말할 나위가 없다.

(2) 법률에 의한 행정의 원리는 다시 구체적으로 법률의 법규창조력, 법률의 우위 및 법률의 유보라는 세 가지 하위원리를 내용으로 하는 것으로 이해되고 있다. 그 각각을 간단히 살펴본다.

2) 법률의 법규창조력

(1) 법규는 형식적 의미의 법률로만 정할 수 있다는 것, 즉 국회가 제정하는 법률만이 법규사항을 정할 수 있고 행정기관의 명령으로는 이를 정할 수 없음을 의미한다. 다만, 법률이 법규사항의 전부를 스스로 다 정하도록 요구하는 것은 아니고, 기본적인 사항을 정한 뒤에 명령에 세부적인 사항을 보충하도록 위임하는 것은 허용된다(이 경우에는 위임의 한계가 문제되나, 이것은 법규창조력과는 별개의 문제이다).

(2) 문제는 법규가 무엇을 의미하는가에 있는바, 과거에는 '국민의 자유와 재산

을 침해하는 규범'으로 정의되었으나, 오늘날은 '국민의 권리·의무에 관한 사항을 정하는 규범'으로 이해되고 있다.

(3) 위해방지를 위한 권력적 명령·강제를 뜻하는 경찰행정은 직접적으로 국민의 권리·의무에 영향을 미치므로, 경찰행정을 규율하는 규범은 법규이고, 따라서 반드시 법률로 정하여야 한다. 다만, 법률이 기본적인 사항을 정한 뒤에 명령에 위임하여 세부적인 사항을 보충하게 하는 것은 가능하며, 이것이 입법의 관행이기도 하다.

3) 법률의 우위

(1) 국회가 제정하는 법률은 헌법을 제외하고는 최강의 국가의사로서 다른 모든 국가권력을 구속한다는 것을 의미한다. 따라서 행정은 소극적으로는 법률에 위반될 수 없으며(위반금지), 적극적으로는 법률을 집행할 의무가 있다(적용의무). 구체적 행정작용이 법률에 위반하는 경우에는 위법한 행정작용으로서, 무효이거나(행정행위를 제외한 모든 행정작용), 흠의 경중에 따라 무효 또는 취소할 수 있는 행위가 된다(행정행위의 경우). 나아가 행정기관이 집행할 의무가 있는 법률을 집행하지 않는 경우에도 그로 인하여 권익을 침해받은 국민은 의무이행심판·부작위위법확인소송·헌법소원 등을 통하여 집행을 요구할 수 있다. 경찰행정 역시 마찬가지이다.

(2) 다만, 법률의 형식을 갖추었다고 무조건 다른 국가권력을 구속하는 것은 아니고, 내용적 정당성을 갖추어야 한다. 법체계 안에서 법률의 내용적 정당성은 헌법적합성을 의미한다. 즉, 합헌적 법률만이 행정의 우위에 있고, 위헌적 법률은 무효로서 행정은 그것을 준수할 필요가 없고 준수하여서도 안 된다. 이를 제도적으로 보장하기 위하여 위헌법률심사제도가 필요하다.

4) 법률의 유보

(1) 법률의 유보란 행정기관이 행정작용을 하기 위하여는 개별적 법률의 근거가 있어야 하며, 법률의 근거 없이는 행정작용을 행할 수 없음을 말한다.[49] 이때

---

49) '법률의 유보'를 글자대로 해석하면 일정한 권한(여기에서는 행정작용을 할 수 있는지 없는지를 결정할 권한)이 행정기관이 아니라 법률에 맡겨져 있다는 뜻이다. 따라서 '법률의 유보'보다는 '법률에의 유보'로 번역하는 것이 정확하다. 그러나 이미 관행화된 용법에 따라 이 책에서도 '법률의 유보'라는 용어를 그대로 사용하기로 한다.

근거가 되는 법률은 조직규범과는 별개의 수권규범을 의미한다.

(2) 그러나 법률의 유보가 반드시 모든 행정작용에 법률의 근거가 있어야 함을 의미하지는 않는다. 어떠한 행정작용이 법률의 근거를 요하는가 하는 것이 법률유보의 범위의 문제이다. 이에 관하여는, 국민의 자유와 재산을 침해하는 행정작용만이 법률의 근거를 요한다는 견해(침해유보설), 모든 행정작용이 법률의 근거를 요한다는 견해(전부유보설), 침해행정 외에 국민의 인간다운 생활을 보장하기 위한 행정인 사회행성 내지 급부행정도 법률의 근거를 요한다는 견해(사회유보설 또는 급부행정유보설) 등 다양한 학설이 주장되고 있으나, 가장 널리 지지를 받고 있는 견해는 본질성설(중요사항유보설이라고도 한다)이다. 이 견해에 의하면, 법률의 근거를 요하는지 여부는 행정의 영역이나 행정작용의 성질에 따라서 일률적으로 결정할 수 없고, 당해 행정작용이 국민 일반 및 상대방에 대하여 가지는 의미·효과 및 중요성(본질성)에 비추어 입법자가 개별적으로 판단하여야 한다. 즉, 상대방 및 국민 일반에게 중요한 영향을 미치는 행정작용은 법률의 근거를 요하며, 나아가 그 효과가 클수록 법률의 규정도 상세하여야 한다.

(3) 법률유보의 범위에 관한 여러 학설 중 어떤 것에 의하더라도, 침해행정작용은 법률의 근거를 요한다. 권력적 명령·강제를 주된 수단으로 하는 경찰은 전형적인 침해행정에 속한다. 따라서 경찰은 당연히 법률의 근거를 필요로 한다. 다만, 경찰기관이 행하는 비권력적 작용도 법률의 근거를 요하는지가 문제되는바, 본질성설에 따라 당해 작용이 상대방 및 국민 일반에 미치는 효과의 중요성에 따라 판단되어야 할 것이다.

3. 행정의 모든 법에의 기속

행정은 형식적 의미의 법률에만 적합하면 되는 것이 아니라 불문법을 포함한 모든 법에 적합하여야 한다. 즉, 법치행정의 원리는 법률에 의한 행정(행정의 법률적합성)만을 의미하는 것이 아니라 법에 의한 행정(행정의 법적합성)을 의미한다. 여기에서의 '법'은 성문법 중 헌법과 법률은 물론, 명령과 자치법규, 조약·국제법규를 포함하며, 또한 불문법도 포함한다. 행정법에서는 불문법의 역할이 특히 강조된다. 다만, 불문법은 원칙적으로 권력적 행정작용(경찰행정은 그 전형적인 예이다)의 근거는 될 수 없고, 그 한계가 될 뿐이다.

4. 행정구제 및 행정통제제도의 확립

(1) 법치행정의 원리가 관철되기 위해서는, 행정이 법률 및 법에 적합하도록 요구하는 데서 그치지 않고, 위법·부당한 행정작용의 효과를 제거하고, 주관적으로는 행정작용에 의하여 국민이 권리·이익을 침해받은 경우에는 그것을 회복할 수 있는 구제제도가 마련되며, 또한 객관적으로는 행정이 적법·타당하게 이루어지도록 감시하고 통제하는 제도가 확립되어야 한다. 오늘날 행정통제 및 행정구제제도는 법치행정원리를 담보하기 위한 장치라기보다는 오히려 그 구성요소로 인정된다.

(2) 경찰행정에 관해서도 행정 일반에 관한 구제제도와 통제제도가 그대로 적용된다.

5. 절차적 보장의 확보

(1) 실체법이 완비되어 있어도 그것이 준수되지 않을 가능성은 항상 존재한다. 더욱이 행정의 복잡성과 다양성이 날로 증가하고 있는 현대국가에서 실체법의 완비는 이상에 불과하며, 행정기관의 재량권은 증대 일로에 있다. 행정기관이 실체법을 준수하도록 보장하고 또한 행정기관의 재량권을 통제하기 위한 가장 효과적인 수단은 행정작용을 위한 결정에 이르기 전에 일정한 절차, 특히 국민(이해관계인 및 공중)의 참여 하에 그의 의견 및 증거·자료를 제출받아 이를 참작하는 절차를 거치도록 하는 것이다. 오늘날 행정절차의 보장은 법치행정원리의 구성요소로 보아야 한다.

(2) 경찰행정에 관해서도 행정절차법에 의한 행정절차가 직접적으로 적용된다.

Ⅳ. 효율적 경찰행정의 원리

1. 의 의

경찰은 효율적으로 그 임무를 수행하여야 한다. 구체적으로는 효과적으로 위해를 방지하고(효과성) 또한 최소의 비용으로 방지하여야 한다(능률성). 이러한 효율성은 모든 행정에 있어서 공통적으로 요청되지만,[50] 공공의 안녕·질서를 유지하

---

50) 행정의 효율성의 요청은 일반적으로 행정법의 기본원리로서 들어지지 않고 있다. 그러나

기 위하여 위해를 방지하는 것을 임무로 하는 경찰행정에 있어서는 특히 효율성이 강조된다.

2. 구 현

경찰행정에 있어서 효율성의 요청은 헌법 자체에 명문의 근거규정은 없지만, 실정법상의 여러 규정 및 제도를 통하여 구현되고 있다.

(1) 경찰의 조직을 중앙집권적·관료제적 계층조직으로 구성하고 경찰공무원을 실적에 의하여 임용하며 전문성을 제고하기 위하여 계급제·경과(警科)·교육훈련 등의 여러 가지 제도를 둔 것은 효율적 경찰행정의 원리를 실현하기 위한 것이라고 할 수 있다.

(2) 경찰작용에 있어서 경찰권의 발동의 근거 법규가 불확정개념을 많이 사용하여 경찰기관에 판단여지를 부여하고, 경찰권의 발동 여부 및 구체적인 수단의 선택에 있어서 경찰편의주의를 채택하여 경찰기관에 폭넓은 재량권을 부여하는 것, 경찰직무 응원법을 제정하여 경찰관서 간의 원활한 협력을 도모하는 것 등도 경찰이 효율적으로 그 임무를 달성할 수 있도록 하는 데 목적이 있다.

(3) 나아가 경찰법이 그 목적으로서 '경찰의 민주적인 관리·운영'과 함께 '효율적인 임무수행'을 들고 있는 것(1조)은 효율적 경찰행정의 원리의 실정법적 근거라고 할 수 있다.

§3. 경찰행정법의 법원

I. 개 설

(1) 법원(法源 Rechtsquelle)은 '법의 연원'의 준말로서, 흔히 '법의 존재형식'(법규범이 어떤 형태로 존재하고 있는가)으로 풀이된다. 근래에 이러한 법원 개념을 비판하면서 법원은 '법의 인식근거'(우리는 무엇을 보고 법규범을 인식하는가)를 의미하는 것으로 보아야 한다는 견해가 제기되고 있으나, 실제로 법원의 종류와 그 특성을

구체적인 경우에 법규의 범위 안에서 행정권의 발동 여부 및 수단의 선택을 행정청이 결정하도록 하는 행정편의주의는 행정 전반에 걸쳐서 중요한 원리로 인정되어 왔으며, 그것은 행정에 있어서 효율성의 요청의 표현이라고 할 수 있다.

이해하는 데 차이는 없다.

(2) 법원은 크게 성문법원과 불문법원으로 나뉜다. 성문법은 효력에 있어서 불문법보다 우월하며, 불문법은 일반적으로 성문법에 대하여 보충적인 효력만을 가지는 것으로 인정된다.

Ⅱ. 성문법원

1. 개 관

(1) 성문법이란 제정권자가 성문의 형식으로 제정한 법을 말하며, 헌법, 법률, 명령, 자치법규 및 조약과 국제법규가 이에 속한다.51)

(2) 성문법은 그 형식에 따라 효력에 우열이 있어서, 국내법 중에서는 헌법, 법률, 명령, 자치법규의 순위로 효력을 가진다. 국제법의 법원인 조약과 국제법규가 국내법적으로 어떤 효력을 가지는지는 논란이 있다(38면 참조).

(3) 대륙법계 국가에서는 성문법주의를 취하여 가급적 모든 법을 성문법의 형태로 제정하는 것을 이상으로 한다. 특히 경찰행정법은 경찰권발동의 예측가능성과 법적 안정성을 보장하고 또한 업무 수행의 공정성을 확보하기 위하여 경찰의 조직과 작용을 성문법으로 규율할 필요성이 더욱 크다. 그리하여 실제로 경찰행정법의 영역에서는 다수의 성문법이 제정되어 있다.

---

51) 이 밖에 경찰사무에 관한 행정주체 간의 합의(국가와 지방자치단체 간 또는 지방자치단체 상호간의 협약)를 성문법원의 일종으로 볼 것인지가 문제된다. 이러한 협약은 기본적으로 공법상 계약 또는 합동행위의 성질을 가지지만, 협약 당사자인 지방자치단체의 주민에 대해서는 객관적인 법으로 기능할 수 있다는 견해가 있다고 보아 그 법원성을 인정하는 견해가 있다(홍정선, 경찰행정법, 제2판, 2010, 42면. 2013년의 제3판에서는 이에 관한 기술이 삭제되었다). 제주특별법(110조)과 자치경찰법안(6조②-⑤)이 지방경찰청장 또는 경찰서장과 지방자치단체의 장 간의 협약으로 정하도록 하고 있어서, 앞으로 이러한 협약의 중요성은 더욱 부각될 것으로 예상되는바, 그 법원성 인정 여부에 관해서도 앞으로 심도 있는 검토가 필요하다.

2. 헌 법

헌법에 경찰의 조직과 작용에 관한 명시적인 규정은 없다. 그러나 헌법상의 기본권보장과 행정의 조직 및 작용에 관한 규정들은 경찰에도 직접적으로 적용된다. 특히 제37조 제2항은 기본권보장의 한계를 규정하고 있는바, 이 조항은 경찰에도 적용되는 비례원칙의 근거규정일 뿐만 아니라, 기본권 제한의 목적의 하나로서 질서유지를 들고 있어서, 경찰권의 근거규정으로 해석되기도 한다.

3. 법 률

경찰의 조직과 작용에 관한 법률은 많다. 그 중 경찰에 관한 일반법은 경찰법과 경찰관직무집행법이다.

(1) **경찰조직법** 1991년에 제정된 경찰법은 경찰에 관한 일반법이지만, 주로 경찰의 조직에 관하여 규정할 뿐, 경찰의 작용에 관하여는 거의 규정하고 있지 않다. 따라서 경찰조직법의 일반법이라고 할 수 있다. 다만, 경찰법은 국가경찰조직에 관한 일반법이며, 자치체경찰의 조직에 관해서는 일반법이 아직 없고, 단지 제주특별자치도의 자치경찰에만 적용되는 제주특별법(특히 106조, 107조, 113조, 제114조)이 있을 뿐이다. 그 밖에 경찰의 조직에 관한 법률로는 경찰대학 설치법, 전투경찰대 설치법, 청원경찰법(다만, 청원경찰을 실질적 의미의 경찰로 볼 수 있을 것인지는 문제이다) 등이 있고, 광의의 경찰조직법에 속하는 경찰공무원에 관한 법률로는 경찰공무원법, 「경찰공무원 보건안전 및 복지 기본법」이 있다. 실질적 의미의 경찰에 속하는 소방행정에 관한 조직법으로는 소방기본법(3조-5조, 37조)과 지방자치법(113조), 의무소방대설치법, 소방공무원법이 있다.

(2) **경찰작용법** 경찰의 작용에 관한 일반법은 경찰관직무집행법으로서, 특히 제3조 이하에서 전형적인 경찰작용의 요건과 효과를 규정하고 있다. 그 밖에 경찰의 작용에 관한 법률로는, 경찰직무 응원법과 청원경찰법, 제주특별법(특히 제11장 제5절 및 제9절) 외에, 개별적인 경찰작용에 관한 법률로서 도로교통법, 집회 및 시위에 관한 법률, 총포·도검·화약류 등 단속법, 경비업법, 사격 및 사격장 안전관리에 관한 법률, 사행행위 등 규제 및 처벌 특례법, 유선 및 도선사업법, 유실물법, 풍속영업의 규제에 관한 법률, 수난구호법과 소방기본법, 위험물안전관리법, 소방시설 설치·유지 및 안전관리에 관한 법률, 소방시설공사업법, 다중이용업소

의 안전관리에 관한 특별법 등이 있다. 협의의 행정경찰에 관한 작용법은 매우 많으며, 대표적인 것으로는 식품위생법, 공중위생관리법, 의료법, 약사법, 건축법, 산림보호법 등을 들 수 있다. 경찰작용의 절차에 관하여는 따로 제정된 법률이 없고, 행정절차법과 공공기관의 정보공개에 관한 법률, 개인정보 보호법 등이 경찰작용에 직접 적용된다.

(3) 경찰구제법 경찰에 고유한 행정구제에 관한 법률은 없다. 경찰작용법에 속한 법률들이 경찰작용으로 인한 손실보상이나 행정쟁송에 관하여 개별적인 규정을 두고 있는 경우가 있으나, 그 밖의 경우에는 국가배상법, 행정심판법, 행정소송법 등이 경찰작용으로 인한 권리구제에도 직접적으로 적용된다.

4. 명 령

(1) 명령이란 국가기관이 제정한 성문법으로서 법률보다 하위의 효력을 가지는 것을 말한다. 국회규칙, 대법원규칙, 헌법재판소규칙, 대통령령, 총리령·부령, 중앙선거관리위원회규칙 등이 이에 속한다. 법률의 위임이 있거나 법률을 집행하기 위하여 필요한 경우에는 법규사항을 정할 수 있기 때문에 법규명령이라고도 한다. 또한 명령 중에서 행정기관이 정하는 것(대통령령, 총리령·부령, 중앙선거관리위원회규칙 등)을 행정입법이라고 한다. 명령은 법률의 근거를 필요로 한다.

(2) 경찰의 조직과 작용에 관해서도 법률을 근거로 제정된 명령은 많다. 대통령령으로는 경찰위원회규정, 경찰관직무집행법 시행령, 경찰장비의 사용기준 등에 관한 규정, 경찰공무원 복무규정, 경찰공무원임용령, 경찰공무원 승진임용 규정, 경찰공무원 징계령, 도로교통법 시행령 등이 있고, 부령으로는 경찰공무원임용령 시행규칙(안전행정부령 및 해양수산부령), 경찰공무원승진임용규정 시행규칙(안전행정부령), 해양경찰청소속 경찰공무원 승진임용 규정 시행규칙(해양수산부령), 도로교통법 시행규칙(안전행정부령) 등이 대표적인 예이다. 그러나 이러한 명령들은 법률을 근거로 법률을 보충하기 위하여 제정되는 것이므로, 모법과 분리하여 따로 고찰할 필요는 없다.

(3) 행정기관이 제정하는 성문의 규범 중에는 법률의 근거 없이 행정조직 내부에 있어서의 조직과 활동을 규율하기 위하여 행정기관이 자율적으로 정하는 것도 있다. 이러한 규범을 행정규칙이라고 하는바, 행정규칙이 법원의 일종인지에 관하여는 논란이 있다. 종래의 통설은 행정규칙의 법원성을 부인하였으나, 근래에는 행정규칙을 법원의 일종으로 보아야 한다는 견해도 유력하다. 그러나 행정규칙을

법원으로 인정하더라도 그 효력은 행정조직 내부에만 미치므로(내부법), 국민과 법원에 대하여도 효력이 미치는(외부법) 다른 법원과는 성질을 달리한다.

5. 자치법규

(1) 지방자치단체가 제정하는 성문법이 자치법규이다. 지방의회가 제정하는 조례와 지방자치단체의 장이 제정하는 규칙으로 구분된다. 조례와 규칙은 명령보다 하위이며, 규칙은 조례보다 하위의 효력을 가진다. 또한 기초자치단체인 시·군·자치구의 조례와 규칙은 소속 광역자치단체(특별시·광역시·도)의 조례와 규칙보다 하위이다(지방자치법 24조). 이처럼 자치법규는 국가의 법체계 안에서 법령보다 하위의 규범이지만, 한편으로는 지방자치단체가 법령의 범위 안에서 자율적으로 정하는 규범이라는 점에서 자주법의 성질을 가지며, 그 점에서 명령과는 차이가 있다.

(2) 자치법규는 법령의 위임이 있는 경우를 제외하고는 지방자치단체의 사무에 관해서만 규정할 수 있다. 현행법상 지방자치단체의 사무로 되어 있는 경찰사무는 소방과 제주특별자치도의 자치경찰뿐이므로, 자치법규는 소방과 자치경찰사무에 관해서만 법원이 될 수 있다. 물론 법령의 위임이 있는 경우에는 국가경찰사무에 관해서도 법원이 될 수 있다.

6. 조약과 국제법규

(1) 조약은 명칭 여하를 불문하고 국제법주체(국가 및 국제기구) 간의 문서에 의한 합의를 말하며, 국제법규는 우리나라가 체약국이 아닌 조약으로서 국제사회에서 일반적으로 그 규범성이 승인된 것과 국제관습법을 말한다(따라서 엄밀히 말하면 국제법규 중에는 성문법원과 불문법원이 있다). 조약과 국제법규는 국제법의 법원으로서 그 자체로서는 국내법인 경찰행정법의 법원이 아니지만, 헌법에 의하여 체결·공포된 조약과 국제사회에서 일반적으로 승인된 국제법규는 국내법과 동일한 효력을 가지므로(헌법 6조①), 우리나라의 경찰행정에 관한 사항을 규정하는 조약과 국제법규는 그 한도 안에서 경찰행정법의 법원이 된다.

(2) 조약과 국제법규의 효력의 순위에 관하여는 이견도 있으나, 국회의 동의를 거쳐 체결된 조약과 일반적으로 승인된 국제법규는 법률과 동위이고 국회의 동의를 요하지 않는 조약은 명령과 동위라고 보는 것이 통설이다.

Ⅲ. 불문법원

1. 개 관

(1) 불문법이란 성문의 형식으로 제정되지 않은 법, 즉 제정권자가 의식적·의도적으로 제정하지 않은 법을 말한다. 불문법의 종류로는 관습법과 판례법 및 조리를 든다.

(2) 우리나라를 포함한 대륙법계 국가는 성문법주의를 취한다. 그리하여 가급적 모든 법은 성문법의 형태로 제정하는 것을 바람직하게 생각하고, 실제로 대부분의 법은 성문법의 형태로 존재한다. 그러나 성문법주의를 취한다고 하여도 모든 법을 성문법으로 제정한다는 것이 현실적으로 불가능하기 때문에, 불문법의 존재와 효력을 부인할 수는 없다. 따라서 대륙법계 국가에서도 많든 적든 불문법은 존재하며, 다만 성문법에 대하여 보충적 효력을 가지는 것으로 인정될 뿐이다.

(3) 행정법에 있어서는 성문법주의의 요청이 특히 강하고, 실제로 많은 성문법이 제정되어 있지만, 법전화의 미흡(일반법의 부존재)으로 인하여 성문법규정의 흠결이 자주 발생하고, 그 흠결을 보충하기 위하여 불문법의 역할이 증대된다는, 일견 모순된 현상이 특징이다. 다행히 경찰행정법의 영역에 있어서는 경찰법·경찰관직무집행법 등과 같은 일반법이 제정되어 있어서 성문법규정의 흠결은 비교적 발생할 여지가 적다. 그럼에도 불구하고 경찰에 관한 모든 법규범의 성문화는 불가능한 까닭에, 적용할 성문법규정이 없는 경우는 여전히 있을 수 있고, 따라서 불문법은 여전히 필요하다. 나아가 경찰의 작용에 관한 성문법규정은 불확정개념을 많이 사용하고 경찰기관에 폭넓은 재량권을 부여하는 경우가 많으므로, 불확정개념 해석의 기준을 제시하고 경찰기관의 재량권을 통제하기 위해서도 불문법, 특히 판례법과 조리의 기능이 중요해진다.

2. 관습법

(1) 관습법이란 다수인에 의하여 장기간 지속된 관행이 국민의 법적 확신을 얻어 법규범으로서의 지위를 획득한 것을 말한다. 관습법 중 행정에 관한 사항을 내용으로 하는 것을 행정관습법이라고 한다. 행정관습법은 행정의 영역에 있어서 일반사회생활 및 행정의 운용에 관한 오랜 관행이 국민 또는 관계자의 법적 확신

을 얻어 법규범으로서 승인받은 것이라고 정의할 수 있다.

(2) 행정법의 영역에서도 관습법이 성립할 수 있다는 점에 관하여는 오늘날 이견이 없다. 행정절차법도 "행정청은……행정청의 관행이 일반적으로 국민들에게 받아들여진 때에는 공익 또는 제3자의 정당한 이익을 현저히 해할 우려가 있는 경우를 제외하고는 새로운……관행에 의하여 소급하여 불리하게 처리하여서는 아니 된다"고 규정하여(4조②), 행정관습법의 효력을 명문으로 인정하고 있다.

(3) 그러나 행정현상의 유동성·대량성·획일평등성·강행성 등의 이유로 행정에 관한 관습법은 성립요건(관행의 성립 및 법적 확신의 획득)을 갖추기가 쉽지 않고, 따라서 실제로 행정관습법은 찾아보기 어렵다. 국민에 대한 권력적 명령·강제를 의미하는 경찰행정의 영역에서는 더욱 그렇다.

3. 판례법

(1) 대륙법계 국가에서는 선례구속력이 인정되지 않으므로, 판례는 엄밀한 의미에서 법원이 아니다. 그러나 판례(특히 대법원의 판례)가 법적인 구속력은 없더라도 사실상의 구속력은 부인할 수 없으며, 이 한도에서 판례도 법원으로 볼 수 있다는 것이 통설이다. 다만, 헌법재판소의 위헌결정은 당해 법률 또는 법률조항의 효력을 상실시키고 법원 기타의 국가기관 및 지방자치단체를 기속하므로(헌법재판소법 47조①·②), 법원성이 인정된다.

(2) 판례법은 성문법의 해석과 적용에 있어서 중요한 역할을 한다. 그러나 우리나라를 포함한 대륙법계 국가에서의 판례법은 주로 이미 존재하는 성문법규정의 해석에 기준을 제공하는 데 그치고, 성문법에 없는 새로운 규범을 창조하는 적극적인 기능은 기대하기 어렵다.

4. 조리(행정법의 일반원칙)

1) 의 의

(1) 조리란 '사물의 본질적 법칙' 내지 '일반사회의 정의감에 비추어 반드시 그러하여야 할 것이라고 인정되는 원칙'을 말하며, 실정법 해석의 기준이 되는 동시에 다른 법원이 없는 경우에 최후의 보충적 법원이 된다. 조리는 엄밀히 말하면 그 자체로서는 법이 아니지만, 다른 법원이 없는 경우에 조리를 적용하여 법적 문제를 해결함으로써 법원의 지위를 획득한다. 실제로 우리가 법원의 일종으로

취급하는 조리상의 원칙들은 원래는 조리였지만 판례를 통하여 반복적으로 적용되거나 성문법에 편입되어 이제는 판례법상 또는 성문법상의 원칙으로 된 것이 많다(민법 제2조에 규정된 신의성실의 원칙 및 권리남용금지의 원칙이 그 대표적인 예이다). 이러한 조리상의 원칙들은 '법의 일반원칙'으로 부르기도 한다.

(2) 행정법에서는 성문법의 흠결이 자주 발생하고 성문법이 존재하는 경우에도 일반조항 내지 불확정개념으로 규정되어 명확한 해석·적용의 기준을 결한 경우가 많으므로, 조리 내지 법의 일반원칙의 기능이 그만큼 커지게 된다. 나아가 그 효력에 있어서도 행정의 영역에서 적용되는 조리는 단순한 '최후의 보충적 법원'에 그치는 것이 아니라 입법에 대하여 지침을 제공하고 법률의 위헌 여부를 판단하는 기준이 되는 등, 헌법적 수준으로 고양된 것까지도 있다. 그리하여 근래에는 조리 내지 법의 일반원칙 중에서 특히 행정과 관련하여 형성되고 행정에 적용되는 것을 '행정법의 일반원칙'이라고 부르는 것이 보통이다. 이러한 행정법의 일반원칙은 경찰행정법에 있어서도 그대로 적용된다(다만 비례의 원칙과 평등의 원칙은 경찰행정법의 영역에서 경찰권의 한계에 관한 원칙으로서 경찰 비례의 원칙, 경찰 평등의 원칙이라는 이름으로 독립된 지위를 가지고 있다).

(3) 행정법의 일반원칙으로 들어지는 것은 다양하다. 대표적인 것으로는 비례원칙, 평등원칙, 신뢰보호의 원칙, 부당결부 금지의 원칙 등이 있다. 아래에서 이들 원칙에 관하여 간단히 살펴본다.

2) 비례원칙

(1) 행정권은 필요한 최소한도로 행사되어야 한다는 원칙으로서, 과잉금지의 원칙이라고도 한다. 원래 경찰권 행사의 한계에 관한 조리상의 원칙이었으나, 오늘날은 모든 행정작용, 나아가 모든 국가작용을 지배하는 헌법원칙으로 인정된다(따라서 법률도 비례원칙에 위반하면 위헌·무효이다).

(2) 비례원칙은 구체적으로 ① 행정이 사용하는 수단은 그 목적을 달성하기 위하여 적합한 것이어야 하며(적합성의 원칙), ② 목적달성을 위하여 선택가능한 여러 수단 중에서 관계자에게 가장 적은 부담을 주는 수단을 선택하여야 하고(필요성의 원칙, 최소침해의 원칙), ③ 그 수단을 사용함으로써 얻는 이익보다 상대방 또는 공중이 더 큰 불이익을 받는 경우에는 그 수단을 사용해서는 안 된다(상당성의 원칙, 협의의 비례원칙)는 3가지 하위원칙으로 구성된다.

(3) 경찰행정법에서는 비례원칙이 '경찰 비례의 원칙'이라는 이름으로 더욱 중

요한 역할을 하는바, 이에 관해서는 뒤에서 따로 살펴본다(206-209면).

3) 평등원칙

행정은 모든 국민을 평등하게 대우하여야 하며, 차별을 정당화할 만한 합리적인 사유가 없는 한 특정한 국민을 다른 사람보다 불리하게 취급하여서는 안 된다는 원칙이다. 역시 경찰권행사의 한계에 관한 조리상의 원칙이었으나, 오늘날은 국가작용 전반에 적용되는 헌법원칙으로 인정된다. 평등원칙 역시 '경찰 평등의 원칙'이라는 이름으로 경찰행정법에서 더욱 중요한 기능을 한다(205-206면).

4) 신뢰보호의 원칙

(1) 행정기관의 언동에 대한 국민의 신뢰는 보호되어야 하며, 행정기관은 그 언동에 반하여 상대방에 불이익한 조치를 할 수 없다는 원칙이다. 제1차 세계대전 후 독일에서 학설과 판례에 의하여 등장한 뒤 제2차 세계대전 후 확고한 법의 일반원칙으로 자리잡았다. 우리나라에서는 조세법의 분야에서 판례에 의하여 신뢰보호의 원칙이 인정되기 시작하여,[52] 국세기본법(18조③)과 행정절차법(4조②)에 명문화됨으로써 모든 행정작용으로 적용범위가 넓어졌다.

(2) 신뢰보호원칙의 이론적 근거에 관하여는 여러 가지 견해가 있으나, 오늘날 법적 안정성설이 통설로 되어 있다.

(3) 신뢰보호원칙이 효용을 발휘하는 것은 행정기관의 언동의 내용이 실정법에 반하는 경우이다. 이 경우 결국 행정의 법적합성의 원칙과 상대방의 신뢰보호 중 어느 것을 우선할 것인가의 문제가 되는바, 법적합성과 법적 안정성은 동등한 가치를 가지므로 어느 쪽이 항상 우선이라고 말할 수 없고, 적법상태의 실현에 의하여 달성되는 공익과 행정작용의 존속성·계속성에 대한 개인의 신뢰보호라는 사익의 구체적 비교형량에 따라 결정하여야 한다는 것이 통설이다.

(4) 신뢰보호원칙이 적용되는 경우 행정기관은 그 언동의 내용을 실현할 의무를 지게 되며, 보다 큰 공익을 위하여 그것이 불가능한 경우에는 그 언동을 신뢰한 국민에게 손실을 보상하여야 한다.

---

52) 우리나라에서 신뢰보호원칙을 인정한 최초의 판례는 조세감면규제법에 어긋나는 행정기관의 조세감면 약속에 반한 조세부과처분을 위법으로 판시한 대법원의 78누51 판결(1978.4.25 선고)로 기록되고 있다. 이어 대법원 전원합의체의 80누6 판결(1980.6.10 선고)에서는 조세법상의 신뢰보호와 그 적용요건을 일반적으로 선언하였고, 그 후 많은 판결에 의하여 답습되었다.

5) 부당결부 금지의 원칙

행정작용은 그와 실체적 관련 없는 상대방의 반대급부를 조건으로 할 수 없다는 원칙이다. 예컨대, 법률의 근거 없이 운전면허를 발급함에 있어서 자동차세의 완납을 요건으로 하는 것은 허용되지 않는다.

§4. 경찰행정법의 효력

경찰행정법도 다른 법의 경우와 마찬가지로 효력이 미치는 범위가 시간적·공간적 및 대인적으로 제한된다.

Ⅰ. 시간적 한계

성문법은 공포에 의하여 성립하고 시행될 때부터 명시적 또는 묵시적으로 폐지될 때까지 효력을 가진다.

1. 성립 및 발효

(1) 성립　　성문법은 공포에 의하여 성립한다. 공포의 방법은 법률과 법규명령의 경우에는 관보에, 조례와 규칙의 경우에는 당해 지방자치단체의 공보에 게재하는 것이다(법령 등 공포에 관한 법률 11조①, 지방자치법 시행령 30조① 본문).

공포일의 결정

법령이나 자치법규가 공포일을 기준으로 일정기간이 경과하면 시행되는 것으로 규정한 경우가 많다. 때로는 "공포한 날부터 시행한다"고 규정하는 경우도 있다. 이러한 경우에는 공포일이 언제인지가 문제된다. 공포일은 관보 또는 공보의 발행일이므로(법령 등 공포에 관한 법률 12조, 지방자치법 시행령 31조), 결국 관보 등의 발행일을 언제로 볼 것인가의 문제가 된다. 이에 관하여는 여러 가지 견해가 있으나, 판례는 공포일과 시행일이 같은 경우에는 관보가 정부간행물판매센터에 배포되어 일반 국민이 구독 가능하게 된 최초의 시점을 관보 발행시점(따라서 공포시점인 동시에 시행시점)으로 보고(대판 1970.7.21, 70누76; 1970.

10.23., 70누126),[53] 공포일과 시행일이 다른 경우에는 관보의 실제 인쇄일을 발행일 즉 공포일로 보고 있다(대판 1968.12.6., 68다1753).

---

(2) 효력발생 법령 등은 공포에 의하여 성립하지만, 그 효력이 발생하기 위해서는 시행이 되어야 한다. 시행의 시기는 당해 법령 등에서 스스로 정하는 경우가 많으나("××××년 ×월 ××일부터 시행한다" 또는 "공포한 날부터 ××일이 경과한 날부터 시행한다" 등), 스스로 시행일을 정하지 않은 경우에는 공포한 날부터 20일이 경과한 날부터 시행된다(법령 등 공포에 관한 법률 13조, 지방자치법 26조⑧).

(3) 효력불소급의 원칙 법령 등은 그 시행 전에 종결된 사실에 대하여는 적용되지 않는다. 즉, 법령 등의 진정소급효는 금지된다. 그 근거는 기득권 존중, 법적 안정성 및 예측가능성을 보장하기 위한 법치주의적 요청에 있다. 다만, 법령 등의 시행 당시에 완전히 종결되지 않고 진행중인 사실에 대하여 새로운 법령 등을 적용하는 것(부진정소급효)은 효력불소급의 원칙에 위반되지 않는다. 또한 소급효 금지는 국민의 이익을 위한 것이므로, 소급효를 인정하는 것이 오히려 국민에게 유리한 경우에는 이미 종결된 사실에 대하여도 새로운 법령 등을 적용할 수 있다.

2. 실 효

(1) 명시적 폐지 법령 등은 그것을 폐지 또는 개정하는 새로운 법령 등의 효력발생과 함께 효력을 상실한다.

(2) 묵시적 폐지 (a) 새로운 법령 등이 기존의 법령 등을 폐지 또는 개정한다는 뜻을 명시하지 않았더라도 기존의 법령 등과 충돌하는 내용을 담고 있다면 신법 우선의 원칙에 의하여 신법의 시행과 함께 구법은 효력을 상실한다. (b) 법규명령은 그 근거가 된 법률이 폐지되면 자동적으로 실효된다.

(3) 한시법의 경우 처음부터 유효기간이 정해져 있는 법령 등은 그 기간이 만료됨으로써 효력을 상실한다. 다만, 유효기간이 경과한 뒤에도 그 기간 중에 이루어진 행위에 대하여는 그 법령 등을 적용하도록 경과조치를 규정하는 경우가 많다.

---

53) 그 이전에 대법원은, 법령의 시행일이 아니라 행정행위(광업권설정허가통지)의 효력발생일에 관한 것이기는 하나, 관보 게재일이란 "관보가 인쇄된 뒤 전국의 각 관보 보급소에 발송·배포되어 이를 일반인이 열람 또는 구독할 수 있는 상태에 놓이게 된 최초의 시기"를 뜻한다고 판시한 바 있다(대판 1969.11.25, 69누129).

Ⅱ. 지역적 한계

법률과 법규명령은 따로 시행지역을 한정하지 않은 한 전국에 걸쳐 효력을 미친다. 자치법규는 당해 지방자치단체의 구역 안에서만 효력을 가지는 것이 원칙이나, 예외적으로 그 구역 밖에도 효력을 미치는 경우가 있다.

Ⅲ. 대인적 한계

법률과 법규명령은 따로 적용대상을 한정하지 않는 한 모든 국민(외국에 있는 국민 포함. 다만, 외국법의 지역적 효력이 미치는 결과로 우리 법의 효력이 미치지 못하는 경우가 있다) 및 국내에 있는 외국인(치외법권 있는 외국인은 제외)에 대하여 효력을 가진다. 자연인·법인을 불문한다. 자치법규는 그 구역 안에 있는 모든 사람에게 효력을 가진다.

제 2 장

경찰조직법

경찰조직법은 경찰의 조직에 관한 법이다. 광의로는 경찰조직의 구성요소인 경찰공무원에 관한 법을 포함하나, 고유한 의미의 경찰조직법은 경찰기관의 설치와 그 임무에 관한 법, 경찰기관의 권한의 행사방법과 경찰기관 상호간의 관계에 관한 법을 내용으로 한다.

제 1 절 경찰의 조직

§1. 개 설

Ⅰ. 행정조직법 개설

1. 행정조직 구성의 단위－행정기관－

1) 행정기관의 의의

(1) 행정조직은 다수의 행정기관으로 구성된다. 행정기관은 일상용어로서는 안전행정부, 경찰청 등과 같은 행정사무 배분의 단위를 의미하며, 정부조직법 등 실정법에서도 주로 이러한 의미로 사용한다. 그러나 법적으로는 행정기관은 행정조직을 구성하는 기본단위로서 행정에 관한 권한의 귀속자를 의미한다. 이러한 의미의 행정기관은 행정청과 보조기관, 의결기관, 자문기관, 집행기관 등을 포괄하는 개념이다(이러한 의미의 행정기관과 구별하기 위하여 행정사무 배분의 단위인 행정기관은 '행정관서'라고 한다).

(2) 행정기관 담당자인 공무원은 자연인으로서 권리주체이며, 행정기관이 속한 행정주체는 법인으로서 권리주체이지만, 행정기관 자체는 그가 속한 행정주체의 기관일 뿐, 권리주체가 아니다. 따라서 행정기관은 자신의 이름으로 권리와 의무를 가지지 못하고 행정주체를 위하여 일정한 행위를 할 권한과 책임을 가질 뿐이다. 다만, 행정기관 중 행정청은 항고쟁송의 피청구인 또는 피고가 되고 권한쟁의의 당사자가 되는 등, 권리주체와 유사하게 활동하는 경우가 있다.

(3) 모든 행정기관은 권리·의무의 주체는 되지 못하지만 일정한 권한과 책임의

주체가 된다. 다만, 행정기관 중에서도 행정청은 대외적으로도(국민에 대하여도) 일정한 권한과 책임을 가지지만, 행정청이 아닌 행정기관은 행정조직 내부에서만 권한과 책임을 가진다.

2) 행정기관의 종류

행정기관은 여러 가지 관점에서 분류할 수 있다. 가장 중요한 것은 권한을 기준으로 한 분류로서, 다음과 같이 구분된다.[1)]

(1) 행정청 행정주체의 의사를 결정하고 그 의사를 외부(국민)에 대하여 표시할 권한을 가진 행정기관을 말한다. 행정관청 또는 관청이라고도 하며,[2)] 대통령, 행정각부의 장관, 청장 등이 그 예이다. 실정법상으로는 '행정기관의 장'으로 불리는 경우가 많다. 대부분 독임제 기관이지만, 감사원·공정거래위원회 등과 같이 합의제 기관인 경우도 있다.

(2) 보조기관 대외적으로 구속력 있는 의사를 결정하거나 표시할 권한이 없고, 단지 행정청의 의사결정 및 표시행위를 보조하는 기관을 말한다. 행정각부의 차관·실장·본부장·국장·과장, 청의 차장·실장·국장·과장이 이에 해당한다. 보조기관은 국민을 상대로 어떠한 행위를 할 권한은 없지만, 행정조직 내부에서는 각기 일정한 권한과 책임을 가진다. 보조기관 중에서 정책의 기획·연구·조사 등 참모적 기능을 담당하는 기관(차관보·담당관 등)을 보좌기관이라 하여 보조기관과 구별하는 것이 보통이나, 권한을 기준으로 할 때에는 보좌기관도 보조기관의 일종이고, 단지 기능에서 일반의 보조기관과 차이가 있을 뿐이다.[3)]

(3) 의결기관 행정주체의 의사를 결정할 권한만 있고 표시할 권한은 없는

---

1) 이밖에 감사기관·기업기관(영조물기관)·부속기관(시험연구기관·교육훈련기관·문화기관·의료기관·제조기관) 등을 행정기관의 종류로 드는 것이 보통이다. 그러나 이러한 구분은 권한이 아니라 기능 내지 소관 업무의 내용을 기준으로 한 것이며(동지: 김·김(Ⅱ) 12-13면, 특히 12면 주 2), 나아가 행정기관이 아니라 행정관서를 대상으로 한 분류로서, 이들 각각에 행정청과 보조기관들이 소속되어 있다는 점에서, 행정청·보조기관 등과 같은 차원의 분류가 아니다.

2) 과거에는 국가의 행정청과 지방자치단체의 행정청을 구별하여 전자를 행정관청, 후자를 협의의 행정청이라고 부른다고 설명하는 것이 보통이었다. 그러나 국가의 행정청이든 지방자치단체의 행정청이든 그 권한의 내용과 행사방식에는 전혀 차이가 없으며, 실정법상으로도 양자를 구별하지 않고 행정청으로 부르는 것이 보통이다(행정심판법 2조②, 행정소송법 2조②, 행절 2조 1호 등). 따라서 이 책에서는 양자를 구별하지 않고 행정청과 행정관청·관청을 동의어로 사용한다.

3) 김·김(Ⅱ) 11면 주 1.

행정기관을 의결기관이라고 하며, 이에 대하여 의결기관이 결정한 의사를 표시할 권한만 가지는 행정기관을 집행기관이라고 한다. 공무원징계에 있어서의 징계위원회, 국가경찰의 주요정책 결정에 있어서의 경찰위원회가 대표적인 예이다. 의결기관과 집행기관을 따로 두는 이유는 보다 신중하고 민주적인 의사결정을 위한 것이며, 이 경우 행정청은 집행기관이다.

(4) **자문기관** 행정청의 자문에 응하여 의견을 제공하는 기관을 말한다. 그 의사결정에 구속력이 없다는 점에서 의결기관과 구별된다. 그러나 행정청의 권한행사를 단순히 보조하는 것이 아니라, 그 의사결정에 구속력은 없을지라도 행정청에 대하여 독자적 기능을 행사한다는 점에서, 보조기관과도 구별된다.

(5) **집행기관** 행정청의 명을 받아 행정청이 결정한 행정주체의 의사를 실력으로써 집행하는 기관을 말한다(위에서 본 의결기관에 대비되는 개념으로서의 집행기관과는 전혀 다른 의미이며, 행정청에 대비되는 개념이다). 경찰공무원·소방공무원·교도관 등이 대표적인 예이다. 집행기관은 의사결정권이 없고 행정청이 결정한 의사를 집행할 뿐이라고 하지만, 실제로는 법령의 규정이나 행정청의 위임에 의하여 의사결정까지 하는 경우도 많다.

2. 행정조직법정주의

행정기관의 설치와 그에 대한 임무 및 권한의 배분은 직접적으로는 국민의 권리·의무에 관한 사항(법규사항)은 아니다. 그러나 어떤 행정기관이 국민을 상대로 어떤 권한을 가지는가 하는 것은 간접적으로 국민의 권리·의무에 영향을 미친다. 따라서 오늘날 행정조직에 관해서도 기본적인 사항은 법규, 특히 법률로 정할 것이 요구된다. 이러한 원칙을 행정조직법정주의라고 하며, 헌법은 행정각부의 조직에 관하여 이를 명시하고 있다(96조). 이에 따라 행정조직에 관하여 중요한 사항은 헌법이 스스로 규정한 것(대통령·국무총리·국무위원·국무회의·행정각부·감사원·중앙선거관리위원회 등)을 제외하고는 법률로 정하고 있으며, 그 중 일반법은 정부조직법이다. 법률의 범위 안에서 보다 구체적인 사항은 법규명령으로 정해진다. 그러나 행정조직에 관한 사항이 본질적으로 법규사항인 것은 아니므로, 법률과 법규명령의 범위 안에서 구체적·세부적인 사항은 행정규칙으로 정하는 것이 보통이다.

Ⅱ. 경찰행정조직법 개설

1. 개 관

경찰행정조직도 행정조직의 일부로서, 행정조직 일반에 관한 법원리가 그대로 타당하다. 즉, 경찰행정조직도 법적으로는 행정기관(경찰기관)으로 구성되며, 그 기본적인 사항은 법률로 정해진다. 경찰의 조직에 관한 일반법은 경찰법이며, 이밖에 경찰대학 설치법과 전투경찰대 설치법이 있고, 자치체경찰의 조직에 관한 법으로는 「제주특별자치도 설치 및 국제자유도시 조성을 위한 특별법」(제11장)이 있다. 또한 특수한 경찰인 소방행정의 조직은 조례로 정하도록 되어 있다(지방자치법 104조).

2. 우리나라 경찰조직의 특색

(1) 경찰권 내지 경찰임무의 귀속을 기준으로 경찰을 국가경찰과 자치체경찰로 구분할 수 있음은 앞에서 본 바 있다. 우리나라는 정부수립 이래 오랫동안 국가경찰 일원주의를 취하여 경찰사무를 국가사무로 하고 경찰조직을 국가의 행정조직으로 하며, 그 구성원인 경찰공무원을 국가공무원으로 하여 왔다.[4] 다만, 소방행정은 광역자치단체의 사무로 하고 있어서(소방기본법 6조, 지방자치법 8조② 6호 가목, 10조②, 동법 시행령 8조, [별표 1] 6호 나목), 그 조직도 광역자치단체의 행정조직으로 되어 있다. 또한 2006년에는 제주특별자치도에 제한된 경찰권만을 가진 소규모의 자치경찰이 설치되었다(제주특별 105조 이하).

(2) 해양에서의 경찰 및 오염방제에 관한 사무를 관장하기 위하여 일반경찰과 분리하여 해양경찰조직을 따로 두고 있다는 점(정부조직법 42조②)도 우리나라 경

4) 우리나라에서 경찰조직을 중앙집권적 국가경찰로 일원화한 것은 분단국가로서의 안보상황과 치안여건에 효율적으로 대처하기 위해서라고 설명된다(이철호 편저, 경찰행정법, 개정판, 푸른세상, 2004, 38면). 그러나 민주화와 지방화의 진전에 따라 경찰의 지방화의 욕구도 증대하여 왔으며, 이에 따라 자치체경찰을 도입하여야 한다는 주장이 높다. 실제로 2004년에 제정된 지방분권특별법은 "국가는 지방행정과 치안행정의 연계성을 확보하고 지역특성에 적합한 치안서비스를 제공하기 위하여 자치경찰제도를 도입하여야 한다"고 규정하여(10조③) 자치체경찰 도입을 위한 법적 발판을 마련하였고, 이에 따라 정부가 자치경찰법안을 마련하여 2005년 11월 정부제출법안으로 국회에 제출하였으나 2007년 5월 제17대 국회의 임기만료로 자동 폐기된 바 있다. 그러나 2006년 제주특별법이 제정되면서 제주특별자치도에 한하여 제한적인 자치경찰제가 도입되었다(63-64면 참고).

찰조직의 특색 중 하나로 들 수 있다.

3. 경찰조직의 구성원리

경찰은 질서유지를 위하여 국민에게 권력적으로 명령·강제하는 작용이다. 따라서 경찰조직을 어떤 원리에 따라 구성할 것인가는 무엇보다도 헌법상 국가권력의 조직과 그 행사(특히 기본권제한)에 관한 여러 원칙에 입각하여 결정되어야 한다. 나아가 행정조직의 능률성도 고려되어야 한다. 이러한 점을 감안할 때, 우리나라 경찰조직의 구성을 지도하는 원리로서는 다음의 셋을 들 수 있다.[5]

(1) 경찰조직의 민주성　경찰조직은 헌법상의 민주적 기본질서에 합치하도록 구성되어야 한다. 중앙행정기관에 해당하는 경찰기관[6]의 설치와 직무범위는 국민의 의사의 표현인 법률에 의하여 정해지고(정부조직법 2조①), 경찰조직은 국민에 의하여 선출된 대통령을 수반으로 하는 행정부의 일부로서 대통령의 감독과 통제하에 있으며, 그 구성원인 경찰공무원은 국민 전체에 대한 봉사자로서 국민에 대하여 책임을 지고 정치적 중립성이 보장되는 것(헌법 7조, 국공 65조)은 행정조직 일반의 경우와 마찬가지로 경찰조직의 민주성의 표현이다. 나아가 직접 국민에 대하여 공권력을 행사하는 경찰조직에 있어서는 그 민주적 구성의 요청이 특히 강하다고 할 수 있다. 경찰의 최고의결기관으로 경찰위원회를 두는 것(경찰 5조 이하)이나 경찰청장의 임명에 있어서 국회의 인사청문을 거치도록 하고 또한 경찰청장을 국회의 탄핵소추 대상으로 한 것(동법 11조②·⑥)은 경찰조직의 민주성을 확보하기 위한 것이다.

(2) 경찰조직의 능률성　경찰은 실력으로 공공의 안녕과 질서를 보호하고 위해를 방지하는 임무를 수행하는 까닭에, 어느 조직보다도 일사불란한 체계 하에 신속하고 능률적·효과적으로 업무를 수행할 수 있도록 구성되어야 한다. 이러한 능률성의 요청에 의하여 우리나라의 경찰조직은 중앙집권적 국가경찰이 대종을 이루고 군대와 유사한 계선적 조직형태로 구성되어 있다. 나아가 경찰관서 상호간의 유기적인 협조를 통하여 효율적으로 위해를 방지할 수 있도록 경찰직무응원제도가 법정화되어 있고(경찰직무 응원법 1조, 3조), 돌발사태에 응하여 기동성 있게

---

5) 행정조직 일반이 아닌 경찰조직 구성의 원리를 설명하는 경우는 많지 않으나, 경찰조직의 지도원리로서 경찰조직의 민주성, 능률성, 중립성 및 집권성을 드는 견해가 있다(이철호(경찰) 39-42면).

6) 중앙행정기관은 법률에 다른 규정이 없는 한 부·처·청을 의미한다(정부조직법 2조②). 경찰기관 중에서는 경찰청과 해양경찰청이 이에 해당한다.

임무를 수행하기 위하여 경찰기동대를 편성하기도 한다(동법 4조).

(3) 경찰조직의 전문성 오늘날 산업화와 과학기술의 발달 및 사회의 다원화에 따라 공공의 안녕·질서에 대한 위해는 양적으로 증가하고 질적으로 다양화하고 있다. 이에 따라 위해방지의 임무는 고도의 전문적 지식과 기술을 필요로 하는 전문적인 업무로 변화하였다. 경찰조직은 이러한 임무수행을 위하여 최대한 전문성이 발휘되도록 구성되어야 한다. 경찰공무원을 시험성적 등의 능력에 의하여 임용하고 신분을 보장하며 경과를 구분하는 것 등은 이러한 전문성의 요구를 반영한 것이다.

Ⅲ. 경찰행정기관의 분류

1. 권한에 의한 분류

경찰행정기관도 그 권한을 기준으로 경찰행정청과 경찰보조기관, 경찰의결기관, 경찰자문기관, 경찰집행기관 등으로 나눌 수 있다.

2. 임무에 의한 분류

경찰을 광의로 이해하는 경우에는 경찰기관을 위해방지를 고유한 임무로 하는 기관(보안경찰기관, 협의의 경찰기관)과 다른 임무에 부수하여 그가 관장하는 행정영역에 있어서의 위해방지를 관장하는 기관(협의의 행정경찰기관)으로 나눌 수 있다. 경찰을 협의로 이해하는 경우에는 전자만이 경찰기관이다.

3. 평시경찰기관과 비상경찰기관

평시에 정규의 경찰조직으로써 질서유지를 담당하는 기관을 평시경찰기관, 비상시에 병력으로써 질서유지를 담당하는 기관을 비상경찰기관이라고 한다.

4. 국가경찰기관과 자치체경찰기관

소속 행정주체에 따라 국가경찰에 속한 기관을 국가경찰기관, 자치체경찰에 속한 기관을 자치체경찰기관이라고 한다. 우리나라에서는 경찰기관은 대부분 국가경찰기관이고, 소방기관과 제주특별자치도의 자치경찰에 속한 기관만이 자치체경

찰기관이다.[7]

5. 일반경찰기관과 특별경찰기관

경찰기관을 일반경찰기관과 특별경찰기관으로 나누는 것이 보통이다. 일반경찰기관은 평시에 고유한 임무로서 질서유지·위해방지를 담당하는 기관, 즉 평시경찰기관이면서 동시에 협의의 경찰기관이라는 성격을 가지는 기관을 말한다. 일반경찰기관은 다시 다른 기관이 담당하는 것을 제외한 모든 분야의 위해방지를 담당하는 보통경찰기관과, 특수한 분야의 위해방지만을 담당하는 특수한 경찰기관으로 나눌 수 있다.[8] 이에 비하여 특별경찰기관은 일반경찰기관 이외에 질서유지·위해방지를 담당하는 기관을 말하며, 비상시에 병력으로써 질서유지를 담당하는 기관(비상경찰기관)과 다른 행정임무에 부수하여 그 분야에서의 위해방지를 담당하는 기관(협의의 행정경찰기관)을 포함한다.[9]

- 경찰기관
  - 일반경찰기관
    - 보통경찰기관
    - 특수한 경찰기관
  - 특별경찰기관
    - 비상경찰기관
    - 협의의 행정경찰기관

7) 1991년 경찰법 제정 이전에는 특별시·직할시(현재의 광역시)·도 단위로 경찰국장을 두어 지방에 있어서의 경찰행정을 관장하게 하였으나, 경찰국장은 시·도지사의 보조기관에 불과하고, 시·도 단위에 있어서의 경찰사무를 담당하는 행정청은 시·도지사였다. 그러나 당시의 지방경찰도 자치체경찰은 아니었고, 시·도지사가 국가사무인 경찰사무를 기관위임받아 처리하는 것으로 해석되었다.

8) 일반경찰기관과 보통경찰기관이라는 용어는 일반적으로 혼용되고 있다. 이 책에서는 일반경찰기관을 특별경찰기관에 대비되는 개념으로서 평시에 위해방지를 고유한 임무로서 담당하는 기관으로 이해하고, 이를 다시 위해방지 임무의 보편성 여부를 기준으로 보통경찰기관과 특수한 경찰기관으로 구분한다.

9) 나아가 사인도 경찰의 직무를 수행하는 경우가 있다. 예컨대, 해선(海船)과 항공기 내에서 발생하는 범죄에 관하여는 선장과 기장이 사법경찰관의 직무를, 해선의 사무장이나 갑판부·기관부·사무부의 해원 중 선장의 지명을 받은 자와 항공기의 승무원은 사법경찰리의 직무를 행하는 바(사법경찰관리의 직무를 행할 자와 그 직무범위에 관한 법률 7조), 이들은 그 범죄의 예방·진압과 관련하여 행정경찰의 성질을 가진 직무도 당연히 행할 수 있다고 해석된다. 그러나 이들을 독자의 경찰기관으로 볼 수는 없고, 법률의 규정에 의하여 경찰권을 위임받은 자(이른바 공무수탁사인)일 뿐이다.

§2. 보통경찰기관

평시에 정규의 경찰력으로써 보편적 위해방지 임무를 담당하는 기관을 말한다. 우리나라의 경우 보통경찰기관은 대부분 국가경찰기관이지만, 제주특별자치도에 설치된 자치경찰에 속한 기관은 자치체경찰기관이다. 어느 쪽이든, 보통경찰기관은 권한을 기준으로 행정청과 보조기관, 집행기관 및 의결기관·협의기관으로 구분된다.

Ⅰ. 국가의 보통경찰기관

1. 보통경찰행정청

국가경찰에 속한 보통경찰행정청으로는 육상에서의 위해방지를 담당하는 경찰청장·지방경찰청장·경찰서장과 해양에서의 위해방지를 담당하는 해양경찰청장·지방해양경찰본부장·해양경찰서장이 있다.10)

1) 경찰청장·지방경찰청장·경찰서장

가) 경찰청장

(1) 경찰청장은 최상급의 경찰행정청으로서, 안전행정부에 소속된 중앙행정관청이다. 경찰청장은 국가경찰에 관한 사무를 총괄하고 경찰청 업무를 관장하며 소속 공무원 및 각급 국가경찰기관의 장을 지휘·감독한다(경찰 11조③).

(2) 경찰청장은 치안총감으로 보하며, 경찰위원회의 동의를 받아 안전행정부장관의 제청으로 국무총리를 거쳐 대통령이 임명하되 국회의 인사청문을 거쳐야 한

---

10) 이 밖에 안전행정부장관을 넓은 의미에서 경찰관청의 하나로 볼 수 있다는 견해도 있다(박·정(하) 304면; 정하중(개론) 1111면; 류·박(신론) 969-970면). 안전행정부장관이 경찰사무에 관한 법규명령과 행정규칙 제정권, 경찰청장에 대한 감독권과 경찰공무원 인사에 관한 일정한 권한을 가지고 있는 것은 사실이지만, 직접 경찰권을 행사할 수는 없다. 따라서 안전행정부장관을 경찰행정청으로 볼 수는 없다. 만일 경찰기관에 대한 감독권과 경찰공무원 인사에 관한 권한을 가진 기관을 경찰행정청이라고 하면, 안전행정부장관만이 아니라 국무총리와 대통령도 경찰행정청이라는 결과가 된다.

다. 임기는 2년이고, 중임할 수 없다. 경찰청장이 직무를 집행하면서 헌법이나 법률을 위배한 때에는 국회의 탄핵소추의 대상이 된다(경찰 11조①·②·⑤·⑥).

(3) 경찰청장의 보조기관으로는 차장, 국장, 부장, 과장을 두고, 보좌기관으로 담당관을 둔다(경찰 12조①·13조. 보좌기관도 법적으로는 보조기관의 일종임은 앞에서 본 바와 같다). 경찰청의 차장은 경찰청장을 보좌하며, 경찰청장이 부득이한 사유로 직무를 수행할 수 없을 때에는 그 직무를 대행한다(동법 12조②).

(4) 경찰청장의 부속기관으로는 경찰대학·경찰종합학교·중앙경찰학교·경찰수사연수원·경찰병원·운전면허시험관리단 등이 있다(경찰대학설치법, 경찰청과 그 소속기관 등 직제 3장-5장의2). 이들은 각각 하나의 행정관서로서, 그 장은 경찰청장의 하급행정청이다.

나) 지방경찰청장

(1) 지방경찰청은 경찰청의 사무를 지역적으로 분담 수행하게 하기 위하여 특별시·광역시·도에 설치된 지방 상급의 경찰행정관서이다(경찰 2조②). 지방경찰청장은 지방 상급의 경찰행정청으로서, 경찰청장의 지휘·감독을 받아 관할구역의 국가경찰사무를 관장하고 소속 공무원 및 소속 국가경찰기관의 장을 지휘·감독한다(경찰 14조②). 경찰법은 "특별시장·광역시장 및 도지사 소속으로 지방경찰청을 둔다"고 규정하고 있으나(2조②), 지방경찰청장은 시·도지사의 하급행정청이 아니라 경찰청장의 하급행정청이다.[11)]

(2) 지방경찰청장은 치안정감·치안감 또는 경무관으로 보한다(경찰 14조①).

(3) 지방경찰청장의 보조기관으로 차장을 둘 수 있다. 차장은 지방경찰청장을 보좌하여 소관 사무를 처리하고 지방경찰청장이 부득이한 사유로 직무를 수행할 수 없을 때에는 그 직무를 대행한다(경찰 15조). 차장 이외의 보조기관으로는 부장(서울특별시 지방경찰청과 경기도 지방경찰청에 한함)을 두며, 그 밖의 보조기관과 보

---

11) 그럼에도 불구하고 경찰법이 지방경찰청을 시·도지사 소속으로 둔다고 규정한 이유는, 경찰사무를 시·도지사 통할 하에 다른 지방행정과 연계시켜 수행하도록 하고, 또한 장래 자치체경찰로 전환하는 경우에 대비하기 위한 것으로 해석되어 왔다(박·정(하) 304면; 김동희(II) 205면; 정하중(개론) 1111면 등). 그러나 지방경찰청장이 시·도 소속의 행정청도 아니고 시·도지사의 지휘·감독을 받는 것도 아닌 이상, 그러한 이유만으로 행정조직법의 체계에 어긋나게 '시·도지사 소속'으로 규정하였다는 것은 아무래도 납득하기 어렵다. 그리하여 그러한 해석을 거부하고, 사실은 과거에 지방자치단체로부터 재정지원을 확보하기 위하여 그와 같이 규정한 것으로 보는 견해도 있다(홍정선(경찰) 100면 주 1). 보다 정확하게는, 과거에 시·도 경찰국장이 시·도지사의 보조기관이었던 타성에서 비롯된 입법상의 실수라고 보아야 할 것이다.

좌기관은 안전행정부령으로 정한다(경찰청과 그 소속기관 등 직제 45조-57조). 또한 특정한 경찰사무에 관하여 지방경찰청장 또는 차장을 보좌하기 위하여 직할대를 둘 수 있다(동 직제 42조).

다) 경찰서장

(1) 경찰서는 지방경찰청의 관할구역을 지역적으로 분담하여 경찰사무를 수행하는 지방 하급의 경찰행정관서이나. 경찰서장은 지방경찰청장 소속하의 지방 하급 경찰행정청으로서, 지방경찰청장의 지휘·감독을 받아 관할구역의 소관 사무를 관장하고 소속 공무원을 지휘·감독한다(경찰 17조②). 경찰서장의 관할구역은 대체로 시·군·자치구와 일치하나, 인구에 따라 하나의 시·군·자치구에 둘 이상의 경찰서를 두는 경우, 반대로 둘 이상의 시·군·구에 하나의 경찰서를 두는 경우도 있다. 경찰서의 수는 전국적으로 250개 이내로 제한되어 있다(경찰청과 그 소속기관 등 직제 43조①).

(2) 경찰서장은 경무관, 총경 또는 경정으로 보한다(경찰 17조①).

(3) 경찰서장의 보조기관으로는 청문감사관과 과장을 둔다(경찰청과 그 소속기관 등 직제 43조①, 동 직제 시행규칙 49조).

(4) 경찰서장 소속으로 지구대 또는 파출소를 두고, 필요한 경우에는 출장소를 둘 수 있다(경찰 17조③). 지구대장이나 파출소장·출장소장이 경찰서장의 보조기관인지 하급행정청인지는, 이들이 법령에 의하여 또는 경찰서장의 위임에 의하여 국민을 상대로 자기 이름으로 권한을 행사하는지 여부에 의하여 판단되어야 할 것이다. 현재에는 경찰서장의 권한을 사실상 분담하여 행사할 뿐, 자기 이름으로 행사하는 권한은 없는 것으로 보인다.[12)]

2) 해양경찰청장·지방해양경찰청장·해양경찰서장

가) 해양경찰청장

(1) 해양에서의 경찰 및 오염방제에 관한 사무를 관장하기 위하여 해양수산부장관 소속으로 두는 해양경찰에 관한 중앙행정관청이다(정부조직법 43조②). 해양경찰청은 원래 경찰청 소속의 행정관서로서 해양경찰청장은 지방경찰청장과 동급의

---

12) 다만, 경찰관직무집행법상 사실조회 및 확인은 '경찰관서의 장'의 권한으로 되어 있는 바(8조①), 동법상 '경찰관서'는 지구대와 파출소·출장소를 포함하므로(3조②), 지구대장과 파출소장·출장소장도 사실조회 및 확인이라는 대외적 권한을 가진다. 그러나 이것만으로 지구대장과 파출소장을 행정청으로 보기는 어려울 것이다(동지: 홍정선(경찰) 102면).

경찰행정청이었으나, 1996년 해양수산부가 신설되면서 해양수산부 소속으로 변경되었다. 그러나 아래에서 보는 것처럼 해양경찰청과 그 산하의 해양경찰관서는 경찰공무원으로 구성되고 해양에서의 위해방지를 고유한 임무로 하고 있어서, 협의의 행정경찰기관이 아니라 일반경찰기관의 성질을 가진다.

(2) 해양경찰청장은 경찰공무원 중 치안총감으로 보한다(정부조직법 43조③, 해양경찰청과 그 소속기관 직제 4조).

(3) 해양경찰청장의 보조기관으로는 차장 1인과 국장, 과장을 두며, 보좌기관으로 기획조정관과 감사관을 둔다. 차장은 경찰공무원 중 치안정감으로 보한다(정부조직법 43조③, 해양경찰청과 그 소속기관 직제 5조 이하). 또한 해양경찰청장의 부속기관으로 해양경찰학교와 해양경찰연구소 및 해양경찰정비창을 둔다(동 직제 2조①·③, 3장, 4장, 6장).

나) 지방해양경찰청장

(1) 지방해양경찰청은 해양경찰청장의 관장사무를 지역적으로 분장하기 위하여 해양경찰청장 소속하에 두는 지방 상급의 해양경찰관서이다. 지방해양경찰청장은 지방 상급의 해양경찰행정청으로서, 관할 해양에서의 경찰 및 오염방제에 관한 사무를 관장한다(해양경찰청과 그 소속기관 직제 2조②, 17조).

(2) 지방해양경찰청장은 치안감 또는 경무관으로 보하며, 해양경찰청장의 명을 받아 소관 사무를 통할하고, 소속 공무원을 지휘·감독한다(해양경찰청과 그 소속기관 직제 24조②·③).

(3) 지방해양경찰청장장의 보조기관과 보좌기관은 해양수산부령으로 정하며, 해양수산부령으로 정하는 범위에서 직할단과 직할대를 둘 수 있다(해양경찰청과 그 소속기관 직제 26조의2).

다) 해양경찰서장

(1) 해양경찰서는 지방해양경찰청의 소관사무를 분장하기 위하여 지방해양경찰청장 소속하에 두는 지방 하급의 해양경찰관서이다(해양경찰청과 그 소속기관 직제 2조②, 27조①). 다만, 해양경찰청장 소속하에 두는 해양경찰서도 있으며, 이를 직할해양경찰서라고 한다(동 직제 2조②, 26조①). 해양경찰서장은 지방해양경찰청장에(직할해양경찰서장은 해양경찰청장에) 소속된 지방 하급의 해양경찰행정청이다.

(2) 해양경찰서장은 총경으로 보하며, 지방해양경찰청장의 명(해양경찰청 직할해양경찰서장은 해양경찰청장의 명)을 받아 소관사무를 통할하고, 소속 공무원을 지휘·

감독한다(해양경찰청과 그 소속기관 직제 26조②·③, 27조②·③).

(3) 해양경찰서장의 보조기관 등 하부조직은 해양수산부령으로 정한다(해양경찰청과 그 소속기관 직제 26조④, 27조④). 직할해양경찰서장에는 해양수산부령으로 정하는 범위에서 직할단과 직할대도 둘 수 있다(해양경찰청과 그 소속기관 직제 26조의2).

(3) 해양경찰서장의 소관 사무를 분장하기 위하여 해양수산부령으로 정하는 바에 따라 해양경찰서장 소속으로 파출소를 둘 수 있고, 임시로 필요한 때에는 출장소를 둘 수 있다(해양경찰청과 그 소속기관 직제 28조). 파출소장과 출장소장 역시 해양경찰서장의 하급행정청이라기보다는 그 보조기관으로 보아야 할 것이다.

2. 경찰의결기관 및 경찰협의기관

1) 경찰위원회

(1) 경찰행정에 관한 중요사항을 심의·의결하기 위하여 안전행정부에 설치된 의결기관이다. 의결기관이지 행정청은 아니므로, 안전행정부장관이나 경찰청장이 부의한 사항만을 심의·의결할 뿐, 독자적으로 정책을 결정하거나 국민을 상대로 처분을 할 권한은 없다.

(2) 경찰위원회는 위원장 1명을 포함한 7명의 위원으로 구성하며, 위원 중 1명은 상임이고 위원장과 나머지 위원은 비상임이다(경찰 5조②). 위원은 안전행정부장관의 제청으로 국무총리를 거쳐 대통령이 임명하며, 그 중 2명은 법관의 자격이 있는 자이어야 한다(동법 6조①·③). 위원장은 비상임위원 중에서 호선한다(경찰위원회규정 2조②). 위원의 임기는 3년이고, 연임할 수 없으며, 신분이 보장된다(경찰 7조①·③).

(3) 국가경찰의 인사, 예산, 장비, 통신 등에 관한 주요정책 및 국가경찰 업무발전에 관한 사항, 인권보호와 관련되는 국가경찰의 운영·개선에 관한 사항, 국가경찰 임무 외에 다른 국가기관으로부터의 업무협조 요청에 관한 사항, 제주특별자치도의 자치경찰에 대한 국가경찰의 지원·협조 및 협약체결의 조정 등에 관한 주요 정책사항, 그 밖에 안전행정부장관 및 경찰청장이 중요하다고 인정하여 위원회의 회의에 부친 사항은 경찰위원회의 심의·의결을 거쳐야 한다(경찰 9조①). 의결은 재적위원 과반수의 출석과 출석위원 과반수의 찬성으로 이루어진다(동법 10조②). 경찰위원회는 의결기관이므로 그 의결은 안전행정부장관을 구속한다. 다만, 안전행정부장관은 심의·의결된 내용이 적정하지 않다고 판단될 때에는 10일

이내에 재의요구서를 제출하여 재의를 요구할 수 있고, 재의요구가 있는 경우에는 위원장은 7일 이내에 회의를 소집하여 다시 의결하여야 한다(동법 9조②, 경찰위원회규정 6조). 재의결시의 정족수에 관하여는 따로 규정이 없으므로, 일반적인 의결의 경우와 마찬가지로 재적위원 과반수의 출석과 출석위원 과반수의 찬성으로 족하다고 해석된다.

2) 치안행정협의회

(1) 지방행정과 치안행정의 업무조정과 그 밖에 필요한 사항을 협의·조정하기 위하여 시·도지사(제주특별자치도지사는 제외한다) 소속으로 설치되는 합의제 행정기관이다(경찰 16조①). 국가의 행정조직인 지방경찰과 지방자치단체의 집행기관 사이의 유기적인 업무협조 및 조정이 필요하기 때문에 둔 협의기구로서, 그 협의결과에 구속력은 없다. 따라서 법적으로는 자문기관의 성질을 가진다.

(2) 치안행정협의회는 위원장을 포함한 위원 9인으로 구성한다. 위원장은 시·도의 부시장 또는 부지사가 되고, 위원 중 2인은 시·도 소속 공무원 중에서 시·도지사가 임명하고, 3인은 지방경찰청 소속 경찰공무원 중에서 지방경찰청장의 추천으로 시·도지사가 임명하며, 나머지 3인은 지방행정과 치안행정에 관한 학식과 경험이 있는 자 중에서 지방경찰청장의 의견을 들어 시·도지사가 위촉한다(치안행정협의회규정 3조①·②). 위촉된 위원의 임기는 2년이다(동규정 3조③).

(3) 치안행정협의회는 지역안정 및 질서유지에 관한 사항, 민방위 및 재해대책 운영에 관한 사항, 질서확립운동 등 지역사회운동의 효율적 추진에 관한 사항, 지역주민과 경찰 간의 협조 및 요망사항, 기타 지방행정과 치안행정 간 상호지원에 관한 사항과 시·도지사 및 지방경찰청장이 회의에 부치는 사항을 협의한다(치안행정협의회규정 2조). 협의회의 회의는 매분기 1회 개최하되, 특정사안에 관하여 지방행정과 치안행정과의 업무협조 등을 위하여 필요한 경우에는 수시로 개최할 수 있다(동규정 5조①).

3. 보통경찰집행기관 – 경찰공무원 –

(1) 경찰집행기관이란 경찰행정청의 명을 받아 경찰에 관한 국가의사를 현장에서 직접 실행하는 경찰기관을 말한다. 보통경찰에 속한 집행기관은 경찰공무원이다.[13] 경찰관직무집행법과 경찰직무 응원법에서는 '경찰관'으로 부르고 있다. 경찰공무원은 원래 경찰행정기관의 구성원이지 그 자신이 경찰행정기관은 아니지

만, 경찰임무의 특성상 경찰행정청이 결정한 의사를 경찰공무원이 실력으로써 현실적으로 집행하는 경우에는 경찰공무원 하나하나가 경찰집행기관이 된다.

(2) 경찰공무원은 경찰기관에 소속하여 경찰임무를 수행하는 공무원을 말한다. 경찰공무원은 경찰공무원법에 의하여 임용되어 국가와의 사이에 공법상 근무관계를 맺고 있으며, 경찰공무원의 임용 및 권리·의무·책임에 관한 사항은 경찰공무원법에 의하여 규율된다. 경찰공무원은 치안총감·치안정감·치안감·경무관·총경·경정·경감·경위·경사·경장·순경의 계급으로 구분되며(경찰 23①), 제복을 착용하여야 하고 무기를 휴대할 수 있다(경공 20조).

(3) 경찰공무원은 소속 경찰행정청의 관할구역 안에서 경찰업무를 담당한다. 그러나 돌발사태의 진압 또는 공공질서가 교란되었거나 교란될 우려가 현저한 지역의 경비를 위하여 소속 지방경찰청장 또는 지방해양경찰관서의 장의 명에 의하여 다른 지방경찰청 또는 지방해양경찰관서의 장의 관할구역에 파견될 수 있으며, 경호, 이동승무, 물품호송 등에 있어서 특히 필요한 경우에는 소속 지방경찰청장 또는 지방해양경찰관서의 장의 명에 의하여 다른 지방경찰청장 또는 지방해양경찰관서의 장의 관할구역 내에서 직무를 수행할 수도 있다(경찰직무응원법 1조·3조).

(4) 일반경찰집행기관으로서의 경찰공무원은 행정경찰업무 외에 사법경찰에 관한 사무도 담당한다(형사소송법 196조). 경찰공무원이 사법경찰업무를 담당하는 경우에는 사법경찰관리라고 부른다. 그러나 사법경찰이 경찰행정법상의 경찰이 아님은 이미 본 바와 같다.

Ⅱ. 자치체경찰기관

현행법상 자치체경찰기관으로는 소방기관과 제주특별자치도의 자치경찰에 속한 기관이 있으나, 전자는 보통경찰기관으로 볼 수 없으므로, 여기에서는 자치경찰을 구성하는 기관만을 살펴본다.

13) 직제상 보통경찰조직에 속한 집행기관으로는 이밖에 전투경찰대가 있으나, 전투경찰대는 위해방지 전반이 아니라 특정한 분야의 위해방지 임무만을 담당하고 있으므로, 이 책에서는 특수한 경찰집행기관으로 분류한다(후술). 한편, 보통경찰과 특별경찰을 포함한 국가경찰집행기관을 경비경찰, 기동경찰, 해양경찰, 전투경찰, 특별경찰행정관청 소속 공무원, 헌병인 병 및 비상사태시 출병하는 군인 등으로 구분하는 견해도 있다(홍정선(경찰) 107면).

1. 개관－자치경찰의 의의와 성격－

(1) 자치경찰은 우리나라에서 실정법상 자치체경찰에 부여하고 있는 명칭으로서, 현재는 「제주특별자치도 설치 및 국제자유도시 조성을 위한 특별법」(이하 이 장에서 '제주특별법'으로 약칭함)에 의하여 제주특별자치도(이하 이 장에서 '제주자치도'로 약칭함)에만 설치되어 있다.[14)]

(2) 제주자치도의 자치경찰은 지방자치단체 구역 안에서의 위해방지 전반이 아니라 극히 제한적인 위해방지임무만을 담당하고 있다. 자치경찰이 담당하는 사무는 다음과 같다(제주특별 108조).

1. 주민의 생활안전활동에 관한 사무
   가. 생활안전을 위한 순찰 및 시설 운영
   나. 주민참여 방범활동의 지원 및 지도
   다. 안전사고 및 재해재난 등으로부터의 주민보호
   라. 아동·청소년·노인·여성 등 사회적 보호가 필요한 자에 대한 보호 및 가정·학교 폭력 등의 예방
   마. 주민의 일상생활과 관련된 사회질서의 유지 및 그 위반행위의 지도·단속
2. 지역교통활동에 관한 사무
   가. 교통안전 및 교통소통에 관한 사무
   나. 교통법규위반 지도·단속
   다. 주민참여 지역교통활동의 지원 및 지도
3. 공공시설 및 지역행사장 등의 지역경비에 관한 사무
4. 「사법경찰관리의 직무를 행할 자와 그 직무범위에 관한 법률」에서 자치경찰공무원의 직무로 규정하고 있는 사법경찰관리의 직무

(3) 제주자치도의 자치경찰은 다음과 같은 특징을 가진다. (a) 자치경찰의 조직과 임무에 관한 근거법은 경찰법이 아니라 제주특별법이라는 특별법이다. (b) 자치

14) 제주특별법보다 먼저 자치경찰법안이 성안되어 2005년 11월 3일 국회에 제출되었다. 동 법안은 2002년 대통령선거에서 자치경찰제 도입을 공약으로 내세웠던 노무현 정부가 공약 실현을 위하여 정부혁신·지방분권위원회와 행정자치부(현 안전행정부)에 지방자치경찰특별위원회와 행정자치부 자치경찰제실무추진단을 각각 설치하여 법안을 작성, 입법예고를 거쳐 부분적인 수정을 가하여 확정한 것이었다. 동 법안의 내용은, 자치경찰을 광역자치단체가 아닌 기초자치단체가 관장하고 그 설치 여부는 의무사항이 아니라 기초자치단체의 선택에 맡기고 있다는 점을 제외하면, 기본적으로 제주특별법 제11장과 동일하다. 그러나 동 법안은 국회 행정자치위원회에 상정된 뒤 심의조차 해보지 못한 채 2007년 제17대 국회의 임기만료로 자동 폐기되었다.

경찰조직을 구성하는 공무원은 지방공무원의 일종인 자치경찰공무원으로서, 경찰공무원법은 이들에게 원칙적으로 적용되지 않고, 단지 일부 조항이 준용될 뿐이다. (c) 자치경찰의 직무 수행의 근거법도 경찰관직무집행법이 아니라 제주특별법이며, 동법의 규정(115조)에 의하여 경찰관직무집행법의 일부 조항이 준용될 뿐이다.[15)]

(4) 위와 같은 특성에 비추어 제주특별법은 자치경찰을 경찰법상의 경찰과 구별하고 있는 것이 분명하며, 그 임무의 협소성에 비추어 자치경찰을 보통경찰로 볼 수 있을 것인지 의심스러운 점이 있다. 그러나 자치경찰은 다른 행정임무에 부수하지 않고 위해방지를 고유의 임무로서 담당하며, 또한 그 사무가 극히 제한적이기는 하지만 생활안전·교통·경비 등 전형적인 보통경찰의 사무의 일부라는 점에서, 일단 보통경찰로 보기로 한다.

(5) 자치경찰의 기관도 권한을 기준으로 행정청과 보조기관, 집행기관 및 의결기관 및 협의기관으로 분류된다.

2. 자치체경찰행정청

(1) 제주자치도에는 자치경찰사무를 처리하기 위하여 자치경찰단을 둔다. 자치경찰단의 조직 및 자치경찰공무원의 정원 등에 관한 사항은 제주자치도의 조례로 정한다(제주특별 106조).

(2) 제주자치도 자치경찰단에는 단장을 둔다. 자치경찰단장은 자치총경으로 보하며(다만, 도지사는 필요하다고 인정하는 경우에는 개방형직위로 지정하여 운영할 수 있다), 도지사가 임명하며, 도지사의 지휘·감독을 받는다(제주특별 107조). 자치경찰단장은 도지사의 하급행정청이며 현재로서는 제주자치도 자치경찰의 유일한 행정청이다.

> 제주특별법은 자치경찰단장이 행정청인지 도지사의 보조기관인지 명시하고 있지 않다. 동법이 자치경찰에 관한 대외적 권한을 자치경찰단장이 아니라 도지사가 행사하도록 규정하고 있는 것으로 보아, 보조기관으로 해석될 여지도 있다. 당초 제주특별자치도 행정기구 설치 조례(2007.1.8.)는 자치경찰단을 소속기관(직속기관·사업소)이 아닌 본청 소속 실·국·본부·단의 하나로 규정하고 있었다(8조). 자치경찰단장은 사실상 자치경찰조직의 지휘관으로서 행정청처럼 활동하지만 그 법적 지위는 경찰법 제정 이전의 내무부 치안국장·치안본부장이나 시·도 경찰국장처럼 내무부장관이나 시·도지사의 보조기관이라고 할 수밖에 없었다. 그러나

---

15) 그러나 자치경찰사무에 관해서도 경찰관직무집행법을 실질적인 일반법으로 볼 수 있음은 184면 참조.

자치경찰단이 일반행정기관으로부터 독립하여 독자적인 의사결정권과 표시권을 가지고 중립적으로 경찰사무를 수행할 수 있도록 하기 위해서는 자치경찰단을 직속기관으로, 자치경찰단장을 도지사의 하급행정청으로 하는 것이 바람직하다. 이러한 점을 인식하여, 제주자치도는 2012.1.9. 위 조례를 개정하여 자치경찰단을 직속기관으로 규정하였다(2조①, 36조의2 이하). 이제 자치경찰단장은 제주자치도지사의 하급행정청의 지위를 가지게 된 것이다(동 개정조례 제8조는 자치경찰단을 여전히 실·국·본부의 하나로 규정하고 있으나, 자치경찰단을 직속기관으로 바꾸면서 동조에서 자치경찰단을 삭제하지 못한 입법의 실수로 보인다).

(3) 자치경찰단장의 보조기관으로는 과장과 서귀포지역경찰대장, 교통정보센터장을 두고 있다(제주특별자치도 행정기구 설치 조례 시행규칙 37조의3-37조의9).[16]

3. 자치체경찰의결기관

제주자치도의 지방행정과 치안행정의 업무협조 및 자치경찰의 운영에 관한 중요한 사항을 심의·의결하기 위하여 도지사 소속 하에 치안행정위원회를 둔다. 치안행정위원회는 위원장 1인과 당연직 위원 2인을 포함한 11인의 위원으로 구성하며, 당연직이 아닌 위원은 도지사가 위촉한다(제주특별 113조, 114조).

4. 자치체경찰집행기관

자치경찰단을 구성하며 자치경찰단장이 결정한 의사를 실력으로 집행하는 것은 자치경찰공무원이다. 자치경찰공무원은 지방공무원의 신분을 가지며, 자치총경·자치경정·자치경감·자치경위·자치경사·자치경장 및 자치순경의 7개 계급으로 구분된다(제주특별 125조). 자치경찰공무원의 직무수행에 관해서는 제주특별법에 무기와 장비의 사용, 범죄 발견시의 조치 등에 관한 규정이 있는 외에 경찰관직무집행법의 일부 규정(실제로는 대부분의 조항)이 준용된다(제주특별 115조).

Ⅲ. 국가경찰과 자치경찰의 관계

국가경찰과 자치체경찰이 함께 존재하는 경우에 양자의 관계가 문제된다. 구체적으로는 양자의 관할권 내지 사무를 어떻게 분배할 것인가, 양자 간의 협력을

16) 서귀포지역경찰대장이 자치경찰단장의 보조기관인지 하급행정청인지는 논의의 여지가 있으나, 경찰서 소속의 지역대장·파출소장과 같은 이유로 보조기관으로 보아야 할 것이다.

어떻게 확보할 것인가, 나아가 국가경찰에 자치체경찰에 대한 어느 정도의 조정·감독 및 통제의 권한을 부여할 것인가 등의 문제가 그것이다. 현행법상 보통경찰로서의 자치체경찰은 제주자치도의 자치경찰뿐인바, 경찰법과 제주특별법은 이러한 문제에 관하여 몇 개의 규정을 두고 있다.

1. 사무분담

(1) 국가경찰과 자치체경찰 간의 관할권 분배에 관해서는, 국가경찰이 일반적·포괄적인 관할권을 가지고 자치체경찰은 보충적·제한적인 관할권만을 가지는 방식, 반대로 자치체경찰에 일반적·포괄적인 관할권을 부여하고 국가경찰은 보충적·제한적인 관할권만을 부여하는 방식, 국가경찰과 자치체경찰이 동등하게 일반적·포괄적인 관할권을 가지는 방식 등을 생각할 수 있다. 우리나라는 앞에서 보았듯이 국가경찰이 위해방지 전반을 담당하고 자치경찰에는 극히 제한된 관할권만을 부여하여(제주특별 108조), 첫 번째 방식에 속한다.

(2) 자치경찰의 관할권은 법률에 명시되어 있지만, 그래도 국가경찰과의 사이에 관할권이 충돌할 가능성은 항상 존재한다. 따라서 국가경찰과 자치경찰 간에 구체적으로 사무를 분담하고 조정할 필요성이 있다. 제주특별법은 자치경찰의 관할사무(사법경찰사무는 제외)에 관한 국가경찰과의 사무분담 및 사무수행방법은 제주자치도지사와 제주자치도 지방경찰청장이 협약으로 정하도록 하고, 협약당사자가 의견을 달리하여 협약이 체결되지 아니하는 경우에는 협약당사자의 신청에 의하여(협약이 체결되지 아니하는 상태가 지속되어 공익을 현저히 저해하여 조속한 조정이 필요하다고 인정되는 경우에는 직권으로) 경찰위원회의 심의·의결을 거쳐 안전행정부장관이 조정하도록 규정하고 있다(110조).

2. 협 조

(1) 국가경찰과 자치경찰은 치안행정의 연계성을 확보하고 지역특성에 맞는 치안서비스를 제공하기 위하여 자치경찰사무의 범위 안에서 필요한 정보와 기술을 제공하는 등 상호 협조하여야 한다(제주특별 119조①).

(2) 국가경찰과 자치경찰 간의 상호협조를 위한 구체적인 방안으로 제주특별법은 통신망과 시설물의 상호 이용, 경찰인력과 장비 등의 운영상황 및 계획의 상호 통보 등을 규정하고 있다(119조②·③).

(3) 나아가 제주특별법은, 제주자치도지사는 관할구역에서의 단속현황, 경찰장비 보유현황 그 밖의 통계자료를 제주자치도 지방경찰청장에게 통보하여야 하고, 또한 자치경찰의 사무 및 운영에 관련된 조례나 규칙을 제정·개정 또는 폐지하는 때에는 일정한 기간 내에(조례안은 지방의회에서 이송된 날부터 10일 이내, 규칙안은 공포 예정 15일 전에) 제주자치도 지방경찰청장에게 전문을 첨부하여 통보하도록 규정하고 있다(120조, 121조). 자치경찰 측의 일방적 통보이므로 상호협조로 보기 어려운 점이 있으나, 통제의 목적이 아니라 사실 파악을 통하여 사무수행 및 협조를 원활하게 하고자 하는 취지라고 보아야 할 것이다.

3. 자치경찰에 대한 지원 및 통제

1) 재정지원

국가는 제주자치도가 자치경찰을 설치·운영하는데 필요한 경비를 지원할 수 있다(제주특별 122조).

2) 감 독

(1) 자치경찰사무도 제주자치도의 사무이므로, 그에 대한 국가의 감독에 관해서는 기본적으로 지방자치법의 규정이 적용된다. 도지사의 위법하거나 현저히 부당한 명령·처분에 대하여는 주무부장관인 안전행정부장관이 시정명령권과 시정명령 불응시의 취소·정지권을 가지고(동법 169조), 위법하거나 공익을 현저히 해하는 도의회 의결에 대하여는 안전행정부장관이 도지사에게 재의요구를 지시할 수 있고, 재의요구에 따른 재의결에 대하여는 도지사에게 제소를 지시하거나 직접 제소할 수 있다(동법 172조).[17] 다만, 제주특별법은 안전행정부장관이 도지사에게 시정명령이나 재의요구 지시를 하고자 할 때에는 미리 경찰위원회의 의견을 듣도록 하는 특칙을 두고 있다(123조).

(2) 제주자치도에는 감사대상 기관 및 그 기관에 속한 자의 제반업무와 활동

17) 또한 안전행정부장관은 보고를 받거나 법령위반사항에 한하여 서류·장부 또는 회계를 감사할 수 있다(동법 171조). 이 규정은 자치사무에만 적용되므로, 자치경찰사무가 자치사무인지 여부가 문제된다. 그러나 자치사무가 아니라 단체위임사무라고 하여도(기관위임사무가 아닌 것은 분명하다), 주무부장관인 안전행정부장관은 동법 제167조 제1항에 의하여 일반적인 지휘·감독권이 있으므로, 그 일환으로 보고를 받거나 감사(이 경우에는 법령위반사항에 한하지 않는다)를 할 권한이 있다.

등을 조사·점검·확인·분석·검증하고 그 결과를 처리하기 위하여 도지사 소속의 직무상 독립된 기관인 감사위원회를 두고 있다(제주특별 66조). 자치경찰기관도 당연히 감사위원회의 감사 대상이 된다. 그런데 제주특별법은 감사위원회가 자치경찰사무를 감사할 때에는 제주자치도 지방경찰청장 또는 경찰서장에게 참여를 요청할 수 있다고 규정하고 있다(124조). 국가경찰기관이 직접 자치경찰기관을 감독하는 것은 아니지만, 자치경찰기관에 대한 감사에 참여함으로써 사실상 감독의 효과를 거둘 수 있을 것으로 보인다.

3) 비상사태시의 자치경찰에 대한 지휘

(1) 취지　자치경찰기관은 지방자치단체의 기관으로서, 법률의 규정에 따라 국가의 감독을 받을 뿐, 국가경찰기관에 예속된 하급기관이 아니다. 따라서 국가경찰기관이 자치경찰기관을 일반적으로 지휘할 수는 없다. 그러나 전시·사변과 같은 비상사태 하에서는 국가의 전 경찰력을 동원하여 통일된 지휘 아래 치안을 유지할 필요가 있다. 그리하여 경찰법은 비상사태 하에서 국가경찰기관이 자치경찰기관을 직접 지휘할 수 있도록 근거규정을 두고 있다.

(2) 지휘권발동의 요건과 지휘권자　경찰청장은 전시·사변, 천재·지변 그 밖에 이에 준하는 국가비상사태, 대규모의 테러 또는 소요사태가 발생하였거나 발생할 우려가 있어 전국적인 치안유지를 위하여 긴급한 조치가 필요하다고 인정할 만한 충분한 사유가 있는 경우에는 제주자치도의 자치경찰공무원을 직접 지휘·명령할 수 있다. 다만, 제주자치도 지역 단위의 치안유지를 위한 경우에는 제주자치도 지방경찰청장이 지휘·명령할 수 있다(경찰 25조①).

(3) 지휘권발동의 절차　경찰청장 또는 제주자치도 지방경찰청장이 자치경찰을 직접 지휘·명령하고자 하는 경우에는 미리 제주자치도지사에게 그 사유 및 내용 등을 적시하여 통보하여야 한다. 통보를 받은 제주자치도지사는 정당한 사유가 없는 한 즉시 소속 자치경찰공무원에 대하여 경찰청장 또는 제주자치도 지방경찰청장의 지휘·명령을 받을 것을 명하여야 한다(경찰 25조②). 또한 경찰청장이 자치경찰에 대한 지휘·명령권을 인수한 경우에는 경찰위원회에 즉시 보고하여야 하고, 제주자치도 지방경찰청장이 지휘·명령권을 인수한 경우에는 치안행정위원회에 즉시 통보하여야 한다(동법 동조③). 국가경찰기관이 자치경찰기관을 직접 지휘하는 것은 행정조직법의 일반원칙에 어긋나는 중대한 예외이므로, 엄격한 절차를 거치도록 규정한 것이다. 그러나 아무리 비상사태라고 하여도 도지사의

동의나 도지사와의 협의도 필요 없이 일방적인 통보만으로 자치경찰의 지휘권을 인수할 수 있도록 한 것은 문제가 있어 보인다. 나아가 경찰위원회나 치안행정위원회의 사전 동의는 시간적으로 불가능하다고 하더라도, 적어도 안전행정부장관 등의 상급행정청의 사전 승인 정도는 받도록 할 필요가 있을 것이다.

(4) 지휘·명령권의 통제 및 반환 지휘·명령권자의 변동사실을 보고받은 경찰위원회는 지휘권발동의 사유에 해당되지 아니한다고 인정하는 때에는 그 지휘·명령권을 반환할 것을 의결할 수 있으며, 같은 사실을 통보받은 치안행정위원회는 지휘권발동 사유에 해당되지 아니한다고 인정하는 때에는 경찰청장 또는 제주자치도 지방경찰청장에게 그 지휘·명령권의 반환을 건의할 수 있다(경찰 25조④). 그리고 경찰청장 또는 제주자치도 지방경찰청장은 지휘권발동의 사유가 해소된 때에는 자치경찰공무원에 대한 지휘·명령권을 즉시 제주자치도지사에게 반환하여야 한다(동법 동조⑤).

(5) 지휘권발동의 효과 경찰청장 또는 제주자치도 지방경찰청장이 제주자치도 자치경찰의 지휘권을 인수하면 자치경찰공무원은 국가경찰공무원과 동일한 지위에서 경찰청장 또는 제주자치도 지방경찰청장의 지휘를 받으면서 자치경찰사무를 처리하게 된다. 이 경우 자치경찰공무원은 그 지휘·명령의 범위 안에서는 국가경찰공무원으로 본다(경찰 25조⑥).

§3. 특수한 경찰기관

특수한 경찰기관은 일반경찰기관의 일종으로서, 평시에 위해방지를 고유한 임무로서 담당하되 그 임무의 영역이 보편적이지 않고 특수한 분야에 있어서의 위해방지만을 담당하는 기관을 말한다. 우리나라의 경우 특수한 경찰기관으로는 소방기관과 전투경찰대·헌병 및 국가정보원이 있다. 또한 청원경찰이 경찰기관인지 여부가 문제된다.

Ⅰ. 소방기관

소방 역시 협의의 경찰에 속하지만, 그 업무의 전문성으로 인하여 보통경찰기관과는 분리된 별도의 조직에 의하여 수행된다. 나아가 우리나라에서는 소방을 국가

사무가 아닌 광역자치단체의 사무로 하고 있는 결과, 소방행정의 조직은 각 특별시·직할시·도 또는 특별자치도의 조례에 의하여 정해진다(지방자치법 113조, 소방기본법 3조① 참조). 다만, 소방업무의 전국적인 기획·조정·교육 등의 업무는 국가가 담당할 수밖에 없고, 이를 위하여 안전행정부에 소방방재청이 설치되어 있다.

1. 소방행정청

(1) 소방방재청장　소방, 방재, 민방위 운영 및 안전관리에 관한 사무를 관장하는 안전행정부장관 소속의 중앙행정기관이다(정부조직법 34조⑥).[18] 소방방재청장은 정무직 또는 소방공무원으로 하고, 차장은 소방공무원 또는 별정직 국가공무원으로 보하며, 청장과 차장 중 1인은 반드시 소방공무원으로 보하여야 한다(동법 동조⑦).

(2) 시·도지사 및 소방본부장　현재 각 시·도는 시·도지사 소속 하에 소방본부(시·도에 따라 '소방방재본부' 또는 '소방안전본부'라는 명칭을 가진 곳도 있다)를 두고, 소방본부 산하에 지역별로 소방서를 두고 있다. 소방본부장은 조직법상 행정청이 아니고 시·도지사의 보조기관이다. 따라서 각 시·도에 있어서 소방사무를 관장하는 행정청은 시·도지사이다. 그러나 소방본부장도 소방관련 법령상 일정한 독자적 권한을 가지며(소방기본법 12조 이하, 위험물안전관리법 14조 이하, 소방시설 설치·유지 및 안전관리에 관한 법률 4조 이하, 다중이용업소의 안전관리에 관한 특별법 8조 이하, 소방공사업법 13조 이하 등), 이러한 권한을 행사하는 경우에는 행정청으로 보아야 한다.

(3) 소방서장　소방서장은 시·도의 구역을 지역별로 분담하여 소방업무를 담당하는 시·도의 행정청이다. 소방서는 시·도의 조례로 설치한다(지방소방기관설치에 관한 규정 5조①). 소방서장은 지방소방정으로 보하며, 시·도지사의 명을 받아 소관사무를 통할하고 소속 공무원을 지휘·감독한다(동규정 6조). 소방서장의 소관사무를 분장하게 하기 위하여 119안전센터·119구조대·119구급대·119구조구급센

---

18) 소방방재청장이 관장하는 사무 중 소방, 즉 '화재의 예방·경계·진압'과 '화재, 재난·재해 그 밖의 위급한 상황에서의 구조·구급활동'(소방기본법 1조 참조)은 분명히 실질적 의미의 경찰에 속하는 작용이다. 그러나 소방방재청장이 관장하는 나머지 사무, 특히 방재 및 안전관리는, 소극적인 위해방지목적의 작용과 적극적인 생존배려 목적의 활동을 포괄하는 복합적 성격의 종합행정으로서, 오늘날 경찰로부터 분리되어 재난 및 안전관리행정 또는 방재행정이라는 이름으로 독자적인 행정의 한 영역으로 발전되고 있다. 따라서 소방방재청장이 언제나 일반경찰기관이라고 할 수는 없고, 소방사무를 수행할 때에 한해서 일반경찰기관이라고 보아야 한다. 이러한 점은 아래에서 보는 시·도지사도 마찬가지이다.

터 및 소방정대(消防艇隊)를 둘 수 있고, 또한 해당 소방서의 인력 및 장비 등을 고려하여 119지역대를 설치·운영할 수 있다(동규정 8조, 9조).

2. 소방집행기관

(1) 소방공무원　소방행정청이 결정한 소방에 관한 의사를 실력으로써 집행하는 것은 소방공무원이다. 소방공무원은 국가 또는 지방자치단체의 소방기관에 소속하여 소방활동에 종사하는 특정직 공무원으로서, 국가소방공무원과 지방소방공무원으로 구분된다. 소방공무원은 경찰공무원과 유사한 계급제를 채택하고 있어서, 국가소방공무원은 소방총감·소방정감·소방감·소방준감·소방정·소방령·소방경·소방위·소방장·소방교·소방사의 11개 계급으로, 지방소방공무원은 지방소방정감·지방소방감·지방소방준감·지방소방정·지방소방령·지방소방경·지방소방위·지방소방장·지방소방교·지방소방사의 10개 계급으로 구분된다(소방공무원법 2조).

(2) 의용소방대　(a) 소방본부장이나 소방서장은 소방업무를 보조하게 하기 위하여 특별시·광역시·시·읍·면에 의용소방대를 둔다. 의용소방대는 그 지역의 주민 가운데 희망하는 사람으로 구성한다. 의용소방대원은 비상근으로, 소방본부장이나 소방서장이 소방업무를 보조하게 하기 위하여 필요할 때에 소집하며, 소집된 의용소방대원은 소방본부장 또는 소방서장의 지휘와 감독을 받아 소방업무를 보조한다(동법 37조, 38조). (b) 의용소방대 또는 그 대원을 특별경찰집행기관으로 볼 수 있을지가 문제된다. 판례는 의용소방대원을 국가배상법상 공무원이 아니라고 보고 있으나(대판 1966.6.28, 66다808; 1975.11.25, 73다1896; 1978.7.11, 78다584 등. 그러나 이러한 판례의 태도는 많은 비판을 받고 있다), 의용소방대원을 행정청이 임면하고 그 경비를 임면권자가 부담하며 소방업무의 보조를 임무로 한다는 점(실제로는 직접 소화에 종사한다)에 비추어, 소방공무원과 마찬가지로 특수한 경찰집행기관이라고 보아야 할 것이다.

(3) 의무소방대　화재의 경계·진압과 재난·재해 발생시 구조·구급활동 등 소방업무를 보조하기 위하여 소방방재청, 특별시·광역시·도·특별자치도, 중앙소방학교, 중앙119구조단, 지방소방학교 및 소방서에 두는 소방집행기관이다. 의무소방대는 의무소방원과 소방공무원으로 구성하는데, 의무소방원은 병역법 제25조 제1항 제1호의 규정에 의하여 전환복무된 자 중에서 소방방재청장의 추천으로 임용된다(의무소방대 설치법 1조-3조, 동법 시행령 2조②). 보통경찰기관 소속의 전투경찰대에 대응하는 조직이다.

Ⅱ. 전투경찰대

(1) 간첩(무장공비를 포함한다)의 침투거부·포착·섬멸, 그 밖의 대간첩작전을 수행하고 치안업무를 보조하기 위하여 지방경찰청장 및 대통령령이 정하는 경찰기관의 장 또는 해양경찰기관의 장 소속으로 두는 경찰집행기관이다(전투경찰대설치법 1조①). 전투경찰대는 경찰공무원과 전투경찰순경으로 구성하는데, 전투경찰순경 중 대간첩작전 수행을 임무로 하는 전투경찰순경은 병역법 제24조 제2항에 따라(배정에 의하여) 전환복무된 사람 중에서 임용하며, 안업무의 보조를 임무로 하는 전투경찰순경은 병역법 제25조 제1항에 따라(추천에 의하여) 전환복무된 사람 중에서 임용한다(동법 2조, 2조의3). 전투경찰순경은 신분상 공무원은 아니고, 병역법에 의한 전환복무자로서 현역병에 준하는 신분을 가지며, 현역병의 복무기간과 같은 기간 동안 복무하면 현역병으로 복무한 것으로 본다(동법 2조의3, 병역법 24조③·25조④). 전투경찰순경에게는 경찰공무원법의 규정 중 일부만이 준용된다(전투경찰대설치법 4조①). 전투경찰순경의 계급은 특경·수경·상경·일경 및 이경으로 구분된다(동법 2조의4①).

(2) 전투경찰대는 그 임무의 특수성으로 인하여 군대와 유사한 편제를 갖추고 있다. 그러나 군대가 아니라 보통경찰행정청에 소속된 경찰집행기관이다. 다만, 그 임무가 일반적인 위해방지가 아니라 대간첩작전 수행 및 경찰임무의 보조라는 특수한 영역에 한정되므로, 특수한 경찰집행기관의 성질을 가진다.[19]

(3) 전투경찰순경은 임무수행상 필요하다고 인정할 때에는 경비지역 안에서 검문을 할 수 있다(전투경찰대설치법 2조의2).

Ⅲ. 헌 병

(1) 군사에 관한 사항에 한하여 행정경찰 및 사법경찰사무를 담당하는 국방부 소속의 경찰집행기관이다(헌병령 1조·2조). 헌병은 군인 및 군무원에 대하여 질서유지(행정경찰) 및 범죄수사(사법경찰)의 임무를 수행한다. 그러나 군형법 제1조 제

19) 전투경찰대를 소방공무원, 헌병, 청원경찰 등과 함께 보통경찰기관 내지 일반경찰기관의 일종인 '특별경찰집행기관'으로 분류하는 것이 보통이다. 그러나 특별경찰집행기관이라면 특별경찰기관의 일종이라야지, 보통경찰기관이나 일반경찰기관의 일종이라는 것은 이상하다.

4항 각 호에 규정된 범죄에 관하여는 민간인에게도 군형법이 적용되고 군사법원이 재판하므로(군형법 1조④, 군사법원법 2조① 1호), 이러한 범죄를 범한 민간인에 대하여는 헌병이 사법경찰관리로서 사법경찰권을 행사한다(군사법원법 43조 1호, 44조 1호, 46조 1호). 민간인에 대한 행정경찰권에 관하여는 특별한 규정이 없으나, 사법경찰권의 발동 대상이 되는 민간인에 대하여는 범죄수사에 부수하여 범죄의 예방·진압도 할 수 있다고 보아야 할 것이므로, 그 한도 안에서 민간인에 대하여도 행정경찰권을 행사할 수 있다고 해석된다.

(2) 헌병에 의한 군대 내부에서의 질서유지작용을 실질적 의미의 경찰로 보아야 할 것인지가 문제된다. 특별권력관계(특별행정법관계·특별신분관계)의 개념을 인정하는 경우에는 헌병에 의한 군대 내부의 질서유지는 특별권력의 작용이라는 이유로 실질적 의미의 경찰에서 제외하는 것이 논리적이다. 그러나 우리나라의 학자들은 대부분 헌병을 특별경찰집행기관으로 분류하고 있다. 이 책에서는 특별권력관계의 개념을 부인하는 입장에 기초하여, 헌병도 일반통치권에 근거하여 군대라는 특수한 사회에서의 질서유지를 담당하는 특수한 경찰집행기관으로 본다.

Ⅳ. 국가정보원

(1) 국가안전보장과 국가안전보장에 관련되는 정보·보안 및 범죄수사에 관한 사무를 담당하는 대통령 소속 기관이다(정부조직법 17조). 그 임무는 ① 국외 정보 및 국내 보안정보(대공, 대정부전복, 방첩, 대테러 및 국제범죄조직)의 수집·작성 및 배포, ② 국가 기밀에 속하는 문서·자재·시설 및 지역에 대한 보안 업무(다만, 각급 기관에 대한 보안감사는 제외한다), ③ 형법 중 내란의 죄, 외환의 죄, 군형법 중 반란의 죄, 암호 부정사용의 죄, 군사기밀 보호법에 규정된 죄, 국가보안법에 규정된 죄에 대한 수사, ④ 국정원 직원의 직무와 관련된 범죄에 대한 수사, ⑤ 정보 및 보안 업무의 기획·조정으로서(국가정보원법 3조①), 행정경찰에 속하는 업무와 사법경찰업무가 포함되어 있다. 그러나 그 중에서 행정경찰의 성질을 가진 업무도 위해방지 전반이 아니라 국가의 통일성 및 기능 유지에 관한 것(이른바 고등경찰)에 한정되므로, 특수한 경찰기관으로 볼 수 있다.

(2) 국가정보원에 관해서는 그 임무의 특수성에 비추어 내부조직을 국가정보원장이 대통령의 승인을 얻어 정하고(국가정보원법 4조①), 그 직원을 특정직 국가공무원으로 하여 국가공무원법에 대한 특별법인 국가정보원직원법에 의하여 그 자

격·임용·교육훈련·복무·보수 등을 규율하는 등, 특수한 취급을 하고 있다.

V. 청원경찰

청원경찰을 특별경찰집행기관의 하나로 드는 것이 통설이다. 그러나 청원경찰의 활동을 실질적 의미의 경찰로 볼 수 있을 것인지에 관하여는 의문이 있다(23-25면 참조). 청원경찰의 활동이 실질적 의미의 경찰이 아니라고 보게 되면 청원경찰도 경찰집행기관으로 볼 수 없다. 만일 청원경찰의 활동을 실질적 의미의 경찰로 본다면, 이 책의 분류에 의하면 청원경찰은 일반경찰기관 중 특수한 경찰기관으로 보아야 할 것이다.

§4. 특별경찰기관

특별경찰기관이란 일반경찰기관 외에 경찰임무(질서유지, 위해방지)를 수행하는 기관을 말한다. 특별경찰기관은 평시에 고유한 행정임무에 부수하여 그 영역에서의 위해방지 임무를 수행하는 협의의 행정경찰기관과 비상시에 병력으로써 질서유지 임무를 수행하는 비상경찰기관으로 구분된다.

I. 협의의 행정경찰기관

(1) 일반경찰기관이 아닌 행정기관이 고유의 임무와 관련하여 그가 관장하는 행정영역에서 발생하는 위해를 방지하는 경우에, 그 작용을 협의의 행정경찰로 이름붙이고, 실질적 의미의 경찰의 일종으로 보는 것이 종래의 통설이었다. 따라서 협의의 행정경찰기관이란 따로 설치되는 것이 아니라 고유의 임무와 관련하여 그 행정영역에서의 위해방지를 수행하는 모든 행정기관을 말하며, 이러한 작용은 거의 모든 행정기관이 많든 적든 수행하고 있으므로, 사실상 거의 모든 행정기관이 협의의 행정경찰기관이 된다. 건축과 관련된 위해방지를 담당하는 건축행정기관(건설교통부장관, 시·도지사, 시장·군수·구청장 등), 보건위생과 관련된 위해방지를 담당하는 보건위생행정기관(보건복지부장관, 식품의약품안전처장, 시·도지사, 시장·군수·구청장, 보건소장 등), 공물과 관련된 위해방지를 담당하는 공물관리기관(도로·하

천·공원 등의 관리청), 재정과 관련된 위해방지를 담당하는 세무행정기관(세무서장 또는 시장·군수·구청장) 등이 그 예이다.

(2) 협의의 행정경찰이라는 개념을 인정할 것인지, 그것을 인정하는 경우에 실질적 의미의 경찰에 포함되는 것으로 볼 것인지에 관하여는 논란이 있음은 앞에서 본 바와 같다(15-17면 참조). 이를 부인하는 경우에는 특별경찰기관의 일종으로서의 협의의 행정경찰기관이라는 개념도 부인하고, 종래에 협의의 행정경찰이라는 이름으로 불러오던 작용들은 각기 그 기관들이 고유의 임무로 관장하는 행정(건축행정·보건위생행정·공물관리행정·재무행정 등)의 작용으로 보게 된다.

Ⅱ. 비상경찰기관

일반경찰기관만으로는 치안을 유지할 수 없는 비상사태에 병력으로써 치안을 담당하는 기관을 비상경찰기관이라고 한다. 비상경찰기관도 비상경찰행정청과 비상경찰집행기관으로 나눌 수 있는바, 비상경찰행정청으로는 계엄사령관이 있고, 위수사령관이 비상경찰행정청인지 여부가 논의되고 있다.

1. 계엄사령관

대통령은 전시·사변 또는 이에 준하는 국가비상사태에 있어서 병력으로써 군사상의 필요에 응하거나 공공의 안녕질서를 유지할 필요가 있을 때에는 법률이 정하는 바에 의하여 계엄을 선포할 수 있다(헌법 77조①). 계엄은 비상계엄과 경비계엄으로 구분되는바, 비상계엄은 전시·사변 또는 이에 준하는 국가비상사태 시적과 교전상태에 있거나 사회질서가 극도로 교란되어 행정 및 사법기능의 수행이 현저히 곤란한 경우에 군사상 필요에 따르거나 공공의 안녕질서를 유지하기 위하여 선포하고, 경비계엄은 전시·사변 또는 이에 준하는 국가비상사태시 사회질서가 교란되어 일반 행정기관만으로는 치안을 확보할 수 없는 경우에 공공의 안녕질서를 유지하기 위하여 선포한다(계엄법 2조①-③). 비상계엄이 선포되면 계엄사령관이 계엄지역의 모든 행정사무와 사법사무를 관장하고, 경비계엄이 선포되면 계엄사령관이 계엄지역의 군사에 관한 행정사무와 사법사무를 관장한다(동법 7조). 따라서 비상계엄의 경우에는 모든 경찰사무에 관하여 계엄사령관이 경찰행정청이 되고, 경비계엄의 경우에는 군사에 관한 경찰사무에 한하여 계엄사령관이 경찰행정청이 된다.

2. 위수사령관

(1) 원래 위수(衛戍)란 육군부대가 영구히 한 지구에 주둔하여 당해 지구의 경비, 군의 질서 및 군기의 감시와 육군에 속하는 건축물 기타 시설물의 보호에 임하는 것을 말하며(위수령 1조), 당해 지구에 주둔하는 헌병대 이외의 부대의 장 중 상급선임자가 위수사령관이 되어 위수의 임무를 지휘한다(동령 2조①·②). 그런데 위수령[20]은, 위수사령관이 재해 또는 비상사태에 즈음하여 서울특별시장·부산시장 또는 도지사로부터 병력출동의 요청을 받았을 때에는 육군참모총장의 승인을 얻어(긴급한 경우에는 즉시) 이에 응할 수 있다고 규정하고 있다(12조). 이 경우에는 위수사령관이 출동지역의 질서유지를 담당한다는 이유로, 위수사령관을 비상경찰기관의 일종으로 보는 것이 보통이다.

(2) 그러나 위수령에 근거하여 병력을 출동한 경우에도 위수사령관은 독자적인 권한으로서 경찰사무를 수행하는 것이 아니라 시·도지사의 요청에 의하여 일반경찰기관의 경찰사무 집행을 보조할 뿐이다. 따라서 위수령에 의한 병력출동은 계엄이 선포된 경우와 달리 행정응원의 일종일 뿐이며,[21] 위수사령관을 특별경찰행정청으로 볼 수는 없다.[22]

위수령의 위헌 여부

대통령령인 위수령은 병력출동에 의한 치안유지를 규정하고 있고, 실제로 과거에 몇 차례 치안유지를 위한 병력출동이 이루어진 바 있다. 법률의 근거 없이

20) 위수령은 1950.3.27. 대통령령 제296호로 제정되었고, 1970.4.20. 대통령령 제4949호로 전문개정되었으나, 한글화와 자구수정에 그치고 내용상 변화는 없었다. 그 후 2001년과 2003년의 개정도 다른 법령 개정에 따른 자구수정을 위한 것이었다.

21) 이상규(하) 301면; 박·정(하) 309면; 김동희(II) 208면; 석·송(하) 322면; 홍정선(경찰) 104면(그러나 행정절차법 제8조의 행정응원과는 성격이 다르다고 한다); 정하중(개론) 1113면; 홍준형(행정) 1289면.

22) "위수사령관은 위수령이 정한 권한을 요청기관의 통제 없이 독자적으로 행사한다는 관점에서 위험방지사무(치안유지사무)와 관련하는 한 특별경찰행정청의 성질을 갖는다"는 견해도 있다(홍정선(경찰) 104면). 그러나 위수령에 의하더라도 위수사령관이 군 내부가 아닌 일반사회의 치안유지에 관여할 수 있는 것은 시·도지사의 요청에 따라서만 가능하며, 그 경우에도 위수사령관은 지방경찰청장 등 평시의 경찰기관을 대체하는 것이 아니라 평시의 경찰기관을 보조하여 치안유지활동을 병력으로써 지원하는 데 그쳐야 할 것이고, 독자적으로 치안유지활동을 할 권한은 없다고 보아야 한다.

대통령령으로써 이러한 병력출동을 규정하는 것이 위헌이 아닌가에 관하여는 견해가 갈린다. 합헌론은 위수령이 국군조직법 제15조 제2항에 근거를 둔 것으로 보면서, 위수령에 근거한 병력출동은 군사기관에 의한 독자적인 경찰작용이 아니라 일반경찰기관인 지방경찰청장의 요청에 의하여 그를 응원(보조)하는 데 그치는 것이고, 위수근무는 주로 경비 및 순찰로서 행하며, 자위적인 병기사용 등이나 현행범의 체포 이외에는 특별한 강제력을 행사할 수 없다는 점에서, 법률적으로는 큰 문제가 없다고 한다.[23] 그러나 위수령은 다음과 같은 이유로 위헌이라고 보아야 한다.

첫째, 위수령이 단지 군의 내부질서 및 군기의 감시와 군 시설물의 보호만을 규정하고 있다면 일반 국민의 권리·의무와 직접적인 관계가 없으므로 법률의 근거를 요하지 않는다고 할 수 있겠지만, 병력출동은 일반 국민의 권리·의무에 직접적으로 관계되는 사항으로서, 법률이 직접 정하거나 법률의 위임에 의해서만 법규명령으로 정할 수 있다고 보아야 한다. 국군조직법 제15조 제2항은 각군에 예속된 부대와 기관의 설치에 필요한 사항만을 대통령령으로 정할 수 있도록 위임하고 있을 뿐, 그 부대 또는 기관이 국민에 대하여 경찰권을 행사할 수 있다는 것까지 위임한 것은 아니다.

둘째, 합헌론은 위수근무가 주로 경비 및 순찰이라는 비권력적 형식으로 행해지며, 자위적인 병기사용이나 현행범의 체포 외에는 강제력을 행사할 수 없다는 이유를 든다. 그러나 위수령은 "위수근무는 주로 경비 및 순찰로써 행한다"고 규정하고 있는바(14조①), 위수란 육군부대가 주둔하는 지구를 경비하고 군의 질서 및 군기를 감시하며 육군에 속하는 건축물 기타 시설물을 보호하는 것을 의미하며(동령 1조 참조), 경비·순찰을 수단으로 하는 것은 본래의 위수근무이지 병력출동시의 질서유지작용은 아니다. 설사 위수근무가 병력출동시의 질서유지작용을 포함한다고 하더라도, 경비·순찰 자체는 비권력적이지만 유사시에 질서유지를 위해 강제력을 행사하는 것을 전제로 한다고 보아야 한다. 나아가 위수령은 "1. 폭행을 받아 자위상 부득이한 때, 2. 다중성군하여 폭행을 함에 즈음하여 병기를 사용하지 아니하고는 진압할 수단이 없을 때, 3. 신체·생명 및 토지 기타 물건을 방위함에 있어서 병기를 사용하지 아니하고는 방위할 수단이 없을 때"에는 병기를 사용할 수 있다고 규정하고 있는 바(15조①), 제2호의 '다중의 진압'은 분명히 경찰작용이며, 제3호의 '신체·생명의 방위'도 제1호가 자위를 위한 병기사용을 따로 정하고 있는 것으로 보아 타인의 신체·생명의 방위를 의미하는 것으로 해석된다. 따라서 위수령은 법률의 위임 없이 권력적 실력행사에 의한 질서유지를 규정한 것으로 해석할 수밖에 없다.

셋째로, 무엇보다도, 군사와 민사의 분리 및 문민통제의 원칙은 헌법상 민주적 기본질서의 불가결한 내용으로서, 비상시라 하더라도 병력에 의한 일반 사회의 질서유지는 헌법적 근거를 요한다고 보아야 한다. 헌법은 그러한 사태를 예상하

23) 박윤흔, 최신행정법강의(하), 개정27판, 박영사, 2004, 321면 주 1.

여 계엄에 관한 규정을 두고 있거니와, 헌법적 근거 없는 병력에 의한 일반 사회의 질서유지는 법률로써도 정할 수 없다고 보아야 한다. 하물며 법률의 근거조차 없는 법규명령으로 이를 정하는 것은 당연히 위헌이라고 볼 수밖에 없다.[24)]

24) 동지: 김도창(하) 306면 주 3; 이상규(하) 300면 주 4; 류·박(신론) 972면; 김성수(개별) 532면. 위수령 중 병기 사용에 관한 조항만을 위헌으로 보는 견해로는, 홍정선(경찰) 105면.

제 2 절 경찰행정청의 권한 및 상호관계

§1. 경찰행정청의 권한

Ⅰ. 권한의 의의와 한계

1. 권한의 의의

(1) 행정청의 권한[25]은 두 가지 의미로 사용된다.

(가) 조직법상으로는 행정청이 유효하게 직무를 행할 수 있는 범위를 말하며, 관할이라고도 한다. 실정법에서는 직무권한 또는 직무범위라고 표현하는 것이 보통이며, 정부조직법 제7조에서 정하는 권한이 그것이다. 조직법적 의미의 권한 또는 일반적 권한이라고 할 수 있다.

(나) 작용법적으로는 행정청이 소속 행정주체를 위하여 일정한 행위를 할 수 있는 법적인 힘을 말한다. 작용법적 의미의 권한 또는 개별적 권한이라고 할 수 있다.

(다) 양자 모두, 행정청이 그 권한 안에서 행한 행위는 소속 행정주체의 행위로서 효과를 발생한다는 점에서는 차이가 없다. 그러나 행정조직 내부에 있어서의 행위 또는 국민에 대한 행위라도 법률유보의 범위에 속하지 않는 행위는 일반적 권한의 범위에 속하기만 하면 가능하지만, 국민에 대한 행위로서 법률유보의 범위에 속한 행위는 법령에 의한 개별적 권한의 부여가 있어야만 한다는 점에서, 양자의 개념을 구별할 실익이 있다. 행정조직법에서 말하는 권한은 일반적 권한인 것이 보통이지만, 개별적 권한인 경우도 있다(예컨대, 권한의 위임에서 있어서의 권한).

---

25) 행정청만이 아니라 보조기관·의결기관 등 모든 행정기관이 각기 일정한 권한을 가진다. 그러나 행정청을 제외한 다른 행정기관의 권한은 행정조직 내부적인 것에 그치고, 국민을 상대로 구속력 있는 의사를 결정·표시할 권한은 가지지 못한다. 이러한 권한은 행정청만이 가지며, 보통 권한이라고 하면 이러한 대외적 권한을 의미한다.

(2) 경찰행정청의 권한이란 조직법적 의미에서는 경찰행정청이 유효하게 직무를 행할 수 있는 범위를 말하고, 작용법적 의미에서는 경찰행정청이 국가를 위하여 일정한 행위를 할 수 있는 법적인 힘을 말한다. 경찰법 제11조 제3항에서 정하는 경찰청장의 권한이나 제14조 제2항에서 정한 지방경찰청장의 권한은 전자의 예이고, 도로교통법 제80조 및 제93조에서 정한 지방경찰청장의 운전면허 발급권 및 취소·정지권은 후자의 예이다.

2. 권한의 획정

(1) 행정청의 권한은 법규(원칙적으로 법률, 법률의 위임이 있는 경우에는 그 위임에 의한 법규명령, 지방자치단체의 경우에는 조례와 그 위임에 의한 규칙)에 의하여 정해진다. 어떤 행정청이 어떤 권한을 가지는지 모르면 국민이 행정주체를 상대로 현실적으로 권리를 행사하거나 의무를 이행하는 것이 불가능하고, 따라서 어떤 행정청이 어떤 권한을 가지는가 하는 것은 국민의 권리·의무에 영향을 미치기 때문이다.

(2) 행정청의 권한의 대체적인 범위, 즉 일반적 권한은 그 행정청의 설치를 규정하는 법규(조직법)에 의하여 정해진다. 그러나 국민을 상대로 구체적인 행위를 할 수 있는 권한은 개별적으로 행정작용의 근거를 정하는 법규(작용법)에 의하여 정해진다. 예컨대, 지방경찰청장의 권한은 경찰법이 그 대강을 정하고 있지만(11조 ③), 이를 근거로 지방경찰청장이 운전면허를 발급하거나 취소·정지할 수는 없고, 도로교통법의 규정(80조·93조)에 의하여 비로소 운전면허 발급 및 취소·정지의 권한이 부여되는 것이다.

(3) 행정청의 권한은 법령에 의하여 정해지므로, 행정청이 권한을 임의로 변경하지 못한다.

3. 권한의 한계

행정청의 권한은 사항적·지역적·대인적·형식적 및 시간적으로 일정한 한계를 가진다. 행정청이 이러한 한계를 벗어나서 권한을 행사하면 권한 없는 행위가 된다.

(1) **사항적 한계** 행정작용을 할 수 있는 권한은 목적과 성질 및 중요도에 따라 각 행정청에 배분된다. 그 결과로 행정청의 권한에는 사항적으로 일정한 한계가 있으며, 이를 권한의 사항적 한계 또는 사물관할이라고 한다. 예컨대, 운전면허의 발급은 지방경찰청장의 사항적 권한에 속하며, 감독청인 경찰청장은 운전

면허의 발급에 관하여 지방경찰청장을 감독할 수는 있으나 스스로 운전면허를 발급할 수는 없다.

(2) **지역적 한계** 중앙행정기관은 전국을 관할구역으로 하므로 그 권한에는 지역적 한계가 없으나, 지방행정기관(국가의 지방행정기관, 지방자치단체의 행정기관)은 그 관할구역이 정해져 있으므로 그 구역 안에서만 권한을 행사할 수 있는 것이 원칙이다. 이러한 한계를 권한의 지역적 한계 또는 토지관할이라고 한다. 예컨대, 경찰청장은 중앙행정기관이므로 전국에 걸쳐서 그 권한을 행사할 수 있으나, 지방경찰청장 및 경찰서장은 지방행정기관으로서 원칙적으로 그 관할구역 안에서만 권한을 가진다.

(3) **대인적 한계** 행정청의 권한이 미치는 인적 범위가 한정되어 있는 경우에 이를 권한의 대인적 한계 또는 대인관할이라고 한다. 특별경찰집행기관으로서의 헌병은 원칙적으로 군인·군무원에 대해서만 경찰권을 행사할 수 있는 것이 그 예이다.

(4) **형식적 한계** 행정청의 권한을 일정한 형식으로만 행사하도록 정해진 경우에 이를 권한의 형식적 한계라고 한다. 안전행정부장관은 경찰에 관한 법규사항을 부령의 형식으로만 정할 수 있고 그 밖의 다른 형식으로는 정할 수 없는 것이 그 예이다.

(5) **시간적 한계** 행정청이 일정한 시점부터 또는 일정한 시점까지만 권한을 행사할 수 있도록 제한되어 있는 경우에 이를 권한의 시간적 한계라고 한다. 일반적으로는 예를 찾기 어렵고, 권한의 신설 또는 폐지의 경우에 볼 수 있다.

4. 권한의 효과

(1) **적극적 효과** 행정청이 권한의 범위 안에서 행위를 하면 그 행위는 소속 행정주체인 국가의 행위로서 효과를 발생한다. 일단 국가의 행위로서 효과를 발생하면 행정청 담당자가 교체되거나 행정청 자체의 폐지·변경이 있더라도 역시 그 효력은 영향을 받지 않는다. 예컨대, 지방경찰청장이 운전면허를 발급한 뒤에 지방경찰청장이 교체되거나 지방경찰청 자체가 폐지되더라도 그 운전면허의 효력에는 영향이 없다. 행정청의 행위가 처분등의 법적 행위인 경우는 물론, 사실행위 또는 불법행위인 경우에도 마찬가지다.

(2) **소극적 효과** 행정청이 권한 외의 행위를 하면 그 행위는 무권한의 행위로서 위법이며, 원칙적으로 무효이다. 예컨대, 운전면허를 발급하는 것은 지방경

찰청장의 권한이므로, 경찰청장이나 경찰서장이 발급한 운전면허는 무효이다. 다만, 권한의 초과, 기존 권한의 소멸 등과 같이 표현대리의 요건을 충족하는 경우에는 유효한 행위로 인정되는 경우가 있다.

Ⅱ. 권한의 행사

1. 권한행사의 원칙

경찰행정청의 권한도 다른 행정청의 경우와 마찬가지로 법규에 의하여 부여된다. 따라서 그 권한은 법규에 의하여 권한을 부여받은 행정청 자신이 행사하여야 하며, 다른 행정청이나 보조기관 등이 행사해서는 안 된다. 이러한 원칙에 대한 예외로서 원래의 법률상 권한 있는 행정청이 아닌 자가 권한을 행사할 수 있는 경우로는 권한의 대리와 위임이 있다.

2. 권한의 대리

1) 의 의

(1) 경찰행정청의 권한의 대리란 경찰행정청의 권한의 전부 또는 일부를 다른 경찰행정기관이 행사하고 그 행위가 원래의 권한 있는 경찰행정청의 행위로서 효과를 발생하는 것을 말한다. 이 경우 원래의 권한 있는 행정청을 피대리관청, 그 권한을 대리행사하는 기관(보통은 보조기관, 때로는 하급행정청)을 대리기관이라고 한다. 실정법상으로는 직무대행 또는 직무대리라는 용어를 사용하는 것이 보통이다(예컨대, 경찰 12조②·15조②, 직무대리규정).[26)]

(2) 권한의 대리는 후술하는 권한의 위임과 구별된다. 권한이 위임되면 실질적으로 권한이 수임기관에 이전되어 수임자가 자기 책임으로 자기 이름으로 권한을 행사하지만, 대리의 경우에는 대리기관은 일시적으로 피대리관청의 권한을 행사할 뿐, 권한 자체는 여전히 피대리관청의 것이라는 점에 본질적인 차이가 있다. 그 밖에도 법적 근거의 요부, 대리·위임의 대상이 되는 권한의 범위, 대리기관·

---

26) 원래 권한의 대리는 행정청만이 아니라 보조기관의 권한에 관해서도 행해질 수 있다. 실제로 직무대리규정은 보조기관의 사고의 경우에도 대리할 자를 규정하고 있다(4조②-④, 5조). 그러나 보조기관의 권한의 대리는 행정조직 내부의 문제이고 국민에 대하여 어떠한 행위를 할 권한과는 무관하므로, 법적으로 주로 문제되는 것은 행정청의 권한의 대리이다.

위임기관의 권한행사의 방식, 대리기관·위임기관이 행사한 권한에 대한 법적 책임의 소재 등에도 차이가 있다.

2) 종 류

경찰행정청의 권한의 대리는 대리관계의 발생원인을 기준으로 법정대리와 임의대리로 나뉜다.

(1) 법정대리　(a) 법령이 정한 일정한 사실(피대리관청 구성자의 궐원·출장 또는 사고)이 발생하였을 때 법령의 규정에 의하여 다른 기관이 피대리관청 구성자의 권한을 대리하는 것을 말한다. 누가 대리기관이 되는가에 따라 법령이 정한 자가 당연히 대리기관이 되는 경우를 협의의 법정대리, 법령이 정한 자가 대리기관을 지정하는 경우를 지정대리라고 한다. 어느 경우나 대리기관은 피대리관청의 권한의 전부를 대리한다. (b) 경찰행정청의 법정대리에 관하여는 경찰법에 개별적인 규정(12조②, 15조②)이 있으며, 그 밖에는 일반법인 직무대리규정이 적용된다.

(2) 임의대리　(a) 피대리관청의 대리권 수여에 의하여 대리관계가 성립하는 경우로서, 수권대리라고도 한다. 실제로는 별로 행해지지 않는 것으로 보인다. 나아가 임의대리는 법령의 근거 없이도 가능하다는 것이 통설이나, 법령의 근거 없이 법령이 정한 권한의 행사기관을 행정청의 임의로 변경할 수 있다면 권한법정주의는 유명무실해질 것이다. 임의대리 역시 법령의 근거가 있는 경우에만 허용된다고 보아야 할 것이다.[27] (b) 임의대리는 피대리관청의 권한의 일부에 대해서만 가능하며, 또한 법령이 개별적으로 정한 피대리관청의 권한은 임의대리의 대상이 될 수 없고 피대리관청의 일반적·포괄적 권한에 대해서만 수권할 수 있다고 한다. 대리권 수여행위는 피대리관청의 일방적 행위로서 대리기관의 동의를 요하지 않는다.

3) 대리의 방식 및 효과

(1) 대리의 방식　대리기관은 피대리관청의 권한을 자기 이름으로, 그러나 피대리관청의 권한임을 표시하여 행사한다. "경찰청장 직무대리 경찰청차장 ×××"의 형식으로 표시하는 것이 통례이다.

(2) 대리의 효과　대리기관이 행한 행위는 피대리관청의 행위로서 효과를 발생한다. 따라서 대리기관이 행한 행위에 대해서도 행정심판의 피청구인이나 행정

---

27) 박·정(하) 22면.

소송의 피고가 되는 것은 피대리관청이다.

(3) 대리행위에 대한 책임　대리행위에 대한 책임은 기관으로서의 책임과 기관 구성자인 공무원의 책임을 구별하여야 한다. (a) 대리행위의 잘못에 대한 공무원법상·민사상 및 형사상의 책임은 실제로 행위를 한 대리기관 구성자가 진다. (b) 그러나 국민에 대한 법적 책임은 피대리관청 구성자의 사고 여부에 관계없이 피대리관청이 진다. 예컨대, 경찰청장의 사고로 경찰청차장이 경찰청장을 대리하여 행한 처분에 대하여 행정소송이 제기되는 경우에 피고는 경찰청장이 된다.

(4) 피대리관청의 감독권　피대리관청이 대리기관의 대리행위에 대하여 감독권을 가지는지는 법정대리의 경우와 임의대리의 경우가 다르다. (a) 임의대리는 행정청이 스스로 권한을 행사할 수 있음에도 불구하고 자신의 의사로써 대리기관에 대리권을 수여한 경우이므로, 대리기관의 대리행위에 대하여 감독권을 행사할 수 있고, 또한 대리행위에 대한 감독상의 책임도 진다. (b) 법정대리의 경우에는 대리관계 발생의 원인이 된 사고의 종류에 따라 다르다. 피대리관청 구성자의 궐원의 경우에는 당연히 감독이 불가능하겠지만, 출장이나 질병 등의 경우에는 통신기술의 발달로 인하여 감독권을 행사할 수 있는 경우가 많을 것이다.

(5) 피대리관청의 처리권　피대리관청이 대리관계 계속 중에도 스스로 권한을 행사할 수 있는지에 관해서도, 법정대리와 임의대리를 구분하여 보아야 한다. (a) 임의대리의 경우에는 대리권을 수여한 사무에 대하여도 대리기관이 이미 권한을 행사하여 처리가 종료된 것을 제외하고는 피대리관청 스스로도 권한을 행사할 수 있다고 볼 것이다. (b) 법정대리의 경우, 사고의 원인에 따라 피대리관청 구성자가 스스로 권한을 행사할 수 있는 경우라면 스스로 사무를 처리할 수 있다고 보는 것이 보통이다. 그러나 대리기관의 행위에 대하여 감독권만을 행사하는 경우와 달리 스스로 업무를 처리할 수 있는 상황이라면 대리관계 자체를 종료시켜야 할 것이다.

(6) 복대리(複代理)　대리기관이 대리권을 다시 다른 기관에게 대리시킬 수 있는지가 문제된다. 복대리를 허용하는 법령의 규정이 있는 경우에는 문제가 없다. 법령에 규정이 없는 경우에, 임의대리의 경우에는 피대리관청과 대리기관의 신임관계가 전제이므로 복대리가 불가능하지만, 법정대리의 경우에는 그러한 신임관계가 존재하지 않으므로 복대리가 가능하다는 것이 통설이다. 여기에서 복대리 자체는 대리기관의 복대리권 수여에 의한 대리, 즉 임의대리를 의미할 것인바, 법령의 근거가 없는 임의대리는 허용되지 않는다고 보면, 복대리도 법령의 근거

가 있는 경우에만 허용된다고 보아야 할 것이다.

4) 대리관계의 종료

법정대리의 경우에는 대리관계 발생의 원인이 된 법정 사유의 소멸에 의하여, 임의대리의 경우에는 수권의 철회, 수권행위에서 정한 기한의 종료 또는 해제조건의 성취, 대리기관 구성자의 궐원 등 사고에 의하여 대리관계가 종료된다. 대리관계가 종료되면 당연히 피대리관청이 그 권한을 스스로 행사한다.

3. 권한의 위임

1) 의 의

(1) 개념 　경찰행정청의 권한의 위임이란 경찰행정청이 법령상의 권한을 법령에 근거하여 다른 기관에게 실질적으로 이전하여 그 다른 기관이 자기 이름과 자기 책임으로 행사하게 하는 것을 말한다. 원래 행정청의 권한의 위임은 행정청 소속의 하급기관(주로 하급행정청, 때로는 보조기관)에 대하여 하는 것이 원칙이지만, 현행법상으로는 다른 행정청이나 다른 공공단체 또는 그 기관, 나아가 사인에 대해서도 권한의 위임이 행해지고 있다. 권한이 위임된 경우, 법령상 본래 권한이 부여된 행정청을 위임청, 권한을 위임받아 자기 이름으로 행사하는 자를 수임기관이라고 한다.

(2) 다른 개념과의 구별 　권한의 위임은 다음과 같은 개념들과 구별된다.

(가) 권한의 대리 　권한의 대리와 위임의 차이는 앞에서 본 바와 같다.

(나) 내부위임 　행정청이 법령의 근거 없이 특정한 사무를 처리할 권한을 실질적으로 하급기관(하급행정청 또는 보조기관)에 위임하면서, 대외적으로는 위임청의 이름으로 그 권한을 행사하게 하는 것을 말한다. 법령의 근거 없이 지방경찰청장의 위임에 의하여 실질적으로 경찰서장이 운전면허를 발급하면서 자신의 이름이 아니라 지방경찰청장의 이름으로 한다면, 내부위임이 된다. 법령의 근거가 없고 따라서 사실상 수임기관이 권한을 행사하면서도 자신의 이름으로 행사하지 못하고 위임청의 이름으로 한다는 점에서 권한의 위임과 차이가 있고, 대외적으로는 위임청의 권한행사로 간주된다. 만일 수임기관이 내부위임받은 권한을 자신의 이름으로 행사하면 권한 없는 행위로서 무효로 된다.

(다) 위임전결 　행정청의 권한 중 의사결정권(결재권)을 보조기관에 실질적

으로 위임하되 대외적인 권한 행사는 행정청의 이름으로 하는 것을 위임전결 또는 전결이라고 한다. 운전면허의 발급이 법률상 지방경찰청장의 권한이지만, 그 발급 여부를 보조기관인 차장이나 담당 과장이 결정하되 대외적으로는 지방경찰청장의 이름으로 면허를 발급하는 것이 그 예이다. 위임전결제도는 우리나라의 행정조직법이 행정청제도(행정에 관한 대외적인 권한 행사를 모두 행정청의 이름으로 하도록 하고 있는 제도)를 채택하고 있으면서도, 실제로 행정청이 그 권한에 속한 모든 행위를 스스로 결정하는 것이 불가능한 까닭에, 법률상 권한의 소재와 행정의 능률성의 요청(사안의 경중에 따른 신속한 업무처리의 필요성)을 조화시키기 위하여 실무상 관행으로 행하여져 왔다. 위임전결이 있더라도 법적으로 행위자는 여전히 행정청이며, 모든 법적인 책임도 행정청이 진다는 점에서, 권한의 실질적 이전을 의미하는 위임과 다르다(따라서 법적으로 내부위임과 차이가 없고, 단지 내부위임은 주로 하급행정청에 대하여 행해지나 위임전결은 보조기관에 대하여 행해진다는 점에서만 차이가 있다). 따라서 법률의 근거를 요하지 않고, 행정규칙을 근거로 하여도 무방하다. 「행정업무의 효율적 운영에 관한 규정」은 위임전결사항을 훈령이나 지방자치단체의 규칙으로 정하도록 규정하고 있다(10조②).

(라) 대결(代決) 결재권자가 휴가, 출장, 그 밖의 사유로 결재할 수 없는 경우에 그 직무를 대리하는 자가 대신 결재하는 것을 말하며, 내용이 중요한 문서는 사후에 결재권자에게 보고하여야 한다(행정업무의 효율적 운영에 관한 규정 10조③). 역시 대외적으로는 행정청의 이름으로 권한이 행사된다는 점에서, 권한의 위임과 구별된다.

(마) 권한이양 권한의 이양은 법령에 의하여 특정한 행정청의 권한을 다른 행정청의 권한으로 변경하는 것을 말한다. 권한이양이 이루어지면 원래 권한을 가지고 있던 행정청은 법령상 권한을 상실한다는 점에서, 법령상 권한은 여전히 원래의 행정청에 있고 위임청과 수임기관 사이에 위임관계가 존재하는 권한의 위임과 구별된다.

2) 위임의 근거·상대방 및 방식

(1) 위임의 근거 권한이 위임되면 그 권한은 사실상으로는 물론, 법적으로도 수임기관이 행사하므로, 권한의 위임은 법령의 근거를 필요로 한다. 행정청의 권한의 위임에 관한 일반적 근거로는 정부조직법 제6조와 이에 근거한 대통령령인 「행정권한의 위임 및 위탁에 관한 규정」 및 지방자치법 제104조가 있는 외에, 개별 법령에

도 권한위임의 근거규정을 두는 경우가 많다(도로교통법 147조, 총포도검 68조 등).[28)]

(2) 위임의 상대방 권한위임의 상대방은 하급행정청인 경우가 가장 많으나, 그 밖에 보조기관, 상하관계에 있지 않은 다른 행정청, 지방자치단체 또는 그 기관(시·도지사, 시장·군수·구청장), 지방자치단체 이외의 법인·단체 또는 그 기관, 나아가 사인에 대해서도 위임이 가능하다(정부조직법 6조, 지방자치법 104조 참조). 「행정권한의 위임 및 위탁에 관한 규정」은 보조기관·하급행정청 또는 지방자치단체의 장에 대한 위임만을 위임으로 부르고, 다른 행정청에 대한 위임을 위탁, 지방자치단체가 아닌 법인·단체 또는 그 기관이나 개인에 대한 위임을 민간위탁이라고 부르고 있다(2조 1호-3호).

(3) 위임의 방식 (a) 법률에서는 특정 행정청의 권한을 하급행정청 등에 위임할 수 있다는 근거규정만을 두고, 그 근거에 의하여 법규명령(지방자치단체의 경우에는 조례 또는 규칙)에서 직접 위임되는 권한과 위임의 상대방을 정하는 것이 보통이다. 「총포·도검·화약류 등 단속법」 제68조에 근거하여 동법 시행령 제83조에서 경찰청장의 권한 중 엽총 등의 제조업허가권 등을 지방경찰청장에게 위임하고 있는 것이 그 예이다. (b) 그러나 때로는 법규명령이 직접 위임하지 않고 권한 있는 행정청이 개별적인 위임행위에 의하여 권한을 위임하는 경우도 있다. 이 경우에는 국민이 위임된 권한의 내용과 수임기관을 알 필요가 있으므로, 공시할 필요가 있다. 이 때문에 실제로는 고시(告示)의 형식으로 위임하는 것이 보통이다. (c) 입법론적으로는 권한위임은 법규명령의 형식으로만 할 수 있도록 하고, 나아가 하급행정청이 행사할 수 있고 행사하는 것이 바람직한 권한은 가급적 위임이 아니라 완전한 이양을 함으로써 법률상의 권한과 실제 권한의 소재의 불일치를 의미하는 권한위임은 지양하는 것이 바람직하다.

3) 위임의 효과

(1) 수임기관의 사무처리 권한이 위임되면 수임기관은 자기 이름으로, 그리

---

28) 정부조직법 제6조와 지방자치법 제104조는 "법령으로 정하는 바에 따라" 또는 "조례나 규칙으로 정하는 바에 따라" 권한을 위임·위탁할 수 있다고 규정하고 있다. 따라서 이 조항들은 권한위임의 가능성과 형식에 관한 일반원칙을 정한 것에 불과하고, 이들 조항 자체가 권한위임의 근거는 될 수 없다고 보아야 한다(홍정선, 행정법원론(하), 제20판, 박영사, 2012, 27면; 정하중(개론) 909면; 박균성(하) 34면). 그러나 대법원은 구 정부조직법 제5조 제1항(현행법 제6조 제1항) 및 「행정권한의 위임 및 위탁에 관한 규정」 제4조를 근거로 법령에 의하여 시·도지사가 위임받은 권한을 시·도의 규칙으로써 시장·군수에게 재위임할 수 있다고 보고 있다(대판 1990.2.27, 89누5287; 1995.7.11, 94누4615).

고 자기 책임으로 위임받은 권한을 행사한다. 따라서 그 권한행사에 따른 내부적인 책임만이 아니라 대외적인 책임도 수임기관이 진다. 예컨대, 경찰청장으로부터 엽총 등 제조업의 허가권을 위임받은 지방경찰청장이 위임받은 권한을 행사하여 허가처분을 하면(총포도검 시행령 83조① 1호 참조), 그 허가에 대한 행정소송의 피고도 지방경찰청장이 된다. 즉, 권한이 실질적으로 수임기관에 이전하는 것이다.

(2) 위임청의 권한 일단 권한이 위임되면 위임청은 스스로 그 권한을 행사하지 못하며, 수임기관의 권한행사에 대한 책임도 지지 않는다. 다만, 위임이 직접 법규명령에 의해서 이루어진 것이 아니라 위임청의 위임행위에 의하여 이루어진 경우라면 그 위임 자체에 대한 책임은 위임청에 있다고 할 것이다.

(3) 위임청의 감독권 권한이 위임된 경우 그 권한행사에 관하여 위임청이 수임기관을 지휘·감독할 수 있는지가 문제된다. 수임기관이 위임청의 하급행정청이나 보조기관인 경우에는 위임청이 조직법상의 감독권을 가지므로 아무런 문제가 없다. 상하관계에 있지 않은 다른 행정청이나 지방자치단체 또는 그 기관, 다른 법인·단체 또는 그 기관이나 사인에게 위임한 경우에 문제가 되는바, 「행정권한의 위임 및 위탁에 관한 규정」은 수임기관의 행위에 대한 위임청의 취소·정지권과 감사권 기타의 지휘·감독권을 규정하고 있어서(6조, 9조, 14조, 16조), 역시 실제로는 문제가 없다.

(4) 재위임 수임기관이 위임받은 기관을 다시 다른 행정기관 등에 위임할 수 있는지가 문제되나, 정부조직법은 이를 명문으로 긍정하고 있다(6조① 2문).

4) 위임의 종료

(1) 위임종료의 원인 (a) 법규명령에 의한 위임은 그 법규명령의 개정·폐지 또는 위임의 근거가 된 법률의 개정·폐지에 의하여 종료된다. (b) 개별적 위임행위에 의한 위임이라면 역시 위임청의 위임 철회에 의하여 종료될 것인바, 위임의 철회도 위임과 마찬가지로 공시를 요한다고 보아야 할 것이다. (c) 수임기관이 폐지되거나 위임청의 권한 자체가 폐지된 경우에도 위임은 당연히 실효된다.

(2) 위임종료의 효과 위임이 종료되면 수임기관은 권한을 상실하고 그 권한은 당연히 위임청의 권한으로 환원된다. 다만, 위임 종료 전에 이루어진 수임기관의 권한행사는 그 효력에 영향을 받지 않는다.

§2. 경찰행정청 상호간의 관계

(1) 행정조직은 다수의 행정청이 대통령을 수반으로 하는 피라미드 형의 계층조직을 이루면서 통일된 의사에 따라 활동하는 것을 특징으로 한다. 따라서 행정조직을 구성하는 개개의 행정청은 다른 행정청과 수직적·수평적으로 일정한 관계를 맺고 있다. 즉, 상하 행정청 간에는 상명하복의 질서가 존재하며, 상하관계에 있지 않은 대등행정청 간에도 상호 협조를 중심으로 하는 일정한 관계가 존재하는 것이다. 이러한 관계는 경찰조직을 구성하는 경찰행정청에 있어서도 다를 것이 없다.

(2) 경찰행정청 상호간의 관계는 원래 경찰조직에 속한 행정청 간의 관계를 의미하는 것이지만, 경찰행정청과 경찰조직에 속하지 않은 다른 행정청과의 관계도 그 내용에는 차이가 없다.

Ⅰ. 상하관계

1. 개 관

(1) 상하관계란 원래 동일 행정주체, 동일 계통에 속한 상급행정청과 하급행정청 간의 관계를 의미한다. 그 내용은 권한의 위임관계와 감독관계를 중심으로 한다. 다만, (a) 권한의 위임은 상하행정청 간에 이루어지는 것이 보통이나 대등행정청 간에도 이루어지는 경우가 있고, 나아가 다른 행정주체에 속한 행정청(지방자치단체 소속의 행정청)이나 지방자치단체 이외의 법인·단체 등에 대해서도 이루어지는 경우가 있다. (b) 감독 역시 상하행정청 간에 이루어지는 것이 원칙이지만, 소속 행정주체를 달리하는 지방자치단체 소속의 행정청이나 지방자치단체 이외의 법인·단체 등에 대해서도 이루어지는 경우가 있다. 이러한 경우는 엄밀히 말하여 상하관계가 아니라 법률에 의하여 권한이 위임되거나 감독권이 부여된 경우에 불과하다고 하여야 할 것이지만, 그 관계의 내용은 상하관계에 있어서와 차이가 없다.

그럼에도 불구하고 권한위임관계를 상하관계의 한 내용으로 볼 수 있을 것인지에 관하여는 의문이 있다. 감독도 조직법상의 하급행정청이 아닌 기관에 대하여 이루어질 수 있지만, 그래도 감독은 본질적으로 힘의 우열을 전제로 한다는 점에서, 상하관계로 볼 수 있다. 그러나 권한의 위임은 힘의 우열과는 무관하다. 대등행정청 간에도 권한이 위임되는 경우가 있는 것은 이 때문이다. 물론 권한위임이 있는 경우에 위임청과 수임기관 간에 감독관계가 성립하지만, 이는 위임된 권한행사의 통제의 필요성 때문에 실정법이 규정한 효과이지, 위임청이 본질적으로 수임기관보다 우월하기 때문은 아니다. 따라서 권한의 위임관계를 본질적으로 상하관계의 일종이라고 보기는 어렵다.

(2) 권한의 위임에 관하여는 위에서 보았으므로, 여기에서는 감독관계에 대해서만 살펴본다.

2. 감독관계

1) 의 의

(1) 상급행정청은 하급행정청에 대하여 일반적인 감독권을 가진다. 감독권은 다수의 행정청으로 구성되는 행정조직이 하나의 통일된 의사체로서 활동할 수 있도록 보장하는, 행정조직의 본질적 구성요소이다. 따라서 상급행정청은 개별적인 법령의 규정이 없더라도 행정조직의 본질에 비추어 당연히 하급행정청에 대하여 감독권을 가진다고 보아야 한다.[29] 다만, 실제로는 행정청의 설치를 규정하는 법령에서 하급행정청에 대한 감독권을 규정하는 것이 보통이다(예컨대, 경찰 11조③·14②). 감독권의 일반적인 근거규정으로는 정부조직법 제7조가 있다.

(2) 감독권은 상급행정청이 하급행정청에 대하여 가지는 것이 원칙이다. 그러나 법령이 규정한 경우에는 상하관계가 없는 행정청 사이에도 감독관계가 성립할 수 있다. 예컨대, 국가 소속의 행정청인 주무부장관은 지방자치법 제166조 내지 제172조의 규정에 의하여 지방자치단체의 장에 대한 감독권을 가진다(자치경찰사무에 관련한 국가감독에 관한 특칙으로는 제주특별법 제123조 참조). 또한 행정청이 다른 행정주체에 속한 행정청에 권한을 위임하는 경우에도, 위임청은 「행정권한의 위임 및 위탁에 관한 규정」 제6조에 의하여 수임기관에 대한 감독권을 가진다(예컨대, 도로교통법 시행령 제86조 제1항은 교통안전시설의 설치·관리 등에 관한 특별시장·광역시장·시장·군수의 권한을 국가의 행정청인 지방경찰청장 또는 경찰서장에게 위임하고 있는바, 이 경우 특별시장 등은 수임기관인 지방경찰청장 또는 경찰서장에 대하여 감독권을 가진다).

---

29) 개별적인 경찰작용에 대한 감독권의 근거규정은 필요 없어도 상급기관의 하급기관에 대한 일반적 감독권 자체에 대한 근거는 필요하다는 견해도 있다(홍정선(경찰), 117면).

(3) 감독권의 내용 내지 감독의 수단은 다양하다. 감독의 시점을 기준으로 사전감독(예방적 감독)과 사후감독(교정적 감독)으로, 감독의 범위에 따라 위법사항만을 대상으로 하는 법규감독(적법성감독)과 부당사항에까지 미치는 직무감독(타당성감독·합목적성감독)으로 나눌 수 있다.

(4) 감독권의 구체적 내용은 개별 법령에 규정된 것도 있으나, 개별적인 근거규정이 없더라도 감독권에 당연히 포함되는 일반적인 내용으로는 감시권·훈령권·승인권·취소정지권 및 주관쟁의결정권의 다섯 가지를 든다.

2) 감시권

(1) 상급행청이 하급행정청의 사무처리상황을 파악하기 위하여 감사·조사를 하거나 보고를 받는 등의 권한을 말한다.

(2) 감시권은 다른 감독수단을 행사하기 위한 전제가 되는, 감독권의 가장 원초적인 수단이라고 할 수 있다. 따라서 법령의 근거를 요하지 않는다.

(3) 감시권은 예방적 감독의 수단으로도, 교정적 감독의 수단으로도 활용된다.

3) 훈령권

가) 의 의

(1) 훈령권이란 상급행정청이 하급행정청의 권한행사를 지휘하기 위하여 훈령을 발할 권한을 말한다. 그리고 상급행정청이 하급행정청의 권한행사를 지휘하기 위하여 발하는 명령을 훈령이라고 한다.

(2) 훈령권은 감독권의 중추적 수단으로서, 개별적인 법령의 근거를 요하지 않는다.

(3) 훈령은 원래 상급행정청이 하급행정청의 권한행사를 일반적으로 지휘하기 위하여 발하는 명령을 의미하며, 그러한 의미에서 처분이 아니라 규범의 성질을 가진다. 법적 형식에 있어서는 행정규칙의 일종이다. 그러나 넓은 의미에서는 구체적 사안에 관한 개별적 지시를 포함하기도 한다.

(4) 훈령은 원칙적으로 예방적 감독의 수단이다. 그러나 지시를 훈령에 포함시킨다면, 지시는 예방적 감독의 수단으로도, 교정적 감독의 수단으로도 사용될 수 있다(하급행정청의 권한에 속하는 특정한 처분을 하거나 하지 말도록 하는 지시는 전자의 예이고, 하급행정청이 행한 특정한 처분의 위법·부당을 이유로 그 취소를 명하는 지시는 후자의 예이다).

나) 훈령의 성질(법규성 문제)

(1) 훈령은 행정규칙의 대표적 형식이다. 훈령이 법규의 성질을 가지는가 하는 것은 결국 행정규칙의 법규성 문제이다.

(2) 한 동안 행정규칙의 법규성 유무에 관하여 논란이 있었으나, 오늘날 그러한 논란은 거의 정리가 된 것으로 보인다. 즉, 행정규칙은 그 자체로서는 법규가 아니고, 따라서 국민의 권리·의무에 관한 사항(법규사항)을 정할 수 없는 것은 물론, 원칙적으로 국민이나 법원에 대하여 구속력을 가지지도 않고, 행정조직 내부에서만 구속력을 가질 뿐이다.

(3) 다만, (a) 행정규칙 중 일부(특히 재량준칙)는 그것에 위반한 처분이 평등원칙이나 행정의 자기구속력의 법리를 위반하는 결과가 되는 경우에는 위법이 되므로, 결과적으로 대외적 구속력을 가지는 경우가 있다는 것은 일반적으로 인정되고 있다. 그러나 이 경우에도 행정규칙이 법규인 것은 아니며, 행정규칙에 위반한 처분이 위법으로 되는 직접적인 이유는 평등원칙 등 행정법의 일반원칙을 위반한 데 있다(이러한 이유로 행정규칙을 '준법규'라고 하는 경우도 있으나, 그러한 명칭을 굳이 사용할 실익은 없다). (b) 판례는 법령의 위임에 의하여 훈령 등 행정규칙이 법규사항을 정한 경우에 그 행정규칙은 위임한 법령과 결합하여 직접적으로 법규의 효력을 가진다고 보고 있다.

다) 훈령과 직무명령

(1) 행정청이 행정기관의 구성원인 공무원에 대하여 그 직무에 관하여 발하는 명령을 직무명령이라고 한다. 출장명령·당직명령 등이 그 대표적인 예이다.

(2) 훈령과 직무명령은 다음과 같은 점에서 구별된다.

(a) 훈령은 행정기관에 대한 명령이므로, 발령자인 상급행정청의 담당자나 수명자인 하급행정청 담당자가 바뀌더라도 계속하여 효력을 가진다. 그러나 직무명령은 공무원에 대한 명령이므로, 수명자인 공무원에게만 효력이 있으며, 그 공무원이 공무원의 지위를 상실하거나 발령자의 감독권이 미치지 않는 다른 행정관서로 전보된 경우에는 효력을 상실하고, 반면에 그 공무원의 후임자에게는 효력을 미치지 않는다.

(b) 훈령은 하급행정청의 권한행사를 지휘하는 것을 내용으로 하지만, 직무명령은 소속 공무원의 직무수행에 관한 명령으로서, 직무수행과 관련이 있는 한 공무원의 근무 기타 생활행동에 대해서도 규율할 수 있다. 출근시간에 관한

명령이나 근무중의 복장에 관한 명령 등에 이에 속한다.

(3) 그러나 훈령은 직무명령의 성질도 동시에 가진다(그 역은 성립하지 않는다). 행정기관에 대한 명령은 결국 행정기관의 구성자인 공무원이 이행하여야 하므로, 공무원에 대한 명령의 성질도 겸하는 것이다. 따라서 훈령을 위반하면 결국 그 수명자인 행정기관을 구성하는 공무원에게 책임을 묻게 된다.

라) 훈령의 종류

(1) 훈령은 원래 행정기관의 권한행사를 장래에 향하여 일반적으로 지휘하는 명령을 뜻하지만, 넓은 의미로는 특정한 사안에 대하여 구체적으로 처리방안을 지시하는 명령을 포함한다. 전자를 일반적 훈령, 후자를 개별적 훈령이라고 할 수 있다. 개별적 훈령을 「행정업무의 효율적 운영에 관한 규정」에서는 '지시'라고 부르고 있다. (b) 훈령을 형식을 기준으로 협의의 훈령·지시·예규 및 일일명령으로 구별하는 것이 보통이다. 그러나 이 중에서 훈령과 예규는 일반적 훈령의 성질을, 지시는 개별적 훈령의 성질을 가지지만, 일일명령은 훈령으로 볼 수 없다.

「행정업무의 효율적 운영에 관한 규정」은 공문서 중 지시문서를 "훈령·지시·예규·일일명령 등 행정기관이 그 하급기관이나 소속 공무원에 대하여 일정한 사항을 지시하는 문서"라고 정의할 뿐(4조 2호), 동 규정이나 그 시행규칙에서 훈령·지시·예규·일일명령을 정의하고 있지 않다. 그러나 동 규정 시행규칙의 전신인 사무관리규정 시행규칙(2011.12.21. 행정안전부령 제264호로 「행정업무의 효율적 운영에 관한 규정 시행규칙」으로 전문개정되기 전의 것)은 훈령을 "상급기관이 하급기관에 대하여 장기간에 걸쳐 그 권한의 행사를 일반적으로 지시하기 위하여 발하는 명령"으로. 지시를 "상급기관이 직권 또는 하급기관의 문의에 의하여 하급기관에 개별적·구체적으로 발하는 명령"으로, 예규를 "행정사무의 통일을 기하기 위하여 반복적 행정사무의 처리기준을 제시하는 법규문서 외의 문서"로, 일일명령을 "당직·출장·시간외근무·휴가 등 일일업무에 관한 명령"으로 정의하고 있었다(3조 2호). 이러한 정의는 현행 「행정업무의 효율적 운영에 관한 규정」 하에서도 그대로 타당한 것으로 해석된다.

이에 따르면 훈령·지시·예규 및 일일명령은 엄밀히 말해서 행정규칙 내지 훈령의 종류가 아니라 공문서의 종류이다. 그러나 그 공문서의 내용은 행정규칙 내지 훈령이 될 수 있는바, 그 중에서 협의의 훈령과 예규가 훈령의 성질을 가지는 것은 분명하다. 지시는 개별적·구체적 효력만을 가진다는 점에서 훈령이 아니지만, 훈령을 넓은 의미로 이해하여 개별적 훈령을 포함시키는 경우에는 그에 해당된다. 일일명령은 어떤 의미에서도 훈령으로 볼 수 없고, 직무명령의 전형적인 예이다.[30)]

마) 훈령의 형식

훈령은 행정규칙의 일종으로서 특별한 형식을 요하지 않는다. 따라서 구술로도 발할 수 있다고 새겨진다.

바) 발령절차

훈령은 특별한 절차를 거치지 않고 발령권자가 수명자에게 통지함으로써 성립하고, 훈령 자체에서 따로 효력발생일을 규정하지 않는 한 성립 즉시 효력을 발생한다. 일반국민의 권리·의무에 관한 사항을 정하거나 일반국민에 대하여 구속력을 가지는 것이 아니므로, 공포를 요하지 않는다. 다만, 실무상으로는 중앙행정기관의 훈령은 관보에 훈령란이 있어서 거기에 게재되는 것이 보통이다(관보규정 3조① 7호 참조).[31)]

사) 훈령의 요건과 흠

(1) 훈령이 유효하게 성립하기 위해서는 형식적 요건과 실질적 요건을 갖추어야 한다. 형식적 요건으로는 ① 감독권을 가진 행정청이 발할 것, ② 하급행정청의 권한에 속하는 사항에 관하여 규율할 것, ③ 규율의 내용이 하급행정청의 직무상 독립이 보장된 사항에 관한 것이 아닐 것 등을 들 수 있고, 실질적 요건으로는 ① 법령에 위반하지 않고, ② 공익에 적합하며, ③ 내용이 확정되고, ④ 규율 내용이 실현가능하여야 한다는 것을 들 수 있다.

(2) 훈령이 위의 요건을 갖추지 못하면 위법한 훈령으로서 무효이다. 그 위법의

---

30) 일일명령의 내용이 일반성·추상성을 가지지 않을 때에는 행정규칙에 해당하지 않고 직무명령으로 보아야 한다고 설명하는 경우도 있으나(김남진·김연태, 행정법 I, 제17판, 법문사, 2013, 178면; 홍정선, 행정법원론(상), 제20판, 박영사, 2012, 261면), 일반·추상적인 내용의 일일명령은 없다.

31) 훈령이 관보에 게재되는 경우에는 공고 후 5일이 경과한 날부터 효력을 발생한다고 하면서, 그 근거로 구 사무관리규정 제8조 제2항(현재의 「행정업무의 효율적 운영에 관한 규정」 6조③)을 드는 경우가 있다(김남진(경찰) 53면; 이철호(경찰) 75-76면). 그러나 이 조항은 공고문서에 관한 규정으로서, 공고문서는 고시와 공고를 의미한다. 훈령은 관보에 게재되더라도 지시문서이지 공고문서가 아니다. 따라서 이 조항은 훈령에는 적용되지 않는다고 보아야 한다. 그렇다면 관보에 게재된 훈령의 효력발생시점은 언제일까. 행정절차법 제15조 제3항의 적용도 생각할 수 있지만, 동 조항은 국민을 상대로 한 송달에 관한 규정이고, 훈령에는 적용되지 않는 것으로 보아야 한다. 결국 일반원칙에 따라 관보에 게재된 훈령은 따로 효력발생일을 규정하지 않은 한 관보발행일에 성립하고 효력을 발생한다고 볼 수밖에 없다.

중대·명백 여부에 관계없이 위법하면 항상 무효라는 점에서 국민을 상대로 한 행정행위(처분)가 흠이 있는 경우와는 큰 차이가 있다. 흠 있는 행정행위에 대해서는 취소라는 제도가 있지만, 훈령에 대해서는 취소라는 제도가 없기 때문이다.

아) 하급행정청의 심사권

그렇다면 훈령의 수명자인 하급행정청은 훈령의 위법 여부에 관하여 심사권을 가지는가?

(1) 형식적 요건의 구비 여부에 관하여는 하급행정청에 심사권이 있고, 따라서 형식적 요건을 갖추지 못한 훈령에 대하여 하급행정청은 복종을 거부할 수 있다는 데 이견이 없다.

(2) 실질적 요건의 심사권에 관하여는, 위법이 중대하고도 명백한 경우에 한하여 하급행정청이 복종을 거부할 수 있다는 것이 종래의 통설이었다. 그러나 위법의 중대·명백은 행정행위의 무효와 취소를 구별하는 기준이고, 훈령은 위법하면 항상 무효라는 점, 그리고 위법이 중대한 것인지 여부는 명확한 기준을 찾기 어렵다는 점에 비추어, 위법의 중대성은 하급행정청의 심사권 유무를 결정하는 요소가 될 수 없다. 한편, 위법이 명백하지 않은 경우에는 위법의 의심이 있더라도 행정기관 및 그 구성자는 복종의무가 있다고 보아야 한다. 따라서 위법이 명백한 훈령에 대해서는 그 중대 여부와 관계없이 하급행정청은 복종을 거부할 수 있다고 보아야 할 것이다.[32)]

자) 훈령의 효력

(1) 훈령은 행정규칙의 일종으로서, 국민이나 법원에 대한 구속력은 없다. 따라서 하급행정청이 훈령에 위반하여 국민을 상대로 행정작용을 하더라도, 그것만으로 그 행정작용이 위법으로 되지는 않는다. 다만, 훈령에 위반한 행정작용이 평등원칙 등의 행정법의 일반원칙을 위반한 결과가 되어 결과적으로 그 행정작용이 위법하게 되는 경우는 있을 수 있다.

(2) 그러나 훈령은 행정조직 내부에서는 구속력이 있다. 따라서 하급행정청이 훈령에 위반하여 권한을 행사한 경우에는 그 행정청의 담당자 또는 실제로 업무를 처리한 공무원이 복종의무 위반을 이유로 징계책임을 질 수 있다.

(3) 둘 이상의 상급행정청이 서로 모순되는 내용의 훈령을 발한 경우에, 하급행

---

32) 동지: 김남진(경찰) 53면; 류·박(신론) 766면; 이철호(경찰) 75면.

정청은 누구의 훈령에 복종하여야 하는지가 문제된다. 훈령의 경합의 문제이다. (a) 주관 상급행정청의 훈령이 관련 상급행정청의 훈령에 우선할 것은 의문의 여지가 없다. (b) 주관 상급행정청과 관련 상급행정청을 구별할 수 없는 경우에, 통설은 직근상급행정청의 훈령이 우선한다고 보고 있다. 그러나 통설이 논거로 드는 행정조직의 계층적 질서 바로 그것에 비추어, 상위의 행정청의 훈령이 하위의 행정청의 훈령에 우선한다고 보아야 할 것이다.

4) 승인권

(1) 의의　상급행정청이 하급행정청에 대하여 권한을 행사하여 어떤 행정작용을 하기 전에 사전에 상급행정청의 승인을 받도록 요구하는 경우가 있다. 상급행정청의 이러한 권한을 승인권 또는 인가권이라고 한다. 예방적 감독의 강력한 수단이다.

(2) 근거　법령이 상급행정청의 승인권을 규정한 경우도 있다(예컨대, 경공임 35조③). 법령의 근거가 없는 경우에도 상급행정청은 감독권의 내용으로서 하급행정청에 대하여 일정한 권한을 행사하기 전에 승인을 받도록 요구할 수 있다는 것이 통설이다. 그러나 「행정권한의 위임 및 위탁에 관한 규정」은 "수임 및 수탁사무의 처리에 관하여 위임 및 위탁기관은 수임 및 수탁기관에 대하여 사전승인을 받거나 협의를 할 것을 요구할 수 없다"고 규정하고 있다(7조).

(3) 승인의 성질　감독권 행사의 방법으로서의 승인은 행정행위가 아니라 행정의 내부적 행위에 불과하다. 따라서 하급행정청은 상급행정청의 승인 거부에 대하여 행정쟁송을 제기할 수 없다. 다만, 법률이 기관소송을 제기할 수 있도록 규정한 경우는 예외이다.

(4) 승인의 효력　(a) 승인권이 법령에 규정된 경우에 상급행정청의 승인 없는 하급행정청의 권한행사는 위법이다.[33] 그 권한 행사가 국민에 대한 처분인 경우, 그 처분으로 인하여 법률상 이익을 침해받은 국민은 행정쟁송을 제기하여 처분의 효력을 다툴 수 있다. 그러나 이 경우에도 쟁송의 대상은 처분이지, 승인 또는 승인의 거부가 아니다. (b) 법령의 근거 없는 승인 요구의 경우에는 하급행정

---

33) 인가(승인)가 법령에 근거한 경우에는 하급행정청의 권한행사의 유효요건으로서 인가를 받지 않은 행위는 위법·무효라는 견해가 있다(이철호(경찰) 76면). 그러나 행정청의 권한행사가 행정행위(처분)인 경우에는 위법이라고 해서 항상 무효라고 할 수는 없고, 위법이 중대하고도 명백한 경우에만 무효로 되는바, 상급행정청의 승인을 받지 않은 처분이 중대하고도 명백한 위법으로 인정되는 경우는 많지 않을 것이다.

청이 상급행정청의 승인을 받지 않고 권한을 행사하더라도 위법은 아니고, 따라서 대외적인 효력에는 영향이 없으며, 단지 행정 내부적으로 하급행정청의 책임문제가 발생할 뿐이다.

5) 취소·정지권

(1) 의의 (a) 상급행정청이 하급행정청의 위법 또는 부당한 권한행사를 취소하거나 그 효력을 일시적으로 정지할 수 있는 권한을 말한다. 교정적 감독의 가장 강력한 수단이다.[34] (b) 취소·정지의 대상이 되는 하급행정청의 행위는 행정행위(처분)인 경우가 많지만, 명령(법규명령)·공법상 계약 등의 다른 행정작용일 수도 있다. 행정행위 이외의 행정작용에 대한 취소는 엄밀히 말하면 취소가 아니라 무효선언의 성질을 가진다고 보아야 할 것이다.

(2) 근거 상급행정청의 취소·정지권을 법령이 명문으로 규정하는 경우도 있다(정부조직법 11조②, 16조②, 지방자치법 169조 등). 이러한 규정이 없는 경우에도 감독청은 감독권의 당연한 내용으로서 하급행정청의 행위에 대한 취소·정지권을 가지는지에 관하여는 견해가 갈린다. (a) 과거의 통설은 취소·정지권이 감독 목적을 달성할 수 있는 불가결의 수단이라는 이유로 상급행정청은 법령의 근거가 없더라도 당연히 하급행정청의 위법·부당한 행위를 취소·정지할 수 있다고 보았다(긍정설).[35] (b) 이에 대하여 부정설은 상급행정청은 법령의 근거가 없는 한 하급행정청에 대하여 취소·정지를 명할 수 있을 뿐이고 직접 취소·정지할 수는 없다고 한다.[36] (c) 근래에는 상급행정청은 법령의 근거가 없더라도 하급행정청의 위법·부당한 행위를 취소·정지할 수 있지만, 다만 먼저 하급행정청에 대하여 취소·정지를 명한 뒤 하급행정청이 불응하는 경우에 비로소 직접 취소·정지할 수 있다는 견해가 주장되고 있다(제한적 긍정설).[37] (d) 행정의 통일성 확보의 요청과 하

34) 상급행정청의 취소권행사는 직권에 의한 경우와 행정심판의 청구에 의한 경우가 있다고 설명하는 것이 보통이다(김도창(하) 85면; 김남진(경찰) 54면; 홍정선(경찰) 120면 등). 그러나 후자의 경우는 감독권의 내용으로서의 취소·정지권 행사라고 보기는 어렵다. 오늘날 행정심판제도는 일차적으로 행정감독보다는 국민의 권익구제를 위한 제도이며, 재결청이 항상 감독권을 가진 상급행정청이라고 볼 수도 없기 때문이다.

35) 이상규(하) 86면; 석·송(하) 37면; 박균성(하) 55면.

36) 박·정(하) 43면; 정하중(개론) 918면; 류·박(신론) 764-765면; 이철호(경찰) 78면.

37) 김남진(경찰) 55면; 홍정선(경찰) 120면. 두 분 모두, 정부조직법과 지방자치법이 취소·정지권을 명문화하고 있기 때문에 이를 논할 실익은 별로 없다고 한다. 그러나 정부조직법은 국무총리 및 중앙행정기관의 장의 명령·처분에 대한 대통령의 취소·정지권(11조②)과

급행정청의 권한 존중의 요청을 조화하기 위해서는 제한적 긍정설이 타당하다고 판단된다.

(3) 취소·정지의 성질 감독청의 취소·정지는 하급행정청 자신의 취소·정지와 동일한 성질 및 효과를 가진다. 취소·정지의 대상인 행위가 행정행위(처분)일 때에는 그 취소·정지도 행정행위이므로, 감독청의 취소·정지에 의하여 법률상 이익을 침해받은 국민은 감독청을 상대로 행정쟁송을 제기하여 다툴 수 있다. 그러나 자신의 행위가 감독청에 의하여 취소·정지된 하급행정청은 기관쟁송을 제기할 수 있는 경우를 제외하고는 행정쟁송을 제기할 수 없다.

6) 주관쟁의결정권

(1) 의의 행정청 간에 권한에 관하여 다툼이 있는 경우에 두 행정청에 공통된 상급행정청이 결정하는 권한을 말한다. 행정청 간의 권한에 관한 다툼을 주관쟁의 또는 권한쟁의라고 하며, 서로 자기의 권한이라고 주장하는 적극적 주관쟁의와 서로 자기의 권한이 아니라고 주장하는 소극적 주관쟁의가 있다.

(2) 절차 행정청은 행정주체의 기관일 뿐 권리주체가 아니며, 주관쟁의는 권한에 관한 다툼이지 권리·의무에 관한 분쟁, 즉 법률적 쟁송이 아니다. 따라서 주관쟁의는 행정쟁송의 대상이 아니고, 행정조직 내부에서 감독권의 작용을 통하여 해결될 문제이다. 구체적으로는 주관쟁의의 당사자인 두 행정청을 공통으로 감독하는 상급행정청이 결정하고, 공통의 상급행정청이 없는 경우에는 각 상급행정청의 협의에 의하여 결정한다(행절 6조②). 국가의 행정청 간의 권한쟁의에 관하여 상급행정청 간의 협의가 이루어지지 않은 경우에는 궁극적으로 국무회의의 심의를 거쳐(헌법 89조 10호 참조) 대통령이 결정할 수밖에 없다. 다만, 법률이 특별히 일정한 쟁송절차를 거치도록 규정하는 경우에는 그에 의한다. 지방의회와 지방자치단체의 장 사이의 권한쟁의는 대법원이 재판하고(지방자치법 107조③, 108조②, 172조③), 정부와 지방자치단체 간 또는 지방자치단체 상호간의 권한쟁의는 헌법재판소가 심판하는 것(헌법재판소법 62조① 2호·3호) 등이 그 예이다.

중앙행정기관의 장의 명령·처분에 대한 국무총리의 취소·정지권(16조②)만을 규정하고 있고, 그 밖의 행정청의 취소·정지권에 관한 규정은 두고 있지 않다. 지방자치법 역시 지방자치단체의 장의 명령·처분에 대한 감독청의 취소·정지권만을 규정하고 있고(169조), 정작 지방자치단체에 속한 행정청(지방자치단체의 장 및 그 하급행정청)의 취소·정지권에 관한 규정은 두고 있지 않다. 따라서 감독청의 취소·정지권의 법적 근거 요부의 문제는 여전히 중요한 실익이 있다고 보아야 한다.

Ⅱ. 대등관계

대등한 행정청 간에는, 소극적으로는 상호간에 권한을 존중하고, 적극적으로는 서로 협력하여 공동으로 행정목적을 달성해 나가야 하는 관계에 있다. 여기에서 대등한 행정청이란 동일 행정주체, 동일 계통에 속한 동급의 행정청만을 의미하는 것이 아니라, 소속 행정주체를 달리하는 행정청, 더 나아가 동일 행정주체에 속하더라도 계통을 달리하는 행정청도 포함된다. 특히 국가경찰기관과 자치경찰기관은 소속 행정주체를 달리하므로 권한의 크기에 관계없이 기본적으로 대등관계에 있다(다만, 지방자치법과 제주특별법에 의하여 자치경찰기관에 대한 국가의 감독 및 비상시의 지휘권 인수가 허용되는 것은 앞에서 본 바와 같다).

1. 권한의 존중

(1) 대등한 행정청 간에는 서로 상대방의 권한을 존중하고 이를 침범하지 않아야 한다. 특히 어느 행정청이 그 권한 안에서 행한 행위는, 흠이 있더라도 당연무효가 아닌 한 행정주체의 행위로서 유효하게 존속하므로, 다른 행정청은 그 효력을 인정하고 존중하여야 한다. 예컨대, 지방경찰청장이 발급한 운전면허에 대하여, 다른 지방경찰청장이나 국가 및 지방자치단체의 다른 행정청은 그 위법 여부에 관하여 의문이 있더라도, 그것이 무효가 아닌 한 그 효력을 인정하고 그것이 유효하다는 것을 전제로 자신의 권한을 행사하여야 한다.

(2) 대등한 행정청 사이에 권한에 관한 다툼이 발생하는 경우에는 위에서 본 주관쟁의결정의 방법에 의하여 해결한다.

2. 상호협력

대등한 행정청 간의 협력은 주로 다음의 세 가지 방법으로 이루어진다.

1) 협 의

둘 이상의 행정청의 권한에 관련되는 사항은 어느 한 행정청이 단독으로 처리할 것이 아니라 관계 행정청 간의 협의에 의하여 처리하여야 한다. 협의에 의한 처리의 구체적인 방법은 다음과 같다.

(1) 주관행정청과 관계행정청을 구별할 수 있다면 주관행정청이 처리하되 관계행정청과의 협의를 거쳐야 한다. 예컨대, 도로의 관리에 관해서는 시장 등이 주관행정청이지만, 시장 등이 원활한 교통을 확보하기 위하여 도로에 전용차로를 설치하는 경우에는 지방경찰청장이나 경찰서장과 협의하여야 한다(도로교통법 15조①). 이 경우 지방경찰청장이나 경찰서장의 의견은 구속력은 없지만, 지방경찰청장이나 경찰서장의 의견을 듣지 않고 도로점용을 허가하면 그 허가는 위법이다.

(2) 둘 이상의 행정청이 모두 주관행정청이라면 그 행정청들이 공동주관행정청으로서 협의를 거쳐 공동명의로 권한을 행사하여야 한다. 어린이보호구역의 지정은 교육부·안전행정부 및 국토교통부의 관할에 공통된 사항이므로 그 절차 및 기준 등에 관하여 필요한 사항은 세 부의 공동부령으로 정하는 것이 그 예이다(도로교통법 12조②). 이 경우 어느 한 행정청이 협의를 거치지 않고 단독으로 권한을 행사하면 그 권한행사는 무권한 행위로서 무효이다.

(3) 행정청이 다른 행정청의 인허가 대상이 되는 행위를 하고자 하는 경우에 그 인허가에 갈음하여 인허가의 주관행정청과 협의를 거치도록 하는 경우가 많다. 이 경우 그 협의는 인허가와 같은 효력을 가지며, 따라서 주관행정청과의 협의는 구속력을 가지고, 협의를 거치지 않거나 협의에 반하는 행위는 위법이다.

2) 사무의 촉탁

대등한 행정청 사이에 어느 한 행정청의 직무상 필요한 사무가 다른 행정청의 관할에 속하는 경우에는, 관할 행정청에 위탁하여 그 사무를 처리하여야 한다. 예컨대, 경찰서장이 불법주차한 차를 폐차한 때에는 자동차등록의 관할관청에 그 말소등록을 촉탁하여야 한다(도로교통법 시행령 14조④).

3) 행정응원

가) 의의 및 종류

행정응원이란 좁은 의미로는 재해·사변 등의 비상시에 한 행정청의 인력과 장비만으로는 행정목적을 달성할 수 없는 경우에 그 행정청의 요청에 의하여, 또는 자발적으로, 다른 행정청이 자신의 인력과 장비를 원조하는 것을 말한다. 경찰직무응원법에 의한 경찰응원이나 소방기본법 제11조에 의한 소방응원이 대표적인 예이며, 비상시의 행정응원이라고 할 수 있다. 이에 비하여 넓은 의미의 행정응원은 평상시의 행정응원, 즉 평상시에 한 행정청의 요청에 의하여 다른 행정청이 인력과 장비를 원조하거나 관리하는 자료를 제공하는 것을 포함한다. 행정절차법 제8조가 규정하는 행정응원이 그것이다. 이하에서는 평상시의 행정응원과 경찰응원으로 나누어 살펴본다.

나) 평상시의 행정응원

(1) **응원요청**　법령 등의 이유로 독자적인 직무 수행이 어려운 경우, 인원·장비의 부족 등 사실상의 이유로 독자적인 직무 수행이 어려운 경우, 다른 행정청에 소속되어 있는 전문기관의 협조가 필요한 경우, 다른 행정청이 관리하고 있는 문서·통계 등 행정자료가 직무 수행을 위하여 필요한 경우, 또는 다른 행정청의 응원을 받아 처리하는 것이 보다 능률적이고 경제적인 경우에는 행정청은 다른 행정청에 행정응원을 요청할 수 있다(행절 8조①). 행정응원을 요청받은 행정청은 다른 행정청이 보다 능률적이거나 경제적으로 응원할 수 있는 명백한 이유가 있는 경우 또는 행정응원으로 인하여 고유의 직무 수행이 현저히 지장받을 것으로 인정되는 명백한 이유가 있는 경우를 제외하고는 응원을 거부할 수 없다(행절 8조②).

(2) **파견 직원의 지휘·감독**　행정응원을 위하여 파견된 직원은 응원을 요청한 행정청의 지휘·감독을 받는다(행절 8조⑤ 본문).

(3) **비용부담**　행정응원에 소요되는 비용은 응원을 요청한 행정청이 부담하며, 그 부담금액 및 부담방법은 응원을 요청한 행정청과 응원을 행하는 행정청이 협의하여 결정한다(행절 8조⑥).

다) 경찰응원

(1) **취지**　재해·사변 등의 비상사태로 인하여 어느 한 경찰행정청의 소속 인력과 장비만으로는 충분히 위해방지의 임무를 완수할 수 없는 경우에는 다른 경찰행정청 소속의 인력과 장비를 지원받아서라도 위해방지의 임무를 다할 필요가 있다. 이러한 경찰응원을 제도화할 필요성은 자치체경찰제를 취하는 경우에 특히 크지만, 우리나라와 같이 사실상 국가경찰만 존재하는 체제 하에서도 경찰력이 소속 경찰관서의 벽을 넘어서 유기적으로 협조함으로써 국가의 전 경찰력을 활용하여 위해방지의 임무를 수행할 필요성은 여전히 존재한다. 이러한 취지에서 경찰응원의 제도를 규정한 것이 경찰직무응원법이다. 동법에 의한 경찰응원의 방법은 경찰관의 파견에 의한 응원과 경찰기동대의 파견에 의한 응원, 두 가지이다(이 밖에도 동법은 제3조에서 경찰관의 이동근무, 즉 경호·이동승무·물품호송 등에 있어서 특히 필요한 경우에 소속 경찰관으로 하여금 다른 지방경찰청 또는 지방해양경찰관서의 구

역 내에서 직무를 행하게 하는 것에 관해서도 규정하고 있으나, 이것은 토지관할의 예외에 관한 규정이지 경찰응원에 관한 것은 아니다).

(2) **경찰관의 파견** 지방경찰청장 또는 지방해양경찰관서의 장은 돌발사태를 진압하거나 공공질서가 교란되었거나 교란될 우려가 현저한 지역(이하 "특수지구"라 한다)을 경비할 때 그 소관 경찰력으로는 이를 감당하기 곤란하다고 인정할 때에는 응원을 받기 위하여 다른 지방경찰청장이나 지방해양경찰관서의 장 또는 자치경찰단을 설치한 제주특별자치도지사에게 경찰관 파견을 요구할 수 있고,[38] 경찰청장 또는 해양경찰청장은 돌발사태를 진압하거나 특수지구를 경비할 때 긴급한 경우에는 지방경찰청장, 소속 경찰기관의 장 또는 지방해양경찰관서의 장에게 다른 지방경찰청 또는 지방해양경찰관서의 경찰관을 응원하도록 소속 경찰관의 파견을 명할 수 있다. 이 경우 파견된 경찰관은 파견받은 지방경찰청장 또는 지방해양경찰관서의 경찰관으로서 직무를 행하며, 파견 목적 이외의 직무를 행할 수 없다(경찰직무응원법 1조·2조·8조).

(3) **경찰기동대의 편성·파견** 경찰청장이나 해양경찰청장은 돌발사태를 진압하거나 특수지구를 경비하도록 하기 위하여 특히 필요할 때에는 경찰관으로 경찰기동대를 편성하여 필요한 지역에 파견할 수 있다. 기동대의 편성, 파견 목적, 주둔지역과 해체는 그때마다 경찰청장이나 해양경찰청장이 공고한다. 기동대장은 경무관 또는 총경 중에서 경찰청장이나 해양경찰청장이 임명하며(다만, 필요에 따라 경찰청 또는 해양경찰청의 과장인 총경으로 하여금 대장을 겸하게 할 수 있다), 경찰청장이나 해양경찰청장의 명을 받아 기동대의 업무를 맡아 처리하며 소속 경찰관을 소속경찰관을 지휘·감독한다. 기동대는 파견 목적 이외의 직무를 행할 수 없다(경찰직무응원법 4조-8조).

---

38) 경찰직무응원법은 기본적으로 국가경찰에 속한 경찰관서 사이의 경찰응원에 관한 법으로서, 국가경찰이 자치체경찰에 경찰관 파견을 요구할 수 있다고 규정할 뿐, 반대로 자치체경찰이 국가경찰에 경찰력 파견을 요구할 수 있다는 규정은 없다. 이제 소규모로나마 자치체경찰이 존재하므로, 국가경찰과 자치체경찰 사이의 경찰응원이 더 중요한 과제로 되었고, 따라서 그 요건과 절차를 종합적으로 규정하는 실정법규정의 정비가 필요하다.

제 3 장

경찰공무원법

제1절 개 설

§1. 경찰공무원의 의의와 경찰공무원제도

Ⅰ. 경찰공무원의 의의

(1) 경찰공무원은 '경찰공무원법에 의하여 임용되어 국가 또는 지방자치단체와 공법상 근무관계를 맺고 있는 특정직 공무원'을 의미한다. 그러나 임무를 중심으로 실질적인 관점에서 정의하자면, '국민의 생명·신체 및 재산의 보호와 범죄의 예방·진압 및 수사, 경비·요인경호 및 대간첩작전 수행, 치안정보의 수집·작성 및 배포, 교통의 단속과 위해의 방지, 기타 공공의 안녕과 질서유지를 임무로 하는 특정직 국가공무원 또는 지방공무원'이라고 할 수 있다.

(2) 경찰공무원의 대부분은 국가의 경찰조직에 속한 국가공무원이지만, 지방자치단체의 경찰조직(자치경찰)에 속한 지방공무원도 있다. 전자를 국가경찰공무원, 후자를 자치경찰공무원이라고 한다.

(3) 경찰공무원은 국가공무원 또는 지방공무원의 일종이지만, 그 임무의 특수성으로 말미암아 임용·교육훈련·신분보장·직무 등에 있어서 일반 공무원과 차이를 두지 않을 수 없다. 그리하여 실정법은 경찰공무원을 특정직 공무원의 일종으로 규정하고 있다.

공무원의 개념과 종류

(1) 개념 　공무원은 여러 가지 의미로 사용된다. (a) 최광의로는 일체의 공무담당자를 말하며, 공무원의 신분을 가진 자에 한정되지 않는다. 국가배상법상의 공무원이 이에 해당한다. (b) 광의의 공무원은 국가 또는 공공단체와 광의의 공법상 근무관계를 맺고 있는 자를 총칭하며, 공무원법상의 공무원 외에 국가최고기관의 구성자(대통령·국회의원) 및 명예직 공무원(예컨대, 지방의회 의원)을 포함한다. (c) 협의로는 공무원법에 의하여 임용되어 국가 또는 지방자치단체와 협의의 공법상 근무관계를 맺고 있는 자를 말하며, 흔히 직업공무원이라고 부르는 공무원, 즉 공무원법상의 경력직 공무원이 이에 해당된다. 공무원법의 규율대

상이 되는 것은 원칙적으로 협의의 공무원이다.

(2) **종류** (a) 공무원은 소속 행정주체에 따라 국가공무원과 지방공무원으로 구분된다. (b) 국가공무원법은 공무원을 경력직 공무원과 특수경력직 공무원으로 대별하고 있다. 경력직 공무원은 "실적과 자격에 따라 임용되고 그 신분이 보장되며 평생토록 공무원으로 근무할 것이 예정되는 공무원"으로서, 다시 일반직 공무원(기술·연구 또는 행정 일반에 대한 업무를 담당하며, 직군·직렬별로 분류되는 공무원), 특정직 공무원(법관, 검사, 외무공무원, 경찰공무원, 소방공무원, 교육공무원, 군인, 군무원, 헌법재판소 헌법연구관, 국가정보원의 직원, 그 밖에 특수분야의 업무를 담당하는 공무원으로서 다른 법률에서 특정직공무원으로 지정하는 공무원) 및 기능직 공무원(기능적인 업무를 담당하며 그 기능별로 분류되는 공무원)으로 구분된다. 특수경력직 공무원은 경력직공무원 외의 공무원으로서, 정무직 공무원(선거로 취임하거나 임명할 때 국회의 동의가 필요한 공무원 및 고도의 정책결정 업무를 담당하거나 이러한 업무를 보조하는 공무원으로서 법률이나 대통령령에서 정무직으로 지정하는 공무원), 별정직 공무원(특정한 업무를 담당하기 위하여 별도의 자격 기준에 따라 임용되는 공무원으로서 법령에서 별정직으로 지정하는 공무원), 계약직 공무원(국가와의 채용계약에 따라 전문지식·기술이 요구되거나 임용에 신축성 등이 요구되는 업무에 일정 기간 종사하는 공무원)으로 구분된다(2조).[1] 지방공무원법의 공무원 분류도 기본적으로 같다(2조). 특수경력직 공무원에 대해서는 공무원법의 규정 중 일부만이 적용된다.

Ⅱ. 경찰공무원제도

1. 우리나라의 공무원제도

오늘날 공무원은 옛날과 달리 집권자의 사복(私僕)이 아니라 국민 전체에 대한 봉사자인 동시에 권력을 독점하는 엘리트집단이 아니라 다원화된 전문적 서비스 집단의 하나에 불과한 것으로 인식된다.[2] 이에 따라 우리나라의 공무원제도는 민주적·직업적 공무원제도를 기본원칙으로 하고 있다.

---

1) 2012.12.11. 국가공무원법이 개정되어 경력직 공무원 중 기능직 공무원과 특수경력직 공무원 중 계약직 공무원을 폐지하였다. 2013.12.12. 개정 국가공무원법이 시행되면 경력직 공무원은 일반직과 특정직으로, 특수경력직 공무원은 정무직과 별정직으로 구분되고, 종전의 기능직은 일반직에, 계약직은 일반직 또는 별정직에 통합된다.

2) 우리나라의 대표적 행정법학자 중 한 분은 공무원제도가 군주의 사복에서 국민 전체에 대한 봉사자로, 엽관제에서 성적제로, 독보적 관료집단으로부터 보편적 근무집단으로 변천해 왔다고 설명하고 있다(김남진(경찰) 63-64면).

1) 민주적 공무원제도

(1) **국민 전체에 대한 봉사자**　국민주권주의에 입각한 우리 헌법 하에서 공무원은 과거와 같이 집권자 개인이나 집권세력에 대한 개인적 봉사자가 아니라 주권자인 국민의 수임자로서 국민 전체에 대한 봉사자이다(헌법 7조① 전단). 따라서 공무원은 무제한한 권력을 가지고 무제한의 근무의무를 지는 자가 아니라, 법률에 의하여 부여된 권한만을 행사하고 법률에 의하여 일정한 권리·의무 및 책임을 가지는 직업인이다. 국가와 공무원의 관계는 본질적으로는 사법상 고용관계와 마찬가지로 근로를 제공하고 대가를 받는 관계이며, 다만 국민 전체에 대한 봉사자로서 공무를 수행한다는 특수성에 따라 법률에 의하여 특별한 취급을 받을 뿐이다.

(2) **국민에 대한 책임**　공무원은 국민의 수임자로서 국민에 대하여 책임을 진다(헌법 7조① 후단). 공무원이 직무와 관련하여 잘못을 저지른 경우에는 법률의 규정에 의하여 민사상·형사상 및 공무원법상 책임을 지며, 정치적 책임을 지는 경우도 있다. 다만, 현행법상 국민이 특정 공무원을 직접 파면하거나 임용권자에게 파면을 청구하는 제도는 없다.

(3) **공무담임의 기회균등**　공무원은 집권자의 개인적 신임이나 집권당의 자의에 의해서 임용되지 않으며, 모든 국민에게 임용의 기회가 개방된다. 국민은 성별·종교 또는 사회적 신분 등에 의하여 차별을 받지 않고 평등하게 공무를 담임할 권리를 가진다(헌법 11조①, 25조). 다만, 법률이 일정한 자격과 능력을 갖추도록 요구하는 것이 보통이다. 이는 공무를 수행하기 위하여 필수불가결한 것으로서, 평등한 공무담임권을 침해하는 것은 아니다.

2) 직업공무원제도

공무원의 직무는 전문성과 능률성 및 당파적 영향으로부터의 자유를 요구한다. 이러한 요구에 부응하기 위하여 공무원의 신분보장과 정치적 중립성, 성적주의 및 능률보장을 위한 제도가 마련되어 있다.

(1) **신분보장**　공무원이 안심하고 전문적인 능력을 발휘하여 능률적으로 직무를 수행하기 위해서는 신분이 보장되어야 한다. 헌법은 "공무원의 신분……은 법률이 정하는 바에 의하여 보장된다"고 규정하고 있으며(7조②), 구체적으로는 각종 공무원법에서 형의 선고, 징계 또는 결격사유의 발생 등의 사유가 없이는 공

무원의 의사에 반한 휴직·강임·면직을 당하지 않도록 보장하고 있다.

(2) **정치적 중립성** 정기적인 선거의 결과로 정권이 교체되더라도 공무원집단은 영향을 받지 않고 중립적인 입장에서 지속적으로 공무를 수행하여야 하며, 이를 위해서는 공무원의 정치적 중립성이 보장되어야 한다. 헌법은 "공무원의……정치적 중립성은 법률이 정하는 바에 의하여 보장된다"고 선언하고 있으며(7조②), 이를 근거로 각종 공무원법은 공무원의 정치운동과 집단행위를 금지하고 있다.

(3) **성적주의** 공무원이 직업으로서 전문적·능률적으로 직무를 수행하기 위해서는 공무원의 임용과 인사관리가 정실에 의해서가 아니라 객관적인 능력의 실증에 의해서 이루어져야 한다. 현행의 각종 공무원법은 공무원의 임용을 시험성적·근무성적·경력평정 기타 능력의 실증에 의하여 행하도록 규정함으로써 성적주의를 채택하고 있다. 나아가 현행의 계급제에 대한 대안 내지 보완책으로서 직위분류제를 단계적으로 실시할 것이 예정되어 있는바(국공 24조), 직위분류제가 공무원의 전문성을 최고도로 발휘하게 하는 제도라는 점에서 이것 역시 성적주의의 한 요소로 볼 수 있다.

(4) **능률보장** 공무원이 능률적으로 직무를 수행할 수 있도록 현행의 각종 공무원법은 공무원의 능률보장을 위한 여러 가지 제도를 규정하고 있다. 교육훈련, 근무성적 평정, 제안제도, 상훈과 표창 등이 대표적인 예이다. 또한 공무원의 생활보장과 사회보장 및 고충처리제도도, 그것을 통하여 공무원이 안심하고 직무에 전념할 수 있게 한다는 점에서, 능률보장에 기여하는 제도라고 할 수 있다.

2. 경찰공무원제도

1) 개 관

(1) 우리나라의 경찰공무원제도 역시 민주적 공무원제도와 직업공무원제도를 근간으로 하고 있다. 따라서 국민 전체에 대한 봉사자로서 국민에 대하여 책임을 지고 임용의 기회가 모든 국민에게 평등하게 보장된다는 점, 그리고 직업공무원으로서 신분이 보장되고 정치적 중립성이 보장되며 성적주의에 의하여 인사관리가 이루어지고 능률보장을 위한 여러 제도가 적용된다는 점 등에서는 다른 공무원과 차이가 없다.

(2) 그러나 직접 국민을 상대로 공권력을 행사하는 경찰공무원은 그만큼 국민 전체에 대한 봉사자라는 의식의 확립과 국민에 대한 엄정한 책임 및 임용에 있어

서의 기회균등의 요구가 더 클 수밖에 없다. 또한 정치적 중립성의 보장, 객관적인 능력의 실증에 의한 공정한 인사관리 및 전문성과 능률의 제고라는 요청도 더욱 크다.[3] 그리하여 경찰공무원을 특정직 공무원으로 분류하고, 국가공무원법에 대하여 특별법의 지위를 가지는 경찰공무원법을 별도로 제정하여 그 임용과 인사관리, 복무, 신분보장 등을 규율하고 있다. 제주특별자치도(이하 이 장에서 '제주자치도'로 약칭함) 자치경찰공무원의 임용과 인사관리 등을 규정한 「제주특별자치도 설치 및 국제자유도시 조성을 위한 특별법」(이하 이 장에서 '제주특별법'으로 약칭함) 제11장 제8절도 지방공무원법에 대한 특별법의 지위를 가진다.

2) 계급제

경찰은 공권력을 행사하여 질서를 유지하여야 한다는 임무의 특성상 군대에 준하는 편제를 갖추고 있으며, 그에 종사하는 경찰공무원도 계급제를 채택하고 있다.[4] 현행법상 국가경찰공무원의 계급은 치안총감·치안정감·치안감·경무관·총경·경정·경감·경위·경사·경장 및 순경의 11단계로 되어 있다(경찰 23조①, 경공 2조). 그러나 자치경찰공무원의 계급은 자치총경·자치경정·자치경감·자치경위·자치경사·자치경장 및 자치순경의 7단계로 되어 있다(제주특별 125조).

3) 경과(警科)

(1) 국가경찰공무원은 경찰업무의 전문성의 요청에 응하여 그 직무의 종류에 따라 <표-1>과 같이 경과가 구분된다(경공 3조, 경공임 3조①, 경공임규 19조, 해양경찰청 소속 경찰공무원 임용에 관한 규정 1조의2, 해양경찰청 소속 경찰공무원임용령 시행규칙 20조). 나아가 일정한 요건을 갖춘 경위 이상 경정 이하의 경찰공무원에 대

3) 경찰공무원의 근무관계의 특징으로 영속적인 근무태세와 완전한 임무수행을 드는 견해도 있다(홍정선(경찰) 141면).

4) 일반직 공무원도 계급제를 채택하여 1급에서 9급까지의 계급으로 구분된다. 그러나 일반직 공무원에 있어서 계급보다 중요한 것은 직급이다. 직급은 "직무의 종류·곤란성과 책임도가 상당히 유사한 직위의 군"으로 정의되는데(국공 5조 2호, 지공 5조 2호 전단), 직무를 수평적으로 구분한 직렬·직류와 신분을 수직적으로 구분한 계급이 결합된 개념이라고 할 수 있다. 예컨대, 직무에 따라 행정직렬에 속한 직위는 계급에 따라 부이사관·서기관·행정사무관·행정주사·행정주사보·행정서기·행정서기보라는 직급으로 구분된다. 같은 직급에 속하는 직위에 대하여는 임용자격·시험, 그 밖의 인사행정에서 동일한 취급을 한다(지공 5조의2 후단). 그러나 경찰공무원은 직급이 없이 계급만 있을 뿐이다. 이는 경찰공무원의 직무가 직군·직렬·직류로 구분되지 않기 때문이기도 하지만, 그보다는 직무 수행의 효율성을 위하여 수직적인 계급 구분이 중요한 의미를 가지기 때문이라고 해석된다.

하여 그 경과별 직무분야에 따라 일반특기 또는 전문특기가 부여되기도 한다(경공임 3조③).5)

(2) 경찰청장 또는 해양경찰청장은 전시·사변 또는 이에 준하는 비상사태에 있어서 필요하다고 인정될 때에는 경과 및 특기의 일부를 폐지 또는 병합하거나 신설할 수 있다(경공임 3조④).

(3) 경과는 신규채용시에 부여되며(경공임 3조②), 일정한 요건을 갖춘 경우에는 부여받은 경과를 변경할 수도 있으나, 소정의 시험에 합격하여야 한다(후술).

(4) 자치경찰공무원은 경과의 구분이 없다.

<표-1> 경과의 구분

<table>
<tr><th>구 분</th><th colspan="2">경 과</th><th>직 무</th><th>계 급</th></tr>
<tr><td rowspan="7">경찰청 소속</td><td colspan="2">일 반 경 과</td><td>기획·감사·경무·생활안전·교통·경비·작전·정보·외사 기타의 직무로서 수사경과·보안경과 및 특수경과에 속하지 아니하는 직무</td><td>총경 이하</td></tr>
<tr><td colspan="2">수 사 경 과</td><td>범죄수사에 관한 직무</td><td>경정 이하</td></tr>
<tr><td colspan="2">보 안 경 과</td><td>보안경찰에 관한 직무</td><td>경정 이하</td></tr>
<tr><td rowspan="4">특수경과</td><td>해양경과</td><td>해양경찰에 관한 직무</td><td>총경 이하</td></tr>
<tr><td>운전경과</td><td>경찰차량의 운전 및 정비에 관한 직무</td><td>경사 이하</td></tr>
<tr><td>항공경과</td><td>경찰항공기의 운영·관리에 관한 직무</td><td>총경 이하</td></tr>
<tr><td>정보통신경과</td><td>경찰정보통신의 운영·관리에 관한 직무</td><td>총경 이하</td></tr>
<tr><td rowspan="4">해양경찰청 소속</td><td colspan="2">해 양 경 과</td><td></td><td>총경 이하</td></tr>
<tr><td colspan="2">항 공 경 과</td><td></td><td>총경 이하</td></tr>
<tr><td colspan="2">정 보 통 신 경 과</td><td></td><td>총경 이하</td></tr>
<tr><td colspan="2">특 임 경 과</td><td></td><td>경정 이하</td></tr>
</table>

5) 일반특기는 기획·감사·경무·방범·형사·수사·교통·경비·작전·정보·보안 및 외사특기로, 전문특기는 형사·조사·감식·정보관리·정보분석·보안수사공작·보안수사신문·외사 및 기술(정보통신·항공·해양)특기로 분류되며, 전문특기는 해당 일반특기분야 정원의 3할 이내의 범위에서 부여된다(경공임규 20조).

§2. 경찰공무원법의 의의와 법원

Ⅰ. 경찰공무원법의 의의

경찰공무원법의 개념은 실질적 의미의 경찰공무원법과 형식적 의미의 경찰공무원법으로 나눌 수 있다. 형식적 의미의 경찰공무원법은 「경찰공무원법」이라는 명칭을 가진 법률을 말하며, 국가공무원법의 특별법이다. 이에 비하여 실질적 의미의 경찰공무원법은 국가경찰공무원 및 자치경찰공무원의 임용과 인사관리, 복무, 신분보장 등에 관한 법의 총체를 말하며, 형식적 의미의 경찰공무원법에 한하지 않는다. 이 장의 내용인 경찰공무원법은 실질적 의미의 경찰공무원법이다.

Ⅱ. 경찰공무원법의 법원(法源)

(1) 경찰공무원법의 기본적인 법원은 「경찰공무원법」이다. 다만, 동법은 국가경찰공무원에 관한 일반법이고, 자치경찰공무원에게는 직접 적용되지 않는다. 자치경찰공무원에 관해서는 아직 일반법이 없고, 제주특별법(제11장 제8절)이 제주자치도의 자치경찰공무원에 관해서 규정하고 있을 뿐이다. 그 외에 특수한 경찰공무원에 관하여 규율하는 법률로는 전투경찰대 설치법이 있고, 경찰공무원의 보건과 안전 및 복지에 관한 특별법으로 「경찰공무원 보건안전 및 복지 기본법」이 있다(이하 이들 법률을 '경찰공무원 관련 법률'로 총칭한다).

(2) 이러한 법률에 근거하여 그 위임을 받은 사항이나 그 집행에 필요한 사항을 규정하는 법규명령은 상당히 많다. 대표적인 것으로는 경찰공무원법에 근거한 경찰공무원임용령과 그 시행규칙, 해양경찰청 소속 경찰공무원 임용에 관한 규정, 경찰공무원 승진임용 규정과 그 시행규칙, 경찰공무원 복무규정, 경찰공무원 징계령 등이 있고, 그 밖에 제주특별법 시행령(7조의3-11조의2), 전투경찰대 설치법 시행령, 경찰공무원 보건안전 및 복지 기본법 시행령 등이 있다(이하 경찰공무원 관련 법률과 이들 법규명령을 합하여 '경찰공무원 관련 법령'으로 총칭한다).

(3) 그러나 경찰공무원 관련 법률은 경찰공무원의 인사와 복무에 관한 모든 사항을 규정하는 것이 아니고, 경찰공무원의 임용·교육훈련·복무·신분보장 등에

관하여 국가공무원법 및 지방공무원법에 대한 특례를 규정할 뿐이다(경공 1조, 제주특별 105조 참조). 따라서 경찰공무원법은 국가공무원법에 대한 특별법으로서, 경찰공무원법에 규정이 없는 사항은 국가공무원법이 직접 적용된다. 제주특별법 제11장 제8절과 지방공무원법 사이의 관계도 같다. 그러므로 국가공무원법 및 지방공무원법과 그에 근거한 법규명령 중에서 경찰공무원 관련 법령에 따로 규정이 없는 조항들은 경찰공무원법의 법원이 된다.

(4) 경찰공무원법과 제주특별법(제11장 제8절)은 형식상 전혀 별개의 법률로서, 일반법과 특별법의 관계는 아니다. 그러나 현실적으로 경찰공무원 중 절대다수는 경찰공무원법이 적용되는 국가경찰공무원이며, 자치경찰은 제주자치도에만 소규모로 설치되어 있을 뿐이다. 나아가 제주특별법은 경찰공무원법의 일부 규정을 준용하고 있다. 따라서 이하에서는 경찰공무원법과 그 부속 법령을 중심으로 하고, 자치경찰에 관한 사항이나 제주특별법의 내용은 특히 필요한 경우에만 언급하기로 한다.

제 2 절 경찰공무원관계의 발생·변경·소멸

§1. 경찰공무원관계의 발생

공무원관계의 발생원인에는 임명 외에도 계약, 선거, 법률의 규정에 의한 강제설정 등이 있다. 그러나 경찰공무원법은 경찰공무원관계의 발생원인으로 임명 한 가지만을 규정하고 있다.

Ⅰ. 임명의 의의와 성질

1. 임명의 의의

(1) 광의의 임명　임명은 넓은 의미로는 공무원과의 사이에 공법상 근무관계를 설정·변경 및 소멸시키는 행위를 총칭하며, 신규채용 외에 승진임용, 전직(轉職), 전보, 겸임, 파견, 강임(降任), 휴직, 직위해제, 정직, 강등, 복직, 면직, 해임 및 파면 등을 포함한다. 국가공무원법 및 경찰공무원법은 광의의 임명을 '임용'이라고 표현하고 있다(공무원임용령 2조 1호).

(2) 협의의 임명　임명은 좁은 의미로는 특정인에게 공무원의 신분을 부여하여 공법상 근무관계를 설정하는 행위, 즉 신규채용(신규임용이라고도 한다)을 말한다. 이 책에서는 임명을 협의로 사용하여 임용과 구별하기로 한다.

2. 임명의 성질

(1) 공무원의 임명이 행정청의 단독행위(행정행위)인지 공법상의 계약인지가 문제된다. 프랑스에서는 공법상 계약으로 보고 있다. 그러나 독일계 행정법제를 가진 국가에서는 임명 자체는 행정청의 단독행위이되 다만 상대방의 동의를 요하는 것으로 보는 것이 통설이다.[6] 우리나라에서의 통설과 판례의 입장도 같다.[7] 우리

---

6) 이러한 견해를 보통 쌍방적 행정행위설이라고 부른다. 그러나 행정행위 자체는 단독행위

실정법이 공무원의 임명을 '동의를 요하는 행정행위'설에 입각하여 규율하고 있는 것은 분명하다. 그러나 공무원 근무관계의 민주적 구성을 위해서는 행정주체의 의사와 상대방의 의사를 동가치적으로 취급하는 공법상 계약설이 오히려 적합한 면이 있다. 앞으로 그러한 방향으로 학설이 발전하고 그에 따라 법제도 개선될 것이 요망된다.

(2) 통설과 판례에 의하면 임명 자체는 행정행위, 즉 행정청의 단독행위이다(대판 1962.11.8., 62누163). 따라서 근무관계의 내용은 행정주체가 일방적으로 결정한다(실제로는 대부분 법령의 규정에 의하여 정해지며, 행정청의 의사로써 결정되는 부분은 많지 않다). 다만, 상대방의 동의가 필수적 요건이며, 동의 없는 임명은 무효이다. 동의는 상대방 쪽의 지원(志願)의 형식－대부분은 채용시험 원서의 제출－으로 이루어지는 것이 보통이나, 때로는 행정주체의 제의에 대한 승낙의 형식으로 이루어질 수도 있다.

Ⅱ. 임명의 요건

경찰공무원으로 임명되기 위해서는 일정한 자격을 갖추어야 하고 또한 일정한 능력을 갖추어야 한다. 전자의 요건을 자격요건, 후자의 요건을 능력요건이라고 한다.

> 결격사유가 없을 것을 능력요건, 시험 등을 통한 능력의 실증을 자격요건이라고 하는 것이 보통이다. 그러나 이러한 용어는 언어의 일반적 의미에 반한다. 결격사유의 유무는 자격의 문제이지 능력의 문제가 아니다. 시험 등을 통한 능력의 실증은, 그것을 통하여 일정한 자격이 부여되지 않는 이상, 자격과는 무관하다. 이 책에서는 결격사유가 없을 것을 자격요건으로, 시험 등을 통한 능력의 실증을 능력요건으로 본다.

이며, 그 요건으로서 상대방의 동의를 필요로 할 뿐이다. '쌍방적 행정행위'라는 명칭은 행정청의 단독행위라는 행정행위의 본질에 맞지 않는 용어로서, 계약을 가리키는 것으로 오해하게 할 우려가 있다. 따라서 '쌍방적 행정행위'보다는 '상대방의 협력을 요하는 행정행위'라는 용어가 정확하다. 상대방의 협력을 요하는 행정행위에는 신청을 요하는 행정행위와 동의를 요하는 행정행위가 있다. 한편, '쌍방적 행정행위설'과 '동의를 전제로 하는 단독행위설'을 구별하여 설명하는 예가 있으나(이철호(경찰) 90-91면), 동의를 요하는 단독행위가 바로 통설이 말하는 쌍방적 행정행위이다.

7) 대부분의 공무원은 행정행위를 통해 임명되지만 계약직 공무원과 같이 계약을 통해 임용되는 공무원도 있으므로, 오늘날 그러한 학설대립은 무의미하다는 견해도 있다(김남진(경찰) 67면). 그러나 학설이 대립되는 것은 임명직 공무원의 임명에 관해서이며, 그 임명의 성질에 관한 학설대립은 여전히 의미가 있다.

1. 자격요건

경찰공무원으로 임명되기 위한 자격요건은 적극적으로 갖추어야 할 요건과 소극적으로 그에 해당하는 경우에 임명될 수 없는 요건으로 나누어 볼 수 있다.

1) 적극적 요건

(1) 경찰공무원으로 임용되기 위해서는 신체 및 사상이 건전하고 품행이 방정하여야 한다(경공 7조①).[8)]

(2) 또한 경찰공무원의 신규채용은 시험에 의하는 것이 원칙인바, 채용시험에 응시하기 위해서는 <표-2>와 같이 계급별로 연령이 제한되므로(경공임 39조⑥, 해양경찰청 소속 경찰공무원 임용에 관한 규정 4조①), 결국 '채용시험 당시 계급별로 일정한 연령에 해당할 것'이 경찰공무원 임명의 적극적 요건이라고 할 수 있다.[9)]

(3) 나아가 경찰공무원의 채용시험 중 신체검사의 평가기준은 안전행정부령 또는 해양수산부령으로 정해지는바, 그 내용인 체격·시력·청력 등도 개인의 능력에 따라 좌우되는 것이 아니므로, 자격요건으로 보아야 할 것이다(경공임 39조③, 경공임규 34조⑦ 별표 5 참조).[10)]

<표-2> 경찰공무원의 계급별 채용시험 응시연령

계급별	공개경쟁채용시험	특별채용시험
경정 이상	25세 이상 40세 이하	27세 이상 40세 이하
경감·경위		23세 이상 40세 이하(정보통신 및 항공 분야는 23세 이상 45세 이하)
경사·경장		20세 이상 40세 이하
순 경	18세 이상 40세 이하	20세 이상 40세 이하(함정요원은 18세 이상 40세 이하, 전투경찰순경으로 임용되어 정해진 복무를 마친 것을 요건으로 특별채용하는 경우에는 21세[해양경찰청 소속 경찰공무원은 20세] 이상 30세 이하)

8) 이러한 요건의 구비 여부는 객관적으로 표현되는 것이 아니므로, 결국 신체검사·체력검사와 종합적성검사나 면접시험을 통하여 판단할 수밖에 없다. 따라서 실질적으로는 능력요건이라고 하여도 무방하다.

9) 종전에 요구되던 학력요건(고등학교를 졸업하였거나 이와 동등 이상의 학력을 가질 것)은 2011년에 삭제되었다.

10) 반면에 경찰공무원 채용시험 중 체력검사의 합격기준(경공임 39조③, 경공임규 34조의2 별표 5의2)이나 제1종 대형 또는 보통 운전면허 보유요건(경공임 39조④)은 개인의 능력에 따라 결정되는 것이므로 능력요건으로 보아야 할 것이다.

2) 소극적 요건(결격사유)

① 대한민국 국적을 가지지 아니한 사람, ② 국적법 제11조의2 제1항에 따른 복수국적자, ③ 금치산자 또는 한정치산자, ④ 파산선고를 받고 복권되지 아니한 사람, ⑤ 자격정지 이상의 형을 선고받은 사람, ⑥ 자격정지 이상의 형의 선고유예를 선고받고 그 유예기간 중에 있는 사람, ⑦ 징계에 의하여 파면 또는 해임처분을 받은 사람은 경찰공무원으로 임용될 수 없다(경공 7조②). 이러한 결격사유에 해당하는 자는 이를 간과하고 경찰공무원으로 임명하더라도 그 임명은 무효이다. 또한 재직중에 결격사유에 해당하게 되면, 위 ⑥에 해당하는 경우를 제외하고는, 당연퇴직사유가 된다(경공 21조).

2. 능력요건

(1) 국가공무원법은 "공무원의 임용은 시험성적·근무성적, 그 밖의 능력의 실증에 따라 행한다"고 규정하고 있다(26조 본문). 신규채용의 경우 능력의 실증은 주로 시험성적에 의해 이루어진다. 경찰공무원의 신규채용을 위한 시험은 공개경쟁시험과 특별채용시험으로 구분된다.

(2) 순경과 경정은 공개경쟁시험에 의하여 신규채용하는 것을 원칙으로 한다(경공 8조①). 공개경쟁채용시험에 응시하기 위해서는 계급별로 일정한 연령에 해당하여야 하고(전술), 순경의 경우에는 제1종 운전면허 중 대형면허나 보통면허가 있어야 한다(경공임 39조④). 시험은 신체검사, 체력검사, 선택형 필기시험(기입형 가미 가능), 논문형 필기시험(순경 채용시험에서는 제외되며, 과목별로 기입형 가미 가능), 종합적성검사, 면접시험(실기시험 병과 가능)의 순서로 단계별로 치러진다(경공임 36조).

(3) 경위는 경찰대학을 졸업한 사람 및 경찰간부후보생(대통령령으로 정하는 자격을 갖추고 공개경쟁시험으로 선발된 사람)으로서 교육훈련을 마치고 정하여진 시험에 합격한 사람 중에서 신규채용한다(경공 8조②). 경찰대학 졸업자는 따로 시험을 거치지 않고 경위로 신규채용되나,[11] 경찰간부후보생은 공개경쟁시험을 거쳐서 선발될 뿐만 아니라(경공임 37조) 소정의 교육훈련을 마치고 다시 시험을 거쳐야 한다.

---

11) 이 점에서 '경찰대학 졸업'은 자격요건으로 볼 수도 있지만, 시험을 거쳐서 입학하고 재학중 소정의 학점을 취득할 것 등의 졸업요건을 갖추어야 하므로, 실질적으로는 능력요건으로 보아야 할 것이다.

(4) 경찰공무원의 특별채용은 ① 퇴직한 경찰공무원을 퇴직한 날부터 2년 이내에 퇴직 시에 재직하였던 계급의 경찰공무원으로 재임용하는 경우, ② 공개경쟁시험으로 임용하는 것이 부적당한 경우에 임용예정 직무에 관련된 자격증 소지자를 임용하는 경우, ③ 임용예정직에 상응하는 근무실적 또는 연구실적이 있거나 전문지식을 가진 사람을 임용하는 경우, ④ 국가공무원법에 따른 5급 공무원의 공개경쟁채용시험이나 사법시험법에 따른 사법시험에 합격한 사람을 경정 이하의 경찰공무원으로 임용하는 경우, ⑤ 국가공무원법 제85조에 따라 재학 중에 장학금을 받고 졸업한 사람을 임용하는 경우, ⑥ 섬, 외딴곳 등 특수지역에서 근무할 사람을 임용하는 경우, ⑦ 외국어에 능통한 사람을 임용하는 경우, 또는 ⑧ 제주특별자치도의 자치경찰공무원을 그 계급에 상응하는 경찰공무원으로 임용하는 경우에만 할 수 있으며, 이 경우에도 특별채용시험을 거쳐야 한다(경공 8조③). 특별채용시험의 방법은 신체검사와 체력검사 외에 특별채용의 사유에 따라 서류전형, 필기시험, 실기시험, 면접시험 등이 추가된다. 다만, 경무관 이상의 특별채용은 서류전형에 의한다(경공임 38조). 특별채용은 동일한 사유에 해당하는 여러 사람을 제한경쟁의 방법으로 할 수 있다(경공 8조④).

Ⅲ. 임용권자, 임명절차·형식 등

1. 임용권자

(1) 국가경찰공무원의 임용권자는 계급에 따라 다르다.

(가) 총경 이상의 경찰공무원은 경찰청장 또는 해양경찰청장의 추천을 받아 안전행정부장관 또는 해양수산부장관의 제청으로 국무총리를 거쳐 대통령이 임용한다. 다만, 해양경찰청장은 해양수산부장관의 제청으로 국무총리를 거쳐 대통령이 임명하고, 총경의 전보, 휴직, 직위해제, 강등, 정직 및 복직은 경찰청장 또는 해양경찰청장이 한다(경공 6조①).

(나) 경정 이하의 경찰공무원은 경찰청장 또는 해양경찰청장이 임용한다. 다만, 경정으로의 신규채용·승진임용 및 면직은 경찰청장 또는 해양경찰청장의 제청으로 국무총리를 거쳐 대통령이 한다(경공 6조②).

(다) 경찰청장 또는 해양경찰청장은 대통령령으로 정하는 바에 따라 경찰공무원의 임용에 관한 권한의 일부를 소속 기관의 장, 지방경찰청장 또는 지방해양경찰관서의 장에게 위임할 수 있다(경공 6조③. 경공임 4조 참조).

(2) 제주자치도 자치경찰공무원의 임명·휴직·면직 및 징계권은 도지사가 가진다(제주특별 126조).

2. 임명절차

경찰청장·해양경찰청장 또는 임용권을 위임받은 자는 신규채용시험에 합격한 사람(경찰대학을 졸업한 사람과 경찰간부후보생 포함)을 임용예정 계급별로 성적 순위에 따라 채용후보자명부에 등재하고, 그 등재 순위에 따라(채용후보자가 경찰교육기관에서 신임교육을 받은 경우에는 그 교육성적 순위에 따라) 경찰공무원을 신규채용하여야 한다. 채용후보자명부의 유효기간은 2년이나, 경찰청장 또는 해양경찰청장은 필요에 따라 1년의 범위 안에서 그 기간을 연장할 수 있다(경공 9조, 경공임 18조).

3. 임명의 형식

경찰공무원을 신규임용할 때에는 임명장을 교부하여야 한다(경공임규 3조 1호). 그러나 공무원 임명은 요식행위가 아니므로, 임명장의 교부는 임명의 성립요건이나 효력발생요건이 아니고 단지 임명을 증명하는 효력밖에 없다는 것이 통설이다.[12)]

4. 시보(試補) 임용

(1) 경정 이하의 국가경찰공무원을 신규채용하는 경우에는 1년간 시보로 임용한다. 다만, 경찰대학을 졸업한 사람 또는 경찰간부후보생으로서 소정의 교육을 마친 사람을 경위로 임용하는 경우, 경찰공무원으로서 대통령령으로 정하는 상위계급으로의 승진에 필요한 자격요건을 갖추고 임용예정 계급에 상응하는 공개경쟁채용시험에 합격한 사람을 해당 계급의 경찰공무원으로 임용하는 경우, 퇴직한 경찰공무원으로서 퇴직시에 재직한 계급의 채용시험에 합격한 사람을 재임용하는 경우, 또는 자치경찰공무원을 그 계급에 상응하는 국가경찰공무원으로 임용하는

12) 신규임용 외에 경찰공무원을 승진임용할 때에도 임명장을 수여하여야 하며, 전보임용할 때에는 임용장을 수여하여야 하고, 그 밖의 모든 임용과 승급 기타 인사발령을 할 때에는 인사발령통지서를 교부하여야 한다(경공임규 3조, 4조). 이러한 경우에도 임용행위 자체는 불요식행위로서, 임명장·임용장 또는 인사발령통지서의 교부는 임용행위의 형식이 아니고, 나아가 임용행위의 성립요건도 효력발생요건도 아니라고 해석된다. 다만, 징계처분의 집행은 징계등 처분사유 설명서의 교부에 의하여 이루어지므로(국공 75조, 경공징 18조②, 19조②), 징계등 처분사유 설명서의 교부는 징계처분의 성립요건이라고 보아야 한다.

경우에는 시보임용을 거치지 않는다(경공 10조①·④).

(2) 자격요건과 능력요건을 갖춘 사람을 정규 경찰공무원으로 임용하지 않고 일정기간 시보로 임용하도록 한 것은 경찰공무원으로서의 자질과 적성을 관찰하여 적임자만을 정식으로 임용하기 위하여 유예기간을 가지려는 취지이다. 따라서 시보로 임용되어도 경찰공무원의 신분을 가지지만, 그 신분이 보장되지는 않는다. 시보임용기간 중에 있는 경찰공무원이 근무성적 또는 교육훈련성적이 불량할 때에는 임용권자 또는 임용제청권자는 그를 면직시키거나 면직을 제청할 수 있다(경공 10조③).

(3) 시보로 임용된 사람은 시보임용기간이 만료된 다음날에 정규 경찰공무원으로 임용한다. 휴직기간·직위해제기간 및 징계에 의한 정직 또는 감봉처분을 받은 기간은 시보임용기간에 산입하지 아니한다(경공 10조①·②).

5. 임명의 효력발생

(1) 경찰공무원은 임용장 또는 임용통지서에 기재된 일자에 임용된 것으로 본다(경공임 5조① 본문). 그러나 임용은 상대방 있는 처분으로서 상대방에게 도달되어야 효력을 발생하므로(대판 1962.11.15., 62누165), 임용장 또는 임용통지서가 거기에 기재된 일자보다 늦게 도달한 경우에는 도달한 날에 임용의 효력이 발생한다고 보는 것이 통설이다. 경찰공무원임용령은 임용일자는 그 임용장이 피임용자에게 송달되는 기간을 참작하여 정하여야 한다고 정하고 있는 바(5조②), 이는 임용장이 늦게 도달하여 거기에 기재된 임용일자와 실제 임용의 효력이 발생하는 일자가 다르게 되는 것을 방지하려는 취지이다.

(2) 경찰공무원의 임명에 있어서 임명일자를 소급하는 것은 원칙적으로 금지된다(경공임 6조 본문).

Ⅳ. 보직(補職)

(1) 공무원에게 직위를 부여하는 것을 보직이라고 한다. 경찰공무원으로 임명되면 임용권자 또는 임용제청권자는 원칙적으로 그 계급에 상응하는 하나의 직위를 부여하여야 한다(국공 32조의5, 경공 30조② 1호, 경공임 22조①). 경찰공무원을 보직함에 있어서는 경과·특기·교육훈련·근무경력 등을 고려하여 능력을 적절히 발전

시킬 수 있도록 하여야 하고, 특별한 사정이 없는 한 연고지를 고려하여 보직하여야 한다(경공임 22조②·④).

(2) 부여된 직위는 변경될 수 있고(전보), 일정한 사유가 있는 경우에는 직위를 해제할 수도 있다. 전보와 직위해제는 공무원관계의 변경에 속한다.

§2. 경찰공무원관계의 변경

경찰공무원관계의 변경이란 경찰공무원의 신분을 유지하면서 경찰공무원관계의 내용의 일부 또는 전부를 변경하는 것을 말한다. 그 원인으로는 승진·전과·전보·파견·휴직·직위해제·정직·강등·복직 등이 있다.

Ⅰ. 승 진

1. 의 의

원래 승진이란 동일직렬 내의 하위직급에서 상위직급에 임용하는 것을 말한다. 경찰공무원은 직렬의 구분이 없고 계급제를 채택하고 있으므로, 결국 경찰공무원의 승진이란 하위계급에서 상위계급에 임용되는 것을 말한다.

2. 승진임용의 원칙

경찰공무원은 바로 아래 하위계급에 있는 경찰공무원 중에서 근무성적평정, 경력평정, 그 밖의 능력을 실증하여 승진임용한다(경공 11조①). 그러나 승진에 필요한 계급별 최저근무기간이 법정되어 있으므로, 결국 승진임용에도 자격요건과 능력요건이 함께 필요한 셈이다.

3. 승진의 자격요건

(1) 최저근무연수 경찰공무원이 승진임용되기 위해서는 총경은 4년, 경정과 경감은 3년, 경위와 경사는 2년, 경장과 순경은 1년 이상 해당 계급에 재직하여야 한다. 이 기간에는 휴직기간·직위해제기간징계처분기간 및 징계처분 집행 후의

승진임용제한기간은 원칙적으로 포함되지 않는다(경공 11조⑤, 경공승 5조①·②).

(2) **승진제한** ① 징계의결 요구, 징계처분, 직위해제, 휴직 또는 시보임용 기간 중에 있는 사람, ② 징계처분의 집행이 끝난 날부터 일정한 기간(강등·정직은 18개월, 감봉은 12개월, 견책은 6개월. 다만, 금품 및 향응 수수, 공금의 횡령·유용에 따른 징계처분의 경우에는 각각 3개월을 더한 기간)이 지나지 않은 사람, ③ 징계에 관하여 경찰공무원과 다른 법령을 적용받는 공무원으로 재직하다가 경찰공무원으로 임용된 사람으로서, 종전의 신분에서 징계처분을 받고 그 징계처분의 집행이 끝난 날부터 일정한 기간(강등은 24개월, 근신·영창 또는 그 밖에 이와 유사한 징계처분은 6개월)이 지나지 않은 사람, ④ 계급정년이 연장된 사람은 승진할 수 없다(경공 11조⑤, 경공승 6조①).

4. 승진임용의 방법

경찰공무원의 승진임용은 능력 실증의 방법에 따라 심사승진임용·시험승진임용 및 특별승진임용으로 구분된다(경공승 3조). 그러나 경찰공무원법은 이 밖에 근속승진을 규정하고 있다.

(1) **심사승진** 경무관 이하 계급으로의 승진은 승진심사에 의하는 것이 원칙이다(경공 11조② 본문). 승진심사는 승진심사위원회가 담당한다. 그러나 임용권자 또는 임용제청권자는 승진심사결과 외에 승진심사대상자에 대한 동료 평가(심사대상자의 상위·동일·하위 계급의 경찰공무원에 의한 평가) 및 민원 평가(심사대상자의 업무와 관련된 민원인 등에 의한 평가)를 실시하여 그 결과를 반영할 수 있다(경공 12조, 경공승 22조의2).

(2) **시험승진** 경정 이하 계급으로의 승진에 있어서는 대통령령이 정하는 비율에 따라 승진시험을 병행할 수 있다(경공 11조② 단서). 승진시험은 계급별로 실시하며, 제1차시험(선택형 원칙), 제2차시험(논문형 원칙) 및 제3차시험(면접시험)으로 나누어 단계별로 실시한다(경공승 31조).

(3) **특별승진** ① 국가공무원법 제40조의4 제1항 제1호부터 제4호까지의 규정 중 어느 하나에 해당하는 사람, ② 전사하거나 순직한 사람, 또는 ③ 직무수행중 현저한 공적을 세운 사람은 승진심사위원회의 심사를 거쳐 1계급(경위 이하의 경찰공무원으로서 모든 경찰공무원의 귀감이 되는 공을 세우고 전사하거나 순직한 사람에 대하여는 2계급까지) 특별승진시킬 수 있다(경공 14조). 특별승진할 수 있는 계급은 특별승진의 사유별로 경무관 내지 경위(승진 후의 계급 기준)까지로 제한된다(경공승 38조).

(4) **근속승진** 근속승진은 한 계급에서 일정기간 근속한 사람을 승진임용하는 것을 말한다. 그 기간은 현재의 계급 기준으로 순경은 5년 이상, 경장은 6년 이상, 경사는 7년 6개월 이상, 경위는 12년 이상이다(경공 11조의2). 경사 이하의 경찰공무원은 이 기간을 근속하면 당연히 승진임용된다. 그러나 경위에서 경감으로의 근속승진은 경감 정원의 100분의 15 이내로 제한되며, 따라서 근속승진 대상자가 그 수를 넘을 때에는 심사를 거쳐야 한다(경공승 26조②·③).

5. 승진임용의 절차

(1) 승진시험에 합격한 사람과 심사를 거쳐 승진후보자로 선발된 사람은 승진후보자명부에 등재되고, 그 등재 순위에 따라 결원이 있을 때마다 수시로 승진임용을 행한다. 특별승진임용도 특별한 경우 외에는 특별승진후보자명부의 등재 순위에 의하여야 한다(경공 13조, 경공승 25조②, 36조②, 42조③).

(2) 경찰공무원을 승진임용할 때에는 임명장을 수여한다(경공임규 3조).

강임(降任)

강임이란 같은 직렬 내에서 하위 직급에 임명하거나 하위 직급이 없어 다른 직렬의 하위 직급으로 임명하거나 고위공무원단에 속하는 일반직공무원을 고위공무원단 직위가 아닌 하위 직위에 임명하는 것을 말하며, 직제 또는 정원의 변경이나 예산의 감소 등으로 직위가 폐직되거나 하위의 직위로 변경되어 과원이 된 경우 또는 본인이 동의한 경우에 이루어진다(국공 5조 4호, 73조의4). 징계처분의 일종이 아니라는 점에서 강등과 구별된다. 경찰공무원은 직급제를 채택하지 않고 있으므로 강임의 대상이 되지 않는다. 경찰공무원법은 명문으로 국가공무원법의 강임에 관한 규정의 적용을 배제하고 있다(경공 30조①).

Ⅱ. 전과·전보·파견

1. 전과(轉科) 및 특기변경

(1) 전과란 경과의 변경을 말한다(경공임 2조). 전과는 일반경과에서 수사경과·보안경과 또는 특수경과로만 할 수 있는 것이 원칙이고, 현재의 경과에서 1년(특수경과에 근무할 것을 조건으로 채용된 자는 5년)을 경과할 것 등의 엄격한 요건을 갖

추어야 한다(경공임규 27조①, 28조).

(2) 특기의 변경은 예비분류기간 중에 일반특기 상호간 또는 전문특기 상호간에 1회에 한하여 할 수 있으며, 전과와 동일한 엄격한 요건을 갖추어야 한다(경공임규 27조②, 28조).

전직(轉職)

일반직 국가공무원은 행정과 기술의 2개 직군(職群)으로 구분되고, 행정직군은 행정·세무 등 14개 직렬로, 기술직군은 공업·농업 등 18개 직렬(職列)로 구분되며, 각 직렬은 다시 하나 이상의 직류(職類)로 구분된다(공무원임용령 3조① 별표 1). 직군은 성질이 유사한 직렬의 군(群)을 말하고, 직렬이란 직무의 종류가 유사하고 그 책임과 곤란성의 정도가 서로 다른 직급의 군을, 직류란 같은 직렬 내에서 담당분야가 같은 직무의 군을 말한다(국공 5조 7호-9호). 그리고 직렬을 달리하는 임명을 전직(轉職)이라고 한다(국공 5조 5호). 공무원이 전직하기 위해서는 전직시험을 거쳐야 한다(국공 28조의3). 그러나 특정직 국가공무원인 경찰공무원은 직렬로 구분되지 않고 경과로 구분되므로 전직임용도 있을 수 없다. 오히려 전과가 일반직 국가공무원의 전직에 해당한다고 할 수 있다. 일반직 국가공무원이나 경찰공무원 이외의 특정직 국가공무원이 경찰공무원으로 임용되는 것은 전직이 아니며, 신규채용의 형식을 취하여야 한다. 다만, 특별채용시험에 의하는 경우가 많을 것이다(경공 8조③ 3호 참조).

2. 전보(轉補)

(1) 전보란 보직의 변경을 말한다(국가공무원법 제5조 제6호는 전보를 "같은 직급 내에서의 보직 변경 또는 고위공무원단 직위 간의 보직 변경"으로 정의하고 있다). 경찰공무원을 포함한 모든 공무원은 원칙적으로 하나의 직위를 부여받아 그 직위에 따른 직무를 수행하는바, 공무원에 부여된 특정의 직위를 보직이라고 한다. 그 보직을 변경하는 행위가 전보인 것이다.

(2) 동일 직위에서의 장기근무로 인한 침체를 방지하여 창의적인 직무수행을 기하게 하기 위해서는 주기적으로 전보를 실시할 필요성이 있다. 한편 지나치게 빈번한 전보는 전문성 및 능률의 저하를 초래하므로, 안정적인 직무수행을 기할 수 있도록 하기 위해서는 전보를 가급적 억제할 필요도 있다. 이러한 모순되는 요구를 조화하기 위하여, 임용권자 또는 임용제청권자는 소속 공무원에 대하여 정기적으로 전보를 실시하되, 경찰공무원이 보직을 부여받은 뒤 1년 이내(감사업

무를 담당하는 경찰공무원의 경우에는 2년 이내)에는 원칙적으로 전보를 할 수 없도록 하고 있다(경공임 26조, 27조①).

(3) 전보임용이 행정행위(처분)의 성질을 가지는가가 문제된다. 이는 전보임용에 대하여 행정쟁송을 제기할 수 있는가의 문제와 직결된다. 하급심 판결 중에는 이를 긍정한 예가 있다.[13]

3. 파 견

파견이란 행정청이 소속 공무원을 일시적으로 다른 기관에서 근무하게 하는 것을 말한다. 파견의 사유와 기간은 엄격하게 한정되어 있다(경공임 30조 참조). 파견이 이루어진 뒤에도 파견사유가 소멸하거나 파견목적이 달성될 가망이 없는 경우에는 파견권자는 그 공무원을 지체 없이 원래의 소속기관에 복귀시켜야 한다(국공 32조의4②).[14]

Ⅲ. 휴직·직위해제·정직·복직

1. 휴 직

(1) 의의 휴직이란 공무원의 신분을 보유하면서도 일정한 기간 직무에 종사하게 못하게 하는 것을 말한다. 직위해제와 달리 제재적 의미는 없다. 경찰공무원법에는 실종된 경찰공무원의 휴직기간 외에는 휴직에 관한 다른 규정이 없으므로, 국가공무원법의 휴직에 관한 규정이 직접 적용된다.

(2) 종류·사유 및 기간 휴직에는 본인의 원에 의한 의원휴직(依願休職)과 본인의 의사에 관계없이 임용권자 직권으로 휴직을 명하는 직권휴직이 있다.

(가) 직권휴직은 공무원이 ① 신체·정신상의 장애로 장기 요양이 필요할 때, ② 병역법에 따른 병역 복무를 마치기 위하여 징집 또는 소집된 때, ③ 천재지변이나 전시·사변, 그 밖의 사유로 생사 또는 소재가 불명확하게 된 때, ④ 그 밖에 법률의 규정에 따른 의무를 수행하기 위하여 직무를 이탈하게 된

13) 서울고판 1994.10.25, 94구1496. 학설로서도 전보발령의 처분성을 긍정하는 견해가 있다(김남진(경찰) 74면).

14) 경찰공무원의 파견에는 경찰공무원 임용령에 의한 파견 외에 경찰직무 응원법에 의한 파견도 있다. 이에 관하여는 앞에서 이미 살펴본 바 있다(102면).

때에, 본인의 의사에도 불구하고 임용권자가 명한다(국공 71조① 1호-5호).[15] 휴직의 기간은 ①의 경우는 1년(공무원연금법에 따른 공무상 질병 또는 부상으로 인한 휴직기간은 3년) 이내, ②·④의 경우는 그 복무기간이 만료될 때까지, ③의 경우는 법원의 실종선고를 받는 날까지이다(국공 72조 1호·2호, 경공 23조①).

(나) 의원휴직은 공무원이 ① 국제기구, 외국 기관, 국내외의 대학·연구기관, 다른 국가기관 또는 대통령령으로 정하는 민간기업, 그 밖의 기관에 임시로 채용될 때, ② 국외 유학을 하게 된 때, ③ 경찰청장 또는 해양경찰청장이 지정하는 연구기관이나 교육기관 등에서 연수하게 된 때, ④ 만 8세 이하(취학중인 경우에는 초등학교 2학년 이하)의 자녀를 양육하기 위하여 필요하거나 여성공무원이 임신 또는 출산하게 된 때, ⑤ 사고나 질병 등으로 장기간 요양이 필요한 부모, 배우자, 자녀 또는 배우자의 부모를 간호하기 위하여 필요한 때, 또는 ⑥ 외국에서 근무·유학 또는 연수하게 되는 배우자를 동반하게 된 때에, 본인의 원에 의하여 임용권자가 명한다(국공 71조②). 휴직의 기간은 ①의 경우는 그 채용기간(민간기업이나 그 밖의 기관에 채용되는 경우에는 3년 이내), ②·⑥의 경우는 3년 이내(부득이한 경우에는 2년의 범위 내에서 연장 가능), ③의 경우는 2년 이내, ④의 경우는 자녀 1명에 대하여 1년(여성공무원은 3년) 이내이며, ⑤의 경우는 1년 이내(다만, 재직기간 중 총 3년을 초과할 수 없음)이다(국공 71조②, 72조 4호-8호, 경공 30조② 4호).

(3) 효과 휴직중인 공무원은 공무원의 신분은 보유하나 직무에 종사하지 못한다(국공 73조①). 당연히 출근의무도 면제된다. 특히 임신·출산이나 자녀 양육을 위한 의원휴직의 경우에 임용권자는 휴직을 이유로 인사에 불리한 처우를 하여서는 안 된다(71조④. 또한 경공임 30조의2·30조의3 참조).

(4) 복직 공무원이 휴직기간 중에 그 사유가 소멸된 때에는 30일 이내에 임용권자 또는 임용제청권자에게 이를 신고하여야 하며, 임용권자는 지체 없이 복직을 명하여야 한다(국공 73조②). 휴직기간이 만료된 공무원이 30일 이내에 복귀신고를 한 때에는 당연히 복직된다(국공 73조③).

---

15) 국가공무원법은 이 밖에 "「공무원의 노동조합 설립 및 운영 등에 관한 법률」 제7조에 따라 노동조합 전임자로 종사하게 된 때"를 휴직사유의 하나로 정하고 있으나(71조① 6호), 경찰공무원은 노동조합을 결성할 수 없으므로 해당되지 않는다.

2. 직위해제

(1) 의의 직위해제는 공무원의 신분은 박탈하지 않으면서도 직위를 부여하지 않음으로써 직무에 종사하지 못하게 하는 것을 말한다. 따라서 역시 출근의무도 없다(다만, 직위해제처분과 함께 대기명령을 받은 경우에는 대기부서에 출근할 의무가 있다). 직위해제는 징계처분의 일종은 아니지만, 사실상 제재적 의미를 가진다. 따라서 직위해제처분은 공무원에 대한 불이익처분에 해당하며, 소청심사청구 및 행정소송의 대상이 된다. 그러나 징계처분은 아니므로, 동일한 사유로 직위해제처분과 징계처분을 하여도 이중처벌이 아니며(대판 1983.10.25., 83누340), 중징계 대상인 비위를 저지른 공무원에 대하여는 징계의결요구와 함께 직위해제처분을 하는 것이 오히려 관례이다(국공 73조의3① 3호 참조). 경찰공무원의 직위해제에 관하여도 역시 국가공무원법이 직접 적용된다.

(2) 사유 직위해제는 ① 직무수행능력이 부족하거나 근무성적이 극히 나쁜 자, ② 파면·해임·강등 또는 정직에 해당하는 징계의결이 요구중인 자, 또는 ③ 형사사건으로 기소된 자(약식명령이 청구된 자는 제외)에 대하여 할 수 있다. ①의 사유와 ② 또는 ③의 사유가 경합하는 때에는 임용권자는 ② 또는 ③의 사유에 의한 직위해제처분을 하여야 한다. 또한 ①의 사유에 의하여 직위해제된 자에게는 임용권자는 3개월의 범위에서 대기를 명하여야 하고, 대기명령을 받은 자에 대하여는 임용권자 또는 임용제청권자는 능력회복이나 근무성적의 향상을 위한 교육훈련 또는 특별한 연구과제의 부여 등 필요한 조치를 하여야 한다(국공 73조의3①, ③-⑤).

(3) 복직·면직 직위해제의 사유가 소멸된 때에는 임용권자는 지체 없이 직위를 부여하여야 한다(국공 73조의3②). 다만, 직위해제처분과 함께 대기명령을 받은 자가 그 기간중 능력 또는 근무성적의 향상을 기대하기 어렵다고 인정되는 경우에는 징계위원회의 동의를 얻어 직권면직할 수 있다(국공 70조① 5호, 경공 22조① 1호, ②).

3. 정직(停職)

정직은 징계처분의 일종으로서, 공무원의 신분은 박탈하지 않으면서 일정한 기간 직무에 종사하지 못하게 하는 처분이다. 정직의 기간은 1개월 이상 3개월 이하이며, 정직기간 중에는 보수의 3분의 2를 감한다(국공 80조③). 정직기간이 만료되면 당연히 복직된다.

4. 강 등

강등도 징계처분의 일종으로서, 공무원의 계급 또는 직급을 내리는 것을 말한다. 국가공무원법은 "강등은 1계급 아래로 직급을 내리고(고위공무원단에 속하는 공무원은 3급으로 임용하고, 연구관 및 지도관은 연구사 및 지도사로 한다) 공무원신분은 보유하나 3개월간 직무에 종사하지 못하며 그 기간 중 보수의 3분의 2를 감한다" 고 규정하고 있다(80조①). 경찰공무원은 직급이 없고 계급만 있으므로, 1계급 아래로 계급을 내리는 것으로 해석하여야 할 것이다.

5. 복 직

휴직·직위해제 또는 정직 중에 있는 공무원을 직위에 복귀시키는 것을 복직이라고 한다. 휴직기간중 휴직의 사유가 소멸된 때에는 임용권자의 처분에 의하여 복직되며, 휴직기간이 만료되고 30일 이내에 복귀신고를 한 때에 당연히 복직된다(국공 73조②·③). 정직기간이 만료된 때에도 별도의 처분이 필요 없이 당연히 복직된다. 직위해제의 경우에는 직위를 부여하는 처분에 의하여 복직된다.

§3. 경찰공무원관계의 소멸

경찰공무원관계가 소멸하는 원인으로는 퇴직과 면직이 있으며, 면직은 다시 의원면직과 직권면직으로 구분된다.

Ⅰ. 퇴 직

1. 퇴직의 의의 및 성질

(1) 퇴직은 공무원에게 일정한 사유가 발생한 경우에 임용권자의 의사표시(처분)가 필요 없이 당연히 공무원의 신분을 상실하는 것을 말한다. 당연퇴직이라고도

한다. 퇴직의 사유로는 결격사유의 발생, 사망, 임기만료, 정년 등이 있으나, 경찰공무원의 경우에는 경찰청장을 제외하고는 임기직 공무원이 없으므로 임기만료는 경찰청장을 제외하고는 퇴직사유가 되지 않는다.

(2) 퇴직의 경우에도 임용권자는 퇴직을 문서로 통지하는 것이 관행이다. 그러나 퇴직 자체는 임용권자의 의사표시가 필요 없이 법정 사유의 발생에 의하여 당연히 이루어지는 것이므로, 퇴직의 통지는 처분이 아닌 사실의 통지에 불과하고, 따라서 행정쟁송의 대상이 되지 않는다(대판 1983.2.8, 81누263; 1992.1.21, 91누2687 등).

2. 퇴직사유

1) 결격사유의 발생

경찰공무원이 재직중 경찰공무원법 제7조 제2항에서 정한 결격사유에 해당하게 되면, 동항 제6호(자격정지 이상의 형의 선고유예를 받고 그 유예기간 중에 있는 사람)에 해당하는 경우를 제외하고는, 당연히 퇴직한다(경공 21조).[16] 다른 공무원과 달리 경찰공무원은 대한민국 국적을 가지지 않거나 복수국적을 가지는 것이 결격사유의 하나이므로(경공 7조② 1호·2호), 재직중 대한민국 국적을 상실하거나 다른 나라 국적을 취득하는 것도 퇴직사유가 된다.

2) 사 망

경찰공무원이 재직중 사망하면 당연히 경찰공무원관계는 소멸된다.

3) 정년(停年)

(1) 의의 정년이란 법률이 정한 일정한 연령 또는 재직기간을 말하며, 정년에 도달하여 당연히 공무원의 신분을 상실하는 것을 정년퇴직이라고 한다. 정년에는 연령정년·계급정년 및 근속정년의 세 가지가 있으나, 경찰공무원에게 적용되는 것은 연령정년과 계급정년이다.

(2) 연령정년 경찰공무원의 연령정년은 계급에 관계없이 60세이다(경공 24조 ① 1호).

---

16) 판례는 결격사유 있는 자에 대하여 이를 알지 못하고 공무원으로 임용한 후 나중에 이를 발견하고 공무원임용행위를 취소하는 것은 당사자에게 원래의 임용행위가 무효이었음을 통지하여 확인시켜주는 행위에 불과하고 행정소송의 대상인 처분이 아니라고 한다(대판 1987.4.14, 86누459).

(3) 계급정년 한 계급에 재직할 수 있는 최장기간을 계급정년이라고 하며, 계급정년이 끝날 때까지 승진하지 못하면 당연히 퇴직한다. 치안감은 4년, 경무관은 6년, 총경은 11년, 경정은 14년이 계급정년이며, 치안정감 이상 또는 경감 이하의 경찰공무원은 계급정년이 없다(경공 24조① 2호). 다만, 수사·정보·외사·보안 등 특수 부문에 근무하는 경찰공무원으로서 전문특기를 부여받은 자는 경찰공무원 정년연장심사위원회의 심사를 거쳐 3년의 범위에서 계급정년을 연장할 수 있다(경공 24조③, 경공임 48조·49조). 또한 경찰청장 또는 해양경찰청장은 전시·사변이나 그 밖에 이에 준하는 비상사태에서는 2년의 범위에서 계급정년을 연장할 수 있다(경공 24조④).

(4) 정년의 효과 경찰공무원이 연령정년 또는 계급정년에 도달하면 그 정년이 된 날이 1월에서 6월 사이에 있는 경우에는 6월 30일에, 7월에서 12월 사이에 있는 경우에는 12월 31일에 당연퇴직한다(경공 24조⑤).

Ⅱ. 면 직

면직이란 경찰공무원의 신분을 상실시키는 임용권자의 의사표시(처분)를 말한다. 본인의 원에 의한 것인지 여부에 따라 의원면직과 직권면직으로 나뉘고, 후자는 다시 징계처분에 의한 면직(징계면직)과 징계에 의하지 않고 임용권자의 일방적 처분에 의해 공무원의 신분을 상실시키는 협의의 직권면직으로 나뉜다.

1. 의원면직

(1) 의의 및 성질 공무원 자신의 의사표시(사직원)에 따라 임용권자가 공무원의 신분을 상실시키는 처분을 말한다. 이때 공무원의 사직의 의사표시는 의원면직처분의 필수적 요건이며, 사직의 의사표시가 없거나 무효인 경우에는 의원면직처분도 무효이다. 그러나 의원면직처분 자체는 임명과 마찬가지로 임용권자의 단독행위로서, 공무원이 사직원을 제출한 것만으로는 아직 공무원관계가 종료되지 않고, 임용권자의 면직처분이 있을 때 비로소 공무원관계가 종료된다. 따라서 사직원을 제출한 뒤 출근하지 않는 것은 무단이탈로서 징계 및 형사책임의 원인이 될 수 있다. 그러나 공무원은 사직의 자유가 있으므로, 임용권자는 공무원이 진실한 의사로써 사직원을 제출한 경우에는 수리할 의무가 있다고 보아야 한다. 공무

원이 사직원을 제출했을 때 임용권자가 언제까지 사직원을 수리하여 면직처분을 하여야 하는지는 일률적으로 정할 수 없고, 후임자의 보충, 기타 업무의 공백을 막기 위한 조치에 소요되는 최소한의 기간을 신의칙에 따라 합리적으로 산정하여 그 기간 내에 수리하여야 할 것이다.

(2) **사직원** 사직의 의사표시는 사인의 공법행위의 성질을 가진다. 따라서 의사무능력상태에서 작성한 사직원은 무효이며, 사기·강박이나 착오에 의한 사직의 의사표시는 취소할 수 있다. 강박의 수준을 넘어서서 수사기관 등의 강압에 의하여 자유로운 의사결정이 없는 상태에서 한 사직의 의사표시도 무효이다(대판 1963.3.19, 67누164; 1975.6.24., 75누46). 그러나 사직원이 내심의 의사에 반하는 경우에도, 사직원은 공법행위이므로 진의 아닌 의사표시의 무효에 관한 민법 제107조 제1항 단서는 적용되지 않고, 표시된 대로 효력을 발생한다(대판 2000.11.14., 99두5481). 나아가 사직원은 그에 따른 면직처분이 있기 전에는 원칙적으로 철회할 수 있으나, 면직처분이 있은 후에는 물론, 면직처분 전에도 사직의 의사표시를 철회하는 것이 신의칙에 반한다고 인정되는 특별한 사정이 있는 경우에는 철회할 수 없다(대판 1993.7.27., 92누16942).

(3) **명예퇴직** 공무원의 인사적체를 해소하기 위하여 국가공무원법은 장기근속한 공무원이 정년 전에 자진하여 퇴직하는 경우에 정년퇴직에 준하여 처우하는 명예퇴직제도를 도입하고 있다. 명예퇴직은 공무원으로서 20년 이상 근속한 자가 할 수 있으며, 직제와 정원의 개폐 또는 예산의 감소 등에 따라 폐직 또는 과원이 되었을 때에는 20년 미만 근속한 자도 가능하다. 명예퇴직자에 대하여는 예산의 범위 안에서 명예퇴직수당을 지급할 수 있다(국공 74조의2). 명예퇴직제도는 경찰공무원에게도 적용된다. 명예퇴직은 본인의 의사를 전제로 하며, 따라서 법적으로는 의원면직의 일종이다.

2. 직권면직

1) 협의의 직권면직

(1) 의의 협의의 직권면직이란 일정한 사유가 있을 때 본인의 의사를 묻지 않고, 그리고 징계에 의하지 않고, 임용권자가 일방적인 의사로써 공무원의 신분을 상실시키는 행위를 말한다. 국가공무원법과 경찰공무원법 등에서 말하는 직권면직이 그것이다.

(2) 사유 직권면직은 공무원의 신분을 박탈하는 행위이므로, 대표적인 불이익처분의 하나로서, 공무원의 신분보장을 위해서는 직권면직의 사유를 엄격하게 법률로 정하여야 한다. 경찰공무원법은 직권면직의 사유를 ① 국가공무원법 제70조 제1항 제3호부터 제5호까지의 규정[17] 중 어느 하나에 해당될 때, ② 경찰공무원으로는 부적합할 정도로 직무수행능력이나 성실성이 현저하게 결여된 사람으로서 대통령령으로 정하는 사유[18]에 해당된다고 인정될 때, ③ 직무를 수행하는 데에 위험을 일으킬 우려가 있을 정도의 성격적 또는 도덕적 결함이 있는 사람으로서 대통령령이 정하는 사유[19]에 해당된다고 인정될 때, 또는 ④ 해당 경과에서 직무를 수행하는 데 필요한 자격증의 효력이 상실되거나 면허가 취소되어 담당 직무를 수행할 수 없게 되었을 때로 한정하고 있다(22조①). 다만, 치안총감 및 치안정감은 신분이 보장되지 않으므로(경공 30조① 후단), 이러한 사유가 없더라도 직권면직을 할 수 있다.

(3) 절차 국가경찰공무원을 위의 사유 중 ②·③ 또는 국가공무원법 제70조 제1항 제5호의 사유로 직권면직하는 경우에는 징계위원회의 동의를 얻어야 한다(경공 22조②).[20]

(4) 불복 직권면직은 공무원에 대한 대표적인 불이익처분이다. 따라서 소청심사청구 및 행정소송의 대상이 된다.

(5) 직위해제처분의 흠의 승계 문제 직무수행능력이 부족하거나 근무성적이

---

17) 직제와 정원의 개폐 또는 예산의 감소 등에 따라 폐직 또는 과원이 되었을 때(3호), 휴직 기간이 끝나거나 휴직 사유가 소멸된 후에도 직무에 복귀하지 아니하거나 직무를 감당할 수 없을 때(4호), 직위해제와 함께 대기 명령을 받은 자가 그 기간에 능력 또는 근무성적의 향상을 기대하기 어렵다고 인정된 때(5호)를 말한다.

18) 지능저하 또는 판단력의 부족으로 경찰업무를 감당할 수 없는 경우, 또는 책임감의 결여로 직무수행에 성의가 없고 위험한 직무에 당하여 고의로 직무수행을 기피 또는 포기하는 경우를 말한다(경공임 47조①).

19) 인격장애, 알코올·약물중독 그 밖의 정신장애로 인하여 경찰업무를 감당할 수 없는 경우, 또는 사행행위 또는 재산의 낭비로 인한 채무과다, 부정한 이성관계 등 도덕적 결함이 현저하여 타인의 비난을 받는 경우를 말한다(경공임 47조②).

20) 국가공무원법은 제70조 제1항 제3호부터 제8호까지의 규정에 따라 직권면직하는 경우에 미리 관할 징계위원회의 의견을 듣도록 규정하고 있다(70조②). 이 중 제5호의 규정에 의한 경우에는 경찰공무원법이 징계위원회의 동의를 얻도록 특별한 규정을 두고 있으나, 그 밖의 경우(실제로 경찰공무원에게 해당되는 것은 제3호와 제4호에 의한 경우)에는 특별한 규정이 없다. 그러나 경찰공무원법에 규정이 없는 사항은 당연히 국가공무원법이 적용되어야 하므로, 경찰공무원의 경우에도 국가공무원법 제70조 제1항 제3호 또는 제4호의 규정에 따라 직권면직하는 경우에는 미리 징계위원회의 의견을 들어야 한다고 해석된다.

극히 불량하다는 이유로 직위해제처분과 함께 대기명령을 받은 자가 그 기간중 능력 또는 근무성적의 향상을 기대하기 어렵다고 인정되어 직권면직된 경우에, 이미 불가쟁력을 발생한 직위해제처분의 위법을 이유로 직권면직처분을 다툴 수 있는지가 문제된다. 행정행위의 흠의 승계의 문제이다. 판례는 이 경우의 직권면직처분은 직위해제처분을 전제로 한 것이기는 하나 양자는 각각 별개의 법률효과를 발생하는 처분이므로 직위해제처분의 위법사유가 직권면직처분에 승계되지 않는다고 보고 있다(대판 1976.6.8, 75누153; 1984.9.11., 84누191). 그러나 이에 대하여는 선행 행정행위의 후행 행정행위에 대한 구속력(규준력)의 이론을 주장하면서 직위해제처분의 위법이 직권면직처분이 승계되는 것으로 보아야 한다는 견해도 있다.[21]

2) 징계면직

징계처분에 의하여 공무원의 신분을 상실시키는 것을 말한다. 징계면직에는 파면과 해임의 두 가지가 있다. 양자 모두 공무원의 신분을 박탈하는 효과는 동일하나, 퇴직급여와 퇴직수당의 감액 여부 및 공직취임 제한기간에 차이가 있다. 자세한 것은 경찰공무원의 징계책임에 관한 부분에서 살펴본다.

§4. 경찰공무원의 권익보호

경찰공무원의 권익을 보호하기 위하여 국가공무원법과 경찰공무원법은 몇 가지 제도를 두고 있다. 불이익처분에 대한 행정구제절차로서 소청심사와 행정소송을 규정하는 외에, 널리 근무조건과 기타 신상문제에 대한 고충처리제도를 두고 있고, 또한 인사상 불이익처분을 하는 경우에는 처분사유 설명서의 교부를 의무화하고 있다.[22] 이러한 제도들은 경찰공무원관계의 변동이 없는 경우에도 이용할 수 있는 경우가 있지만, 대부분 경찰공무원관계의 변동에 관계되므로, 편의상 여기에서 설명한다.

---

21) 김남진(경찰) 81면.

22) 국가공무원법은 이 밖에 파면·해임 등의 처분의 경우 후임자의 보충발령을 제한하고 있으나(76조②-⑤), 경찰공무원에게는 적용되지 않는다(경공 30조①). 특히 경찰공무원법은 국가공무원법 제71조 제1항 제4호의 사유(천재지변, 전시·사변 등으로 인한 생사·소재 불명)로 인한 휴직의 경우에는 그 휴직자의 계급에 해당하는 정원이 따로 있는 것으로 보고 결원을 보충할 수 있다는 명문 규정을 두고 있다(23조②). 경찰공무원 개인의 권익보호보다 질서유지의 공백을 방치할 수 없다는 경찰직무의 특성을 반영한 것으로 해석된다.

Ⅰ. 처분사유 설명서의 교부

1. 의의 및 취지

경찰공무원에 대하여 징계처분등(징계처분과 징계부가금 부과처분을 말한다)을 할 때나 휴직·직위해제 또는 면직처분을 할 때(의원휴직 또는 의원면직처분을 하는 경우 제외)에는 그 처분권자 또는 처분제청권자는 처분사유를 적은 설명서를 교부하여야 한다(국공 75조). 상대방에 대하여 그 처분이 정당한 이유와 근거에 의한 것임을 분명히 하고 상대방이 소청심사·행정소송 등 불복을 제기하는 데 편의를 제공하는 동시에, 한편으로는 처분권자로 하여금 처분을 함에 있어서 신중을 기하게 하려는 취지이다. 따라서 처분사유 설명서에 기재되어야 할 처분의 사유는 그러한 처분을 하게 된 원인이 된 사실뿐만 아니라 그 사실에 적용된 법적 근거를 포함하여야 할 것이다.

2. 대 상

처분사유 설명서를 교부하여야 하는 처분은 징계처분, 징계부가금 부과처분 및 직권에 의한 휴직·직위해제·면직처분이다.

3. 효 력

처분사유 설명서의 교부가 이러한 처분의 성립요건 내지 효력발생요건인지가 문제된다. 판례는, 처분사유 설명서의 교부는 단지 그 처분의 정당성을 밝히고 상대방에게 불복의 기회를 제공하려는 데 취지가 있으므로, 그 교부를 처분의 효력발생요건이라고 할 수 없고, 그 처분의 통지가 상대방이 볼 수 있는 상태에 놓여질 때에는 처분설명서의 교부가 없더라도 그 행정처분은 유효하다고 한다(대판 1970.1.27, 68누10; 1991.12.24., 90누100). 반면에, 처분문서에 처분사유가 기재되어 있다면 처분사유 설명서의 교부는 상대방에게 사실상의 편익을 제공하는 의미만 가지지만, 처분문서에 처분사유의 기재가 없다면 처분사유 설명서의 교부는 처분의 적법요건이라는 견해도 있다.[23)]

23) 홍정선(경찰) 168면.

생각건대, 공무원의 임용행위는 상대방 있는 처분이므로, 상대방에게 통지되어야 성립·발효한다. 휴직·직위해제 및 면직처분의 통지는 인사발령통지서의 교부에 의하여 이루어진다(경공임규 4조). 따라서 이러한 처분을 하면서 인사발령통지서는 교부하였으나 처분사유통지서가 첨부되지 않은 경우에는 판례의 입장과 같이 처분은 성립·발효한다고 해석된다(다만, 소청심사청구기간은 처분사유 설명서를 교부받은 날부터 진행한다. 국공 76조① 참조). 그러나 인사발령통지서가 도달하지 않은 경우에는 처분 자체가 아직 성립되지 않았다고 보아야 한다. 징계처분등(징계처분 또는 징계부가금 부과처분을 말한다)의 경우는 좀 다르다. 징계처분등의 집행은 처분사유 설명서의 교부에 의하여 이루어진다(경공징 18조②, 19조②). 따라서 처분사유 설명서가 교부되지 않았다면 아직 징계처분등이 집행되지 않은 것이고, 상대방이 다른 경로로 징계처분등의 존재를 알았다고 하더라도, 아직 징계처분등은 존재하지 않는 것으로 보아야 한다.

Ⅱ. 행정쟁송

경찰공무원이 인사상 불리한 처분을 받은 경우에는 소청심사를 거쳐 행정소송을 제기할 수 있다.

1. 소청심사

(1) 개관　　경찰공무원이 징계처분등이나 휴직·직위해제 또는 면직처분을 받은 경우에는 처분사유 설명서를 받은 날부터, 그 밖에 본인의 의사에 반한 불리한 처분을 받았을 때에는 그 처분이 있은 것을 안 날부터, 각각 30일 이내에 소청심사위원회에 이에 대한 심사를 청구할 수 있다(국공 76조① 1문). 소청심사는 공무원의 인사상 처분에 대한 구제절차로서, 특별행정심판의 성질을 가진다.

(2) 대상　　소청심사청구의 대상이 되는 처분은 처분사유 설명서의 교부 대상인 처분(징계처분등과 직권휴직·직위해제·직권면직처분)만이 아니라 그 밖에 본인의 의사에 반한 불리한 처분을 모두 포함한다. 나아가, 명문의 규정은 없으나, 경찰공무원이 자신에게 유리한 어떤 처분을 신청하였으나 상당한 기간 내에 아무런 처분도 없는 경우, 즉 부작위도 포함된다.[24] 예컨대, 휴직사유에 해당하여 휴직을

24) 국가공무원법은 소청심사의 대상을 "공무원의 징계처분, 그 밖에 그 의사에 반하는 불리

신청하였으나 상당한 기간이 지나도 휴직처분도 휴직 거부의 통보도 없는 경우가 이에 해당한다.

(3) 심사 국가경찰공무원의 소청심사는 소청심사위원회가 담당한다. 소청심사위원회는 안전행정부에 설치되며, 위원장 1명을 포함한 5명 이상 7명 이내의 상임위원과 상임위원 수의 2분의 1 이상의 비상임위원으로 구성된다(국공 9조①·③). 소청심사위원회는 소청을 접수하면 지체 없이 심사하여야 하며, 심사를 할 때에는 소청인 또는 그 대리인에게 진술 기회를 주어야 한다. 진술 기회를 주지 않고 한 결정은 무효이다(국공 12조①·13조).

(4) 결정 (a) 소청심사위원회는 소청심사청구를 접수한 날부터 60일 이내에 이에 대한 결정을 하여야 한다. 다만, 불가피하다고 인정되는 경우에는 소청심사위원회의 의결로 30일을 연장할 수 있다(국공 76조⑤).[25] (b) 소청사건의 결정은 재적 위원 3분의 2 이상의 출석과 출석 위원 과반수의 합의에 따르되, 의견이 나뉠 경우에는 출석 위원 과반수에 이를 때까지 소청인에게 가장 불리한 의견에 차례로 유리한 의견을 더하여 그 중 가장 유리한 의견을 합의된 의견으로 본다(국공 14조①). (c) 결정은 심사청구가 부적법한 경우의 각하결정, 심사청구가 이유 없다고 인정할 경우의 기각결정, 심사청구가 이유 있다고 인정할 경우의 인용결정으로 구분된다. 인용결정에는 처분을 취소·변경하거나 처분행정청에게 처분의 취소·변경을 명하는 취소결정,[26] 처분의 효력 유무 또는 존재 여부를 확인하는 무효등확인결정, 지체 없이 청구에 따른 처분을 하거나 처분을 할 것을 명하는 의무이

한 처분이나 부작위"라고 규정하고 있다(9조①). 또한 부작위에 대하여 의무이행을 구하는 심사청구가 이유 있다고 인정되는 경우의 결정 내용에 관해서도 규정하고 있다(14조⑤ 5호).

25) 경찰공무원법 제30조 제1항은 경찰공무원에 대하여는 국가공무원법 제76조 제2항부터 제5항까지의 규정을 적용하지 않는다고 규정하고 있다. 그러나 국가공무원법 제76조 제5항 전부가 적용되지 않는다고 하면, 경찰공무원법이 소청심사 결정기간을 따로 규정하지 않은 이상, 경찰공무원의 소청심사청구에 관해서는 결정기간의 제한이 없는 것으로 된다. 경찰공무원법 제30조 제1항은 국가공무원법 중 후임자 보충발령의 제한 및 그에 관한 소청심사위원회의 임시결정에 관한 규정의 적용을 배제한다는 취지이며, 따라서 국가공무원법 제76조 제5항 전부가 아니라 그 중 "제3항에 따른 임시결정을 한 경우 외에는" 부분만이 적용되지 않는 것으로 해석하여야 할 것이다.

26) 여기에서 '취소결정'은 넓은 의미의 것으로, 소청심사위원회가 직접 처분을 취소하거나 변경하는 직접취소·변경결정과 처분행정청에게 취소·변경을 명하는 취소·변경명령결정을 포함한다. 좁은 의미의 취소결정은 전자만을 가리키며, 가장 좁은 의미의 취소결정은 그 중에서도 변경결정을 제외한 직접취소결정만을 가리킨다.

행결정이 있다(국공 14조⑤). (d) 결정은 그 이유를 구체적으로 밝힌 결정서로 하여야 한다(국공 14조⑧). (e) 징계처분이나 징계부가금 부과처분에 대하여 소청심사를 청구한 경우에는 소청심사위원회는 원징계처분보다 무거운 징계 또는 원징계부가금 부과처분보다 무거운 징계부과금을 부과하는 결정을 하지 못한다(국공 14조⑦).

(4) 결정의 효력 (a) 소청사건에 대한 소청심사위원회의 결정은 처분행정청을 기속한다(국공 15조). 따라서 처분행정청은 소청심사위원회의 결정을 부인하거나 그 결정과 다른 처분을 할 수 없고, 징계위원회에 다시 결정을 하도록 요구할 수도 없다. (b) 징계처분등에 대한 취소결정(취소명령결정 포함)이나 무효확인결정이 법령의 적용, 증거 및 사실조사에 명백한 흠이 있거나 징계위원회의 구성 또는 징계의결등(징계의결 또는 징계부가금 부과의결을 말한다), 그 밖에 절차의 흠이 있거나 또는 징계양정 및 징계부과금이 과다(過多)함을 이유로 한 경우에는, 처분권자(대통령이 처분권자인 경우에는 처분 제청권자)는 그 결정이 확정된 날부터 3개월 이내에 관할 징계위원회에 다시 징계의결등을 요구하여야 한다. 다만, 징계양정의 과다를 이유로 감봉·견책처분의 취소결정이나 무효확인결정이 내려진 경우에는 다시 징계의결을 요구하지 아니할 수 있다(국공 78조의3). (c) 소청심사위원회의 취소명령결정 또는 변경명령결정은 그에 따른 징계나 그 밖의 처분이 있을 때까지는 종전에 행한 징계처분등에 영향을 미치지 아니한다(국공 14조⑥).

2. 행정소송

(1) 항고소송 (a) 경찰공무원은 자신에게 불리한 처분이나 부작위에 대하여 불복하는 경우에는 항고소송(취소소송·무효등확인소송 또는 부작위위법확인소송)을 제기할 수 있다. 다만, 소청심사위원회의 심사·결정을 거쳐야 한다(국공 16조①). 그러나 무효등확인소송을 제기하는 경우에는 예외적 행정심판전치주의가 적용되지 않으므로, 소청심사위원회의 심사·결정을 거치지 않아도 무방하다(행정소송법 38조 ① 참조). (b) 항고소송의 대상이 되는 것은 징계처분 등이나 강임·휴직·직위해제·면직처분은 물론, 그 밖에 본인의 의사에 반한 모든 불리한 처분(거부처분을 포함한다)과 부작위이다. 부작위란 당사자의 신청에 대하여 행정청이 일정한 처분을 할 법률상 의무가 있음에도 불구하고 상당한 기간 내에 아무런 처분도 하지 않는 것을 말한다. 법적 효과를 발생하지 않는 훈계·권고 등은 처분이 아니므로 항고소송의 대상이 되지 않는다.[27] (c) 국가경찰공무원의 경우, 항고소송은 경찰청장 또는 해양경찰청장(임용권이 위임된 경우에는 그 위임을 받은 자)을 피고로 하여야 한

다(경공 28조). 따라서 처분권자와 항고소송의 피고가 일치하지 않는 경우도 있다.

(2) 당사자소송 처분을 원인으로 하든 하지 않든, 경찰공무원과 국가 또는 지방자치단체 간의 현재의 공법상 법률관계에 관하여 다툼이 있는 경우에는 국가 또는 지방자치단체를 피고로 당사자소송을 제기할 수 있다. 결격사유에 해당하지 않음에도 불구하고 결격사유 해당을 이유로 당연퇴직의 통지를 받은 경우에 경찰공무원의 신분확인을 청구하는 경우가 그 예이다.

Ⅲ. 고충처리

1. 의의 및 취지

고충처리란 공무원의 인사·조직·처우 등 각종 직무조건과 그 밖의 신상문제에 대하여 상담을 하거나 공무원의 청구에 의하여 고충을 심사하여 시정을 하는 것을 말한다. 공무원의 사기 앙양을 위하여 도입된 제도이다.

2. 고충심사의 청구 및 처리절차

(1) 공무원은 누구나 인사상담이나 고충심사를 청구할 수 있다(국공 76조의2①). 고충심사청구의 대상은 인사상의 불이익처분에 한하지 않고 인사·조직·처우 등 직무조건을 포함한 모든 신상문제이며, 나아가 자신의 법률상 이익과 직접적 관계가 없는 사항도 포함된다.

(2) 공무원이 고충심사를 청구할 때에는 고충심사위원회가 설치된 기관의 장에게 인사상담 및 고충심사청구서를 제출하여야 한다(공무원고충처리규정 4조①). 경찰공무원의 고충심사는 경찰청·해양경찰청·지방경찰청 및 대통령령으로 정하는 경찰기관과 지방해양경찰관서에 설치된 경찰공무원 고충심사위원회가 담당한다. 다만, 경찰공무원 고충심사위원회의 심사를 거친 재심청구와 경정 이상의 경찰공무

---

27) 그러나 판례는, 불문경고(징계위원회에 징계의결이 요구되었으나 징계위원회의 의결로써 징계를 하지 않고 경고만 하기로 한 경우를 가리키는 실무상의 용어)가 징계처분의 일종은 아니지만 경고를 받지 않았다면 차후 다른 징계처분이나 경고를 받게 될 경우 징계감경사유로 사용될 수 있었던 표창공적의 사용가능성을 소멸시키는 효과와 1년 동안 인사기록카드에 등재됨으로써 그 동안은 장관표창이나 도지사표창 대상자에서 제외시키는 효과 등이 있다는 이유로, 불문경고는 항고소송의 대상이 되는 처분이라고 보고 있다(대판 2002.7.26., 2001두3532).

원의 인사상담 및 고충심사는 국가공무원법에 의하여 설치된 중앙고충심사위원회(실제로는 소청심사위원회가 그 기능을 담당한다)에서 한다(경공 25조, 국공 76조의2③).

(3) 고충심사위원회가 설치된 기관의 장이 고충심사청구를 받으면 이를 관할 고충심사위원회에 부쳐 심사하게 하거나 소속 공무원에게 상담하게 하고, 그 결과에 따라 고충의 해소 등 공정한 처리를 위하여 노력하여야 한다(국공 76조의2②).

3. 고충심사의 성질 및 효과

(1) 고충심사는 행정심판이 아니며, 행정심판전치주의가 적용되는 경우에 고충심사를 거친 것만으로는 행정심판을 거친 것으로 인정되지 않는다.

(2) 고충심사위원회의 결정은 행정심판의 재결이 아니며, 행정청에 대하여 기속력이 없다. 그러나 안전행정부장관, 임용권자 또는 임용제청권자는 심사 결과 필요하다고 인정되면 처분청이나 관계 기관의 장에게 그 시정을 요청할 수 있고, 요청받은 처분청이나 관계 기관의 장은 특별한 사유가 없으면 이를 이행하고 그 처리 결과를 알려야 하며, 부득이한 사유로 이행하지 못하면 그 사유를 알려야 한다(국공 76조의2⑥).

(3) 고충심사위원회의 결정은 처분이 아니며, 따라서 행정쟁송의 대상이 되지 않는다(대판 1987.12.8., 87누657·658).

(4) 공무원은 고충심사를 청구하였다는 이유로 불이익한 처분이나 대우를 받지 않는다(국공 76조의2①).

제 3 절 경찰공무원의 법적 지위

§1. 개 설

공무원의 법적 지위는 두 가지 차원에서 접근할 수 있다.

(1) 추상적으로는 공무원과 그가 소속한 국가 등 행정주체와의 관계가 어떠한 본질을 가지는지가 문제된다. 과거에는 '특별권력관계'라는 이름 아래 공무원은 소속 행정주체에 대하여 무제한의 복종의무를 지고 국가와 공무원 사이에는 법치주의가 적용되지 않는다고 생각하던 때도 있었다. 그러나 오늘날 그러한 관념은 불식되고, 이제 공무원관계도 행정주체와 공무원이 서로 일정한 권리·의무를 가지는 관계(법률관계)로 인식되고 있다. 즉, 행정주체는 공무원에 대하여 공무수행이라는 행정목적을 달성하기 위하여 필요한 명령을 하고 그 위반의 경우에는 징계를 할 수 있는 지배권을 가지며, 공무원에게는 그에 대응하는 의무와 책임이 부과된다. 한편 공무원 역시 행정주체에 대하여 일반 국민은 가지지 않는 특별한 권리를 가진다. 그러나 행정주체와 공무원의 이러한 권리·의무는 법률에 의하여 주어지는 것이며, 오늘날 공무원이라고 하여 행정주체가 법률의 근거 없이 국민의 한 사람으로서 가지는 기본권을 제한하는 것은 허용되지 않는다. 이러한 법리는 경찰공무원의 경우에도 동일하게 적용된다.

(2) 공무원의 법적 지위라고 하면 구체적으로는 공무원이 소속 행정주체에 대하여 가지는 권리·의무와 책임의 총체를 의미한다. 여기에서는 공무원의 법적 지위를 이러한 의미로 이해하며, 경찰공무원의 권리와 의무 및 책임으로 나누어 살펴본다.

특별권력관계

(1) 제2차세계대전 이전에 독일에서는, 국가와 일반 국민 사이의 관계로서 법치주의가 적용되는 일반권력관계와는 달리, 국가와 특별한 신분을 가진 국민(공무원·군인·국공립학교 학생·수형자 등) 사이에는 법치주의가 배제되고 국가의 지배권이 강화되는 특별한 관계가 성립한다고 보고, 이를 특별권력관계라고 불렀다. 특별권력관계는 특별한 법률상의 원인(당사자의 동의 또는 법률의 규정)에

의하여 성립되고, 특별권력관계가 성립되면 특별권력주체는 그 구성원에 대하여 법률의 근거 없이 기본권을 제한할 수 있으며(법률유보의 배제), 구성원은 특별권력주체에 의하여 불이익을 받더라도 법원에 소송을 제기하여 구제를 받을 수 없다고 보았다(사법심사의 배제). 한 마디로 특별권력관계는 독립된 인격 대 인격의 관계가 아니며, 따라서 법률관계(권리·의무의 관계)가 아니라고 본 것이다. 그러한 특별권력관계의 종류로는 공법상 근무관계(공무원·군인과 국가와의 관계), 공법상 영조물이용관계(국공립학교·교도소 등의 영조물주체와 그 이용자와의 관계), 공법상 사단관계(공공조합과 그 구성원과의 관계), 공법상 특별감독관계(특허기업·공무수탁사인과 국가와의 관계)의 넷을 들었다.

(2) 특별권력관계 개념의 핵심은 특별한 신분을 가진 국민에 대하여 법치주의의 적용을 배제하는 것이라고 할 수 있는바, 이는 영미법계는 물론 대륙법계에 속한 다른 나라에서도 유례를 찾을 수 없는 독일 특유의 이론이었다. 그러나 불행히도 특별권력관계이론이 독일법을 계수한 일본과 우리나라에 전수되어, 한때 금과옥조로 받아들여진 바 있다.

(3) 오늘날 특별권력관계라는 개념을 인정할 것인지에 관하여는 부정설과 제한적 긍정설(수정설)이 대립되고 있다. 부정설은 특별한 신분을 가진 국민이라고 하여 법률의 근거 없이 기본권을 제한하는 것은 위헌으로 허용될 수 없으며, 과거에 특별권력관계로 보았던 관계들은 모두 법률관계(공법관계 또는 사법관계)로서 법치주의가 적용된다고 이해한다. 따라서 특별권력관계라는 개념 자체를 부인한다. 이에 대하여 제한적 긍정설은 특별권력관계라는 개념의 유용성을 인정하면서, 특별권력관계는 기본적으로는 법률관계이되, 다만 행정목적 달성을 위하여 법치주의가 부분적으로 배제된다거나, 특별권력주체에 대한 포괄적 위임의 허용, 재량권의 확대 등의 방법으로 법치주의의 적용이 완화된다고 주장한다. 제한적 긍정설을 주장하는 학자들은 특별권력관계라는 명칭 대신 '특별행정법관계' 또는 '특별신분관계'라는 명칭을 사용하는 경우가 많다.

(4) 그러나 오늘날 특별권력관계의 개념은 어떠한 의미에서도 긍정될 수 없다. 법치주의의 배제를 의미하는 전통적 특별권력관계 개념은 헌법상 근거가 없을 뿐만 아니라, 그것에 속한다고 보았던 개개의 관계는 일반권력관계와 공법상 또는 사법상 계약관계로 충분히 설명할 수 있고 그것으로 충분하다. 또한 특별권력관계의 개념을 대체하는 새로운 개념도 불필요하다. 국가기능의 수행 내지 특별한 행정목적의 실현을 위해서는 법치주의의 적용 완화가 불가피한 경우가 있다는 견해도 있을 수 있으나, 그것이 법치주의의 전면적 적용을 전제로 단지 그 적용상의 완화가 필요한 경우를 의미하는 것이라면, 그것은 개개의 근거법규의 해석 문제일 뿐이며, 일반권력관계와 구별되는 포괄적 범주로서의 '특별행정법관계' 내지 '특별신분관계'를 인정할 필요는 없다. 공무원 근무관계는 공무원법에서, 군 복무관계는 군사행정법에서, 국공립학교 재학관계는 사립학교 재학관계와 동일하게 교육법에서, 각각 일반권력관계 및 계약관계의 일반이론을 토대로 각각 고찰하면 족하며, 이들을 굳이 하나의 명칭 아래 포괄적으로 고찰할 이유는 없는 것이다.

§2. 경찰공무원의 권리

경찰공무원은 소속 행정주체인 국가에 대하여 일반 국민은 가지지 않는 여러 가지 권리를 가진다. 국가에 대한 경찰공무원의 권리는 신분상의 권리와 재산상의 권리로 나누는 것이 보통이다.

경찰공무원도 국민의 한 사람으로서 기본권을 가지는 것은 당연하다. 경찰공무원의 기본권은 공무수행의 효율성을 위하여, 또는 국민 전체에 대한 봉사자로서의 책무를 위하여, 제한되는 경우가 있으나, 그러한 제한은 어디까지나 법률에 근거한 것이어야 하고, 또한 목적 달성을 위하여 필요한 최소한에 그쳐야 한다. 그러나 기본권을 경찰공무원의 권리로서 따로 고찰할 필요는 없다.

Ⅰ. 신분상의 권리

경찰공무원의 신분상의 권리란 경찰공무원이 그 신분과 관련하여 가지는 권리를 말한다. 경찰공무원도 다른 공무원과 마찬가지로 신분보유권·직위보유권·직무집행권·직명사용권·행정쟁송권과 고충심사청구권 등을 가지며, 이 밖에 경찰공무원만이 가지는 권리로서 제복착용권과 무기휴대권이 있다.[28]

1. 신분보유권

경찰공무원도 다른 공무원과 같이 그 신분이 보장되어, 형의 선고나 징계처분 또는 국가공무원법과 경찰공무원법이 정한 사유에 따르지 아니하고는 본인의 의사에 반하여 휴직 또는 면직을 당하지 아니한다(국공 68조 본문, 경공 30조② 3호. 국가공무원법은 강임에 관해서도 규정하고 있으나 경찰공무원에게는 해당되지 않는다). 다만, 치안총감과 치안정감 및 시보임용된 경찰공무원은 신분이 보장되지 않는다(경공 30조①, 10조③).

---

28) 이밖에 교육훈련·능률증진권을 드는 견해가 있으나(김남진(경찰) 90면), 이를 경찰공무원의 '권리'로 볼 수 있을지는 의문이다.

2. 직위보유권, 직무집행권 및 직명사용권

(1) 직위보유권 경찰공무원은 그 계급에 상응하는 일정한 직위를 부여받을 권리가 있다(국공 32조의5①, 경공 30조② 1호 참조). 따라서 법률이 정한 사유에 해당하지 않는 한 직위를 해제당하지 않으며, 직위해제처분을 받은 경우에 그 사유가 소멸된 때에는 임용권자는 지체 없이 직위를 부여하여야 한다(국공 73조의3②).

(2) 직무집행권 경찰공무원은 그 직위에 따른 직무를 집행할 권리를 가진다.[29] 타인이 경찰공무원의 직무집행을 방해하면 형법상 공무집행방해죄가 성립될 수 있다. 직무집행은 경찰공무원의 권리인 동시에 의무이기도 하다.

(3) 직명사용권 경찰공무원은 계급과 직위를 직명으로 사용할 권리가 있다. 경찰공무원 아닌 자가 경찰공무원의 직명을 사칭하면 경범죄로 처벌되며(경범죄처벌법 3조① 7호), 경우에 따라서는 형법상의 공무원자격 사칭죄(118조)가 성립할 수도 있다.

3. 제복착용 및 무기휴대권

(1) 경찰공무원은 제복을 착용할 권리를 가진다. 제복착용은 경찰공무원의 의무이기도 하다(경공 20조①).

(2) 국가경찰공무원은 직무수행을 위하여 필요한 때에는 무기를 휴대할 수 있다(경공 20조②). 그러나 제주자치도의 자치경찰공무원은 도지사의 신청에 의하여 제주자치도 지방경찰청장의 승인을 얻은 자에 한하여 무기를 휴대할 수 있다(제주특별 116조①).

4. 행정쟁송권 및 고충심사청구권

경찰공무원이 징계처분이나 휴직·직위해제·면직, 그 밖에 본인의 의사에 반한 불리한 처분을 받은 경우에는 소청심사청구를 거쳐 행정소송을 제기할 수 있으며, 인사·조직·처우 등 각종 직무조건과 기타 신상문제에 대하여 임용권자 등에게 인사상담이나 고충의 심사를 청구할 수 있다.

---

29) 직무집행권을 직위보유권의 한 내용으로 보는 견해도 있다(홍정선(경찰) 166면).

Ⅱ. 재산상의 권리

경찰공무원은 보수를 비롯하여 사회보장적 보상금·연금·실비변상 등의 급여를 받을 재산적 권리를 가진다.

1. 보수청구권

1) 보수의 의의 및 성질

(1) 경찰공무원은 다른 공무원과 마찬가지로 근로의 대가로서 보수를 받을 권리가 있다. 공무원 근무관계도 기본적으로는 근로를 제공하고 그 대가로서 보수를 받는 관계로서, 보수청구권은 공무원 근무관계의 본질적 내용을 이룬다.

(2) 공무원의 보수는 봉급과 각종 수당을 합산한 금액(연봉제 적용대상 공무원의 경우에는 연봉과 각종 수당을 합산한 금액)을 말한다(공무원보수규정 4조 1호).

(3) 공무원의 보수의 성질에 관하여는 반대급부설과 생활자금설이 있으나, 오늘날 통설은 보수가 기본적으로 근로의 대가로서의 성질을 가지지만 또한 공무원의 생활보장을 위한 자금의 성질도 가지는 것으로 보고 있다. 현행법이 공무원의 보수를 직무의 곤란성과 책임의 정도에 맞도록 계급별·직위별 또는 직무등급별로 정하도록 한 것(국공 46조①), 결근자·휴직자 및 직위해제처분을 받은 자의 봉급을 감액하도록 한 것(공무원보수규정 27조-29조)은 보수의 반대급부적 성격을 나타낸 것이고, 반면에 일반의 표준생계비와 물가수준 등을 고려하여 공무원의 보수를 정하도록 한 것(국공 46조②)이나 보수의 압류를 제한하는 것(민사집행법 246조① 4호, 국세징수법 33조 등)은 보수의 생활자료적 성격을 반영한 것으로 해석된다.[30]

2) 보수의 내용

경찰공무원의 보수는 봉급과 수당으로 구성된다.

(1) 봉급이란 직무의 곤란성과 책임의 정도에 따라 직책별로 지급되는 기본급여 또는 직무의 곤란성과 책임의 정도 및 재직기간 등에 따라 계급별, 호봉별로 지급되는 기본급여를 말한다(공무원보수규정 4조 2호). 봉급의 액수는 같은 계급 안에서도 호봉별로 정해지며, 호봉은 원칙적으로 1년에 한 번씩 승급된다(공무원보수

30) 박·정(하) 236면; 김동희(Ⅱ) 164면.

규정 13조① 본문).

(2) 수당은 직무여건 및 생활여건 등에 따라 지급되는 부가급여를 말한다(공무원보수규정 4조 3호). 수당은 예산의 범위 안에서 지급되며, 겸임수당과 봉급조정수당 이외의 수당의 종류, 지급범위, 지급액 등은 따로 대통령령으로 정하도록 되어 있다(공무원보수규정 31조). 이에 따라 「공무원 수당 등에 관한 규정」은 공무원의 수당을 상여수당, 가계보전수당, 특수지근무수당, 특수근무수당 등 및 초과근무수당 등으로 나누고 다시 이들을 세분하고 있는바, 이 중에서 경찰공무원에게 해당되는 것은 상여수당 중 정근수당과 성과상여금, 가계보전수당 중 가족수당·자녀학비보조수당·육아휴직수당, 특수지근무수당, 특수근무수당 등 중 위험근무수당·특수업무수당·업무대행수당, 초과근무수당 등 중 시간외근무수당·야간근무수당·휴일근무수당·관리업무수당이다.

3) 보수청구권의 성질

공무원의 보수청구권은 공법상의 권리라는 것이 통설이다. 그러나 판례는 보수청구권을 사법상의 권리로 보고, 따라서 보수청구소송은 민사소송에 의하여야 한다고 보고 있다(대판 1966.9.20., 65다2506).

4) 보수청구권의 보호 및 소멸시효

(1) 공무원의 보수도 "급료· … ·봉급· …그 밖에 이와 비슷한 성질을 가진 급여채권"으로서, 그 2분의 1은 민사집행법에 의한 압류 또는 국세징수법에 의한 압류가 금지된다(민사집행법 246조① 4호, 국세징수법 33조①).

(2) 보수청구권은 국가에 대한 금전급부청구권이므로 소멸시효는 5년이라고 보아야 한다.[31] 그러나 판례는 민법 제163조를 적용하여 보수청구권의 소멸시효는 3년이라고 보고 있다(대판 1966.9.20, 65다2506; 1971.7.27., 71다494).

2. 연금청구권

1) 연금의 의의 및 성질

(1) 의의　　국가공무원법은 공무원이 질병·부상·폐질(廢疾)·퇴직·사망 또는 재해를 입으면 본인이나 유족에게 법률로 정하는 바에 따라 적절한 급여를 지급

31) 김도창(하) 262면.

하도록 규정하고 있다(77조①). 이에 따라 공무원 및 그 유족의 생활안정과 복리향상에 기여하기 위하여 공무원의 퇴직 또는 사망과 공무로 인한 부상·질병·장애에 대하여 지급하는 급여를 광의의 공무원연금이라고 한다. 여기에는 장기간에 걸쳐 정기적으로 지급되는 협의의 연금 외에 단기급여와 일시금도 포함된다.

(2) 성질　공무원연금제도는 공무원의 생활안정과 복리향상에 기여함과 동시에 공무원이 안심하고 직무에 전념할 수 있도록 함으로써 공무수행의 효율을 기하려는 목적도 있다. 공무원연금(광의)의 성질에 관하여는 여러 가지 견해가 있으나, 적어도 퇴직급여와 대부분의 연금급여는 공무원이 보수에서 매월 일정비율(현행법상 기준소득월액의 7%. 공무원연금법 66조②)로 납부하는 기여금과 국가가 부담하는 그와 동액의 부담금을 재원으로 한다는 점에서, 엄격한 의미의 사회보장적 급여가 아니라 사회보험원리에 입각한 급여(보험금 또는 공제적 성격의 급여)의 성질을 가진다고 보아야 할 것이다.[32] 한편, 공무원연금법이 정하는 급여 중에는 엄밀히 말하여 사회보장적 성질의 급여라기보다는 공무상 질병·부상·장애 또는 사망으로 인한 손실에 대한 보상의 성질을 가지는 것도 있다(단기급여 중 공무상요양비, 장기급여 중 장해급여와 유족보상금이 이에 해당한다).[33] 장해급여 또는 유족보상금과 다른 장기급여(순직유족급여는 제외)는 함께 지급하고(동법 45조①), 단기급여와 장기급여 중 공무에 따른 질병·부상·장애 또는 사망 및 순직유족급여에 소요되는 비용을 전액 국가 또는 지방자치단체가 부담하도록 한 것(동법 65조②)은 이 때문이다.

2) 연금의 종류

공무원연금법에 의한 급여는 단기급여와 장기급여로 구분된다(공무원연금법 25조).

(1) 단기급여　공무원의 공무로 인한 질병·부상과 재해에 대하여 지급하는

32) 김동희(II) 165면. 사회보장적 급여·보험금·거치보수 또는 봉급연불 등의 여러 가지 성질을 아울러 가진다고 보는 견해(김남진(경찰) 92-93면), 봉급연불과 사회보장적 급여의 성질을 아울러 가진다는 견해(홍정선(경찰) 172면)도 있다. 헌법재판소는 공무원연금제도가 공무원의 퇴직·사망시 본인과 유족의 생활안정과 복리향상에 기여하기 위한 사회보험으로서, 연금법상의 급여는 후불임금의 성격과 공로보상 또는 은혜적 급여의 성격도 함께 가지고 있기는 하나 기본적으로는 사회보장적 급여의 성격을 가진다고 보고 있다(헌결 1999.4.29, 97헌마333).

33) 박·정(하) 238면(그러기 때문에 이러한 급여는 공무원연금법이 아니라 따로 '공무원재해보상법' 같은 법률을 제정하여 거기에서 규정하여야 하나, 편의상 공무원연금법에서 규정하고 있다고 한다).

급여로서, 공무상요양비, 재해부조금 및 사망조위금으로 구분된다(공무원연금법 34조-41조의2).

(2) 장기급여 공무원의 퇴직·장애 및 사망에 대하여 지급하는 급여로서, 퇴직급여(퇴직연금·퇴직연금일시금·퇴직연금공제일시금·퇴직일시금), 장해급여(장해연금·장해보상금), 유족급여(유족연금·유족연금부가금·유족연금특별부가금·유족연금일시금·유족일시금·유족보상금·순직유족연금·순직유족보상금) 및 퇴직수당으로 구분된다(공무원연금법 42조-61조의2).

3) 급여의 결정 및 불복

(1) 결정 공무원연금법에 의한 급여를 받을 권리는 동법이 정한 사유가 발생하면 당연히 발생한다. 그러나 동법은 국가공무원의 경우에 각종 급여는 그 급여를 받을 권리를 가진 자의 신청에 따라 안전행정부장관의 결정(다만, 일정한 사항은 공무원연금급여심의회 또는 순직보상심사위원회의 심의를 거쳐야 한다)으로 공무원연금관리공단이 지급하도록 규정하고 있다(26조①). 다만, 실제로는 안전행정부장관의 결정권은 순직유족급여(순직유족연금과 순직유족보상금을 말한다)에 관한 결정권을 제외하고는 공무원연금관리공단에 위탁되어 있다(26조③, 동법 시행령 20조의3). 이 결정은 급여청구권을 설정하는 형성적 행위가 아니라 급여지급사유에 해당함을 확인하는 행위이다.[34)]

(2) 불복 급여에 관한 공무원연금관리공단의 결정은 행정쟁송의 대상이 되는 처분이다. 다만, 공무원연금법은 급여에 관한 결정, 기여금의 징수, 기타 동법에 의한 급여에 관한 특별행정심판절차로서 연금급여재심제도를 규정하고 있다. 즉, 동법에 의한 급여(순직유족급여는 제외)에 관하여 이의가 있는 자는 그 결정 등이 있은 날부터 180일, 그 사실을 안 날부터 90일 이내에(다만, 그 기간 내에 정당한 사유가 있어 심사의 청구를 할 수 없었던 것을 증명한 경우는 예외이다) 안전행정부에 설치된 공무원연금급여 재심위원회에 심사를 청구할 수 있고, 행정심판법에 의한 행정심판은 청구할 수 없다(80조). 그러나 심사청구 및 결정을 거쳐야만 행정소송을 제기할 수 있다는 규정은 없으므로, 심사청구를 거치지 않고 곧바로 행정소송을 제기할 수도 있다.

---

34) 박·정(하) 238면.

4) 연금청구권의 소멸시효 및 보호

(1) 보호　급여를 받을 권리는 양도·압류 및 담보제공이 금지된다. 다만, 연금인 급여를 받을 권리는 대통령령이 정하는 금융기관에 담보로 제공할 수 있고, 국세징수법·지방세법 기타 법률에 의한 체납처분의 대상으로 할 수 있다(공무원연금법 32조). 그러나 체납처분에 의한 연금의 압류도 2분의 1 이하로 제한된다(국세징수법 33조, 지방세기본법 98조).

(2) 소멸시효　연금청구권의 소멸시효는 급여의 사유가 발생한 날부터 단기급여의 경우에는 3년, 장기급여의 경우에는 5년이다(공무원연금법 81조①).

3. 보훈을 받을 권리

(1) 경찰공무원으로서 전투나 그 밖의 직무수행 또는 교육훈련중 사망한 사람(공무상 질병으로 사망한 사함 포함) 및 부상(공무상의 질병 포함)을 입고 퇴직한 사람과 그 유족 또는 가족은 「국가유공자 등 예우 및 지원에 관한 법률」 또는 「보훈보상대상자 지원에 관한 법률」에 따라 예우를 받는다(경공 16조).

(2) 경찰공무원으로서 「국가유공자 등 예우 및 지원에 관한 법률」 제4조 제1항에서 정한 전몰군경, 전상군경, 순직군경, 공상군경, 무공수훈자, 보국수훈자 등에 해당하는 사람은 국가유공자로서 본인이나 그 유족 또는 가족이 보훈급여금(보상금·수당 및 사망일시금)과 교육지원·취업지원·의료지원·대부 등의 지원을 받을 수 있다. 다만, 본인이나 그 유족 또는 가족의 등록신청에 따라 보훈심사위원회의 심의·의결을 거쳐 국가보훈처장이 국가유공자로 결정하고 등록하여야 한다(동법 6조).

(3) 경찰공무원으로서 「보훈보상대상자 지원에 관한 법률」 제2조 제1항에서 정한 재해사망군경이나 재해부상군경에 해당하는 사람은 보훈보상대상자로서 본인이나 그 유족 또는 가족이 보훈급여금(보상금·수당 및 사망일시금)과 교육지원·취업지원·의료지원·대부 등의 지원을 받을 수 있다. 다만, 본인이나 그 유족 또는 가족의 등록신청에 따라 보훈심사위원회의 심의·의결을 거쳐 국가보훈처장이 국가유공자로 결정하고 등록하여야 한다(동법 4조).

4. 실비변상청구권·보상청구권·실물지급청구권

(1) 실비변상청구권　공무원은 보수 외에 대통령령으로 정하는 바에 따라 직무

수행에 소요되는 실비를 변상받을 수 있다(국공 48조①). 공무원이 공무로 여행하는 경우에 지급하는 여비가 실비변상의 대표적인 예이다(「공무원 여비 규정」 참조).

(2) 보상청구권 공무원이 소속 기관장의 허가를 받아 본래의 업무 수행에 지장이 없는 범위에서 담당직무 외의 특수한 연구과제를 위탁받아 처리한 경우에는 그 보상을 지급받을 수 있다(국공 48조②).

(3) 실물지급·대여 청구권 경찰공무원은 제복 등의 급여품을 지급받을 권리와 직무 수행에 필요한 각종 장구를 대여받을 권리를 가진다(「경찰공무원 지급품에 관한 규칙」 참조).

§3. 경찰공무원의 의무

Ⅰ. 개 설

(1) 공무원은 국민 전체에 대한 봉사자이자 공무의 수행자로서 일반 국민은 지지 않는 여러 가지 의무를 부담한다. 다만, 이러한 의무는 어디까지나 법률에 의하여 부과되는 의무이며, 공무원이라고 하여 법률의 근거 없이 당연히 의무를 지는 것은 아니다.

(2) 경찰공무원은 실력으로써 질서유지 임무를 수행하는 특정직 국가공무원으로서, 일반적인 공무원에 비해 의무도 강화되고 있는 것이 특징이다.

(3) 경찰공무원의 의무도 일반적 공무원의 의무와 마찬가지로 선서의무와 성실의무, 직무상의 의무 및 신분상의 의무로 대별할 수 있다.

Ⅱ. 선서의무·성실의무

1. 선서의무

경찰공무원을 포함한 공무원은 취임할 때에 소속 기관장 앞에서 선서를 하여야 한다. 다만, 불가피한 사유가 있을 때에는 취임 후에 선서를 하게 할 수 있다(국공 55조). 국가경찰공무원의 선서문의 내용은 다음과 같다(국가공무원 복무규정 2조 별표 1).

선 서

나는 대한민국 공무원으로서 헌법과 법령을 준수하고, 국가를 수호하며, 국민에 대한 봉사자로서의 임무를 성실히 수행할 것을 엄숙히 선서합니다.

2. 성실의무

(1) 경찰공무원을 포함한 모든 공무원은 성실히 직무를 수행하여야 한다(국공 56조 후단). 성실의무는 공무원의 의무 중 가장 기본적인 것으로서, 개별적인 직무상 의무는 물론, 직무의 내외에서 품위를 유지하여야 할 의무도 여기에서 도출된다.

(2) 성실의무의 내용은 최대한으로 공공의 이익을 도모하고 공공에 대한 불이익을 방지하기 위해서 전 인격과 양심을 바쳐서 성실히 직무를 수행할 의무를 뜻한다(대판 1989.5.23., 88누3161). 고용관계에 있어서의 노무급부의무와 차이가 있다.[35]

경찰공무원의 경우에 판례상 성실의무 위반으로 인정된 사례로는, ① 경찰공무원이 순찰중 야간에 전조등을 켜지 아니한 채 운행하던 봉고차를 적발하고서도 금전을 받고 운전자를 훈방한 경우(대판 1987.10.26., 87누740), ② 수사담당 경찰관이 그가 담당한 피의사건과 관련하여 범죄조직과 관련이 있는 것으로 의심되는 사람으로부터 금품을 수수하고 그 사건 처리과정에서 나타난 수사상의 직무유기와 직무태만으로 인하여 사건이 부당처리되고 그 후 그 사실이 신문에 보도되어 경찰공무원의 품위를 손상하게 한 경우(대판 1987.10.26., 87누493), ③ 수사하는 경찰공무원이 피고소인과 함께 있는 술집으로 고소인을 불러내어 화해를 종용하고 고소인에게 돈을 요구하여 차용하는 한편 술값까지 고소인에게 부담하게 하고, 그날 저녁에 꼭 필요하다고 차용한 위 금원을 다음날 고소인이 찾아가 반환요구할 때까지 사용도 하지 않은 채 돌려주었으며, 자기가 알아 낸 탈세사건을 적법한 보고절차도 없이 들추어 이를 수사하여 엄벌할 것처럼 고소인 부부를 협박하고 경리장부를 멋대로 압수한 경우(대판 1984.7.24., 84누140) 등이 있다. 반대로 사이드카를 타고 교통단속을 하던 경찰공무원이 정류장에서 앞차를 앞지르려고 하는 버스를 목격하고 손짓을 하여 앞지르지 못하게 한 뒤 그 버스를 정차시켜 놓고 운전사에게 대하여 정류장에서는 앞지르기를 하지 못한다고 주의를 한데 그친 경우는, 오히려 교통경찰관으로서 바람직한 근무자세이지 경찰공무원으로서 성실의무에 위반한 것이 아니라고 보았다(대판 1976.9.14., 76누179).

35) 김도창(하) 234면.

(3) 성실의무 자체도 경우에 따라 근무시간 외, 근무지 밖에까지 미칠 수 있다(대판 1997.2.11., 96누2125).

Ⅲ. 직무상의 의무

직무상 의무는 공무원의 직무수행과 직접 관련된 의무이다. 경찰공무원의 직무상 의무로는 다음과 같은 것들이 있다.

1. 법령준수의무

(1) 의의 공무원은 직무를 수행할 때 법령을 준수하여야 한다(국공 56조 전단). 법령은 좁은 의미로는 법률과 법규명령을 의미하지만, 여기에서는 법률과 법규명령만이 아니라 자치법규를 포함한 모든 성문법, 나아가 불문법까지를 포함한 실정법 전체를 의미한다고 볼 것이다.

(2) 위반의 효과 공무원이 법령에 위반하여 직무를 수행하면 그 행위는 위법한 행위로서 무효이거나 취소할 수 있는 행위로 될 뿐 아니라, 공무원 자신에게는 징계책임·형사책임 및 민사책임이 발생한다.

(3) 공무원의 법령심사권 실정법은 여러 형식의 법이 상하의 단계구조에 따라 구성되고 있어서, 하위법은 상위법에 위반하면 효력이 없고, 따라서 공무원은 상위법에 위반하는 하위법을 준수할 의무가 없다. 여기에서 공무원이 법령의 상위법 위반 여부를 스스로 판단하여 그 적용을 배제할 권한이 있는가 하는 문제가 제기된다. 법령의 형식적 요건의 구비 여부(공포 여부, 제정권자가 제정하였는지 여부 등)에 관하여는 공무원의 심사권을 긍정하는 데 이견이 없다. 실질적 요건에 관하여는 공무원의 심사권을 부인하는 것이 종래의 통설이었다. 그러나 법령의 위헌·위법이 명백한 경우에는 공무원의 심사 및 적용배제권을 긍정하여야 할 것이다.[36]

2. 복종의무

1) 의 의

(1) 공무원은 직무를 수행할 때 소속 상관의 직무상 명령에 복종하여야 한다(국

36) 동지: 김남진(경찰) 99면.

공 57조). 계급제와 군대식 편제에 의하여 운영되는 경찰조직의 구성원인 경찰공무원의 경우에 복종의무가 더욱 강조된다. 그리하여 경찰법은 "경찰공무원은 상관의 지휘·감독을 받아 직무를 수행……하여야 한다"고 규정하고 있다(24조①).

(2) 여기에서 상관이란 누구를 말하는지가 문제된다. 공무원의 소속 상관에는 신분상의 상관과 직무상의 상관이 있다. 신분상의 상관은 공무원의 진퇴·상벌을 행하거나 그 제청권을 가진 자를 말하며, 직무상의 상관은 공무원의 직무를 지휘·감독할 권한이 있는 자, 즉 공무원이 소속한 행정청과 보조기관 담당자를 말한다. 여기에서의 소속 상관은 직무상의 상관을 의미한다는 데 이견이 없다. 따라서 경찰공무원이 경찰공무원임용령(30조)이나 경찰직무응원법(1조)에 의하여 파견근무하는 경우에는 파견받은 경찰관서의 장 및 보조기관이 소속 상관이다.

2) 직무명령의 의의 및 성질

(1) 공무원에 대한 소속 상관의 직무상의 명령을 직무명령이라고 한다. 직무명령은 부하 공무원의 직무에 관한 사항을 내용으로 하지만, 직무와 관련이 있는 한도 안에서는 복장 등과 같은 사적인 생활행동도 규율할 수 있다. 물론 직무와 전혀 관계없는 사생활에 관해서는 직무명령을 발할 수 없다.

(2) 직무명령은 불요식행위이다. 따라서 문서로 발해지는 경우가 많지만, 구술로 발하여도 무방하다. 또한 직무명령은 특정 공무원에 대하여 발할 수도 있고, 불특정다수의 공무원에 대하여 발할 수도 있다.

(3) 직무명령은 법규가 아니라 행정조직 안에서의 부하 공무원에 대한 명령에 불과하다. 따라서 일반 국민에 대하여는 구속력이 없으며, 공무원이 직무명령에 위반하여 국민을 상대로 어떤 행위를 한 경우에 그 행위가 위법으로 되지도 않는다. 그러나 그 공무원은 복종의무를 위반하였으므로 징계책임을 지게 된다.

(4) 직무명령은 상관이 부하 공무원의 직무에 관하여 발하는 명령이라는 점에서, 상급행정청이 하급행정청의 권한행사를 지휘하기 위하여 발하는 명령인 훈령과 구별된다. 직무명령은 수명자인 공무원 개개인에 대해서만 효력을 가지며, 그 직무를 담당하는 공무원이 교체된 경우에 후임자에게는 효력이 없다. 그러나 훈령은 하급행정청 구성자인 공무원에 대한 직무명령의 성질도 아울러 가진다(93면 참조).

3) 직무명령의 요건과 부하 공무원의 심사권

(1) 직무명령이 적법·유효하기 위해서는, ① 직무상의 소속 상관이 발할 것, ②

수명자인 공무원의 직무에 관한 사항일 것, ③ 부하 공무원의 직무상 독립에 속하는 사항에 관한 것이 아닐 것, ④ 법정의 형식·절차가 있는 경우에는 이를 갖출 것, ⑤ 내용이 법령과 공익에 적합하고 실현가능할 것 등의 요건을 갖추어야 한다. ① 내지 ④를 형식적 요건, ⑤를 실질적 요건이라고 한다. 직무명령은 행정행위가 아니므로, 위의 요건 중 하나라도 결하면 무효이다.

(2) 공무원이 복종하여야 할 상관의 직무명령은 적법한 것이어야 한다. 위법한 직무명령은 무효이므로, 부하 공무원은 이에 복종할 의무가 없고, 위법한 직무명령에 의거하여 직무를 수행하였다면 그 결과에 대해서는 부하 공무원 자신이 책임을 져야 한다(물론 위법한 직무명령을 발한 상관도 책임이 있지만, 그것은 위법한 직무명령의 발령에 대한 책임이지 부하 공무원의 위법한 직무수행에 대한 책임은 아니다). 여기에서 공무원이 상관의 직무명령에 대한 심사권이 있는지가 문제된다. 형식적 요건에 대해서는 수명자인 공무원에게 심사권이 있다는 데 이견이 없다. 문제는 실질적 요건에 대한 심사권인바, 그 유무에 관하여는 ① 부하 공무원은 원칙적으로 직무명령의 실질적 요건에 대한 심사권이 없고 상관의 직무명령에 복종하여야 하나, 직무명령이 중대하고 명백한 법규위반으로 무효인 경우에는 복종을 거부할 수 있고 또한 거부하여야 한다는 견해,[37] ② 직무명령은 행정행위와 달리 공정력이 없으므로 위법한 경우에는 무효이고 따라서 부하 공무원은 복종의무가 없다는 견해, ③ 직무명령의 위법이 명백한 경우에는 부하 공무원에게 심사권이 있고 복종을 거부하여야 한다는 견해,[38] ④ 훈령적 직무명령의 경우에는 행정조직의 통일성 확보를 위하여 부하 공무원의 심사권이 부인되나 공무원 자신에 대한 규율을 내용으로 하는 직무명령의 경우에는 수명자인 공무원에게 실질적 심사권을 인정하여야 한다는 견해 등이 대립하고 있다.

생각건대, 직무명령은 행정행위와 달리 취소의 제도가 없으므로 위법하면 항상 무효라고 보아야 한다. 그러나 직무명령의 위법 여부는 항상 명백한 것이 아니고 보는 사람에 따라서 평가가 달라질 수 있다. 직무명령의 위법 여부(따라서 무효 여부)에 대한 판단을 전적으로 수명자인 공무원 개개인의 평가에 맡긴다는 것은 행정의 통일적 수행을 불가능하게 한다. 따라서 직무명령의 위법이 명백하지 않고 단지 위법의 의심이 있는 데 불과한 경우라면, 수명자는 상관에게 이에 관한 의견을 진술할 수 있을 뿐이고(이를 명시한 예로는, 지방공무원법 49조 단서), 그럼에도 불구하고 상

37) 김도창(하) 237면; 홍정선(경찰) 179면; 이철호(경찰) 135-136면.

38) 박·정(하) 250면; 김남진(경찰) 100면; 류·박(신론) 830면.

관이 직무명령이 적법하다고 판단하여 복종을 요구하는 경우에는 상관의 판단을 우선시할 수밖에 없을 것이다. 결국, 직무명령의 실질적 요건에 관하여는 위법이 명백한 경우에만 부하 공무원의 심사권 및 복종거부권이 있다고 보아야 한다.[39)]

(3) 경찰법은 "국가경찰공무원은 구체적 사건수사와 관련된 제1항의 지휘·감독의 적법성 또는 정당성 여부에 대하여 이견이 있는 때에는 이의를 제기할 수 있다"고 규정하여(24조②),[40)] 직무명령에 대한 이의제기권을 명시하고 있다. 여기에서 이의제기권은 내용상 지방공무원법 제49조의 의견진술권과 같은 것으로 해석된다. 비록 사법경찰상의 직무명령에 한정된 것이나, 그 법리는 행정경찰상의 직무명령에도 유추적용되어야 할 것이다. 또한 이의제기권이 명시되었다고 하여 위법이 명백한 직무명령에 대한 복종거부권이 배제되는 것도 아니라고 해석하여야 할 것이다.

4) 직무명령의 경합

둘 이상의 상관으로부터 서로 모순되는 직무명령을 받은 경우에 공무원은 직근 상관의 직무명령에 복종하여야 한다는 것이 통설이다. 훈령의 경우에는 하급행정청의 권한행사를 지휘하는 것을 내용으로 하므로 행정의 통일적 수행을 위하여 상급행정청의 훈령이 우선한다고 보아야 하지만, 직무명령은 부하 공무원의 직무에 관한 명령이므로 직근의 상관에게 1차적인 권한이 있다고 보아야 할 것이다. 따라서 통설의 입장이 타당하다고 생각된다.

3. 직무전념의무

공무원은 전력을 다하여 직무를 수행하여야 하며, 직장을 이탈하거나 직무 수행을 저해하는 다른 활동을 하여서는 안 된다. 공무원의 이러한 의무를 직무전념의무라고 하며, 구체적으로는 다음과 같은 내용을 가진다.

---

39) 판례도 일관하여 상관의 직무상 명령이 명백한 위법 내지 불법한 명령인 때에는 부하 공무원은 복종의무가 없다고 보고 있다(대판 1988.2.23, 87도2358; 대전판 1997.4.17, 96도3376; 대판 1999.4.23, 99도636 등).

40) 2008년 6월 13일 개정시에 신설된 규정으로서, 상급자의 지휘·감독에 대한 검사의 이의제기권을 명시한 검찰청법 제7조 제2항의 개정(2004.1.20)에 부응하여 경찰의 수사상 지휘·감독권 행사에 관하여도 부하 경찰공무원의 이의제기권을 인정한 것이다.

1) 직장이탈금지

(1) 공무원은 소속 상관의 허가 또는 정당한 사유가 없으면 직장을 이탈하지 못한다(국공 58조①). 여기에서의 '직장'은 공무원이 소속한 행정관서라는 의미보다는 근무장소라는 의미로 해석되어야 한다. 특히 외근이나 파견근무가 많은 경찰공무원의 경우에는 외근 또는 파견근무하는 장소를 이탈하면 직장이탈로 보아야 한다. 또한 상관에게 허가를 신청하였으나 허가가 있기 전에 직장을 이탈하면 직장이탈에 해당한다.

(2) 특히 경찰공무원은 상사의 허가를 받거나 그 명령에 의한 경우를 제외하고는 직무와 관계없는 장소에서 직무수행을 하여서는 안 된다(경찰공무원 복무규정 8조). 직접 국민에 대하여 권력을 행사하는 경찰공무원의 특성상 직무수행의 장소를 제한하는 규정을 둔 것이다.

(3) 경찰공무원은 휴무일 또는 근무시간 외에 2시간 이내에 직무에 복귀하기 어려운 지역으로 여행을 하고자 할 때에는 소속 경찰기관의 장에게 신고를 하여야 하고, 치안상 특별한 사정이 있어 경찰청장 또는 경찰기관의 장이 지정하는 기간중에는 소속경찰기관의 장의 허가를 받아야 한다(경찰공무원 복무규정 13조). 역시 경찰공무원의 특성에 비추어 언제든지 비상소집에 응할 수 있도록 하기 위한 것으로 해석된다.

(4) 경찰기관의 장은 비상사태에 대처하기 위하여 필요하다고 인정할 때에는 소속 경찰공무원을 긴급히 소집하거나 일정한 장소에 대기하게 할 수 있다(경찰공무원 복무규정 14조). 비상소집에 응하지 않거나 대기장소에서 대기하지 않는 것도 직장이탈에 해당한다고 보아야 할 것이다.

2) 영리업무 및 겸직의 금지

공무원은 공무 외에 영리를 목적으로 하는 업무에 종사하지 못하며, 소속 기관장의 허가 없이 다른 직무를 겸할 수 없다(국공 64조①). 영리업무나 그 밖의 직무를 겸함으로써 공무 수행의 능률을 저해하고 겸직한 업무가 공무에 부당한 영향을 미치거나, 반대로 공무원으로서의 권한을 이용하여 겸직업무에 부당한 영향을 미치는 것을 방지하고, 오로지 공무원으로서의 직무 수행에 전념하도록 하기 위한 규정이다.

(1) 영리업무의 금지 공무원이 영리업무를 행하는 것은 절대적으로 금지된

다. 국가공무원 복무규정은 금지되는 영리업무를 공무원이 상업, 공업, 금융업 또는 그 밖의 영리적인 업무를 스스로 경영하여 영리를 추구함이 뚜렷한 업무, 공무원이 상업, 공업, 금융업 또는 그 밖에 영리를 목적으로 하는 사기업체의 이사, 감사, 업무를 집행하는 무한책임사원, 지배인, 발기인 또는 그 밖의 임원이 되는 것, 공무원 본인의 직무와 관련 있는 타인의 기업에 대한 투자, 그 밖에 계속적으로 재산상 이득을 목적으로 하는 업무로 구체화하고 있다(25조).[41]

(2) 비영리업무 겸직허가 공무원이 영리업무가 아닌 다른 직무를 겸직하는 것은 소속 기관의 장의 사전허가를 받으면 가능하다. 다만, 그 허가는 공무원이 담당한 직무 수행에 지장이 없는 경우에 한한다(국가공무원 복무규정 26조).

(3) 퇴직 후의 취업 등 제한 총경(자치총경 포함) 이상의 경찰공무원은 퇴직일부터 2년간 퇴직 전 5년 동안 소속하였던 부서의 업무와 밀접한 관련이 있는 공직자윤리법 제17조 제1항 각 호의 어느 하나에 해당하는 사기업체 등에 취업할 수 없다. 다만, 관할 공직자윤리위원회의 승인을 얻은 때는 예외이다(동법 17조). 또한 모든 공무원은 재직 중에 직접 처리한 일정 업무를 퇴직 후에 취급할 수 없으며, 치안감 이상의 경찰공무원 및 각 시·도의 지방경찰청장은 퇴직 전 1년부터 퇴직할 때까지 근무한 기관이 취업한 사기업체 등에 대하여 처리하는 일정한 업무를 퇴직한 날부터 1년 동안 취급할 수 없다. 다른 법률에 특별한 규정이 있거나 관할 공직자윤리위원회의 승인을 받은 경우는 예외이다(동법 18조의2). 취업금지를 위반하거나 재직 중 처리한 업무의 취급 금지를 위반한 사람은 1년 이하의 징역 또는 1천만원 이하의 벌금에 처한다(동법 29조).

3) 정치운동의 금지

(1) 공무원은 특정 정당이나 이익집단의 대표자가 아니고 국민 전체에 대한 봉사자로서 불편부당하게 공무를 수행하여야 한다. 공무원의 정치적 중립성의 보장이야말로 민주적 공무원제도의 핵심이라고 할 수 있다. 이를 위하여 국가공무원

---

41) 국가공무원 복무규정 제25조는 이러한 업무에 종사함으로써 "공무원의 직무 능률을 떨어뜨리거나, 공무에 대하여 부당한 영향을 끼치거나, 국가의 이익과 상반되는 이익을 취득하거나, 정부에 불명예스러운 영향을 끼칠 우려가 있는 경우에는 그 업무에 종사할 수 없다"고 규정하고 있다. 문면상 그러한 우려가 없는 경우에는 이러한 업무에 종사할 수 있는 것으로 해석될 여지가 있다. 그러나 이러한 해석은 상위법인 국가공무원법 제64조 제1항의 명문에 어긋난다. 공무원이 이러한 업무에 종사하면 당연히 그러한 우려가 있는 것으로 보아야 하고, 따라서 이러한 업무는 소속 기관장의 허가 대상도 아닌 절대적으로 금지되는 업무로 보아야 한다.

법은 공무원의 정치운동 금지를 명문화하고 있는바, 군대에 준한 편제를 갖추고 직접 국민에 대하여 권력을 행사하는 경찰공무원의 경우에는 그 필요성이 더욱 절실하다고 할 수 있다.

(2) 구체적으로 금지되는 정치운동의 내용은 다음과 같다(국공 65조①-③).

① 정당이나 그 밖의 정치단체의 결성에 관여하거나 이에 가입하는 행위.

② 선거에서 특정 정당 또는 특정인을 지지 또는 반대하기 위한 다음의 행위.

1. 투표를 하거나 하지 아니하도록 권유 운동을 하는 것.
2. 서명 운동을 기도·주재하거나 권유하는 것.
3. 문서나 도서를 공공시설 등에 게시하거나 게시하게 하는 것.
4. 기부금을 모집 또는 모집하게 하거나, 공공자금을 이용 또는 이용하게 하는 것.
5. 타인에게 정당이나 그 밖의 정치단체에 가입하게 하거나 가입하지 아니하도록 권유 운동을 하는 것.

③ 다른 공무원에게 제1항과 제2항에 위배되는 행위를 하도록 요구하거나, 정치적 행위에 대한 보상 또는 보복으로서 이익 또는 불이익을 약속하는 행위.

(3) 공무원이 정치운동을 하면 징계사유가 될 뿐만 아니라, 형벌(1년 이하의 징역 또는 500만원 이하의 벌금)의 대상이 된다(국공 84조).

4) 집단행동의 금지

(1) 공무원은 특정 정파나 집단의 이익을 대변해서도 안 되지만, 공무원 자신이 하나의 이익집단을 형성하여 자신의 이익을 국민 전체의 이익보다 앞세워서도 안 된다. 또한 공무원의 집단행동은 국가의사의 통일적 실현을 저해한다. 그리하여 국가공무원법은 "공무원은 노동운동이나 그 밖에 공무 외의 일을 위한 집단행위를 하여서는 아니 된다"고 규정하고 있으며(국공 66조① 본문), 그 위반에 대해서는 벌칙을 두고 있다(국공 84조). 집단행동의 금지 역시 경찰공무원의 경우에는 더욱 엄격하게 적용될 필요가 있다.

(2) 공무원의 집단행동 가운데서 특히 문제되는 것이 노동운동이다. 공무원도 근로자의 한 사람으로서 근로조건 향상을 위하여 사용자인 국가에 대하여 의견을 개진하고 그 관철을 위하여 노력하는 것은 오늘날의 민주적·직업적 공무원제도 하에서 당연한 권리로 인정되어야 한다. 그러나 동시에 공무원 자신이 이익집단화하는 것은 국민 전체의 봉사자라는 지위에 맞지 않을 뿐만 아니라, 공무원이

집단적으로 자신의 이익을 관철하려 하는 경우에는 국가목적의 불편부당하고 원활한 수행을 저해할 염려가 있다. 그리하여 헌법은 "공무원인 근로자는 법률이 정하는 자에 한하여 단결권·단체교섭권 및 단체행동권을 가진다"고 규정하고(33조②), 이에 근거하여 국가공무원법은 사실상 노무에 종사하는 공무원을 제외하고는 공무원의 노동운동을 금지하고 있으나(66조①), 공무원의 노동운동에 관한 특별법인 「공무원의 노동조합 설립 및 운영 등에 관한 법률」은 6급 이하의 일반직 공무원 등에게 노동조합 설립과 단체교섭을 허용하고, 쟁의행위만을 금지하고 있다. 그러나 경찰공무원은 계급에 관계없이 노동조합 가입 대상에서 제외된다(동법 6조① 참조).

(3) 노동조합과는 별도로, 「공무원직장협의회의 설립·운영에 관한 법률」은 6급 이하의 일반직 공무원 등이 소속 기관별로 직장협의회를 구성하여 기관장과 해당 기관 고유의 근무환경개선에 관한 사항, 업무능률 향상에 관한 사항, 소속 공무원의 공무와 관련된 일반적 고충에 관한 사항, 그 밖에 기관의 발전에 관한 사항을 협의할 수 있도록 하고 있다. 그러나 경찰공무원은 공권력의 최후의 보루로서 직접 국민에 대하여 실력을 행사하여 질서를 유지한다는 임무의 특성에 비추어 일반직 공무원에 비하여 집단행동을 보다 엄격히 통제할 필요가 있으며, 이에 따라 직장협의회 가입대상에서도 제외되고 있다(동법 3조① 참조).

5) 직무태만 등의 금지

경찰공무원법은 "경찰공무원은 직무를 태만히 하거나 유기하여서는 아니 된다"고 규정하고 있는바(18조②), 공무원 일반에게 적용되는 직무전념의무를 보다 구체적으로 규정한 것으로 볼 수 있다.

4. 친절·공정의 의무

(1) 공무원은 국민 전체의 봉사자로서 친절·공정하게 직무를 수행하여야 한다(국공 59조). 특히 공무원은 종교에 따른 차별 없이 직무를 수행하여야 하며, 소속 상관이 이에 위배되는 직무상 명령을 한 경우에는 이에 따르지 아니할 수 있다(국공 59조의2). 「국가공무원 복무규정」은 이를 더욱 구체화하여, "① 공무원은 공사(公私)를 분별하고 인권을 존중하며 친절하고 신속·정확하게 업무를 처리하여야 한다. ② 공무원은 직무를 수행할 때 종교 등에 따른 차별 없이 공정하게 업무를 처리하여야 한다"고 규정하고 있다(4조).

(2) 직접 국민에 대하여 공권력을 행사하는 경찰공무원의 경우에는 친절·공정의 의무가 더욱 강조될 필요가 있다. 그리하여 경찰공무원 복무규정은 "경찰공무원은 고운말을 사용하도록 노력하여야 하며, 국민에게 겸손하고 친절하여야 한다"고 규정하고 있는바(4조①), 이는 친절·공정의무를 구체화한 것으로 해석된다.

(3) 친절·공정의 의무 역시 단순한 윤리적 의무가 아니라 법적 의무로서, 이를 위반하면 징계의 사유가 된다.

5. 비밀엄수의무

(1) 공무원은 재직중은 물론 퇴직 후에도 직무상 알게 된 비밀을 엄수하여야 한다(국공 60조). 퇴직 후에도 지켜야 한다는 점에서 다른 의무와 차이가 있다.

(2) '직무상 알게 된 비밀'이란 자신이 처리하는 직무에 관한 비밀뿐 아니라 직무와 관련하여 알게 된 비밀을 포함한다는 데 이견이 없다. 문제는 무엇이 '비밀'에 속하는 사항인가에 있다.[42] 법령에 의하여 비밀로 분류된 사항은 일단 비밀로 보는 데 별 문제가 없다. 그러나 어떤 사항이 비밀인지 여부는 비밀로 분류되어 있는지 여부라는 형식적 기준보다는 그것이 관계자 외의 일반인에게 알려지는 경우에 국가안전보장·질서유지·공공복리와 같은 행정의 목적을 해치는지 여부라는 실질적 기준에 의하여 판단되어야 한다. 따라서 형식적으로 비밀로 분류된 사항이 아니더라도 실질적으로 비밀로서 보호할 가치가 있는 사항, 즉 통상의 지식과 경험을 가진 다수인에게 알려지지 아니한 비밀성을 가졌거나 정부나 국민의 이익 또는 행정목적 달성을 위하여 비밀로서 보호할 필요성이 있는 사항은 직무상 비밀로 보아야 한다(실질설).[43]

(3) 공무원이 비밀엄수의무를 위반하면 징계의 원인이 될 뿐 아니라 형법상 피

---

42) 「국가공무원 복무규정」 제4조의2는 엄수의 대상인 비밀을 "1. 법령에 따라 비밀로 지정된 사항, 2. 정책 수립이나 사업 집행에 관련된 사항으로서 외부에 공개될 경우 정책 수립이나 사업 집행에 지장을 주거나 특정인에게 부당한 이익을 줄 수 있는 사항, 3. 개인의 신상이나 재산에 관한 사항으로서 외부에 공개될 경우 특정인의 권리나 이익을 침해할 수 있는 사항, 4. 그 밖에 국민의 권익 보호 또는 행정목적 달성을 위하여 비밀로 보호할 필요가 있는 사항"으로 구체화하고 있다. 그러나 제1호를 제외하고는 전형적인 불확정개념으로 규정되어, 구체적인 경우에 무엇이 비밀인지는 여전히 해석을 필요로 한다.

43) 판례의 입장이다(대판 1996.10.11., 94누7171). 이와는 달리, 기본적으로 실질설의 입장을 취하면서도, 개인이나 법인의 비밀과 같이 그 자체로서 준수되어야 할 비밀인 경우에는 개별적인 비밀지정행위가 필요 없지만, 행정상의 비밀은 비밀지정행위가 선행되어야 한다는 견해도 있다(김동희(Ⅱ) 175면).

의사실 공표죄(126조) 또는 공무상 비밀 누설죄(127조)로 처벌받을 수도 있다.

(4) 공무원의 비밀엄수의무와 관련하여 법정과 국회에서의 공무원의 증언·감정의 범위, 국민의 정보공개청구권과의 충돌 등이 문제된다. 이에 관한 자세한 논의는 생략한다.

6. 경찰공무원에 특유한 직무상 의무

이상과 같은 공무원 일반에 공통된 직무상 의무 외에, 경찰공무원에 대해서는 그 직무의 특수성으로 인하여 다음과 같은 특별한 의무가 규정되어 있다.

(1) **협력의무** 경찰공무원은 직무수행에 관하여 서로 협력하여야 한다(경찰 24① 후단).

(2) **허위보고 등의 금지** 경찰공무원은 직무에 관하여 거짓으로 보고나 통보를 하여서는 아니 된다(경공 18조①).

(3) **지휘권남용 등의 금지** 전시·사변, 그 밖에 이에 준하는 비상사태이거나 작전수행 중인 경우 또는 많은 인명 손상이나 국가재산 손실의 우려가 있는 위급한 사태가 발생한 경우, 경찰공무원을 지휘·감독하는 사람은 정당한 사유 없이 그 직무 수행을 거부 또는 유기하거나 경찰공무원을 지정된 근무지에서 진출·퇴각 또는 이탈하게 하여서는 아니 된다(경공 19조). 경찰공무원 중에서도 경찰행정청 담당자나 그 위임을 받은 사람에게만 적용되는 의무이다.

(4) **제복착용의무** 경찰공무원은 제복을 착용하여야 한다(경공 20조①).

(5) **경찰공무원 복무규정상의 의무** 경찰공무원의 직무상 특성을 감안하여 「경찰공무원 복무규정」은 다음과 같이 경찰공무원에 특유한 직무상 의무를 규정하고 있다. (a) 경찰공무원은 근무시간중 음주를 하여서는 아니 된다. 다만, 특별한 사정이 있는 경우에는 예외로 하되, 이 경우에도 주기가 있는 상태에서 직무를 수행하여서는 아니 된다(9조). (b) 경찰공무원은 직위 또는 직권을 이용하여 부당하게 타인의 민사분쟁에 개입하여서는 아니 된다(10조). 경찰권의 한계 중 하나인 경찰 공공의 원칙을 구현하기 위한 규정이다. (c) 경찰공무원은 신규채용·승진·전보·파견·출장·연가·교육훈련기관에의 입교 기타 신분관계 또는 근무관계의 변동이 있는 때에는 소속 상관에게 신고를 하여야 한다(11조). (d) 경찰공무원은 치안상 필요한 상황의 보고 및 통보를 신속·정확·간결하게 하여야 한다(12조).

Ⅳ. 신분상의 의무

경찰공무원은 그 직무와 직접 관련이 없더라도 경찰공무원의 신분을 가짐으로 인하여 다음과 같은 의무를 가진다.

1. 품위유지의무

(1) 공무원은 직무의 내외를 불문하고 그 품위가 손상되는 행위를 하여서는 아니 된다(국공 63조). 공무원의 품위란 주권자인 국민의 수임자로서 공무원의 직책을 맡아 수행해 나가기에 손색이 없는 인품을 말한다(대판 1987.12.8, 87누657; 1998.2.27., 97누18172). 공무원의 품위를 손상하는 행위의 대표적인 예로는, 축첩, 도박, 마약흡식, 알코홀중독 등을 들 수 있다.[44)]

(2) 품위유지는 직무의 내외를 불문하고 요구되므로, 근무시간 외에 직무와 관련 없이 한 행위라도 객관적으로 공무원으로서의 품위를 손상하는 것으로 판단되면 품위유지의무 위반이 된다. 그러나 품위유지의무가 모든 공무원에게 평균인보다 훨씬 높은 정도의 완전무결한 인품이나 행동기준 준수를 요구하는 것은 아니며, 공무원의 직무 외에서의 사생활을 무제한으로 제약하는 것도 아니다. 여기에서 공무원의 품위유지의무와 국민의 한 사람으로서의 사생활의 자유 사이의 충돌이 문제되는바, 그 한계는 당해 행위로 인하여 공직 수행에 지장을 초래할 정도로 공무원의 위신과 신뢰가 손상되었는지 여부에서 찾아야 할 것이다.

(3) 경찰공무원 복무규정은 경찰공무원에 관하여 품위유지의무의 구체화라고 할 수 있는 몇 가지 의무를 규정하고 있다. 상·하급자 및 동료 간에 서로 예절을 지킬 의무(4조②), 용모와 복장을 단정히 할 의무(5조), 공·사생활을 막론하고 국민의 모범이 될 의무(구체적으로는 ① 상·하급자 및 동료를 비난·악평하거나 서로 다투는 행위를 하지 않고 항상 협동심과 상부상조의 동료애를 발휘할 의무, ② 경솔하거나 난폭

44) 특히 경찰공무원의 품위유지의무 위반으로 판시된 대표적인 예로는, 배우자 아닌 여자와 정을 통하여 오던 중 서로 욕설을 하며 싸움을 하다가 그 여자에게 20일간의 치료를 요하는 상해를 입게 하고, 그 여자로부터 형사고소를 당한 행위(대판 1990.3.13, 89누8040), 종전에 근무하던 관내의 주민 등과 어울려 상습적으로 도박을 하는 행위(대판 1984.8.21, 84누399), 고소사건을 수사하는 경찰공무원이 피고소인과 동석한 술집으로 고소인을 불러내어 화해를 종용하고 고소인에게 돈을 요구하여 차용하는 한편 술값까지 고소인에게 부담하게 한 행위(대판 1984.7.24, 84누140) 등이 있다.

한 행동을 하지 않고, 항상 명랑·활달할 의무, ③ 건전하지 못한 오락행위를 하지 않을 의무. 7조) 등이 그것이다.

2. 청렴의무

공무원은 국민의 수임자로서 청렴하게 생활할 것이 요구된다. 품위유지의무의 경제적 측면이라고도 할 수 있는 청렴의무는 공무원이 소극적으로 부정·부패에 물들지 않을 것만이 아니라 적극적으로 공무원의 경제생활이 투명하고 깨끗하게 이루어질 것을 요구한다. 그러나 국가공무원법은 이러한 청렴의무의 전반이 아니라 그 일부로서의 사례 등 수수 금지만을 규정하고 있으며, 그 밖에 공직자윤리법은 고급공무원에 대하여 재산등록 등의 의무를 부과하고 있다.

1) 국가공무원법상의 청렴의무

공무원은 직무와 관련하여 직접적이든 간접적이든 사례·증여 또는 향응을 주거나 받을 수 없으며, 또한 직무상의 관계가 있든 없든 그 소속 상관에게 증여하거나 소속 공무원으로부터 증여를 받아서는 아니 된다(국공 61조). 청렴의무 위반은 징계의 원인이 될 뿐 아니라 경우에 따라서는 수뢰 등의 범죄가 될 수도 있다(형법 129조-135조).

2) 공직자윤리법상의 의무

공직자윤리법은 공무원의 청렴의무를 구체화하는 몇 가지 의무를 규정하고 있다.

(1) 재산등록의무 총경(자치총경 포함) 이상의 경찰공무원은 공직자윤리법이 정하는 바에 따라 본인과 배우자 및 본인의 직계 존·비속의 재산을 등록하여야 한다(3조① 9호, 4조). 재산등록사항은 원칙적으로 공개하지 않지만, 치안감 이상의 경찰공무원 및 각 시·도 지방경찰청장의 재산등록사항은 공직자윤리위원회가 관보에 게재하여 공개한다(10조① 8호). 고급공무원에게만 적용되는 이러한 재산등록의무는 청렴의무를 제도적으로 구체화한 것이라고 할 수 있다.

(2) 주식매각·신탁의무 재산공개대상자인 공무원과 그 배우자, 직계존·비속 등 이해관계자가 보유한 주식의 총가액이 3천만원을 초과하는 경우에는 그 주식을 매각하거나 「자본시장과 금융투자업에 관한 법률」에 따른 신탁업자 또는 집합투자업자에게 백지신탁하여야 한다. 다만, 주식백지신탁 심사위원회로부터 직무관련성이 없다는 통지를 받은 경우는 제외된다(14조의4, 동법 시행령 27조의4).

(3) **선물신고의무** 공무원이나 그 가족이 외국으로부터 선물을 받거나 그 직무와 관련하여 외국인(외국단체를 포함한다. 이하 같다)에게 선물을 받았을 때, 그 선물의 가격이 그 외국의 시가로 미국화폐 100달러 이상이거나 국내 시가로 10만원 이상인 경우에는 지체 없이 소속 기관·단체의 장에게 신고하고 당해 선물을 인도하여야 한다. 신고된 선물은 국고에 귀속된다(15조, 16조, 동법 시행령 28조).

3) 「부패방지 및 국민권익위원회의 설치와 운영에 관한 법률」상의 의무

(1) 「부패방지 및 국민권익위원회의 설치와 운영에 관한 법률」은 “공직자는 법령을 준수하고 친절하고 공정하게 집무하여야 하며 일체의 부패행위와 품위를 손상하는 행위를 하여서는 아니 된다”고 규정하면서(7조), 공직자가 준수하여야 할 행동강령을 대통령령 등으로 정하도록 하고 있다(8조). 이에 따라 행정부 소속의 국가공무원 및 지방공무원에게 적용되는 「공무원행동강령」이 대통령령으로 제정되어, 공정한 직무수행, 부당이득의 수수 금지, 건전한 공직풍토의 조성 등에 관한 다수의 구체적인 의무와 그 위반시의 조치를 규정하고 있다.

(2) 또한 동법은 “공직자는……일체의 부패행위……를 하여서는 아니 된다”는 선언적 규정을 두고 있다(7조의2).

3. 영예 등의 제한

공무원이 외국 정부로부터 영예나 증여를 받을 경우에는 대통령의 허가를 받아야 한다(국공 62조). 공무원을 외국 정부의 부당한 영향으로부터 보호하고, 공무원이 국익을 위하여 전념하도록 하기 위한 것이다.[45]

4. 병역사항 신고의무

총경(자치총경 포함) 이상의 경찰공무원은 본인과 18세 이상의 직계비속의 병역사항을 소속 기관에 신고하여야 하며, 소속 기관의 장이 병무청장에게 이를 통보하면 병무청장은 관보와 인터넷을 통하여 이를 공개하여야 한다(공직자 등의 병역사항 신고 및 공개에 관한 법률 2조 9호, 3조, 4조, 8조).

---

45) 외국정부로부터의 영예 등의 제한을 직무상 의무로 분류하는 경우가 많으나(박·정(하) 252면; 김동희(II) 173면; 이철호(경찰) 138면 등), 이는 직무와 관계없이 공무원의 신분과 관련하여 발생하는 의무이므로 신분상 의무의 하나로 보아야 할 것이다.

§4. 경찰공무원의 책임

(1) 공무원의 책임이란 공무원이 의무를 위반한 경우에 법적인 제재로서의 불이익을 받을 지위를 말한다.

(2) 공무원의 책임은 그 책임의 근거법 내지 법영역에 따라 공무원법상의 책임과 형사책임 및 민사책임으로 나눌 수 있다.

(가) 공무원법상의 책임은 공무원이 공무원법상의 의무를 위반하는 경우에 공무원법에 의하여 징계를 받게 되는 징계책임과 공무원이 국가에 손해를 끼친 경우에 공무원에게만 적용되는 특별법에 따라 그 손해를 배상하여야 하는 변상책임을 말한다. 보통 공무원의 책임이라고 하면 이것을 말하며, 따라서 협의의 공무원책임이라고도 한다.

(나) 형사책임은 공무원의 행위가 범죄를 구성하는 경우에 형벌을 받게 되는 책임을 말한다.

(다) 민사책임은 공무원의 행위가 민사상 불법행위를 구성하는 경우에 피해자에게 손해배상을 하여야 하는 책임을 말한다.

공무원의 형사책임·민사책임은 어디까지나 공무원으로서의 직무 또는 신분과 관련하여 지는 책임을 의미하며, 공무원의 직무나 신분과 관계없이 국민의 한 사람으로서 지는 형사책임·민사책임은 '공무원의 책임'이라고 할 수 없다. 예컨대, 공무원이 직무와 무관하게 자동차를 운행하다가 교통사고를 낸 경우에 피해자에게 손해를 배상할 책임(민사책임)이나 업무상 과실치사·과실치상으로 처벌될 책임(형사책임)은 '공무원의 책임'은 아니다.

(3) 아래에서는 경찰공무원의 책임을 징계책임과 변상책임, 형사책임, 민사책임으로 나누어 살펴본다.

Ⅰ. 징계책임

1. 개 관

1) 징계·징계벌의 의의

징계란 공무원이 공무원법상의 의무를 위반한 경우에 공무원관계의 질서를 유지하기 위하여 그 공무원의 소속 행정주체가 제재를 가하는 것을 말하며, 그 제재로서의 벌을 징계벌이라고 한다.

2) 징계벌의 성질 – 형벌과의 구별 –

(1) 구별 징계벌도 제재로서의 벌이라는 점에서 형벌과 공통성이 있으나, 다음과 같은 점에서 형벌과 차이가 있다.[46)]

(가) 대상·목적 형벌은 일반사회의 질서유지를 목적으로 반사회적 법익침해에 대하여 과하는 제재인 데 비하여, 징계벌은 공무원관계의 질서유지를 목적으로 공무원의 의무위반에 대하여 과하는 제재이다.

(나) 제재의 내용 형벌은 생명·자유·재산·명예의 박탈을 내용으로 하는 데 비하여, 징계벌은 공무원의 신분적 이익의 전부 또는 일부를 박탈하는 것을 내용으로 한다. 따라서 형벌은 공소시효가 남아 있는 한 현재 공무원의 신분이 아니라 하더라도 과할 수 있지만, 징계벌은 공무원의 신분을 전제로 하는 것으로서, 공무원 재직 중의 행위에 대하여 퇴직 후에 징계를 할 수는 없다.

(다) 주관적 요건 형벌은 행위자 자신에게만 과하는 것이 원칙이며, 또한 행위자에게 고의가 있는 경우에만(과실범 처벌규정이 있는 경우에 한하여 과실이 있는 경우에도) 과할 수 있다. 그러나 징계벌은 부하 공무원의 비위에 대하여 상관이 감독상의 책임을 지는 경우와 같이 반드시 자신의 행위만을 원인으로 하는 것은 아니며,[47)] 또한 고의·과실을 구별하지 않는다는 점에서도 형벌과 차이가 있다.[48)]

---

46) 이 밖에도, 과거에는, 형벌은 일반통치권에 근거하여 과하는 제재인 데 비하여 징계벌은 특별권력에 근거하여 과하는 제재로서, 양자는 권력의 기초에 차이가 있다고 설명하는 것이 보통이었다. 그러나 오늘날 특별권력관계의 관념은 불식되고 있을 뿐만 아니라, 징계벌 역시 법률에 근거해서만 과할 수 있다는 점에서, 그러한 설명은 더 이상 유지될 수 없다.

47) 그러나 이 경우에도 징계의 원인은 상관 자신의 감독의무 위반이므로, 엄밀히 말하면 감독의무의 해태라는 상관 자신의 행위에 대한 책임이라고 할 수 있다.

(2) **병과(倂科)** 징계벌과 형벌은 위에서 본 바와 같이 목적이 다르므로, 공무원의 의무위반이 동시에 반사회적 법익침해로 인정되어 법률상 형벌이 규정된 경우에는 동일한 행위에 대하여 징계벌과 형벌을 병과할 수 있으며, 병과하더라도 일사부재리의 원칙에 저촉되지 않는다(대판 1986.11.11., 86누59). 절차상으로도, 우리나라에서는 형사소추 선행의 원칙을 채택하고 있지 않으므로, 형사절차와 동시에 징계절차를 진행하여도 무방하며, 단지 수사기관에서 수사중인 사건에 대하여는 징계권자의 재량으로 징계절차를 중지할 수 있을 뿐이다(국공 83조②).

3) 징계와 법치주의

징계도 법익의 박탈이므로, 징계벌은 법률의 근거에 의해서만 과할 수 있다. 따라서 공무원의 징계에는 법치주의가 엄격하게 적용되며, 실제로 공무원법은 징계의 원인과 절차·효과 등을 상세하게 규정하고 있다. 이 점에서 과거에 공무원관계를 특별권력관계로 보고 그 내부질서 유지를 위한 징계는 법률의 근거를 요하지 않는다고 보았던 특별권력관계이론은 근거를 상실하였다고 보아야 한다.

2. 징계의 사유

(1) 징계의 사유는 한 마디로 공무원의 의무위반이다. 국가공무원법과 경찰공무원법은 경찰공무원의 징계의 사유를 ① 경찰공무원법과 국가공무원법 및 이 법률들에 따른 명령에 위반하였을 때, ② 직무상의 의무(다른 법령에서 공무원의 신분으로 인하여 부과된 의무를 포함한다)에 위반하거나 직무를 태만히 한 때, ③ 직무의 내외를 불문하고 그 체면 또는 위신을 손상하는 행위를 한 때로 명시하고 있다(국공 78조①, 경공 30조② 3호). 이러한 의무위반행위는 고의에 의한 것인지 과실에 의한 것인지를 불문하며, 행위자 자신은 물론, 감독자의 감독의무 해태도 징계의 사유가 된다.

---

48) 징계벌은 공무원의 객관적인 의무위반이 존재하는 것으로 족하고 행위자의 고의·과실을 요하지 않는다고 설명하는 것이 보통이다(예컨대, 박·정(하) 262면; 이철호(경찰) 145면 등). 그러나 의무위반이 있다면 적어도 과실은 있는 것으로 보아야 한다(과실조차 없는데도 의무위반을 인정한다면 그 의무이행을 요구하는 것은 불가능을 요구하는 것이 된다). 다만, 과실의 존부를 판단함에 있어서 형법상 과실범에 있어서의 과실보다는 인정 범위가 넓을 수는 있으며, 이 점에서 징계벌은 고의·과실을 요하지 않는 것이 아니라 단지 완화될 뿐이라고 하여야 한다. 판례도 부하직원의 비위를 이유로 그 감독자의 감독태만을 묻기 위해서는 감독상의 과실이 있어야 한다고 판시하고 있다(대판 1979.11.13, 79누245).

(2) 징계사유에 해당하는 사실은 공무원의 재직중에 발생한 것이어야 한다. 다만, 재직 전의 행위도 그로 인하여 재직중인 공무원의 체면 또는 위신을 손상하는 결과를 발생시키고 있는 경우에는 징계사유가 된다(대판 1990.5.22., 89누7368).

(3) 징계에도 일사부재리의 원칙이 적용되므로, 동일한 사유를 원인으로 다시 징계할 수 없다. 다만, 징계처분과 직위해제처분은 성질과 목적을 달리하므로, 동일한 사유를 원인으로 직위해제처분을 함과 동시에 징계처분을 하는 것은 일사부재리의 원칙에 저촉되지 않는다(대판 1983.10.25, 83누184; 1984.2.28., 83누489).

3. 징계기관

징계는 징계위원회의 의결을 거쳐 징계권자가 행한다.

1) 징계권자

징계권자란 자기의 이름으로 징계처분을 하는 자(행정청)를 말한다. 징계권도 임용권의 일부이므로, 임용권자가 징계권자가 되는 것이 원칙이다. 그러나 국가공무원법은 징계절차를 신속하게 진행하기 위하여 원칙적으로 징계위원회가 설치된 소속기관의 장이 징계권자가 되도록 규정하고 있다(82조①). 경찰공무원법 역시 경찰공무원의 징계는 징계위원회가 설치된 소속 기관의 장이 하되, 국무총리 소속으로 설치된 징계위원회에서 의결한 징계(경무관 이상의 경찰공무원의 징계가 이에 해당한다)는 경찰청장 또는 해양경찰청장이 하도록 규정하고 있다. 다만, 파면·해임·강등 및 정직은 해당 경찰공무원의 임용권자(경정 이상은 대통령, 경감 이하는 경찰청장 또는 해양경찰청장)가 하되, 경무관 이상의 강등·정직과 경정 이상의 파면·해임은 경찰청장 또는 해양경찰청장의 제청으로 안전행정부장관 또는 해양수산부장관과 국무총리를 거쳐 대통령이 하고, 총경 및 경정의 강등·정직은 경찰청장 또는 해양경찰청장이 하도록 되어 있다(27조, 26조 참조).

<표-3> 경찰공무원의 계급별 징계권자

<table>
<tr><th rowspan="2">계 급</th><th colspan="6">징계의 종류</th></tr>
<tr><th>파 면</th><th>해 임</th><th>강 등</th><th>정 직</th><th>감 봉</th><th>견 책</th></tr>
<tr><td>치안총감</td><td colspan="2" rowspan="6">대통령*</td><td colspan="2" rowspan="4">대통령*</td><td colspan="2" rowspan="6">경찰청장 또는 해양경찰청장</td></tr>
<tr><td>치안정감</td></tr>
<tr><td>치 안 감</td></tr>
<tr><td>경 무 관</td></tr>
<tr><td>총 경</td><td colspan="2" rowspan="7">경찰청장 또는 해양경찰청장</td></tr>
<tr><td>경 정</td></tr>
<tr><td>경 감</td><td colspan="2" rowspan="5">경찰청장 또는 해양경찰청장</td><td colspan="2" rowspan="5">경찰기관*의 장</td></tr>
<tr><td>경 위</td></tr>
<tr><td>경 사</td></tr>
<tr><td>경 장</td></tr>
<tr><td>순 경</td></tr>
</table>

* 경찰청장 또는 해양경찰청장의 제청으로 안전행정부장관 또는 해양수산부장관과 국무총리를 거침.

** 경찰청, 해양경찰청, 지방경찰청, 지방해양경찰청, 경찰대학, 경찰교육원, 중앙경찰학교, 경찰수사연수원, 해양경찰학교, 경찰병원, 경찰서, 경찰기동대, 전투경찰대, 해양경찰서, 정비창, 경비함정 및 경찰청장 또는 해양경찰청장이 지정하는 경감 이상의 경찰공무원을 장으로 하는 기관을 말함(경공징 3조②).

2) 징계위원회

징계처분은 위에서 본 징계권자의 이름으로 행해지지만, 실제로 징계 여부 및 징계벌의 종류와 양을 결정하는 것은 징계위원회이다. 국가경찰공무원의 징계에 관한 의결을 하는 징계위원회는 다음의 3종이 있다.

(1) **중앙징계위원회** 경무관 이상의 경찰공무원에 대한 징계의 의결은 국가공무원법에 따라 국무총리 소속으로 설치된 징계위원회(국가공무원법을 이를 '중앙징계위원회'로 부르고 있다)에서 한다(경공 26조①).

(2) **경찰공무원 중앙징계위원회** 총경 및 경정에 대한 징계사건을 심의·의결하는 기관으로서, 경찰청 및 해양경찰청에 둔다(경공 26조②·③, 경공징 3조, 4조①).

(3) **경찰공무원 보통징계위원회** 경찰청, 해양경찰청, 지방경찰청, 지방해양경찰청, 경찰대학, 경찰교육원, 중앙경찰학교, 경찰수사연수원, 해양경찰학교, 경찰병원, 경찰서, 경찰기동대, 전투경찰대, 해양경찰서, 정비창, 경비함정 및 경찰청장 또는 해양경찰청장이 지정하는 경감 이상의 경찰공무원을 장으로 하는 기관(이하

“경찰기관”이라 한다)에 두며, 경감 이하(경찰서와 총경 이상의 경찰공무원을 장으로 하는 경찰기관 및 정비창에 설치된 보통징계위원회는 경위 이하, 경감 이상의 경찰공무원을 장으로 하는 경찰기관에 설치된 보통징계위원회는 경사 이하)의 그 기관 소속 경찰공무원에 대한 징계사건을 심의·의결한다. 각 경찰기관의 소속 경찰공무원 중에서 그 기관에 설치된 보통징계위원회의 관할에서 제외되는 경찰공무원의 징계사건은 바로 위 상급 경찰기관에 설치된 보통징계위원회에서 심의·의결한다(경공 26조②·③, 경공징 3조, 4조②·③).

4. 징계벌의 내용

(1) 징계벌의 내용　경찰공무원을 포함한 공무원에 대한 징계벌은 파면·해임·정직·강등·감봉 및 견책의 6종이 있다(국공 79조).[49)]

(가) 파면은 공무원의 신분을 박탈하는 징계벌이다. 파면을 받은 사람은 5년간 공무원이 될 수 없고(국공 33조① 7호), 퇴직급여의 일부(재직기간 5년 미만인 사람은 4분의 1, 5년 이상인 사람은 2분의 1)와 퇴직수당의 2분의 1이 감액된다(공무원연금법 64① 2호, 동법 시행령 55조① 1호).

(나) 해임 역시 공무원의 신분을 박탈하는 징계벌이다. 그러나 해임된 사람이 공무원이 될 수 없는 기간은 파면의 경우보다 짧은 3년이고(국공 33조① 8호), 퇴직급여와 퇴직수당도 감액되지 않고 전액이 지급된다.

(다) 강등은 1계급 아래로 직급을 내리는 징계벌로서, 강등처분을 받은 사람은 공무원 신분은 보유하나 3개월간 직무에 종사하지 못하며, 그 기간 중 보수

---

49) 법적으로는 이 여섯 가지만이 징계이다. 그러나 실무상으로는 공무원의 잘못이 인정되지만 공식적으로 징계를 할 만큼의 큰 잘못은 아니라고 인정되는 경우에 경고 또는 주의처분을 하는 관행이 있다. 경고와 주의는 법적으로 공무원의 신분에 어떤 영향도 미치지 않으며, 단지 과거의 잘못을 훈계하고 앞으로 다시 잘못을 저지르지 않도록 권고 내지 지도하는 행위에 불과하다. 따라서 그 법적인 성질은 비권력적 사실행위, 특히 공무원에 대한 행정지도라고 풀이된다. 그리하여 종래의 판례는 경고가 공무원법상의 징계처분이나 행정소송의 대상이 되는 행정처분이 아니라고 보았다(대판 1991.11.12, 91누2700). 그러나 실제로는 경고 또는 주의를 받으면 일정기간 인사기록카드에 등재되어 인사상의 불이익을 받는 것이 현실이며, 특히 경고는 경고를 받지 않았다면 차후 다른 징계처분이나 경고를 받게 될 경우 징계감경사유로 사용될 수 있었던 표창공적의 사용 가능성을 소멸시키는 효과와 일정기간 표창 대상자에서 제외시키는 효과가 행정규칙으로 정해진 경우가 있다. 최근의 판례는 이러한 효과가 부여되는 경고는 항고소송의 대상이 되는 처분이라고 보고 있다(대판 2002.7.26, 2001두3532).

의 3분의 2를 감한다(국공 80조①). 또한 강등처분을 받으면 그 집행이 종료된 날부터 18개월이 경과하기 전에는 승진을 할 수 없고, 승진에 필요한 최소기간도 18개월 연장된다(경공승 6조① 2호 가목, 5조②).

(라) 정직은 공무원의 신분은 보유하나 직무에 종사하지 못하게 하는 징계벌로서, 그 기간은 1개월 이상 3개월 이하이며, 정직기간 중에는 보수의 3분의 2를 감한다(국공 80조③). 정직처분을 받으면 그 집행이 종료된 날부터 18개월이 경과하기 전에는 승진을 할 수 없고, 승진에 필요한 최소기간도 18개월 연장된다(경공승 6조① 2호 가목, 5조②).

(마) 감봉은 공무원의 신분은 보유하는 것은 물론, 직무에도 종사하게 하면서, 일정한 기간 보수의 3분의 1을 감하는 징계벌로서, 그 기간은 1월 이상 3월 이하이다(국공 80조④). 감봉처분을 받으면 그 집행이 종료된 날부터 12개월이 경과하기 전에는 승진을 할 수 없고, 승진에 필요한 최소기간도 12개월 연장된다(경공승 6조① 2호 나목, 5조②).

(바) 견책은 징계벌 중 가장 가벼운 것으로, 전과(前過)에 대하여 훈계하고 회개하게 하는 징계벌이다(국공 80조⑤). 공무원의 신분과 직위를 계속 보유하며, 보수도 감액되지 않는다. 그러나 정직처분을 받으면 그 집행이 종료된 날부터 6개월이 경과하기 전에는 승진을 할 수 없고, 승진에 필요한 최소기간도 18개월 연장된다(경공승 6조① 2호 다목, 5조②).

(2) 징계벌의 분류 (a) 징계벌은 효과에 따라 공무원의 신분을 박탈하는 배제징계와 공무원의 신분은 계속 보유하게 하면서 잘못을 바로잡게 하는 교정징계로 나눌 수 있다. 파면과 해임은 배제징계에 속하며, 강등·정직·감봉·견책은 교정징계에 속한다. (b) 또한 실정법은 징계벌을 그 경중에 따라 중징계와 경징계로 나누고 있는바, 파면·해임·강등·정직은 중징계에, 감봉과 견책은 경징계에 속한다(경공징 2조. 공무원징계령 1조의2도 같다).

(3) 징계부가금 2010년 개정된 국가공무원법은 징계의결 요구권자가 공무원의 징계 의결을 요구할 때 그 징계 사유가 금품 및 향응 수수, 공금의 횡령·유용인 경우에는 해당 징계 외에 금품 및 향응 수수액, 공금의 횡령액·유용액의 5배 내의 징계부가금 부과 의결도 아울러 요구하고, 징계위원회가 징계의결을 할 때에 징계부가금의 부과에 관해서도 의결하도록 규정하고 있다(78조의2①, 82조. 같은 해에 개정된 지방공무원법도 같다). 공무원 징계 관련 법령은 '징계 또는 징계부가금 부과'를 "징계 등", '징계처분 또는 징계부가금 부과처분'을 "징계처분 등", '징계

의결 또는 징계부가금 부과 의결'을 "징계의결 등"(경찰공무원 징계령에서는 "징계 등 의결")이라고 부르고 있다.

5. 징계의 절차

1) 징계 등 의결의 요구

(1) 요구권자 징계절차는 징계 등 의결 요구권자가 징계위원회에 대하여 징계 등 의결을 요구함으로써 개시된다. 국가경찰공무원의 징계 등 의결 요구권자는 당해 경찰공무원이 소속된 경찰기관의 장이다(경공징 9조①). 따라서 소속 경찰공무원에 대한 징계 등 사건의 관할이 상급경찰기관에 설치된 징계위원회의 관할에 속한 때에는 경찰기관의 장은 그 상급경찰기관의 장에게 징계 등 의결의 요구를 신청하여야 한다(경공징 9조②).

(2) 징계원인사실의 조사 및 징계 등 의결요구 (a) 경찰기관의 장은 징계등 의결을 요구하거나 그 요구를 신청하기 전에 징계사유에 해당하는 사실을 충분히 조사하여야 한다(경공징 9조③). (b) 조사 결과 징계사유가 있다고 인정되면 경찰기관의 장은 지체 없이 관할 징계위원회를 구성하여 징계 등 의결을 요구하여야 한다. 다만 소속 경찰공무원에 대한 징계 등 사건이 상급 경찰기관에 설치된 징계위원회의 관할에 속한 경우에는 그 상급 경찰기관의 장에게 징계 등 의결의 요구를 신청하여야 하고, 이 경우에 그 신청을 받은 경찰기관의 장은 역시 지체 없이 관할 징계위원회를 구성하여 징계 등 의결을 요구하여야 한다(경공징 9조①·②). 따라서 징계 등 의결 요구는 경찰기관의 장에게 결정재량이 없고, 징계사유가 있다고 인정되는 한 반드시 하여야 하는 기속행위이다. 그러나 징계사유의 인정에 있어서는 어느 정도의 판단여지를 가질 수 있을 것이다. (c) 징계 등 의결요구 또는 그 신청은 징계 등 의결요구서 또는 징계 등 의결요구 신청서에 의하되, 중징계 또는 경징계로 구분하여 요구하거나 신청하여야 한다(경공징 9조③). 중징계를 요구할 것인지 경징계를 요구할 것인지에 관하여 경찰기관의 장은 재량권(선택재량)을 가지는 것이다. (c) 경찰기관의 장은 징계 등 의결을 요구할 때 징계 등 의결 요구서 사본을 징계 등 심의 대상자에게 보내야 한다. 다만, 징계 등 심의 대상자가 수령을 거부하는 경우에는 그러하지 아니한다(경공징 9조④).

(3) 징계시효 징계 등 의결요구는 징계 등의 사유가 발생한 날부터 3년(금품 및 향응 수수, 공금의 횡령·유용의 경우에는 5년)이 지나면 하지 못한다. 다만, 감사원

의 감사 또는 수사기관의 수사가 진행중이어서 징계절차를 진행하지 못하여 그 기간이 지나거나 그 남은 기간이 1개월 미만인 경우에는 조사나 수사의 종료 통보를 받은 날부터 1개월이 지난 날에 그 기간이 끝나는 것으로 본다. 또한 징계위원회의 구성·징계의결 등, 그 밖에 절차상의 흠이나 징계양정 및 징계부가금의 과다를 이유로 소청심사위원회 또는 법원에서 징계처분 등의 무효 또는 취소의 결정이나 판결을 한 경우에는 징계 등 의결 요구기간이 지나거나 그 남은 기간이 3개월 미만인 경우에도 그 결정 또는 판결이 확정된 날부터 3개월 이내에는 다시 징계의결 등을 요구할 수 있다(국공 83조의2).

2) 징계 등의 심의 및 의결

(1) 출석통지 징계위원회는 징계사건을 심의하기 전에 미리 징계 등 심의대상자에게 출석통지서를 보내서 출석을 요구하여야 한다. 출석통지서는 징계위원회 개최일 3일 전까지 그 징계 등 심의 대상자에게 도달되도록 하여야 한다. 다만, 심의대상자가 그 징계위원회에 출석하여 진술하기를 원하지 아니할 때에는 진술권포기서를 제출하게 하여 이를 기록에 첨부하고 서면심사에 의하여 징계 등 의결을 할 수 있고, 또한 징계심의대상자가 2회 이상 출석통지를 하였음에도 불구하고 정당한 사유 없이 출석하지 아니하였을 때에는 그 사실을 기록에 명기하고 서면심사에 의하여 징계 등 의결을 할 수 있다(경공징 12조①-③). 징계심의대상자에게 출석통지를 하고 또한 아래에서 보는 것처럼 진술권과 증거제출권을 보장하는 것은 징계심의대상자에게 자신을 변호할 수 있는 기회를 주려는 취지이므로, 출석통지 없이 본인이 출석하지 않은 채 징계의결을 하고 그에 따라 행해진 징계처분은 무효라고 보아야 한다.[50] 다만, 출석통지가 없더라도 징계심의대상자가 징계위원회가 개최된다는 사실을 알고 출석하여 진술권을 행사하였다면, 출석통지 결여의 흠은 치유된다고 보아야 할 것이다.

(2) 심문 및 진술 (a) 징계위원회는 징계 등 심의대상자가 출석하면 그에게

---

50) 경찰공무원의 징계의결과정에 징계심의위원회에 출석하라는 통보를 하지 아니한 위법이 있다 하더라도 그와 같은 사유는 행정처분의 취소사유에 불과하다고 한 판례가 있다(대판 1985.9.10, 85누386). 그러나 이 사건은 원고가 진술포기서를 제출하였으나 그것이 자의에 의한 것이 아니라 징계권자의 강압에 의한 것이었다고 주장한 데 대하여, 그 진술포기서가 징계권자의 강압에 의하여 작성·제출되었다고 볼 증거가 없고, 설사 강압에 의한 것이었다 하더라도 그러한 위법사유는 취소사유에 불과하다고 판시한 것으로, 출석통지도 없고 진술포기서의 제출도 없이 징계의결을 한 경우에도 무효가 아니라는 취지는 아니다.

징계사유에 해당하는 사실에 관한 심문을 행하고, 심사를 위하여 필요하다고 인정될 때에는 관계인을 출석하게 하여 심문할 수 있다(경공징 13조①). (b) 징계 등 심의대상자에게는 자신을 변호하기 위하여 진술권과 증거제출권이 보장된다. 즉, 징계위원회는 징계 등 심의대상자에게 진술할 수 있는 기회를 충분히 주어야 하며, 심의 대상자는 서면 또는 말로 자기에게 이익이 되는 사실을 진술하거나 증거를 제출할 수 있다. 또한 심의대상자는 증인의 심문을 신청할 수 있으며, 이 경우 징계위원회는 의결로써 그 채택 여부를 결정하여야 한다(경공징 13조②·③). (c) 징계의결을 요구한 자 또는 징계의결의 요구를 신청한 자도 필요하다고 인정할 때에는 징계위원회에 서면에 의하거나 출석하여 의견을 진술할 수 있으며, 징계위원회는 필요하다고 인정할 때에는 필요하다고 인정할 때에는 사실 조사를 하거나 특별한 학식·경험이 있는 사람에게 검증 또는 감정을 의뢰할 수 있다(경공징 13조④·⑤).

(3) 의결 (a) 징계위원회가 심의를 마치면 징계 여부와 징계처분의 종류, 징계부가금의 부과 여부와 그 액수를 의결한다. 의결은 위원장을 포함한 위원 과반수(과반수가 3인 미만인 때에는 3인 이상)의 출석과 출석위원 과반수의 찬성을 요하며, 의견이 나뉘어 출석위원 과반수의 찬성을 얻지 못한 경우에는 출석위원 과반수가 될 때까지 징계 등 심의대상자에게 가장 불리한 의견을 제시한 위원의 수를 그 다음으로 불리한 의견을 제시한 위원의 수에 차례로 더하여 그 의견을 합의된 의견으로 본다. 징계 등 의결은 징계 등 의결서로 하는데, 징계 등 의결서에는 ① 징계 등 심의대상자의 인적사항, ② 의결주문, ③ 적용 법조문, ④ 징계사유에 해당하는 사항 및 증명자료의 인정 여부, ⑤ 징계 등 심의대상자 및 증인 출석 여부, ⑥ 정상참작 여부, ⑦ 의결방법 및 ⑧ 심의결론을 명시하여야 한다.[51] 징계위원회의 의결내용은 공개하지 아니한다(경공징 14조). (b) 징계위원회가 징계등 사건을 의결할 때에는 징계 등 심의대상자의 평소 행실, 근무성적, 공적, 뉘우치는 정도와 징계 등 의결을 요구한 자의 의견을 참작하여야 한다(경공징 16조). (c) 징계 등 의결은 징계위원회가 징계 등 의결요구서를 받은 날부터 30일 이내에 하여야 한다. 다만, 부득이한 사유가 있을 때에는 당해 징계 등 의결을 요구한 경찰기관의 장의 승인을 받아 30일 이내의 범위에서 그 기간을 연장할 수 있다. 또한 징계 등 의결이 요

51) 징계의결서 기재사항 중 입증자료의 인정 여부, 징계심의대상자 및 증인의 출석 여부, 정상참작 여부, 의결방법이 기재되지 아니한 사유만으로는 동 징계의결이 무효라거나 취소되어야 한다고 할 수 없다(대판 1981.7.7, 80누280).

구된 사건에 대한 징계 등 절차의 진행이 감사원의 감사 또는 수사기관의 수사로 인하여 중지된 때에는 그 중지된 기간은 의결기한에서 제외한다(경공징 11조).

(4) 징계의결의 통지 징계위원회는 징계 등 의결을 하였을 때에는 지체 없이 징계 등 의결을 요구한 자에게 의결서 정본을 보내어 통지하여야 한다(경공징 17조).

3) 징계 등의 집행

(1) 징계 등 의결의 구속력 징계 등 의결을 요구한 자가 징계위원회로부터 징계 등 의결을 통고받으면 그 내용에 따라 징계 등을 집행하여야 한다. 징계위원회의 의결은 징계권자를 구속하며, 징계권자가 임의로 징계 등을 하지 않거나 징계 등 의결의 내용과 다른 처분을 할 수는 없다. 즉, 징계처분 등은 징계 등 의결과의 관계에서는 기속행위인 것이다.[52] 다만, 징계 등 의결을 요구한 기관의 장은 징계위원회의 의결이 가볍다고 인정하면 그 처분을 하기 전에 직근상급기관에 설치된 징계위원회(국무총리 소속으로 설치된 징계위원회의 의결에 대하여는 그 징계위원회)에 심사나 재심사를 청구할 수 있다(국공 82조②).[53]

(2) 집행의 내용 징계 등을 집행한다는 것은 징계권자가 징계위원회의 의결대로 징계처분 등을 하는 것을 뜻한다. 징계위원회가 의결한 징계처분이 경징계(감봉 또는 견책)인 경우에는 징계 등 의결을 요구한 자가 징계 등 의결의 통고를 받은 날부터 10일 이내에 징계 등 의결서의 사본을 첨부한 징계 등 처분사유 설명서를 징계 등 처분 대상자에게 교부함으로써 집행한다(경공징 18조). 그러나 징계위원회가 의결한 징계처분이 중징계(파면·해임·강등 또는 정직)인 경우에는 징계 등 의결을 요구한 자와 징계권자가 다를 수 있으므로, 징계 등 의결을 요구한 자(다만, 경무관 이상의 정직과 경정 이상의 파면·해임처분의 경우에는 경찰청장 또는 해양

---

52) 징계사유가 인정되는 경우의 징계의결요구는 기속행위이며, 징계의결에 따른 징계처분도 기속행위이다. 그러나 징계위원회는 징계를 할 것인지 여부 및 어떤 징계를 할 것인지에 관하여는 재량권이 있다. 징계처분이 재량행위라고 하는 것은 이처럼 징계과정의 일부인 징계위원회의 의결에 있어서 재량권이 있다는 것이지, 징계권자가 징계의결요구 또는 징계의결에 따른 징계처분에 있어서 재량권을 가진다는 뜻은 아니다.

53) 경찰공무원법이나 경찰공무원징계령에는 이에 관한 규정이 없다. 그러나 경찰공무원법은 경찰공무원의 임용, 교육훈련, 복무, 신분보장 등에 관하여 국가공무원법에 대한 특례를 규정하는 법이므로(경공 1조), 특히 경찰공무원에 대하여는 적용을 배제한다는 규정이 없는 이상, 경찰공무원의 징계에도 국가공무원법의 규정 중 징계의결요구권자의 심사·재심사요구권이 적용된다고 보아야 할 것이다.

경찰청장)는 징계 등 의결을 통고받은 후 지체 없이 징계 등 의결서의 정본을 첨부하여 당해 경찰공무원의 징계권자(원칙적으로 임용권자, 총경 및 경정의 정직처분은 경찰청장 또는 해양경찰청장)에게 파면·해임·강등 또는 정직처분을 제청하고, 징계권자는 그 제청을 받은 후 10일 이내에 징계 등 의결서의 사본을 첨부한 징계 등 처분사유 설명서를 징계 등 처분 대상자에게 교부함으로써 징계를 집행하도록 규정하고 있다(경공징 19조).

6. 징계에 대한 불복

경찰공무원의 징계처분 등에 대하여는 소청심사위원회에 소청심사를 청구할 수 있고, 소청심사위원회의 결정에 대하여는 행정소송을 제기할 수 있다. 소청심사 및 행정소송에 관하여는 앞에서 이미 보았다.

Ⅱ. 변상책임

공무원이 의무를 위반하여 사용자인 국가에 손해를 발생하게 한 경우에 국가에 그 손해를 변상할 책임을 말한다. 「회계관계직원 등의 책임에 관한 법률」에 의한 회계관계직원의 변상책임과 국가배상법에 의한 구상책임이 있으며, 경찰공무원에게도 그대로 적용된다.

1. 회계관계공무원의 변상책임

(1) 개관 경찰공무원 중 회계관계직원은 법령 그 밖의 관계규정과 예산에 정하여진 바에 따라 성실하게 그 직무를 수행하여야 할 의무가 있으며, 고의 또는 중대한 과실로 법령이나 그 밖의 관계 규정과 예산에 정하여진 바를 위반하여 국가나 지방자치단체의 재산에 대하여 손해를 끼친 때에는 그 손해를 변상할 책임이 있다. 현금 또는 물품을 출납·보관하는 회계관계직원이 선량한 관리자로서의 주의를 게을리하여 그가 보관하는 현금 또는 물품이 망실되거나 훼손된 때에도 같다(회계관계직원 등의 책임에 관한 법률 3조, 4조①·②).

(2) 변상절차 회계관계직원의 변상책임은 감사원의 감사결과에 따른 변상판정에 의하여 발생하는 것이 원칙이지만, 감사원의 변상판정이 있기 전에도 그가 소속한 중앙관서의 장이나 지방자치단체의 장은 변상을 명할 수 있다. 변상명령

을 받은 회계관계직원은 이의가 있는 때에는 감사원에 판정을 청구할 수 있고, 이 경우에는 감사원법에 의한 변상판정절차로 이행된다(회계관계직원 등의 책임에 관한 법률 6조, 7조, 감사원법 31조).

(3) 변상액 회계관계직원이 변상하여야 할 금액은 당해 직원의 위반행위로 인하여 국가의 재산에 발생한 손해의 전부이다. 그러나 감사원은 손해가 고의에 의하여 발생한 경우를 제외하고는 여러 가지 정황을 참작하여 변상금액을 감면할 수 있다(회계관계직원 등의 책임에 관한 법률 5조).

(4) 불복 (a) 감사원의 변상판정이 위법 또는 부당하다고 인정하는 본인이나 소속 장관 등은 변상판정서가 도달한 날부터 3개월 이내에 감사원에 재심의를 청구할 수 있다. 감사원은 재심의청구를 심리하여 2개월 이내에 각하·기각 또는 인용(원처분의 취소 또는 변경)의 결정을 한다. 그러나 재심의청구는 원래의 변상판정에 대한 집행정지의 효력은 없다(감사원법 36조, 38조). (b) 감사원의 재심의판정에 대하여도 불복하는 경우에는 다시 재심의청구를 할 수 없고, 감사원을 피고로 하여 행정소송을 제기하여야 한다. 행정소송을 제기하는 경우에도 재심의판정의 효력을 정지하는 가처분결정은 할 수 없다(동법 40조).

2. 국가배상법에 의한 구상책임

(1) 직무상 불법행위로 인한 구상책임 공무원이 직무를 집행하면서 고의 또는 과실로 법령에 위반하여 타인에게 손해를 입힌 때에는 그 공무원이 속한 국가나 지방자치단체가 그 손해를 배상할 책임이 있다(국배 2조① 본문). 이를 국가배상책임이라 하며, 배상책임자는 직무상 불법행위를 한 공무원이 아니라 그가 속한 국가나 지방자치단체이다. 그러나 그 공무원에게 고의 또는 중과실이 있는 경우에는 국가 또는 지방자치단체는 피해자에 대하여 배상을 한 후 그 공무원을 상대로 구상(求償)을 할 수 있다(국배 2조②). 구상의 절차에 관하여는 특별한 규정이 없으므로, 민사상의 청구에 의하여야 할 것이다.

(2) 영조물 설치·관리상의 하자로 인한 구상책임 도로·하천, 그 밖의 공공의 영조물의 설치나 관리에 하자가 있기 때문에 타인에게 손해를 발생하게 한 경우에도 그 영조물의 설치·관리주체인 국가나 지방자치단체는 손해를 배상할 책임이 있다(국배 5조①). 이 경우에도 그 영조물의 하자가 관계 공무원의 고의 또는 중과실을 원인으로 하는 경우에는 국가나 지방자치단체는 그 손해를 배상한 후 당해 공무원에게 구상할 수 있다(국배 5조②).

(3) 사경제작용으로 인한 구상책임 공무원이 물품의 구매나 국·공유재산의 불하와 같은 사경제적 직무행위를 수행하다가 고의 또는 과실로 위법하게 타인에게 손해를 가한 경우에는 국가배상법이 적용되지 않고, 민법에 의하여 사용자인 국가나 지방자치단체가 그 손해를 배상한 후 당해 공무원에게 구상할 수 있다(민법 756조). 그러나 이는 국가배상법에 의한 구상책임은 아니다.

Ⅲ. 형사책임

공무원의 의무위반이 단순히 공무원관계 내부에서의 질서를 해치는 데 그치지 않고 일반사회의 법익을 침해하는 반사회적 행위로 평가되는 경우에는 형벌법규에 의하여 형벌이 부과된다. 이처럼 공무원이 의무를 위반하여 형벌을 받게 되는 지위를 공무원의 형사책임이라고 하며, 형벌이 과해지는 공무원의 의무위반행위를 공무원범죄라고 한다. 공무원범죄에는 형법상 공무원의 직무에 관한 죄와 특별법이 정하는 공무원범죄가 있다.

1. 형법상의 공무원범죄

(1) 형법은 제2편 제7장에서 공무원의 직무에 관한 죄를 규정하고 있다. 형법상의 공무원범죄는 내용상 직무범과 준직무범으로 나눌 수 있다. 직무범은 공무원의 직무행위 자체가 범죄를 구성하는 것으로, 직무유기죄(122조), 직권남용죄(123조), 불법체포·감금죄(124조), 폭행·가혹행위죄(125조), 피의사실 공표죄(126조), 공무상 비밀 누설죄(127조) 및 선거방해죄(128조)가 이에 해당한다. 준직무범이란 공무원의 직무행위 자체가 범죄를 구성하는 것이 아니라 공무원의 신분을 가지고 있기 때문에, 혹은 공무원의 직무와 관련이 있기 때문에, 일정한 행위가 범죄로 되는 경우를 말하며, 수뢰죄(129조), 제삼자 뇌물제공죄(130조), 수뢰후 부정처사 및 사후수뢰죄(131조), 알선수뢰죄(132조) 및 뇌물공여죄(133조)가 이에 해당한다. 이러한 범죄는 공무원만이 주체가 되므로 진정공무원범죄라고 부른다.

(2) 이에 대하여 부진정공무원범죄는 공무원 아닌 자도 범할 수 있지만 공무원이 범한 경우에는 더 무겁게 처벌되는 경우를 말한다. 세관공무원의 아편 등 수입죄(200조), 공무원의 허위공문서 작성죄(227조)가 그 예이다. 그 밖에도 공무원이 직권을 이용하여 제2편 제7장에서 정한 죄 이외의 죄를 범한 경우에는 그 죄에 정한 형의 2분의 1까지 가중된다(135조).

(3) 「특정범죄 가중처벌 등에 관한 법률」은 일정한 공무원범죄를 가중처벌하도록 규정하고 있다(2조-5조).

2. 특별법상의 공무원범죄

형법 이외의 특별법이 공무원의 의무위반행위에 대하여 형벌을 규정하는 경우가 있다. 국가공무원이 정치운동을 하거나 집단행위를 한 경우에는 1년 이하의 징역 또는 500만원 이하의 벌금에 처하도록 하고 있는 것이 그 예이다(국공 84조). 경찰공무원의 경우, ① 전시·사변, 그 밖에 이에 준하는 비상사태하 또는 작전수행중의 직무태만·유기, 지휘권남용, 직장이탈, 허위보고 및 명령불복종, ② 집단살상의 위급사태가 발생한 경우의 허위보고, 직무태만·유기, 지휘권남용, 명령불복종 및 직장이탈, ③ 시험·임용방해, 인사상 부정행위, 정치운동 및 집단행위 등에 대하여 형벌이 규정되어 있다(경공 31조).

Ⅳ. 민사책임

공무원이 그 직무와 관련하여 불법행위를 저지른 경우에 피해자에게 그 손해를 배상하여야 할 책임을 공무원의 민사책임이라고 한다.

1. 국가배상책임이 성립하는 경우

공무원의 직무상 행위가 권력행위 또는 관리행위의 성질을 가진 경우에는 민법에 대한 특별법으로서 국가배상법이 우선 적용되어, 공무원이 속한 국가나 지방자치단체가 피해자에게 배상할 책임이 있다(국가 등이 피해자에게 배상한 뒤 공무원에게 구상할 수 있음은 앞에서 보았다). 이 경우 피해자는 국가나 지방자치단체에 배상을 청구하지 않고 직무상 불법행위를 한 공무원 개인을 상대로 배상을 청구할 수 있는지가 문제된다. 공무원의 개인책임 또는 피해자의 선택적 청구권의 문제이다. 이에 관하여는 오랫동안 학설이 대립되고 판례도 통일되어 있지 않았으나, 대법원은 1996년의 전원합의체판결에서 공무원에게 고의 또는 중과실이 있는 경우에만 피해자는 공무원 개인에게 배상을 청구할 수 있다고 판시하였다.[54)]

---

54) 대전판 1996.2.15, 95다38677.

2. 사경제적 행위의 경우

공무원의 직무상 행위가 사경제적 행위의 성질을 가지는 경우에는 국가배상법이 적용되지 않고 민법에 의하여 배상책임이 결정된다. 이 경우에도 그 공무원이 속한 국가나 지방자치단체는 사용자로서 배상책임이 있지만(민법 756조), 공무원 개인도 불법행위자로서 배상책임이 있고, 피해자는 어느 쪽이나 선택하여 배상을 청구할 수 있다.

제 4 장

경찰권의 근거와 한계

제1절 경찰권 발동의 근거

§1. 경찰권 발동의 법률유보

Ⅰ. 법률 근거의 필요성

1. 법률유보의 원칙

경찰권은 공공의 안녕과 질서를 유지하기 위하여 국민에게 권력을 행사하여 명령·강제하는 권한이므로, 경찰권의 발동은 전형적인 침해행정작용에 속한다. 따라서 법률유보의 범위에 관하여 어떤 견해를 취하더라도 경찰권의 발동은 법률의 근거를 요한다. 이는 관습법 또는 조리를 근거로 경찰권을 발동할 수는 없음을 의미한다.

다만, 경찰을 권력적 명령·강제작용만이 아니라 비권력적 작용을 포함하는 것으로 보는 경우에, 비권력적 경찰작용도 반드시 형식적 의미의 법률의 근거를 요하는지가 문제된다. 이 문제는 법률유보의 범위에 관하여 어떠한 견해를 취하는지에 따라 결정될 것이다. 오늘날 지배적인 견해인 본질성설에 따르면, 비권력적 경찰작용이라고 하더라도 일률적으로 법률의 근거 요부를 말할 수 없고, 그것이 상대방과 일반 국민에게 얼마나 중요한 효과를 미치는가에 따라 판단하여야 한다. 일반적으로 비권력적 성질의 경찰작용은 개별적인 법률의 근거가 없어도 경찰기관의 조직법상 권한의 범위 안에서 가능하다고 해석된다. 경찰기관의 조직법상 권한을 정한 대표적인 규정이 경찰관직무집행법 제2조이다.

2. 법률의 의미

(1) 경찰권 발동의 근거가 되는 법률은 형식적 의미의 법률이다. 다만, 법률의 위임이 있는 경우에는 법규명령과 자치법규도 경찰권 발동의 근거가 될 수 있다. 그러나 현재 우리나라에서 경찰사무는 소방사무와 소규모의 자치경찰사무를 제외하고는 국가사무로 되어 있으므로, 소방 및 자치경찰사무에 관한 것을 제외하고

는 자치법규로써 경찰권 발동의 근거를 정할 수 없다.

(2) 경찰권 발동의 근거가 되는 법률은 작용법, 즉 경찰기관에 대하여 일정한 요건 하에 일정한 행위를 하도록 권한을 부여하는 법률이어야 하며, 경찰기관의 직무범위를 정하는 조직법은 국민에 대한 경찰권 발동의 근거가 될 수 없다.[1)]

Ⅱ. 경찰권 발동의 근거법규의 유형

현행법상 경찰권 발동의 근거를 정한 법률은 대단히 많다. 그 중에서도 일반법은 경찰관직무집행법(이하 이 장에서 "경직법"으로 약칭함), 특히 그 제3조 이하이다. 개별 법률 또는 경직법에서 경찰권 발동의 근거를 규정한 조항을 개별적 수권조항(개별조항)이라고 한다. 한편, 이러한 개별적 근거규정 외에 경찰권을 포괄적으로 수권하는 개괄적 수권조항(개괄조항)이 존재하는지에 대하여 견해가 대립되고 있다.

1. 개별 법률에 의한 수권

경찰권의 발동은 원칙적으로 개별 법률에 근거하여야 한다. 현행법상 경찰권 발동의 근거를 정한 개별 법률에는 도로교통법, 「집회 및 시위에 관한 법률」, 「총포·도검·화약류 등 단속법」, 경비업법, 「사격 및 사격장 단속법」, 「사행행위 등 규제 및 처벌 특례법」, 「유선 및 도선사업법」, 유실물법, 「풍속영업의 규제에 관한 법률」과 소방기본법, 위험물안전관리법, 「소방시설 설치·유지 및 안전관리에 관한 법률」, 소방시설공사업법 등이 있다. 이 밖에 식품위생법, 공중위생관리법, 건축법, 「산림자원의 조성 및 관리에 관한 법률」 등도 경찰권 발동의 근거법률로 드는 것이 보통이나, 이들은 이른바 협의의 행정경찰에 속하며, 협의의 경찰(보안경찰)권의 근거는 아니다.

2. 표준적 수권조항

(1) 경직법은 경찰권 발동에 관한 일반법으로서, 특히 제3조 이하에서 사회에서

1) 임무와 권능은 목적과 수단의 관계에 있으며, 권능 및 권한에 관한 규정은 임무의 내용을 반영한다. 그러나 역으로 임무규정으로부터 권한이 도출되지는 않는 것이 원칙이다. 따라서 경찰법상 권한의 발동을 위해서는 권능규범에 의한 수권을 요하며, 임무규범만을 근거로 경찰권을 발동할 수는 없다(김동희(Ⅱ) 199면. 동지: 홍준형(행정) 1290면).

발생할 수 있는 전형적인 위해에 대하여 발동할 수 있는 표준적 경찰조치를 규정하고 있다. 동법 제3조 이하를 경찰권의 표준적 수권조항이라고 한다. 그 내용은 뒤에서 따로 살펴본다(제5장 제5절).

(2) 경직법상의 표준적 수권조항은 개별 법률의 규정이 없는 경우에 적용된다.

예컨대, 경찰기관은 경직법 제5조에 근거하여 천재·사변 등의 경우에 위험발생 방지를 위한 일정한 조치를 취할 수 있지만, 그 위험이 교통사고로 인하여 발생한 경우에는 도로교통법이 정하는 위험발생 방지조치를 우선적으로 취하여야 하고, 도로교통법상의 조치만으로는 위험을 충분히 방지할 수 없는 경우에 비로소 경직법 제5조에 근거한 조치를 취할 수 있다. 또한 그 위험이 「재난 및 안전관리기본법」상의 재난에 기인한 것일 때에는 동법이 우선적으로 적용되며, 경직법에 근거한 경찰기관의 조치는 「재난 및 안전관리기본법」에 의한 시장·군수·구청장 또는 지역통제단장의 조치(특히 동법 제37조에 의한 응급조치, 제40조에 의한 대피명령 등)가 불가능하거나 그것을 기다릴 시간적 여유가 없는 경우에만 허용된다고 보아야 한다(보충성의 원칙).[2)]

경찰관직무집행법의 체계와 성격

(1) 경직법은 원래 1948년의 일본 경찰관직무집행법을 거의 그대로 번역하다시피 하여 1953년에 제정되었다. 1981년에 전문개정되었으나 직무의 범위(2조), 사실의 확인 등(8조), 유치장(9조), 장구의 사용(10조) 등에 관한 4개조가 신설되

2) 경찰행정법에서 보충성의 원칙은 여러 가지 의미를 가진다. (a) 경찰권 발동의 요건에 관련된 원칙으로서, 위해가 존재하더라도 그 위해가 공공의 안녕과 질서유지를 위하여 묵과할 수 없고 또한 경찰권을 발동하는 것 외에는 그 위해를 방지할 다른 수단이 없는 경우에 한하여 경찰권을 발동하여야 한다는 원칙을 보충성의 원칙이라고 부르는 경우가 많다. (b) 행정기관 간의 관할권과 관련하여, 위해방지의 임무가 경찰기관이 아닌 다른 행정기관의 임무로 되어 있는 경우에는 그 행정기관이 1차적으로 권한을 행사하여야 하고, 경찰기관은 그 위해에 대하여 1차적 권한을 가진 기관이 아직 권한을 행사하지 못하고 있는 동안 및 그 한도에서만 권한을 행사하여야 한다는 원칙을 뜻하기도 한다(김남진(경찰) 144면). (c) 경찰 공공의 원칙과 관련하여, 사법상 권리의 보호는 원칙적으로 법원에 맡겨져 있으며, 경찰은 법원에 의한 권리구제가 적시에 이루어질 수 없고 경찰의 개입이 없다면 그 권리의 실현이 불가능하거나 현저히 불가능한 경우에만 개입할 수 있다는 원칙을 의미하기도 한다(정하중(개론) 1130면). (d) 나아가 권한행사의 근거와 관련하여, 일반행정기관이든 경찰기관이든 개별 법률에 의하여 수권된 조치를 우선적으로 취하여야 하고, 그것이 불가능하거나 효과를 거두지 못할 때에만 경찰기관이 표준적 수권조항에 의한 조치를 취할 수 있다는 의미로도 사용될 수 있다(개괄적 수권조항을 긍정하는 경우에는 개별 법률에 의한 수권이나 표준적 수권조항이 없는 경우에만 개괄조항에 근거하여 경찰권을 발동할 수 있다고 설명하기도 한다(홍정선(경찰) 252면; 박균성(하) 551면; 서·김·이(연구) 66-68면; 손재영(경찰) 82-83면).

고 기존 조문에 몇 개 항이 추가된 것을 제외하고는 기본적인 구조에 변화가 없었고, 그 후에도 역시 부분적인 개정만 몇 차례 있었다. 따라서 옛날식 한자어나 일본식 용어를 너무 많이 사용하는 등, 오늘날의 입법기술에 비추어 보아 낙후된 점이 많다. 하지만 보다 중요한 것은, 경직법은 경찰작용의 모든 형태를 망라한 것도 아니며 어떤 일관된 체계에 따라 구성된 것도 아니라는 점이다. 그 결과 경직법이 진정한 의미에서 경찰작용의 일반법이라고 할 수 있는지에 관하여는 의문의 여지가 있고, 경찰책임, 경찰권한, 경찰상의 강제수단, 경찰비용 등을 포괄하는 명실상부한 일반법을 새로 제정하여야 한다는 주장도 제기되고 있다.[3]

(2) 그럼에도 불구하고 현행법상 경찰작용에 관하여 다른 법률이 없을 때 최후로 적용할 수 있는 법률이라는 의미에서 경직법이 경찰작용에 관한 일반법임은 부인할 수 없다. 다만, 경직법은 자치경찰에는 직접 적용되지 않고, 일부 규정이 준용될 뿐이다(제주특별 115조). 따라서 경직법은 형식상으로는 국가경찰작용의 일반법일 뿐 자치체경찰작용의 근거법은 아니다. 그러나 실제로는 경직법 제3조 이하의 표준적 수권조항 중 제8조와 제9조를 제외한 모든 조항이 자치경찰에 준용되고 있어서, 자치체경찰작용에 관해서도 실질적인 일반법이라고 할 수 있다.

(3) 경직법은 기본적으로 행정경찰작용(위해방지)에 관한 일반법이지만, 일부는 사법경찰작용(범죄수사)에도 적용된다. 불심검문(3조)과 유치장(9조)이 대표적인 예이고, 경찰장구의 사용(10조의2), 분사기 등의 사용(10조의3), 무기의 사용(10조의4)의 목적 중 하나인 범인의 체포·도주의 방지도 범죄의 진압과 수사 양면의 목적을 가진다. 이러한 점은 경직법이 행정경찰과 사법경찰의 법제상 분리라는 원칙에 대한 충분한 고려 없이 임기응변적으로 제정되었음을 시사하는 것이라고 볼 수 있다.

3. 개괄적 수권조항의 문제

(1) 문제의 소재　개별 법률에 의한 경찰권 발동의 근거규정도 없고 경직법 제3조 이하의 표준적 수권조항에도 해당되지 않는 위해가 발생한 경우에, 경찰기관은 그 위해를 방지하기 위한 경찰권을 발동할 수 없다. 이 경우에 "경찰기관은 공공의 안녕과 질서를 유지하기 위하여 필요한 조치를 취할 수 있다"는 내용의 일반적 근거조항이 있다면, 이를 근거로 경찰권을 발동할 수 있을 것이다. 이처럼 경찰권의 발동의 근거를 일반적·포괄적으로 정하는 법률의 규정을 경찰권의 개괄적 수권조항 또는 개괄조항이라고 한다.[4]

---

3) 예컨대, 박상희·서정범, 경찰작용법제의 개선방안, 한국법제연구원, 1996, 154-160면.

4) 독일의 경우, 1977년에 제정되고 1986년에 개정된 「연방과 주의 통일경찰법 모범초안」(MEPolG)은 제1조 제1항에서 "경찰은 공공의 안녕 또는 질서에 대한 위험을 방지하는 것

(2) 학설 그러나 우리나라에서 현행법상 경찰권의 개괄적 수권조항이 존재하는지 여부에 관하여는 학설이 대립되고 있다.

(가) 긍정설 (a) 개괄적 수권조항의 합헌성과 필요성을 긍정하면서 우리나라의 현행법상으로도 개괄적 수권조항이 존재한다고 보는 견해이다. (b) 구체적으로 어떤 법조항이 개괄적 수권조항인지에 관해서는, 경직법 제2조 제6호("기타 공공의 안녕과 질서유지")를 드는 것이 보통이다. 개별 법률이나 경직법 제3조 이하에 해당되지 않는 위해에 대해서도 경찰기관은 경직법 제2조 제5호를 근거로 공공의 안녕과 질서를 유지하기 위하여 필요한 조치를 취할 수 있다는 것이다.[5] 이 견해는 경찰권 발동의 한계에 관한 원칙들은 개별적 수권조항에 근거한 경찰권 발동의 경우에는 의미가 없고, 오히려 개괄조항에 근거한 경찰권 발동을 제한하는 원칙이라고 본다. (c) 근래에는 경직법 제2조가 수권규범이 아니라 임무규범이므로 개괄적 수권조항이 될 수 없다는 비판에 직면하여, 경직법의 다른 조항에서 개괄적 수권의 근거를 찾으려는 견해들이 등장하였다. 제5조(위험발생 방지조치)를 개괄적 수권조항으로 보는 견해,[6] 제2조 제6호 외에 제5조와 제6조(범죄의 예방·제지조치)가 제2·제3의 개괄적 수권조항이 될 수 있다는 견해,[7] 제2조 제6호와 제5조 제1항 제3호가 결합하여 개괄적 수권이 된다

을 임무로 한다. 경찰은 이러한 임무의 범위 내에서 범죄행위의 소추를 준비하고 범죄행위를 예방하여야 하며, 또한 장래의 위험을 방지할 수 있도록 준비하여야 한다"고 하여 경찰의 임무를 규정한 외에, 따로 제8조 제1항에서 "경찰은 제8조의a 내지 제24조에 의하여 경찰의 권능이 따로 규정된 경우를 제외하고는 개별적인 경우에 현존하는 공공의 안녕 또는 질서에 대한 위험을 방지하기 위하여 필요한 조치를 취할 수 있다"고 하여 경찰권 발동의 일반적 근거를 규정하고 있다. 독일 대부분의 주는 이 모범초안에 따라 주 경찰법에서 경찰의 직무규정 외에 경찰권 발동의 일반적 수권규정을 두고 있다.

5) 김남진(경찰) 132면; 석·송(하) 322면; 류·박(신론) 976면(다만, 앞으로는 경찰법규가 권한규범과 임무규범을 구별하는 방향으로 개선되어야 한다고 한다). 특히 김남진 교수는 ① 개괄조항은 개별조항이 없는 경우에 한하여 보충적으로만 적용되며, ② 사회의 사정과 관념이 부단히 변하기 때문에 경찰권 발동의 요건과 효과를 상세하게 정하는 것이 기술적으로 불가능하고, ③ 개괄조항에 의거한 경찰권 발동에 관련된 법원칙이 충분히 발달되어 있으며, ④ 개괄조항의 확대해석이나 그에 근거한 권력남용 등은 법원의 심판을 통해 억제될 수 있다는 것을 개괄조항 인정의 근거로 제시한다(김남진(경찰) 133면).

6) 이기우, "경찰작용법의 체계," 수사연구, 1990.2, 98면; 이기춘, "위험방지를 위한 협력의무로서 경찰책임의 귀속에 관한 연구," 고려대학교 법학박사학위논문, 2002, 42면; 이운주, "경찰법상의 개괄수권조항에 관한 연구," 서울대학교 법학박사학위논문, 2005, 200-203면; 서·김·이(연구) 65-66면.

7) 박정훈·정초영, 사권보호를 위한 경찰권 발동에 관한 연구−경찰 공공의 원칙에 대한 비

는 견해[8] 등이 그것이다. 그러나 이러한 견해들은 아직 하나의 시도에 불과하고, 하나의 학설로서 자리잡은 것으로는 보이지 않는다.

(나) 부정설 다수의 견해는 경직법 제2조는 수권규범이 아니라 임무규범으로서 경찰권 발동의 근거가 될 수 없고, 따라서 우리나라에는 경찰권의 개괄적 수권조항이 존재하지 않는다고 본다. 그러나 개괄조항의 필요성 유무에 관해서는 다시 견해가 갈린다.

(a) 필요성 긍정설 개괄조항의 필요성은 긍정하면서도 경직법 제2조 제5호는 경찰관의 직무범위를 정한 조직법이지 권한을 부여하는 작용법이 아니라는 이유로 개괄조항으로 볼 수 없다는 견해이다.[9] 따라서 이 견해는 입법을 통하여 개괄조항을 둘 것을 주장한다.

(b) 필요성 부정설 현행법상 개괄조항이 존재하지 않을 뿐만 아니라 경찰권 발동의 근거조항은 개별적 근거조항이어야 하고 경찰권의 일반적·포괄적 수권은 법치주의에 반하는 것으로서 허용될 수 없다는 견해이다.[10]

(3) 판례의 태도 경찰권 발동의 개괄적 수권조항이 존재하는지, 또는 경직법 제2조 제6호가 개괄적 수권조항인지 여부를 명시적으로 밝힌 판례는 없다. 그러나 대법원은 동법 제2조를 근거로 군청 도시과 단속계 요원으로 근무하는 청원경찰이 무허가 개축행위를 단속한 행위가 정당한 공무집행에 속한다고 판시함으로써(대판 1986.1.28., 85도2448), 동 조항의 개괄조항성을 긍정하는 것으로 해석된다.

(4) 사견 다음과 같은 이유로 부정설, 특히 개괄조항의 필요성 부정설이 타당하다.

(가) 경직법 제2조 본문은 "경찰관은 다음 각호의 직무를 행한다"고 규정하고 있다. 이는 동조가 경찰관에게 국민을 상대로 일정한 행위를 할 수 있는 권한을 수여하는 규정이 아니라 경찰관에게 직무를 부여하는 규정임을 뜻한다.

판적 검토−, 치안연구소, 2001, 21-33면.

8) 손재영(경찰) 78-82면.

9) 김동희(Ⅱ) 222면(다만, "경찰관직무집행법상의 개별적 수권조항들은 경찰상의 위험에 해당하는 대부분의 경우를 포함하고 있고, 특히 제5조는 다른 규정에서 정하고 있지 아니한 공백상태를 상당 부분 규율하고 있어서, 개괄수권조항의 필요성은 그다지 크지 않을 것으로 보인다"고 한다); 홍정선(경찰) 251-2면, 255면; 정하중(개론) 1118면; 홍준형(행정) 1310-1311면; 박균성(하) 544면, 547면(그러나 같은 책 560면에서는 경직법 제5조가 개인적 법익의 보호에 한하여 일반적 수권조항의 성격을 가진다고 하고 있다); 김재광(각론) 45-46면; 이철호(경찰) 171-172면.

10) 이상규(하) 303면; 박·정(하) 312-313면.

따라서 동조 또는 동조 제6호는 경찰권의 개괄적 수권조항이 아니며, 이를 근거로 경찰기관이 경찰권을 발동할 수는 없다고 보아야 한다.[11)]

(나) 현행법의 해석론으로서 개괄적 수권조항의 존재를 부정하는 것과는 별개의 문제로서, 개괄적 수권조항이 과연 필요한 것인지도 의문이다. 개괄적 수권조항이 존재한다면, 경찰기관은 그것을 근거로 사실상 모든 경우에 경찰권을 발동할 수 있다는 결과가 되며, 이는 경찰의 역사가 경찰권의 축소의 역사였다는 사실에 역행하여 경찰권의 부당한 확대를 가능하게 할 우려가 있다. 긍정설은 개괄조항에 의거한 경찰권 발동에 관련된 법원칙이 충분히 발달해 있고 또한 개괄조항의 확대해석 및 그에 근거한 권력남용은 법원의 심사를 통하여 억제될 수 있다고 주장한다. 그러나 경찰권 발동의 한계에 관한 여러 법원칙이 실제 적용에 있어서 의문의 여지가 없을 만큼 명확하다고 볼 수 없고, 법원의 심사를 통한 권력남용의 억제도 우리 국민과 법원의 소극적 태도를 고려하면 크게 기대하기 어렵다. 무엇보다도 오늘날 경찰권 발동의 개별적 근거법규가 이미 상당한 정도로 정비되어 있을 뿐만 아니라, 경직법 제3조 이하는 경찰권 발동의 요건과 효과를 폭넓게 규정하고 있어서, 굳이 개괄조항을 두지 않더라도 근거법규가 없어서 위해를 방지하지 못하는 경우는 거의 없다고 할 수 있다. 그렇다면 경찰권 남용의 빌미를 제공하는 개괄조항은 필요하지도 않고 두어서도 안 된다고 보아야 한다. 다만, 비권력적 경찰작용은 일반적으로 조직법상의 권한 범위 안에서 가능하다고 해석되므로, 경직법 제2조 제5호는 비권력적 경찰작용의 일반적 근거가 된다고 볼 수 있다.[12)]

---

11) 이러한 난점을 피하기 위하여 근래에는 경직법 제2조 외에 제5조 또는 제6조 등의 다른 조항을 경찰권 발동의 개괄적 수권조항으로 보려는 견해가 등장하고 있다(위 주 6-8 참조). 그러나 경직법 제5조는 모든 종류의 위해에 대한 경찰권 발동의 근거조항이 아니라 '인명 또는 신체에 위해를 미치거나 재산에 중대한 손해를 끼칠 우려가 있는 천재, 사변, 공작물의 손괴, 교통사고, 위험물의 폭발, 광견·분마류 등의 출현, 극단한 혼잡 기타 위험한 사태'에만 적용되는 규정이며, 여기에서 '기타 위험한 사태'는 모든 위험한 사태가 아니라 '인명 또는 신체에 위해를 미치거나 재산에 중대한 손해를 끼칠 우려'가 있고 또한 '천재, 사변, 공작물의 손괴, 교통사고, 위험물의 폭발, 광견·분마류 등의 출현, 극단한 혼잡' 등과 동가치적으로 평가되는 것이어야 한다. 위험한 사태가 발생하더라도 이에 미치지 못하는 경우에는 경직법 제5조에 의한 조치는 발동될 수 없는 것이다. 제6조 역시 '범죄행위가 목전에 행하여지려고 하고 있다고 인정될 때'에만 적용될 수 있고, 나아가 동조에 의하여 취할 수 있는 조치도 경고와 제지에 국한된다. 따라서 경직법 제5조나 제6조를 경찰권 발동의 개괄적 근거조항으로 보는 것은 무리가 있다.

12) 동지: 홍정선(경찰) 256면.

§2. 경찰법규의 해석과 적용

경찰은 국민에 대하여 권력적으로 명령·강제하는 작용이므로 국민의 자유를 보호하기 위해서는 경찰권 발동의 근거법규는 그 요건과 효과를 명확하게 일의적으로 규정하여 그 발동의 가능 여부나 발동하는 경우에 경찰이 취할 수 있는 조치의 내용에 관하여 의문의 여지가 없도록 하여야 한다. 그러나 실제로는 경찰권 발동의 근거법규는 불확정개념을 많이 사용하고, 또한 일정한 요건에 해당하는 경우에도 경찰권의 발동 여부 및 발동의 구체적 내용·방법을 경찰기관이 정하도록 선택권을 부여하는 것이 보통이다. 이에 따라 경찰기관은 경찰권을 발동함에 있어서 판단여지와 재량을 가지는 경우가 많다.

Ⅰ. 경찰법규의 구조와 재량 및 판단여지

1. 경찰법규의 구조

(1) 경찰권 발동의 근거법규는 전형적으로 "……한 경우에는 ……(경찰기관)는 ……할 수 있다(또는 하여야 한다)"는 형태를 가진다. "……한 경우에는"이 경찰권 발동의 요건을 정한 것이며, "……는 ……할 수 있다(또는 하여야 한다)"가 그 효과를 규정한 것이다. 경찰법규도 다른 모든 법규와 마찬가지로 일정한 요건에 대하여 일정한 효과를 결부시키는 형식으로 구성되는 것이다.

(2) 경찰법규는 요건을 정함에 있어서 ⓐ 일의적 개념(확정개념)으로 규정하는 경우("허가를 받지 않고 영업을 하는 경우," "벌점이 1년간 121점 이상에 달한 때" 등)와 ⓑ 불확정개념을 사용하여 해석을 필요로 하는 경우("도로의 손궤 기타의 사유로 인하여 통행이 위험하다고 인정될 때," "공익을 위하여 필요하다고 인정되는 경우" 등)가 있다. 또한 그 효과를 규정함에 있어서도 ⓒ 특정한 행위를 반드시 하도록 규정하는 경우(예컨대, "운전면허를 취소하여야 한다"), ⓓ 특정한 행위를 할 것인지 여부를 행정청이 결정하도록 하는 경우(예컨대, "흉기 소지 여부를 조사할 수 있다"), ⓔ 여러 개의 행위 중에서 하나를 선택할 수 있도록 하는 경우(예컨대, "운전면허를 취소하거나 1년의 범위 안에서 그 운전면허의 효력을 정지시킬 수 있다")가 있다. 경찰법규가

경찰작용의 요건과 효과를 어떻게 규정하고 있느냐에 따라서 경찰기관이 재량권을 가지는 경우도 있고 판단여지를 가지는 경우도 있게 된다.

2. 재량행위와 기속행위

행정청이 행정작용을 함에 있어서 재량권을 가지는 경우에 그 행위를 재량행위라고 하고, 재량권이 없이 법규에 정한 대로 하여야 하는 행위를 기속행위라고 한다. 원래 재량권은 모든 형식의 행정작용에 부여될 수 있지만, 재량행위와 기속행위의 구별 및 재량권의 통제에 관한 이론은 행정작용 중에서도 행정행위를 중심으로 발달되었다. 따라서 여기에서도 행정행위를 중심으로 재량행위와 기속행위의 구별 및 판단여지에 관하여 간단히 설명한다.

1) 재량행위·기속행위의 개념

재량 내지 재량행위의 개념에 관해서는 요건재량설과 효과재량설이 대립된다.[13)]

(1) 요건재량설은 재량을 행정청이 법규 중의 요건규정을 해석하고 구체적 사실이 그에 해당하는지 여부를 판단할 권한으로 본다. 요건규정의 해석과 판단은 법규가 요건을 불확정개념으로 정하고 있는 경우에 필요하므로, 결국 요건이 불확정개념으로 정해진 행정행위(위 예에서 ⓑ의 경우)가 재량행위라고 본다.

(2) 효과재량설은 불확정개념도 법개념으로서 그 해석·판단은 법원의 전권에 속하고 행정청은 요건규정을 해석·판단할 권한이 없으며, 따라서 재량은 요건규정과는 무관한 '효과 선택의 권한'이라고 이해한다. 즉, 법규가 행정청에게 특정한 행위를 할 것인지 여부를 결정하도록 권한을 부여한 경우(위 예에서 ⓓ의 경우) 또는 여러 개의 행위 중에서 하나를 선택하도록 권한을 부여한 경우(위 예에서의 ⓔ)가 재량행위라는 것이다.

(3) 과거에는 요건재량과 효과재량을 모두 재량으로 인정하는 것이 통설이었다. 즉, 법규가 요건을 불확정개념으로 정한 경우도 재량행위이고, 행정청이 행위 여부의 결정권 또는 복수의 행위 중의 선택권을 가진 경우도 재량행위로 보았던 것이다.[14)] 아직도 판례는 이러한 입장을 취하고 있다.

---

13) 요건재량설과 효과재량설은 일반적으로 기속행위·재량행위의 구별기준에 관한 학설로서 소개되고 있으나, 그 이전에 두 설은 본문에서 보는 바와 같이 재량 및 재량행위의 개념을 달리 이해한다.

14) 판례와 종래의 통설은 재량을 기속재량(법규재량)과 자유재량(공익재량)으로 나누고 있

(4) 그러나 오늘날의 학설은 효과재량만을 재량으로 인정하는 것이 지배적 경향이다. 이에 따르면 재량은 행정기관이 효과를 선택할 권한(법규가 정한 특정한 행위를 할 것인지 여부를 결정할 권한 및 법규가 정한 복수의 행위 중에서 하나를 선택할 권한)으로서, 요건의 판단과는 무관한 것으로 이해된다.

2) 재량행위와 기속행위의 구별기준

(1) 다수설인 효과재량설에 의하면 재량행위와 기속행위의 구별기준은 법규가 행정청에 특정한 행위 여부의 결정권 또는 복수의 행위 중의 선택권을 부여하고 있는지 여부에 있다. 그 구별은 1차적으로 법규의 문언에 의하여야 한다. 위의 예에서 ⓒ는 기속행위, ⓓ·ⓔ는 재량행위이다.

(2) 그러나 때로는 법규의 문언만으로는 행정청에 그러한 권한이 부여된 것인지 알 수 없는 경우가 있다. 그러한 경우에는 행위의 성질이 2차적인 구별기준이 된다. 즉, 상대방에게 권리를 부여하거나 의무를 해제하는 행위(수익적 행정행위)라면 재량행위로, 상대방의 권리를 제한하거나 의무를 부과하는 행위(침익적 행정행위)라면 기속행위로 해석하는 것이다. 다만, 허가는 수익적 행정행위에 속하지만 기속행위로 해석하여야 한다는 것이 통설이다.

3) 재량행위와 기속행위의 차이

재량행위와 기속행위는 다음과 같이 여러 면에서 차이가 있다.

(1) 기속행위는 흠이 있으면 항상 위법이다. 위법한 행정행위는 무효인 경우도 있고 취소할 수 있는 경우도 있다. 즉, 위법이 중대하고 또한 명백한 경우에 그 행정행위는 무효이고, 그 밖의 경우(단순위법)에는 취소할 수 있는 행정행위가 된다.

(2) 재량행위는 법규가 부여한 재량권의 범위 안에서는 행정청이 그 재량권을 적정하게(구체적인 상황에서 공익에 가장 적합하게) 행사하지 못하였더라도 위법은 아니고 부당에 불과하다. 부당한 행정행위도 취소할 수 있다. 다만, 재량행위의 흠이 부당에 그친다는 것은 재량권의 한계를 벗어나지 않았다는 전제 하에서이고, 재량권의 한계를 벗어난 경우에는 위법이다.

(3) 단순위법인 행정행위(재량행위가 재량권의 한계를 벗어나서 위법하게 된 경우를 포함한다)와 부당한 행정행위는 취소할 수 있는 행위라는 점에서는 같지만, 취소

는바, 대체로 기속재량이 요건재량, 자유재량이 효과재량에 대응한다. 따라서 이러한 재량 2분론은 요건재량과 효과재량을 모두 재량으로 인정한다는 것을 의미한다.

권자에 차이가 있다. 위법한 행정행위는 행정청(처분청·감독청·행정심판위원회) 외에 법원도 취소할 수 있지만, 부당한 행정행위는 행정청만이 취소할 수 있다.

4) 재량행위의 한계 및 통제

(1) 재량행위는 행정청이 그 재량권을 부적정하게(공익에 가장 적합한 방법이 아닌 방법으로) 행사한 경우에도 위법은 아니고 단지 부당한 행위일 뿐이다. 그러나 재량행위라 하더라도 재량권의 한계를 위반한 경우에는 그 행위는 위법이다. 재량권은 법이 부여한 것이기 때문에 그 한계를 벗어났다는 것을 법을 위반한 것으로 평가되기 때문이다.

(2) 일반적으로 재량행위가 그 한계를 벗어나 위법하게 되는 원인을 재량하자(裁量瑕疵)라고 하며,[15] 재량하자의 유형으로는 다음의 세 가지를 든다.

(가) 재량권의 일탈(유월) 법규가 부여한 재량권의 양적 한계를 벗어난 경우이다(예컨대, 법규가 6개월 이내의 영업정지처분을 할 수 있도록 규정하고 있으나 8개월의 영업정지처분을 한 경우).

(나) 재량권의 남용 재량권 일탈 및 불행사를 제외한 모든 유형의 재량하자를 총칭하는 개념으로서, 목적위반(법규가 재량권을 부여한 목적과 다른 목적으로 재량권을 행사한 경우), 사실적 기초의 결여(처분의 요건에 해당하는 사실이 존재하지 않거나 부정확한 경우), 비례원칙·평등원칙·신뢰보호원칙·부당결부금지원칙 등과 같은 행정법의 일반원칙 위반 등이 포함된다.

(다) 재량권의 불행사 법규가 구체적 사정에 적합한 처분을 위하여 행정청에 재량권을 부여하고 있음에도 불구하고 행정청이 이를 행사하지 않고(구체적 사정을 고려하지 않고) 기계적으로 법규나 행정규칙으로 정해진 처분기준을 적용하여 처분을 한 경우이다.

(3) 재량행위가 부당에 그치는 경우에는 행정청(처분청·감독청 및 행정심판위원회)만이 취소할 수 있다. 그러나 재량권의 한계를 벗어나 위법한 경우에는 법원도 취소할 수 있다. 법원은 적법·위법만을 판단할 수 있고, 부당 여부(공익에 가장 적합한지 여부)는 법률문제가 아니므로 법원이 판단할 권한이 없기 때문이다. 이는 바꾸어 말하면 재량행위가 흠이 있는 경우에 원칙적으로 행정소송을 제기하여 구제를 받을 수 없으나, 재량권의 한계를 벗어난 경우에는 행정소송을 통한 구제를

---

15) 재량하자는 넓은 의미로는 재량행위를 부당하게 만드는 사유를 포함한다. 그러나 보통은 좁은 의미, 즉 재량행위가 재량권의 한계를 벗어나 위법하게 되는 경우를 말하며, 여기에서의 재량하자도 이러한 좁은 의미의 재량하자이다.

받을 수 있다는 의미가 된다. 따라서 재량행위라고 해서 행정소송을 제기할 수 없는 것은 아니며, 법원은 재량행위에 대하여 행정소송이 제기된 경우에 각하판결을 하는 것이 아니라 일단 받아들여 본안심리를 하여 재량행위로서 위법이 아니라고 판단될 때 기각판결을 할 뿐이다.

3. 판단여지

(1) 효과재량설에 의하면 행정청은 효과 선택의 권한은 가질 수 있지만 법규 중의 불확정개념을 해석·판단할 권한은 없다.[16] 그러나 행정작용의 근거 법규에 사용된 불확정개념 중에는 고도의 정책적 판단이나 전문기술적 판단을 요하는 것도 있다. 법원은 이러한 불확정개념도 해석·판단할 권한이 있지만, 스스로 그 권한을 행사하지 않고 행정청의 해석·판단을 존중하여 그대로 받아들이는 경우가 있다. 이러한 경우에 행정청이 사실상 가지는 불확정개념 해석·판단의 권한을 판단여지라고 한다.

(2) 행정청이 판단여지를 가지는 경우에는 행정청의 판단이 최종적인 것이 되고 법원이 심사하지 않는다는 점에서 행정청이 재량권을 가진 것과 마찬가지 결과가 된다. 이 점에서 판단여지와 재량을 구별할 필요가 없다는 견해도 있다. 그러나 재량과 판단여지는 다음과 같은 차이가 있다. (a) 재량은 효과 선택의 권한인 데 비하여 판단여지는 불확정개념의 해석·판단에 관한 권한이다.[17] (b) 재량권은 법규가 부여하고 법원도 이를 박탈할 수 없는 데 비하여, 법규가 불확정개념을 사용하고 있다고 하더라도 판단여지는 원칙적으로는 부여되지 않고 단지 법원이 행정청의 판단을 존중하여 스스로 판단권을 행사하지 않을 때에만 예외적으로 인정된다.

---

16) 실제로는 법규가 불확정개념을 사용하는 경우에 행정청이 1차적으로 그 의미를 해석하고 구체적 사실이 그에 해당하는지 여부를 판단하는 과정이 없이는 그 법규를 적용할 수 없다. 그러나 그것을 행정청의 권한이 아니라고 보는 이유는, 행정청의 해석·판단은 최종적인 것이 아니고, 언제든 행정소송이 제기되면 법원이 새로이 해석·판단하며, 이 경우 법원의 해석·판단만이 유권적인 것이고 행정청의 그것은 효력이 없다는 의미이다.

17) 불확정개념은 주로 요건규정에 사용되며, 따라서 판단여지는 주로 요건규정의 해석과 판단에 관한 권한이다. 그러나 때로는 효과규정에도 불확정개념이 사용되는 경우가 있으며, 이 경우 판단여지는(만약 인정된다면) 효과규정의 해석과 판단에 관한 권한이 된다.

Ⅱ. 경찰권 발동요건의 해석

법규에 규정된 경찰권 발동 요건의 해석은 법규 해석의 일반적 방법에 따른다. 경찰권 발동요건의 해석에 관하여 특히 문제되는 것은 판단여지의 문제와 위해의 개념이다.

1. 판단여지의 문제

(1) 경찰법규는 경찰권 발동의 요건으로서 불확정개념을 사용하는 경우가 많다. 그러나 그 경우에도 불확정개념의 의미를 해석하고 구체적 사실이 그에 해당하는지 여부를 판단하는 것은 법률문제로서 법원의 권한이며, 경찰기관의 해석과 판단은 잠정적인 것에 불과하다. 예컨대, 지방경찰청장이 도로교통법 제6조 제1항이 정한 대로 "도로에서의 위험을 방지하고 교통의 안전과 원활한 소통을 확보하기 위하여 필요하다고 인정"하여 구간을 정하여 보행자나 차마의 통행을 금지하거나 제한한 경우에, 그 조치의 당부에 관하여 소송이 제기되면, 과연 당시의 도로 상황이 그러한 요건에 해당하였는지 여부는 법원이 전면적으로 재심사하여 판단한다.

(2) 그러나 법원이 어떤 불확정개념이 고도의 정책적 또는 전문기술적 판단을 요하는 것으로서 전문가인 행정청의 판단을 존중하는 것이 바람직하다고 인정할 때에는, 자신의 판단권을 행사하지 않고 행정청의 판단을 그대로 따르는 경우가 있고, 이 경우에는 행정청에 판단여지가 부여된다. 판단여지가 인정되는 경우에는 사실상 행정청이 재량권을 가진 것과 마찬가지 결과가 된다.

2. 위해의 존재

(1) 경찰권이 발동되기 위해서는 공공의 안녕과 질서에 대한 위해가 존재하여야 한다. 개괄적 수권조항을 인정하는 경우에는, 그에 근거한 경찰권 발동의 요건으로서의 위해, 특히 위험의 개념을 확정하는 것이 매우 중요한 문제로 된다.[18)]

---

18) 실제로 독일의 경찰법 문헌들이 위험의 개념에 관하여 논의를 집중하는 것은, 독일에서는 개괄적 수권조항이 존재하는 까닭에, 개괄적 수권조항에서 정하는 경찰권 발동의 요건인 위험이 무엇인지 밝혀져야 하기 때문이다. 우리나라에서도 개괄적 수권조항을 인정하는 입장에서는 개괄조항에 의한 경찰권 발동의 요건으로서 '공공의 안녕과 질서에 대한 위해(위

그러나 개괄적 수권조항을 부인하는 입장에서는, 경찰권 발동의 요건은 개별적 수권조항에 의하여 정해지고, 경찰권 발동의 가부는 개별적 수권조항의 요건규정의 해석에 의하여 판단하여야 한다. 개별조항이 정한 요건과 무관하게 위해가 존재한다는 것만으로는 경찰권을 발동할 수 없는 것이다.

(2) 그럼에도 불구하고, 공공의 안녕과 질서 및 위해의 개념은 개별적 수권조항에 근거한 경찰권 발동의 경우에도 상당한 의미를 가진다. 경직법 및 개별 법률상의 수권조항들은 한 마디로 사회에서 발생할 수 있는 위해를 구체화·정형화하고 위해의 유형별로 경찰기관이 취할 수 있는 조치를 규정한 것으로서, 그 해석에 있어서는 위해의 개념이 기준이 되어야 하기 때문이다.

위험의 개념에 관한 몇 가지 문제

위해는 위험과 장해를 포괄하는 개념이다. 장해, 즉 공공의 안녕·질서에 대한 침해가 이미 현실화된 경우에는 항상 경찰권 발동의 요건이 되며, 특별한 문제가 없다.[19] 그러나 위험, 즉 그러한 침해가 아직 현실화되지 않고 단지 그 가능성만이 있는 경우에는, 그 가능성이 어느 정도가 되어야 경찰권을 발동할 수 있는가, 또한 경찰기관의 인식과 실제로 존재하는 사실이 불일치한 경우에 경찰권 발동이 정당화될 수 있는가가 문제된다.

(1) 경찰권 발동의 요건이 되는 위험은 원칙적으로 구체적 위험, 즉 공공의 안녕·질서가 침해될 충분한 개연성이 있는 것을 의미한다. 이에 비하여 구체적 위험이 발생할 가능성만 있는 경우를 추상적 위험이라고 한다. 추상적 위험도 경찰권 발동의 요건이 되는지 여부는 개별 법규의 해석 문제이지만, 개괄조항을 근거로 경찰권을 발동하는 경우에는 구체적 위험이 존재하여야 한다고 한다. 그러나 정보의 수집과 같은 비권력적 경찰작용은 추상적 위험에 대하여도 행하여질 수 있다.

(2) 경찰기관이 위험이 존재한다고 인식하였지만 실제로는 그렇지 않은 경우가 있다. 독일의 학설은 이러한 경우를 다음과 같이 세 가지 경우로 나누고 있다.[20]

(a) 오상위험(誤想危險, 추측상 위험)　　실제로는 위험이 존재하지 않는데

험)의 존재'를 논의하는 경우가 있다(김남진(경찰) 133-135면; 류·박(신론) 977-982면 등).

19) 장해의 제거가 필요한 것은 장해의 존재가 또 다른 위험을 의미하기 때문이며, 따라서 장해의 제거도 위험방지의 한 형태라고 설명된다(김동희(Ⅱ) 199면; 홍정선(경찰) 23면, 26-27면; 홍준형(행정) 1307-1308면 등). 그러나 단순한 위험과 그것이 현실화한 장해는 경찰권 발동의 요건 충족 여부의 해석 및 발동의 수단과 정도에 차이를 가져온다고 보아야 할 것이다.

20) 상세한 것은 홍정선(경찰) 24-26면; 서·김·이(연구) 158-196면; 손재영(경찰) 135-142면 등 참조.

도 경찰기관이 객관적인 주의를 소홀히 하여 위험이 존재하는 것으로 잘못 판단한 경우를 말한다. 오상위험에 기초한 경찰권 발동은 위법이다.

(b) 외관상 위험 실제로 위험이 존재하지 않음에도 불구하고 경찰기관이 위험이 존재하는 것으로 판단하였는데, 경찰기관이 객관적인 관찰자로서 주의를 다하였더라도 위험이 존재한다고 판단하였을 것으로 인정되는 경우를 말한다. 이 경우에는 경찰권 발동행위는 원칙적으로 적법하다.

(c) 위험의 혐의(위험의 의심) 경찰기관이 위험이 존재한다고 판단할 근거를 가지고 있지만 충분하지는 않은 경우, 따라서 위험이 존재하지 않을 수도 있다는 것을 경찰기관이 알고 있는 경우를 말한다. 이 경우에는 경찰기관은 위험의 존재 여부가 명백해질 때까지 예비적 조치로서 위험의 존재 여부를 조사할 권한과 의무가 있다. 그러나 위험방지조치는 취할 수 없다.

(d) 잠재적 위험 현재 그 자체로서는 위험하지 않지만 사후에 외부적 상황이 변화함에 따라 경찰상의 보호이익에 대한 위험이 발생하는 경우를 말한다. 잠재적 위험은 경찰법상의 위험으로 인정되지 않으며, 따라서 경찰이 개입할 수 없다.

(3) 이상의 논의는, 개괄적 수권조항이 존재하지 않는 우리나라에서는, 어디까지나 개별적 수권조항이 존재하는 경우에 그 해석의 기준으로서만 의미를 가지며, 개별적 수권조항이 없을 때에도 위험이 존재한다는 이유만으로 경찰권을 발동할 수 있다는 의미가 아님을 다시 한번 유의할 필요가 있다.

(4) 한편, 오늘날은 과학기술의 급격한 발전과 경제·사회구조의 복잡화로 말미암아 위험에 이르지 않는 리스크(risk, Risiko)에 대한 대처가 중요한 문제로 대두하고 있다. 위험이 공공의 안녕·질서에 대한 침해의 상당한 개연성을 의미하는 데 비하여, 리스크는 현재의 지식으로는 침해의 가능성 유무 및 정도를 알 수 없는 경우로서, 전통적인 경찰법 이론에 따르면 경찰권 발동의 대상이 될 수 없다. 그러나 오늘날 원자력발전소의 사고나 신약 개발, 유전자 변형 식품 등에서 보듯이, 새로운 물질이나 기술이 초래할 위해의 가능성을 현재로서는 알 수 없지만, 나중에 위해가 발생하는 경우에 그 규모가 너무 크고 심각해서 사후적 대처가 극히 곤란한 경우가 있을 수 있다. 따라서 안전이 입증되지 않은 새로운 물질이나 기술에 대해서는 국가가 사전에 리스크를 관리(사전배려)하여야 필요성이 제기되는 것이다.

Ⅲ. 경찰권 발동요건 충족의 효과

경찰권 발동의 요건이 충족된 경우에는 경찰기관이 실제로 경찰권을 발동할 수 있거나, 경우에 따라서는 반드시 발동하여야 한다.

1. 기속행위와 재량행위

(1) 구체적인 사실이 경찰법규가 정한 요건에 해당하는 경우에, 경찰기관은 그 법규가 정한 특정한 행위를 반드시 하여야 하는 경우도 있고(기속행위), 경찰권을 발동할 것인지 여부 또는 법규가 정한 복수의 행위 중에서 어떤 행위를 할 것인지를 경찰기관이 결정 또는 선택할 수 있는 경우도 있다(재량행위).

(2) 경찰은 국민에게 권력적으로 명령·강제하는 작용이므로, 경찰권을 발동하는 행위는 기속행위로 하는 것이 바람직하다. 그러나 현실의 경찰법규는 오히려 경찰작용을 재량행위로 규정하는 경우가 대부분이다. 그것은 사회에서 발생할 수 있는 위해의 종류를 남김없이 예견하여 위해의 종류 및 정도별로 경찰기관이 하여야 할 조치를 일의적으로 규정하는 것이 입법기술상 불가능한 까닭에, 위해의 종류도 불확정개념을 사용하여 어느 정도 포괄적으로 규정하는 한편, 그러한 위해가 발생한 경우에는 경찰기관이 구체적 상황에 따라 가장 적합한 조치를 취할 수 있도록 하는 것이 오히려 바람직하기 때문이다. 위해가 존재하는 경우에 경찰권을 발동할 것인지 여부 및 구체적으로 어떤 조치를 취할 것인지를 경찰기관이 선택할 수 있어야 한다는 원칙을 경찰편의주의라고 한다.

(3) 경찰법규가 정한 조치가 재량행위인 경우에는, 경찰기관은 그 법규가 정한 특정한 행위를 할 것인지 여부를 결정할 권한(결정재량) 또는 법규가 정한 복수의 행위 중에서 하나를 선택할 권한(선택재량)을 가진다. 경찰기관에 재량권이 부여된 경우에는 경찰기관이 어떤 결정 또는 선택을 하더라도 위법은 아니다. 따라서 경찰기관의 재량권 행사가 부적정하였던 경우, 즉 경찰기관의 결정 또는 선택이 구체적인 상황에서 공익(위해방지)에 가장 적합한 것이 아니었던 경우에도, 법원은 그 행위를 취소할 수 없고, 단지 행정청(처분청·감독청 및 행정심판위원회)만이 부당을 이유로 취소할 수 있을 뿐이다. 그러나 재량권의 한계를 위반한 경우에는 위법이 되어 법원도 그 행위를 취소할 수 있다. 경찰작용의 재량권의 한계에 관해서는 뒤에서 자세히 살펴본다.

2. 효과 선택에 있어서의 판단여지

나아가 경찰법규는 경찰권 발동의 요건이 충족되는 경우에 경찰기관에 특정한 행위를 할 것인지 여부의 결정이나 법규가 열거하는 다수 행위 중의 선택의 권한만을 부여하는 데 그치지 않고 "적당한 조치"(경직 4조①), "위해방지상 필요하다고 인정되는 조치"(경직 5조① 3호), "혼잡을 덜기 위하여 필요한 조치"(도로교통법 7조) 등과 같이 불확정개념을 사용하여 사실상 경찰기관에 수단의 선택을 백지위임하는 경우도 많다. 그러나 이러한 경우에도 '적당한 조치'나 '필요한 조치'가 구체적으로 어떠한 조치를 의미하는지는 불확정개념의 해석에 관한 일반적 법리가 적용된다. 즉, 구체적 상황에 비추어 경찰기관이 실제로 취한 조치가 그에 해당하는지 여부는 원칙적으로 법원의 전면적인 재심사 대상이 되며, 단지 경찰기관에 판단여지가 인정되는 경우에 한하여 경찰기관의 판단이 종국적인 것으로 된다.

제 2 절 경찰권 발동의 한계

경찰은 위해방지를 위하여 국민에게 권력적으로 명령·강제하는 작용으로서, 경찰권을 발동하기 위해서는 엄격한 법률의 근거가 필요할 뿐만 아니라, 경찰권을 발동하는 경우에도 그 상대방 및 국민 일반의 자유를 보호하기 위하여 일정한 한계 내에 국한되어야 한다. 경찰권 발동의 한계는 법규상 한계와 조리상 한계로 나누어 고찰하는 것이 보통이다.

§1. 법규상의 한계

경찰권 발동의 근거를 규정하는 법규가 동시에 그 한계를 규정하는 경우가 많지는 않다. 그러나 법규가 그러한 한계를 규정하고 있는 경우에는 경찰기관은 그 한계를 준수하여야 함은 법률의 우위 원칙에 비추어 당연하다.[21] 경찰권 발동이 법규가 정한 한계를 벗어나면 그 행위는 위법이다.

> 예컨대 경직법은, 경찰관이 수상한 거동 기타 주위의 사정을 합리적으로 판단하여 어떠한 죄를 범하였거나 범하려 하고 있다고 의심할 만한 상당한 이유가 있는 자 또는 이미 행하여진 범죄나 행하여지려고 하는 범죄행위에 관하여 그 사실을 안다고 인정되는 자를 불심검문할 수 있고, 또한 그 장소에서 불심검문을 하는 것이 상대방에게 불리하거나 교통의 방해가 된다고 인정되는 때에는 질문하기 위하여 부근의 경찰관서에 동행할 것을 요구할 수 있다고 규정하면서, 동시에 상대방은 경찰관의 동행요구를 거절할 수 있고, 또한 동행을 한 경우에도 경찰관은 그 사람을 6시간을 초과하여 경찰관서에 머물게 할 수 없다고 규정하고 있다(2조①·②·⑥). 따라서 경찰관이 상대방의 거절에도 불구하고 강제로 경찰관서에 동행시키거나 경찰관서에서 6시간을 초과하여 머물게 하는 것은 법규상 한계를 벗어난 행위로서 위법이다.

---

21) 경찰권 발동의 법규상 한계를 경찰권의 발동에는 법규의 근거가 있어야 한다는 의미로 설명하는 경우가 많으나, 그렇게 이해하는 경우에는 경찰권 발동의 근거와 별도로 경찰권 발동의 한계를 논할 의미가 없다. 경찰권 발동의 한계는 어디까지나 경찰권 발동의 근거 법규가 존재함을 전제로 그 발동의 방법·대상·내용·정도·시간·장소 등에 관한 한계를 의미한다고 보아야 할 것이다.

§2. 조리상의 한계

Ⅰ. 개 설

1. 조리상 한계의 의의

(1) 경찰작용은 기속행위로 규정할 필요성이 크지만 현실적으로 대부분의 경찰작용은 재량행위로 규정되고 있다. 재량적인 경찰작용에도 재량행위의 일반적인 한계가 그대로 적용된다. 즉, 재량권의 범위 안에서는 경찰기관이 어떠한 행위를 하더라도－또는 하지 않더라도－위법이 아니고 부당에 그치는 것이 원칙이지만, 재량권의 일탈·남용 또는 불행사와 같은 재량하자가 있는 경우에는 재량권의 한계를 벗어나 위법으로 되는 것이다.

(2) 그러나 직접적으로 국민에게 명령·강제하여 자유를 제한하는 경찰작용의 성질에 비추어, 재량적 경찰작용은 다른 영역에서의 재량적 행정작용에 비하여 그 재량권을 통제할 필요성이 훨씬 크다고 할 수 있다.[22] 그리하여 일반적인 재량행위의 한계론과 별도로 경찰 영역에서의 재량권을 통제하기 위한 불문의 법원칙이 발전되어 왔으며, 이를 경찰권의 조리상 한계라고 통칭한다.[23] 경찰권의 조리상 한계는 경찰작용이 재량행위인 경우에 적용되므로, 재량한계라고도 한다.

2. 조리상 한계의 내용

경찰권의 조리상 한계로는 종래 경찰 소극목적의 원칙, 경찰 공공의 원칙, 경찰 평등의 원칙, 경찰 비례의 원칙 및 경찰 책임의 원칙을 드는 것이 보통이었다. 그러나 근래에는 이 다섯 가지 원칙을 소극적 한계로 묶고, 그 외에 적극적 한계로서 경찰권 발동의 의무를 드는 경우가 많다.[24]

---

22) 그러나 경찰작용과 일반 행정작용이 과연 재량한계론을 달리할 만큼 차이가 있는지 의문을 표시하는 견해도 있다(김철용(행정) 1008면).

23) 경찰권 발동의 조리상 한계는 이처럼 재량권의 일반적 한계 외에 경찰작용에만 적용되는 고유한 한계이다. 그러나 경찰 평등의 원칙과 경찰 비례의 원칙은 재량권의 일반적 한계에도 포함되어 있다.

24) 최근 경찰권의 조리상 한계를 경찰권 발동의 요건(공공의 안녕과 질서에 대한 위해의

3. 조리상 한계의 법원으로서의 지위, 효력 및 기능

(1) 경찰권 발동의 조리상 한계는 원래 성문법의 흠결을 보충하기 위한 조리상의 원칙으로 발전되었다. 그러나 이러한 한계는 오늘날 헌법·법률·법규명령 등 성문법에 규정된 경우도 많고, 또한 판례법으로도 확립되어 있다. 이러한 법원칙의 근거를 법원성(法源性)이 의문시되는 조리에서 찾는 것은 문제가 있다. 종래 조리상 한계로 불러온 원칙들은 오늘날 헌법원칙 또는 행정법의 일반원칙이라고 보아야 할 것이다.[25] 구체적으로, 경찰 평등의 원칙과 경찰 비례의 원칙은 오늘날 평등원칙 및 비례원칙이라는 이름으로 헌법원칙으로 인정되고 있으며, 개개의 행정작용만이 아니라 입법까지도 구속하는 원칙으로서 법률의 위헌 여부를 판단하는 중요한 기준이 되고 있다. 경찰 공공의 원칙의 하위원칙인 사생활 불가침의 원칙과 사주소 불가침의 원칙도 헌법상 명문의 근거를 가지고 있다. 그 밖의 원칙들은 행정법의 불문법원의 일종인 행정법의 일반원칙[26]으로서 법률보다는 하위의 효력을 가지는 것으로 보아야 할 것이다. 조리라고 부르든 헌법원칙 또는 행정법의 일반원칙으로 부르든, 이러한 원칙에 위반되는 경찰작용이 위법으로 되는 데는 차이가 없다.

(2) 경찰권 발동의 조리상 한계는 원래 독일에서 경찰권 발동을 위한 개별적 근거법규가 미비하던 시절에 개괄적 수권조항에 의하여 경찰권을 발동할 수 있음을 전제로, 그 경우에 경찰권 발동의 한계를 설정하기 위한 조리상 원칙으로 발

존재, 경찰 공공의 원칙), 경찰권 발동의 대상(경찰 책임의 원칙), 경찰권 발동의 효과(경찰상의 편의주의, 경찰소극의 원칙), 과잉금지의 원칙(경찰 비례의 원칙), 보충성의 원칙 및 경찰권 발동의 의무화(경찰개입청구권)로 재편성하려는 시도가 있다(김남진(경찰) 133면 이하). 논리적으로는 이러한 구성이 타당하다고 생각되지만, 이 책에서는 혼란을 피하기 위하여 전통적인 체계에 따르기로 한다.

25) 경찰권 발동의 한계를 헌법과 무관하게 조리에서 구한 것은 문제가 있으며, 국민의 기본권이 헌법상 보장되고 입법·행정에 대한 헌법적 기속이 확립되어 있는 실질적 법치주의 하에서는 경찰권 발동을 한계짓는 이러한 원칙들은 기본적으로 헌법과의 관련에서 검토되어야 한다는 지적(김동희(II) 230면)은, 지극히 타당하다.

26) 정확하게는 행정 전반에 적용되는 원칙이 아니라 그 일부인 경찰에만 적용되는 원칙이라는 의미에서 '경찰법의 일반원칙'이라고 하여야 할 것이다. 실제로 경찰권의 조리상 한계를 '경찰법원리상 한계'(홍정선(경찰) 258면) 또는 '경찰법상 일반법원칙의 한계'(정하중(개론) 1129면)라고 부르는 예도 있다. 그러나 행정법의 일반원칙의 하위개념으로서의 경찰법의 일반원칙이라는 개념은 아직 확립되었다고 할 수 없다. 따라서 여전히 경찰 영역에 적용되는 불문법원으로서의 조리상 원칙이라고 하여도 무방할 것으로 보인다.

달되어 왔다. 우리나라에서도 개괄적 수권조항의 존재를 인정하는 입장에서 경찰권의 조리상 한계는 개괄조항에 의한 경찰권 발동의 경우에 적용되는 한계라고 보는 견해가 있다.[27)] 그러나 현재 우리나라에는 경찰권 발동의 개별적 수권조항이 이미 상당히 정비되어 있고, 경찰권 발동의 개괄적 수권조항은 인정할 수 없음은 이미 본 바와 같다. 그렇다고 하여 우리나라에서는 경찰권 발동의 한계에 관한 조리상 원칙들이 무의미하다고 볼 수는 없다. 개별적 수권조항에 근거하여 경찰권을 발동하는 경우에는 그 각각의 조항에서 규정한 요건과 효과의 해석이 1차적인 과제이지만, 그 해석에 있어서는 여전히 조리상 한계에 관한 원칙들이 가장 중요한 기준이 되기 때문이다.

(3) 나아가 경찰권 발동의 조리상 한계는 실존하는 경찰법규에 근거한 구체적 경찰작용의 한계일 뿐만 아니라 경찰법규의 입법을 지도하는 원리이기도 하다. 입법자(국회 및 경찰명령의 제정권자인 행정기관)는 경찰법규를 제정함에 있어서 그 요건과 효과를 최대한 경찰권 발동의 조리상 한계에 일치하도록 정하여야 한다. 특히 조리상 한계 중 일부는 오늘날 헌법원칙으로 고양되어 법률조차도 그것에 위반하면 위헌·무효로 인정됨은 앞에서 본 바와 같다.[28)]

Ⅱ. 경찰 소극목적의 원칙

(1) 경찰 소극목적의 원칙[29)]은 경찰권은 공공의 안녕과 질서에 대한 위해의 방지라는 소극적인 목적을 위해서만 발동되어야 하며, 공공복리의 증진이라는 적극적인 목적이나 재정목적 등과 같은 국가목적을 위해서는 경찰권을 발동할 수 없다는 원칙이다.

(2) 경찰작용의 소극목적성은 경찰의 개념 자체에 내재하고 있으며, 또한 대부분의 경찰작용의 근거법규는 이미 경찰권 발동의 요건으로서 위해방지를 구체화한 것이라고 할 수 있다. 따라서 위해방지 이외의 목적을 위하여 경찰권을 발동

27) 김남진(경찰) 132면 이하.

28) 정확하게 말하면, 조리상 한계에 관한 원칙의 전부가 헌법원칙이라고 할 수는 없고, 평등원칙과 비례원칙을 제외한 나머지는 여전히 불문법(조리법 또는 경찰법의 일반원칙)으로서 법률보다 하위의 효력만을 가진다고 보아야 할 것이다.

29) '경찰 소극목적의 원칙'을 줄여서 '경찰소극의 원칙'으로 부르는 예도 있다. 그러나 소극적인 것은 경찰작용의 내용이나 방법이 아니라 경찰작용의 목적일 뿐이다. '경찰소극의 원칙'이라는 용어는 그 의미를 정확하게 표현하지 못한다.

한다면 그것은 이미 경찰작용이 아니며, 개별적 수권조항에 근거한 것이라고 할 수도 없다. 따라서 경찰 소극목적의 원칙은 경찰권 발동의 조리상 한계로서 특별한 의미가 없으며, 오히려 경찰법규의 입법을 위한 원칙으로서 더 중요한 의미가 있다고 할 수 있다.[30)] 그러나 현실적으로는 경찰기관이 명목상 개별적 수권조항에 근거하면서도 위해방지의 목적과는 다른 목적을 위하여 경찰권을 발동하는 경우도 있을 수 있으므로, 여전히 경찰권 발동의 한계로서 일정한 기능을 한다고 보아야 할 것이다.[31)]

Ⅲ. 경찰 공공의 원칙

1. 개 관

(1) 경찰권은 공공의 안녕과 질서를 보호하기 위해서만 발동될 수 있고, 공공의 안녕·질서와 무관한 개인의 사생활·사주소·민사관계 등의 사적인 영역에는 간섭할 수 없다는 원칙이다. 다만, 개인의 사적 영역이라 하더라도 그것이 공공의 안녕·질서에 영향을 미치는 경우에는 경찰권의 발동 대상이 된다.

(2) 경찰 공공의 원칙 역시 경찰의 개념에 내재하는 것으로서, 역시 경찰권의 한계에 관한 독자적 원리로 검토할 필요는 없고, 오히려 경찰입법을 위한 원리로서 의미가 있다고 할 수 있다.[32)] 그러나 현실적으로 경찰기관이 공공의 안녕·질서 유지를 빙자하여 개인의 사적 영역을 침해하는 것을 방지하기 위하여 이 원칙은 필요하다고 보아야 할 것이다.[33)]

2. 내 용

경찰 공공의 원칙은 구체적으로 사생활 불가침의 원칙, 사주소 불가침의 원칙 및 민사관계 불간섭의 원칙을 내용으로 한다.

---

30) 김동희(Ⅱ) 231면.

31) 동지: 김도창(하) 309면.

32) 김동희(하) 231-232면. 경찰공공의 원칙을 구성하는 3개의 하위원리 각각에 대하여 개별적인 법령의 근거 유무 및 그 해석의 문제일 뿐이라는 이유로 특별한 의미가 없다는 견해도 있다(김철용(행정) 260면).

33) 동지: 박균성(하) 569면(다만, 경찰 공공의 원칙은 그 자체가 독자적인 법원칙이 아니라 권한남용금지의 원칙과 비례의 원칙을 통하여 경찰권의 한계가 된다고 한다).

1) 사생활 불가침의 원칙

(1) 공공의 안녕·질서와 관계없는 개인의 사생활에 대하여는 경찰권이 미칠 수 없다는 원칙이다. 여기에서 사생활이란 그 영향이 자신과 가족 등의 사적인 범위에만 미치고 일반사회에는 미치지 않는 개인의 생활행동을 뜻한다. 음주, 흡연, 성생활, 옷차림이나 몸단장 등이 그 대표적 예이다.

(2) 그러나 개인의 생활행동이라고 하더라도 그 영향이 일반사회에 미치는 경우에는 경찰권의 발동 대상이 된다(법규의 근거가 있어야 함은 물론이다). 비흡연자의 건강을 보호하기 위하여 공공 장소에서의 흡연을 단속한다든지(국민건강증진법 9조④-⑥, 34조③ 참조), 일반인의 성윤리를 보호하기 위하여 공개된 장소에서의 풍기문란행위를 단속하는 것 등이 그 예이다. 또한 청소년의 흡연과 음주를 단속하는 것과 같이, 판단능력이 부족한 자를 보호하기 위하여 본인에게 위해가 되는 행동을 단속하는 경우도 있다. 결국, 경찰권이 개입할 수 없는 사생활의 범위는 사회통념에 의하여 결정될 수밖에 없다.

(3) 오늘날 사생활의 자유는 헌법상의 기본권으로서 보호받고 있다(헌법 17조). 따라서 사생활 불가침의 원칙은 이미 조리상의 원칙이 아니라 헌법원칙이다. 그러므로 보호되어야 할 사생활을 침해하는 개개의 경찰작용이 위법할 뿐만 아니라, 경찰법규가 사생활 불가침의 원칙에 위반된 경우에는 그 법규 자체가 위헌으로 무효이다.

2) 사주소 불가침의 원칙

(1) 경찰권은 사주소에는 발동될 수 없다. 즉, 나체나 성행위 등과 같이 만약 공공의 장소에서 행해진다면 경찰에 의한 단속의 대상이 되는 행동이라도, 사주소 안에서 행해지는 경우에는 단속의 대상이 되지 않는다.

(2) 여기에서 사주소란 일반사회와 직접적인 접촉이 없는 개인의 생활장소를 의미하며, 주택과 같이 거주를 목적으로 하는 장소만이 아니라 공장·사무실·연구실 등 개인의 가택권에 의하여 지배되고 장기적이든 일시적이든 개인의 생활 근거가 되고 있는 장소를 모두 포함한다. 다만, 사주소의 개념은 소유권의 소재와는 무관하다. 국·공유의 건물이라도 개인의 생활장소가 되고 있으면 사주소이며(예컨대, 공영의 임대주택), 반대로 사인이 소유하는 장소라도 극장·숙박업소·식당·버스터미널 등과 같이 불특정다수인이 소유자 또는 관리자의 허락 없이도 드나들 수 있는

장소는 사주소가 아니다(이러한 장소를 사주소에 대비하여 '경찰상 공개된 장소'라고 한다). 경직법은 "흥행장·여관·음식점·역 기타 다수인이 출입하는 장소의 관리자 또는 이에 준하는 관계인은 그 영업 또는 공개시간 내에 경찰관이 범죄의 예방 또는 인명·신체와 재산에 대한 위해예방을 목적으로 그 장소에 출입할 것을 요구한 때에는 정당한 이유 없이 이를 거절할 수 없다"고 규정하고 있다(7조②).

(3) 경찰권이 사주소에 발동될 수 없는 것은 사주소 안에서 이루어지는 행위 또는 상태가 공공의 안녕·질서에 영향을 미치지 않기 때문이다. 따라서 사주소 안에서 이루어지는 행위 또는 상태가 공공의 안녕·질서에 대한 위해를 조성하는 경우에는 경찰권의 발동 대상이 된다. 예컨대, 악기·라디오 등의 소리를 지나치게 크게 내거나 큰 소리로 떠들거나 노래를 불러 이웃을 시끄럽게 하는 경우에는 사주소 안에서의 행위라 하더라도 공공의 안녕·질서에 영향을 미치기 때문에 단속의 대상이 되며(경범죄처벌법 3조① 21호), 위험한 사태가 발생하여 인명·신체 또는 재산에 대한 위해가 절박한 때에는 경찰관은 사주소에 출입하여 그 위해를 방지하거나 피해자를 구조할 수 있다(경직 7조①).

(4) 사주소는 헌법상 기본권인 주거의 자유에 의하여 보호된다(헌법 16조). 따라서 오늘날 사주소 불가침의 원칙 역시 단순한 조리상의 원칙이 아니라 헌법원칙의 지위를 가진다.

3) 민사관계 불간섭의 원칙

(1) 경찰권은 동산·부동산의 소유관계, 계약의 유효 여부와 채무의 이행, 혼인과 이혼 등과 같은 민사관계에는 개입할 수 없다.[34] 민사관계는 사적 자치의 원칙에 따라 당사자의 의사에 의하여 형성되고 그에 관하여 분쟁이 발생하는 경우에도 민사소송을 통하여 법원이 해결하여야 할 사항이지, 공공의 안녕·질서 유지를 임무로 하는 경찰기관의 소관이 아니기 때문이다.

(2) 다만, 민사관계라고 하더라도 그 내용이 공공의 안녕·질서를 해치거나 해칠 우려가 있는 경우에는 경찰권의 발동 대상이 된다. 예컨대, 영업용 차 또는 배 등을 타거나 다른 사람이 파는 음식을 먹고 정당한 이유 없이 제값을 치르지 않는 행위(무임승차·무전취식행위), 입장권이나 승차권 등의 매매는 민사관계이지만, 웃돈을 받고 다른 사람에게 되파는 행위(암표 매매행위)등은 공공의 안녕·질서에

34) 이러한 민사관계 불간섭의 원칙을 확장하여 사경제 자유의 원칙과 법률관계(공법관계 포함) 불간섭의 원칙으로 나누는 견해도 있다(김도창(하) 311-312면).

대한 위해로서 경범죄처벌법에 의한 단속의 대상이 되고(경범죄처벌법 3조① 39호, ② 4호), 화약류의 양도·양수는 경찰기관의 허가를 받도록 하고 있는 것이다(총포도검 21조①).[35]

Ⅳ. 경찰 평등의 원칙

1. 의 의

경찰권 발동의 요건이 충족되는 경우에도, 경찰권은 모든 국민에게 평등하게 행사되어야 하고, 성별·종교·사회적 신분·인종·재산 등을 이유로 불합리한 차별을 하지 못한다. 예컨대, 불법주차를 단속하는 경우에는 동일 지역, 동일 상황 하에 있는 모든 불법주차 차량을 같은 방법으로 단속하여야 하며, 합리적인 사유가 없음에도 불구하고 소형 승용차는 단속하면서 대형 승용차는 경고에 그치거나 아예 단속을 하지 않아서는 안 된다.

2. 효 력

경찰 평등의 원칙은 오늘날 헌법에 명문의 근거를 가진 헌법원칙으로서(헌법 11

35) 민사관계에 있어서도 법원에의 소 제기가 때를 놓칠 우려가 있고 사인의 자력구제 역시 충분하지 않은 경우(예컨대, 거액의 채무자가 외국으로 도피하려고 공항에 나와 있는 경우)에는 예외적으로 경찰권을 발동하여 도주하려는 채무자를 억류하는 등의 조치를 취할 수 있다는 견해가 있으나(김남진(경찰) 136면), 현행법상 근거를 찾을 수 없다. 개괄적 수권조항에 의한 경찰권 발동의 경우에 논의될 수 있는 사항이지만, 우리나라에서는 개괄적 수권조항을 인정할 수 없음은 앞에서 보았다. 또한 경직법 제2조 제5호 외에 제5조 제1항과 제6조를 근거로 해서도 사권보호를 위한 경찰권 발동이 가능하다는 견해도 있으나(박정훈·정초영, 주 7의 책, 21-33면), 역시 찬동하기 어렵다. 경찰에 의한 사권보호를 필요로 하는 사태(예컨대, 채무자의 도주)가 동법 제5조 제1항의 "인명 또는 신체에 위해를 미치거나 재산에 중대한 손해를 끼칠 우려가 있는 천재, 사변, 공작물의 손괴, 교통사고, 위험물의 폭발, 광견·분마류 등의 출현, 극단한 혼잡 기타 위험한 사태"에 해당한다고 볼 수도 없고, 제6조의 적용 대상인 범죄행위로 볼 수도 없기 때문이다(사권을 침해하는 행위가 범죄를 구성하는 경우에는 이미 공공의 안녕·질서에 대한 위해이므로 처음부터 경찰 공공의 원칙에 위배되지 않는다). 나아가 최근의 행정법규는 건축·택지조성·소음·진동을 규율하는 법률에서 볼 수 있는 바와 같이 사인 간의 재산권 또는 자유권에 대한 침해를 규율대상으로 흡수하여 행정권의 예방사법적 해결을 시도하는 경향이 있음을 지적하기도 하는바(박·정(하) 318-319면), 오늘날 그러한 경향이 있음은 사실이지만, 행정의 이러한 활동은 협의의 경찰이 아님은 물론, 광의의 경찰에도 해당된다고 보기 어려울 것이다.

조①), 평등원칙이라는 이름으로 경찰뿐만 아니라 모든 행정작용, 나아가 입법·사법을 포함한 모든 국가작용을 기속한다.

V. 경찰 비례의 원칙

1. 의 의

(1) 경찰 비례의 원칙이란 경찰권 발동의 요건이 충족되는 경우에 그 발동의 정도를 한정하는 원칙으로서, 경찰권은 필요한 최소한도로 행사되어야 한다는 내용을 가진다.[36] 즉, 경찰권 발동의 정도는 그 발동을 필요로 하는 위해의 정도에 비례하여야 한다는 것이다. 경찰상의 과잉금지의 원칙이라고도 한다.

(2) 비례의 원칙은 오늘날 경찰행정만이 아니라 모든 행정작용, 나아가 입법·사법을 포함한 모든 국가작용에 적용된다(따라서 경찰 비례의 원칙은 일반적인 비례원칙의 경찰행정에의 적용형태라고 할 수 있다). 또한 비례의 원칙은 오늘날 단순한 조리상의 원칙이 아니라 법치국가 원리에서 도출되는 헌법원칙으로 인정된다. 그 직접적인 근거는 기본권제한의 한계를 규정한 헌법 제37조 제2항에서 찾는 것이 보통이다. 또한 비례원칙이 법률에 규정되는 경우도 많다. 특히 경찰행정의 분야에서는 경직법이 "이 법에 규정된 경찰관의 직권은 그 직무수행에 필요한 최소한도 내에서 행사되어야 하며 이를 남용하여서는 아니 된다"고 하여(1조②), 경찰 비례원칙을 명문으로 규정하고 있다.

---

36) 경찰권 발동의 정도만이 아니라 발동의 요건까지를 함께 정하는 원칙으로 보는 입장도 있다. 그러한 입장에서는 경찰 비례원칙의 내용을 "경찰권은 공공질서 유지를 위하여 묵과할 수 없는 장해 또는 장해발생의 직접적 위험을 제거하기 위하여서만(공공질서 유지의 목적에 적합하고도 필요한 때에만), 그리고 또한 그 제거를 위하여 필요한 최소한도에 있어서만, 국민의 권리와 자유를 제한할 수 있다"는 원칙으로 정의한다(김도창(하) 312면. 동지: 김철용(행정) 1006-1007면; 박·정(하) 325-327면; 석·송(하) 326-327면). '비례성원칙에 의한 한계'라는 이름으로 경찰권 발동 여부에 관한 한계(여기에 통설이 경찰 공공의 원칙의 내용으로 드는 한계를 포함시킨다)와 경찰권 수단 선택에 관한 한계로 나누어 설명하는 입장((류·박(신론) 999-1002면)도 이에 준한다. 그러나 오늘날 경찰 비례의 원칙은 경찰권 발동의 요건이 충족된 것을 전제로, 그 발동의 수단과 정도를 정하는 원칙으로 보는 것이 일반적이다.

2. 내 용

경찰 비례의 원칙은 구체적으로 적합성의 원칙, 필요성의 원칙 및 상당성의 원칙의 세 가지 하위원칙으로 구성된다.

1) 적합성의 원칙

(1) 경찰기관은 경찰권을 발동함에 있어서 근거법규가 여러 가지 조치를 허용하는 경우에 그 목적을 달성하기에 적합한 수단을 선택하여야 한다. 즉, 그 조치를 취함으로써 실제로 위해방지의 목적을 달성할 수 있고(물론 그 위해방지의 목적은 근거법규에 의하여 구체화·정형화된 목적을 말한다), 법적으로 허용되며 또한 사실적으로 실현가능한 수단이어야 한다.

예컨대, 도로교통법은 교통에 대한 방해의 제거 또는 교통상의 위험의 방지를 목적으로 불법주차 차량에 대하여 경찰기관이 취할 수 있는 조치로서 주차방법의 변경명령, 이동명령, 경찰공무원에 의한 주차방법 변경, 경찰공무원에 의한 이동(통상 '견인'으로 속칭된다)을 규정하고 있고(35조①·②), 또한 범칙금을 부과하는 통고처분을 할 수도 있다(156조 1호, 162조 이하). 이 중 견인은 불법주차 단속의 가장 강력한 수단이라고 할 수 있다. 그러나 당시의 도로 상황에 비추어 견인을 하는 것이 오히려 교통혼잡을 악화시키는 결과를 초래한다면, 견인은 교통방해의 제거라는 목적에 적합한 수단이 아니므로 견인을 하여서는 안 된다.

(2) 취하고자 하는 조치가 목적 달성에 적합한 것인지 여부가 불분명한 경우에도, 경찰기관이 이미 효과가 알려져 있는 다른 수단과 비교하여 확립된 이론 또는 지배적인 학설에 비추어 적합한 것으로 판단하였다면, 그 조치는 일단 적합한 것으로 인정된다. 이미 취해진 조치가 목적 달성에 부적합하다는 것이 사후에 밝혀진 경우에는 경찰기관은 즉시 그 조치를 중단하고 원상회복을 위하여 노력하여야 한다.

2) 필요성의 원칙(최소침해의 원칙)

(1) 목적 달성에 적합한 수단은 하나가 아니라 여러 가지가 있을 수 있다. 그 중에서 경찰기관은 상대방과 관계인에게 가장 적은 부담을 주는 수단, 즉 상대방과 관계인의 이익을 가장 적게 침해하는 수단을 선택하여야 한다는 원칙이다.

위의 예에서, 이동명령과 견인 및 통고처분이 모두 목적달성에 적합한 조치라면, 경찰기관은 그 중에서 상대방에게 가장 적은 부담을 주는 이동명령을 선택하여야 한다. 그보다 무거운 다른 수단을 선택하는 것은 필요성의 원칙 위반이다.

(2) 어떤 수단이 상대방에게 적은 부담을 주는지는 사회통념에 따라 판단할 수밖에 없다. 만일 경찰기관이 어떤 수단을 최소침해의 수단으로 판단하여 선택하였으나 상대방이 다른 수단을 제안하는 경우에는, 그 다른 수단이 적합성의 원칙을 충족하는 한, 경찰기관은 상대방의 제안을 존중하여야 한다. 다만, 객관적으로 상대방이 제안한 수단이 경찰기관이 원래 의도한 수단보다 불리함이 명백한 경우에도 경찰기관은 상대방이 제의한 대안을 따를 의무가 있다고 보아야 할지는 문제이다.[37)]

3) 상당성의 원칙(협의의 비례원칙)

(1) 경찰기관이 취하는 조치는 그에 의하여 달성되는 공익(위해방지의 이익)이 그로 인한 상대방 및 관계인의 불이익보다 클 때에만 그 조치를 취할 수 있다는 원칙이다. 어떤 조치가 목적달성에 적합한 여러 수단 중에서 상대방 및 관계인의 이익을 가장 적게 침해하는 수단이라고 하더라도, 그 조치로 인하여 상대방과 관계인이 입는 불이익이 그 조치에 의하여 달성되는 공익보다 큰 경우에는 그 조치를 취할 수 없다.[38)]

필요성의 원칙과 상당성의 원칙은 혼동하기 쉽다. 필요성의 원칙은 여러 개의 수단을 대상으로 그것들이 상대방 및 관계인에게 주는 불이익을 비교하는 것인데 비하여, 상당성의 원칙은 필요성의 원칙에 의하여 선택된 하나의 수단을 놓고 그것이 상대방 및 관계인의 사익에 미치는 영향과 공익에 미치는 영향을 비교하는 것이라는 데 기본적인 차이가 있다.

(2) 경찰기관이 선택한 수단이 상당성을 결한다면, 다른 수단은 그 수단보다 상대방 및 관계인에게 주는 불이익이 더 클 것이므로, 경찰기관은 차라리 위해를 묵과하고 경찰권을 발동하지 말아야 한다는 결과가 된다.

---

37) 긍정하는 견해로는, 김남진(경찰) 143면.

38) 상당성의 원칙을 설명하면서 빠짐없이 인용되는 것이 "경찰은 참새를 잡기 위하여 대포를 쏘아서는 안 된다(Die Polizei soll nicht mit Kanonen auf Spatzen schießen)"는 독일 속담이다. 대포를 쏨으로써 참새는 잡을 수 있지만 그로 인한 이익보다 훨씬 더 큰 피해를 주어서는 안 된다는 것이 바로 상당성의 원칙이다. 우리나라의 "빈대 잡다가 초가삼간 태운다"는 속담도, 비록 반어적으로 표현되어 있지만, 같은 뜻을 담고 있다.

4) 적용순서

위의 세 원칙은 적합성의 원칙, 필요성의 원칙, 상당성의 원칙의 순서로 적용된다. 즉, 경찰기관은 먼저 법이 허용하는 수단 중에서 적합성의 원칙을 적용하여 목적달성에 적합한 수단을 선택하고(그 수단은 하나인 경우도 있으나 일반적으로는 여러 개일 것이다), 그 수단들 중에서 필요성의 원칙을 적용하여 상대방 및 관계인에게 가장 적은 부담을 주는 하나의 수단을 선택한 뒤, 최종적으로 상당성의 원칙을 적용하여 그 수단이 상대방 및 관계인에게 주는 불이익과 그로 인하여 달성되는 공익을 비교하여 조치 여부를 결정하여야 하는 것이다.

Ⅵ. 경찰 책임의 원칙

1. 의 의

(1) 경찰 책임의 원칙은 경찰권은 위해발생에 대하여 책임이 있는 자에게 발동되어야 한다는 원칙이다. 위해발생에 대한 책임을 경찰책임이라고 하고, 그 책임이 있는 자를 경찰책임자라고 한다.

(2) 위해가 발생한 경우에 경찰기관은 자신의 인적·물적 자원을 사용하여 위해를 방지하여야 하는 것이 원칙이다. 그러나 그 위해의 발생에 책임이 있는 자가 따로 있을 때에는, 그 자에게 명령(작위·부작위·급부·수인의무를 부과)하거나 강제함으로써 위해를 방지하는 것이 오히려 공평하고 효과적인 경우도 많다. 이처럼 누구에겐가 경찰권을 발동하여 명령·강제함으로써 위해를 방지할 필요가 있을 때, 누구에게 경찰권을 발동하여야 하는지를 결정하는 기준을 제시하는 것이 경찰 책임의 원칙이다.

(3) 경찰 책임의 원칙은 이와 같이 경찰법규 해석의 기준으로서 기능할 뿐만 아니라,[39] 나아가 경찰법규를 제정할 때에도 기준을 제공하는 입법상의 원리이기도 하다.[40]

---

39) 경찰권 행사의 상대방은 경찰위반상태의 발생에 대하여 책임이 있는 자인가 여부에 의해서 정해지는 것이 아니라 개개의 법률 규정에 의하여 정해지는 것이므로, 경찰 책임의 원칙은 특별한 의미를 가지지 않는다는 견해도 있다(김철용(행정) 260-261면). 그러나 개개의 법률 규정에 의한 경찰권 행사의 상대방이 누구인지를 정하기 위한 기준(해석기준)으로서 경찰 책임의 원칙은 중요한 의미가 있다고 보아야 할 것이다(동지: 박균성(하) 571-572면).

2. 경찰책임의 의의·성질 및 종류

1) 경찰책임의 의의

경찰책임은 경찰위반의 상태(위해)가 발생한 경우에 그 원인을 제공한 자가 경찰권 발동의 상대방이 되어 명령 또는 강제라는 불이익을 받을 지위를 의미한다.[41)]

2) 경찰책임의 성질

경찰책임도 법적 책임(제재로서의 불이익을 받을 법적 지위)이라는 점에서는 민사책임·형사책임과 마찬가지이다. 특히 경찰책임은 사회로부터 개인을 보호하기 위하여 특정한 개인에게 제재를 과한다는 점에서 형사책임과 비슷한 면이 있다. 그러나 경찰책임과 다음과 같은 점에서 형사책임과 차이가 있다.

(1) 목적　형사책임은 응보적 제재를 통하여 간접적으로 사회를 보호하는 데 비하여, 경찰책임은 공공의 안녕과 질서를 유지하기 위하여 위해를 방지함으로써 직접적으로 개인으로부터 사회를 보호하는 것을 목적으로 한다.

(2) 책임의 기초　형사책임은 개인을 독립한 윤리적 존재로 파악하여 자기결정에 기초한 비윤리적·반사회적 행동에 대하여 과해진다. 그러나 경찰책임은 개인을 사회적 공동체의 구성자로 파악하여 그 외계에 나타난 표상에 따라, 즉 객관적으로 공동체의 안녕과 질서에 대한 위해의 발생이라는 사실에 대하여 과해진다.

(3) 내용·절차　형사책임은 형벌을 과하여 생명·자유·재산 등의 법익을 박탈하는 것을 내용으로 하나, 경찰책임은 경찰상의 명령·강제에 의하여 위해방지의 의무를 부과하거나 위해가 없는 상태를 실현하는 것을 내용으로 한다. 따라서 형사책임은 형사소송절차를 통하여 과해지나, 경찰책임은 경찰기관의 처분을 통하여 과해지거나 경찰기관의 사실행위를 통하여 실현된다.

---

40) 경찰 책임의 원칙은 경찰작용의 속성에 따른 경찰작용의 내재적 한계로서 이를 경찰권의 한계에 관한 독자적 원리로 검토할 의미는 없으며, 단지 국민의 기본권과 경찰의 본질과의 관련에서 검토되어야 하는 입법상의 원리로서 의미가 있다는 견해(김동희(II) 231-232면), 경찰책임은 실정법 해석의 문제이므로 단순히 경찰권의 조리상 한계의 문제로 접근하는 것은 지양되어야 한다는 견해도 있다(홍정선(경찰) 265면).

41) 이러한 의미의 경찰책임을 형식적 의미의 경찰책임으로 부르면서, 이와 구별하여 "국가권력에 복종하는 주체가 성문·불문의 모든 경찰법규를 준수·유지해야 하는 의무"(경찰의무)를 실질적 의미의 경찰책임으로 부르기도 한다(홍정선(경찰) 265면).

(4) 주관적 요건의 요부 　형사책임은 행위자를 처벌함으로써 사회를 보호하는 것을 목적으로 하기 때문에 행위자 본인에게만, 그리고 행위자에게 고의·과실이 있는 경우에만 과할 수 있는 주관적 책임이다. 그러나 경찰책임은 위해를 방지함으로써 사회를 보호하는 것을 목적으로 하는 까닭에, 행위자인지 여부 또는 고의·과실의 유무와 무관하게, 현존하는 위해를 방지하기 위하여 누구에게 책임을 과하는 것이 가장 적합한가 하는 관점에서 과해지는, 객관적 책임이다. 따라서 경찰책임은 자신의 행위가 아닌 자신의 지배하에 있는 타인의 행위에 의해서나 자신이 관리하는 물건의 상태에 의하여 위해가 발생한 경우에도 발생하며, 또한 고의·과실을 요하지 않는다. 따라서 예컨대, 갑작스러운 발병으로 도로에 쓰러져 있는 행인이나 절도범인이 도로상에 방치하고 도주한 자동차의 소유자도 교통상의 위해에 대한 책임을 진다.[42)]

3) 경찰책임의 종류

경찰책임은 위해발생에 원인을 제공한 자가 지는 책임으로서, 그 원인에 따라 행위책임과 상태책임으로 구분된다.[43)]

(1) 행위책임 　(a) 사람의 행위에 의하여 위해가 발생한 경우에 행위자가 지는 책임이다(자기 행위에 대한 책임). 여기에서 행위란 작위뿐만 아니라 작위의무 있는 자의 부작위도 포함한다.[44)] (b) 미성년자 기타 행위무능력자의 행위에 의하여 위해가 발생한 경우에는 그 친권자나 후견인이, 종업원의 직무상 행위에 의하여 위해가 발생한 경우에는 그 사용자가 책임을 진다(타인의 행위에 대한 책임). 예컨대, 누군가의 자동차를 갑이 주차금지구역에 주차한 경우에 경찰은 갑에게 자

---

42) 그럼에도 불구하고 의무위반 없는 책임이란 생각할 수 없기 때문에, 경찰책임은 어떠한 의무위반에 대한 책임인지가 문제된다. 모든 국민은 자신의 행위나 자신의 지배하에 있는 타인의 행위 또는 자신이 관리하는 물건의 상태로 인하여 공공의 안녕·질서에 대한 위해가 발생하지 않도록 배려할 의무가 있다는 점은 일반적으로 인정된다. 그 의무를 자연법상의 의무로 보는 견해도 있으나(이상규(하) 309면), 개인의 자연법상 의무위반에 대하여 실정법상의 제재를 과할 수 있다고 보기는 어렵다. 개인에게 경찰책임을 과하는 개개의 실정법 규정에 의하여 부과되는 실정법상의 의무라고 보아야 할 것이다(동지: 김도창(하) 315면 주 5).

43) 이 외에 혼합적 책임 또는 복합적 책임을 드는 것이 보통이다. 그러나 이는 책임의 종류라기보다는 행위책임과 상태책임이 경합하는 경우 또는 하나의 행위책임에 대하여 행위자가 다수인 경우에 누구에게 최종적으로 책임을 지울 것인가의 문제, 즉 경찰책임자의 결정 내지 책임의 귀속의 문제이다.

44) 홍정선(경찰) 282면.

기 행위에 대한 책임을 물어 이동명령·통고처분 등의 조치를 취할 수 있고, 갑의 미성년자인 자녀 을이 주차한 경우에는 을의 친권자인 갑에게 같은 조치를 취할 수 있다. 보호·감독 하에 있는 자의 행위에 대하여 보호·감독자가 지는 책임은 행위자의 책임에 대한 대위책임이 아니라 자신의 지배범위 안에서 경찰위반상태가 발생한 데 대한 자기책임이다. 따라서 보호·감독자가 책임을 지더라도 행위자의 책임이 면제되는 것은 아니다.

(2) 상태책임 (a) 어떤 물건의 상태가 객관적으로 위해를 조성하고 있는 경우에 그 물건의 관리자가 지는 책임이다. 이때 물건의 관리자는 소유권·임차권 등의 권원을 가질 필요는 없고, 현실적으로 그 물건을 지배하는 것으로 족하다. 예컨대, 갑의 자동차가 주차금지구역에 주차되어 있는 경찰은 소유자인 갑에게 상태책임을 물어 이동명령 등의 조치를 취할 수 있지만, 그 자동차를 을이 갑의 허락 없이 자동차를 사용하다가 잠시 주차한 경우라면 현실적인 지배자는 을이므로, 경찰은 을에게 상태책임을 물어 이동명령 등의 조치를 취할 수 있다. (b) 관리자에게 책임을 묻는 것이 불가능한 경우에는 2차적으로 소유자 그 밖의 다른 권원이 있는 자가 상태책임을 진다. 그러나 이 경우에도 권원 있는 자의 권리행사가 법률상 또는 사실상 불가능한 경우(예컨대, 도난당한 물건의 소유자)에는 상태책임을 지울 수 없다.

행위자책임과 관리자책임

또 다른 관점에서 경찰책임을 행위자책임과 관리자책임(또는 지배자책임)으로 구분하기도 한다. 행위자책임은 자기의 행위로 인하여 위해가 발생한 경우에 그 행위자가 지는 책임이며, 관리자책임은 자기의 보호·감독 하에 있는 타인의 행위 또는 자기가 관리하는 물건의 상태로 인하여 위해가 발생하는 경우에 그 보호·감독자 또는 관리자가 지는 책임이다. 결국 행위책임 중의 타인의 행위에 대한 책임과 상태책임을 합친 것이 관리자책임이라고 할 수 있다.

- 행위책임
  - 자기 행위에 대한 책임 —— 행위자책임
  - 타인의 행위에 대한 책임 ┐ 관리자책임
- 상태책임 ┘ 관리자책임

3. 경찰책임자

1) 경찰책임의 주체

누가 경찰책임의 주체가 될 수 있는가, 즉 경찰권 발동에 의한 명령·강제의 상대방이 될 수 있는 것은 누구인가 하는 것이 경찰책임의 주체 문제이다. 경찰책임을 질 수 있는 추상적인 자격을, 일반화된 용어는 아니지만, 민사상의 책임능력이나 형사책임능력에 대비하여 경찰책임능력이라고 할 수 있을 것이다.

가) 사인(私人)

모든 사인은 경찰책임의 주체가 될 수 있다. 자연인·법인은 물론 권리능력 없는 사단과 재단을 포함하고, 내국인·외국인·무국적자를 불문한다. 또한 민사상 행위능력이나 의사능력·불법행위능력 및 형사상의 책임능력 유무와도 무관하다.

나) 공권력주체

사인 이외에 국가나 지방자치단체와 같은 공권력주체도 경찰책임능력이 있는지(경찰상의 명령·강제의 상대방이 될 수 있는지)가 문제된다. 예컨대, 국가가 소유·관리하는 건물이 붕괴의 위험에 처해 있는 경우에 경찰은 국가에 대하여(현실적으로는 그 건물을 관리하는 국가기관에 대하여) 퇴거를 명하거나 강제퇴거시킬 수 있는가 하는 문제가 그것이다.

(1) 국가 등의 공권력주체 내지 그 기관도 공공의 안녕·질서 유지를 위한 법을 준수할 의무(이른바 실질적 경찰책임)가 있다는 것은 오늘날 일반적으로 인정되고 있다.

(2) 그러나 이러한 공권력주체(실제로는 공권력주체를 위하여 행위하는 국가적 기관)에 대하여 경찰기관이 구체적인 경찰권을 발동할 수 있는가? 이른바 형식적 경찰책임의 인정 여부의 문제이다. 국가적 기관이 사법에 근거하여 활동할 때(이른바 국고작용)에는 사인과 동일한 법적 지위에 서게 되므로 경찰권 발동의 대상이 된다는 데 이견이 없다. 문제는 국가적 기관이, 권력적으로든 비권력적으로든, 공익을 목적으로 공법에 근거하여 활동하는 경우이다. 이에 관하여는 학설이 대립되고 있다.

(가) 부정설 　종래의 통설은 국가기관 간의 권한 분배를 논거로, 어느 국가기관의 관할 안에서 발생하는 위해는 그 국가기관 자신의 책임으로 방지되어

야 하며, 경찰기관이 개입할 수 없다고 한다.[45]

(나) 긍정설 각 국가기관이 자신의 임무에 관한 고유한 권한을 가지고 있다고 하더라도, 공공의 안녕과 질서 유지에 관한 한 경찰기관의 권한이 더 우월하므로, 경찰기관은 다른 국가적 기관에 대해서도 경찰권을 발동할 수 있다는 견해이다.[46]

(다) 제한적 긍정설 현재 우리나라의 다수설로서, 기본적으로 긍정설의 입장에 서면서도, 다만 경찰기관의 경찰권 발동이 다른 국가적 기관의 고유한 임무수행 내지 권한행사를 방해해서는 안 된다고 보는 견해이다.[47]

(라) 사견 국가기관은 어떤 경우에도 경찰기관의 간섭을 받지 않아야 된다거나(긍정설), 반대로 위해방지에 관한 경찰기관이 모든 다른 국가기관보다 항상 우위에 있다고 하는 것(부정설)은, 둘 다 국가기관 일반이나 경찰기관의 권한행사에 절대적 가치를 부여하는 것으로서, 법치국가 원리에 부합한다고 보기 어렵다. 국가기관 일반의 임무수행 보장과 위해방지에 관한 경찰기관의 전문성 존중이라는 상충하는 요구를 조화하기 위해서는 제한적 긍정설이 타당하다고 생각된다.

2) 경찰책임의 귀속

실제로 발생한 위해에 대하여 경찰책임을 져야 할 자는 행위책임 또는 상태책임이 있는 자이다. 즉, 경찰기관은 위해의 원인이 된 행위를 한 자, 행위자를 보호·감독하는 자, 또는 위해를 조성하고 있는 물건의 관리자에 대하여 위해방지를 위한 명령을 하거나 강제를 할 수 있다. 그러나 이에 관하여 몇 가지 문제가 발생한다.

---

45) 홍정선(경찰) 270면; 정하중(개론) 1136면. 다른 국가기관에 경찰권을 발동하기 위해서는 법률의 근거가 있어야 하고, 법률의 근거가 없는 경우에는 경찰권을 발동할 수 없고 단지 경찰상 위해의 제거를 권고할 수 있을 뿐이라고 견해(박균성(하) 574면)는, "제한적 긍정설이 타당하다"는 언명에도 불구하고 실제로는 부정설의 입장이라고 풀이된다. 공권력주체의 형식적 경찰책임이 문제되는 것은 바로 그러한 명문의 규정이 없는 경우이기 때문이다.

46) 서·김·이(연구) 241-242면; 손재영(경찰) 292-293면.

47) 박·정(하) 337면; 김남진(경찰) 138면(의사표시를 통한 의무의 부과는 경우에 따라 긍정될 수 있지만, 경찰강제 등과 같은 기타의 경찰조치는 원칙적으로 허용되지 않고, 관계기관 간의 협의를 통하여 해결하여야 할 것이라고 한다); 류·박(신론) 1004면; 이철호(경찰) 187면.

가) 인과관계의 문제

(1) 위해의 원인이 된 행위 또는 물건의 상태와 발생한 위해 사이에는 인과관계가 존재하여야 한다. 그러나 자연적인 인과관계의 연쇄는 무한하기 때문에, 누구에게 경찰책임을 지울 것인지를 결정하기 위해서는 규범적으로 인과관계를 한정할 필요가 있다. 인과관계의 인정 범위에 관한 대표적인 학설로는 다음과 같은 것들이 있다.

(가) 조건설　A가 없었더라면 B도 없었을 것으로 인정되는 경우에 A와 B 사이에 인과관계를 인정하는 견해이며, 등가설이라고도 한다. 조건설은 결국 자연적인 인과관계를 모두 그대로 인정하는 것으로, 책임의 귀속이 무한하게 확대된다는 점에서 경찰책임의 귀속을 결정하는 원리로는 적합하지 않다.

(나) 상당인과관계설　A라는 원인이 있으면 통상 B라는 결과도 발생하는 경우에 A와 B 사이에 인과관계를 인정하는 견해이다. 불법행위법에서의 통설이다. 그러나 경찰책임의 귀속을 결정하는 데는 적합하지 않다고 평가된다. 경찰상의 위험에는 비정형적이고 일반적으로 예측하기 곤란한 것도 많은데, 그러한 경우에도 경찰권은 발동되어야 하기 때문이다.

(다) 직접원인설　위해발생에 직접적인 원인을 제공한 경우에 한하여 인과관계를 인정하는 견해로서, 독일에서 경찰법 고유의 인과관계론으로 발전되었으며, 오늘날 통설로 인정되고 있다. 이에 따르면 행위책임이든 상태책임이든, 그 행위 또는 그 물건의 상태가 직접적으로 위해발생의 원인이 된 경우에만 책임이 성립하고, 경찰기관은 위해발생의 직접적인 원인이 된 행위를 한 자나 그 자의 보호·감독자 또는 그 물건의 관리자에게만 경찰권을 발동할 수 있다.[48]

예컨대, 갑의 자동차가 주차금지구역에 주차하여 교통상의 장해를 야기하고 있는 경우에, 그 원인은 갑이 그 장소에 주차한 행위뿐만 아니라 자동차판매상 을이 그 자동차를 판매한 행위, 자동차제조업자 병이 그 자동차를 제조한 행위, 정이 자동차를 발명한 행위 등으로 무한히 거슬러 올라갈 수 있다. 그러나 교통상의 장해에 대하여 직접적인 원인을 제공한 것은 갑이 그 장소에 주차한 행위(또는 그 장소에 주차되어 있는 자동차의 상태)이며, 을·병·정의 행위는 간접적인 원인에 불과하다. 따라서 경찰은 갑에게 경찰권을 발동하여야 하고, 을·병·정 등에게는 경찰권을 발동할 수 없다.

48) 그러나 이에 대하여는, 경찰권 발동의 대상자 선택에 있어서 결정적인 지침은 위험방지의 효율성의 요청과 비례원칙에의 구속임을 강조하면서, 경찰법에 고유한 귀속이 과연 필요한 것인지에 대하여 의문을 표시하는 견해도 있다(서·김·이(연구) 256-259면).

(2) 그러나 간접적인 원인을 제공한 자도 위해가 발생하리라는 것을 알면서 그 위해를 야기할 의도로 행위를 한 경우, 즉 위해발생에 대한 목적지향성이 인정되는 경우에는 인과관계가 인정되며, 경찰책임을 진다(이 경우에는 직접원인제공자와 의도적 간접원인제공자 간의 다수자책임의 문제가 발생한다).[49]

> 예컨대, 도로에 면한 자기 집에서 그림을 그리는 화가의 그림 솜씨를 보기 위하여 도로에 사람이 모여 교통상의 장해가 발생한 경우에, 교통장해에 직접 원인을 제공한 것은 구경하는 군중이지 화가가 아니다. 그러나 화가가 자신의 그림을 선전할 목적으로 의도적으로 도로 방향을 향한 채 그림을 그리고 있었다면, 화가에게 교통장해 발생에 대한 목적지향성이 인정되며, 따라서 교통장해에 대한 책임이 인정된다(물론 군중도 직접원인제공자로서 책임이 있다).[50]

나) 행위책임과 상태책임의 경합

어떤 물건의 상태가 위해를 조성하고 있고 또한 그 상태가 누군가의 행위에 의하여 발생한 경우에는 행위책임과 상태책임이 병존하는 상태가 된다. 예컨대, 갑 소유의 자동차를 을이 주차금지구역에 방치한 경우에, 불법주차로 인한 교통상의 장해라는 위해에 대하여 갑은 상태책임이 있고 을은 행위책임이 있다. 이러한 경우에 경찰기관은 누구에게 경찰권을 발동하여야 하는지가 문제된다. 행위책임을 우선하여야 한다는 견해도 있으나,[51] 구체적 상황에 따라 어느 쪽에 경찰권을 발동하는 것이 위해를 가장 신속하고 효과적으로 방지할 수 있는지를 경찰기관이 재량으로 판단하여 그 자에게 경찰권을 발동하여야 할 것이다.[52]

다) 다수자책임

하나의 위해가 다수자의 행위 또는 다수의 물건의 상태로 인하여 발생하는 경우에 누구에게 책임을 물어야 할 것인지가 문제된다.

(1) 위해발생의 직접적인 원인과 간접적인 원인을 구별할 수 있는 경우에는, 직접적인 원인을 제공한 행위자나 그 보호·감독자 또는 그 물건의 관리자에게 책

49) 그러나 최근에 이러한 의도적 간접원인제공자 개념에 대해서는 비판적인 입장도 있다(예컨대, 서·김·이(연구) 260-290면).

50) 박·정(하) 321면 주 3; 김철용(행정) 1003-1004면.

51) 김남진(경찰) 137면; 박·정(하) 323면; 박균성(하) 580면; 류·박(신론) 1010면.

52) 김도창(하) 318면; 김·김(II) 284면; 김철용(행정) 1004면; 홍정선(경찰) 283면; 정하중(개론) 1135면: 서·김·이(연구) 348-349면; 손재영(경찰) 374-375면; 김재광(각론) 59면.

임을 물어야 하는 것은 당연하다. 다만, 의도적 간접원인 제공자는 직접원인 제공자와 마찬가지로 책임이 있음은 위에서 보았다.

위에 든 화가의 예에서, 교통혼잡의 직접적인 원인을 제공한 것은 군중이므로, 경찰은 군중에게 해산을 명하여야지(도로교통법 7조 참조), 화가에게 그림 그리는 행위를 중단하거나 도로에서 보이지 않도록 차폐할 것을 명할 수는 없다. 그러나 화가에게 군중을 모으는 데 대한 목적지향성이 인정되는 경우에는 경찰은 화가에게 중단 또는 차폐를 명할 수 있다.

(2) 위해발생에 직접적인 원인을 제공한 자(또는 의도적 간접원인제공자)가 다수인 경우에도, 하나하나의 행위 또는 물건의 상태가 각각 그것만으로 위해의 원인이 되는 경우에는 각각의 행위자 또는 행위자나 물건의 지배자가 경찰책임을 지며, 별 문제는 없다. 경찰기관은 그 각자에 대하여 경찰권을 발동할 수 있고, 또한 그 중에서 누구에게 경찰권을 발동하는 것이 가장 효과적으로 위해를 방지할 수 있는지를 재량으로 판단하여 그 자에게 경찰권을 발동할 수도 있다.

위의 예에서, 화가에게 목적지향성이 인정되는 경우에, 경찰은 화가에게 중단 또는 차폐를 명할 수도 있고, 군중에게 해산을 명할 수도 있다. 양자의 조치를 모두 취할 수도 있지만, 어느 쪽이 더 신속하고 효과적으로 교통장해를 제거할 수 있는지를 판단하여 한 가지 조치만을 취할 수도 있다(일반적으로는 화가에게 중단 또는 차폐를 명하는 조치가 될 것이다).

(3) 가장 문제되는 것은 하나하나의 행위 또는 물건의 상태만으로는 위해가 아니지만, 다수의 행위 또는 물건의 상태가 결합하여 하나의 위해를 조성하는 경우이다. 이 경우에도 행위자 또는 관리자 전원이 경찰책임자라고 할 수 있다. 따라서 경찰기관은 그 전원을 상대로 경찰권을 발동할 수 있을 것인바, 그 책임의 분담 정도는 경찰기관의 재량으로 판단할 수밖에 없을 것이다. 또한 경찰기관은 그 전원에 대하여 책임을 묻지 않고 그 중에서 누구에게 경찰권을 발동하는 것이 가장 효과적으로 위해를 방지할 수 있는지를 재량으로 판단하여 그 자에게만 경찰권을 발동할 수도 있다.[53] 이 경우 다수의 행위자 또는 관리자는 각자가 경찰위반상태에 기여한 비율에 따라 책임을 분담하는 것이 아니라 경찰위반상태 전체에 대하여 책임을 진다.[54]

53) 김남진(경찰) 137면; 홍정선(경찰) 283면; 서 · 김 · 이(연구) 346면(다만, 심신장애자나 종업원과 같은 시원적 책임자 외에 감독책임자나 사용주와 같은 부가적 책임자가 있는 경우에는 일반적으로 후자에게 경찰권을 발동하는 것이 하자 없는 재량권행사가 된다고 한다).

예컨대, 시위를 위하여 다수의 자동차가 일시에 특정 도로에 모여들어 교통혼잡을 야기한 경우에, 경찰은 자동차 전부를 대상으로 이동을 명할 수도 있지만, 그 중 일부만을 이동시키면 교통혼잡을 제거할 수 있다고 판단되는 경우에는 그 일부에만 이동을 명할 수도 있다.

라) 비용상환청구권의 문제

경찰책임자가 다수인 경우(직접원인제공자 외에 의도적 간접원인제공자가 있는 경우, 행위책임자와 상태책임자가 병존하는 경우, 다수자책임이 성립하는 경우)에, 경찰기관이 그 중 1인 또는 수인에게 경찰권을 발동하였다면 경찰권 발동의 대상이 된 사람은 나머지 경찰책임자에게 비용상환을 청구할 수 있는지가 문제된다. 이에 관하여는 긍정설[55]과 부정설 및 절충설(경찰권 발동 대상자의 선택이 경찰기관의 흠 없는 재량권 행사로 인정되는 경우에는 비용상환청구권을 부인하지만 그 밖의 경우에는 비용상환청구를 긍정하는 견해)[56]이 대립하고 있다. 본질적으로 경찰법의 문제라기보다는 민사상의 문제로서 부진정 연대채무자 간의 책임분담에 관한 법리를 적용하여 해결하여야 할 것인바, 결과적으로는 비용상환청구를 긍정할 수밖에 없을 것이다.

3) 경찰책임의 승계

경찰책임자가 사망하거나 위해를 조성한 물건을 양도한 경우에 상속인이나 양수인에게 경찰책임이 승계되는지가 문제된다. 과거의 통설은 행위책임·상태책임을 막론하고 경찰책임은 일신전속적인 것으로 보아 승계를 부인하였다. 그러나 근래 독일에서는 상태책임에 한하여 승계를 인정하는 경향이 있다. 즉, 위해를 조성한 물건의 관리자에게 이미 내려진 경찰처분은 사람의 개성과 무관한 대물적 행정행위이므로, 절차경제의 관점에서 그 양수인에 대하여 새로운 처분을 하지 않더라도 양도인에 대한 처분의 효력이 양수인에게 미친다는 것이다. 우리나라의 경우에도 행위책임에 관해서는 승계를 부인하는 것이 통설이며,[57] 상태책임에 관해서는 승

---

54) 김동희(II) 227-228면; 홍정선(경찰) 282-283면.

55) 박균성(하) 581면; 김재광(각론) 60면.

56) 박·정(하) 323면; 홍정선(경찰) 284면; 류·박(신론) 1010면; 서·김·이(연구) 353면.

57) 기본적으로 승계를 부정하면서 다만 상속의 경우에는 상속인이 행위책임을 승계한다는 견해(박균성(하) 583면), 행위책임도 포괄승계는 인정된다는 견해(홍준형(행정) 1317-1319면), 경찰하명에 의해 부과된 의무가 대체적 성질을 가지는 경우에는 승계가능성이 있다는 견해(정하중(개론) 1137면), 추상적 행위책임이든 구체적 행위책임이든 포괄승계는 개별법상 근거가 없더라도 민법 제1005조 및 상법 제235조에 따라 가능하며, 특정승계는 통

계를 인정하는 견해가 다수설이다.[58] 그러나 행위책임이든 상태책임이든 승계의 가능성을 인정하더라도 자동적으로 책임이 승계되는 것이 아니라 책임의 승계를 규정하는 법률상 근거가 있는 경우에만 승계된다고 보아야 할 것이다.[59]

4. 경찰 책임의 원칙의 예외 - 비책임자에 대한 경찰권 발동 -

1) 법률 규정에 의한 경우

(1) 경찰권은 위해발생에 대하여 책임이 있는 자에게만 발동하는 것이 원칙이지만, 예외적으로 목전에 급박한 위해를 방지하기 위하여 긴급한 경우에는 행위책임도 상태책임도 없는 자에게 경찰권이 발동되는 경우(자신의 이익침해에 대하여 수인하도록 하는 경우, 또는 특정의 작위 또는 부작위의 의무를 부과하는 경우)가 있다. 다음과 같은 경우가 대표적인 예이다.

(가) 인명 또는 신체에 위해를 미치거나 재산에 중대한 손해를 끼칠 우려가 있는 천재, 사변, 공작물의 손괴, 교통사고, 위험물의 폭발, 광견·분마류 등의 출현, 극단한 혼잡 기타 위험한 사태가 있을 때 경찰관은 그 장소에 있는 자, 사물의 관리자, 기타 관계인에게 위해방지상 필요하다고 인정되는 조치를 하게 하거나 스스로 그 조치를 할 수 있는 바(경직 5조① 3호), 그 조치의 상대방 중에는 위험발생에 책임이 없는 자도 포함된다. 예컨대, 교통사고가 발생한 경우에 경찰관은 현장에 있는 사람 중에서 사고 발생에 책임이 없는 자에 대해서도 피해자 구호나 파손된 자동차의 이동 등 위해방지에 필요한 조치를 하도록 명할 수 있는 것이다.

상적으로 인정될 수 없다는 견해(서·김·이(연구) 370-374면, 375-376면)도 있다.

58) 박·정(하) 323면; 홍정선(경찰) 289면; 정하중(개론) 1137면; 류·박(신론) 1009면. 그러나 이에 대하여는, 양수인이 양도인의 경찰책임을 승계하는 것이 아니라 스스로 위해를 조성하는 물건을 현실적으로 지배하고 있기 때문에 시원적으로 경찰책임이 성립하는 것이라는 반론이 있다(박균성(하) 513면). 이 견해에 의하면 경찰기관은 양수인에 대하여 새로이 경찰권을 발동하는 조치를 하여야 하고, 또한 양도인도 이미 발생한 상태책임을 면하는 것이 아니라고 한다. 한편, 상태책임도 책임의 속성과 지위승계의 성질, 면책사유의 인정여부 등을 고려하여 개별구체적으로 판다해야 할 문제라는 견해(홍준형(행정) 1319면), 추상적 상태책임은 포괄승계든 특정승계든 논의될 필요가 없고, 구체적 상태책임의 포괄승계는 일반적으로 인정되지만 특정승계는 법적 근거가 필요하다는 견해(서·김·이(연구) 368-369면, 374-376면)도 있다.

59) 정하중(개론) 1137면.

(나) 소방본부장, 소방서장 또는 소방대장은 화재, 재난·재해, 그 밖의 위급한 상황이 발생한 현장에서 소방활동을 위하여 필요할 때에는 그 관할구역에 사는 사람 또는 그 현장에 있는 사람으로 하여금 사람을 구출하는 일 또는 불을 끄거나 불이 번지지 아니하도록 하는 일을 하게 할 수 있으며(소방기본법 24조①), 또한 사람을 구출하거나 불이 번지는 것을 막기 위하여 긴급하다고 인정할 때에는 화재가 발생하거나 불이 번질 우려가 있는 소방대상물 또는 토지 외의 소방대상물과 토지를 일시적으로 사용하거나 그 사용의 제한 또는 소방활동에 필요한 처분을 할 수 있다(동법 25조②).

(다) 구조본부의 장 및 소방관서의 장은 수난구호를 위하여 부득이하다고 인정할 때에는 필요한 범위에서 사람 또는 단체를 수난구호업무에 종사하게 하거나 선박, 자동차, 항공기, 다른 사람의 토지·건물 또는 그 밖의 물건 등을 일시적으로 사용할 수 있다(수난구호법 29조①).

(2) 이처럼 법률에 명문의 근거가 있는 경우에는 경찰책임 없는 자에 대하여도 경찰권을 발동할 수 있다는 데 의문의 여지가 없다. 다만, 비책임자에 대한 경찰권 발동은 어디까지나 예외이므로, 경찰책임자에 대한 경찰권 발동의 경우보다 그 요건을 엄격하게 해석하여야 하며, 특히 원래의 책임자에 대한 경찰권의 발동만으로는 위해를 충분히 방지할 수 없는 경우에 국한하여야 한다. 또한 그 발동의 범위도 비례원칙을 엄격하게 적용하여 목전의 급박한 위해를 방지하기 위하여 필요한 최소한으로 한정되어야 하고, 경찰권 발동의 대상이 된 제3자에게 특별한 희생으로서의 손실이 발생한 경우에는 그 손실을 보상하여야 한다. 이 경우 손실보상의 근거법으로는 소방기본법(24조②·③, 25조④), 수난구호법(29조③) 등의 개별법 규정 외에 일반법으로 경직법 제11조의2가 있다.

2) 법률의 규정이 없는 경우 – 경찰긴급권의 문제 –

법률의 근거가 없는 경우에도 긴급한 경우에는 경찰기관은 위해발생에 책임 없는 자에게 경찰권을 발동할 수 있는가? 과거에 독일에서는 경찰긴급권의 이름 아래[60] 국가도 긴급한 경우에는 법률의 근거 없이 경찰책임 없는 자에게 경찰권을

60) 법령에 근거하여 경찰책임 없는 자에게 경찰권을 발동하는 경우를 경찰긴급권으로 부르면서 그 요건과 효과를 논의하는 경우가 있다. 그러나 법령의 근거에 의한 경우에는 당해 법령의 해석에 의하여 요건과 효과가 정해지며, 이를 특히 경찰긴급권이라는 이름으로 논의할 필요는 없다. 다만, 당해 법령의 해석에 있어서 이러한 논의가 참고가 될 수는 있을 것이다.

발동하여 명령·강제할 수 있는 자연법적 권리가 있다고 보았다. 또한 개괄적 수권조항에 의한 경찰권 발동을 인정하는 입장에서는 바로 그 개괄적 수권조항 속에 경찰책임 없는 자에 대한 경찰권 발동의 근거도 포함되어 있다고 해석하기도 한다.[61] 그러나 법률의 근거 없는 경찰권 발동을 허용하는 것은 법치국가원리에 반하며, 우리나라의 현행 실정법상으로는 개괄적 수권조항도 인정할 수 없다. 따라서 자연법적 경찰긴급권의 개념은 인정될 수 없고, 경찰책임 없는 자에 대한 경찰권 발동은 어디까지나 개별적인 법률의 규정이 있는 경우에만 가능하다고 보아야 한다.[62] 다만, 경직법 제5조 제1항 제3호는 많은 경우에 비책임자에 대한 경찰권 발동의 근거가 될 수 있다(그러나 요건을 극히 엄격하게 제한하고 있기 때문에, 일반적 근거조항은 아니다).

Ⅶ. 경찰권 발동의 의무

1. 경찰편의주의

경찰법규가 경찰작용을 기속행위로 규정하는 경우도 있지만, 대부분의 경찰작용은 재량행위로 규정되어 있다. 기속행위의 경우에는 경찰기관은 법규가 정한 특정한 행위를 할 의무가 있으며, 그 특정한 행위를 하지 않으면 위법이다. 그러나 재량행위의 경우에는 법규가 정한 요건에 해당하는 경우에도 경찰기관은 조치를 취할 것인지 여부 및 법규가 허용하는 다수의 조치 중에서 어떤 조치를 취할 것인가를 결정할 권한을 가진다. 이 경우 경찰기관이 특정한 행위를 하여야 할 의무는 없다. 이처럼 경찰권의 발동 여부 및 수단의 선택을 경찰기관의 재량에 맡기는 것을 경찰편의주의라고 한다. 경찰편의주의 하에서 경찰권의 발동은 일반

61) 우리나라에서 이러한 입장을 취하는 견해로는, 김남진(경찰) 138-139면(다만, 경찰책임자에 대한 경찰권 발동의 경우보다 훨씬 엄격한 요건 하에서만 허용된다고 한다. ① 위해가 급박할 것, ② 다른 방법에 의한 위해방지가 불가능할 것, ③ 제3자의 생명이나 건강을 해하지 않을 것, ④ 제3자의 본래의 급박한 업무를 방해하지 않을 것, ⑤ 일시적·임시적 방편에 그칠 것, ⑥ 제3자에게 손실이 발생한 경우에는 보상이 지급될 것 등이 그것이다); 석·송(하) 329면; 류·박(신론) 1010-1011면.

62) 김도창(하) 318면; 박·정(하) 324면; 홍정선(경찰) 293-294면(다만, 경찰책임 없는 자에 대한 경찰권 발동의 일반적인 근거규정을 마련하는 입법적 보완이 필요하며, 현재로서는 경범죄처벌법 제1조 제36호가 제한된 범위 안에서 일반적 근거로 될 수 있다고 한다); 정하중(개론) 1140면.

적으로 경찰기관의 의무가 아니라 권한일 뿐이다.

2. 경찰권 발동의 의무화 – 재량권의 수축 –

그러나 경찰권의 발동이 일반적으로는 경찰기관의 재량사항이라고 하여도, 예외적으로 특정한 상황 하에서 경찰권 발동이 의무로 되는 경우가 있다. 공공의 안녕·질서에 대한 위해가 중대하고, 시간적으로 급박하며, 경찰기관이 큰 어려움 없이 경찰권을 발동할 수 있고, 또한 경찰권의 발동 없이는 그 위해를 방지할 수 없는 경우가 그것이다. 이러한 경우에는 원래 재량행위였다고 하더라도 경찰기관의 재량권이 축소되어 경찰권을 발동하는 것(때로는 그 중에서도 특정한 조치를 취하는 것)만이 유일한 옳은 결정으로 남게 되며, 그 결과 원래 재량행위였던 그 경찰작용은 사실상 기속행위로 변한다. 즉, 경찰기관은 경찰권을 발동할 의무(또는 나아가서 특정한 조치를 취할 의무)를 지게 된다. 이러한 법리를 '재량권의 영(0)으로의 수축' 이론이라고 하며, 우리나라에서도 판례를 통하여 인정되고 있다.[63]

63) 우리나라에서 경찰기관의 경찰권 발동의무를 인정한 기념비적 판례로는, 대법원의 71다124 판결(1971.4.6 선고)이 있다. 1968년 서울을 습격한 무장공비가 퇴각하는 과정에서 민가에 출현하자 주민이 파출소에 신고하면서 경찰관의 출동을 요청하였으나 경찰관이 출동을 하지 않았고, 결국 주민은 공비에게 살해되었다. 그러자 그 유가족은 경찰관의 미출동으로 인하여 손해를 입었다고 주장하면서 국가에 대하여 손해배상을 청구하였다. 대법원은 "위 망인의 사망사고는 피고 예하 공무원들의 즉시 출동하지 아니한 직무유기 행위로 인하여 발생된 것"이라고 판시하여 국가의 배상책임을 인정하였다. 이는 당시의 구체적 상황 하에서 경찰관의 출동의무가 있었음을 전제로 하는 것이라고 해석된다. 같은 취지의 근래의 판례로는, 가해자가 피해자의 생명·신체에 여러 차례 위해를 가하였고 앞으로도 위해를 가할 것이 명백하여 경찰에 범죄신고와 함께 신변보호를 요청하였으나 경찰이 이를 거부하여 결국 가해자에 의하여 살해된 사안에서, 경찰이 사태의 심각성을 깨달아 수사를 신속히 진행하여 가해자의 소재를 파악하는 등의 조치를 취하고 피해자에 대한 범죄의 위험이 일상적인 수준으로 감소할 때까지 피해자의 신변을 특별히 보호해야 할 의무가 있었다는 이유로 국가의 배상책임을 인정한 사례(대판 1998.5.26., 98다11635), 군산 소재 윤락업소의 화재로 윤락녀들이 사망한 사안에서, 윤락녀들이 윤락업소에 감금된 채로 윤락을 강요받으면서 생활하고 있음을 쉽게 알 수 있는 상황이었음에도 경찰관이 이러한 감금 및 윤락 강요행위를 제지하거나 윤락업주들을 체포·수사하는 등 필요한 조치를 취하지 아니하고 오히려 업주들로부터 뇌물을 수수하며 그와 같은 행위를 방치한 것은 경찰관의 직무상 의무에 위반하여 위법하므로 국가는 유가족에게 위자료를 지급할 의무가 있다고 한 사례(대판 2004.9.23., 2003다49009) 등이 있다.

3. 경찰권발동청구권

(1) 의의 개인이 자신의 이익을 위하여 경찰기관에 경찰권 발동을 요구할 수 있는 권리를 경찰권발동청구권 또는 경찰개입청구권이라고 한다. 자동차의 불법주차로 인하여 통행에 방해를 받는 사람이 경찰기관에 불법주차의 단속을 요구할 권리가 그 예이다.

(2) 성립요건 그러나 이러한 권리가 인정되기 위해서는, 성립요건상의 어려운 문제가 있다.

(가) 경찰권발동청구권은 개인적 공권의 일종으로서, 다른 개인적 공권과 마찬가지로 두 가지 성립요건을 갖추어야 한다. ① 경찰기관이 경찰권을 발동할 의무가 존재하여야 하고(즉, 사인이 경찰기관에 발동을 요구하는 경찰작용이 기속행위이어야 한다), 그리고 ② 경찰기관에 대하여 그러한 의무를 부과하는 법규가 공익만이 아니라 사인의 이익도 보호하려는 목적을 가져야 한다는 요건이 그것이다. 이 두 요건 가운데 하나라도 갖추지 못하면, 사인은 자신의 이익을 위하여 경찰권 발동을 요구할 수 있는 권리를 가지지 못하고, 경찰기관의 경찰권 발동에 의하여 이익을 받더라도 그 이익은 반사적 이익에 불과하다.

(나) 경찰권 발동은 대부분 경찰기관의 권한이지 의무가 아니므로, 경찰권발동청구권의 성립요건 중 첫번째 요건을 결하는 경우가 많다. 그러나 경찰법규가 일정한 경우에 경찰권 발동을 기속행위로 규정하는 경우, 또는 법규 자체는 재량행위로 규정하고 있지만 재량권 수축에 의하여 경찰권 발동의 의무가 인정되는 경우에는, 이 요건은 충족된다.

(다) 경찰기관의 경찰권 발동의무가 인정되더라도, 다시 그 근거법규가 공익만이 아니라 관련 개인의 사익도 보호하는 것을 목적으로 하여야 한다. 경찰법규는 일반적으로 사익 보호를 목적으로 하는 것이 아니라 오로지 공익(공공의 안녕·질서)만을 보호하는 것으로 해석되어 왔다. 따라서 어떤 경찰작용이 기속행위로 인정되는 경우에도 사인에게 경찰권 발동을 요구할 권리는 원칙적으로 없다. 그러나 최근에는 국가의 기능 및 임무에 대한 인식의 변화와 개인생활의 국가에 대한 의존도의 심화로 인하여, 경찰법규도—전부는 아니라고 하더라도 적어도 그 일부는—공익만이 아니라 사인의 이익도 보호하는 것으로 보아야 한다는 견해가 우세하다. 특정한 경찰법규가 공익과 함께 사익도 보호하려는 목적을 가진 것으로 인정되는 경우에는, 관련 사인은 경찰권발동청구권을 가지게

된다. 그러나 우리나라에서 사인의 경찰권발동청구권이 판례상 인정된 경우는 아직 없는 것으로 보인다.[64)]

(3) **실현방법** 경찰개입청구권이 인정되는 경우에 그 실현을 위해서는, 경찰행정청에 대하여 경찰권 발동을 신청한 뒤, 경찰행정청이 신청에 따른 경찰권 발동행위를 거부하거나(거부처분) 가부간에 아무런 조치가 없는 경우(부작위)에 행정심판 또는 행정소송을 제기할 수 있다. 구체적인 쟁송형태는, 거부처분에 대해서는 취소심판·무효등확인심판 또는 의무이행심판과 취소소송 또는 무효등확인소송을 제기할 수 있고, 부작위에 대해서는 의무이행심판과 부작위위법확인소송을 제기할 수 있다.

---

64) 대법원의 위 판결들을 경찰권발동청구권을 긍정한 판례로 소개하는 경우가 많다. 그러나 이 판결들은 경찰기관의 경찰권 발동의무를 긍정하고 이를 전제로 국가의 배상책임을 인정하였지만, 사인의 경찰권발동청구권까지 인정한 것으로 보기는 어렵다. 공무원의 작위의무가 인정된다고 해서, 당연히 그에 대응하는 사인의 청구권까지 인정되는 것은 아니며, 국가배상책임은 공무원의 직무행위의 위법성과 고의·과실만 있으면 성립하고 공무원의 직무행위에 대한 사인의 청구권의 존재나 그 침해를 요구하는 것은 아니기 때문이다. 물론 국가배상책임의 또 하나의 요건인 손해발생은 사인의 권리침해를 전제하는 것이라고 할 수도 있지만, 이 경우에 침해된 권리는 생명·신체·재산 등의 사권으로 족하고, 공권, 즉 국가기관에 대하여 특정한 행위를 요구할 권리일 필요는 없다.

제 5 장

경찰작용의 행위형식

제1절 개 설

Ⅰ. 행위형식의 분류

(1) 경찰도 행정작용의 일부로서, 다양한 행위형식을 통하여 위해방지의 목적을 실현한다. 즉, 경찰기관은 법률을 전제로 하여, 행정행위와 권력적 사실행위는 물론, 비권력적 사실행위, 행정계획, 때로는 사법행위(私法行爲)까지를 포함한 다양한 방식으로 위해방지의 목적을 달성하고자 한다. 그리고 이러한 활동이 소기의 목적을 달성하지 못하는 경우에는, 제2차적으로 행정벌이나 행정강제 등의 수단을 통하여 원래의 목적을 관철하고자 노력한다. 또한 법률과 구체적 행정작용의 중간 단계에서 법률을 구체화하는 법규명령을 제정하고, 경찰조직 내부에서의 조직과 활동에 관한 자율적 규범으로서의 행정규칙을 제정하기도 한다.

(2) 종래 경찰작용의 대표적인 행위형식으로서 경찰하명·경찰허가·경찰강제·경찰벌 등을 드는 것이 일반적이었다. 그러나 이러한 것들은 경찰작용의 행위형식의 전부를 망라한 것이 아닐 뿐 아니라, 경찰작용을 이렇게 분류하는 것은 다음과 같은 문제점을 가지고 있다.

(가) 전통적인 경찰하명의 개념은 경찰상의 법규명령과 경찰상의 행정행위로서의 하명을 합친 것으로서, 이질적인 행정작용을 하나의 개념으로 포괄하고 있다는 점에서 문제가 있다.

(나) 경찰상의 법규명령 중에는 국민에 대하여 의무를 부과하는 것만이 아니라 권리·이익을 부여하는 것(정확하게는 권리·이익 부여의 근거·절차 등을 규정하는 것)도 많은데도, 이러한 법규명령에 대한 고찰은 도외시되었다. 또한 경찰상의 행정규칙은 국민의 권리·의무에 관한 사항을 규정할 수 없다는 이론상의 한계에도 불구하고 실제로는 국민의 권리·의무에 영향을 미치는 경우가 많지만, 이에 관한 고찰 역시 이루어지지 않았다.

(다) 경찰하명 중 행정행위의 성질을 가진 것(이른바 경찰하명처분)과 경찰허가는 경찰상의 행정행위의 일부이며, 경찰상의 행정행위에는 이 밖에도 인가의 성질을 가진 것, 특허의 성질을 가진 것, 확인이나 공증의 성질을 가진 것 등이

존재한다. 그러나 이러한 작용들을 경찰상의 행정행위(경찰처분)라는 하나의 행위형식으로 포괄하여 고찰하지 않았다.

(라) 경찰강제나 경찰벌은 경찰작용의 행위형식이라고 볼 수도 있지만, 오늘날은 이들을 행정행위 등에 의한 제1차적 경찰작용이 실효를 거두지 못한 때에 그 실효성을 확보하기 위하여 제2차적으로 행해지는 작용으로서 경찰의무의 이행확보수단 또는 경찰작용의 실효성확보수단이라고 보는 것이 보통이다. 또한 종래에 경찰강제의 일종(특히 경찰상 즉시강제의 일종)으로 보았던 경찰조사는 오늘날 경찰강제와 목적을 달리하는 사전적·준비적 작용으로 이해되고 있다.

(3) 따라서 이 책에서는 경찰작용의 행위형식을 제1차적 작용에 국한하여 경찰상의 행정입법(경찰명령과 경찰규칙), 경찰상의 행정행위(경찰처분), 경찰상의 행정계획(경찰계획), 경찰상의 사법행위, 경찰상의 사실행위 등으로 구분하고, 그 중에서 경찰상의 행정입법과 경찰상의 행정행위 및 경찰상의 사실행위를 중점적으로 살펴본 뒤, 경찰관직무집행법(이하 이 장에서 "경직법"으로 약칭함)이 정하는 표준적 경찰조치에 관해서도 살펴보기로 한다.

Ⅱ. 경찰작용의 특성

경찰작용의 근거를 정하는 법규는 다음과 같은 특성을 가진다.

(1) 판단여지와 재량권의 부여　경찰작용은 전형적인 침익적 행정작용으로서 기속행위로 규정할 필요성이 크지만, 실제로는 경찰기관에 판단여지와 재량권을 부여하는 경우가 많다(188-192면 참조).

(2) 다양한 행위형식의 수권　침익적 행정작용의 근거를 정하는 법규는 행정기관에게 여러 조치 중 하나를 선택할 수 있는 재량권을 부여하더라도 행정기관이 취할 수 있는 조치를 명확하게 열거하는 것이 원칙이며, 나아가 하나의 조항에서는 같은 성질을 가진 행정작용 사이에서만 선택할 수 있도록 수권하는 것이 보통이다. 그러나 경찰법규는 하나의 조항에서 서로 다른 행위형식에 속하는 다양한 성질의 경찰작용(경찰하명·경찰상 즉시강제·직접강제 등)을 한꺼번에 수권하는 경우가 많고,[1] 나아가 "적당한 조치," "필요한 조치" 등과 같이 아예 포괄적으로

---

1) 예컨대, 경직법 제5조 제1항은 위험발생의 방지를 위한 조치로서 "1. 그 장소에 집합한 자, 사물의 관리자 기타 관계인에게 필요한 경고를 발하는 것, 2. 특히 긴급을 요할 때에는 위해를 받을 우려가 있는 자를 필요한 한도 내에서 억류하거나 피난시키는 것, 3. 그 장소에 있는 자, 사물의 관리자 기타 관계인에게 위해방지상 필요하다고 인정되는 조치를

경찰권을 수권함으로써 구체적인 경우에 경찰기관이 취할 수 있는 조치에 관하여 형식적으로는 제한을 두지 않는 경우조차 있다.2)

(3) 경찰작용의 주체의 확대 국민의 권리·의무에 영향을 미치는 행정작용은 조직법상의 행정청의 이름으로 행하는 것이 원칙이다. 그러나 경찰작용은 급박하거나 현존하는 위해를 현장에서 즉시에 방지하기 위하여 조직법상 행정청이 아닌 경찰공무원 개개인이 일정한 조치를 취할 수 있도록 규정하는 경우가 많다(경직 3조-10조의4, 도로교통법 6조④, 7조 등). 이 경우에 경찰공무원은 행정쟁송법상으로는 행정청으로 간주된다.

하게 하거나 스스로 그 조치를 하는 것"을 규정하고 있는바, 제1호의 조치는 경찰지도의 성질을, 제2호의 조치는 직접강제의 성질을, 제3호의 조치 중 "필요하다고 인정되는 조치를 하게 하는 것"은 경찰하명의 성질을, "스스로 그 조치를 하는 것"은 즉시강제 또는 직접강제의 성질을 가지는 것으로 해석된다.

2) 예컨대, 도로교통법은 제7조에서 "경찰공무원은 보행자나 차마의 통행이 밀려서 교통 혼잡이 뚜렷하게 우려될 때에는 혼잡을 덜기 위하여 필요한 조치를 할 수 할 수 있다"고 규정하고 있는바, 이 조항에 의하여 경찰공무원이 취할 수 있는 조치의 형식·성질에 관하여는 아무런 제한을 두지 않고 있다.

제 2 절　경찰명령과 경찰규칙

전통적으로 행정법학에서는 행정기관이 성문의 일반·추상적 규범을 정립하는 작용 또는 그 작용의 산물인 규범을 행정입법이라고 하고, 그것을 다시 법규의 성질 유무를 기준으로 법규명령과 행정규칙으로 구분하여 왔다. 법규명령과 행정규칙은 행정기관이 제정하는 성문의 일반·추상적 규범이라는 점에서는 공통성이 있는 것이 사실이다. 그러나 법규명령의 제정은 실질적 의미에서는 입법의 성질을 가진 작용으로서 구체적 행정작용의 법적 근거를 마련하는 작용인 데 비하여 (이 점에서는 행정작용보다 입법작용과의 공통성이 더 크다), 행정규칙은 국민이나 법원에 대해서는 구속력이 없는 순수한 행정 내부적 사항을 규율하는 규범으로서 그 제정은 실질적 의미에서도 행정작용의 성질을 가진 것으로 보아야 한다는 점에서, 양자는 본질적인 차이가 있다. 따라서 이 책에서는 경찰상의 법규명령과 경찰상의 행정규칙을 별개의 행위형식으로 보고, 각각 경찰명령과 경찰규칙으로 부르기로 한다.[3)]

§1. 경찰명령

Ⅰ. 경찰명령의 의의

(1) 경찰명령[4)]이란 경찰상의 법규명령, 즉 행정기관이 제정하는 경찰의 조직과

3) 경찰명령과 경찰규칙을 묶어서 '경찰상 행정입법'(홍정선(경찰) 299면 이하) 또는 '경찰상 입법'(박·김(경찰) 181면 이하)으로 부르는 경우도 있다. 그러나 '행정입법'이 아닌 '입법'은 국회의 법률 제정을 가리키므로, '경찰상 입법'이라는 용어는 문제가 있다.

4) '경찰명령'을 '경찰하명'을 대치하는 용어로 사용하는 학자도 있다(김도창(하) 319면 이하). 그러나 국가작용의 형식 내지 규범의 일종으로서의 명령은 전통적으로 법규명령을 가리키는 의미로 사용되어 왔기 때문에, 행정행위의 일종인 하명(또는 그것과 법규명령을 합친 것)을 명령으로 부르는 것은 적절하지 않다. 한편, 규범의 일종으로서의 명령은 작용의 내용 내지 효과를 가리키는 명령, 즉 의무부과행위와는 전혀 다른 의미라는 점을 유의할 필요가 있다. 경찰이 권력적으로 국민에게 명령·강제하는 작용이라고 할 때의 명령

작용에 관한 성문의 일반·추상적 규범으로서 법규의 성질을 가진 것을 말한다.

(2) 법규는 원래 국회가 법률의 형식으로 제정하여야 하는 것이 원칙이다(법률의 법규창조력의 원리). 그러나 입법의 현실에 있어서는 전문적·기술적인 입법사항의 증대, 사정의 변화에 즉응하기 위한 탄력적 입법의 필요성, 지역별·분야별 특수사정의 규율 필요성, 국회의 부담경감, 정치적으로 중립적인 입장에서 객관적으로 규율할 필요성 등으로 인하여, 국회가 모든 법규사항을 법률로 제정하지 못하고 기본적인 사항만을 정한 뒤 나머지 세부적인 사항은 행정기관이 정하도록 위임하는 것이 보통이다. 이처럼 법률의 위임이 있거나, 명시적인 위임이 없더라도 법률을 집행하기 위하여 세부적인 법규사항을 정할 필요가 있는 경우에, 행정기관이 법률을 근거로 그것을 보충하는 세부적인 법규사항을 정하는 규범이 바로 법규명령이며, 그 중에서 경찰의 조직과 작용에 관한 사항을 정한 것이 경찰명령인 것이다.

(3) 종래 경찰명령을 경찰작용의 독자적 행위형식의 하나로 보지 않고, 그 중에서 국민에 대하여 의무를 부과하는 것만을 행정행위의 성질을 가지는 하명과 함께 '경찰하명'이라는 이름으로 포괄하는 것이 보통이었다. 그러나 법규명령과 행정행위를 하나의 행위형식에 포괄하는 것은 비논리적이며, 또한 법규명령 중에는 의무를 부과하는 것만 있는 것은 아니다. 따라서 경찰상의 법규명령을 하나의 행위형식으로 보고 포괄적으로 살펴볼 필요가 있다.[5)]

(4) 현행법상 경찰명령은 자치경찰사무 및 소방사무에 관한 조례·규칙을 제외하면 대통령·국무총리·안전행정부장관·해양수산부장관만이 제정할 수 있고, 이들은 경찰행정청이 아니기 때문에, 형식적 의미에서는 경찰작용이 아니라고 할 수 있다. 그러나 이들이 제정하는 경찰명령도 경찰권의 행사라는 성질을 가지기 때문에, 실질적으로는 경찰작용에 포함되는 것으로 볼 수 있다.

은 후자의 의미이다.

5) 근래에는 경찰명령을 경찰하명과 구별하는 것이 일반적인 경향으로 보인다(김남진(경찰) 150-152면; 김철용(행정) 1010-1013면; 홍정선(경찰) 300-302면; 정하중(개론) 1141-1146면; 홍준형(행정) 1322-1325면; 김성수(개별) 511-512면; 류·박(신론) 1012-1015면; 박·김(경찰) 181-200면; 이철호(경찰) 190-191면 등).

Ⅱ. 경찰명령의 종류와 형식

1. 위임명령과 집행명령

경찰명령도 그 제정권의 근거를 기준으로 위임명령과 집행명령으로 구분할 수 있다. 위임명령은 법률 또는 상위의 법규명령의 명시적 위임에 의하여 위임받은 법규사항을 정하는 명령이고, 집행명령은 법률의 명시적 위임은 없지만 법률을 집행하기 위해서 필요한 법규사항을 행정기관이 직권으로 정하는 명령이다. 다만, 양자의 구별은 한 건의 법규명령 전체가 아니라 개개의 조항을 대상으로 하는 것임을 유의할 필요가 있다(예컨대, 도로교통법 시행령 제11조와 제12조는 도로교통법 제34조와 제35조 제1항이 위임한 사항을 정한 위임명령이지만, 제13조·제14조 및 제15조는 도로교통법 제35조를 집행하기 위하여 필요한 사항을 정한 집행명령이다).

2. 경찰명령의 형식

(1) 법규명령은 그 형식이 한정되어 있다. 행정기관이 법규명령을 제정하는 것은 헌법상의 국회입법주의의 예외를 의미하는 까닭에, 그것은 헌법이나 헌법에 근거한 법률이 인정하는 경우에만 허용된다고 보아야 하기 때문이다. 현행법상 국가의 행정기관이 제정하는 법규명령으로는 대통령령(헌법 75조), 총리령·부령(헌법 95조), 중앙선거관리위원회규칙(헌법 114조⑥)이 있고, 감사원규칙은 헌법상 명문의 근거는 없지만 법률(감사원법 52조)에 근거한 법규명령으로 보아야 한다는 것이 통설이다. 또한 지방자치단체가 제정하는 조례와 규칙도 법규명령의 성질을 가진다.[6)]

(2) 경찰명령이라고 해서 고유한 형식이 있는 것은 아니고, 법규명령 중에서 경찰에 관한 사항을 정하는 것이 경찰명령이다. 따라서 경찰명령은 대통령령 또는 총리령·부령의 형식을 가진다(중앙선거관리위원회규칙이나 감사원규칙이 경찰명령의 성질을 가지는 경우는 없을 것이다). 부령은 원칙적으로 안전행정부령 또는 해양수산부령일 것이다(협의의 행정경찰을 인정하는 경우에는 모든 부의 부령이 경찰명령이 될

---

6) 보통 법규명령이라고 하면 국가기관이 제정하는 것만을 가리키고(협의의 법규명령), 조례와 규칙은 '자치법규'라고 하여 법규명령과 구별하는 경우가 많다. 그러나 조례와 규칙도 행정기관이 제정하는 규범으로서 법규사항을 정할 수 있기 때문에, 법규명령을 광의로 이해할 때(제정권자가 국가기관인지 지방자치단체의 행정기관인지 불문할 때)에는 법규명령에 포함된다.

수 있다). 지방자치단체의 조례와 규칙도 경찰에 관한 사항을 정하는 경우에는 경찰명령의 성질을 가질 수 있지만, 현행법상 소방과 소규모의 제주특별자치도 자치경찰을 제외한 경찰사무는 국가사무이고 지방자치단체의 장에게 기관위임되어 있지도 않기 때문에, 조례와 규칙 중에서는 소방행정 및 제주특별자치도 자치경찰의 조직과 작용에 관한 사항을 정한 것만이 경찰명령이라고 할 수 있다.

Ⅲ. 경찰명령의 근거와 한계

1. 경찰명령의 근거

경찰명령은 법률에 근거하여 제정된다. 경찰명령 중에서도 위임명령은 법률 또는 상위의 법규명령의 명시적 위임이 있어야 하며, 집행명령은 법률의 위임은 필요 없지만 법률을 집행하기 위하여 필요한 사항을 정하는 것이므로, 결국 법률에 근거하여 제정되는 것이다.

2. 경찰명령의 한계

(1) 위임명령의 한계　위임명령은 위임받은 사항만을 위임받은 범위 안에서 정할 수 있으며, 위임의 범위를 넘어서 정하면 안 된다. 나아가 위임을 하는 법률(또는 상위의 법규명령)도 무엇이든 위임을 할 수 있는 것이 아니라, 법규명령으로 정할 사항을 구체적으로 범위를 정하여 위임하여야 하고(포괄적 위임 금지의 원칙), 또한 헌법상 반드시 법률로만 정하도록 되어 있는 사항은 위임할 수 없다(국회전속적 법률사항의 위임 금지). 법률이 이러한 위임의 한계를 지키지 않은 경우에는 그 위임은 무효이며, 따라서 그에 근거한 위임명령도 무효이다.

(2) 집행명령의 한계　집행명령은 법률을 집행하기 위하여 필요한 사항만을 정할 수 있고, 모법에 없는 새로운 법규사항은 정할 수 없다. 법률을 집행하기 위하여 필요한 사항이란 주로 행정작용의 내용 자체가 아니라 그 형식과 절차 등의 세부적인 사항을 말한다.

Ⅳ. 경찰명령의 성립·발효 및 소멸

1. 경찰명령의 성립요건

경찰명령은 주체·내용·형식·절차에 관한 요건을 갖추고 또한 공포됨으로써 성립한다.

(1) 주체 경찰명령은 그 형식별로 제정권을 가진 행정기관이 제정하여야 한다. 즉, 대통령령은 대통령이, 총리령은 국무총리가, 부령은 행정각부의 장관(경찰명령의 경우에는 안전행정부장관 및 해양수산부장관)이 제정하여야 한다. 소방사무에 관한 조례와 규칙은 시·도의회와 시·도지사가 제정할 수 있다. 제주특별자치도의 자치경찰에 관한 조례와 규칙은 제주특별자치도의회와 제주특별자치도지사가 제정한다.

(2) 내용 경찰명령은 위에서 본 한계를 지켜야 하고, 법률과 상위의 법규명령에 위반하지 않아야 하며, 또한 그 내용은 가능하고 명확하여야 한다.

(3) 형식 경찰명령은 조문 형식으로 작성한다. 경찰명령을 공포할 때에는 법규명령의 형식별 일련번호와 공포일자를 명기하고, 제정권자가 서명하고 직인을 찍어야 한다(법령 등 공포에 관한 법률 7조·9조·10조).

(4) 절차 경찰명령은 법제처의 심사(대통령령·총리령·부령의 경우), 국무회의의 심의(대통령령의 경우) 등의 행정내부적인 절차를 거쳐야 한다(정부조직법 24조①, 헌법 89조 3호). 나아가 국민의 권리·의무 또는 일상생활과 밀접한 관련이 있는 법규명령은 행정상 입법예고절차를 거쳐야 된다. 행정상 입법예고절차는 입법안의 취지와 주요 내용 또는 전문을 관보·공보 또는 언론을 통하여 공고함으로써 시작되며, 국민은 누구나 예고된 입법안에 대하여 자신의 의견을 제출할 수 있고, 행정청은 제출된 의견을 존중하여 처리하고 처리결과를 통지하여야 한다. 또한 행정청은 입법안에 관하여 공청회를 개최할 수도 있으며, 공청회에서 제시된 사실 및 의견이 상당한 이유가 있다고 인정하는 경우에는 이를 반영하여야 한다(행절 41-45조, 39조).

(5) 공포 경찰명령은 공포함으로써 성립한다. 공포는 원칙적으로 관보에 게재하는 방법으로 하며, 관보에 게재한 날이 공포일이다(법령 등 공포에 관한 법률 11조·12조).

2. 경찰명령의 효력발생

경찰명령은 성립함으로써 바로 효력을 발생하는 것이 아니라 시행이 되어야 효력을 발생한다. 시행의 시기는 경찰명령 스스로 정하는 것이 원칙이지만(예컨대, "이 영은 ××××년 ×월 ××일부터 시행한다" 또는 "이 영은 공포 후 ××일이 경과한 날부터 시행한다" 등), 경찰명령 자체에서 시행의 시기를 정하지 않은 경우에는 공포일부터 20일을 경과함으로써 효력을 발생한다(법령 등 공포에 관한 법률 13조).

3. 경찰명령의 흠과 그 효과

경찰명령이 성립요건 중의 어느 하나라도 결하면 위법한 경찰명령으로서 무효이다. 이 점에서 위법하더라도 대부분 무효가 아니라 취소할 수 있는 데 불과한 행정행위의 경우와는 큰 차이가 있다. 효력발생요건을 갖추지 못한 경우, 즉 아직 시행되지 않은 경우에도 효력이 없음은 물론이다.

4. 경찰명령의 소멸

경찰명령은 법률이나 동위 또는 상위의 경찰명령에 의하여 명시적으로 폐지됨으로써 소멸된다. 또한 기존의 경찰명령과 충돌되는 법률이나 동위 또는 상위의 경찰명령의 시행, 근거법률의 폐지 또는 실효, 유효기간의 경과, 해제조건의 성취 등의 사유로 인하여 묵시적으로 폐지되기도 한다.

V. 경찰명령의 효력

1. 규범적 효력

(1) 경찰명령은 법규명령의 일종으로서 법원(法源)의 일종이다. 따라서 행정기관은 물론, 모든 국민에 대하여 구속력이 있으며, 또한 법원과 그 밖의 국가기관에 대하여도 구속력이 있다. 법원은 재판을 할 때에 경찰명령을 재판의 기준으로 삼아야 한다.

(2) 경찰명령은 법률보다 하위의 효력을 가진다. 경찰명령 상호간에는 대통령령이 총리령·부령보다 우월하다. 총리령과 부령은 동위의 효력을 가진다는 것이 종래

의 통설이었지만, 근래에는 총리령이 부령보다 우월하다고 보는 견해가 우세하다.

(3) 경찰명령은 법규명령의 일종으로서 법규사항, 즉 국민의 권리·의무에 관한 사항을 정한다. 그러나 경찰명령 자체에 의하여 직접 개개의 국민에게 일정한 권리·의무가 발생·변경·소멸하는 것이 아니라, 경찰기관이 그 경찰명령을 구체적 사실에 적용하여 경찰하명이나 경찰허가 등의 작용을 함으로써 비로소 구체적인 권리·의무 변동의 효과가 발생하는 것이 원칙이다. 이 점에서 경찰명령은 처분이 아니라 규범의 성질을 가진다.

2. 처분적 법규명령

위에서 본 경찰명령의 일반적인 효력과 달리, 예외적으로 처분이 필요 없이 경찰명령 자체에 의하여 특정인 또는 불특정 다수의 국민에게 구체적인 권리·의무가 발생·변경·소멸하는 경우도 있을 수 있다. 이러한 경찰명령은 실질적으로는 처분(행정행위)과 같은 효과를 발생하며, 따라서 처분적 경찰명령이라고 한다.[7] 처분적 법규명령은 행정쟁송법상 처분으로 보아 직접 행정심판·행정소송의 대상이 된다.

경찰의무

(1) 국민이 공공의 안녕·질서를 유지하기 위하여 일정한 행위를 하거나 하지 않아야 할 의무를 경찰의무라고 한다. 경찰의무는 법률 자체가 규정하는 경우, 법률의 근거에 의하여 법규명령이 규정하는 경우, 경찰기관의 처분(경찰하명)에 의하여 부과되는 경우가 있다. 어느 경우든, 경찰의무의 내용은 작위·부작위·급부·수인의무로 나눌 수 있고, 그러한 의무를 위반하는 경우에는 경찰상 강제집행이나 경찰벌의 대상이 되는 것이 보통이다(다만, 그에 관한 법률의 근거가 있어야 함은 물론이다).

(2) 경찰의무의 내용인 작위 또는 부작위는 사실행위를 대상으로 하는 경우가 많지만, 예외적으로 법률행위를 대상으로 하는 경우도 있을 수 있다. 그러나 이 경우에도 경찰의무를 위반한 자는 벌칙 규정에 의하여 처벌은 받더라도 그 법률행위 자체의 효력에는 영향이 없는 것이 원칙이다. 예컨대, 「총포·도검·화약류 등 단속법」은 총포 등의 제조업자·판매업자 및 수입허가를 받은 사람과 소지허가를 받은 사람이 총포 등의 제조업자·판매업자 및 수출허가·소지허가를 받은 사람 외의 사람에게 총포 등을 양도·양수하는 것을 금지하고 있다(21조④). 이

7) 과거에 경찰명령을 경찰하명의 일종(법규하명)이라고 보았던 것은, 실제로는 모든 경찰명령이 아니라 처분적 경찰명령, 그 중에서도 특정인이나 불특정 다수인에게 일정한 의무를 부과하는 경찰명령이었다.

를 위반하여 총포 등을 양도·양수하는 경우에 처벌을 받는다(71조 3호). 그러나 그 양도·양수행위가 무효로 되는 것은 아니며, 양수인은 유효하게 사법상 소유권을 취득한다.

Ⅵ. 경찰명령의 통제

경찰명령에 대한 통제는 다른 법규명령의 경우와 마찬가지로 통제의 주체를 기준으로 입법적 통제, 행정적 통제, 사법적 통제 및 민중통제로 나누어 볼 수 있다.

1. 입법적 통제

입법기관인 국회에 의한 통제를 말한다. 직접통제와 간접통제로 구분되나, 우리나라에서는 직접통제의 방법으로서는 국회제출제도만이 시행되고 있고(국회법 98조의2), 예산·결산의 심의, 국정감사 및 조사, 국무총리·국무위원 등의 출석·답변요구, 국무총리의 임명동의, 국무총리·국무위원의 해임건의, 탄핵소추 등과 같은 대정부 감시·견제권의 행사를 통한 간접적 통제가 오히려 주된 수단이다.

2. 행정적 통제

행정기관에 의한 통제를 말하며, 구체적으로는 행정감독에 의한 통제, 행정절차에 의한 통제 및 행정심판에 의한 통제로 구분된다.

(1) 행정감독에 의한 통제 상급 행정청은 하급 행정청의 경찰명령 제정에 관하여 감독권을 행사하여 사전에 그 내용상의 기준과 범위를 지정하거나 사후에 개정·폐지를 명할 수 있다. 다만, 하급 행정청이 제정한 경찰명령을 상급 행정청이 직접 폐지하거나 개정할 수는 없다.

(2) 행정절차에 의한 통제 경찰명령을 제정할 때 행정내부적으로 또는 대외적으로 일정한 절차를 거치게 함으로써 경찰명령을 효과적으로 통제할 수 있다. 행정내부적인 절차로는 법제처의 심사, 대통령령안에 대한 국무회의의 심의, 행정규제를 신설하거나 강화하는 내용의 법규명령안에 대한 규제영향분석 및 규제개혁위원회의 심사(규제영향심사) 등이 있고, 대외적 절차로는 행정절차법에 의한 행정상 입법예고절차가 있다.

(3) 행정심판에 의한 통제 경찰명령이 행정심판에 의한 통제의 대상이 되는

지 여부 및 그 방법은 법원에 의한 통제의 경우와 동일하다.

3. 사법적 통제

사법기관에 의한 통제를 말하며, 법원에 의한 통제와 헌법재판소에 의한 통제로 나뉜다.

(1) 법원에 의한 통제　경찰명령이 위법한 경우에 국민이 행정소송을 통하여 그 효력을 다툴 수 있는지가 문제된다. (a) 경찰명령은 원칙적으로 국민에 대하여 직접 권리·의무 변동의 효과를 발생하는 것이 아니라 단지 그 요건과 절차 등을 규정할 뿐이다. 따라서 경찰명령은 행정소송법상의 처분이 아니며, 그 자체가 행정소송의 대상이 될 수는 없다. 경찰기관이 그 경찰명령을 적용하여 특정한 국민을 상대로 처분을 하였을 때, 그 처분을 대상으로 행정소송을 제기하면, 법원은 그 처분의 위법 여부를 판단하기 위한 선결문제로서 그 근거가 된 경찰명령의 위법 여부를 판단하여, 위법으로 인정하는 경우에는 그 적용을 거부한다. 결국 경찰명령은 처분을 매개로 하여 간접적으로만 행정소송의 대상이 된다고 할 수 있다. (b) 그러나 경찰명령 중에서 예외적으로 처분이 필요 없이 직접 국민에 대하여 권리·의무 변동의 효과를 초래하는 것(처분적 경찰명령)은 행정소송법상의 처분에 해당한다. 따라서 그 자체가 행정소송의 대상이 될 수 있고, 법원이 그 경찰명령이 위법·무효라고 판단하면 무효확인판결을 하게 된다.

(2) 헌법재판소에 의한 통제　경찰명령에 대하여 헌법소원을 제기할 수 있는지에 관하여는 찬·반 양론이 있다. 헌법재판소는 법규명령의 성질을 가지는 법무사법 시행규칙(대법원규칙)에 대한 헌법소원을 인용함으로써(헌결 1990.1.15., 89헌마178), 법규명령도 헌법소원의 대상이 된다는 입장을 취하고 있다.

4. 민중통제

일반 국민에 의한 통제를 말하며, 결국 여론에 의한 통제를 의미한다. 행정상 입법예고제는 민중통제를 제도화한 것이라고 할 수 있다. 또한 국민은 청원권을 행사하여 법규명령의 제정·개정 또는 폐지를 요구할 수도 있다.

§2. 경찰규칙

Ⅰ. 경찰규칙의 의의와 종류 및 형식

1. 경찰규칙의 의의

(1) 경찰규칙이란 행정기관이 경찰의 조직과 작용에 관하여 제정하는 일반·추상적인 규범으로서 법규의 성질을 가지지 않은 것, 즉 경찰상의 행정규칙을 말한다.[8]

(2) 행정기관은 법령의 범위 안에서 그 조직에 관한 세부사항이나 업무수행의 절차·기준 등을 정하기 위하여 많은 행정규칙을 제정한다. 이러한 사항들은 법규사항(국민의 권리·의무에 관한 사항)이 아니기 때문에 법률로 정할 필요가 없고, 법률의 근거도 필요하지 않다. 따라서 행정기관은 자신의 권한에 속하는 사항에 관하여 직권으로 행정규칙을 정할 수 있다. 이러한 행정규칙 중에서 경찰의 조직과 작용에 관한 사항을 정한 것이 경찰규칙이며, 실제로 경찰청 훈령, 경찰청 예규 등의 형식으로 많은 경찰규칙이 제정되어 있다.

(3) 경찰명령과 경찰규칙은 1차적으로는 형식에 의하여 구별된다. 즉, 행정기관이 제정하는 경찰에 관한 성문의 일반·추상적인 규범 중에서 경찰명령의 형식에 해당하지 않는 것은 모두 경찰규칙이다.

2. 경찰규칙의 종류

경찰규칙을 포함한 행정규칙은 여러 가지 기준에 따라 다양한 방법으로 분류할

8) 이제까지 경찰규칙은 경찰행정의 행위형식으로서 고찰하지 않는 것이 일반적이었다. 그 이유는 경찰규칙이 경찰기관 내부에서만 구속력을 가질 뿐 직접 국민에 대하여는 효력이 없다는 데 있었던 것으로 짐작된다. 그러나 행정 일반의 행위형식의 하나로서 행정규칙이 중요한 의미를 가지고 있는 것처럼, 경찰행정의 영역에서도 경찰규칙이 중요한 행위형식의 하나로 취급될 필요가 있다. 실제로 경찰청은 2013.7.1. 현재 훈령 제701호 「교통사고조사규칙」(2013.4.15. 개정), 예규 제464호 「총포·도검·화약류 등에 관한 사무취급규칙」(2012.7.25. 제정), 경찰청 고시 제2012-3호 「자동차운전면허 도로주행시험채점기 경찰청 규격」(2012.5.14. 제정) 등 467건의 행정규칙을 제정, 운용하고 있다(개정되거나 폐지된 것을 포함한 숫자임. http://www.police.go.kr > 정보마당 > 법령정보 > 훈령예규). 경찰규칙을 경찰행정의 행위형식의 하나로 설명하는 예로는, 홍정선(경찰) 302-305면; 박·김(경찰) 200-206면.

수 있으나, 대체로 이론적 관점에서의 분류일 뿐, 실용적 의미가 있는 것은 아니다.

3. 경찰명령의 형식

경찰규칙은 경찰명령과 달리 형식에 제한이 없다. 따라서 어떠한 형식이든 사용할 수 있고, 형식과 명칭에 따라 효력에 차이가 있는 것도 아니다. 다만, 실제로는 훈령·예규·고시 등이 가장 자주 사용되는 대표적인 형식이다.

Ⅱ. 경찰규칙의 근거와 한계

1. 경찰규칙의 근거

경찰규칙은 행정기관이 그 권한의 범위 안에서 직권으로 정하는 자율적인 규범으로서, 법령의 근거는 필요하지 않다.

2. 경찰규칙의 한계

경찰규칙은 법규사항을 정할 수 없고, 법령 및 상급 행정청이 발한 행정규칙에 위반해서는 안 되며, 행정청의 권한에 속한 사항에 관하여만 규정할 수 있고, 그 내용은 행정목적 달성을 위하여 필요하고 적합하여야 한다.

Ⅲ. 경찰규칙의 성립·발효 및 소멸

1. 경찰규칙의 성립요건

경찰규칙도 주체·내용·형식·절차 등에 관한 요건을 갖추어야 한다. 그러나 공포는 필요하지 않다.

(1) 주체 　경찰규칙의 제정권자는 경찰사무에 관하여 권한을 가진 모든 행정청이다. 따라서 경찰행정청에 한정되지 않고, 대통령·국무총리·안전행정부장관 등도 경찰사무에 관하여 자신의 권한에 속한 사항이라면 경찰규칙을 제정할 수 있다. 그러나 실제로는 대부분 경찰행정청(경찰청장·해양경찰청장·지방경찰청장 등)이 제정할 것이다.

(2) **내용** 경찰규칙은 위에서 본 한계를 지켜야 하고, 그 내용은 가능하고 명확하여야 한다.

(3) **형식** 위에서 보았듯이 경찰규칙은 형식에 제한이 없다. 따라서 구술로 발할 수도 있다는 것이 통설이다(그러나 실제로 대부분의 경찰규칙은 문서로 발해질 것이다).

(4) **절차** 경찰규칙에 관해서는 행정내부적으로나 대외적으로나 특별한 절차가 규정되어 있지 않다.

(5) **공포** 경찰규칙은 국민의 권리·의무와 관계가 없으므로 공포는 원칙적으로 필요하지 않다. 제정권자가 적절하다고 생각하는 내용으로 제정하여 수명자인 하급 경찰기관 또는 경찰공무원에게 시달함으로써 성립된다. 다만, 실제로는 중앙행정기관인 경찰청장과 해양경찰청장의 훈령과 고시는 관보에 게재되고 있다(관보규정 3조 7호·8호 참조).

2. 경찰규칙의 효력발생

경찰규칙은 경찰명령과 달리 성립 즉시 효력을 발생하는 것이 원칙이다. 다만, 경찰규칙 자체에서 시행일을 정한 경우에는 그 시행일에 효력을 발생한다.

3. 경찰규칙의 흠과 그 효과

경찰규칙도 성립요건 중의 하나라도 결하면 위법한 경찰규칙으로서 무효이다.

4. 경찰규칙의 소멸

경찰규칙 역시 법령이나 동종 또는 상위의 행정규칙에 의하여 명시적으로 폐지될 수 있고, 종기의 도래, 해제조건의 성취, 내용상 저촉되는 법령이나 동종 또는 상위의 행정규칙의 제정 등으로 인하여 묵시적으로 폐지되기도 한다.

Ⅳ. 경찰규칙의 성질과 효력

1. 경찰규칙의 성질(법규성 문제)

경찰규칙이 법규의 성질을 가지는지에 관하여는 한때 견해가 대립되고 있었다.

(1) 비법규설 경찰규칙을 포함한 행정규칙은 법규가 아니라는 것이 종래의 통설이었다. 비법규설에 따르면 행정규칙은 국민의 권리·의무에 관한 사항을 규정할 수 없고, 행정조직 내부에서만 효력이 있을 뿐 국민이나 법원에 대해서는 구속력이 없다. 따라서 행정기관이 국민을 상대로 처분을 함에 있어서 행정규칙을 위반하여도 그것만으로는 그 처분이 위법이라고 할 수 없고, 반대로 처분이 행정규칙에 적합하다고 해도 그것만으로 그 처분이 적법하다고 할 수 없다.

(2) 법규설 1970년대 이후 행정규칙도 법규의 성질을 가진다는(또는 가질 수 있다는) 견해가 주장되었다. 행정규칙을 법규로 보는 논거와 법규성을 가지는 행정규칙의 범위에 관하여는 다양한 견해가 있으나, 우리나라에서 주로 주장된 견해는 일부의 행정규칙(특히 재량준칙)이 평등원칙 또는 행정의 자기구속력의 법리를 매개로 하여 간접적·결과적으로 법규의 효력을 가진다는 것이었다. 이러한 견해를 특히 준법규설이라고 부르기도 한다.

(3) 사견 (a) 오늘날 비법규설과 준법규설은 실질적으로 거의 차이가 없다. 준법규설도 행정규칙이 그 자체로서 법규라고 보는 것은 아니며, 단지 일부의 행정규칙이 간접적·결과적으로 외부적 효력을 가진다는 의미에서 준법규라고 부를 뿐이다. 비법규설도 일부의 행정규칙이 간접적·결과적으로 외부적 효력을 가지는 경우가 있음을 부인하지 않는다. 따라서 양설의 실질적인 차이는 '준법규'라는 명칭을 사용하는지 여부 외에는 거의 없다. (b) 생각건대, 행정규칙은 법규가 아니고, 단지 재량준칙과 같은 일부의 행정규칙이 평등원칙이나 행정의 자기구속력의 법리를 매개로 하여 간접적·결과적으로 외부적 효력을 가질 수 있을 뿐이다. 이 경우를 굳이 법규 또는 준법규라고 부를 필요는 없다. 따라서 비법규설이 타당하다고 보아야 한다.

2. 경찰규칙의 효력

(1) 외부적 효력의 부인 위에서 보았듯이 경찰규칙은 법규가 아니므로 국민

의 권리·의무에 관한 사항을 규정할 수 없고, 정하더라도 무효이다. 또한 경찰규칙은 일반 국민이나 법원에 대하여는 구속력이 없다. 즉, 국민을 상대로 한 처분이 행정규칙에 위반하였는지 여부는 그 처분의 위법 여부와 관계가 없다.

(2) 간접적인 외부적 효력을 가지는 경우 그러나 경찰규칙 중 일부, 특히 하급 행정기관의 재량권 행사의 기준을 정하는 행정규칙(이를 재량준칙이라고 한다)은 간접적·결과적으로 외부적 효력을 가지는 경우가 있다. 즉, 이러한 경찰규칙의 수범자(적용대상자)인 하급 경찰기관이 국민을 상대로 처분을 하면서 이를 위반하였더라도 그 자체로서 위법은 아니지만, 그 처분이 결과적으로 상대방을 다른 사례에 있어서와 차별하는 결과가 된 경우에는 그 처분은 평등원칙 위반을 이유로 위법한 처분이 된다. 또한 비교할 다른 사례가 없더라도, 경찰기관이 재량권행사의 기준을 정하여 이를 시행하고 있다면 특별한 사유가 없는 한 그 기준을 지킬 의무가 있고, 이를 위반한 처분은 위법이라고 할 수 있다(행정의 자기구속력의 법리). 이처럼 재량준칙을 위반한 처분이 결과적으로 위법하게 되는 경우가 있지만, 그것은 재량준칙이 법규이기 때문이 아니라, 평등원칙 또는 행정의 자기구속력의 법리라는 불문법원칙(행정법의 일반원칙)을 위반하였기 때문이다.

(3) 직접적으로 외부적 효력을 가지는 경우 경찰규칙은 법규가 아니므로 국민의 권리·의무에 관한 사항을 정할 수 없는 것이 원칙이다. 그러나 법령의 명시적 위임에 의하여 행정규칙의 형식(주로 고시, 때로는 훈령)으로 법규사항을 정한 경우에는, 그 행정규칙은 실질적으로는 그 법령의 일부로서, 위임의 범위를 벗어나지 않은 한 그 법령의 규정과 결합하여 대외적으로 구속력이 있는 법규명령으로서의 효력을 가진다는 것이 판례의 입장이다.[9] 경찰규칙 중에도 그러한 경우가 있을 수 있다.

(4) 내부적 효력 경찰규칙은 외부적 효력을 가지지 않지만 행정조직 내부에서는 구속력이 있다. 따라서 경찰규칙을 위반한 경찰공무원에게는 징계책임이 발생한다.

---

9) 국세청장 훈령인 「재산제세 조사사무 처리규정」의 법규성을 인정한 1987.9.29 선고 86누484 판결 이래 대법원의 일관된 판례이다(대판 1988.3.22, 87누564; 1994.2.8, 93누111; 1996.4.12, 95누7727; 1999.6.22, 98두17807 등). 다만, 이처럼 행정규칙이 법규명령으로서의 효력을 가지는 것은 예외적인 것이고, 법령에 근거를 두었더라도 그 규정 내용이 법령의 위임 범위를 벗어난 것일 경우에는 법규명령으로서의 대외적 구속력을 인정할 여지가 없다고 한다(대판 1999.11.26, 97누13474).

V. 경찰규칙의 통제

경찰규칙의 통제도 그 주체를 기준으로 입법적 통제, 행정적 통제, 사법적 통제 및 민중통제로 나눌 수 있으나, 실질적으로 의미가 있는 것은 행정적 통제(특히 행정감독에 의한 통제)와 사법적 통제이다.

1. 행정적 통제

상급행정청은 감독권을 행사하여 하급행정청에게 하급행정청이 발한 경찰규칙의 개정·폐지를 명하거나 그것과 충돌하는 행정규칙을 상급행정청 자신이 제정함으로써 하급행정청의 행정규칙을 간접적으로 폐지할 수 있다.

2. 사법적 통제

경찰규칙은 처분이 아니므로 행정소송의 대상이 되지 않는다. 또한 국민을 상대로 권리·의무 변동을 초래할 수도 없으므로, 처분적 경찰규칙이라는 것도 존재할 수 없다. 다만, 경찰공무원의 근무에 관한 사항을 정하는 경찰규칙은 경찰공무원에 대하여 처분적 효력을 가질 수 있으며, 이 경우에는 행정소송법상의 처분에 해당하여 행정소송의 대상이 될 수 있다. 행정심판의 경우에도 같다.

제 3 절 경찰처분

§1. 개 설

I. 경찰처분의 의의와 특성

1. 경찰처분의 의의

(1) 경찰처분이란 경찰기관이 위해방지를 목적으로 법 아래서 구체적 사실에 관한 법집행으로서 행하는 권력적·단독적 공법행위, 즉 경찰상의 행정행위를 말한다.[10)]

(2) 행정행위는 원래 실정법상의 개념이 아닌 학문상의 개념으로서, '행정청이 법 아래서 구체적 사실에 관한 법집행으로서 행하는 권력적·단독적 공법행위'로 정의된다. 실정법상으로는 처분 또는 행정처분이라는 용어가 대체로 행정행위를 가리키는 것으로 이해된다.[11)]

(3) 행정청이 국민을 상대로 행정목적을 실현하기 위하여 행하는 행정작용은, 사실행위를 제외하면 대부분이 행정행위의 형식으로 이루어진다. 경찰작용의 경

---

10) 경찰처분을 경찰상의 모든 행정행위가 아니라 그 중에서 상대방에게 의무를 부과하거나 불이익을 과하는 것, 즉 하명(및 허가 등의 거부 또는 취소)만을 가리키는 용어로 사용하는 입장이 있다(김남진(경찰) 152-153면; 석·송(하) 330-334면; 류·박(신론) 1013-1015면; 이철호(경찰) 194-195면). 그 주된 이유는 독일에서 경찰처분(Polizeiverfügung)이 그러한 의미로 사용되고 있다는 데 있다. 그러나 이러한 용법은 오늘날 독일에서의 용어 사용의 실제와 거리가 있을 뿐만 아니라(김성태, "경찰행정의 작용형식," 행정작용법(중범 김동희교수 정년기념논문집), 초판, 박영사, 2005, 987-989면 참조), 우리나라에서의 실정법상·실무상 및 학문상의 용어와도 동떨어져 있다. 우리나라에서 처분은 행정행위와 동의어 또는 그보다 넓은 의미(행정심판법·행정소송법 및 행정절차법상의 처분)로 사용되는 것이 일반적 용례이므로, 경찰처분은 경찰상의 행정행위 전체를 가리키는 용어로 사용하는 것이 개념의 혼란을 피하기 위하여 바람직하다. 이 책과 같이 경찰처분을 경찰상의 행정행위를 총칭하는 개념으로 사용하는 예로는, 정하중(개론) 1142면 이하.

11) 다만, 행정심판법·행정소송법 및 행정절차법에서 사용하는 처분의 개념은 학문상의 행정행위보다 넓은 것으로 이해되고 있다(440면, 452-453면 및 360면 참조).

우에도, 양적으로는 사실행위가 더 많지만, 법적 효과를 발생하는 작용은 대부분 행정행위, 즉 경찰처분이라고 할 수 있다.

2. 경찰처분의 특성

경찰처분은 경찰기관의 권력적 단독행위로서, 경찰기관의 일방적 의사에 의하여 상대방에 대하여 권리를 부여하거나 제한·박탈하고 또는 상대방에게 의무를 부과하거나 해제하는 등의 법적 효과를 발생한다. 따라서 경찰처분은 법률의 근거를 요하며, 그 요건과 효과는 법률에 의하여 정해진다. 또한 국민의 권리·이익을 보호하기 위하여 흠 있는 경찰처분에 대하여는 행정심판이나 행정소송을 통하여 다툴 수 있다. 이 점에서, 양 당사자의 합의에 의하여 권리·의무 변동이라는 법적 효과가 발생하는 것이 원칙이고, 사적 자치의 원칙이 지배하며, 다툼이 있는 경우에는 민사소송을 제기하여야 하는 민법상의 법률행위와 차이가 있다.

Ⅱ. 경찰처분의 종류와 내용

1. 경찰처분의 분류

경찰처분은 여러 가지 기준에 따라 다양한 방법으로 분류할 수 있다. 그 중 중요한 것은 다음과 같다.

(1) 수익적 처분·침익적 처분·복효적 처분 상대방에게 미치는 효과를 기준으로, 상대방에게 이익을 부여하는 경찰처분, 즉 상대방에게 권리를 부여하거나 의무를 해제하는 처분을 수익적 처분(수익적 행정행위), 반대로 상대방의 이익을 침해하는 경찰처분, 즉 상대방에게 의무를 부과하거나 권리를 제한 또는 박탈하는 처분을 침익적 처분(침익적 행정행위)이라고 한다. 허가·인가·특허, 하명의 취소 등은 수익적 처분의 예이고, 하명, 허가·인가·특허의 취소나 거부 등은 침익적 처분의 예이다. 한편, 하나의 경찰처분이 수익적 효과와 침익적 효과를 동시에 가지는 경우(동일한 상대방에 한편으로는 이익을 주면서 또 한편으로는 그의 이익을 침해하는 경우, 직접 상대방에게는 이익을 주면서 제삼자의 이익을 침해하는 경우, 또는 직접 상대방의 이익을 침해하면서 제삼자에게는 이익을 주는 경우)도 있다. 이러한 경우를 복효적 처분(복효적 행정행위)이라고 하는바, 발급할 수 있는 특허의 수가 제한된 경우에 출원자의 일부에 대하여 특허를 부여하는 처분이 그 대표적인 예이다.

(2) 기속행위·재량행위　경찰기관에 재량권이 없이 법규가 정한 특정한 행위를 반드시 하여야 하는 경우를 기속행위, 반대로 특정한 행위를 할 것인지 여부 또는 법규가 허용하는 복수의 행위 중에서 어느 것을 선택할 것인지에 관하여 경찰기관에 재량권이 부여된 행위를 재량행위라고 한다. 기속행위와 재량행위의 구별기준 및 효과, 재량행위의 한계와 통제 등에 관하여는 앞에서 보았다(188-192면).

(3) 직권에 의한 행위와 협력을 요하는 행위　모든 행정행위는 행정청의 단독행위지만, 그 중에는 상대방의 의사와 전혀 관계없이 행정청이 직권으로 발하는 행위도 있고, 상대방의 신청이나 동의가 있어야만 할 수 있는 행위도 있다. 전자를 직권에 의한 행위라고 하고, 후자를 협력을 요하는 행위라고 한다.[12] 하명은 전자의 예이고, 허가·인가·특허 등은 후자의 예이다.

(4) 일반처분과 개별처분　특정인을 상대방으로 하는 처분을 개별처분, 불특정다수인을 상대방으로 하는 처분을 일반처분이라고 한다. 개별처분은 상대방에게 통지됨으로써 성립하나, 일반처분은 공고 후 일정한 기간이 지나면 성립한다.

2. 경찰처분의 내용

경찰처분은 그 구체적 효과의 내용을 기준으로 크게 명령적 행위, 형성적 행위, 준법률행위적 행위로 나눌 수 있고, 그 각각은 다시 몇 가지로 세분된다. 이들 중에서 경찰작용의 수단으로 가장 많이 사용되는 것은 명령적 행위에 속한 하명과 허가의 두 가지이다.

1) 명령적 행위

상대방에게 의무를 부과하거나 기존의 의무를 해제하는 처분을 말한다. 의무의 부과 또는 해제에 의하여 상대방은 자유가 제한되거나 회복될 뿐, 권리나 그 밖의 법률상의 힘이 발생·변경·소멸되는 것은 아니라는 점에서 형성적 행위와 구별된다. 명령적 행위는 하명·허가 및 면제로 구분된다.

(1) 하명　상대방에게 작위·부작위·급부·수인의 의무를 부과하는 처분이다.

---

12) 직권에 의한 행위를 '일방적 행정행위' 또는 '단독적 행정행위'로, 협력에 의한 행위를 '쌍방적 행정행위'로 부르는 경우가 많다. 그러나 모든 행정행위는 행정청의 단독행위이며, 행정청만의 일방적 의사표시 또는 그에 준하는 정신작용의 표시로 이루어진다. '일방적 행정행위'·'쌍방적 행정행위'라는 용어는 단독행위·계약과 혼동할 염려가 있으므로 적절한 용어라고 할 수 없다.

이에 관하여는 뒤에서 자세히 살펴본다.

(2) 허가 일반적·상대적 금지(부작위의무)를 특정한 경우에 특정인에 대하여 해제하는 처분이다. 이에 관해서도 뒤에서 자세히 살펴본다.

(3) 면제 일반적·상대적인 작위·급부·수인의무를 특정한 경우에 특정인에 대하여 해제하는 처분이다. 해제되는 의무의 종류를 제외하고는 허가와 성질 및 효과가 같다. 경찰상의 면제의 예는 거의 없는 것으로 보인다.[13]

2) 형성적 행위

상대방에게 권리 그 밖의 법률상의 힘을 설정·변경·박탈하거나 법적 지위를 설정하는 처분을 말한다. 특허·인가 및 대리로 구분된다.

(1) 특허 상대방에게 그가 원래 가지고 있지 않은 새로운 권리나 신분 등 법률상의 힘을 설정하는 처분이다. 경찰상의 특허는 그 예가 많지 않으나, 경찰공무원의 임명, 자동차운전전문학원 학감에 대한 기능검정권 부여[14] 등이 그 대표적인 예이다.

(2) 인가 상대방의 법률행위(단독행위인 경우도 있고 계약이나 합동행위인 경우도 있다)를 보충하여 그 효력을 완성시켜주는 처분이다. 경찰상의 인가의 예로는 자동차운전전문학원연합회 및 도로교통안전관리공단의 정관변경의 인가(도로교통법 119조④, 122조②), 총포·화약안전기술협회 이사 임명 또는 해임의 승인(총포도검

13) 도로교통법 제84조에 의한 운전면허시험의 면제는 법률 규정에 의한 면제이지 경찰처분으로서의 면제가 아니다.

14) 도로교통법은 등록된 자동차운전학원 중에서 일정한 요건을 갖춘 학원을 지방경찰청장이 자동차운전전문학원으로 지정하고(104조), "지방경찰청장은 전문학원의 학감으로 하여금 대통령령으로 정하는 바에 따라 해당 전문학원의 교육생을 대상으로 제83조 제1항 제4호 및 같은 조 제2항에 따른 운전기능 또는 도로에서 운전하는 능력이 있는지에 관한 검정(이하 '기능검정'이라 한다)을 하게 할 수 있다"고 규정하고 있다(108조①). 이에 의하면 자동차운전전문학원으로 지정을 받았다고 하여 당연히 기능검정을 실시할 수 있는 것이 아니고, 다시 지방경찰청장으로부터 기능검정권을 부여받아야 하며, 기능검정권 부여의 상대방도 학원이 아니라 학감으로 되어 있다. 따라서 기능검정권의 부여는 원래 행정청이 수행하여야 할 기능 내지 행사하여야 할 권한을 사인에게 위탁 내지 수여하는, 전형적인 특허의 성질을 가진 것으로 해석된다. 그러나 동법 시행령 제69조는 기능검정권 부여의 요건이나 절차에 관하여는 언급이 없고, 단지 기능검정의 시험기준과 방법 및 대상자만을 규정하고 있다. 이에 따라 실무상으로는 자동차운전전문학원으로 지정되면 별도의 기능검정권 부여행위 없이 당연히 기능검정권이 부여되는 것으로 취급되는 듯하다. 그러나 이러한 실무상 관행은 도로교통법의 명문규정에 어긋나는 것이며, 그렇게 할 필요가 있다면 동법을 개정하여야 할 것이다.

53조②) 등을 들 수 있다.

(3) 대리　경찰기관이 상대방을 대신하여 행하는 행위로서 그 행위의 법적 효과가 상대방에게 귀속하는 것을 말한다. 민법상의 대리와 구별하기 위하여 공법상의 대리라고도 한다. 경찰상의 공법상 대리는 그 예가 많지 않으나, 지방경찰청장이 도로교통법 제160조에 의한 과태료를 강제징수하는 경우의 압류재산의 매각을 예로 들 수 있다(도로교통법 161조①, 질서위반 24조③, 국세징수법 61조 이하).

3) 준법률행위적 행위

경찰기관의 의사표시가 아닌 정신작용의 표현(판단·인식·사실의 통지 등)을 내용으로 하는 처분을 말하며, 확인·공증·통지 및 수리로 구분된다.

(1) 확인　일정한 사실이나 법률관계에 관하여 의문이나 다툼이 있는 경우에 경찰기관이 공권적으로 그 존부 또는 정부(正否)를 판단하는 행위를 말한다. 의문이나 다툼을 해소하고 사실이나 법률관계를 확정하는 것을 목적으로 하며, 판단의 표시의 성질을 가진다. 경찰처분에 대한 행정심판의 재결, 운전면허시험의 합격 여부의 결정, 주차금지구역의 지정(도로교통법 32조 6호) 등이 그 예이다.

(2) 공증　경찰기관이 일정한 사실 또는 법률관계의 존부를 공적으로 증명하는 행위이다. 의문이나 다툼이 없는 분명한 사실 또는 법률관계에 대하여 공적 증명력을 부여하는 것을 목적으로 하며, 그 성질은 인식의 표시이다. 운전면허증과 같은 각종 증명서의 교부, 자동차운전학원의 등록(도로교통법 99조)과 같은 각종 공부(公簿)에의 등록·등재 등이 그 예이다.

(3) 통지　특정인 또는 불특정다수인에게 일정한 사실 또는 의사(효과의사 이외의 의사)를 알리는 행위이다. 도로의 일정한 구간에 대한 통행금지 또는 제한의 공고(도로교통법 6조③), 경찰행정청이 행정대집행법에 의하여 대집행을 하는 경우의 계고(행정대집행법 3조①) 등이 그 예이다.

(4) 수리　경찰행정청이 사인의 행위를 유효한 행위로서 받아들이는 행위이다. 수리는 특히 신고에 관하여 행해지는 경우가 많다. 경찰법규가 사인에 대하여 일정한 사실을 경찰기관에 신고할 의무를 부과하는 경우에, 그 신고가 요건(주로 형식적 요건, 때로는 실질적 요건)을 갖추었다고 판단하는 경우에 경찰기관이 이를 수리함으로써 신고의무가 이행되고 때로는 금지가 해제되는 효과가 발생한다. 운전자 등의 교통사고 신고(도로교통법 54조②), 자동차운전학원의 휴·폐원 신고(동법 112조) 등이 그 예이다.

신고(申告)

(1) 신고란 사인이 행정기관에 대하여 일정한 사실 또는 의사를 알리는 행위로서, 사인의 공법행위의 일종이다.

(2) 대부분의 신고는 사실의 신고이다. 경찰행정법상의 신고로는 위에서 본 운전자 등의 교통사고 신고, 자동차운전학원의 휴·폐원 신고 외에 총포·화약류 제조업자 지위승계의 신고(총포도검 4조의2③), 화약류의 폐기 신고(총포도검 20조①) 등이 있다. 경찰행정법상 의사의 신고는 실례가 없는 것으로 보인다(경찰행정법 외의 예로는 혼인신고를 든다). 한편, 법률에 의하여 국민에게 신고의무가 부과되어 있는 신고만이 사인의 공법행위로서의 신고이며, 신고의무가 없는 신고는 단순한 사실행위로서 수리의 문제도 발생하지 않는다. 범죄나 사고를 목격한 자가 경찰관서에 그 내용을 신고하는 것이 그 예이다.

(3) 신고는 사인이 신고의무 있는 사실 또는 의사를 행정기관에 알림으로써 종료하고, 그 신고가 형식적 요건을 갖춘 한 행정청의 수리 여부에 관계없이 신고의 효과가 발생하는 것이 원칙이다. 행정절차법은 이러한 법리를 명시하고 있다(40조). 그러나 때로는 법률이 신고의무와 함께 그 수리의 실체적 요건을 규정하는 경우도 있다. 이러한 경우에는 행정청이 신고의 형식적 요건뿐만 아니라 실체적 요건도 심사하여 수리 여부를 결정하고, 행정청이 신고를 수리함으로써 비로소 신고의 효과(금지의 해제)가 발생한다. 이러한 신고를 '수리를 요하는 신고'라고 부르는 것이 보통이며, 이 경우에는 신고의 수리가 사실상 약화된 허가와 같은 기능을 가진다.

Ⅲ. 경찰처분의 부관

1. 부관의 의의

(1) 행정행위의 효과를 제한하거나 보충하기 위하여 행정청이 주된 행정행위에 부가한 종된 규율(부대적 규율)을 행정행위의 부관(附款)이라고 한다. 경찰처분에도 부관이 붙는 경우가 많다.

(2) 부관은 주된 행정행위와 별개의 행위가 아니라 주된 행정행위와 결합하여 하나의 행위를 구성한다. 또한 행정청이 부가한 종된 규율만이 부관이고, 법령 자체가 유효기간을 정한 경우 또는 일정한 사실이 발생하면 행정행위의 효력이 자동적으로 상실되도록 규정한 경우 등은 부관이 아니다.

2. 부관의 종류

부관의 종류로는 조건, 기한, 부담, 철회권유보 등이 있다.[15)]

(1) 조건 행정행위의 효력을 그 발생이 불확실한 장래의 사실에 의존하게 하는 행정청의 의사표시를 말한다. 장래에 일정한 사실이 발생하면 행정행위의 효력이 발생되게 하는 정지조건과, 일정한 사실이 발생하면 행정행위의 효력이 소멸되게 하는 해제조건이 있다. 조건은 행정행위의 효력을 불안정한 상태에 두는 것이므로 행정법관계의 안정을 위하여 바람직하지 않고, 따라서 실제로도 조건이 사용되는 경우는 드물다(실정법상 또는 실무상 '조건'이라는 용어를 쓰는 경우는 많으나, 그 성질은 조건이 아니라 부담인 경우가 많다).

(2) 기한 행정행위의 효과의 발생 또는 소멸을 도래 확실한 장래의 사실에 의존하게 하는 행정청의 의사표시를 말한다. 그 사실이 발생함으로써 행정행위가 효력을 발생하는 경우를 시기(始期), 그 사실이 발생함으로써 행정행위의 효력이 소멸되는 경우를 종기(終期)라고 하며, 시기와 종기가 함께 붙여지는 경우도 많다. 기한은 부담과 함께 실무상 가장 많이 사용되는 부관이다.

(3) 부담 행정행위의 주된 내용에 부가하여 그 상대방에게 작위·부작위·급부 등의 의무를 부과하는 행정청의 의사표시를 말한다. 주로 수익적 처분에 부가되며, 실무상 가장 많이 사용되는 부관 중 하나이다. 부담은 행정행위의 일반적인 효과를 제한하는 것이 아니라 그와는 별개의 의무를 상대방에게 부과하는 것으로서, 부담의 내용 자체는 충분히 독립된 행정행위가 될 수 있는 것이지만, 그 성립과 존속을 주된 행정행위에 의존하게 할 필요에서 부관으로 부가한 것이다.

(4) 철회권유보 행정행위의 주된 내용에 부가하여 그 행정행위를 철회할 수 있는 권한을 유보하는 행정청의 의사표시를 말한다. 철회권유보가 있어도 그것만을 근거로 철회할 수는 없고 철회의 일반적 요건을 충족한 경우에만 철회를 할 수 있다는 것이 통설과 판례의 입장이다.

15) 이 밖에 부관의 일종으로 법률효과의 일부 배제를 드는 것이 종래의 통설이었다. 그러나 법령 자체가 허용하지 않는 한 법령이 규정한 행정행위의 효과를 행정청의 의사로써 배제할 수는 없을 뿐만 아니라, 그것이 허용되는 경우에도 이는 행정행위의 내용 자체를 결정하는 것이지 부관으로 볼 실익은 없다. 그 밖에도 행정행위의 사후변경의 유보, 수정부담 등을 부관의 일종으로 들기도 하나, 전자는 행정행위의 철회·변경의 일종으로 보면 되고, 후자는 부담과는 무관한 수정처분(수정허가·수정인가 등)을 의미한다.

3. 부관의 한계

(1) 부관의 가능성 부관은 재량행위에만 붙일 수 있다는 것이 종래의 통설이다. 그러나 법령이 허용하는 경우에는 기속행위에도 부관을 붙일 수 있음은 물론이다(예컨대, 도로교통법 100조에 의한 자동차운전학원의 조건부 등록).

(2) 부관의 자유성 부관은 법령에 위반하여 붙일 수 없고, 주된 행정행위의 목적에 위배되거나 본체인 행정행위의 본질적 효과를 해치는 것이어서는 안 되며, 비례원칙·평등원칙·부당결부금지의 원칙 등 행정법의 일반원칙을 위배하여 붙일 수 없다.

(3) 시간적 한계 부관은 주된 행정행위와 동시에 그 행정행위에 부가하여 발하는 것이 원칙이다. 주된 행정행위가 발해진 후에 부관을 붙일 수 있는지 여부에 관하여는 견해가 대립되나, 사후부관은 행정행위의 부분적 변경을 의미하므로 행정행위의 취소·철회에 관한 법리를 적용하여야 할 것이다.

4. 부관의 흠과 쟁송

(1) 부관의 흠과 그 효과 부관도 행정행위의 일부로서 위법이나 부당이라는 흠을 가질 수 있고, 흠 있는 부관은 경우에 따라 무효가 되거나 취소할 수 있는 부관이 된다. 어느 경우에 무효가 되고 어느 경우에 취소할 수 있는 부관이 되는지는 행정행위의 무효·취소 구별기준에 준한다. 부관이 무효인 경우에 주된 행정행위는 원칙적으로 부관 없는 행정행위가 되나, 부관이 행정행위의 본질적 요소인 경우는 행정행위 전체가 무효로 된다. 취소할 수 있는 부관이 취소된 경우에 주된 행정행위의 효력은 부관이 무효인 경우와 같다.

(2) 흠 있는 부관에 대한 쟁송 주된 행정행위에는 흠이 없고 부관에만 흠이 있는 경우에 부관만의 취소를 구하는 쟁송을 제기할 수 있는지가 문제된다. 일반적으로는 부관만의 취소를 청구할 수 없고 부관부 행정행위의 일부취소를 청구하여야 하지만, 부담은 독립하여 쟁송의 대상의 대상이 된다는 것이 다수설과 판례의 입장이다.

Ⅳ. 경찰처분의 성립과 발효

1. 경찰처분의 성립요건

경찰처분은 주체·내용·형식·절차 등에 관한 요건을 갖추고 또한 상대방에게 통지됨으로써 성립한다.

(1) 주체 경찰처분은 적법하게 구성된 경찰행정청이 그 권한의 범위 안에서 정상적인 의사에 기하여 발하여야 한다. 다만, 경찰행정의 특성상 경찰처분은 조직법상의 행정청이 아닌 경찰공무원이 발하는 경우가 많은바, 이 경우에는 그 경찰공무원이 경찰행정청으로 간주된다.

(2) 내용 경찰처분의 내용은 적법하고 타당하며 가능하고 명확하여야 한다.

(3) 형식 행정행위는 문서로 하여야 하고 행정청과 담당자의 소속·성명 및 전화번호를 기재하여야 하는 것이 원칙이다(행절 24조). 그러나 경찰처분은 현장에서 즉시에 발하여야 하는 경우가 많으므로, 성질상 문서로 할 수 없고 구술로 발하는 경우가 많을 것이다.

(4) 절차 경찰처분 중 침익적 처분의 성질을 가지는 것은 사전통지와 의견청취의 절차를 거쳐야 하고(행절 21조·22조), 또한 침익적 처분·수익적 처분을 가리지 않고 원칙적으로 이유를 제시하여야 한다(행절 23조). 그러나 역시 현장에서 즉시에 발하는 경찰처분은 성질상 이러한 절차를 거칠 수 없는 경우가 많을 것이다.

(5) 표시 위의 요건을 다 갖추었다고 하더라도 경찰처분은 아직 완전히 성립된 것이 아니고, 상대방에게 표시(통지)됨으로써 비로소 완전히 성립한다. 표시된 시점, 즉 경찰처분이 성립된 시점은 상대방에게 그 통지가 도달된 시점이다. 다만, 불특정다수인을 상대방으로 하는 처분이나 상대방의 주소 등을 통상의 방법으로 확인할 수 없는 경우에는 게시판·관보·공보·일간신문 등에 공고함으로써 표시하고, 이 경우에는 다른 법률에 특별한 규정이 없는 한 공고일부터 14일이 경과한 때에 상대방에 도달된 것으로 본다(행절 14조④, 15조②).

2. 경찰처분의 효력발생요건

경찰처분은 성립 즉시, 즉 상대방에게 통지된 시점에, 효력을 발생하는 것이 원칙이다(따라서 별도의 효력발생요건은 요구되지 않는다). 그러나 경찰처분에 부관의 일종인 시기(始期)나 정지조건이 붙어 있는 경우에는 그 시기에 도달한 때 또는 정지조건이 성취된 때 효력을 발생한다(따라서 이 경우에는 시기의 도래 또는 정지조건의 성취가 효력발생요건이다).

V. 경찰처분의 효력

경찰처분의 구체적 효력은 경찰처분마다 다르며, 근거 법규에 의하여 정해진다. 그러나 경찰처분을 포함한 행정행위는 일반적으로 다음과 같은 효력을 가진다.

1. 구속력

경찰처분이 일단 성립·발효되면 그 내용에 따라 일정한 법적 효과를 발생하여 상대방 및 그 밖의 관계인을 구속하는 힘을 구속력이라고 한다. 예컨대, 경찰관이 경직법 제5조 제1항 제3호에 근거하여 위험방지를 위하여 필요하다고 인정되는 조치를 할 것을 명하면 상대방은 그 조치를 이행할 의무가 발생하며, 도로교통법의 규정에 의하여 운전면허가 발급되면 상대방에 대한 운전 금지가 해제되어 적법하게 운전을 할 수 있게 된다.

2. 공정력(公定力)

경찰처분은 일단 성립·발효되면 흠이 있더라도 무효인 경우를 제외하고는 권한 있는 기관에 의하여 취소되기 전까지는 유효한 것으로 통용되며, 누구도 그 구속력을 부인하지 못한다.[16] 이러한 힘을 공정력이라고 하며, 사법상의 법률행위에서는 볼 수 없는 행정행위에 특유한 효력이다. 공정력은 경찰처분이 실체법적으로 적법하다고 인정하도록 요구하는 힘은 아니며, 단지 적법·위법을 불문하고 취소되기 전까지는 그 처분이 효력이 있음을 부인할 수 없게 하는 절차적인 효력에 불과하다. 따라서 처분청이나 감독청 또는 그 처분에 대한 취소쟁송을 심리·

16) 근래에는 공정력을 상대방 기타 이해관계인에 대한 효력인 협의의 공정력과 국가기관(다른 행정청, 취소소송 이외의 소송을 재판하는 법원)에 대한 효력인 구성요건적 효력으로 구분하는 견해가 유력하다. 양자가 그 효력을 인정하는 근거와 그 효력이 미치는 상대방이 다르다는 것은 부인할 수 없으나, 효력의 내용(처분의 유효성을 부인하지 못함)에 있어서는 차이가 없다는 점에서, 그 구별 여부는 실제상의 문제라기보다는 이론적인 문제라고 할 수 있다.

판단하는 행정심판위원회나 법원과 같이 취소권을 가진 기관에는 공정력이 미치지 않는다. 또한 취소소송 이외의 소송을 재판하는 법원은 처분이 무효가 아닌 한 그 효력을 부인할 수는 없지만 그 처분의 위법 여부는 판단할 수 있다.

3. 존속력

경찰처분은 법적 안정성을 위하여 처분청 자신이 함부로 취소·변경하거나 상대방 기타 이해관계인이 취소를 청구하지 못하는 경우가 있다. 이러한 효력을 존속력이라고 하며, 불가변력과 불가쟁력으로 나뉜다.

(1) 불가변력(不可變力)　경찰처분이 일단 성립·발효되면 흠이 있거나 사정이 변경되더라도 행정청 자신이 취소·변경 또는 철회할 수 없는 효력을 말한다. 불가변력은 모든 경찰처분이 가지는 효력은 아니고, 확인행위의 성질을 가진 처분에만 발생한다.

(2) 불가쟁력(不可爭力)　경찰처분에 흠이 있더라도 상대방 기타 이해관계인이 그 처분의 취소를 청구할 수 없는 효력을 말한다. 불가쟁력은 모든 경찰처분에 발생하지만, 처음부터 발생하는 효력이 아니라 그 처분에 대한 쟁송기간이 경과한 때에 발생한다.

(3) 불가변력과 불가쟁력의 관계　양자는 서로 무관하게 독립적으로 발생하는 효력이다. 따라서 불가변력이 있는 처분이라도 쟁송기간이 경과하기 전에는 상대방 기타 이해관계인은 취소를 청구할 수 있으며, 반대로 불가쟁력이 발생한 처분이라도 확인행위가 아닌 한 처분청은 취소·변경 또는 철회할 수 있다.

4. 강제력

경찰처분에 의하여 부과된 의무를 상대방이 스스로 이행하지 않는 경우에 경찰기관이 그 의무이행을 강제할 수 있는 힘을 강제력이라고 하며, 자력집행력과 제재력으로 구분된다. 자력집행력은 경찰처분에 의하여 부과된 의무를 상대방이 이행하지 않는 경우에 경찰기관이 법원의 힘을 빌리지 않고 자력으로 강제집행할 수 있는 효력이고, 제재력은 형벌 또는 행정질서벌 등의 제재를 과할 수 있는 효력이다. 그러나 이러한 효력은 모든 경찰처분이 아니라 의무를 부과하는 처분, 즉 경찰하명에만 발생하는 효력이며, 나아가 하명이라고 하여 당연히 이러한 효력이 발생하는 것이 아니라 따로 강제집행 또는 제재에 관한 명문의 법률상 근거가 있어야 한다. 따라서 강제력은 경찰처분에 당연히 내재하는 효력이 아니라 법률이 부여하는 효력에 불과하다.

Ⅵ. 경찰처분의 흠과 그 효과

1. 흠의 의의와 종류

(1) 흠의 의의 경찰처분이 그 성립요건 중 어느 하나라도 결한 것(요건불비)을 흠 또는 하자(瑕疵)라고 한다.

(2) 흠의 종류 경찰처분을 포함한 행정행위의 흠은 위법(違法)과 부당(不當)으로 구분된다. 위법은 법(성문법은 물론, 불문법을 포함하여)이 요구하는 요건을 결한 것을, 부당은 법에는 위반되지 않지만 공익에 부적합한 것을 말한다. 기속행위의 흠은 위법 한 가지뿐이다. 그러나 재량행위는 위법한 경우와 부당한 경우가 있다. 재량행위가 직접적으로 법을 위반한 경우 또는 재량권의 한계를 위반한 경우는 위법이지만, 재량권의 한계 안에서 재량권을 부적정하게(그 상황에서 공익에 가장 적합하지 않게) 행사한 경우가 부당에 그친다.

2. 흠의 효과

1) 무효와 취소의 구별

(1) 경찰처분이 위법하면 무효인 경우도 있고 취소할 수 있는 경우도 있다. 문제는 어떤 경우에 무효로 되는가에 있는바, 위법이 중대하고 또한 명백한 경우에만 처분이 무효로 된다는 것이 통설과 판례의 입장이다. 처분이 위법하지만 중대하고 명백하지는 않은 경우를 통틀어 단순위법이라고 하며, 단순위법은 취소사유에 그친다.

(2) 경찰처분이 부당한 경우(재량행위에만 있을 수 있다)에도 단순위법의 경우와 마찬가지로 취소할 수 있는 처분이 된다. 그러나 단순위법한 처분과 부당한 처분은 취소권자에 차이가 있음은 앞에서 보았다(190-191면).

2) 경찰처분의 무효

(1) 무효인 처분은 처음부터 아무런 효력을 발생하지 않는다. 따라서 외관상으

로는 존재하더라도 실질적으로는 존재하지 않는 것과 마찬가지이다. 그렇기 때문에 무효인 처분은 누군가가 그 처분이 무효임을 공적으로 선언하거나 확인하지 않더라도 무효이며, 상대방 기타 이해관계인은 그 처분을 무시하면 된다.

(2) 그러나 처분이 위법하더라도 무효인지 단지 취소할 수 있는 행위인지 구별하기는 어려운 경우가 많으므로, 그 처분에 의하여 법률상 이익을 침해받을 우려가 있는 사람은 그 처분이 무효임을 공적으로 확인받을 필요가 있다. 그리하여 행정심판법과 행정소송법은 무효인 처분에 의하여 법률상 이익을 침해받을 우려가 있는 사람이 무효확인심판이나 무효확인소송을 제기하여 그 처분이 무효임을 확인받을 수 있도록 하고 있다. 또한 무효인 처분에 대하여 취소심판이나 취소소송을 제기하는 경우에도, 행정심판위원회나 법원은 그 처분이 무효라고 판단되면 무효선언의 의미에서 취소재결·취소판결을 하는 것이 실무상 관행이다. 나아가 그 처분에 대한 항고소송 이외의 소송에서 그 처분의 무효 여부가 선결문제로 된 경우에도 법원은 그 처분이 무효임을 확인할 수 있다.

(3) 무효인 처분은 직권취소의 대상도 아니지만, 그 처분의 무효 여부를 둘러싼 법적 불확실성을 제거하기 위하여 처분청이나 감독청이 직권으로 취소하는 경우가 있다. 이 경우의 취소 역시 실질적으로는 무효선언의 의미를 가진다.

3) 경찰처분의 취소

취소사유가 있는 처분, 즉 단순위법이거나 부당한 처분은 권한 있는 기관이 취소함으로써 그 효력을 소멸시킬 수 있다. 이에 관해서는 따로 살펴본다.

Ⅶ. 경찰처분의 취소·철회 및 실효

일단 효력을 발생한 경찰처분의 효력이 사후에 소멸되는 원인에는 취소·철회 및 실효(失效)의 3가지 경우가 있다. 취소와 철회는 일단 발생한 처분의 효력을 권한 있는 기관이 사후적으로 소멸시키는 행위라는 점에서 외관상 비슷하며, 실정법상 및 실무상으로는 양자를 구별하지 않고 취소라고 부르는 것이 보통이다. 그러나 양자는 그 원인과 목적, 취소·철회의 권한 있는 기관, 효과 등에 있어서 차이가 있다. 한편 실효는 일단 발생한 처분의 효력이 일정한 사유의 발생을 원인으로 하여 당연히 소멸되는 것을 말하며, 누군가의 의사표시가 개재하지 않는다는 점에서 취소·철회와 구별된다.

1. 경찰처분의 취소

1) 취소의 의의 및 종류

(1) 경찰처분의 취소란 일단 성립·발효한 경찰처분이 흠을 가지고 있음을 이유로 사후에 권한 있는 기관이 그 효력을 소급하여 소멸시키는 행위를 말한다. 취소는 처분의 흠을 제거하여 적법상태를 회복하는 것을 목적으로 한다.

(2) 취소는 행정청(처분청 또는 감독청)이 직권으로 하는 경우도 있고, 상대방 기타 이해관계인의 청구에 의하여 행정심판이나 행정소송을 거쳐 행정심판위원회나 법원이 재결 또는 판결로써 취소하는 경우도 있다. 전자를 직권취소, 후자를 쟁송취소라고 한다.

2) 취소권자 및 취소권의 근거

(1) 직권취소는 그 경찰처분을 발한 행정청(처분청) 또는 처분청에 대하여 감독권을 가진 행정청(감독청)이 할 수 있다. 처분청은 따로 취소에 관한 법적 근거가 없더라도 흠 있는 경찰처분을 당연히 취소할 수 있다. 감독청이 취소에 관한 명문의 근거규정이 없어도 소관 하급행정청의 처분을 당연히 취소할 수 있는가에 관하여는 학설이 갈리나, 판례는 적극설의 입장을 취한다. 감독청의 취소권을 명문으로 규정한 예로는 정부조직법(11조②, 19조②), 지방자치법(157조①) 등이 있다.

(2) 쟁송취소는 행정심판위원회 및 법원(그 처분에 대한 취소소송이 제기된 법원)만이 할 수 있다. 쟁송취소는 법률의 근거를 요하며, 현행법상 행정심판법(32조③)과 행정소송법(27조)이 일반적 근거법이다.

3) 취소사유

취소의 사유는 그 처분이 성립 당시부터 가지고 있는 흠(단순위법 또는 부당)이다. 다만, 법원에 의한 쟁송취소의 사유는 부당을 제외한다. 무효사유가 있는 경우에도 형식적으로 취소를 하는 경우가 있으나, 그 실질은 무효선언이며, 엄밀한 의미의 취소는 아니다.

4) 취소권의 제한

(1) 경찰처분에 취소의 사유가 있더라도 상대방의 신뢰보호를 위하여 취소가

제한되는 경우가 있다. 즉, 수익적 경찰처분은 흠이 있더라도 그 처분을 취소하여 적법상태를 회복함으로써 실현하고자 하는 공익과 그 처분의 취소로 인하여 상대방이 입는 불이익을 비교하여 후자가 더 큰 경우에는 취소를 할 수 없다. 취소권의 제한은 선의의 상대방을 보호하고자 하는 것이므로, 처분의 흠에 상대방이 원인을 제공한 경우(예컨대, 허위의 서류를 제출하여 허가를 받은 경우)에는 상대방을 보호할 필요가 없고, 따라서 상대방의 불이익을 고려할 필요가 없다. 또한 침익적 경찰처분은 그것을 취소하는 것이 오히려 상대방에게 이익이 되므로, 취소권이 제한되지 않는다.

(2) 취소권의 제한은 직권취소에만 적용되며, 쟁송취소의 경우에는 취소사유가 인정되면 사정재결 또는 사정판결을 하는 경우를 제외하고는 항상 취소를 하여야 한다.

5) 취소의 형식·절차·효과

(1) 직권취소는 그 자체가 하나의 행정행위이다. 쟁송취소는 재결 또는 판결의 형식으로 이루어진다.

(2) 수익적 경찰처분의 직권취소는 그 자체가 침익적 처분이므로 행정절차법이 요구하는 불이익처분의 절차(사전통지·의견청취)를 거쳐야 한다. 침익적 경찰처분의 직권취소에 관하여는 일반적으로 요구되는 절차는 없다. 쟁송취소는 행정심판 또는 행정소송의 절차를 거친다.

(3) 취소의 효과는 소급한다. 즉, 경찰처분이 취소되면 처음부터 그 처분이 없었던 것과 같은 상태로 된다.

2. 경찰처분의 철회

1) 철회의 의의

(1) 경찰처분이 아무런 흠이 없이 적법·타당하게 성립하였으나 법적·사실적 사정의 변경에 따라 그 처분의 효력을 장래에 향하여 소멸시키는 행위를 말한다. 철회는 새로운 사정 하에서 공익에 적합한 상태를 실현하는 것을 목적으로 한다. 실정법상으로는 철회도 취소라고 부르는 것이 보통이다.

(2) 철회는 항상 직권에 의하여 이루어지고, 쟁송에 의한 철회란 없다.

2) 철회권자 및 철회권의 근거

(1) 철회는 그 처분을 한 행정청, 즉 처분청만이 할 수 있다. 감독청은 법률에 명문의 근거가 없는 한 하급행정청의 처분을 철회할 수 없다.

(2) 처분청이 철회를 함에 있어서 법률의 근거가 필요한지에 관하여는 학설이 갈린다. 수익적 처분의 철회는 그 자체가 침익적 처분의 성질을 가지므로, 법률유보의 원칙에 비추어 적어도 수익적 처분의 철회는 상대방에게 귀책사유가 있거나 처음부터 철회권이 유보된 경우를 제외하고는 법률의 근거가 있어야 한다고 보아야 할 것이다.[17]

3) 철회사유 및 철회권의 제한

(1) 철회의 사유는 한 마디로 공익상 행정행위의 효력을 더 존속시킬 수 없는 새로운 사정의 발생이라고 할 수 있다. 그 구체적인 사유는 매우 다양하지만, 대표적인 사유로는 법령의 개폐, 사실적 기초의 변경, 상대방의 의무위반, 처분에 의해 부여된 권리의 불행사, 처분의 목적달성 불능, 철회권이 유보된 경우에 그 해당 사유의 발생, 기타 처분의 철회를 요구하는 공익상의 필요 등을 들 수 있다. 실제로는 상대방의 의무위반을 이유로 하는 경우가 가장 많으며, 이 경우의 철회는 제재적 성격을 가진다.

(2) 수익적 경찰처분은 상대방의 이익을 보호하기 위하여 철회가 제한된다. 즉, 철회의 사유가 있더라도 철회를 요구하는 공익과 철회에 의하여 상대방이 입는 불이익을 비교하여 전자가 훨씬 큰 경우에만 철회를 할 수 있다. 상대방의 의무위반을 이유로 하는 경우에는 일반적으로 공익적 요구가 더 큰 것으로 인정된다. 침익적 처분은 그것을 철회하는 것이 상대방에게 유리하므로 철회권이 제한되지 않는다.

4) 철회의 형식·절차 및 효과

(1) 경찰처분을 철회하는 행위는 그 자체가 하나의 행정행위이다.

---

17) 현재 다수설로 보인다(김남진(경찰) 188면; 홍정선, 행정법원론(상), 제20판, 박영사, 2012, 437면; 홍준형(행정) 249면; 류·박(신론) 248면 등). 그러나 판례는, 처분을 할 수 있는 권한은 변화된 사정 하에서 처분을 철회할 수 있는 권한을 포함한다고 보아, 철회에 관한 별도의 법률상 근거가 없어도 철회할 수 있다고 한다(대판 1984.11.13, 84누269; 1995.5.26, 94누8286).

(2) 수익적 경찰처분의 철회는 그 자체가 침익적 처분이므로 행정절차법이 요구하는 사전통지 및 의견청취의 절차를 거쳐야 한다. 침익적 경찰처분의 철회에 관하여는 일반적으로 요구되는 절차가 없다.

(3) 철회의 효과는 장래에 향해서만 발생한다. 따라서 철회 전에 그 처분을 전제로 이루어진 법률관계는 유효하게 존속한다. 한편, 수익적 경찰처분의 철회에 의하여 상대방이 본인의 귀책사유 없이 특별한 손실을 입은 경우에는 그 손실을 보상하여야 한다.

3. 경찰처분의 실효(失效)

(1) 경찰처분의 실효란 일단 유효하게 성립한 경찰처분이 사후에 일정한 사정의 발생으로 인하여 당연히 그 효력이 소멸되는 것을 말한다. 누구의 의사표시나 행위도 요하지 않는다는 점에서 취소나 철회와 다르다. 실효의 사유에는 목적물의 소멸, 상대방의 사망, 목적의 달성, 해제조건의 성취 또는 종기의 도래 등이 있다.

(2) 경찰처분의 실효는 무효의 경우와 마찬가지로 특별한 절차나 확인을 요하지 않으나, 실효 여부에 관한 의문이나 다툼을 제거하기 위하여 공권적으로 실효되었음을 확인할 필요가 있는 경우에는 실효확인심판이나 실효확인소송을 제기할 수 있다.

§2. 경찰하명

Ⅰ. 경찰하명의 의의 및 성질

1. 경찰하명의 의의

(1) 경찰하명이란 상대방에게 작위·부작위·급부 또는 수인의 의무를 부과하는 경찰처분을 말한다.[18)]

(2) 경찰하명은 경찰행정의 수단 중에서 가장 전형적인 것 중의 하나이다. 경찰

---

18) 종래 경찰하명에 행정행위의 일종인 하명 외에 법규에 의한 하명을 포함시키는 것이 보통이었으나 이는 잘못된 것임은 앞에서 본 바와 같다. 또한 경찰하명을 '경찰처분'으로 부르는 입장도 있으나, 일반적인 처분의 개념에 맞지 않음도 앞에서 보았다.

을 위해방지를 위한 권력적 명령·강제작용이라고 할 때, 그 명령(의무의 부과 또는 해제)의 주된 수단이 바로 경찰하명이기 때문이다.

2. 경찰하명의 성질

(1) 경찰하명은 경찰처분 중에서 명령적 행위에 속한다. 따라서 상대방에 대하여 의무를 부과함으로써 상대방의 자유를 제한할 뿐, 상대방의 권리 그 밖의 법률상의 힘을 제한하거나 박탈하는 것은 아니다.

(2) 경찰하명은 전형적인 침익적 행정행위이다. 따라서 엄격한 법률의 근거를 요하며, 법률이 재량권을 부여하고 있는지 불분명할 때에는 기속행위로 해석한다. 그러나 실제로는 법률이 경찰기관에 재량권을 부여하는 경우가 많다. 재량적인 경찰하명에 대하여는 앞에서 본 경찰권 발동의 한계에 관한 여러 원칙이 적용된다.

Ⅱ. 경찰하명의 종류

1. 의무의 종류에 따른 분류

경찰하명은 부과되는 의무의 종류에 따라 작위하명·부작위하명·급부하명 및 수인하명으로 나눌 수 있다.

(1) 작위하명은 작위의무를 부과하는 경찰하명이다. 위험발생의 방지를 위하여 필요한 조치를 하도록 명하는 것(경직 5조① 3호)이나 불법집회·시위의 해산명령(집회 및 시위에 관한 법률 20조①)이 그 예이다.

(2) 부작위하명은 부작위의무, 즉 특정한 행위를 하지 않을 의무를 부과하는 경찰하명이다.[19] 대간첩작전지역에의 통행의 제한·금지(경직 5조②), 도로교통법에 의한 도로의 통행금지·제한(동법 6조) 등이 그 예이다.

(3) 급부하명은 금전이나 물건을 급부할 의무를 부과하는 경찰하명이다. 범칙금의 통고처분(도로교통법 163조)이나 과태료의 부과처분(동법 161조)이 그 예이다.

(4) 수인하명은 수인의무, 즉 경찰기관의 실력행사에 대하여 항거하지 않을 의무를 부과하는 경찰하명이다. 수인하명은 독립적으로 발해지는 경우는 없고, 경찰기관의 실력행사(경찰상의 즉시강제, 경찰상의 강제집행 등)에 부수하여 발해지거나

---

19) 부작위하명을 금지라고도 한다. 그러나 광의의 금지(부작위의무의 부과)에는 행정행위(하명)에 의한 금지 외에 법규에 의한 금지도 있으므로 주의하여야 한다.

또는 그것에 내포되어 행해진다.[20]

2. 개별하명과 일반하명

대부분의 경찰하명은 특정인을 상대방으로 하는 하명이며, 이를 개별하명이라고 한다. 그러나 교통신호나 일정한 도로 구간의 일시적 통행금지와 같이 불특정 다수인에 대한 하명도 있으며, 이를 일반하명이라고 한다.

3. 대인적 하명, 대물적 하명, 혼합적 하명

사람의 행위에 중점을 둔 것인지 물적 상태에 중점을 둔 것인지 또는 양자 모두에 착안한 것인지에 따라 대인적 하명, 대물적 하명 및 혼합적 하명으로 나눌 수 있다. 그 구별의 실익은 효과의 이전성 유무에 있다.[21]

Ⅲ. 경찰하명의 성립과 발효

1. 경찰하명의 성립요건

경찰하명도 경찰처분의 일반적 성립요건을 갖춤으로써 성립한다. 다만, 경찰하명은 성질상 그 성립에 있어서 다음과 같은 특색을 가진다.

1) 주 체

경찰하명은 경찰행정청만이 할 수 있는 것이 원칙이다. 그러나 경찰하명은 성질상 현장에서 즉시에 행해져야 하는 경우가 많은 까닭에, 법률이 조직법상 행정청이 아닌 경찰공무원에게 경찰하명을 할 수 있는 권한을 부여하는 경우가 많다(경직 5①, 도로교통법 6조④, 7조 등). 이 경우에는 경찰공무원 개개인이 행정쟁송법

---

20) 대집행에 있어서의 대집행영장에 의한 통지를 수인하명의 예로 들기도 한다. 그러나 대집행영장에 의한 통지의 성질은 본질적으로 통지행위이고, 수인의무는 대집행의 실행에 부수되는 것으로 보아야 할 것이다.

21) 이상의 분류방법 외에, 경찰처분(이 책에서의 경찰하명)의 한 특수한 종류로서 직접시행(의사작용으로서의 경찰작용과 실력적 사실행위가 하나의 행위로 합쳐져 행해지는 경찰처분)을 들고, 경직법상 대부분의 조치가 이에 해당한다고 설명하는 견해도 있다(김·김(Ⅱ) 293-294면).

상의 행정청으로 간주된다.

2) 내 용

경찰하명도 그 내용이 적법하고 공익에 적합하며 가능하고 명확하여야 하는 점은 경찰처분 일반의 경우와 같다. 다만, 다른 경찰처분에 비해서도 경찰기관의 재량권이 넓게 부여되는 경우가 많고, 또한 법률이 불확정개념을 많이 사용하는 결과 경찰기관에 판단여지가 부여되는 경우도 많다.

3) 형 식

(1) 행정행위는 문서로 하는 것이 원칙이다(행절 24조). 경찰하명도 문서로 하는 것이 원칙이지만, 현장에서 즉시에 이루어지는 경찰하명은 성질상 구술로 할 수 밖에 없는 경우가 많을 것이다. 위험발생의 방지를 위한 필요한 조치명령(경직 5조① 3호), 긴급한 경우의 일시적 통행금지(도로교통법 6조④) 등이 그 예이다.

(2) 나아가 경찰공무원의 동작이나 표지 또는 자동화된 기계에 의한 하명이 많은 것도 경찰하명의 특성이다. 교통경찰관의 수신호는 동작에 의한 하명의 예이며, 안전표지에 의한 통행제한이나 속도제한은 표지에 의한 하명의 예이다. 또한 적색 신호등에 의한 횡단금지는 자동화된 기계에 의한 하명의 예이다.

4) 절 차

경찰하명은 전형적인 불이익처분이므로 사전통지와 의견청취의 절차를 거치고 또한 이유를 제시하여야 하는 것이 원칙이다(행절 21조-23조). 그러나 현장에서 즉시에 행해지는 경찰하명은 성질상 사전통지 및 의견청취의 절차를 거칠 수 없는 경우가 많다. 또한 이러한 경찰하명은 대부분 단순·반복적인 처분 또는 경미한 처분으로서 상대방이 그 이유를 명백히 알 수 있는 경우 또는 긴급을 요하는 경우(행절 23조① 2호·3호)에 해당하여, 이유를 제시할 필요도 없다고 보아야 할 것이다.

5) 표 시

경찰하명도 상대방에게 표시(개별하명의 경우에는 통지, 일반하명의 경우에는 공고)함으로써 성립하고 효력을 발생한다. 문서나 구술이 아닌 동작·표지 또는 기계에 의한 하명의 경우에도 상대방이 이를 볼 수 없는 상태라면 표시가 있었다고 볼 수 없고, 따라서 하명으로서 성립하지 못한다. 그러나 이러한 방식에 의한 하명은 불특정다수인을 상대방으로 하는 경우가 대부분일 것이므로, 특정인이 이를 볼 수 없었다는 것은 경찰하명의 성립에 영향을 미칠 수 없다.

2. 경찰하명의 효력발생

경찰하명도 정지조건이나 시기(始期)가 붙어 있지 않는 한 성립 즉시 효력을 발생한다.

Ⅳ. 경찰하명의 효과

1. 효과의 내용

(1) 경찰하명의 기본적인 효과는 그 내용에 따라 상대방에게 작위·부작위·급부 또는 수인의 의무를 발생시키는 데 있다. 의무를 부과함으로써 상대방의 자유가 제한될 뿐, 상대방이 가지고 있는 권리 그 밖의 법률상의 힘을 제한하거나 박탈하는 것은 아니다.

(2) 경찰하명에 의한 의무를 이행하지 않으면 행정상 강제집행이나 행정벌의 대상이 되는 경우가 많다. 다만, 법률의 근거를 요한다.

(3) 경찰하명에 의하여 부과되는 의무의 내용인 작위 또는 부작위는 사실행위를 대상으로 하는 것이 보통이지만, 예외적으로 특정한 법률행위를 하거나 하지 않을 의무가 부과되는 경우도 있을 수 있다(현행법상 그 예는 찾기 어렵다). 그러나 이 경우에도 하명을 위반하면 행정벌이 부과될 뿐 그 행위의 법률상 효과에는 영향이 없는 것이 원칙이다.

(4) 경찰하명에 의한 의무는 국가에 대한 것이지 제삼자에 대한 것은 아니다. 따라서 경찰하명에 의하여 상대방이 일정한 의무를 지게 되는 결과 제삼자가 이익을 얻는 경우가 있어도 그 이익은 원칙적으로 공권 내지 법률상 이익이 아니라 반사적 이익에 불과하다.

2. 효과의 범위

(1) 대인적 범위　　경찰하명의 효과로서 발생하는 의무는 하명의 직접 상대방에게만 발생하는 것이 원칙이다. 그러나 대물적 하명의 경우에는 그 물건이 양도

되면 양수인에게 그 의무도 이전된다.

(2) 지역적 범위 경찰하명의 효과는 처분청의 관할구역 안에만 미치는 것이 원칙이라고 설명하는 것이 보통이다. 그러나 처분청의 관할구역은 처분청이 경찰하명을 발할 권한이 있는지 여부에만 관련되는 것이고, 일단 하명을 발하면 그 효과의 지역적 범위는 하명 자체의 내용 또는 성질에 의하여 정해지는 것이라고 보아야 한다. 예컨대, 일정한 도로 구간의 통행금지는 그 금지에 의하여 정해진 구간에서만 효과가 있으며, 경직법 제5조 제1항 제3호에 의한 위험발생 방지를 위한 조치명령은 그 명령에 의하여 특정된 장소나 물건에 대해서만 효력이 있는 반면, 도로교통법에 의한 범칙금 부과처분의 효과는 지역적 제한을 받지 않는 것이다.

Ⅴ. 경찰하명에 대한 권리구제

1. 행정쟁송

경찰하명은 행정쟁송법상의 처분으로서, 흠 있는 경찰하명에 의하여 법률상 이익을 침해당한 자는 행정심판 및 행정소송을 제기할 수 있다. 그러나 실제로는 경찰하명 중에는 성립·발효 즉시 그 하명에 의해 부과된 의무의 이행이 끝나 하명의 효력이 소멸되는 경우가 많고, 이 경우에는 소의 이익이 부정되어 행정쟁송이 실효적 구제수단이 되지 못하는 경우가 많을 것이다.

2. 국가보상

(1) 손해배상 위법한 경찰하명에 의하여 손해를 입은 자는 국가를 상대로 국가배상을 청구할 수 있다. 위법한 경찰하명을 발한 경찰공무원 개인에 대하여는, 고의 또는 중과실이 있는 경우에만 손해배상을 청구할 수 있다는 것이 판례의 입장이다.

(2) 손실보상 적법한 경찰하명에 의하여 특별한 희생에 해당하는 손실을 입은 자에 대해서는 국가가 그 손실을 보상하여야 한다. 손실보상은 법률의 근거를 요하는바, 소방기본법(24조②·③, 25조④) 등에 개별적 근거규정이 있는 외에, 일반법으로는 경직법 제11조의2가 있다.

§3. 경찰허가

Ⅰ. 경찰허가의 의의와 성질

1. 경찰허가의 의의

(1) 경찰허가란 공공의 안녕·질서 유지를 위한 일반적·상대적 금지를 특정한 경우에 특정인에 대하여 해제함으로써 적법하게 그 행위를 할 수 있도록 하여주는 경찰처분을 말한다. 실정법상으로는 허가 외에 면허·인가·승인·지정 등의 용어를 사용하는 경우가 많다(반대로 실정법이 허가라는 용어를 사용하는 경우에도 그 성질은 허가가 아니라 인가 또는 특허인 경우도 많다).

(2) 경찰허가는 경찰행정의 가장 전형적인 수단 중 하나이다. 경찰을 위해방지를 위한 권력적 명령·강제작용이라고 할 때의 '명령'에는 의무의 부과(하명)만이 아니라 의무의 일종의 금지의 해제, 즉 허가도 포함되기 때문이다. 실정법상 경찰허가의 예로는 운전면허(도로교통법 80조), 승차인원·적재중량 등을 초과한 운전허가(동법 39조① 단서), 총포·화약류의 제조업허가(총포도검 4조), 총포·도검·화약류·분사기·전자충격기·석궁의 소지허가(동법 12조), 사격장 설치허가(사격 및 사격장 안전관리에 관한 법률 6조), 유선사업 및 도선사업의 면허(유선 및 도선사업법 3조) 등이 있다.[22]

일반적·상대적 금지

허가는 일반적·상대적 금지의 존재를 전제로 한다.

(1) 일반적 금지란 불특정다수인 또는 전 국민을 상대로 하는 금지이며, 특정인에 대한 금지를 의미하는 개별적 금지에 대비된다.

(2) 일반적 금지는 그 취지와 관련하여 3가지 경우로 나눌 수 있다. ① 어떤 행위 자체가 사회적 해악으로 인정되기 때문에 예외 없이 절대적으로 금지되는

---

22) 이 밖에 식품위생법에 의한 식품위생영업의 허가, 건축법에 의한 건축허가, 의료법에 의한 의사면허 등을 경찰허가의 예로 드는 경우가 많다. 이러한 행위들이 허가의 성질을 가지는 것은 틀림없지만, 경찰행정청의 행위가 아니므로 협의의 경찰작용에는 속하지 않는다. 나아가 광의의 경찰개념을 취하는 경우에도, 이러한 행위들이 반드시 질서유지·위해방지만을 목적으로 하는 것인지는 논의의 여지가 있다.

경우(예컨대, 살인)와, ② 행위 자체가 해악은 아니지만 그것을 행하는 방법 여하에 따라 사회에 해악을 끼칠 수도 있기 때문에 일단 일반적으로 금지해놓고 심사를 거쳐 해악을 끼칠 염려가 없는 경우에는 금지를 해제해주는 경우(예컨대, 자동차 운전, 의료행위 등), ③ 행위 자체는 일반적으로 해악으로 인정되지만 예외적으로 특정한 경우 특정인에 한하여 그 행위를 허용하더라도 해악이 없을 것으로 인정되는 경우(예컨대, 마약이나 총기의 소지·사용)가 그것이다. ①을 절대적 금지, ②와 ③을 상대적 금지라고 하며, 그 중에서 ②를 예방적 금지, ③을 억제적 금지라고 한다. 허가의 전제가 되는 금지는 상대적 금지이며, 그 중에서도 대부분은 예방적 금지이다.

(3) 허가의 전제가 되는 일반적 금지는 법령에 의하여 부과되는 것이 원칙이지만, 때로는 행정행위(하명)에 의한 금지도 있을 수 있다(예컨대, 1982년 1월 5일 해제되기 전의 야간통행금지).

2. 경찰허가의 성질

(1) 명령적 행정행위　경찰허가는 일반적·상대적 금지를 해제하여 상대방의 자유를 회복시켜줄 뿐, 상대방에게 어떠한 권리 그 밖의 법률상의 힘을 부여해주는 행위는 아니다. 이 점에서 경찰허가는 명령적 행위에 속하며, 형성적 행위에 속한 인가나 특허와 구별된다.

(2) 기속행위　(a) 경찰허가는 수익적 경찰처분이지만 원칙적으로 기속행위로 해석한다. 수익적 처분이든 침익적 처분이든, 그것이 재량행위인지 기속행위인지는 1차적으로 근거 법률이 행정청에 재량권을 부여하고 있는지 여부에 따라 결정된다. 그러나 경찰허가의 근거 법규는 대부분 "……하고자 하는 자는 ……의 허가를 받아야 한다"고 규정하고 있어서, 법문상 경찰기관에 재량권이 부여되어 있는지 여부를 알 수 없는 것이 보통이다. 따라서 그 해석을 위한 기준이 필요한바, 법문상 재량권의 부여 여부가 불분명한 경우에 허가는 수익적 처분이지만 기속행위로 해석하여야 한다는 것이 통설과 판례의 입장이다. 허가의 대상이 되는 행위는 원래는 국민의 자유에 속하는 행위로서, 특정인이 그 행위를 하더라도 공익(경찰허가의 경우에는 공공의 안녕·질서)을 해칠 우려가 없는 경우에는 행정청은 그 자에 대하여 금지를 해제하여 원래의 자유를 회복시켜줄 의무가 있기 때문이다. (b) 다만, 허가 중에는 국민이 원래 가진 자유를 회복시켜주는 것이 아니라 원칙적으로 해서는 안 될 행위이지만 특정한 경우에 특정인에 한하여 그 행위를 하더라도 해악이 없을 것으로 인정되어 예외적으로 허용하는 것(앞에서 설명한 일반적·상대적 금지 중

억제적 금지를 해제하는 것)도 있다. 사행행위영업의 허가(사행행위 등 규제 및 처벌특례법 4조)를 그 예로 들 수 있다.[23] 이러한 경우의 허가는 재량행위로 해석되며, 일반적인 허가와 구별하여 예외적 승인 또는 예외허가라고 부르기도 한다.

(3) 신청을 요하는 행정행위 경찰허가는 상대방의 협력(특히 신청)을 요하는 행정행위이다. 이에 관하여는 뒤에서 자세히 살펴본다.

허가·등록·신고

국가가 국민의 행동을 규제하는 법적 수단으로는 절대적 금지, 허가, 인가, 특허, 등록, 신고 등이 있다. 이 중에서 허가는 한편으로는 인가·특허와 구별되지만(전술), 또 한편으로는 등록·신고와 구별된다.

(1) 등록은 사인이 일정한 사항을 행정청에 알려 행정청이 이를 공부(公簿)에 기록하는 행위로서, 준법률행위적 행정행위 중의 공증행위의 성질을 가진다고 보는 것이 통설이다. 그러나 법률이 일정한 영업을 하고자 하는 자에게 결격사유·시설기준 등의 요건을 정하고 행정청에 등록하도록 규정하는 경우(예컨대, 도로교통법 제99조에 의한 자동차운전학원의 등록, 소방시설공사업법 제4조에 의한 소방시설업의 등록)에, 행정청은 그 요건의 구비 여부를 심사하여 등록 여부를 결정하고, 등록의 효과는 등록사항에 대한 공적 증명력의 부여를 넘어서서 그 대상 영업에 대한 금지의 해제를 포함한다. 따라서 이러한 경우의 등록은 실질적으로 허가의 성질을 가진 것으로 볼 수 있으며, 단지 등록의 요건을 구비한 경우에 행정청의 재량권이 배제된다는 점에서 허가보다는 약화된 규제수단으로 사용되고 있다.

(2) 신고는 앞(250면)에서 보았듯이 사인이 행정청에 대하여 일정한 사실 또는 의사를 알리는 행위이고, 그 수리가 준법률행위적 행정행위의 일종으로 취급된다. 그런데 실정법상 신고 중에는 사인이 일정한 행위를 하고자 하는 경우에 법률이 신고의무를 부과함으로써 신고를 하여야만 그 행위를 적법하게 할 수 있는 경우가 있다. 옥외집회 및 시위의 신고(집회 및 시위에 관한 법률 6조), 유선사업·도선사업의 신고(유선 및 도선사업법 3조) 등이 그 예이다. 이러한 경우의 신고는 금지해제의 효과를 가진다. 다만, 사인이 요건을 갖추어 신고한 이상 행정청의 수리 여부에 관계없이 금지는 해제된다는 점에서, 행정청의 의사표시에 의하여 금지가 해제되는 허가와는 차이가 있다. 그러나 이러한 신고 중에는 법률이 정한 실체적 요건의 구비 여부를 행정청이 심사하여 신고를 수리하여야만 금지해제의 효과가 발생하는 것도 있는바, 이 경우에는 사실상 완화된 허가와 같은 기능을 한다.

---

23) 그 밖에 구 기부금품모집규제법에 의한 기부금품모집허가를 예외적 허가의 예로 들기도 한다(김남진(경찰) 169면).

Ⅱ. 경찰허가의 종류

1. 통제허가와 예외허가

허가의 목적 내지 그 전제가 되는 금지의 취지를 기준으로 한 구별이다. 원래 공익을 위하여 국민의 행동을 규제할 목적으로 국민의 자유에 속하는 행위를 일반적으로 금지하였다가 특정인에게 특정한 경우에 그 금지를 해제하는 행위(예방적 금지의 해제)를 통제허가, 어떤 행위가 본질적으로 해악이지만 특정인이 특정한 경우에 그 행위를 하더라도 해악이 없을 것으로 인정되어 예외적으로 그 행위를 할 수 있도록 허용해주는 행위(억제적 금지의 해제)를 예외허가 또는 예외적 승인이라고 한다. 대부분의 경찰허가는 통제허가이다.

2. 기속허가와 재량허가

경찰허가는 경찰기관에 재량권이 부여되어 있는지 여부에 따라 기속허가와 재량허가로 나눌 수 있다. 법규상 재량권의 부여 여부가 불분명한 때에는 기속허가로 해석하여야 하지만, 예외허가의 성질을 가지는 경우에는 재량행위로 해석됨은 앞에서 본 바와 같다.

3. 대인적 허가, 대물적 허가, 혼합적 허가

허가의 요건이 개인의 능력이나 자격 등과 같은 인적 요소인지 시설의 규모·안전성 등과 같은 물적 요소인지에 따라 대인적 허가와 대물적 허가로 구분되며, 인적 요소와 물적 요소를 아울러 허가요건으로 하는 경우에는 혼합적 허가라고 한다. 대인적 허가의 예로는 운전면허(도로교통법 80조), 화약류 제조보안책임자·관리보안책임자의 면허(총포도검 28조) 등이 있고, 대물적 허가의 예로는 화약류 저장소의 설치허가(동법 25조), 위험물 제조소·저장소·취급소의 설치허가(위험물안전관리법 6조) 등이 있다. 총포·화약류의 제조업허가(총포도검 4조), 유선사업 및 도선사업의 면허(유선 및 도선사업법 3조) 등과 같이 영업을 대상으로 하는 경찰허가는 대부분 혼합적 허가에 속한다. 대인적 허가와 대물적 허가를 구별하는 실익은 허가의 효과가 이전되는지 여부에 있다(후술).

4. 일시적 허가와 계속적 허가

경찰허가 중에는 단 한번 특정한 행위를 할 수 있도록 허용하는 일시적 허가와 영구적으로 또는 일정한 기간 계속적으로 일정한 행위를 할 수 있도록 허용하는 계속적 허가가 있다. 승차인원·적재중량 등 초과의 허가(도로교통법 39조① 단서), 화약류의 사용허가(총포도검 18조) 등은 일시적 허가의 예이며, 운전면허(도로교통법 80조), 총포·화약류의 제조업허가(총포도검 4조), 총포·도검·화약류·분사기·전자충격기·석궁의 소지허가(동법 12조) 등은 계속적 허가의 예이다. 계속적 허가는 대부분 법령이나 부관에 의하여 유효기간이 정해져 있고, 그 기간이 만료된 경우에는 갱신이 가능한 경우가 많다.

Ⅲ. 경찰허가의 상대방 및 출원

1. 경찰허가의 상대방

경찰허가는 일반적·상대적 금지를 특정인에 대하여 특정한 경우에 해제하는 행위로서, 특정인을 상대방으로 한다. 불특정다수인에 대한 허가란 개념상 모순이며, 과거에 행해졌던 야간통행금지의 일시해제와 같이 불특정다수인에 대하여 영구적 또는 일시적으로 금지를 해제하는 행위는 금지 자체의 철회 또는 정지이지 허가라고 볼 수 없다.[24)]

2. 출 원

(1) 경찰허가는 상대방의 출원, 즉 신청을 필수적 요건으로 하는 행위이며, 신청 없는 허가는 무효이다.[25)] 다만, 명시적인 신청이 없더라도 상대방의 신청 의사

---

24) 이상규(하) 331면; 김남진(경찰) 173면; 석·송(하) 338면.

25) 다수설은 불특정다수인에 대한 허가도 가능함을 전제로 출원을 요하지 않는 허가도 있을 수 있다고 설명하면서, 그 예로 특정외래품 수입금지의 일반적 해제나 비상계엄 하에서의 보도관제사항의 게재 허용, 통행금지의 일시해제 등을 든다. 그러나 이들은 허가가 아니라 일반적 금지 자체의 철회 또는 일시정지라고 보아야 한다. 보행자전용도로에서의 차마 통행 허용(도로교통법 28조② 단서)을 신청 없는 허가의 예로 들기도 하나(홍정선(경찰) 313면), 그 허용이 불특정다수인에 대한 것이라면 역시 일반적 금지의 일부 철회

가 추정되는 경우에 신청의 추완을 조건으로 우선 허가를 하였다면, 합리적인 기간 내에 상대방이 신청을 추완하는 것을 전제로 잠정적으로 허가의 효력을 인정할 수는 있을 것이다.[26]

(2) 수정허가, 즉 신청과 다른 내용의 허가를 하는 것은 가능한가? 재량적 허가는 반드시 그 내용이 신청과 일치될 필요는 없으며, 신청 내용의 일부를 변경하여 허가하거나 부관을 붙여 허가하는 것은 가능하다고 보는 견해가 있다.[27] 그러나 부관을 붙이는 것은 부관의 가능성과 자유성의 문제이지 수정허가의 문제는 아니며, 신청 내용의 일부를 변경하여 허가하는 것(예컨대, 5인승 자동차에 7인의 승차허가를 신청한 경우에 8인의 승차를 허가하거나 5인승 자동차가 아닌 6인승 자동차의 사용을 허가하는 것)은 이를 허용하는 법률의 명문상 근거가 없는 한 허용되지 않는다고 보아야 한다. 다만, 신청의 내용 중 일부만을 허가하는 것(예컨대, 5인승 자동차에 7인의 승차허가를 신청한 경우에 6인의 승차만을 허가하는 것)은 신청에 대한 일부인용처분(반대의 관점에서 보면 일부거부처분)으로서 허용된다고 볼 수 있다.

Ⅳ. 경찰허가의 성립과 발효

1. 경찰허가의 성립요건

경찰허가도 경찰처분의 일반적 성립요건을 갖춤으로써 성립한다. 특히 경찰허가의 성립요건으로서 문제되는 점을 살펴본다.

1) 주 체

경찰허가는 경찰행정청이 행한다. 경찰하명의 경우와 달리 조직법상의 행정청이 아닌 경찰공무원이 행하는 경우는 없을 것이다.

또는 정지로 보아야 하고, 특정인에 대한 것이라면 신청을 요한다고 보아야 한다. 나아가 경찰허가에 있어서의 신청은 법령에 특별한 규정이 없는 한 허가의 필요적 요건이 아니라 허가의 유인행위에 불과하다고 보는 견해도 있으나(이상규(하) 330면), 이러한 해석은 허가의 개념에 어긋난다.

26) 신청이나 동의가 없는 경찰허가는 그 효력이 일정기간 부동상태에 있다가 상대방의 동의가 있음으로써 그 효력이 완성된다고 보는 견해(김남진(경찰) 174면; 석·송(하) 338면)는, 신청 없는 허가도 원칙적으로 당연히 무효가 되는 것은 아니라고 보는 점에서, 저자의 견해와 차이가 있다.

27) 이상규(하) 330면; 박·정(하) 339면.

2) 형 식

경찰허가는 원칙적으로 문서로 하여야 한다(행절 24조). 경찰하명과 달리 구술로 발하는 경찰허가는 생각하기 어렵다.[28)]

3) 절 차

(1) 출원　　경찰허가는 신청을 필수적 요건으로 하며, 신청과 다른 내용의 허가는 원칙적으로 할 수 없음은 앞에서 보았다. 그 밖에 신청에 관하여 문제되는 점은 다음과 같다.

(가) 허가를 신청한 뒤에 형식적 및 실질적 요건에 대한 심사를 거쳐 허가 여부를 결정하여 처분을 할 때까지는 어느 정도의 시간이 소요되는 것이 보통이다. 그러나 경찰행정청은 상당한 기간 내에 허가처분을 하거나 거부처분을 하여야 하며, 상당한 기간을 경과하면 부작위가 성립한다. 상당한 기간이 구체적으로 어느 정도의 기간인지는 일률적으로 말할 수 없지만, 행정절차법 제19조에 의하여 설정·공표된 처리기간이 일단 표준이 될 것이다.

(나) 신청 후 허가 여부를 결정할 때까지 사이에 법령이 개정되어 신청시에는 허가의 요건을 충족하였으나 처분시의 법령에 의하면 허가의 요건에 미달하는 경우 또는 그 반대의 경우가 있을 수 있다. 이러한 경우에 행정청은 어느 시점의 법령을 적용하여야 하는지가 문제된다. 개정된 법령이 그 시행 당시에 이미 접수된 신청에 대해서는 개정 전의 법령을 적용한다는 경과규정을 두고 있는 경우에는 문제가 없다. 그러한 경과규정이 없다면, 행정청이 부당하게 처분을 지연시킨 경우를 제외하고는, 처분시의 법령을 적용하여야 한다는 것이 통설과 판례의 입장이다.

(2) 시험·검사 등　　허가를 하기 전에 일정한 시험이나 검사를 실시하여 그 합격을 허가의 요건으로 하는 경우가 있다. 운전면허는 운전면허시험에 합격한

---

28) 법령에 특별한 규정이 없는 한 구술에 의한 허가도 가능하다는 견해(석·송(하) 337면), 구두에 의한 경찰허가도 가능하며 나아가 추정적·묵시적 허가도 있을 수 있다고 하면서 무허가건물의 방치 등을 그 예로 드는 견해(김·김(II) 314면; 이철호(경찰) 208면)가 있으나, 찬동하기 어렵다. 한편, 경찰허가의 형식과 관련하여 경찰허가는 항상 처분(행정행위)의 형식으로만 행해지고 법규에 의한 허가는 있을 수 없다는 점에서 경찰하명과 다름을 강조하는 경우가 많다. 그러나 경찰하명을 이 책에서와 같이 경찰처분의 일종으로 이해하는 한, 처분의 형식으로만 행해진다는 점에서는 경찰하명이나 경찰허가나 차이가 없다.

자에게만 부여하는 것(도로교통법 85조①)이 그 예이다. 이 경우 시험 또는 검사에서의 합격·불합격 결정은 그 자체가 하나의 경찰처분으로서 확인행위의 성질을 가지며, 시험·검사에 불합격한 자에게 허가를 하면 그 허가는 무효이다.

(3) 공증 허가의 상대방에게 허가받은 사실을 증명하기 위한 증명서를 발급하는 경우가 많다. 대부분의 경우에 증명서의 교부는 허가받은 사실을 증명하는 효력밖에 없으나, 법률이 증명서의 교부를 허가의 효력발생요건으로 규정하는 경우에는 증명서를 교부받아야만 허가의 효력이 발생한다. 운전면허의 효력은 본인 또는 대리인이 운전면허증을 발급받은 때부터 발생하는 것(도로교통법 85조③)이 그 예이다.

(4) 수수료 허가를 하거나 허가의 전제조건인 시험·검사를 할 때, 또는 허가의 사후절차인 증명서 교부를 할 때, 법령이 수수료의 납부를 의무화하는 경우가 있다(예컨대, 도로교통법 139조). 그러나 수수료의 납부를 허가의 요건으로 볼 수는 없고, 수수료를 납부하지 않았더라도 허가 자체의 효력에는 영향이 없다고 보아야 할 것이다.

2. 경찰허가의 효력발생

(1) 경찰허가도 원칙적으로 성립 즉시 효력을 발생한다. 다만, 정지조건이나 시기(始期)가 붙어 있는 경우에는 정지조건이 성취된 때 또는 시기에 도달한 때 효력을 발생한다. 경찰허가 중 계속적 허가에는 유효기간, 즉 시기와 종기가 함께 붙어 있는 경우가 많다.

(2) 법률이 허가증의 교부와 같은 특별한 효력발생요건을 규정하는 경우도 있다(예컨대, 도로교통법 85조③).

V. 경찰허가의 효과

1. 효과의 내용

(1) 금지해제 경찰허가의 기본적인 효과는 특정인에 대하여 일반적 금지를 해제하여 자유를 회복시켜주는 데 있다. 금지가 해제됨으로써 상대방은 허가받은 행위를 적법하게 할 수 있다. 그러나 허가에 의하여 어떠한 권리나 그 밖의 법률상의 힘이 부여되는 것은 아니다. 예컨대, 운전면허를 받은 자는 적법하게 운전이

라는 행위를 할 수 있지만, 운전과 관련된 어떤 권리를 취득하는 것은 아니다. 이 점에서 특정인에 대하여 일정한 권리 그 밖의 법률상의 힘을 부여하는 특허와 구별된다.

(2) 경찰허가로 인한 이익의 성질 허가를 받은 사람은 다른 사람은 할 수 없는 행위를 할 수 있는 이익을 받는다. 종래의 통설은 허가로 인한 이익은 권리 내지 법률상 보호되는 이익이 아니라 단순한 반사적 이익이라고 보았다. 그러나 허가로 인한 모든 이익이 반사적 이익인 것이 아니라, 허가 대상 행위를 함으로써 누리는 경제적 이익(주로 영업허가를 받은 사람이 그 영업을 함으로써 수익을 얻는 이익, 특히 일정한 지역에서 영업허가의 수가 제한되어 있거나 거리제한이 있는 경우에 허가받은 기존 영업자가 누리는 사실상의 독점이익)이 반사적 이익이며, 허가받은 사람이 허가 대상 행위를 할 수 있는 이익은 기본권인 자유권이 구체화된 법적 지위로서 당연히 법의 보호를 받는다(예컨대, 운전면허를 받은 사람이 운전을 할 수 있는 이익은 법적으로 보호되는 이익으로서, 행정청이 정당한 이유 없이 면허를 취소하거나 정지하는 경우에는 행정심판이나 행정소송을 통하여 다툴 수 있다).[29] 또한 허가를 받을 수 있는 이익도 법적으로 보호되는 이익이다(예컨대, 운전면허를 받고자 하는 사람이 면허시험에 응시할 수 있는 이익, 면허시험에 합격한 사람이 면허를 받을 이익 등은 법적으로 보호된다).[30]

2. 효과의 범위

(1) 대인적 범위 (a) 허가의 효과가 미치는 범위는 대인적 허가와 대물적 허가가 다르다. 대인적 허가의 효과는 허가받은 사람에게만 발생하나, 대물적 허가는 허가 대상인 물건의 이전에 따라 그 효과도 이전되는 것이 원칙이다(예컨대, 위험물안전관리법 10조). 혼합적 허가의 경우에는 행정청의 인가를 받거나 행정청에

29) 경찰허가로 인한 이익이 반사적 이익인지 공권 내지 법률상 보호되는 이익인지에 관한 종래의 논의는, 주로 거리제한에 위반한 신규 영업허가에 대하여 기존 허가영업자가 취소를 구할 원고적격이 있는지의 문제와 관련하여 전개되어 왔다. 그러나 거리제한에 의하여 받는 영업상의 이익보다 본질적인 것은 허가에 의하여 그 대상 행위에 대한 금지가 해제되어 그 행위를 할 수 있는 이익이며, 이 이익은 당연히 공권 내지 법률상 보호되는 이익이다. 종래 허가의 효과에 관한 논의에서는 이 점이 간과되어 왔으나, 허가에 의하여 회복되는 자유가 헌법상의 자유권 또는 재산권으로서 법의 보호를 받는다는 근래의 지적(김남진(경찰) 180면; 김동희(Ⅱ) 241면; 홍정선(경찰) 315면 등)은 이 점을 인식한 결과라고 할 수 있다.

30) 동지: 김남진(경찰) 180면.

신고하는 것을 요건으로 이전이 인정되는 경우가 많다. (b) 허가의 효과가 이전되는 경우에는 양수인이 허가로 인한 모든 권리·의무를 승계한다. 따라서 양수인이 허가를 받은 자로서 적법하게 그 대상 행위를 할 수 있을 뿐만 아니라, 양도인의 위반행위로 인하여 허가의 철회·정지나 과징금 등의 제재처분을 받을 지위도 승계한다.

(2) 지역적 범위 허가의 효과는, 성질상 다른 지역에 효과가 미치는 것(예컨대, 운전면허)을 제외하고는, 원칙적으로 허가를 한 행정청의 관할구역 안에만 미친다고 설명하는 것이 보통이다. 그러나 허가의 효과의 지역적 범위는 허가를 한 행정청의 관할구역과 관계없이 허가의 성질 또는 내용에 따라 정해진다고 보아야 할 것이다. 즉, 처음부터 구간·장소 또는 구역을 정하여 발급되는 허가(예컨대, 승차인원·적재중량 등의 초과의 허가, 화약류 사용의 허가, 유선업·도선업의 면허 등)는 그 구간·장소·구역 안에서만 효과가 있지만, 그렇지 않은 경우에는 허가의 효과는 전국에 미치는 것이다. 예컨대, 운전면허나 총포 등의 소지허가를 받은 자는 전국 어디에서나 운전 또는 총포 등의 소지를 할 수 있다.

(3) 다른 법령에 의한 제한 경찰허가를 받았더라도 그 허가의 근거법에 의한 금지만 해제될 뿐, 그 행위에 관한 다른 법령에 의한 제한은 해제되지 않는 것이 원칙이다(예컨대, 도로교통법 제39조 제1항 단서에 의하여 경찰서장으로부터 적재중량 초과의 허가를 받았더라도 도로법 제59조 제1항에 따라 일정한 중량 이상의 자동차 운행이 제한된 도로에서는 동항 단서에 의한 도로관리청의 허가를 받지 않으면 그 도로를 운행할 수 없다). 다만, 최근에는 하나의 행위가 여러 건의 인허가의 대상이 되는 경우에 주된 허가를 받으면 다른 인허가도 받은 것으로 간주하는 인허가 의제제도가 규정되는 경우가 늘고 있다.

3. 무허가행위의 효과

(1) 허가 대상 행위를 허가받지 않고 행한 경우에는 행정벌의 대상이 되는 것이 보통이며, 원상회복의무가 부과되고 그 불이행에 대하여 행정상 강제집행이 이루어지는 경우도 있다. 다만, 어느 쪽이나 법률의 근거를 요한다.

(2) 경찰허가의 대상이 되는 행위는 주로 사실행위이다(예컨대, 운전, 총포의 소지 등). 그러나 드물기는 하지만 법률행위를 대상으로 하는 경찰허가도 있을 수 있다. 화약류의 양도·양수허가(총포도검 21조①)가 그 예이다. 그러나 이 경우에도, 경찰허가의 목적은 허가를 받지 않은 행위가 법적 효력을 발생하는 것을 저지하

는 데 있는 것이 아니라 위해방지를 위하여 그 행위가 사실상 행해지지 않도록 하는 데 있는 까닭에, 허가를 받지 않고 그 행위를 하면 처벌을 받을지언정 그 행위의 법적 효력에는 영향이 없는 것이 원칙이다(예컨대, 화약류 양도허가를 받지 않고 화약류를 양도하면 양도인이 처벌을 받지만, 양도행위 자체는 유효하며, 양수인은 소유권을 취득한다). 이 점에서 허가는 대상 행위의 적법요건으로서, 법률행위의 유효요건인 인가와는 본질적인 차이가 있다.

Ⅵ. 경찰허가의 소멸 및 갱신

1. 경찰허가의 소멸원인

경찰허가도 경찰처분의 일반적 소멸원인(취소·철회 및 실효)에 의하여 그 효력이 소멸된다. 특히 경찰허가의 철회는 법률의 근거가 있어야 하는 것으로 해석된다.[31)]

2. 경찰허가의 갱신

경찰허가 중 계속적 허가는 유효기간이 정해져 있는 것이 보통이고, 이 경우에는 유효기간이 경과됨으로써 허가는 실효된다. 그러나 유효기간이 정해진 허가는 그 기간의 만료 후에 허가를 갱신할 수 있도록 규정하는 경우가 많다. 이 경우에 허가의 갱신 또는 그 거부의 성질과 효과에 관해서는 견해가 대립되고 있다.

(1) 허가의 갱신은 새로운 허가라기보다는 기존의 허가를 전제로 그 효과를 계속시키는 행위 내지 기한의 연장이라고 보는 것이 통설이다. 그러나 판례는, 갱신허가는 종전의 허가와는 별도의 새로운 처분이며, 행정청은 갱신 당시의 법령에 따라 요건 구비 여부를 판단하여 갱신 여부를 결정하여야 하고, 갱신을 거부하더라도 기득권 존중이나 신뢰보호의 원칙에 어긋나지 않는다고 보고 있다(대판 1993.2.26, 92누18832; 1993.6.29., 92누15314).[32)]

(2) 허가의 갱신은 기속행위로서, 경찰행정상 새로운 장해가 발생할 새로운 사

31) 위 주 17 참조.

32) 다만, 유효기간이 허가 대상 행위의 성질에 비추어 부당하게 짧게 정해진 경우에는 그 기간이 만료됨으로써 당연히 허가의 효력이 상실되는 것이 아니라 기간 만료시에 갱신을 고려한다는 뜻으로 해석하여야 한다고 한다(대판 1962.2.22, 4293행상42; 1996.11.10, 94누11866).

정이 없는 한 허가청은 갱신허가를 부여해야 한다는 것이 다수설이다.[33]

(3) 허가의 갱신은 기한이 지나기 전에 이루어져야 하고, 갱신 전에 기한이 지나면 허가의 효과가 소멸되는 것은 당연하다. 문제는 기한이 지나기 전에 갱신을 신청하였으나 기한까지 갱신이 이루어지지 않은 경우인바, 이에 관하여는 허가의 효력이 당연히 소멸된다는 견해,[34] 기한이 지나 전에 갱신의 신청이 있었으면 갱신거부처분이 없는 한 잠정적으로 허가의 효력이 계속되고 기한이 지난 뒤에 갱신거부처분이 있더라도 장래에 행해서만 허가의 효과가 소멸된다는 견해,[35] 신의칙에 비추어 개별적으로 판단하여야 한다는 견해[36]가 대립되고 있다.

생각건대, 허가의 갱신이 기존 허가의 연장인지 새로운 허가인지는 허가 대상 행위의 성질과 허가 갱신제도를 규정한 법률의 취지에 따라 판단하여야 할 것이다. (a) 처음부터 장기간 계속할 것이 예정된 행위(영업, 내구성 있는 시설의 설치 등)에 대한 허가라면 그 갱신은 기존 허가의 효과를 계속시키는 행위라고 보아야 하고, 따라서 경찰행정청은 갱신의 신청이 있는 경우에 경찰상의 위해를 발생할 새로운 사정이 없는 한 허가를 갱신해주어야 할 기속을 받는다. 따라서 이 경우에는 기한이 지나기 전에 갱신을 신청하였으나 기한까지 갱신이 없어도 잠정적으로 기존 허가의 효력이 계속되고, 그 후 갱신거부처분이 있어도 장래에 향해서만 효력을 발생한다. (b) 그러나 일회적 내지 일시적 행위에 대한 허가, 일정한 기간마다 새로이 허가요건의 구비 여부를 심사할 필요가 있는 허가, 또는 주기적으로 경쟁을 거쳐 새로이 허가받을 자를 선정하여야 하는 허가의 경우에는 그 갱신은 신규허가와 동일한 성격을 가진다고 보아야 한다. 따라서 이 경우에는 기존의 허가가 기속행위인 경우에는 갱신도 기속행위이지만, 기존 허가가 재량행위라면 갱신도 재량행위이다. 그리고 이 경우에는 기한 도래 전에 갱신을 신청하였더라도 기한까지 갱신이 없는 경우에 기존 허가의 효과는 소멸되고, 기한 후에 갱신이 이루어진다면 그것은 기존 허가의 연장이 아니라 새로운 허가라고 보아야 한다.

---

33) 김도창(하) 332면; 이상규(하) 336면; 석·송(하) 340면; 이철호(경찰) 216면. 이에 대하여 갱신대상 행위가 기속행위인지 재량행위인지에 따른다는 견해로는, 홍정선(경찰) 317-318면.

34) 이상규(하) 336면; 김철용(행정) 1017면(다만, 허가의 성질상 부당하게 짧은 기한을 정한 경우에는 허가 갱신이 거부된 때부터 장래에 향해서만 허가의 효력이 소멸된다고 한다); 석·송(하) 341면.

35) 박·정(하) 343면; 김동희(Ⅱ) 242-243면; 류·박(신론) 1020면.

36) 김남진(경찰) 184면; 홍정선(경찰) 318면; 정하중(개론) 1050면.

Ⅶ. 경찰허가에 대한 권리구제

1. 상대방의 권리구제

경찰허가와 관련한 상대방의 권리구제는 주로 허가의 거부 및 허가의 취소·철회와 관련해서 문제된다.

1) 행정쟁송

(1) 경찰허가를 신청하였으나 거부된 경우에, 거부처분도 처분이므로, 신청인은 거부처분을 대상으로 행정심판 및 행정소송을 제기할 수 있다. 구체적으로는 취소심판·취소소송을 제기하여 거부처분의 취소를 청구할 수 있고, 중대·명백한 위법이 있는 경우에는 무효확인심판이나 무효확인소송을 제기하여 거부처분의 무효확인을 청구할 수 있으며, 또한 의무이행심판을 제기하여 곧바로 허가를 해줄 것을 청구할 수도 있다.

(2) 경찰허가를 신청하였으나 상당한 기간이 경과하여도 허가처분도 거부처분도 없는 경우에는 부작위가 성립한다. 부작위에 대해서는 의무이행심판을 제기하여 허가를 해줄 것을 청구하거나 부작위위법확인소송을 제기하여 부작위가 위법하다는 확인을 청구할 수 있다.

(3) 일단 효력을 발생한 경찰허가가 직권취소되거나 철회된 경우에는 그 취소·철회처분에 대하여 행정심판(취소심판·무효확인심판)이나 행정소송(취소소송·무효확인소송)을 제기할 수 있다.

2) 국가보상

(1) 국가배상 허가의 거부가 위법하고 관련 공무원의 고의·과실이 인정되며 그 거부로 인하여 손해를 입은 경우에는 국가배상을 청구할 수 있고, 관련 공무원에게 고의나 중과실이 있는 경우에는 공무원 개인을 상대로 손해배상을 청구할 수도 있다. 경찰허가가 직권취소되거나 철회된 경우에도 같다.

(2) 손실보상 손실보상이 문제되는 것은 주로 허가의 철회와 관련해서이다. 허가받은 자의 귀책사유 없이 공익을 위하여 허가가 철회된 경우에 그 상대방이 특별한 희생에 해당하는 손실을 입었다면 국가는 그 손실을 보상하여야 한다. 손

실보상을 청구하기 위해서는 법적 근거가 필요한바, 일반법으로는 경직법 제11조의2가 있다.

2. 제3자의 권리구제

경찰허가로 인하여 상대방은 이익을 받지만 제삼자가 불이익을 받는 경우가 있다. 위험물제조소나 취급소의 설치허가로 인근 주민의 안전이 위협받는 경우(ⓐ), 또는 새로운 유선업 면허로 인하여 기존의 유선업자가 영업상 이익이 감소된 경우(ⓑ)를 예로 들 수 있다. 이 경우에, 그 허가가 위법하다면, 제삼자가 타인에 대한 허가의 무효확인이나 취소를 청구할 수 있는가?

그 가부는 제삼자가 침해당한 이익의 성질(법률상 이익 여부)에 달려 있다. ⓐ의 경우에는 생명·건강 및 재산에 대한 직접적인 위험이 초래되고 있으므로, 법률상 이익이 침해된 것으로 인정할 수 있다. 따라서 제3자는 행정심판의 청구인적격 및 행정소송의 원고적격이 있다. 그러나 ⓑ의 경우에 침해된 이익은 사실상의 경제적 이익이며, 이러한 이익은 반사적 이익이지 법률상 이익이 아니다. 따라서 이 경우에 제삼자는 행정심판이나 행정소송을 통하여 타인에 대한 허가를 다툴 수 없는 것이 원칙이다. 다만, 허가의 근거법이 기존 업자의 영업상 이익을 보호하는 것으로 해석되는 경우에는 신규 허가에 의해 감소된 기존 업자의 영업상 이익도 법률상 보호되는 이익으로 인정된다.

제 4 절 경찰상의 사실행위

§1. 개 설

I. 경찰상 사실행위의 의의

(1) 행정기관이 행정목적을 위하여 행하는 사실행위를 행정상의 사실행위 또는 행정사실행위라고 한다. 그 중에서 경찰기관(구체적으로는 그 구성원인 경찰공무원)이 위해방지를 목적으로 행하는 사실행위를 경찰상의 사실행위라고 한다.

(2) 사실행위란 직접적으로는 아무런 법적 효과를 발생하지 않는 행위를 말하며, 의사표시 또는 그에 준하는 정신작용의 표현으로서 그 의사의 내용에 따라 또는 법률 규정에 따라 일정한 법률효과를 발생하는 법적 행위(행정행위·공법상 계약 등)에 대비되는 개념이다. 그러나 사실행위도 간접적·결과적으로는 법적 효과를 발생하는 경우가 있다.

(3) 양적으로 행정작용의 대부분은 사실행위가 차지한다. 경찰기관 또는 그 구성원인 경찰공무원이 직무상 행하는 행위도 대부분은 사실행위이다. 순찰, 교통정리, 미아 등의 보호, 경비·경호, 치안정보의 수집 등이 그 예이다. 이러한 사실행위들은 직접적으로는 아무런 법적 효과도 발생하지 않기 때문에, 그 동안 법적 관심의 대상에서 제외되어 왔다. 그러나 사실행위도 간접적·결과적으로는 법적 효과를 발생하는 경우가 있기 때문에, 그 한도 안에서 법적 규율이 필요하다. 나아가 경찰상의 사실행위 중에는 권력적 사실행위처럼 국민에 대하여 수인의무가 부과되거나 자유의 제한이 수반되는 것도 있고, 행정지도와 같이 법적인 효과는 없지만 사실상의 구속력을 가지는 것도 있다. 오늘날 경찰상의 사실행위에 대한 관심이 높아지는 것은 이러한 이유 때문이다.

Ⅱ. 경찰상 사실행위의 종류

경찰상의 사실행위는 직접적인 법적 효과를 발생하지 않는다는 점을 제외하고는 공통성이 거의 없는, 지극히 다양하고 이질적인 작용들을 포괄하는 개념이다. 따라서 경찰상의 사실행위의 분류방법도 여러 가지가 있다.

(1) **내부적 사실행위와 외부적 사실행위** 경찰상의 사실행위는 국민과 관계없는 경찰기관 내부적인 사실행위도 있고, 국민을 상대로 한 대외적인 사실행위도 있다. 행정작용의 일종으로서의 사실행위는 보통 후자만을 의미한다.

(2) **물리적 사실행위와 정신적 사실행위** 경찰상의 사실행위 중에는 처음부터 어떤 법적 효과도 염두에 두지 않고 단지 사실상의 결과만을 창출하고자 하는 행위도 있고(예컨대, 순찰, 경비, 소방관의 진화활동 등), 사인에 대한 조언·권고 등과 같이 상대방에 대하여 일정한 행위를 유도하고자 하는 의사(법적 효과의사가 아닌 사실상의 의사)를 표현하는 행위도 있다. 전자를 물리적 사실행위, 후자를 정신적 사실행위라고 한다.

(3) **독립적 사실행위와 집행적 사실행위** 선행하는 경찰작용이 없이 최초로 행해지는 사실행위를 독립적 사실행위라고 하고, 법적 효과를 발생하는 경찰작용(특히 경찰처분)이 행해진 뒤에 그 집행으로서 행해지는 사실행위를 집행적 사실행위라고 한다.

(4) **권력적 사실행위와 비권력적 사실행위** 법적인 관점에서 가장 중요한 분류방법은 수단을 기준으로 하여 권력적 사실행위와 비권력적 사실행위로 구분하는 것이다. 권력적 사실행위는 상대방의 의사를 배제하고 권력적으로 이루어지는 사실행위이며, 경찰상의 즉시강제와 경찰상의 강제집행이 이에 속한다. 비권력적인 사실행위는 권력을 사용하지 않고 비강제적으로 이루어지는 사실행위로서, 경찰지도, 순찰, 미아의 보호, 치안정보의 수집 등이 그 예이다. 권력적 사실행위는 법규의 근거를 필요로 하며, 국민의 자유를 보호하기 위하여 그 통제 및 권리구제가 중요한 과제로 된다.

이하에서는 비권력적 사실행위 중에서 대표적인 행위형식인 경찰지도와 권력적 사실행위 중에서 대표적인 행위형식의 하나인 경찰상 즉시강제에 관해서만 살펴본다(권력적 사실행위에 속한 또 하나의 대표적인 작용인 경찰상 강제집행은 경찰의무의 이행확보수단으로서 제6장에서 살펴본다).

§2. 경찰지도

Ⅰ. 경찰지도의 의의·성질 및 종류

1. 경찰지도의 의의

(1) 원래 행정지도란 학문상의 개념으로서, 행정기관이 행정목적을 실현하기 위하여 상대방의 행동을 일정한 방향으로 유도하는 원망(願望)의 표시로서의 비권력적 사실행위를 말한다. 따라서 경찰상의 행정지도, 즉 경찰지도란, '경찰기관이 공공의 안녕과 질서를 유지하기 위하여 특정인 또는 불특정다수인에 대하여 그의 행동을 일정한 방향으로 유도하는 원망의 표시로서의 비권력적 사실행위'라고 정의할 수 있다.[37] 교통경찰관이 교통법규를 위반한 보행자나 차량의 운전자에 대하여 통고처분 등의 공식적인 단속행위를 갈음하여 경고·훈계하는 행위, 불법집회 참가자들에 대하여 해산명령을 하기 전에 자진 해산하도록 권고하는 행위 등이 그 예이다.

(2) 경찰은 공공의 안녕·질서 유지를 위하여 권력을 행사하여 명령·강제하는 작용임을 특징으로 하지만, 권력을 행사하지 않고도 목적을 달성할 수 있다면 국민과의 사이에 불필요한 마찰을 피하고 국민의 권익침해를 최소화하면서 동시에 행정력의 낭비도 피할 수 있다는 점에서 그렇게 하는 것이 오히려 바람직하다고 할 수 있다. 그러나 경찰지도는 이러한 장점과 동시에, 비권력적 사실행위라는 성질 때문에 법적 근거를 요하지 않고, 따라서 법적 통제를 거의 받지 않으면서도, 상대방에게는 권력적 명령·강제 못지않은 사실상의 심리적 구속력을 가질 수 있다는 점에서, 법치행정의 원리를 무력화하는 수단으로 악용될 가능성도 있다. 따라서 행정지도의 장점을 살리면서도 그 폐해를 최소화하기 위한 법적 통제방법을 마련하는 것이 중요한 과제가 되고 있다.

37) 행정절차법은 행정지도를 "행정기관이 그 소관 사무의 범위에서 일정한 행정목적을 실현하기 위하여 특정인에게 일정한 행위를 하거나 하지 아니하도록 지도, 권고, 조언 등을 하는 행정작용"으로 정의하고 있어서(2조 3호), 불특정다수인을 상대로 한 행정지도를 제외하고 있다. 그러나 특정한 식품이나 의약품 등의 유해 여부에 대한 경고나 권고·추천과 같이 불특정다수인을 상대로 하는 비권력적 원망의 표시도 분명히 존재하며, 이를 행정지도의 개념에서 제외할 이유는 없다.

2. 경찰지도의 성질

(1) 비권력적 사실행위　경찰지도는 비권력적 사실행위라는 점에 본질적 특성이 있다. 따라서 법적으로는 아무런 구속력이 없으며, 행정지도에 따르고 안 따르고는 상대방의 자유의사에 맡겨져 있다. 그러나 실질적으로는 권력적 행위에 못지않은 사실상의 구속력을 가질 수 있다. 또한 예외적으로 법률이 행정지도에 대하여 일정한 효과를 인정하는 경우도 있다.

(2) 원망의 표시　경찰지도는 상대방의 협력적 행위를 요청하는 원망의 표시이다. 따라서 상대방의 일정한 행동을 유도하고자 하는 적극적인 의사(법적 효과의사가 아닌 사실상의 의사)의 표현으로 볼 수 없는 단순한 사실의 통지나 법령해석의 제시, 설명 또는 정보의 제공과 같은 행위는 경찰지도로 볼 수 없다.

3. 경찰지도의 종류

경찰지도는 여러 가지 관점에서 분류할 수 있다. 그 중 중요한 것은 다음과 같다.

(1) 상대방에 따른 분류　경찰지도는 상대방을 기준으로 행정주체·행정기관에 대한 행정지도와 사인에 대한 행정지도로 나눌 수 있으나, 보통 경찰지도라고 하면 후자를 말한다. 사인에 대한 경찰지도는 다시 특정인에 대한 지도와 불특정 다수인에 대한 지도로 나눌 수 있다.

(2) 목적에 따른 분류　행정지도는 기능 내지 목적에 따라 규제적 행정지도(행정목적 내지 공익에 대한 장해를 예방하거나 억제하기 위하여 상대방에게 작위 또는 부작위를 권고하는 것), 조정적 행정지도(당사자 간의 경제적 이해대립이나 과당경쟁·불균형 등을 시정하고 조정하기 위하여 복수의 상대방을 상대로 행하는 행정지도) 및 조성적 행정지도(일정한 경제적·사회적·문화적 목적의 유도를 위하여 상대방에게 지식·기술 또는 정보를 제공하는 전문기술적 행정지도)로 구분된다. 그러나 이러한 구분은 명확하지 않은 경우가 많으며, 하나의 행정지도가 두 가지 이상의 성질을 겸하는 경우도 있다. 경찰지도는 규제적 지도의 성질을 가지는 경우가 대부분일 것이다.

(3) 내용에 따른 분류　내용을 기준으로 할 때, 경찰지도의 완전한 분류는 불가능하다. 대표적인 것으로는 조언·요청·권장·주의·권고·경고 등이 있다.

Ⅱ. 경찰지도의 근거와 한계

1. 경찰지도의 법적 근거

(1) 법령에 근거가 있는 경우　경찰지도에 관하여 법령에 명문의 근거가 있는 경우도 있다. 예컨대, 경직법은 경찰관이 인명 또는 신체에 위해를 미치거나 재산에 중대한 손해를 끼칠 우려가 있는 천재, 사변, 공작물의 손괴, 교통사고, 위험물의 폭발, 광견·분마류 등의 출현, 극단한 혼잡 기타 위험한 사태가 있을 때 그 장소에 집합한 자, 사물의 관리자 기타 관계인에게 필요한 경고를 발할 수 있다고 규정하고 있는 바(5조① 1호), 이때의 경고는 경찰처분(하명)이 아니라 경찰지도의 성질을 가진다.

(2) 권력행위에 갈음하는 경찰지도　법령이 경찰하명 등의 권력적 행정작용의 근거를 규정한 경우에 경찰기관이 그에 갈음하여, 또는 그 전 단계로서, 같은 내용의 행정지도를 할 수 있음도 일반적으로 인정되고 있다. 정차·주차방법을 위반한 자동차의 운전자 또는 관리책임이 있는 사람에 대하여 도로교통법의 규정(35조①)에 의한 정차·주차방법의 변경명령 또는 이동명령을 하기 전에 정차·주차방법의 변경 또는 이동을 권고하는 것이 그 예이다. 이러한 경우는 법규의 간접적인 근거에 의한 경찰지도라고 할 수 있다.

(3) 법령의 근거가 없는 경우　문제는 법령에 경찰지도의 직접적인 근거는 물론 간접적인 근거도 없는 경우에 경찰지도를 할 수 있는지 여부이다. 행정지도는 행정기관의 조직법상 권한에 속하는 사항에 관하여는 법령의 구체적 근거를 요하지 않으며, 법령에 근거규정이 있어도 훈시규정에 불과하고 행정지도의 허용성이나 효과에 영향을 미치지 못한다고 보는 것이 통설이다. 이에 의하면 경찰기관은 공공의 안녕·질서 유지를 위한 목적이라면 법령의 근거 없이도 행정지도를 할 수 있다는 결과가 된다. 공공의 안녕·질서 유지는 경찰기관의 조직법상 권한에 속하기 때문이다(경찰법 3조, 경직 2조 6호). 그러나 '행정지도에의 도피'를 막기 위하여 최소한 규제적 경찰지도에는 적어도 간접적인 법적 근거는 필요하다고 보아야 할 것이다.

2. 경찰지도의 한계

(1) 법규상의 한계 행정지도에 법률유보의 원칙은 적용되지 않더라도 법률우위의 원칙은 적용된다. 따라서 경찰지도는 법령에 위반할 수 없으며, 적어도 경찰기관의 조직법상의 목적·임무·소관사무 및 권한의 범위를 넘을 수 없다.

(2) 행정법의 일반원칙에 의한 한계 경찰지도는 비례원칙·평등원칙·신뢰보호의 원칙 등 행정법의 일반원칙에 적합하여야 한다. 특히 행정절차법은 비례원칙의 적용을 명시하고 있다(48조①).

Ⅲ. 경찰지도의 절차

법치행정의 원리를 관철하기 위해서는 행정지도의 요건과 내용 등을 법제화하고 절차적 보장을 규정하는 것이 바람직하나, 현실적으로는 행정지도의 비공식성에 비추어 어려움이 있다. 행정절차법은 행정지도의 원칙과 방식 및 상대방의 의견제출권만을 규정하고 있다. 행정절차법의 규정은 경찰지도에도 그대로 적용된다. 그 내용은 뒤에서 살펴본다(380-381면).

Ⅳ. 경찰지도의 효과

(1) 경찰지도는 비권력적 사실행위로서, 그 자체로서는 아무런 법적 효과도 발생하지 않는다. 다만, 예외적으로 법률이 행정청에 대하여 권력적 규제행위를 하기 전에 일정한 행정지도를 선행하도록 규정하는 경우가 있다. 이 경우에는 행정지도에의 불응이 권력적 규제행위의 요건이 된다. 그러나 현행법상 경찰지도에는 그러한 예가 없는 것으로 보인다.

(2) 경찰지도는 어떠한 법적 구속력도 없고, 행정지도에 응할 것인지 여부는 오로지 상대방의 자유의사에 달려 있다. 그럼에도 불구하고 경찰지도는 그것이 배경으로 하는 막강한 행정력으로 인하여 상대방에게 권력행위 못지않은 사실상의 구속적·강제적 효과를 발생하는 경우가 많다. 행정지도에 관한 논의의 요체는 이러한 사실상의 강제력을 발휘하는 행정지도를 어떻게 방지하고 또한 그러한 행정지도에 법적으로 대처할 방안을 어떻게 마련할 것인가에 있다고 할 수 있다.[38]

(3) 경찰기관은 상대방이 경찰지도에 불응하였다는 이유로 불이익한 조치를 취할 수 없다(행절 48조②). 따라서 경찰지도에의 불응을 이유로 하는 불이익조치는 위법이며, 상대방은 이를 근거로 취소쟁송을 통하여 그 위법성을 다툴 수 있다. 다만, 실제로는 그러한 불이익조치는 대부분 표면상 경찰지도에의 불응이 아닌 다른 실체법상의 의무위반을 이유로 내세울 것이고, 그 불이익조치가 경찰지도에의 불응을 이유로 한 것임을 상대방이 입증하기는 쉽지 않을 것이다.

(4) 경찰지도에 따른 상대방의 행위가 위법으로 평가될 때, 경찰지도에 따른 것임을 이유로 위법성이 조각되는지도 문제된다. 행정지도에 따를지 여부는 국민 각자가 자기 책임 하에 판단하여 결정하여야 하므로, 일반적으로는 행정지도에 따른 것이라는 이유만으로 위법성이 조각되지는 않는다. 다만, 구체적인 상황에 따라서는 상대방에게 위법성 인식의 가능성이 없었다고 인정되는 경우가 있을 수 있으며, 또한 책임의 정도를 정함에 있어서 참작할 사유가 될 수도 있을 것이다.

Ⅴ. 경찰지도에 대한 권리구제

1. 행정쟁송

(1) 경찰지도는 비권력적 사실행위로서 처분이 아니므로 행정심판이나 행정소송의 대상이 되지 않는다. 다만, 규제적 행정지도는 '그 밖에 이에 준하는 행정작용'으로 보아 처분성을 인정하여야 한다는 견해가 있다.

(2) 경찰지도에의 불응을 이유로 불이익한 처분이 행하여진 경우에 그 처분은 위법이며(행절 48조② 참조), 따라서 행정심판·행정소송을 통하여 다툴 수 있다. 또한 위법한 경찰지도를 전제로 후속 처분이 행하여진 경우에는 경찰지도의 흠을 이유로 후행처분의 효력을 다툴 수 있다.

---

38) 행정절차법은 상대방의 의사에 반하여 강요하는 행정지도를 금지하고 있는바(48조① 후단), 그러한 규정이 없더라도 상대방의 의사에 반하여 강요하는 행정지도가 위법이라는 데는 의문이 없다. 그러나 이른바 규제적 행정지도는 본질적으로 상대방에 대하여 특정한 작위 또는 부작위를 요구하는 것이며, 어느 정도의 강요를 내포하는 것이라고 볼 수 있다. 여기에서 사회통념상 허용되는 행정지도와 상대방의 의사에 반하여 강요하는 부당한 행정지도와의 경계선을 명확하게 설정하는 것은 쉽지 않으며, 따라서 규제적 행정지도에 대하여 취소쟁송 등의 절차적 구제방안을 마련할 필요가 제기되는 것이다.

2. 국가보상

(1) 국가배상 위법한 경찰지도에 따른 결과 손해를 입은 경우에도, 경찰지도에 따른 것은 상대방의 자유의사에 의한 것으로 인정되므로, 국가배상의 요건(특히 인과관계)을 충족하기 어렵다. 다만, 경찰지도에 대하여 상대방이 자유의사에 따라 순응 여부를 결정하는 것이 사회통념상 불가능할 정도로 강압적이었다는 것이 입증되는 경우에는, 국가배상을 인정하여야 할 것이다.

(2) 손실보상 적법한 행정지도에 따른 결과 상대방이 재산적 손실을 입은 경우에도, 행정지도는 공권력 행사가 아닐 뿐만 아니라, 그로 인한 손실은 피해자 자신의 동의 내지 협력의 결과이므로, 손실보상은 불가능한 것이 원칙이다. 다만, 국가가 스스로 적정한 보상을 하는 것이 국민의 신뢰를 보호하는 길이라는 견해가 있는바, 이 경우의 보상은 협의의 손실보상이 아닌 정책적 보상의 일종이 될 것이다. 또한 이 경우의 손실이 행정청이 의도하지 않은 비정형적인 것으로서 특별한 희생에 해당하는 경우에는 수용적 침해의 이론을 적용하여 보상하는 것이 바람직하다.

§3. 경찰상의 즉시강제

Ⅰ. 경찰상 즉시강제의 의의와 성질

1. 의 의

(1) 경찰상 즉시강제란 공공의 안녕·질서에 대한 목전의 급박한 위해를 방지하기 위하여 사전의 의무부과 없이 직접 국민의 신체 또는 재산에 실력을 가하여 경찰상 필요한 상태를 실현하는 작용을 말한다.

(2) 경찰상 즉시강제는 경찰작용의 전형적인 행위형식 중 하나로서, 경찰하명과 함께 가장 빈번하게 사용되는 수단이다. 경찰을 위해방지를 위한 권력적 명령·강제작용이라고 할 때의 '강제'의 주된 수단이 바로 경찰상 즉시강제와 경찰상 강제집행인데, 그 중에서도 즉시강제가 강제집행보다 훨씬 자주 사용되는 수단이기 때문이다. 경직법이 규정하는 표준적 경찰조치 중에는 경찰상 즉시강제의 성질을

가진 것이 많으며, 또한 개별 법률에 의한 경찰작용 중에도 즉시강제의 성질을 가진 것이 많다.

2. 성 질

(1) 권력적 사실행위 경찰상 즉시강제는 그 자체로서는 상대방의 신체 또는 재산에 직접 실력을 가하여 행정상 필요한 상태를 실현하는 권력적 사실행위이다.[39)]

(2) 제1차적 행정작용의 수단 종래 경찰상 즉시강제는 경찰상 강제집행과 함께 경찰강제의 일종으로서 경찰의무의 이행확보수단 중 하나로 설명하는 것이 일반적이었다. 확실히 경찰상 즉시강제는 경찰상 바람직한 상태를 실현하기 위하여 상대방의 신체·재산에 물리적 강제력을 행사하는 작용이라는 점에서 경찰상 강제집행과 공통성이 있는 것이 사실이다. 그러나 즉시강제는 사전에 법령이나 처분(하명)에 의한 의무가 부과된 후에 그 불이행을 전제로 강제력을 행사하여 의무이행을 확보하려는 제2차적 수단이 아니라, 사전의 의무부과 없이 즉시 경찰상 바람직한 상태를 실현하고자 하는 작용이라는 점에서, 오히려 경찰처분과 마찬가지로 제1차적 경찰작용의 성질을 가진다.

(3) 경찰조사와의 구별 종래 경찰조사는 경찰상 즉시강제에 포함시켜 설명되어 왔으나, 양자는 목적과 수단 양면에서 차이가 있다. 경찰조사는 경찰작용에 필요한 자료를 얻기 위한 준비적·보조적 수단인 데 비하여, 즉시강제는 그 자체가 경찰상 필요한 구체적 결과를 실현하기 위한 독자적 행정작용이다. 또한 경찰조사는 권력적 수단 외에 비권력적 수단도 사용하지만 즉시강제는 항상 권력적으로 이루어진다는 점에서도 차이가 있다.

---

39) 이와 함께, 즉시강제가 상대방에게 수인의무를 부과하는 효과가 있다는 점에서, 즉시강제를 사실행위와 행정행위(수인하명)의 합성행위라고 보는 견해도 있다(이상규, 신행정법론(상), 신판, 법문사, 1993, 549면; 홍정선(경찰) 347면). 그러나 수인의무를 즉시강제 자체의 효과라고 볼 것인지 즉시강제의 근거 법령의 효과라고 볼 것인지는 검토의 여지가 있다. 나아가 즉시강제를 포함한 권력적 사실행위에는 당연히 수인의무가 따른다는 점에 의문을 표시하는 견해도 있다(김성태, 주 11의 논문, 980-983면).

Ⅱ. 경찰상 즉시강제의 근거

1. 즉시강제의 법률유보

(1) 과거에 독일에서는, 공공의 안녕·질서에 대한 급박한 위해를 제거하기 위하여 불가피한 경우에는 법률의 근거가 없더라도 국가는 필요한 강제수단을 사용할 수 있다고 보고, 그 근거를 개인의 정당방위·긴급피난에 상응하는 자연법적 경찰긴급권에서 구하였다. 그러나 오늘날은 국민의 신체·재산에 대한 중대한 침해를 수반하며 예측가능성과 법적 안정성을 부정하는 즉시강제가 이러한 자연법적 요구만으로 정당화될 수는 없고, 반드시 법률상 명문의 근거를 필요로 하는 것으로 보게 되었다.

(2) 경찰상 즉시강제의 근거가 되는 법률의 규정은 그 요건과 수단을 개별적으로 정하는 조항(개별적 수권조항)이어야 한다. 경찰권 발동에 관한 개괄적 수권조항의 존재를 긍정하는 입장에서는 개괄적 수권조항도 경찰상 즉시강제의 근거가 된다고 보고 있다.[40] 그러나 우리나라에서 개괄조항은 인정될 수 없음은 앞에서 본 바와 같다.

2. 현행법상의 근거

즉시강제는 극히 엄격한 요건 아래 예외적으로만 인정되어야 하지만, 경찰행정의 영역에서는 급박한 위해방지를 위하여 즉시강제가 상당히 광범위하게 인정되고 있다. 경찰상 즉시강제의 근거를 정한 현행법으로는 경직법 외에 도로교통법·소방기본법 등이 있다.[41]

Ⅲ. 경찰상 즉시강제의 수단

경찰상 즉시강제의 수단은 실력행사의 대상에 따라 대인적 강제, 대물적 강제

---

40) 김남진(경찰) 230면.

41) 이밖에 건축법, 식품위생법, 공중위생관리법, 청소년 보호법 등 많은 법률이 행정상 즉시강제의 근거를 규정하고 있다. 그러나 이러한 법률들에 의한 즉시강제는 협의의 경찰작용이 아니다.

및 대가택 강제로 나눌 수 있다. 현행법상 규정되어 있는 경찰상 즉시강제의 수단으로는 다음과 같은 것들이 있다.

1. 대인적 강제

대인적 강제란 사람의 신체에 실력을 가하여 경찰상 필요한 상태를 실현하는 강제를 말한다. 경직법상의 대인적 즉시강제로는 정신착란 또는 술취한 상태로 인하여 자기 또는 타인의 생명·신체와 재산에 위해를 미칠 우려가 있는 자와 자살을 기도하는 자에 대한 보호조치(4조① 1호),[42] 위험발생 방지를 위한 조치 중 위해를 받을 우려가 있는 자의 억류·강제피난 및 위해방지상 필요한 조치(5조① 2호·3호),[43] 범죄의 제지(6조)[44] 및 무기 등 경찰장비의 사용(10조-11조) 등이 있다. 개별 법률이 협의의 경찰상의 대인적 강제를 규정하는 예는 없는 것으로 보인다.[45]

2. 대물적 강제

물건에 실력을 가하여 경찰상 필요한 상태를 실현하는 강제를 말한다. 현행법상 대물적 즉시강제의 예로는, 경직법상으로는 피구호자가 휴대하고 있는 무기·흉기 등 위험한 물건의 임시영치(4조③)가 있고, 개별법상의 강제로는 물건의 일시사용 및 파괴(소방기본법 25조①·②),[46] 차량·물건 등의 제거·이동(동법 25조③),

---

42) 동조 동항 제2호에 의한 미아·병자·부상자 등에 대한 보호조치는, 본인이 거절하는 경우에는 취할 수 없으므로, 권력적 사실행위인 즉시강제가 아니라 비권력적 사실행위이다.

43) 동조 동항 제3호에서 규정한 조치 중 '그 장소에 있는 자, 사물의 관리자 기타 관계인에게 위해방지상 필요하다고 인정되는 조치를 하게 하는 것'은 즉시강제가 아니라 하명이고, 경찰관 '스스로 그 조치를 하는 것'만이 즉시강제이다. 또한 '스스로 그 조치를 하는 것' 중에는 관계인의 신체에 대하여 물리적 강제력을 행사하는 경우와 물건 또는 가택에 대하여 강제력을 행사하는 경우가 있을 것인바, 전자는 대인적 강제, 후자는 대물적 또는 대가택 강제에 해당한다.

44) 동조는 범죄의 예방을 위한 조치(관계인에게 필요한 경고를 발하는 것)와 긴급을 요하는 경우의 제지조치를 함께 규정하고 있다. 후자는 대인적 즉시강제의 성질을 가지지만, 전자는 비권력적 사실행위, 특히 경찰지도의 일종이다.

45) 원조강제(소방기본법 24조, 수난구호법 29조)를 대인적 즉시강제의 예로 드는 경우가 많으나, 원조강제는 소화업무·수난구호업무 등에 종사할 의무를 부과하는 하명이지 즉시강제는 아니다. 또한 대표적인 즉시강제인 강제진찰·치료·입원(감염병의 예방 및 관리에 관한 법률 42조), 강제격리(검역법 16조), 치료보호(마약류 관리에 관한 법률 40조) 등은 일반경찰기관의 권한이 아니므로 협의의 경찰작용에는 속하지 않는다.

주차방법의 변경 또는 이동(도로교통법 35조②), 장해물의 제거(동법 71조②, 72조②) 등이 있다.

3. 대가택 강제

(1) 점유자나 소유자의 의사와 무관하게 사인의 주택이나 영업소 등에 출입하여 경찰상 필요한 상태를 실현하는 강제를 말한다. 가택도 토지와 건물 등 물건의 집합체이지만, 단순한 재산권의 객체에 그치지 않고 생활의 근거지로서 헌법상 주거의 자유의 보호 대상이 되는 특성이 있기 때문에, 가택에 대한 강제는 일반적인 물건에 대한 강제와 구별할 필요가 있다.

(2) 현행법상 가택에 대한 강제적 출입·조사를 규정하는 예는 많으나, 대부분 경찰작용에 필요한 자료의 수집을 목적으로 하는 것이어서 경찰조사에 속하고, 즉시강제로 볼 수 있는 것은 매우 드물다. 즉시강제에 속하는 대가택 강제의 예로는, 위험방지를 위한 가택출입(경직 7조), 긴급한 경우의 옥내집회장소에의 출입(집회 및 시위에 관한 법률 17조① 단서) 등을 들 수 있다.

Ⅳ. 경찰상 즉시강제의 한계

1. 실체적 한계

(1) 경찰상 즉시강제는 법적 안정성과 예측가능성이라는 법치국가적 요청을 부정하는 전형적 권력작용이므로, 엄격한 법률의 근거를 요하고, 또한 법규에 적합하여야 한다.

(2) 나아가 즉시강제는 행정법의 일반원칙에 의한 제한을 받는다. ① 행정적 장해가 목전에 급박하고(급박성), ② 다른 수단으로는 그 목적을 달성할 수 없으며(보충성), ③ 필요한 최소한도에 그쳐야 한다는 것(비례원칙) 등이 그것이다.

---

46) 소방기본법 제25조 제1항 및 제2항은 소방본부장, 소방서장 또는 소방대장이 사람을 구출하거나 불이 번지는 것을 막기 위하여 필요할 때에는 소방대상물 및 토지를 "일시적으로 사용하거나 그 사용의 제한 또는 소방활동에 필요한 처분을 할 수 있다"고 규정하고 있다. '사용의 제한'의 성질은 하명이다. '소방활동에 필요한 처분'은 전형적인 불확정개념으로서 여러 가지 형식의 행위가 있을 수 있을 것이나, 소방대상물의 파괴를 포함한다고 해석된다.

2. 절차적 한계

(1) 증표제시 등 즉시강제의 일반적인 절차를 정한 법률은 없다. 그러나 개별 법령에서 증표의 제시를 요구하는 경우가 많다(경직 3조④, 7조④ 등). 또한 소속 상관에 대한 사후보고, 본인의 사전동의, 강제조치 후 증명서의 발급 등의 절차적 요건이 규정되는 경우도 있다.

(2) 영장의 요부 즉시강제의 절차와 관련하여 가장 문제가 되는 것은 체포·구속·압수·수색에 법관이 발부한 영장의 제시를 요구하는 헌법상의 영장주의(12조②)가 즉시강제에도 적용되는가 하는 점이다. 이에 관하여는 ① 영장주의는 형사상의 범죄수사작용에만 적용되고 행정상의 즉시강제에는 적용되지 않는다는 견해(소극설, 영장불요설), ② 영장주의가 형사작용에만 적용된다는 명문의 규정이 없으므로 행정상의 즉시강제에도 일반적으로 적용된다는 견해(적극설, 영장필요설), ③ 행정상 즉시강제에 일반적으로는 영장주의가 적용되지 않지만 형사소송절차의 일환으로 또는 그 전제로서 행하여지는 경우 등과 같은 예외를 인정하는 견해(절충설)[47]가 대립하고 있으나, 절충설이 통설이다.[48] 그러나, 현행법상 체포·구속·압수·수색영장은 형사사법절차의 일환으로서 사법경찰관의 신청에 의하여 또는 직권으로 검사가 청구할 수 있을 뿐(형사소송법 200조의2, 201조, 215조), 사법경찰관이 아닌 행정기관이 영장을 청구할 수 있는 제도는 마련되어 있지 않다. 입법론적으로는 행정상 즉시강제를 위한 영장 발부절차를 마련하는 것이 바람직하지만, 현행법상으로는 증표 제시 등의 절차적 요건을 준수하는 것으로 만족할 수밖에 없을 것이다.

---

47) 기본적으로 절충설이 타당하다고 하면서도, 경직법상의 보호조치·위험발생 방지조치 등의 표준조치는 영장주의의 예외에 해당한다고 보는 견해도 있다(홍정선(경찰) 359면).

48) 판례의 입장은 대법원과 헌법재판소가 다르다. 대법원은 사전영장주의는 "인신의 자유를 제한하는 모든 국가작용의 영역에서 존중되어야" 하지만 "사전영장주의를 고수하다가는 도저히 행정목적을 달성할 수 없는 지극히 예외적인 경우에는 형사절차에서와 같은 예외가 인정된다"고 판시하여(대판 1997.6.13, 96다56115), 절충설의 입장으로 해석된다. 그러나 헌법재판소는 행정상 즉시강제가 "그 본질상 급박성을 요건으로 하고 있어 법관의 영장을 기다려서는 그 목적을 달성할 수 없다고 할 것이므로, 원칙적으로 영장주의가 적용되지 않는다"고 하여(헌결 2002.10.31, 2000헌가12), 소극설의 입장을 취하고 있다.

Ⅴ. 경찰상 즉시강제에 대한 권리구제

1. 적법한 즉시강제에 대한 구제

경찰상 즉시강제가 적법하고 상대방이 위해의 발생에 책임이 있는 경우에는 손실보상의 문제가 발생하지 않으나, 위해의 발생에 책임이 없는 자가 경찰상 즉시강제로 인하여 특별한 희생을 입은 경우에는 그 손실을 보상해줄 필요가 있다. 일반적 근거법으로는 경직법 제11조의2가 있다.

2. 위법한 즉시강제에 대한 구제

(1) 정당방위　　위법한 즉시강제에 대하여는 상대방은 수인할 의무가 없고, 저항하더라도 정당방위로서 공무집행방해죄가 성립되지 않는다. 그러나 엄밀히 말하면 정당방위는 구제수단이라기보다는 행정주체의 위법행위에 대한 사인의 법적 대항수단일 뿐이다.

(2) 행정쟁송　　즉시강제는 권력적 사실행위의 성질을 가지므로 행정쟁송법상의 처분에 해당된다. 따라서 즉시강제는 행정심판 및 행정소송의 대상이 된다. 그러나 즉시강제는 단기간에 종료되는 것이 보통이므로, 집행정지결정을 받아두지 않은 한 소의 이익이 부인되어 실제로 행정쟁송을 통한 구제가 불가능한 경우가 많다.

(3) 국가배상　　위법한 즉시강제로 인하여 손해를 입은 경우에는 국가배상을 청구할 수 있고, 사실상 이것이 가장 적절한 구제수단이다.

제 5 절 표준적 경찰조치

(1) 경직법은 제3조 이하에서 표준적 경찰조치[49]를 규정하고 있다. 경직법 제3조 이하는 경찰작용에 관한 일반법으로서,[50] 개별 법률에 경찰권발동의 근거규정이 없는 경우에 적용된다.

(2) 표준적 경찰조치 중에는 경찰상 즉시강제의 성질을 가진 것이 많지만, 경찰처분(하명)이나 비권력적 사실행위의 성질을 가진 것, 때로는 경찰상 강제집행(직접강제)의 성질을 가진 것도 있다.

(3) 원래 국민을 상대로 한 행정작용은 법령상 행정청의 권한으로 규정되고 행정청의 이름으로 행하여지는 것이 원칙이다. 그러나 경직법상의 경찰조치들은 급박한 위해를 방지하기 위하여 현장에서 즉시에 이루어지는 것이 많은 까닭에, 조직법상 행정청이 아닌 경찰관 개개인의 권한으로 규정되어 있다. 경직법에 규정된 권한을 행사하는 경찰관은 행정작용법 및 행정쟁송법상으로는 행정청으로 간주된다.

(4) 경직법은 국가경찰공무원의 직무수행에 관한 근거법이지만(1조① 참조), 제3조 이하의 표준적 수권조항은 제8조(사실확인 등)와 제9조(유치장)를 제외하고는 제주특별자치도의 자치경찰공무원에게도 준용된다(제주특별 115조).

(5) 이하 경직법의 조문 순서에 따라 표준적 경찰조치의 내용을 살펴본다.

---

49) 표준처분이라고 부르는 예도 있으나(홍정선(경찰) 213-214면; 류·박(신론) 984면), 처분은 행정행위 또는 그에 준하는 작용(행정절차법 및 행정심판법·행정소송법상의 처분)을 가리키는 것이 통례이므로, 경직법이 규정한 조치들을 표준처분으로 부르는 것은 바람직하지 않다.

50) 여기에서 경찰작용은 행정경찰작용을 의미한다. 그러나 일부 조항은 사법경찰작용(범죄수사)의 근거로도 적용된다. 불심검문(3조)과 유치장(9조)이 대표적인 예이고, 경찰장구의 사용(10조의2), 분사기 등의 사용(10조의3), 무기의 사용(10조의4)의 목적 중 하나인 범인의 체포·도주의 방지도 범죄의 진압과 수사 양면의 목적을 가진다.

§1. 불심검문

Ⅰ. 의의 및 성질

1. 의 의

불심검문[51)]이란 거동이 수상한 자를 정지시켜 조사하는 것을 말한다. 조사의 방법으로는 질문 외에 경찰관서에의 동행과 흉기 소지 여부의 조사가 포함된다.

2. 성 질

(1) 불심검문은 어떠한 죄를 범하려 하고 있다고 의심할 만한 상당한 이유가 있는 자 또는 행하여지려고 하는 범죄행위에 관하여 그 사실을 안다고 인정되는 자에 대하여도 할 수 있고, 어떠한 죄를 범하였다고 의심할 만한 상당한 이유가 있는 자 또는 이미 행하여진 범죄에 관하여 그 사실을 안다고 인정되는 자에 대하여도 할 수 있다. 전자는 범죄예방을 목적으로 하는 행정경찰작용이지만 후자는 범죄사실을 인지하기 위한 사법경찰작용이며,[52)] 불심검문의 결과 어떠한 죄를 범하였다는 혐의가 인정되면 그때부터 수사절차로 이행되고 형사소송법이 적용된다(동법 211조 참조).

(2) 종래에는 불심검문이 대인적 즉시강제의 성질을 가진다고 보는 것이 일반

---

51) '불심검문(不審檢問)'이라는 용어는 국민에게 다분히 강압적 느낌을 주는 면이 있으므로 다른 용어로 바꾸는 것이 바람직하다는 의견이 제기되고 있다(예컨대, 서정범·이영돈, 경찰관직무집행법 개정방향에 관한 연구, 치안연구소, 2003, 43면; 김재광(각론) 162면). 일본에서는 경찰관직무집행법상의 명칭은 '질문'이지만 '직무질문'이라는 용어가 통용되고 있고, 독일 경찰법 모범초안은 '신원확인'(Identitätsfeststellung)이라고 부르고 있다.

52) 박·정(하) 350-351면; 김동희(Ⅱ) 211면; 정하중(개론) 1119면; 류·박(신론) 984-985면. 그러나 후자는 사법경찰작용의 성질과 함께 다시 죄를 범하는 것을 예방하기 위한 목적도 있으므로 보안경찰작용 또는 예방경찰작용의 성질도 아울러 가진다는 견해(홍정선(경찰) 217면), 경직법상의 불심검문은 행정경찰작용으로 보아야 하고 수사의 일환으로서 행하는 정지·질문은 동법에 의한 불심검문으로써는 허용되지 않는다는 견해도 있다(장영민·박기석, 경찰관직무집행법에 관한 연구, 한국형사정책연구원, 1995, 69-70면. 김재광(각론) 116-117면도 불심검문을 행정경찰작용으로 보고 있다).

적이었으나,[53)] 아래에서 보는 바와 같이 불심검문의 수단 내지 내용은 원칙적으로 상대방의 신체에 직접 강제력을 행사하는 것이 아니기 때문에 즉시강제로 보기 어렵다. 경찰상 즉시강제와 경찰조사를 구별하는 입장에서는 불심검문은 주로 대인적 경찰조사의 성질을 가진 작용이라고 보아야 할 것이다.[54)]

Ⅱ. 요 건

불심검문은 "수상한 거동 기타 주위의 사정을 합리적으로 판단하여 어떠한 죄를 범하였거나 범하려 하고 있다고 의심할 만한 상당한 이유가 있는 자 또는 이미 행하여진 범죄나 행하여지려고 하는 범죄행위에 관하여 그 사실을 안다고 인정되는 자"를 대상으로 한다(3조①).

(1) 불심검문의 상대방은, ① 어떠한 죄를 범하였거나 범하려 하고 있다고 의심할 만한 상당한 이유가 있는 자, 또는 ② 이미 행하여진 범죄나 행하여지려고 하는 범죄행위에 관하여 그 사실을 안다고 인정되는 자이다. ①의 경우에는 그렇게 의심할 만한 '상당한 이유'가 있는 것으로 족하다. 그러나 그 의심은 경찰관 개인의 주관적인 짐작이 아니라 합리적으로 생각하는 평균적 사회인이 보더라도 의심할 만한 객관적인 이유이어야 한다. 반면에 ②의 경우에는 의심만으로는 부족하고 객관적으로 그 사실을 안다고 인정되어야 한다. 범죄 피해자, 범죄 현장에 있었던 사람, "사람 살려" 또는 "도둑이야" 하고 외치는 사람 등이 그 예이다. 이들은 경찰위반의 상태에 대하여 책임이 있는 자가 아니라 범죄의 피해자 또는 제3자이기 때문에, 이들에 대한 경찰권행사의 요건을 더욱 엄격하게 한 것이다.[55)]

(2) 어떠한 죄를 범하였거나 범하려 하고 있다고 의심할 만한 상당한 이유 또는 이미 행하여진 범죄나 행하여지려고 하는 범죄행위에 관하여 그 사실을 안다는 인정은 "수상한 거동 기타 주위의 사정을 합리적으로 판단하여" 내려진 것이어야 한다. '수상한 거동'이란 시간적·장소적 상황과 관련하여 대상자의 자연스럽지 못한 언어·동작·태도·착의·휴대품 등을 말하며, '주위의 사정'이란 대상자의

53) 박·정(하) 352면; 이철호(경찰) 352면.

54) 현재의 다수설이다(김동희(Ⅱ) 213-214면; 홍정선(경찰) 216면; 정하중(개론) 1121면). 김철용(행정) 1018-1020면도 불심검문을 경찰조사의 일종으로 설명하고 있다. 질문을 비권력적 사실행위라고 보는 입장(박균성(하) 555면)도 같은 취지로 이해된다.

55) 나아가 입법론으로서 제삼자에 대한 불심검문은 인정하지 않는 것이 타당하다는 견해가 있다(장영민·박기석, 주 53의 책, 75면; 김재광(각론) 163면).

거동 이외의 인적·물적·시간적·장소적 상황을 의미한다.

Ⅲ. 수 단

1. 정지·질문

불심검문의 원칙적인 방법은 상대방을 정지시켜 질문하는 것이다(3조①).

(1) 정지는 일반적으로는 실력에 의한 강제가 아니라 상대방에게 정지를 명하는 것, 즉 하명으로 보아야 한다.[56] 불심검문은 신체의 구속을 포함하지 않으므로(동조⑦), 정지를 명하였으나 상대방이 불응하는 경우에도 원칙적으로 실력에 의한 강제는 허용되지 않는다.[57] 그러나 상대방이 단순한 불응에 그치지 않고 도주하는 경우에는 '어떠한 죄를 범하였거나 범하려 하고 있다고 의심할 만한 상당한 이유'가 있음이 명백하다고 볼 수 있고, 이 경우에는 정지명령에 의한 정지의무의 이행을 확보하기 위하여 상대방을 추격하여 실력으로써 강제로 정지시킬 수 있을 것이다(이 경우에는 직접강제가 된다). 다만, 이 경우에도 질문을 위한 일시 정지에 그쳐야 하며, 체포나 구속은 형사소송법상의 절차에 따라야 한다(동조⑦ 전단 참조).

(2) 질문은 상대방의 신원과 그 밖에 의심스러운 사항을 묻는 행위이다. 이때 상대방은 자신의 의사에 반하여 답변을 강요당하지 않는다(동조⑦ 후단). 따라서 질문은 비권력적인 사실행위이다.

(3) 질문할 때 경찰관은 상대방에게 자신의 신분을 표시하는 증표를 제시하면

---

56) 불심검문을 대인적 즉시강제의 일종으로 보는 견해(위 주 53 참조)는 정지를 권력적 사실행위(즉시강제행위)로 보는 것으로 이해된다. 반대로 불심검문 전체를 강제처분과 구별되는 임의처분으로 보는 견해는 정지도 임의처분이므로 상대방은 정지의무가 없다고 한다(장영민·박기석, 위의 책, 76-77면. 동지: 김재광(각론) 120면). 그러나 경직법 제3조 제1항은 "……자를 정지시켜 질문할 수 있다"고 규정하고 있는바, "정지시켜"는 경찰관이 실력으로 정지를 강제할 수는 없어도 상대방의 의사를 불문하고 정지하도록 명할 수 있다는 의미로 해석하여야 하며, 그렇게 해석할 때에만 불심검문이라는 법제도가 현실적으로 기능할 수 있게 된다. 따라서 정지는 상대방에게 정지의무를 부과하는 경찰처분, 즉 하명으로 보아야 한다(그러나 뒤에서 보는 바와 같이 질문은 비권력적인 사실행위로서, 상대방에게 답변의 의무가 부과되는 것은 아니다. 따라서 불심검문은 전체로서 비권력적인 경찰조사의 성질을 가진다).

57) 김철용(Ⅱ) 1018-1019면. 그러나 다수설은 경찰관이 길을 막아서는 행위나 팔을 붙잡는 행위와 같이 상대방의 의사를 제압하지 않는 정도의 물리력의 행사는 허용된다고 한다(박·정(하) 351면; 김동희(Ⅱ) 211면; 홍정선(경찰) 217면; 류·박(신론) 985면).

서 소속과 성명을 밝히고 그 목적과 이유를 설명하여야 한다(동조④).[58]

2. 동행요구

정지한 상대방에게 그 장소에서 질문을 하는 것이 상대방에게 불리하거나 교통의 방해가 된다고 인정되는 때에는 경찰관은 질문하기 위하여 부근의 경찰관서에 동행할 것을 요구할 수 있다(3조② 1문).

(1) 동행요구를 할 수 있는 것은 상대방에게 그 장소에서 질문을 하는 것이 상대방에게 불리하거나 교통의 방해가 된다고 인정되는 때이다.[59] 상대방에게 불리한지 여부는 상대방의 주관적 감정이 아니라 평균인을 기준으로 객관적으로 판단하여야 한다.

(2) 그러나 상대방은 경찰관의 동행요구를 거절할 수 있고(동조② 2문), 또한 형사소송절차에 의하지 않고는 신체를 구속당하지 않으므로(동조⑦), 동행요구는 구속력이 없는 비권력적 사실행위에 불과하다(그러한 의미에서 실무상 '임의동행'이라는 용어가 자주 사용된다). 따라서 경찰관은 동행요구를 거절하는 상대방에 대하여 물리적 강제력을 행사할 수 없고, 경찰관이 실력으로써 강제연행하고자 하는 경우에는 적법한 공무집행이 아니므로 이에 저항하여도 공무집행방해죄가 성립되지 않는다(대판 1972.10.31, 72도2005; 1976.3.9., 75도3779).

(3) 동행을 요구할 때 경찰관은 상대방에게 자신의 신분을 표시하는 증표를 제시하면서 소속과 성명을 밝히고 그 목적과 이유를 설명하여야 하며, 또한 동행장소를 밝혀야 한다(동조④).

(4) 동행의 장소는 부근의 경찰관서이다. 경찰관서는 경찰서·지구대·파출소 또는 출장소를 말하며, 지방해양경찰관서를 포함한다. 동행요구의 목적이 질문에 있으므로, 질문과 답변이 가능한 가급적 가까운 경찰관서라야 할 것이고, 합리적인 이유 없이 가까운 경찰관서를 놓아두고 원거리의 경찰관서로 동행할 것을 요구하

58) "경찰관이 자신의 신분을 표시하는 증표를 제시하면서 소속과 성명을 밝히고 그 목적과 이유를 설명하면, 당해인은 질문에 수인하여야 할 의무가 발생한다"는 견해가 있다(홍정선(경찰) 218면). 아마도 질문의 처분성을 긍정하기 위한 필요에서 나온 주장으로 생각되나, 질문을 비권력적 사실행위로 보는 것(같은 책 같은 면)과 모순된다.

59) 동행요구는 다른 방법에 의해서는 당사자의 신원 등을 확인할 수 없거나 매우 어려운 경우에 한하여 인정되어야 하며, 단순히 교통상의 방해를 이유로 동행을 요구하는 것은 경찰기관의 편의만이 강조된 규정이라는 비판이 있다(류·박(신론) 985면. 동지: 홍정선(경찰) 222면).

는 것은 위법이다.[60)]

(5) 상대방이 경찰관서에 동행을 한 경우 경찰관은 상대방의 가족 또는 친지 등에게 동행한 경찰관의 신분, 동행장소, 동행목적과 이유를 고지하거나 본인으로 하여금 즉시 연락할 수 있는 기회를 부여하여야 하며, 변호인의 조력을 받을 권리가 있음을 고지하여야 한다(동조⑤). 또한 경찰관은 상대방을 6시간을 초과하여 경찰관서에 머물게 할 수 없다(동조⑥).[61)] 나아가 판례는, 경찰관이 6시간 동안은 당연히 상대방을 경찰관서에 머무르게 할 수 있는 것이 아니고, 상대방은 임의동행 후 언제든지 경찰관서에서 퇴거할 자유가 있다고 한다(대판 1997.8.22., 97도1240).

(6) 경찰관서에 임의동행한 경우에도 상대방은 형사소송절차에 의하지 않고는 신체를 구속당하지 않으며, 의사에 반하여 답변을 강요당하지 않는다(동조⑦).

3. 흉기조사

경찰관은 불심검문의 상대방에게 현장에서 또는 경찰관서에서 질문을 할 때에 흉기의 소지 여부를 조사할 수 있다(3조③). 질문하는 경찰관에 대한 위해를 방지하고 또한 상대방의 자해를 방지하려는 것이 목적이다.[62)]

(1) 흉기 소지 여부의 조사(이하 "흉기조사"라 한다)는 기본적으로 비권력적인 조사로서,[63)] 그 방법은 관찰(겉모양을 관찰하여 흉기 소지 여부를 판단하는 것), 질문(흉기 소지 여부에 관하여 질문하는 것), 임의제시(소지품의 임의제시를 요구하고 제시된 소지품을 조사하는 것) 및 외표검사(옷이나 휴대품의 겉을 더듬어서 흉기 소지 여부를 조

---

60) 상대방의 동의가 있다면 경찰관서 이외의 장소에의 동행도 가능하다는 견해가 있으나(홍정선(경찰) 223면), 경직법이 불심검문 상대방의 보호를 위하여 동행요구의 요건과 장소를 한정하고 있는 취지에 어긋난다.

61) 제3조 제6항은 1988년 경직법 개정시에 신설되었고, 당초 제한시간은 3시간이었으나 신원파악에 많은 시간이 걸린다는 이유로 1991년에 6시간으로 개정되었다. 그러나 오늘날 각종 정보·자료의 디지털화로 신원확인에 그리 오랜 시간이 걸리지 않으므로 다시 3시간으로 단축하여야 한다는 주장이 제기되고 있다(김재광(각론) 166면).

62) 불심검문의 일환으로서 소지 여부를 조사할 수 있는 것은 흉기뿐이며, 마약이나 위조지폐 등과 같은 물건은 현행법상 조사의 대상이 되지 않는다. 입법론으로서 신체와 물건에 대한 수색의 근거규정을 신설할 필요가 있다는 주장이 제기되고 있다(서정범·이영돈, 주 52의 책, 45-46면; 김재광(각론) 163면).

63) 권력적 조사로 보는 견해가 다수설로 보인다(홍정선(경찰) 220면; 박균성(하) 557면; 김재광(각론) 65면 등). 또한 흉기조사가 실질적으로 수색에 해당한다고 보는 견해(아래 주 65 참조)도 권력적 조사로 보는 것으로 이해할 수 있다.

사하는 것)에 그쳐야 하고, 강제조사(상대방의 승낙 없이 의복의 호주머니나 가방 등에 손을 넣어 검사하거나 그 안의 물건을 꺼내는 것)는 불심검문의 수단으로서는 허용되지 않는다.[64] 따라서 경직법에 의한 흉기조사는 헌법 제12조 제3항의 '수색'에 해당하지 않으며, 영장을 요하지 않는다.[65]

(2) 조사의 결과 흉기가 발견된 경우의 조치에 관해서는 규정이 없다. 그 흉기가 범죄에 사용되었거나 범죄에 사용할 목적으로 소지한 것으로 인정되는 경우에는 당해 범죄에 대한 수사절차가 개시되겠지만, 그렇지 않더라도 「폭력행위 등 처벌에 관한 특례법」상의 범죄에 사용될 우려가 있는 흉기라면 동법상의 우범자로서 처벌 대상이 되고(동법 7조), 칼·쇠몽둥이 등 사람의 생명 또는 신체에 중대한 해를 입히는 데 사용될 연장을 정당한 이유 없이 숨기어 지니고 다닌 경우라면 경범죄 처벌법에 의한 처벌 대상이 된다(동법 3조① 2호). 또한 「총포·도검·화약류 등 단속법」에 의하여 소지가 금지된 흉기라면 동법에 의한 처벌의 원인이 될 것이다(동법 70조① 2호, 71조 1호).

---

64) 동지: 김재광(각론) 66면. 나아가 신체의 외표검사도 허용되지 않는다는 견해(김철용(행정) 1020면; 장영민·박기석, 주 53의 책, 85-86면), 반대로 호주머니에 손을 넣거나 가방을 열어보는 것도 허용된다는 견해(홍정선(경찰) 220면), 경찰관이 직접 꺼내는 것을 포함한다고 보는 견해도 있다(류·박(신론) 986면).

65) 흉기조사를 즉시강제 또는 권력적 조사로 보는 경우에는 영장 제시 요부가 문제된다. 흉기조사가 실질적으로 수색에 해당한다는 전제 하에 법관이 발부한 영장 없이 흉기 소지 여부를 조사하도록 한 것은 헌법 제12조 제3항과의 관련에서 문제가 있다는 견해도 있으나(이상규(하) 351면), 수색에 해당하지만 입법자가 그 침해가 경미하다고 보아 영장주의의 예외로 규정한 것이라는 견해(홍정선(경찰) 219-220면. 류·박(신론) 986면도 같은 취지로 이해된다), 흉기조사는 주로 범죄 예방을 목적으로 하며 시간적으로 급박한 반면 상대방의 피해는 비교적 경미하다는 점을 감안할 때 헌법 제12조 제3항의 수색에는 해당되지 않는다는 견해(박·정(하) 351-232면; 정하중(개론) 1120면; 박균성(하) 557면)가 우세하다. 본문에서와 같이 흉기조사의 방법을 비권력적인 것으로 한정하면, 애당초 이러한 문제는 발생하지 않는다.

§2. 보호조치

Ⅰ. 의의 및 성질

1. 의 의

보호조치란 긴급구호를 요하는 자를 경찰관서에서 일시적으로 보호하거나 구호기관에 인계하여 구호하는 조치를 말한다.

2. 성 질

보호조치 중 강제보호는 대인적 즉시강제, 임의보호는 비권력적 사실행위의 성질을 가진다. 보호조치에 부수하여 이루어지는 무기 등 위험한 물건의 임시영치는 대물적 즉시강제의 성질을 가진다.

Ⅱ. 요 건

(1) 보호조치의 대상이 되는 자는 ① 정신착란 또는 술취한 상태로 인하여 자기 또는 타인의 생명·신체와 재산에 위해를 미칠 우려가 있는 자 또는 자살을 기도하는 자, 또는 ② 미아·병자·부상자 등으로서 적당한 보호자가 없으며 응급의 구호를 요한다고 인정되는 자[66]이다(4조① 1호·2호). ①은 본인의 의사에 결함이 있는 자, ②는 의사는 있지만 자기통제가 불가능한 자라고 할 수 있다.[67] ①의 경우에는 본인의 의사와 관계없이 보호조치가 행해질 수 있으나(따라서 강제보호라고 한다), ②의 경우에는 본인이 거절하는 경우에는 보호조치를 행할 수 없으므로(동항 2호 단서), 본인의 거절이 없을 것이 요건이 된다(따라서 임의보호라고 한다). 그러나 그 거절은 정상적이고 진정한 의사에 기초한 것이어야 하며, 자신의 상태

66) 동항 본문에 “응급의 구호를 요한다고 믿을 만한 상당한 이유가 있을 때”라는 요건이 규정되어 있으므로, 제2호에서 다시 “응급의 구호를 요한다고 인정되는 자”라고 규정한 것은 중복이다.

67) 장영민·박기석, 주 53의 책, 108면.

와 보호조치의 의미를 모르는 자의 막연한 거절(예컨대, 의사능력 없는 미아가 경찰관을 보고 울면서 따라가지 않으려 하는 행동)은 임의보호를 불가능하게 하는 거절의 의사표시로 볼 수 없다.

(2) 경찰관이 위에 해당하는 자에게 보호조치를 취하기 위해서는 수상한 거동 기타 주위의 사정을 합리적으로 판단하여 위의 ① 또는 ②에 해당함이 명백하며 또한 응급의 구호를 요한다고 믿을 만한 상당한 이유가 있어야 한다(4조① 본문).

Ⅲ. 수 단

보호조치의 수단은 보건의료기관이나 공공구호기관에 대한 긴급구호 요청, 경찰관서에서의 보호, 기타의 적당한 조치이다(4조① 본문). 또한 보호조치에 부수하여 피구호자가 휴대하고 있는 위험한 물건의 임시영치도 규정되고 있다.

1. 긴급구호 요청

(1) 경찰관이 보호조치 대상자를 발견한 때에는 보건의료기관이나 공공구호기관에 긴급구호를 요청할 수 있다. 여기에서 보건의료기관은 국·공립병원이나 보건소만이 아니라 사설 의료기관도 포함한다.[68] 공공구호기관은 아동보호소·부녀보호소·갱생원·양로원·고아원 등을 말하며, 역시 국·공·사립을 불문한다.[69] 강제보호의 대상자는 주로 보건의료기관에, 임의보호의 대상자는 주로 공공구호기관에 요청할 것이다.

(2) 긴급구호요청을 받은 보건의료기관이나 공공구호기관은 정당한 이유 없이 긴급구호를 거절할 수 없다(4조②).

2. 경찰관서에서의 보호

(1) 경찰관은 보호조치 대상자를 경찰관서에 보호할 수도 있다. 경찰관서에서

68) 사설 의료기관은 주위에 공공병원과 보건소가 없는 경우에만 예외적으로 경직법 제4조 제1항의 보건의료기관에 해당할 수 있다는 견해도 있다(홍정선(경찰) 231면).

69) 국가나 지방자치단체가 설립한 사회보장시설만을 말한다는 견해가 있으나(장영민·박기석, 주 53의 책, 115면), 사회복지사업법 등의 특별법에 의하여 설립되어 공중을 대상으로 운영되는 비영리·공익목적의 시설은 공공의 구호기관에 해당된다고 보아야 할 것이다.

보호조치 대상자를 보호하기 위하여 수용하는 장소를 보호실이라고 부르는 것이 보통이다.[70] 경찰관서에서의 보호는 보건의료기관이나 공공구호기관에 인계하거나 보호조치를 해제하기 전까지의 임시적인 조치이다.

(2) 경찰관서에서의 보호는 24시간을 초과할 수 없다(4조⑦). 따라서 경찰관은 24시간이 경과하기 전까지 피구호자를 보건의료기관이나 공공구호기관에 인계하거나 보호조치를 해제하여야 한다.

(3) 경찰관서에서의 보호는 신체의 자유에 대한 제한이기는 하지만 구속은 아니다. 따라서 경찰관서에서 나가지 못하도록 제한하는 데 그쳐야 하고,[71] 수갑이나 포승 등을 사용하여 활동을 제한할 수는 없다. 다만, 피구호자 본인이나 타인의 생명·신체에 대한 방호나 공무집행에 대한 항거의 억제를 위하여 필요하다고 인정되는 상당한 이유가 있을 때에는 수갑이나 포승 등을 사용하여 결박할 수 있지만(10조의2),[72] 이것은 보호조치 자체의 내용은 아니다.

3. 기타 적당한 조치

경직법은 보호조치 대상자에 대하여 '기타 적당한 조치'를 취할 수도 있도록 규정하고 있다. '기타 적당한 조치'가 구체적으로 어떤 내용이 될지는 예측하기 어려우나, 인공호흡 등의 응급조치를 행하는 것 또는 보건의료기관·공공구호기관에 긴급구호 요청을 하거나 경찰관서에 보호하기 전에 임시로 그 밖의 장소에서 보호하는 것이 그 예가 될 것이다.

4. 위험한 물건의 임시영치

(1) 경찰관은 보호조치와 동시에 피구호자가 휴대하고 있는 무기·흉기 등 위험

70) 보호실은 유치장과 다르며, 경직법에는 보호실에 관한 규정이 없는바, 입법적 보완이 필요하다는 견해가 있다(홍정선(경찰) 232면). 타당한 지적이다.

71) 임의보호의 경우에는 본인이 거절하면 보호조치를 취할 수 없으므로, 경찰관서에서 나가는 것도 제한할 수 없다고 해석된다. 그러나 미아·병자 등으로서 위험을 판별할 만한 능력이 없다고 판단되는 경우에는 거절의 의사표시가 유효하다고 볼 수 없으며, 경찰관은 피구호자가 경찰관서 밖으로 나가는 것을 제지할 수 있다고 보아야 할 것이다.

72) 구체적으로, 신체의 결박행위가 허용되기 위한 요건으로서 ① 당사자가 정신착란이나 술취한 상태에서 경찰관이나 제삼자를 공격하거나 계속적인 저항을 하는 경우 및 물건을 손상하는 행위를 하는 경우, ② 당사자가 도주하려고 하는 경우, ③ 계속하여 자살을 기도하거나 자신의 신체에 상해를 입히고자 하는 경우를 드는 견해가 있다(류·박(신론) 989면).

을 야기할 수 있는 것으로 인정되는 물건을 경찰관서에 임시영치할 수 있다(4조③). 영치는 상대방의 의사에 반하지 않게 물건을 제출받아 보관하는 것을 말하며, 이 점에서 압수와 구별된다. 따라서 압수에 요구되는 법관의 영장은 임시영치에는 요구되지 않는다.[73)]

(2) 영치의 기간은 10일을 초과할 수 없다(동조③·⑦). 따라서 그 물건이 형사소송법이나 「총포·도검·화약류 등 단속법」에 의한 영치·몰수 등의 대상이 아닌 한, 경찰관은 10일이 경과하기 전에 본인에게 반환하여야 한다.

Ⅳ. 사후조치

1. 통지·인계

경찰관이 보호조치를 한 때에는 지체 없이 이를 피구호자의 가족·친지 기타의 연고자에게 그 사실을 통지하여야 하며, 연고자가 발견되지 아니할 때에는 피보호자를 적당한 공중보건의료기관이나 공공구호기관에 즉시 인계하여야 한다(4조④). 피구호자를 경찰관서에서 보호하고 있는 경우만이 아니라 경찰관의 긴급구호요청에 의하여 보건의료기관이나 공공구호기관에서 구호중인 경우에도 적용된다. 연고자가 통지를 받고 출두한 경우에는 연고자에게 피구호자를 인계함으로써, 연고자가 발견되지 않은 경우에는 공중보건의료기관이나 공공구호기관에 피구호자를 인계함으로써, 보호조치는 종료된다. 여기에서 피구호자를 인계할 공중보건의료기관은 국·공립의 보건의료기관 또는 공익목적으로 설립된 보건의료기관만을 의미하는 것으로 해석된다.

2. 보고·통보

경찰관은 피구호자를 공중보건의료기관 또는 공공구호기관에 인계한 때에는 즉시 그 사실을 소속 경찰서장 또는 지방해양경찰관서의 장에게 보고하여야 하고, 그 보고를 받은 소속 경찰서장 또는 지방해양경찰관서의 장은 대통령령이 정하는 바에 의하여 피구호자를 인계한 사실을 지체 없이 당해 공중보건의료기관·공공구호기관의 장 및 그 감독행정청에 통보하여야 한다(4조⑤·⑥).

---

73) 류·박(신론) 988면. 홍정선(경찰) 234면도 임시영치를 "영장 없이 이루어지는 강제처분"으로 성격을 규정하고 있다.

3. 보호조치의 해제

피구호자를 보건의료기관 또는 공공구호기관에 긴급구호 요청한 경우 또는 연고자가 발견되지 않아 공중보건의료기관이나 공공구호기관에 인계한 경우에 보호조치의 해제에 관한 규정이 없는 것이 문제점으로 지적된다. 당사자의 의사를 확인하고 보호조치의 필요성을 객관적으로 판단하는 절차를 마련할 필요가 있다.[74)]

§3. 위험발생 방지조치

위험발생 방지조치는 인명·신체에 위해를 미치거나 재산에 중대한 손해를 끼칠 우려가 있는 위험한 사태가 발생한 경우에 위험을 방지하기 위하여 경찰관이 취하는 조치(일반적 위험발생 방지조치)를 말한다. 그러나 경직법은 대간첩작전의 수행이나 소요사태의 진압을 위하여 필요한 경우의 대간첩작전지역이나 국가중요시설에 대한 접근·통행의 제한·금지를 함께 규정하고 있다.

Ⅰ. 일반적 위험발생 방지조치

1. 의 의

경찰관이 인명·신체에 위해를 미치거나 재산에 중대한 손해를 끼칠 우려가 있는 위험한 사태가 발생한 경우에 위험을 방지하기 위하여 취하는 조치를 말한다.

2. 성 질

(1) 위험발생 방지조치의 성질은 일률적으로 말할 수 없고, 그 구체적인 내용에 따라 아래에서 보는 바와 같이 경찰지도, 경찰하명, 경찰상 즉시강제 등의 성질을 가진 것이 혼합되어 있다.

(2) 경직법은 위험발생 방지조치의 요건이 충족되는 경우에 "경찰관은……조치를 할 수 있다"고 규정하여 방지조치를 재량행위로 규정하고 있다. 그러나 위험

---

74) 박균성(하) 560면.

이 중대하고 급박하여 방지조치를 취하지 않고는 위험을 방지할 수 없다고 판단되는 경우에는 경찰관의 재량권이 축소되어 방지조치를 취할 의무가 있다고 보아야 한다. 이러한 법리는 판례도 인정하고 있다.[75)]

3. 요 건

경찰관이 위험발생 방지조치를 취하기 위해서는 인명 또는 신체에 위해를 미치거나 재산에 중대한 손해를 끼칠 우려가 있는 천재(天災), 사변, 공작물의 손괴, 교통사고, 위험물의 폭발, 광견·분마류 등의 출현, 극단한 혼잡 기타 위험한 사태가 있어야 한다(5조①).

4. 수 단

위험발생 방지조치의 구체적인 내용은 광범위하다. 경직법은 경고, 억류·피난, 그 밖에 필요한 조치를 규정하고 있다.

1) 경 고

경찰관은 위험한 사태가 발생한 경우에 그 장소에 집합한 자, 사물의 관리자, 기타 관계인에게 필요한 경고를 발할 수 있다(5조① 1호). 강제력을 발동하기 전에 우선 관계인에게 경고하여 스스로 위험을 피하기 위한 조치를 취하도록 함으로써 가급적 강제력을 발동하지 않도록 하려는 취지이다. 따라서 여기에서의 경고는 위험의 내용을 알리고 대피 또는 예방조치를 취하도록 권고하는 비권력적 사실행위로서 경찰지도의 성질을 가지는 것으로 해석된다.[76)]

---

75) 대법원의 98다16890 판결(1998.8.25. 선고)은 "경찰관직무집행법 제5조는……형식상 경찰관에게 재량에 의한 직무수행권한을 부여한 것처럼 되어 있으나, 경찰관이 그 권한을 행사하여 필요한 위험발생 방지조치를 취하지 아니하는 것이 현저하게 불합리하다고 인정되는 경우에는 그러한 권한의 불행사는 직무상 의무를 위반하는 것이 되어 위법하게 된다"고 하여, 경찰관이 도로상에 방치된 트랙터에 대하여 충분한 위험발생 방지조치를 취하지 않은 결과 발생한 교통사고에 대하여 국가배상책임을 인정하였다.

76) 동지: 홍정선(경찰) 236면. 경고를 관계인에게 대피·예방조치 등을 할 의무를 부과하는 하명으로 해석할 여지도 있으나, 제3호에 위해방지상 필요한 조치를 명령할 권한이 따로 규정되어 있으므로, 여기에서의 경고는 구속력이 없는 단순한 사실행위로 해석된다(동지: 장영민·박기석, 주 53의 책, 132면). 따라서 경고를 받은 상대방이 이에 따를 의무를 지고, 불응하는 경우에는 강제수단에 의할 수 있다는 견해(이철호(경찰) 362면)에는 찬동할 수 없다.

2) 억류·피난

경찰관은 위험한 사태가 발생한 경우에 특히 긴급을 요할 때에는 위해를 받을 우려가 있는 자를 필요한 한도 내에서 억류하거나 피난시킬 수 있다(5조① 2호).

(1) '특히 긴급을 요할 때'는 경고를 하였으나 관계인이 대피 또는 예방조치를 취하지 않고 위험이 현실화하였거나 급박한 경우, 또는 관계인에게 경고를 할 시간적 여유조차 없는 급박한 경우를 말한다.

(2) 억류는 물리적 강제력으로써 상대방의 신체의 자유를 제한하여 일정한 장소에 머무르게 하는 것을, 피난은 역시 상대방의 신체에 물리적 강제력을 행사하여 위험한 장소로부터 대피시키는 것을 말한다. 따라서 억류와 피난은 모두 대인적 즉시강제의 성질을 가진다.77)

(3) 억류·피난조치는 '필요한 한도 내에서'만 허용된다. 즉, 위험방지의 필요성과 상대방이 신체의 자유를 제한함으로써 입는 불이익을 비교하여 전자가 우월한 경우에만 그러한 조치를 취할 수 있다는, 비례원칙의 표현이다.

3) 기타 필요한 조치

경찰관은 위험한 사태가 발생한 경우에 그 장소에 있는 자, 사물의 관리자 기타 관계인에게 위해방지상 필요하다고 인정되는 조치를 하게 하거나 스스로 그 조치를 할 수 있다(5조① 3호).

(1) 조치명령 (a) '위해방지상 필요하다고 인정되는 조치'란 이미 발생한 위

77) 동지: 정하중(개론) 1123면; 김재광(각론) 80-81면. 억류를 출입제한으로, 피난을 퇴거명령으로 이해하고, 둘 다 경찰하명의 성질을 가진다고 보는 견해가 있다(홍정선(경찰) 236-237면). 그러나 이러한 해석은 '억류'의 사전적 의미(국립국어원의 표준국어대사전은 "억지로 머무르게 함"으로 풀이하고 '가둠', '잡아 둠'으로 순화하였다고 설명하고 있다. http://stdweb2.korean.go.kr/search/List_dic.jsp)에 어긋난다. 경직법이 "출입을 제한하거나 피난을 명하는 것"이라고 표현하지 않고 "억류하거나 피난시키는 것"이라고 표현하고 있는 점, 또한 "특히 긴급을 요할 때"를 요건으로 하고 있는 점에 비추어, 상대방에게 출입제한이나 퇴거의 의무를 부과하여 그 이행을 기다리는 것보다는 즉시 물리적인 강제력을 행사하여 안전한 장소에 잡아두거나 위험한 장소에서 대피시키려는 것이 경직법의 취지라고 보아야 한다. 물론 시간적 여유가 있는 경우에는 출입제한이나 퇴거명령도 가능하지만, 그것은 제3호에 의한 조치명령으로서 할 수 있다고 보아야 할 것이다. 한편, "경찰관이 위험발생의 방지를 위해 필요한 경고를 발하고, 그에 응하지 않는 경우에 억류·피난 등의 조치를 취하는 작용"이 직접강제의 성질을 가진다고 보는 견해도 있다(김남진(경찰) 227면). 경고가 하명의 성질을 가짐을 전제로 하는 견해로, 경고를 구속력 없는 사실행위로 해석하는 입장에서는 찬동할 수 없다.

해를 제거하거나 그 확대를 방지하기 위하여, 또는 급박한 위험의 예방을 위하여, 하지 않으면 안 되는 조치를 말하며, 퇴거·출입의 제한, 위험한 시설의 폐쇄나 사용금지와 같은 소극적인 조치만이 아니라 위험물의 제거·수리와 같은 적극적인 조치도 포함된다. 그 필요성은 평균인의 합리적 판단에 의하여 인정되어야 한다. 또한 관계인의 능력으로 실현가능한 조치이어야 하며, 위해방지의 필요성에 비추어 관계인에게 과도한 불이익을 주는 것이어서는 안 된다(비례원칙). (b) 조치명령의 상대방은 그 장소에 있는 자, 사물의 관리자, 기타 관계인이다. 그 중에는 위험의 발생에 책임이 있는 자(자신이나 자신의 지배하에 있는 타인의 행위 또는 자신이 관리하는 물건의 상태에 의하여 위험이 발생한 경우)도 있겠지만, 우연히 그 장소에 있을 뿐 위험발생에 책임이 없는 자도 포함된다. 후자에 대한 조치명령은 경찰책임 없는 자에 대한 경찰권 발동으로서, 법률의 규정에 의한 경찰책임의 원칙의 예외에 해당한다. (c) 관계인에게 '필요한 조치를 하게 하는 것'은 상대방이 필요한 조치를 하도록 명하는 행위로서 경찰하명의 성질을 가진다. 조치명령에 의하여 상대방에게는 필요한 조치를 할 의무가 부과된다. 관계인이 조치명령을 이행하지 않는 경우에는 일반적 벌칙은 없으나, 경범죄처벌법상의 원조불응죄(3조① 29호)에 해당하는 경우가 많을 것이다.[78)]

(2) **직접조치** 경찰관이 위해방지상 필요한 조치를 스스로 하는 것을 말한다. 대인적·대물적 또는 대가택 즉시강제의 성질을 가진다. 그러나 관계인에게 조치명령을 하였으나 상대방이 불응하여 경찰관이 위험을 발생시킨 물건이나 가택에 대하여 스스로 그 조치를 하는 경우에는 대물적 또는 대가택 직접강제의 성질을 가질 것이다.

5. 사후조치

경찰관이 위험발생 방지조치를 한 때에는 지체 없이 이를 소속경찰관서의 장에게 보고하여야 하고, 그 보고를 받은 경찰관서의 장은 관계기관의 협조를 구하는

78) 나아가 상대방이 조치명령을 이행하지 않는 경우에 대인적 직접강제가 가능한지, 즉 상대방의 신체에 실력을 행사하여 그러한 조치를 취하도록 강제할 수 있는지가 문제된다. 조치명령의 급박성에 비추어 긍정할 수 있는 소지도 있고, 이 경우에는 경직법 제5조 제1항 제3호가 직접강제의 근거규정이 된다고 해석할 수 있다. 그러나 대인적 직접강제의 내용은 상대방의 신체를 억류하거나 추방하는 등의 소극적인 것에 한정되고, 적극적으로 어떠한 행위를 하도록 하는 것은 직접강제의 내용이 되기 어렵다. 따라서 상대방이 조치명령을 불이행하는 경우에는 경찰관 스스로 그 조치를 하는 것으로 목적을 달성하여야 하고, 상대방에 대한 직접강제는 불가능하다고 해석된다.

등 적당한 조치를 하여야 한다(5조③·④).

Ⅱ. 대간첩작전지역 등의 통행제한 등

경찰관서의 장은 대간첩작전 수행 또는 소요사태의 진압을 위하여 필요하다고 인정되는 상당한 이유가 있을 때에는 대간첩작전지역 또는 경찰관서·무기고 등 국가중요시설에 대한 접근 또는 통행을 제한하거나 금지할 수 있다. 이러한 조치를 한 경찰관서의 장은 관계기관의 협조를 구하는 등 적당한 조치를 하여야 한다(5조②·④). 일반적인 위험발생 방지조치와는 무관하고, 오히려 대간첩작전의 수행이라는 군사적 목적 또는 국가중요시설의 보호라는 국가목적을 위한 조치이다.

§4. 범죄의 예방·제지조치

Ⅰ. 의의 및 성질

1. 의 의

범죄행위가 목전에 행하여지려고 하는 경우에 이를 예방하는 조치 및 긴급한 경우에 그 범죄행위를 제지하는 조치를 말한다.

2. 성 질

예방조치로서의 경고는 비권력적 사실행위, 즉 경찰지도의 성질을 가진다. 이에 반하여 제지조치는 대인적 즉시강제의 성질을 가진다.[79)]

79) 동지: 홍정선(경찰) 240면. "관계인에게 범죄예방을 위해 필요한 경고를 발하고, 그에 응하지 않는 경우에 행위를 제지하는 작용"은 직접강제의 성질을 가진다고 보는 견해가 있다(김남진(경찰) 227면). 경고가 의무를 부과하는 행위(하명)이고, 또한 제지조치는 경고를 전제로 해서만 가능하다고 볼 때에 타당한 견해이다. 그러나 경고는 구속력이 없는 사실행위라고 보아야 하고, 또한 경직법상 범죄예방조치로서의 경고와 범죄제지조치는 각각 독립적으로 이루어지는 별개의 행위이다. 따라서 제지조치를 직접강제로 볼 수는 없다.

Ⅱ. 요 건

(1) 범죄의 예방조치는 범죄행위가 목전에 행하여지려고 하고 있다고 인정되는 경우에, 제지조치는 목전에 행하여지려고 하는 범죄행위로 인하여 인명·신체에 위해를 미치거나 재산에 중대한 손해를 끼칠 우려가 있어 긴급을 요하는 경우에 할 수 있다(6조). 여기에서 범죄행위는 형벌법규에 의하여 처벌되는 행위만을 의미하며, 질서벌(과태료)이나 그 밖의 행정상의 제재처분의 대상이 되는 데 불과한 행위는 경직법에 의한 예방·제지조치의 대상이 아니다. 또한 형벌법규에 규정된 행위인 이상 구성요건에 해당하고 위법한 것으로 충분하며, 유책성까지 갖추어야 되는 것은 아니다. 예방·제지조치의 목적이 범죄의 예방이라는 행정목적에 있지 범죄인을 형사처벌하려는 데 있는 것이 아니기 때문이다.[80)]

(2) 법문상 예방조치는 물론 제지조치도 "목전에 행하여지려고 하고 있다고 인정되는" 범죄행위만이 대상이고, 이미 실행에 착수하여 진행중인 범죄행위에 대해서는 적용되지 않는 것으로 해석된다. 이는 행정경찰에 속한 작용으로서는 범죄의 예방만을 할 수 있고, 진행중인 범죄행위의 제지는 사법경찰작용으로서 형사소송법의 규율 대상이라는 이유 때문인 것으로 보인다. 그러나 진행중인 범죄행위를 제지하는 것은 수사와 구별되는 범죄의 진압으로서 행정경찰에 속하는 작용이며, 경찰관은 당연히 진행중인 범죄행위를 제지할 권한과 직무상 의무가 있다고 해석하여야 한다. 그렇다면 진행중인 범죄행위를 제지하는 조치의 근거법규는 무엇인지가 문제되는바, 경직법 제6조를 직접 적용할 수는 없다. 동조는 법문상 실행 착수 전의 범죄행위만을 대상으로 할 뿐만 아니라, 제지조치에 대해서는 "그 행위로 인하여 인명·신체에 위해를 미치거나 재산에 중대한 손해를 끼칠 우려가 있어 긴급을 요하는 경우"라는 가중된 요건을 규정하고 있기 때문이다.[81)] 입법론적으로는 동조를 개정하여 진행중인 범죄행위의 제지에 관한 일반적 근거를 마련하는 것이 바람직하나, 현행법상으로는 현행범인의 체포에 관한 형사소송법 제212조를 적용하여 체포를 하면서 체포에 부수하여 범죄행위를 제지할 수밖에 없을 것이다.

---

80) 동지: 장영민·박기석, 주 53의 책, 140-141면.

81) 장영민·박기석, 위의 책, 141면도 이미 범죄가 범하여지거나 종료된 후에는 수사절차에 의해 현행범체포나 긴급구속의 법리에 의하여야 하고 본조에 의한 경고나 제지는 범죄행위의 전 단계에서만 인정되는 것으로 보고 있다.

Ⅲ. 수 단

1. 예방조치

예방조치의 수단은 목전에 행하여지려고 하고 있는 범죄행위를 예방하기 위하여 관계인에게 필요한 경고를 발하는 것이다. 여기에서 '관계인'이란 범죄행위를 하려고 하는 자와 범죄행위의 피해자가 될 제삼자를 포함한다. 따라서 '경고'는 범죄행위를 하려고 하는 자에 대해서는 범죄행위에 착수하지 말 것과 착수하는 경우에는 체포될 것임을 알리는 행위를, 제삼자에 대해서는 범죄행위가 행하여지려고 하고 있음을 알려서 스스로 피해의 예방에 필요한 조치를 취하도록 주의를 환기하는 행위를 의미한다. 어느 경우나 비권력적 사실행위인 경찰지도의 성질을 가진다. 경고의 방법에는 제한이 없으며, 구술에 의한 경고 외에 문서나 호루라기·경적 등 신호에 의한 경고도 가능하다.

2. 제지조치

제지조치의 수단은 목전에 행하여지려고 하고 있는 범죄행위를 제지하는 것이다. 제지조치의 상대방은 범죄행위를 하려고 하는 자이며, '제지'는 그 자에게 물리적 강제력을 행사하여 범죄행위를 실행하지 못하도록 막는 행위로서, 대인적 즉시강제의 성질을 가진다.[82] 제지조치는 무기나 경찰장구의 도움을 받아 이루어질 수도 있으나, 이 경우에는 경직법상의 무기 또는 경찰장구 사용의 요건을 갖추어야 한다.

§5. 위험방지를 위한 출입

위험방지를 위한 출입은 긴급출입, 예방출입 및 대간첩작전 수행을 위한 검색으로 구분된다. 모두 대가택 즉시강제의 성질을 가진 작용이다.[83] 다만, 예방출입

---

82) 판례도 경직법 제6조 제1항 중 '제지'에 관한 부분은 경찰상 즉시강제의 근거조항이라고 보고 있다(대판 2008.11.13., 2007도9794).

83) 개인의 생명·신체에 대한 급박한 위험을 제거하거나 목전에 발생되는 범죄를 예방·제지하

은 비권력적 조사의 성질도 아울러 가진다.

Ⅰ. 긴급출입

1. 의 의

위험한 사태가 발생하여 인명·신체 또는 재산에 대한 위해가 절박한 때에 그 위해를 방지하거나 피해자를 구조하기 위하여 경찰관이 타인의 토지·건물 또는 선차(船車) 내에 출입하는 것을 말한다(7조①).

2. 요 건

위험발생 방지조치(5조①·②)의 요건 또는 범죄의 예방·제지조치(6조)의 요건에 해당하는 위험한 사태가 발생하여[84] 인명·신체 또는 재산에 대한 위해가 절박하여야 하고, 또한 그 위해를 방지하거나 피해자를 구조하기 위하여 부득이하다고 인정되어야 한다. 출입의 대상이 되는 토지·건물·선차 등은 헌법상 주거의 자유의 보호를 받는 사주소로서 원칙적으로 경찰권이 발동될 수 없는 공간이지만, 위해방지 또는 피해자 구조를 위하여 부득이한 경우에 한하여 사주소 불가침의 원칙에 대한 예외로서 엄격한 요건 하에 경찰관의 출입을 가능하게 한 것이다. 따라서 제7조 제1항에 의한 출입은 단순히 조사를 위해서나 일반적인 방범 목적을 위해서는 허용되지 않으며, 타인의 토지·건물 또는 선차 안에서 인명·신체 또는 재산에 대한 절박한 위해가 현존하고 있고, 또한 그 장소에 출입하는 것 이외의 다른 방법(예컨대, 토지 등의 관리자에 대한 경고 또는 구조 요청)에 의해서는 그 위해를 방지하거나 피해자를 구조하는 것이 불가능하여야 한다.

3. 수 단

(1) 위의 요건을 충족하는 경우에는 경찰관은 타인의 토지·건물 또는 선차 내

는 경우를 제외하고는 대부분 수인하명을 전제로 한 직접강제의 성질을 가진다고 보는 견해가 있다(정하중(개론) 1125면). 직접강제는 의무부과가 선행되어야 하는바, 출입의 대상인 장소의 관리자에게 어떤 의무가 부과되어 있다고 볼 수 없다는 점에서, 찬성하기 어렵다.

84) 입법론적으로 제4조의 보호조치의 요건에 해당하는 경우에도 긴급출입을 허용하여야 한다는 견해가 있다(서정범·이영돈, 주 52의 책, 57면).

에 출입할 수 있다. '선차'는 선박과 자동차 외에 기차·항공기 등의 운반수단을 총칭하는 것으로 해석된다.

(2) 출입은 경찰상 즉시강제의 성질을 가지는 공권력 행사로서,[85] 토지 등의 소유자 기타 관리자는 출입의 요건과 절차를 충족하는 한 출입을 거절할 수 없다. 만일 관리자가 경찰관의 출입을 폭행 또는 협박의 방법으로 방해한다면 공무집행방해죄가 성립한다.

(3) 제7조 제1항이 경찰관에 허용하는 것은 타인의 토지 등에 출입하는 행위뿐이다. 그러나 출입의 목적에 비추어 현존하는 위해를 방지하기 위한 조치 또는 피해자를 구조하는 조치가 수반될 것이다. 구체적으로 이미 위험발생 방지조치의 요건 또는 범죄의 예방·제지조치의 요건을 갖추고 있으므로 그러한 조치는 당연히 취할 수 있고, 그 밖에도 불심검문이나 보호조치의 요건을 갖춘 경우에는 그러한 조치를 취할 수 있다.

4. 절차 및 한계

(1) 경찰관이 타인의 토지 등에 출입할 때에는 그 신분을 표시하는 증표를 제시하여야 하며, 함부로 관계인의 정당한 업무를 방해하여서는 안 된다(7조④).

(2) 출입은 "합리적으로 판단하여 필요한 한도 내에서"만 할 수 있다(7조①). 따라서 출입의 요건을 갖춘 경우에도 토지·건물 또는 선차의 전부가 아니라 인명·신체 또는 재산에 대한 절박한 위해의 방지 또는 피해자의 구조를 위하여 필요한 부분에 한해서만, 그리고 그것을 위하여 필요한 시간 동안에 한해서만 출입할 수 있다.[86]

Ⅱ. 예방출입

1. 의 의

경찰관이 범죄의 예방 또는 인명·신체와 재산에 대한 위해예방을 목적으로 다수인이 출입하는 장소에 출입하는 것을 말한다(7조②).

---

85) 동지: 홍정선(경찰) 242면.

86) 야간 출입에는 보다 엄격한 요건을 규정할 필요가 있다는 견해가 있다(김재광(각론) 167면).

2. 요 건

(1) 출입의 대상이 되는 장소는 흥행장·여관·음식점·역 기타 다수인이 출입하는 장소이다. 여기에서 '다수인'은 불특정다수인을 의미하며, 특정한 다수인이 출입하는 장소(예컨대, 초청된 다수인을 상대로 하는 강연회장, 동창회·향우회·친목회 등의 회관 또는 집회장소)는 포함되지 않는다. 흥행장 등의 장소는 원래 그 영업시간 또는 공개시간 내에는 누구나 관리자의 승낙을 받지 않고 출입할 수 있는, 이른바 '경찰상 공개된 장소'로서, 사주소 불가침의 원칙이 적용되지 않는다. 그러나 경찰관의 출입의 목적은 그러한 장소의 본래의 용도에 따른 이용(관람·숙박·식사·승차 등)이 아니므로, 관리자의 추정적 승낙의사에 반한다고 볼 수 있다. 따라서 범죄예방이나 위해예방의 목적을 위해서만 시간적 제한 하에 관리자의 의사와 관계없이 출입할 수 있도록 한 것이다.

(2) 출입의 목적은 범죄의 예방 또는 인명·신체와 재산에 대한 위해의 예방을 위한 것이어야 한다. 여기에서 범죄의 예방이나 인명·신체·재산에 대한 위해의 예방은 일반적인 예방의 목적을 의미하며, 반드시 그 장소에서 현재 범죄가 진행 중이거나 목전에 행하여지려고 할 것 또는 인명·신체 또는 재산에 대한 급박한 위해가 현존할 것을 요구하지 않는다.

(3) 출입은 그 장소의 영업시간 또는 공개시간 중에만 허용된다. 폐점 이후에는 긴급출입의 요건을 충족한 경우에 한하여 제7조 제1항을 근거로 출입할 수 있을 뿐이다.

3. 수 단

(1) 수단은 그 장소에 출입하는 것이다. 그러나 출입의 목적이 범죄와 위해의 예방이므로, 출입에 부수하여 범죄행위가 있거나 행하여지려고 하는지 여부 및 위해가 존재하는지 여부를 조사할 수 있다고 보아야 할 것이다. 다만, 그 조사는 관찰에 의한 조사에 그쳐야 하고, 수색 등의 권력적 조사를 위해서는 별도로 그러한 조사의 요건을 갖추어야 한다.[87] 또한 출입하여 조사한 결과 불심검문·보호조치·위험발생 방지조치·범죄의 예방과 제지조치 등의 요건에 해당하는 사실이

87) 입법론적으로는 출입과 함께 수색의 근거규정을 마련할 필요가 있다는 주장이 있다(서정범·이영돈, 주 52의 책, 58-59면).

발견되면, 각각 관련 조항에 근거하여 해당 조치를 취할 수 있다.

(2) 경찰상 공개된 장소의 관리자 또는 이에 준하는 관계인은 그 영업 또는 공개시간 내에 경찰관이 범죄의 예방 또는 인명·신체와 재산에 대한 위해예방을 목적으로 그 장소에 출입할 것을 요구한 때에는 정당한 이유 없이 이를 거절할 수 없다(7조②). 관리자 등은 정당한 이유가 있는 경우에는 출입을 거절할 수 있지만, 정당한 이유의 유무는 관리자 등의 주관적 의사나 판단에 맡겨진 것이 아니므로, 객관적으로 정당한 이유가 없다고 판단되는 한 경찰관은 관리자 등의 의사에 관계없이 출입할 수 있다. 따라서 출입은 대가택 즉시강제의 성질을 가진다.[88] 여기에서 정당한 이유란 그 장소가 경찰상 공개된 장소에 해당하지 않는다는 것, 영업시간 또는 공개시간이 지났다는 것 등이 될 것이다.[89]

4. 절차 및 한계

예방출입의 경우에도 경찰관은 그 신분을 표시하는 증표를 제시하여야 하며, 함부로 관계인의 정당한 업무를 방해하여서는 안 된다(7조④).

Ⅲ. 대간첩작전 수행을 위한 검색

1. 요 건

경찰관은 대간첩작전 수행에 필요한 때에는 작전지역 안에 있어서의 흥행장·

88) 제7조 제2항은 출입요구권을 규정하고 있을 뿐이며, 구체적인 위해가 절박한 경우가 아니므로 즉시강제로서의 강제출입권을 인정할 필요가 없다는 견해도 있다(장영민·박기석, 주 53의 책, 154-155면). 그러나 관리자가 거절하더라도 정당한 이유가 없는 경우에는 관리자의 의사를 불문하고 출입할 수 있다고 보아야 하므로, 결국 즉시강제라고 보아야 한다. 한편, 출입 자체는 즉시강제의 성질을 가지지만, 출입에 부수하여 이루어지는 조사는, 앞에서 본 것처럼 따로 권력적 조사의 요건을 갖추지 못하는 한 비권력적 사실행위로서의 조사에 한정된다. 이 점에서 예방출입은 즉시강제와 비권력적 조사가 결합된 것이라고 할 수 있다. 예방출입이 경찰조사의 성질을 가진다는 견해로는, 홍정선(경찰) 243면. 반면에 '공개장소에의 출입요구'라는 명칭으로 하명의 성질을 가진 것으로 보는 견해로는, 김재광(경찰) 109면.

89) 그 밖에 그 장소 안에서 범죄나 위해의 개연성이 없다는 것도 거절의 정당한 이유가 될 수 있을 것이다(장영민·박기석, 위의 책, 156면). 그러나 이 경우에는 객관적으로 그 사실을 인정할 수 있을 정도의 소명이 있어야 할 것이다.

여관·음식점·역 기타 다수인이 출입하는 장소 안을 검색할 수 있다(7조③). 대상이 되는 장소는 대간첩작전지역 안에 있는 경찰상 공개된 장소이며, 대간첩작전 수행을 위하여 필요하다고 판단되어야 한다. 관리자의 동의는 필요하지 않다. 또한 시간적 제한도 없다.

2. 수 단

수단은 검색인바, 검색을 위해서는 출입이 전제되므로, 출입을 포함한다. 검색은 그 장소 안에서 간첩을 수색하는 것을 의미하며, 간첩이 발견된 경우에는 체포하는 행위도 당연히 포함되는 것으로 해석된다.

3. 절차 및 한계

대간첩작전 수행에 필요하여 경찰상 공개된 장소를 검색하기 위하여 출입할 때에도 경찰관은 그 신분을 표시하는 증표를 제시하여야 하며,[90] 함부로 관계인의 정당한 업무를 방해하여서는 안 된다(7조④).

§6. 사실의 확인 등

경직법은 경찰관서의 장에게 직무수행에 관련된 사실의 조회·확인권을, 경찰관에게 관계인의 출석요구권을 부여하고 있다. 이러한 권한은 공공의 안녕·질서를 유지하기 위한 정보와 자료의 수집을 목적으로 하는 것으로서 그 행사는 행정경찰작용에 속한다. 따라서 형사소송법상의 수사목적을 위한 조회(동법 199조)나 피의자의 출석요구(동법 200조)와는 성격을 달리한다.

---

90) 검색은 실질적으로 수색과 다를 바 없으므로 영장을 요건으로 하여야 할 것임에도, 대간첩작전이라는 이유만으로 영장 없이 검색을 할 수 있도록 한 것은 문제가 있다는 지적이 있다(류·박(신론) 991면).

Ⅰ. 사실조회 및 직접확인

1. 의 의

경찰관서의 장은 직무수행에 필요하다고 인정되는 상당한 이유가 있을 때에는 국가기관 또는 공·사의 단체 등에 대하여 직무수행에 관련된 사실을 조회할 수 있고, 긴급을 요할 때에는 소속 경찰관으로 하여금 현장에 출장하여 당해 기관 또는 단체의 장의 협조를 얻어 그 사실을 확인하게 할 수 있다(8조①).

2. 주체와 상대방

(1) 주체 경직법상 권한이 일반적으로 경찰관을 주체로 하는 것과는 달리, 사실조회 및 확인의 주체는 경찰관서의 장이다. 경찰관서의 장은 일반적으로 경찰행정청을 의미하지만, 경직법은 지구대·파출소·출장소 및 지방해양경찰관서도 경찰관서에 포함시키고 있으므로(3조②), 여기에서 경찰관서의 장은 지구대장·파출소장·출장소장, 해양경찰서 소속 파출소장·출장소장도 포함한다.

(2) 상대방 사실조회의 상대방은 '국가기관 또는 공·사의 단체 등'이다. '공·사의 단체'란 공공단체는 물론 사법상의 법인이나 법인 아닌 사단·재단을 포함한다. '단체 등'이라고 하였으므로, 공·사의 단체 외에 단체의 실질을 갖추지 못한 기관·시설 등이 포함되는 것으로 해석된다. 학교·병원 등이 그 대표적인 예이다. 그러나 자연인은 제외된다.

3. 요 건

(1) 직무수행에 필요하다고 인정되는 상당한 이유가 있어야 한다. 여기에서 직무는 경직법은 물론, 그 밖의 모든 법령에 의하여 경찰행정청 또는 경찰관에게 부여되는 권한을 의미한다. 다만, 범죄수사는 형사소송법에 의하여 규율되므로 여기에서의 직무에서는 제외된다.

(2) 나아가 직접확인은 긴급을 요할 때에만 허용된다. '긴급을 요할 때'란 조회의 방법으로 사실을 확인할 시간적 여유가 없을 때를 의미한다.[91)]

91) 장영민·박기석, 주 53의 책, 164면.

4. 수 단

(1) 일반적인 수단은 직무수행에 관련된 사실의 조회이다. 조회란 일정한 사실의 유무 또는 내용을 문의하는 것을 의미하며, 상대방의 답신에 의하여 사실이 확인된다. 상대방이 조회에 응하여 답신할 의무가 있는지는 논의의 여지가 있으나,[92] 의무가 있다고 하더라도 그 의무를 강제할 수단은 규정되어 있지 않다. 따라서 조회는 비권력적 사실행위로서의 경찰조사의 성질을 가진다고 해석된다.[93] 조회의 방법은 서면에 의하든 구술에 의하든 제한이 없으나, 일반적으로는 공문서에 의할 것이다.

(2) 긴급을 요하는 경우에는 소속 경찰관을 현장에 출장 보내 당해 기관 또는 단체의 장의 협조를 얻어서 사실을 확인하게 할 수 있다. 당해 기관·단체의 장이 협조하지 않는 경우에는 사실확인은 불가능하다. 따라서 현장에서의 사실확인 역시 비권력적 사실행위로서의 경찰조사의 성질을 가진다.[94]

Ⅱ. 출석요구

1. 의 의

경찰관은 미아를 인수할 보호자의 여부, 유실물을 인수할 권리자의 여부 또는 사고로 인한 사상자를 확인하기 위하거나 행정처분을 위한 교통사고조사상의 사실을 확인하기 위하여 필요한 때에는 관계인에게 출석을 요하는 사유·일시 및 장소를 명확히 한 출석요구서에 의하여 경찰관서에 출석할 것을 요구할 수 있다(8조②).

2. 주 체

출석요구의 주체는 경찰관으로 규정되어 있다. 그러나 실제로는 대부분 개개의

---

92) 국가기관이나 그 밖에 공법에 의하여 조직된 단체의 경우에는 답신의무를 긍정할 수 있다(행절 7조 참조). 그러나 사법상의 단체나 기관의 경우에는, 국가에 대해서는 사인의 지위를 가지므로, 법령상 의무를 부과하는 규정이 없는 한 답신의무가 있다고 할 수 없다.

93) 동지: 김철용(행정) 1021면; 홍정선(경찰) 247면; 장영민·박기석, 주 53의 책, 161-162면; 이철호(경찰) 368면.

94) 동지: 홍정선(경찰) 247면.

경찰관이 아니라 경찰관서의 장의 이름으로 이루어질 것이다.[95]

3. 상대방 및 요건

(1) 출석요구는 ① 미아를 인수할 보호자의 여부, ② 유실물을 인수할 권리자의 여부 또는 ③ 사고로 인한 사상자를 확인하기 위하거나 행정처분을 위한 교통사고 조사상의 사실을 확인하기 위하여 필요한 때에 할 수 있다. 출석요구의 상대방이 되는 관계인이란 ①의 경우에는 미아의 보호자로 추정되거나 스스로 보호자라고 주장하는 자, ②의 경우에는 유실물의 소유자 기타 인수할 권리자로 추정되거나 스스로 권리자라고 주장하는 자, ③의 경우에는 사고로 인한 사상자나 교통사고의 가해자·피해자 또는 목격자로 추정되거나 스스로 이에 해당함을 주장하는 자가 될 것이다. 특히 ③의 경우에 교통사고 조사상의 사실확인은 교통사고로 인한 행정법상의 책임(운전면허의 취소·정지, 범칙금 등)을 가리기 위한 것이며, 형사책임을 규명하기 위한 경우에는 형사소송법이 정한 절차에 따라 출석을 요구하여야 한다.

(2) 이 세 가지 사유 이외의 사유로 출석요구를 할 수 있는지가 문제된다. 출석요구를 아래에서 보는 바와 같이 비권력적 사실행위로 이해하는 한 반드시 법률의 근거가 있어야 하는 것은 아니므로, 그 밖의 사유로도 경찰관의 직무수행에 필요한 사실을 확인하기 위하여 관계인의 출석이 필요하다고 인정되는 경우에는 출석을 요구할 수 있다고 보아야 할 것이다.[96]

4. 수 단

(1) 수단은 관계인에 대하여 출석을 요구하는 것이다. 출석요구는 출석을 요하는 사유, 일시 및 장소를 명확히 기재한 출석요구서에 의하여야 한다.[97]

---

95) 법문에도 불구하고 경찰관서의 장이 출석요구서를 보낼 수 있는 것으로 이해하여야 한다는 견해로는, 홍정선(경찰) 248면.

96) 동지: 김철용(행정) 1021면; 홍정선(경찰) 248면. 입법론으로서 출석요구의 사유의 확대 내지 개괄화가 필요하다는 견해로는, 서정범·이영돈, 주 52의 책, 61면. 반대로, 출석요구서 발부는 명문의 규정이 있는 경우에 한하여야 한다는 견해로는, 장영민·박기석, 위의 책, 166면; 김재광(각론) 147면.

97) 출석요구 자체가 임의적 조치이므로 반드시 출석요구서에 의할 필요는 없다는 견해(김철용(행정) 1021면; 홍정선(경찰) 249면), 시간적 여유가 없는 경우에는 출석요구서에 의하지 않고 전화 등으로 출석을 요구할 수 있다는 견해가 있으나(장영민·박기석, 위의 책,

(2) 출석요구는 상대방에 대하여 출석의 의무를 부과하는 효과는 없으며, 출석요구에 응하지 않더라도 출석을 강제할 수단은 규정되어 있지 않다.98) 따라서 출석요구 역시 경찰조사를 위한 비권력적 사실행위의 성질을 가진다고 해석된다.

§7. 유치장

Ⅰ. 의 의

유치장이란 법률이 정한 절차에 따라 체포·구속되거나 신체의 자유를 제한하는 판결 또는 처분을 받은 자를 수용하기 위하여 경찰관서에 두는 시설이다. 경직법은 유치장을 경찰서 및 지방해양경찰관서에 두도록 규정하고 있다(9조).

Ⅱ. 수용대상자

유치장에 수용되는 자는 법률이 정한 절차에 따라 체포·구속된 자와 신체의 자유를 제한하는 판결 또는 처분을 받은 자이다.

(1) **체포·구속된 자** 미결수용자(형사피의자 또는 형사피고인으로서 체포되거나 구속영장의 집행을 받은 사람)은 원칙적으로 구치소에, 예외적으로 교도소에 수용하지만(형의 집행 및 수용자의 처우에 관한 법률 11조① 3호, 12조①), 구속영장이 집행되지 않은 피의자(현행범인으로 체포된 자, 긴급구속된 자)는 구치소나 교도소에 수용할 수 없으므로 이들을 수용하기 위하여 두는 시설이 유치장이다. 그러나 현실적으로는 구속영장이 집행된 피의자나 피고인도 유치장에 수용되는 경우가 있는바, 「형의 집행 및 수용자의 처우에 관한 법률」은 "경찰관서에 설치된 유치장은 교정시설의 미결수용실로 보아 이 법을 준용한다"고 규정하여(87조) 이를 인정하고 있다.

(2) **자유형을 선고받은 자** '신체의 자유를 제한하는 판결'은 자유형(징역형·금고형·구류형)을 선고한 판결을 의미한다('신체의 자유를 제한하는 처분'은 과거에 사

166면), 출석요구의 절차와 형식을 명확하게 한정하고 있는 명문 규정에 어긋난다. 출석요구서에 의하지 않은 출석요구가 금지되는 것은 아니더라도, 적어도 경직법상의 출석요구는 아니라고 보아야 할 것이다.

98) 입법론으로서 출석요구에 응할 의무 및 불응시의 강제조치를 마련할 필요가 있다는 견해로는, 서정범·이영돈, 주 52의 책, 61-62면.

회보호법에 의한 보호감호처분이 있었으나, 동법이 2005년에 폐지된 뒤에는 실제로 존재하지 않는다). 그러나 정식 재판에 의해 선고받은 자유형은 교도소에서 집행하므로, 유치장의 수용 대상이 되는 것은 주로 즉결심판에 의하여 구류형의 판결을 선고받은 자이다(즉결심판에 관한 절차법 17조①, 18조① 참조). 그 밖에 각종 법률에 의하여 유치장에 수용되는 경우가 있다.

Ⅲ. 수용절차·시설기준 등

경직법은 유치장의 설치 근거를 규정하고 있을 뿐, 정작 인권침해의 위험성이 큰 수용의 요건과 절차, 유치장의 시설기준 등에 관하여는 아무런 규정이 없고, 위임의 근거도 없이 행정규칙에 불과한 경찰청장 훈령(「피의자 유치 및 호송 규칙」 및 「유치장 설계 표준 규칙」)으로 규율하고 있을 뿐이다. 경직법을 개정하여 이러한 사항을 명확하게 규정할 필요가 있다.[99]

§8. 경찰장비의 사용

Ⅰ. 경찰장비의 의의와 사용기준 등

1. 경찰장비의 의의

경직법은 "경찰관은 직무수행중 경찰장비를 사용할 수 있다"고 규정하여(10조① 본문), 무기와 경찰장구를 포함한 경찰장비의 휴대 및 사용에 관한 포괄적인 근거를 마련하고 있다. 경찰장비란 무기, 경찰장구, 최루제 및 그 발사장치, 감지기구, 해안감시기구, 통신기기, 차량·선박·항공기 등 경찰의 직무수행을 위하여 필요한 장치와 기구를 말한다(10조②). 그러나 경찰장비 중에서도 경찰장구와 분사기·최루탄 및 무기에 관해서는 그 구체적 사용 요건을 별개의 조문으로 규정하고 있다.

99) 동지: 서정범·이영돈, 위의 책, 63-64면.

2. 경찰장비 사용의 성질 및 기준

(1) 성질 경찰장비의 사용은 대부분 경찰상 즉시강제의 성질을 가진다. 그 중에서도 대부분은 대인적 즉시강제이지만, 공공의 안전을 위협하는 동물을 사살하기 위하여 무기를 사용하는 경우와 같이 대물적 즉시강제인 경우도 있다.[100)]

(2) 일반적 사용기준 경찰장비는 임의로 개조하거나 임의의 장비를 부착하여 통상의 용법과 달리 사용함으로써 타인의 인명·신체에 위해를 주어서는 안 된다(10조③). 나아가 구체적 사용기준은 동조 제4항의 위임에 의하여 대통령령인 「경찰장비의 사용기준 등에 관한 규정」(이하 '경찰장비사용규정'으로 약칭함)이 규정하고 있는바, 동 규정은 경찰장비를 통상의 용법에 따라 필요한 최소한의 범위 안에서 사용하도록 일반적 사용기준을 정하고 있다(3조).

3. 안전교육 등

인명 또는 신체에 위해를 가할 수 있는 경찰장비에 대하여는 필요한 안전교육과 안전검사를 실시하여야 한다(10조① 단서). 안전교육과 안전검사의 기준은 동조 제4항의 위임에 의하여 경찰장비사용규정이 규정하고 있다.

Ⅱ. 경찰장구의 사용

1. 경찰장구의 의의

경찰장구는 경찰관이 휴대하여 범인검거와 범죄진압 등 직무수행에 사용하는

100) 제10조의4 제1항 단서에 의한 위해를 수반하는 무기 사용 중 제3호 및 제4호에 의한 무기 사용은 투기명령 또는 투항명령의 불응이 요건이므로 즉시강제가 아니라 강제집행의 성질을 가진다고 보아야 한다는 견해가 있다(서정범·이영돈, 위의 책, 77면). 김남진(경찰) 227면도 투기명령·투항명령에 불응한 범인 또는 소요행위자에 대한 무기 사용이 직접강제의 성질을 가진다고 보고 있다. 투기명령·투항명령이 하명의 성질을 가진다고 보면 논리적으로 타당하다고 할 수 있다. 그러나 신체의 억류·구속을 넘어서 생명·신체에 위해를 가하는 무기 사용이 직접강제의 수단으로서 허용될 수 있을지는 의문이다. 나아가 경찰장구·분사기·무기의 사용이 예외적인 경우를 제외하고는 경찰하명에 의한 의무부과를 전제로 하여 그 불이행이 있는 경우에 비로소 행사되는 직접강제의 성질을 가진다는 견해도 있으나(정하중(개론) 1127면), 경찰장구와 분사기의 사용 전에 어떤 내용의 경찰하명이 있어야 하는지는 밝히지 않고 있다.

수갑·포승·경찰봉·방패 등을 말한다(10조의2). 경직법 제10조 제4항에 근거하여 제정된 대통령령인 「경찰장비의 사용기준 등에 관한 규정」은 이밖에 호송용 포승, 호신용 경봉, 전자충격기, 전자방패를 경찰장구로 분류하고 있다(동규정 2조 1호).

2. 사용의 요건

경찰장구를 사용할 수 있는 것은 ① 현행범인의 체포·도주방지를 위하여, ② 사형·무기 또는 장기 3년 이상의 징역이나 금고에 해당하는 죄를 범한 범인의 체포·도주방지를 위하여, ③ 자기 또는 타인의 생명·신체에 대한 방호를 위하여, 또는 ④ 공무집행에 대한 항거의 억제를 위하여 필요하다고 인정되는 상당한 이유가 있을 때에 한한다(10조의2①). '필요하다고 인정되는 상당한 이유가 있을 때'란 보충성의 원리를 표현한 것으로서, 경찰장구를 사용하지 않고는 목적을 달성할 수 없는 경우를 의미하는 것으로 이해된다.

3. 사용기준

위의 요건에 해당하는 경우에도 경찰관은 그 사태를 합리적으로 판단하여 필요한 한도 내에서 경찰장구를 사용하여야 한다(10조의2①). '필요한 한도 안에서'는 비례원칙의 표현이다. 구체적인 사용기준은 「경찰장비의 사용기준 등에 관한 규정」에서 정하고 있다(4조-8조).[101]

Ⅲ. 분사기 등의 사용

1. 의 의

분사기란 「총포·도검·화약류 등 단속법」의 규정에 의한 분사기와 최루 등의 작용제를 말한다. 「경찰장비의 사용기준 등에 관한 규정」은 분사기·최루탄 등을 근접분사기, 가스분사기, 가스발사총(고무탄 발사겸용을 포함한다), 최루탄(그 발사장치를 포함한다)으로 구분하고 있다(2조 3호). 분사기와 최루탄은 사람의 살상을 목적으로

---

101) 적어도 인명이나 신체에 위해를 가할 가능성이 있는 경찰봉·전자충격기 등의 사용요건 내지 사용기준은 경직법이 스스로 규정하는 것이 바람직하다는 견해가 있는 바(서정범·이영돈, 위의 책, 70면), 타당한 지적이다.

하는 무기는 아니지만 그 사용방법에 따라서는 생명과 신체에 중대한 위해를 야기할 수도 있으므로, 그 사용의 요건과 기준을 엄격하게 정하고 있는 것이다.

2. 사용의 요건 및 한계

분사기 또는 최루탄은 범인의 체포, 도주의 방지 또는 불법집회·시위로 인하여 자기 또는 타인의 생명·신체와 재산 및 공공시설안전에 대한 현저한 위해의 발생을 억제하기 위하여 부득이한 경우에만 사용할 수 있고(보충성), 이러한 요건을 갖춘 경우에도 현장책임자의 판단으로 필요한 최소한의 범위 안에서만 사용할 수 있다(비례원칙)(10조의3①). 구체적인 사용기준은 「경찰장비의 사용기준 등에 관한 규정」이 정하고 있다(12조).[102]

3. 사용기록의 보관

분사기나 최루탄을 사용하는 경우에 그 책임자는 사용일시·사용장소·사용대상·현장책임자·종류·수량 등을 기록하여 보관하여야 한다(11조).

Ⅳ. 무기의 사용

1. 무기의 의의

무기란 사람을 살상하는 성능을 가진 기구를 총칭한다. 그러나 경직법은 “인명 또는 신체에 위해를 가할 수 있도록 제작된 권총·소총·도검 등”으로 정의하고 있다(10조의4②). 경찰장비사용규정은 이 밖에 기관총(기관단총을 포함한다), 산탄총, 유탄발사기, 박격포, 3인치포, 함포, 크레모아, 수류탄, 폭약류를 무기에 포함시키고 있다(2조 2호). 따라서 여기에 열거되지 않은 기구(예컨대, 돌·각목·쇠파이프 등)는 살상용으로 사용할 수 있는 것이라 하더라도 경직법상의 무기가 아니며, 경찰관이 직무수행을 위하여 사용할 수 없다.[103]

---

102) 인명이나 신체에 위해를 가할 위험성이 다른 어떤 경찰장비보다 높은 분사기의 사용기준을 대통령령으로 정하는 것은 문제가 많으며, 경직법이 스스로 정하는 것이 타당하다는 견해가 있다(서정범·이영돈, 위의 책, 73면).

103) 통상 무기는 성질상의 무기(사람을 살상하는 용도에 사용할 목적으로 제작된 기구)와 용법상의 무기(사람의 살상을 목적으로 제작된 것은 아니나 용법에 따라서는 사람을 살

2. 사용의 요건

(1) 무기는 국민의 생명·신체에 직접적으로 위해를 가하는 것이므로, 매우 엄격한 요건 하에서만 사용하여야 한다. 경직법은 ① 범인의 체포·도주의 방지를 위하여, ② 자기 또는 타인의 생명·신체에 대한 방호를 위하여, 또는 ③ 공무집행에 대한 항거의 억제를 위하여 필요하다고 인정되는 상당한 이유가 있을 때에만 일반적인 무기의 사용을 허용하고 있다(10조의4① 본문). '필요하다고 인정되는 상당한 이유가 있을 때'란 그 상황에서 무기를 사용하지 않고는 목적을 달성할 수 있는 다른 수단이 없을 때를 의미한다(보충성).

(2) 무기 중에서도 특히 공용화기는 대간첩·대테러작전 등 국가안전에 관련되는 작전을 수행할 때에만 사용할 수 있다(10조③).

3. 사용의 한계

(1) 무기 사용의 요건에 해당하는 경우에도 경찰관은 그 사태를 합리적으로 판단하여 필요한 한도 내에서 사용하여야 한다(10조의4① 본문). '필요한 한도 내에서'는 비례원칙의 표현이다.

(2) 또한 무기를 사용하더라도 원칙적으로 사람에게 위해를 주어서는 안 된다. 예외는 다음 경우에 한정된다(10조의4① 단서).[104]

상하는 데 사용할 수 있는 기구)로 구분된다. 경직법 제11조 소정의 무기가 성질상의 무기만을 의미하는지 용법상의 무기도 포함하는지에 관하여는 견해가 대립되고 있으나, 동조가 무기 사용의 요건과 한계를 정하고 있는 것은 경찰관의 무기 사용을 엄격하게 제한하려는 데 목적이 있음을 고려할 때, 동조의 무기는 성질상의 무기 중에서도 동법 동조와 동법의 위임에 의하여 제정된 경찰장비사용규정이 명시한 것에 한정되고, 그 밖의 것은 경찰관이 사용할 수 있는 무기가 아니라고 보아야 한다.

104) 총기 사용의 허용 범위를 벗어나 위법하다고 판시된 사례로는, 신호위반을 이유로 한 정지명령에 불응하고 도주하던 차량에 탑승한 동승자를 추격하던 중 몸에 지닌 각종 장비 때문에 거리가 점점 멀어져 추격이 힘들게 되자 수차례에 걸쳐 경고하고 공포탄을 발사했음에도 불구하고 계속 도주하자 실탄을 발사하여 사망케 하였으나, 위 사망자가 아무런 흉기를 휴대하지 아니한 상태에서 경찰관을 공격하거나 위협하는 등 거칠게 항거하지 않고 단지 계속하여 도주한 경우(대판 1999.6.22., 98다61470); 50cc 소형 오토바이 1대를 절취하여 운전중인 절도 혐의자 3인이 경찰관의 검문에 불응하며 도주하자 경찰관이 체포 목적으로 오토바이의 바퀴를 조준하여 실탄을 발사하였으나 오토바이에 타고 있던 1인이 총상을 입게 된 사안에서 절도 혐의자 3인이 당시 모두 15-16세 정도에 불과하였던 점, 경찰관

가. 형법에 규정한 정당방위와 긴급피난에 해당하는 때
나. 다음 각 호의 1에 해당하는 때

1. 사형·무기 또는 장기 3년 이상의 징역이나 금고에 해당하는 죄를 범하거나 범하였다고 의심할 만한 충분한 이유가 있는 자가 경찰관의 직무집행에 대하여 항거하거나 도주하려고 할 때 또는 제3자가 그를 도주시키려고 경찰관에게 항거할 때에, 이를 방지 또는 체포하기 위하여 무기를 사용하지 아니하고는 다른 수단이 없다고 인정되는 상당한 이유가 있을 때.[105)]

2. 체포·구속영장과 압수·수색영장을 집행할 때에 본인이 경찰관의 직무집행에 대하여 항거하거나 도주하려고 할 때 또는 제3자가 그를 도주시키려고 경찰관에게 항거할 때, 이를 방지 또는 체포하기 위하여 무기를 사용하지 아니하고는 다른 수단이 없다고 인정되는 상당한 이유가 있을 때.

3. 범인 또는 소요행위자가 무기·흉기 등 위험한 물건을 소지하고 경찰관으로부터 3회 이상의 투기명령 또는 투항명령을 받고도 이에 불응하면서 계속 항거하여, 이를 방지 또는 체포하기 위하여 무기를 사용하지 아니하고는 다른 수단이 없다고 인정되는 상당한 이유가 있을 때.

4. 대간첩작전 수행에 있어 무장간첩이 경찰관의 투항명령을 받고도 이에 불응하는 경우.

(3) 무기의 구체적 사용기준은 「경찰장비의 사용기준 등에 관한 규정」이 정하고 있다(9조, 10조).

의 검문에 불응하여 도주하였으나 추격하는 경찰관을 위협하거나 거칠게 저항하지 아니하고 단순히 도주만 계속한 점, 다른 방법을 통하여 혐의자 일행을 제압할 여지가 있었던 점 등이 인정된 경우(대판 2004.5.13., 2003다57956); 경찰관이 신중하게 판단하였다면 굳이 아무런 흉기도 소지하고 있지 않던 폭력행위자에 대하여 권총을 사용하지 않더라도 그의 폭력을 저지할 수 있었을 터인데도 섣불리 공실탄을 발사하고, 또 설령 부득이 실탄을 발사할 수밖에 없는 상황이었다고 하더라도 폭력행위자의 하체 부분을 향하여 발사하는 등의 방법으로 그 위해를 최소한으로 줄일 여지도 있었음에도 불구하고 우측 흉부를 향해 실탄을 발사하여 사망에까지 이르게 한 경우(대판 2008.2.1., 2006다6713) 등이 있다.

105) 범죄의 유형을 고려하지 않고 모든 중범죄자에 대하여 위해를 주는 무기 사용을 인정하는 것은 법이론상 과잉대응이라는 비판을 면할 수 없고 국민의 법감정에도 반하므로, 폭력을 수반하는 범죄에만 무기 사용을 인정한다거나 생명·신체에 대한 범죄에만 무기 사용을 인정하는 등의 방식으로 범죄를 유형화하여 무기 사용의 가부를 정하는 것이 바람직하다는 견해가 있다(서정범·이영돈, 주 52의 책, 75면). 그 밖에도 사람에 대한 총기 사용의 요건을 보다 구체적으로 규정할 필요가 있다는 견해로는, 김재광(각론) 168면.

4. 사용기록의 보관

무기를 사용하는 경우에 그 책임자는 사용일시·사용장소·사용대상·현장책임자·종류·수량 등을 기록하여 보관하여야 한다(11조).

제 6 장

경찰의무의 이행 확보수단

(1) 경찰은 법률과 법규명령을 근거로 경찰처분을 비롯한 다양한 행위형식을 사용하여 공공의 안녕·질서를 유지하고자 한다. 법규의 규정 자체에 의하여, 또는 법규에 근거하여 경찰행정청이 처분등의 1차적 행정작용을 함으로써, 소기의 목적이 달성되는 경우도 많다. 그러나 법규나 행정작용의 내용이 특정인에 대하여 의무를 부과하는 것일 때에는, 상대방이 그 의무를 이행하지 않으면 경찰의 목적은 실현되지 않는다. 이러한 경우에 상대방의 의무이행을 직접적·간접적으로 강제함으로써 경찰목적을 실현하기 위한 제2차적인 수단이 필요하며, 이러한 수단을 통틀어 경찰의무의 이행 확보수단 또는 경찰행정의 실효성 확보수단이라고 한다.

(2) 경찰에 고유한 의무이행 확보수단은 별도로 존재하지 않고, 널리 행정법상 의무의 이행 확보수단이 경찰의무의 이행 확보를 위해서 사용된다. 전통적으로 행정법상 의무의 이행 확보수단은 행정강제와 행정벌의 두 가지에 한정되는 것으로 생각해 왔다. 그러나 현대에 들어와 행정기능의 팽창과 행정수요의 증대, 행정작용의 다양화로 말미암아 행정강제와 행정벌만으로는 효과적인 의무이행 확보가 어려운 경우가 많아졌고, 이에 따라 과징금·공급거부·위반자 명단의 공표 등과 같은 새로운 의무이행 확보수단이 등장하게 되었다. 이러한 현상은 경찰행정보다는 복리행정의 분야에서 더욱 현저하지만, 경찰행정의 영역에서도 부분적으로 이러한 새로운 의무이행 확보수단들이 사용되고 있다.

(3) 다만, 경찰강제 중에서 경찰상 즉시강제는 경찰의무의 이행 확보수단이라기보다는 제1차적 경찰작용의 수단으로서의 성격이 강하며, 또한 종래 경찰강제의 일종으로 보았던 경찰조사는 오늘날 경찰의무의 이행확보와는 무관한 사전적·준비적 경찰작용으로 보는 것이 보통이다. 따라서 경찰의무의 이행 확보수단은 크게 직접적 강제수단으로서의 경찰상 강제집행과 간접적 강제수단으로서의 경찰벌 및 새로운 의무이행 확보수단으로 나눌 수 있다.

- 직접적 강제수단 —— 경찰상 강제집행
- 간접적 강제수단
  - 경찰벌
  - 새로운 의무이행 확보수단(협의의 행정제재)

제1절 경찰상 강제집행

Ⅰ. 개 설

1. 경찰상 강제집행의 의의

(1) 개념 경찰상 강제집행이란 경찰의무의 불이행에 대하여 경찰기관이 의무자의 신체 또는 재산에 대하여 실력을 가함으로써 그 의무를 이행시키거나 의무가 이행된 것과 동일한 상태를 실현하는 작용을 말한다. 여기에서 강제집행의 대상인 경찰의무는 법규에 근거한 구체적 행정작용(특히 경찰처분)에 의하여 부과되는 것이 보통이지만, 때로는 법규에 의하여 직접 부과된 의무인 경우도 있다.

경찰강제

경찰기관이 개인의 신체·재산 또는 가택에 실력을 가하여 경찰상 필요한 상태를 실현하는 작용을 경찰강제라고 하며, 상대방에게 사전에 의무가 부과되어 있는지 여부를 기준으로 경찰상 강제집행과 경찰상 즉시강제로 구분된다.

경찰상 강제집행과 경찰상 즉시강제는 모두 경찰목적을 실현하기 위한 물리적 강제력의 행사(권력적 사실행위)라는 점에서 공통성이 있으며, 이들을 묶어서 경찰강제라고 부르는 것이 잘못이라고는 할 수 없다. 그러나 경찰상 강제집행은 법규 또는 경찰작용(특히 경찰처분)에 의하여 미리 부과되어 있는 의무를 의무자가 스스로 이행하지 않을 때 경찰법규나 경찰작용의 실효성을 확보하기 위하여 2차적으로 이루어지는 작용인 데 비하여, 경찰상 즉시강제는 직접 법규에 근거하여 사전적 의무부과행위 없이 제1차적으로 행하여지는 작용으로서, 엄밀한 의미에서 경찰행정의 실효성 확보수단 내지 경찰의무의 이행 확보수단으로 보기 어렵다. 따라서 이 책에서는 경찰상 즉시강제를 경찰작용의 제1차적 행위형식의 하나로서 이미 살펴본 바 있다.

(2) 취지 사인은 권리가 있더라도 의무자에게 직접 강제력을 행사하여 의무이행을 강제할 수 없고 이행판결 등을 채무명의로 하여 법원에 강제집행을 신청하여 법원의 힘으로 의무이행을 강제할 수 있을 뿐이다. 그러나 행정주체는 국민

의 행정법상 의무위반에 대하여 법원의 힘을 빌리지 않고 스스로의 힘으로 의무이행을 강제할 수 있는 것으로 인정되고 있으며, 이러한 행정상 강제집행의 일환으로서 경찰기관이 경찰의무 이행을 강제하는 작용이 경찰상 강제집행이다. 행정주체에 대하여 이러한 특권을 인정하는 것은, 행정목적의 신속하고 확실한 실현을 보장하고 행정법상 의무의 실현에 관하여 행정청의 재량을 인정할 필요성에서 그 이유를 찾는다.[1)]

2. 경찰상 강제집행의 성질

(1) 권력적 사실행위　경찰상 강제집행은 본질적으로 권력적 사실행위의 성질을 가진다. 그러나 경찰상 강제집행의 구체적 수단 중에는 집행벌과 같이 법적 행위(특히 경찰처분)의 성질을 가지는 것도 있고, 또한 강제집행이 여러 단계의 절차를 거쳐 이루어지는 경우에는 그 중 일부가 법적 행위의 성질을 가지는 경우도 있다.

(2) 다른 실효성 확보수단과의 차이　경찰상 강제집행은 경찰상 즉시강제나 경찰벌과 다음과 같은 점에서 구별된다.

(가) 경찰상 강제집행은 미리 상대방에게 법규 또는 행정행위에 의한 구체적인 의무가 부과되어 있음을 전제로 하나, 경찰상 즉시강제는 그러한 사전적 의무부과 없이 행하여진다.

(나) 경찰벌은 기본적으로는 과거의 의무불이행에 대한 제재로서 과해지나, 경찰상 강제집행은 장래에 향하여 의무이행을 강제하는 수단이다. 그러나 경찰벌도 심리적 강제에 의하여 의무이행을 담보하는 기능을 하므로, 간접적 강제수단이라고 할 수 있다.

3. 경찰상 강제집행의 근거

(1) 경찰상 의무를 경찰기관이 강제집행하기 위해서는 의무부과의 근거와는 별도의 법률상 근거가 있어야 한다. 과거에는 행정주체에게 사인에 대하여 의무를 부과할 권한을 부여하는 법규는 당연히 그 불이행의 경우에 강제집행을 할 수 있는 권한을 내포하고 있다고 보아 별도의 법적 근거가 필요하지 않다고 보았다. 그러나 오늘날은 의무부과와 그 의무의 강제적 실현은 별개의 행위이며, 강제집행은 직접 상대방의 신체나 재산에 실력을 행사하는 권력적 사실행위로서 국민의

---

1) 김도창, 일반행정법론(상), 제4전정판, 청운사, 1992, 553면.

자유권에 대한 중대한 침해라는 점에서, 별도의 법적 근거를 요한다고 보는 데 이견이 없다.

(2) 현행법상 경찰상 강제집행 전반에 관한 일반법은 없고, 강제집행의 수단별로 일반적 또는 개별적 법률이 제정되어 있을 뿐이다.[2)]

4. 경찰상 강제집행의 수단

경찰상 강제집행에 고유한 수단은 별도로 존재하지 않고, 행정상 강제집행의 수단이 경찰의무의 강제집행을 위하여 그대로 적용된다. 행정상 강제집행의 수단으로는 대집행, 집행벌, 직접강제 및 행정상 강제징수의 네 가지가 있다. 그러나 우리나라에서는 대집행과 행정상 강제징수만이 일반적으로 인정되고, 집행벌과 직접강제는 개별 법률에 의하여 예외적으로만 인정되고 있다.

이하에서 위 네 가지 수단을 살펴본다.

Ⅱ. 대집행

1. 대집행의 의의

(1) 개념　대집행이란 행정법상의 대체적 작위의무를 의무자 스스로 이행하지 않는 경우에 의무자가 하여야 할 행위를 의무자를 대신하여 행정청이 스스로 하거나 제삼자로 하여금 하게 하는 것을 말한다.[3)] 물론 그 비용은 의무자가 부담하여야 한다. 대집행은 경찰의무의 강제집행수단으로서도 자주 사용된다.

(2) 직접강제와의 구별　대집행 중에서 자기집행은 행정청이 직접 의무자의 재산에 실력을 가하여 의무가 이행된 것과 동일한 상태를 실현한다는 점에서, 직

2) 경찰권 발동의 개괄적 수권조항을 인정하는 입장에서는 개괄조항(경직 2조 5호)을 근거로 강제집행을 할 수 있다고 한다(김남진(경찰) 226면). 그러나 우리나라에서 개괄조항의 존재를 인정할 수 없음은 물론, 개괄조항을 인정하더라도 그것이 강제집행의 근거가 될 수 있을지는 의문이다. 강제집행은 그 전제인 의무부과행위의 근거와 별도의 근거를 요한다고 보아야 하기 때문이다.

3) 대집행은 이처럼 행정청 스스로 하는 경우(자기집행) 외에 제삼자를 시켜서 하는 경우(타자집행)를 포함한다. 독일의 연방법과 대부분의 주법에서는 타자집행만을 대집행으로 보고, 자기집행은 직접강제의 일종으로 보고 있다. 그러나 우리나라에서는 실정법이 양자 모두를 대집행으로 규정하고 있다.

접강제와 구별하기 어려운 경우가 많다. 그러나 대집행과 직접강제는 다음과 같은 차이를 가진다.

(가) 대집행은 행정청 스스로 하는 경우 외에 제삼자를 시켜 행하는 경우도 있으나, 직접강제는 행정청 스스로 하여야 한다.

(나) 대집행은 대체적 작위의무만을 대상으로 하지만, 직접강제는 금전급부의무를 제외한 행정법상의 모든 의무를 대상으로 한다.

(다) 대집행에 있어서 실력행사는 재산에 대하여만 가능하나, 직접강제는 의무자의 신체에 대하여도 가능하다.

(라) 대집행에 있어서의 실력행사는 대체적 집행의 한계 안에서만 허용되며, 그 한계를 넘어서서 통상의 방법이 아닌 방법으로 의무이행상태를 실현하거나 의무자의 신체에 실력을 가하여 실현하는 것은 허용되지 않는다. 그러나 직접강제는 근거 법률이 허용하는 한도에서 모든 형태의 실력행사가 가능하다.

2. 대집행의 근거

(1) 대집행은 의무자의 재산에 대하여 직접 실력을 가하여 의무가 이행된 것과 동일한 상태를 실현하는 권력적 사실행위로서, 상대방의 신체의 자유와 재산권을 극도로 침해하는 행위이다. 따라서 의무를 부과하는 법규와는 별도의 대집행 자체에 관한 법률의 근거가 필요하다.

(2) 대집행에 관한 일반법으로는 행정대집행법이 있다. 그 밖에 개별 법률이 대집행의 근거를 규정하는 경우가 있으나, 그 절차나 방법 등에 관하여는 행정대집행법을 준용하는 것이 보통이다.

(3) 이하에서는 행정대집행법을 중심으로 대집행의 주체와 요건·절차 및 그에 대한 권리구제 등을 살펴본다.

3. 대집행의 주체

(1) 대집행의 주체는 당해 행정청이다(행정대집행법 2조). '당해 행정청'이란 의무가 처분에 의하여 부과된 경우에는 그 처분을 한 행정청을, 직접 법령에 의하여 의무가 부과된 경우에는 그 법령의 집행책임을 지고 있는 관할 행정청을 말한다.

(2) 실제로 대집행의 실행행위는 당해 행정청 스스로 할 수도 있으나(자기집행) 제삼자를 시켜 할 수도 있다(타자집행). 후자의 경우에도 대집행의 주체는 당해 행

정청이며, 대집행을 위임받은 제삼자(대부분 용역업체)는 당해 행정청의 수임인에 불과하다. 그리고 이 경우 행정청과 의무자 간의 관계는 공법관계이지만, 행정청과 대집행을 위임받은 제삼자 간의 관계는 사법상의 도급계약관계인 것이 보통이다.

4. 대집행의 요건

대집행은 ① 법령이나 처분에 의하여 부과된 대체적 작위의무의 불이행에 대하여, ② 다른 수단으로는 그 의무의 이행을 확보하기 곤란하고, ③ 그 불이행을 방치함이 심히 공익을 해할 것으로 인정되는 경우에 할 수 있다(행정대집행법 2조).

(1) 대체적 작위의무의 불이행 대집행은 '타인이 대신하여 행할 수 있는 행위', 즉 대체적 작위의무의 불이행에 대하여만 가능하다. 그 의무는 법령에 의하여 부과된 것이거나 법령에 근거한 처분(하명)에 의하여 부과된 것이어야 한다. 실제로는 후자의 경우가 대부분일 것이다.

(2) 다른 수단에 의한 이행확보의 곤란 대집행은 다른 수단으로는 의무자의 의무이행을 확보하는 것이 곤란한 경우에 한하여 가능하다. 여기에서 '다른 수단'은 의무자의 자유·재산에 대한 침해가 대집행보다 경미한 수단만을 의미하며, 따라서 직접강제나 행정벌은 이에 해당되지 않는다.

(3) 불이행 방치의 공익저해성 대집행은 사인의 의무 불이행을 방치하는 것이 '심히 공익을 해할 것'으로 인정되는 경우에 한하여 가능하다.

(4) 재량문제, 입증책임 등 (a) 대집행요건의 충족 여부, 특히 불이행을 방치하는 것이 심히 공익을 저해하는지 여부의 판단에 있어서 행정청의 재량권이 인정되는지 여부는 재량과 판단여지의 개념을 어떻게 이해하는가에 달려 있다. 효과재량설의 입장에서는 요건판단에 관한 행정청의 재량권을 인정할 수 없고, 대집행요건의 충족 여부는 법원의 전면적인 재심사를 받아야 하며, 단지 예외적인 상황 하에서 판단여지가 인정될 수 있는 데 그친다. (b) 대집행의 요건을 충족한 경우에 대집행을 할 것인지 여부에 관하여 행정청의 재량(결정재량)이 인정되는가에 관하여도 견해가 대립되고 있으나, 불이행을 방치하는 것이 심히 공익을 해할 것으로 인정되는 한, 행정청은 대집행을 할 의무가 있다고 보아야 할 것이다. (c) 대집행의 요건이 충족되었는지 여부에 관한 입증책임은 행정청에 있다(대판 1996.10.11, 96누8086; 1993.9.14, 92누16690 등).

5. 대집행의 절차

대집행은 계고, 대집행영장에 의한 통지, 대집행의 실행 및 비용징수의 네 단계로 이루어진다.

(1) **계고** 행정청이 대집행을 하려면 상당한 이행기한을 정하여 그 기한까지 이행되지 않을 때에는 대집행을 한다는 뜻을 미리 문서로써 계고하여야 한다(행정대집행법 3조①). 다만, 비상시 또는 위험이 절박한 경우에 당해 행위의 급속한 실시를 요하여 계고를 거칠 여유가 없을 때에는 계고를 거치지 않고 바로 대집행을 할 수 있다(동조③). 계고는 새로운 의무를 부과하는 행위가 아니라 법령 또는 처분에 의하여 이미 부과된 의무를 전제로 그 이행을 촉구하는 행위로서, 준법률행위적 행정행위의 일종인 통지행위(의사의 통지)의 성질을 가진다.

(2) **대집행영장에 의한 통지** 의무자가 계고를 받고 지정된 기한까지 그 의무를 이행하지 않을 때에는 행정청은 대집행영장으로써 대집행의 시기, 집행책임자의 성명 및 대집행비용의 개산액을 의무자에게 통지하여야 한다(행정대집행법 3조②). 다만, 비상시 또는 위험이 절박한 경우에 당해 행위의 급속한 실시를 요하여 계고를 거칠 여유가 없을 때에는 대집행영장에 의한 통지를 거치지 않고 바로 대집행을 할 수 있다(동조③). 대집행영장에 의한 통지는 계고와 마찬가지로 준법률행위적 행정행위의 일종인 통지행위의 성질을 가진다.

(3) **대집행의 실행** (a) 의무자가 대집행영장에 의한 통지를 받고도 대집행영장에 명시된 대집행의 시기까지 의무를 이행하지 않는 경우에는 행정청은 스스로 의무자가 하여야 할 행위를 하거나 또는 제삼자로 하여금 의무자가 하여야 할 행위를 하게 할 수 있다. 이를 대집행의 실행이라 하며, 대집행의 본체를 이룬다. 대집행의 실행은 권력적 사실행위의 성질을 가진다. (b) 대집행을 위하여 현장에 파견되는 집행책임자는 그가 집행책임자라는 것을 표시한 증표를 휴대하여 대집행시에 이해관계인에게 제시하여야 한다(행정대집행법 4조).

(4) **비용징수** 대집행은 원래 의무자가 하여야 할 행위를 행정청 또는 제삼자가 대신하는 것이므로, 그 비용은 의무자가 부담하여야 한다. 따라서 행정청은 대집행의 실행이 끝난 뒤에 의무자에게 비용을 징수하여야 한다. 비용징수는 비용납부명령서에 의하며, 비용납부명령서에는 실제로 대집행에 소요된 비용액과 납기일이 명시되어야 한다(행정대집행법 5조). 비용납부명령을 받은 의무자가 비용을 납부하지 않는 경우에는 국세징수법의 예에 의하여 강제징수할 수 있다(동법 6조①).

(5) 흠의 승계 대집행을 구성하는 네 단계의 행위는 각각 독립된 목적을 가진 것이 아니라 서로 결합하여 대집행이라는 하나의 효과를 완성하는 것이므로, 그 상호간에는 흠의 승계가 인정된다. 따라서 계고의 위법을 이유로 대집행영장에 의한 통지를 다툴 수 있고, 계고 또는 대집행영장에 의한 통지의 위법을 이유로 실행행위를 다툴 수 있으며, 계고, 대집행영장에 의한 통지 또는 실행행위의 위법을 이유로 비용납부명령의 위법을 주장할 수 있다.

6. 대집행에 대한 권리구제

(1) 행정쟁송 행정대집행법은 대집행에 관하여 불복이 있는 경우에 행정심판과 행정소송을 제기할 수 있음을 명문으로 규정하고 있다(7조, 8조).[4] 다만 행정심판에 있어서의 재결청은 행정심판법에서와는 달리 '당해 행정청 또는 그 직근 상급행정청'이다(7조①).

(2) 국가배상 등 대집행이 완료된 후에는 의무자는 대집행의 위법을 이유로 손해배상을 청구할 수 있다. 또한 대집행의 위법한 결과가 존속하는 경우에는 결과제거(원상회복)를 청구할 수도 있다.

Ⅲ. 집행벌

1. 집행벌의 의의

(1) 개념 집행벌이란 행정법상 의무의 불이행에 대하여 그 의무이행을 간접적으로 강제하기 위하여 부과하는 금전적 부담을 말한다. 실정법상으로는 이행강제금으로 불리는 것이 보통이다.

---

4) 그러나 대집행을 구성하는 네 단계의 행위 중 무엇이 행정심판·행정소송의 대상이 되는지에 관해서는 검토의 여지가 있다. (a) 계고와 대집행영장에 의한 통지는 행정행위의 성질을 가지므로 행정쟁송의 대상이 되는 데 문제가 없다. 다만 대집행의 실행이 완료된 뒤에는 청구의 이익 또는 소의 이익이 없으므로, 집행정지를 하지 않는 한 구제의 실효를 거두지 못할 경우가 많다. (b) 대집행의 실행은 권력적 사실행위의 성질을 가지므로, 행정행위는 아니다. 그러나 행정심판법 및 행정소송법상의 처분에 해당하므로, 역시 행정쟁송의 대상이 된다. 다만, 실행은 단기간에 완료되는 것이 보통이므로, 이론적으로 쟁송의 대상이 된다고 하여도 실제로 실행행위를 대상으로 쟁송을 제기하는 것은 생각하기 힘들다. (c) 실행이 완료된 후에도 비용납부명령은 행정행위의 성질을 가지므로 행정쟁송의 대상이 된다.

(2) 대상 집행벌은 모든 행정법상 의무의 불이행에 대하여 적용될 수 있다. 그러나 대체적 작위의무에 대하여는 대집행이 일반적 강제수단으로 되어 있고, 공법상 금전급부의무에 대하여도 행정상 강제징수가 적합한 수단이므로, 실제로는 비대체적 작위의무와 부작위의무가 주로 대상이 된다.

2. 집행벌의 성질

(1) 집행벌은 의무이행을 직접적으로 강제하는 수단이 아니라, 금전적 부담을 통하여 간접적·심리적으로 의무이행을 강제하는 수단이다. 그러나 집행벌은 장래에 향하여 의무이행을 확보하기 위한 강제집행의 수단이지 과거의 의무위반에 대한 제재로서의 행정벌은 아니다. 따라서 집행벌과 행정벌은 병과될 수 있으며, 하나의 의무위반에 대하여 한번만 부과할 수 있는 행정벌과는 달리 집행벌은 의무가 이행될 때까지 반복하여 부과할 수도 있다.

(2) 대집행이나 즉시강제와 달리 집행벌을 부과하는 행위는 사실행위가 아니라 행정행위(경찰처분 중의 하명)이다.

3. 집행벌의 법적 근거 및 실례

집행벌은 의무부과행위의 근거규정과는 별도의 법률상 근거를 요한다. 현행법상 집행벌에 관한 일반법은 없고, 개별 법률에 의하여 예외적으로 인정되고 있을 뿐이다. 협의의 경찰에 속한 집행벌은 「다중이용업소의 안전관리에 관한 특별법」 제9조 제2항 및 제15조 제2항에 따른 조치명령 위반에 대한 이행강제금(동법 26조) 밖에 없는 듯하다(협의의 행정경찰에 속한 집행벌로는, 건축법 80조, 농지법 62조, 부동산 실권리자 명의 등기에 관한 법률 6조② 등이 있다).

Ⅳ. 직접강제

1. 직접강제의 의의

(1) 개념 직접강제란 행정법상의 의무위반에 대하여 직접 의무자의 신체나 재산에 실력을 가하여 의무가 이행된 것과 동일한 상태를 실현하는 작용을 말한다.

(2) 대상 직접강제는 행정상 강제집행수단의 하나이며, 따라서 사전에 법령

또는 행정행위에 의하여 의무가 부과되어 있을 것을 전제로 한다(이 점에서 같은 수단을 사용하는 즉시강제와 구별된다). 직접강제의 대상이 되는 의무는 모든 행정법상의 의무(대체적·비대체적 작위의무, 금전 이외의 급부의무, 부작위의무, 수인의무)이다. 다만 금전급부의무는 행정상 강제징수에 의하여 실현되므로 제외된다.

(3) 성질　직접강제는 의무자의 신체나 재산에 대한 직접적·유형적 실력, 보조수단 및 무기 등에 의하여 실행된다. 따라서 그 성질은 권력적 사실행위이다.

2. 직접강제의 법적 근거 및 실례

(1) 근거　직접강제는 강제집행의 수단 중 가장 강력한 수단으로서, 의무자의 자유권에 대한 침해의 정도가 극히 높으므로, 엄격한 법률의 근거를 요한다. 법률의 근거에 의하여 직접강제가 허용되는 경우에도 엄격한 비례원칙의 적용 하에 최후의 수단으로서 예외적으로만 활용되어야 한다.

(2) 실례　우리나라에서 직접강제는 일반적인 강제집행수단으로서는 인정되지 않고, 개별 법률에 의해서만 규정되고 있다. 따라서 경찰의무에 대한 직접강제의 실정법상 예도 많지 않다. 경찰관직무집행법이 규정한 직접강제의 예로는 위험방지조치 중 관계인에게 위해방지상 필요하다고 인정되는 조치를 명하였으나 불응하는 경우에 경찰관 스스로 그 조치를 하는 것(5조① 3호)을 들 수 있고(309면 참조),[5] 개별 법률에서 규정한 직접강제의 예로는 자동차 운전금지명령의 집행을 위한 조치(도로교통법 47조②),[6] 자동차운전학원의 폐쇄조치(동법 115조)[7] 등이 있다.

5) 경찰관직무집행법 제5조 제1항 제2호의 조치 중 경고에 불응한 경우의 억류·피난조치, 제6조에 의한 범죄예방을 위한 경고에 불응한 경우의 제지조치도 직접강제의 예로 드는 견해가 있다(김남진(경찰) 227면). 이 경우 경고의 성질을 상대방에게 의무를 부과하는 행위(경찰하명)로 본다면 경고 불응시의 실력에 의한 억류·피난조치나 제지조치를 강제집행수단의 일종인 직접강제로 볼 수 있다. 그러나 경고는 법적인 구속력이 없는 단순한 사실행위로 보아야 하고, 따라서 억류·피난조치나 범죄제지조치는 사전에 부과된 의무의 불이행에 대한 강제집행(직접강제)이 아니라 사전의 의무부과 없이 행해지는 즉시강제라고 보아야 한다.

6) 동조 제1항의 자동차 일시정지 및 운전면허증 제시요구를 직접강제의 예로 들기도 하나(김남진(경찰) 228면), 경찰하명으로 보아야 할 것이다. 다만, 일시정지를 명하였으나 불응하는 경우에 강제로 정지시키는 조치는 직접강제의 성질을 가진다. 한편, 도로교통법에 의한 주차방법의 변경·이동(35조②), 위법공작물 등의 제거(71조②), 지상공작물 등의 제거(72조②) 등은 차량의 운전자·관리책임자가 현장에 없을 것 또는 공작물의 설치자·관리자 등의 성명 및 주소를 알지 못하여 제거명령을 할 수 없을 것이 요건으로 되어 있으므로, 직접강제가 아니라 즉시강제의 성질을 가진다.

3. 직접강제의 절차

직접강제에 관하여 일반적으로 규정된 절차는 없다. 개별 법률이 직접강제를 시행하는 공무원의 증표 제시의무를 규정하는 경우가 있다(예컨대, 도로교통법 115조③).

4. 직접강제에 대한 권리구제

(1) **행정쟁송** 직접강제는 권력적 사실행위로서 행정쟁송법상의 처분에 해당하므로 위법한 직접강제에 대하여는 행정쟁송을 제기할 수 있다. 그러나 대집행의 실행에 대한 행정쟁송의 경우와 동일한 문제가 있다.

(2) **국가배상 등** 직접강제가 완료된 후에는 국가배상이나 결과제거를 청구할 수 있다.

V. 행정상 강제징수

1. 행정상 강제징수의 의의

행정상 강제징수란 국민이 행정주체에 대한 공법상의 금전급부의무를 이행하지 않는 경우에 행정청이 의무자의 재산에 실력을 가하여 그 의무가 이행된 것과 동일한 상태를 실현하는 작용을 말한다. 국민의 공법상 금전급부의무는 조세납부의무가 대표적인 것이지만, 그 밖에도 분담금·수수료·과태료·과징금 등 각종 공과금의 납부의무가 있다. 경찰의 영역에서도 경찰기관이 경찰목적을 위하여 이러한 공과금(주로 과태료)을 부과하는 경우가 있으며, 그 불이행에 대하여는 경찰기관이 강제징수를 할 수 있는 것이 보통이다.

2. 행정상 강제징수의 근거

행정상 강제징수는 공과금 납부의무의 근거와는 별개의 법률의 근거가 있어야 한다. 현행법상 강제징수 전반에 관한 일반법은 없고 개별 법률에서 규정하고 있

---

7) 한편, 식품위생법(79조)·공중위생관리법(11조③) 등에 의한 영업소 폐쇄조치는 직접강제의 전형적인 예이지만 협의의 경찰에 속한 작용은 아니다.

다. 그러나 이러한 개별 법률은 거의 예외 없이 강제징수의 근거만 규정하고 그 방법과 절차 등에 관하여는 국세징수법을 준용하고 있으므로,[8] 국세징수법이 사실상 일반법의 기능을 하고 있다. 다만, 과태료에 관해서는 질서위반행위규제법 제24조가 강제징수의 일반적인 근거와 절차를 규정하고 있다.[9]

3. 행정상 강제징수의 절차

국세징수법상 강제징수의 절차는 독촉과 체납처분으로 구성된다.[10]

(1) 독촉 독촉은 금전급부의무자에 대하여 그 의무의 이행을 최고하고 일정한 기한까지 의무를 이행하지 아니하는 경우에는 강제징수를 할 뜻을 통지하는 행위이다. 국세의 경우에는 가산금부과처분도 함께 이루어진다(국세징수법 23조, 21조).

(2) 체납처분 체납처분은 금전급부의무자의 재산을 압류·매각하여 그가 납부하여야 할 급부액을 충당하는 행위를 말하며, 재산의 압류, 압류재산의 매각 및 청산의 세 단계로 구성된다.

(가) 압류 압류는 체납자의 재산을 보전하는 강제행위로서, 압류에 의하여 소유자의 사실상 및 법률상 처분이 금지된다. 압류할 수 있는 재산은 체납자의 소유이고 금전적 가치와 양도성이 있는 모든 재산이지만, 의복·가구 등은 압류가 금지되며(동법 31조), 급료·연금 등의 급여채권은 압류가 제한된다(동법 33조). 압류의 방법은 압류 대상 재산에 따라 다르다. 동산과 유가증권은 세무공무원이 점유함으로써, 채권은 압류한 사실을 채무자에게 통지함으로써, 부동산·공장재단·광업재단·선박은 소관 등기소에 압류등기를 촉탁함으로써, 항공기·건설기계·자동차는 관계 관서에 압류의 등록을 촉탁함으로써, 무체재산권은 압류하였음을 권리자에게 통보하고 등기·등록이 필요한 경우에는 관계 관

8) 지방자치단체가 부과하는 공과금의 경우에는 지방세기본법을 준용하는 것이 일반적이다. 그러나 지방세기본법도 압류의 요건 등 몇 개 조항(91-97조) 외에는 국세징수법의 체납처분에 관한 규정을 준용하고 있다(98조). 결국 국세징수법이 모든 공과금의 강제징수에 관한 사실상의 일반법이 된 것이다.

9) 그러나 질서위반행위규제법도 체납된 과태료에 대한 가산금 징수와 가산금 체납시의 강제징수의 근거만 규정할 뿐, 강제징수의 방법과 절차에 관해서는 "국세 또는 지방세 체납처분의 예에 따라 징수한다"고 규정하여(24조③), 결국 국세징수법을 준용하고 있다.

10) 개별 법률이 국세징수법을 준용할 때에도 "국세징수의 예에 의한다"고 규정하는 경우와 "국세체납처분의 예에 의한다"고 규정하는 경우가 있다. 전자의 경우에는 독촉을 거쳐 체납처분을 하여야 하는 반면, 후자의 경우에는 독촉 없이 곧바로 체납처분을 할 수 있는 것으로 해석된다.

서에 압류의 등기·등록을 촉탁함으로써 압류가 이루어진다(동법 38조, 41조, 45조, 46조, 51조).

(나) 매각 체납자의 재산을 압류한 행정관서의 장은 압류한 동산·유가증권·부동산·무체재산권과 채권압류에 따라 체납자를 대위하여 제삼채무자에게서 받은 물건을 매각하여 금전으로 환가하여야 한다. 매각의 방법은 공매가 원칙이나, 예외적인 사유가 있는 경우에는 수의계약에 의한 매각도 가능하다(동법 61조, 62조).

(다) 청산 재산을 압류한 행정관서의 장은 배분기일을 정하여 압류재산의 매각대금과 압류한 금전 등을 압류재산에 관계되는 체납액과 교부청구를 받은 체납액·지방세 또는 공과금 등에 배분하고, 잔액은 체납자에게 지급하여야 한다(동법 80조, 81조①·③). 행정관서의 장이 배분을 할 때에는 배분계산서를 작성하여야 하며, 배분계산서를 확정됨으로써 체납처분이 종료된다(동법 83조, 83조의2).

4. 행정상 강제징수에 대한 불복절차

(1) 독촉 및 체납처분을 구성하는 압류와 공매는 행정쟁송법상 처분에 해당하므로 체납자는 이에 불복하는 경우에 행정심판 및 행정소송을 제기할 수 있다. 특히, 조세에 관해서는 행정심판법에 대한 특별법으로서 국세기본법(7장)과 관세법(5장 2절) 및 지방세기본법(8장)이 이의신청·심사청구 및 심판청구의 절차를 규정하고 있다. 그러나 경찰상의 강제징수의 대상이 되는 공과금은 그에 해당하지 않으므로, 근거법에서 별도의 행정심판절차를 규정하지 않는 한 행정심판법이 적용된다.

(2) 체납처분을 구성하는 압류와 매각 사이에는 흠이 승계된다. 그러나 부과처분과 체납처분은 목적을 달리하는 별개의 처분이므로 흠이 승계되지 않는다는 것이 통설과 판례의 입장이다.

제 2 절 경찰벌

I. 개 설

1. 의 의

(1) 널리 행정법상의 의무위반에 대하여 일반통치권에 의거하여 과하는 제재로서의 벌을 행정벌이라고 하고, 그 중에서 경찰의무의 위반에 대하여 과하는 벌을 경찰벌이라고 한다.

(2) 경찰벌은 직접적으로는 과거의 의무위반에 대한 제재이며, 이 점에서 장래에 향하여 의무이행을 확보하기 위한 경찰상 강제집행과 구별된다. 그러나 경찰벌도 심리적 압박에 의하여 간접적으로 의무이행을 확보하는 효과가 있으며, 따라서 강제집행의 보완수단 내지 대체수단으로서의 의미를 가진다. 특히 현행법상 비대체적 작위의무나 부작위의무에 대한 일반적 강제집행수단이 마련되어 있지 않으므로, 이러한 의무의 이행을 강제하는 수단으로서 경찰벌이 광범위하게 사용되고 있다.

2. 성 질

행정벌의 일종인 경찰벌은 징계벌이나 집행벌과 성질상 차이가 있으며, 형사벌과의 구별도 문제된다.

(1) **징계벌과의 구별** 경찰벌은 일반 국민에 대하여 경찰법규의 실효성을 확보하기 위하여 과하는 벌인 데 비하여, 징계벌은 공무원근무관계의 내부질서를 유지하기 위하여 내부질서 위반자에 대하여 과하는 제재로서, 목적과 대상자, 대상 행위 등에 차이가 있다.[11] 따라서 양자는 병과될 수도 있다.

---

11) 징계벌은 특별권력관계 내지 특별행정법관계의 내부질서를 유지하기 위한 것으로서, 일반통치권에 근거한 행정벌과는 권력적 기초에 있어서도 차이가 있다고 설명하는 것이 보통이다. 그러나 특별권력관계의 개념을 부인하는 한, 징계벌도 일반통치권에 근거한 것으로 보아야 한다.

(2) 집행벌과의 구별 경찰벌은 과거의 의무위반에 대한 제재인 데 비하여, 집행벌은 장래에 향하여 의무이행을 확보하기 위한 행정상 강제집행의 수단이다. 따라서 양자는 병과될 수 있다. 또한 경찰벌은 하나의 위반행위에 대하여 한번만 과할 수 있으나, 집행벌은 의무가 이행될 때까지 반복적으로 부과하는 것도 가능하다.

(3) 형사벌과의 구별 형사벌과의 구별은 경찰벌 중에서도 경찰형벌과 관련하여 문제되므로, 뒤에서 설명한다.

3. 종 류

경찰벌은 경찰형벌과 경찰질서벌로 구분된다.

(1) 경찰형벌 형법상의 경찰의무 위반에 대하여 과해지는 형벌(사형·징역·금고·자격상실·자격정지·벌금·구류·과료·몰수)을 말한다. 형벌이므로 특별한 규정이 없는 한 형법총칙이 적용되고, 형사소송절차에 의하여 과해진다.

(2) 경찰질서벌 경찰의무 위반에 대하여 과해지는 과태료를 말한다. 범죄에 이르지 않는 경미한 경찰법규 위반행위, 즉 "직접적으로 행정목적이나 사회공익을 침해하는 데까지는 이르지 않고 다만 간접적으로 행정상의 질서에 장해를 줄 위험성이 있는 정도의 단순한 의무태만에 대한 제재"로서 과해진다(대판 1969.7.29., 69마400). 행정청에 대한 신고·보고의무, 장부비치의무 등과 같은 행정상 의무의 위반행위가 주로 대상이 된다. 경찰질서벌은 형벌이 아니므로 형법총칙이 적용되지 않고, 그 부과도 형사소송절차에 의하는 것이 아니라 행정청의 처분(행정행위)이나 법원의 과태료 재판에 의한다.

Ⅱ. 경찰형벌

1. 의의 및 성질

(1) 의의 경찰법규 위반에 대한 제재로서 과해지는 형벌을 경찰형벌이라고 한다. 경찰형벌은 행정형벌의 일종이다.

(2) 성질 경찰형벌도 본질적으로 형벌이다. 그러나 종래 경찰형벌을 포함한 행정형벌과 형사벌과의 구별 여부 및 그 기준이 문제되어 왔다.

(가) 행정형벌과 형사벌의 구별(정확하게 말하면 행정범과 형사범과의 구별) 여부에 관하여는 부정설도 있으나, 긍정설이 통설이다.

(나) 긍정설의 입장에서는 다시 그 구별의 기준이 문제되는바, 이에 관하여는 피침해 이익의 성질(공공복리에 대한 침해인가 법익의 침해인가)을 기준으로 하는 견해, 피침해 규범의 성질(법정범인가 자연범인가)을 기준으로 하는 견해, 윤리(민족공동체의 기능적 생활활동의 원활을 방해하는 행위인가 사회윤리적 의무 위반인가)를 표준으로 하는 견해, 생활질서의 차이(파생적 생활질서 위반인가 기본적 생활질서 위반인가)를 표준으로 하는 견해 등이 제시되고 있다.

(다) 그러나 행정범과 형사범의 구별은 본질적인 것이 아니고, 양자의 구별은 상대적·유동적이며, 오늘날 형법학에서도 더 이상 그 구별을 문제삼지 않고 있는 점 등에 비추어, 양자의 구별은 부인되어야 한다. 다만, 실정법에 법인의 형사책임 등과 같은 명문의 규정이 있는 경우에 한하여 형법총칙의 규정이나 형법의 일반원리가 배제될 수 있으나, 이것은 특별법 규정의 효과이고, 형사범과 구별되는 행정범의 본질적 특수성으로 볼 필요는 없다.

2. 근 거

경찰형벌은 형벌이므로 죄형법정주의가 적용된다. 따라서 경찰형벌을 과하기 위해서는 당연히 법률의 근거가 있어야 한다. 다만, 법률의 위임에 의한 법규명령도 경찰형벌의 근거가 될 수 있다. 그러나 법규명령으로써 새로운 구성요건을 창설할 수는 없고, 기본적인 구성요건 및 형량의 최고한도는 반드시 법률에서 규정하여야 한다.

3. 경찰형벌의 특수성

경찰형벌을 포함한 행정형벌은 형벌의 일종이므로 형법총칙의 규정이 적용된다. 그러나 현실의 경찰형벌법규는 법인의 책임을 인정하고, 종업원이나 미성년자의 행위에 대하여 사업주·법정대리인을 처벌하며, 형법상의 책임능력에 관한 규정(9-11조)이나 공범에 관한 규정(10조·31조·32조), 누범·경합범에 관한 규정(35-40조)의 적용을 배제하는 등, 형사범과는 다른 규정을 두는 경우가 많다. 이밖에 종래 행정형벌의 특수성으로서 위법성의 인식의 요부, 해석에 의한 과실범 처벌의 가부 등이 거론되어 왔으나, 이러한 사항에 관하여도 경찰형벌법규에 특별한 규정이 없는 이상 형법의 일반적인 원리가 그대로 적용된다고 보아야 할 것이다.

4. 과형절차

(1) 일반절차 경찰형벌도 원칙적으로 형사소송절차에 의하여 과해진다.

(2) 통고처분 경찰형벌의 특수한 과형절차로서 통고처분의 제도가 있다(도로교통법 163조, 경범죄 처벌법 7조).[12] 통고처분이란 행정청이 정식재판에 갈음하여 벌금에 해당하는 일정한 금액을 납부할 것을 명하고, 이를 납부하면 형사처벌(벌금)을 면제하는 제도이다. 통고처분에 의하여 납부하여야 할 금액을 보통 범칙금이라고 하는바, 그 성질은 벌금이 아닌 행정제재금이며, 범칙금을 부과하는 행위는 행정행위이다. 범칙자가 납부기한 안에 범칙금을 납부하면 처벌절차는 종료되고 범칙자는 형사처벌을 받지 않는다. 그러나 납부기한이 경과하면 통고처분은 효력을 상실하고, 자동적으로 또는 행정청의 고발에 의하여 즉결심판이나 형사소송절차로 이행된다. 따라서 통고처분은 행정쟁송의 대상이 되지 않는다(대판 1980.10.14, 80누380; 1995.6.29., 95누4674).[13]

(3) 즉결심판 20만원 이하의 벌금·구류·과료에 해당하는 경미한 범죄를 신속·적정하게 심판하기 위한 절차로 즉결심판절차가 있다(즉결심판에 관한 절차법 1조·2조). 그러나 즉결심판은 경찰형벌 내지 행정형벌만의 특별과형절차는 아니고, 형사범에도 적용된다.

Ⅲ. 경찰질서벌

1. 의의 및 종류

(1) 의의 행정법규 위반에 대하여 과해지는 과태료를 행정질서벌이라고 하고,[14] 그 중에서 경찰법규 위반에 대하여 과해지는 것을 경찰질서벌이라고 한다.

---

12) 통고처분은 경찰형벌에 특유한 과형절차는 아니고, 조세범·관세범·출입국사범 등에도 적용된다(조세범 처벌절차법 15조, 관세법 311조, 출입국관리법 102조 등).

13) 헌법재판소도, 형사재판절차에서 통고처분의 위법·부당을 다툴 수 있기 때문에, 통고처분을 행정심판·행정소송의 대상에서 제외한 것은 법관에 의한 재판을 받을 권리를 침해하거나 적법절차의 원칙에 반하는 것이 아니라고 보고 있다(헌결 1998.5.28, 96헌바4).

14) 그러나 모든 과태료가 행정질서벌인 것은 아니다. 현행법상의 과태료에는 행정질서벌로서의 과태료 외에도, 민사상 의무위반에 대하여 과하는 과태료(민법 97조, 상법 28조, 635조, 636조, 가족관계의 등록 등에 관한 법률 120조-122조 등), 소송법상의 의무위반에 대하여

범죄에 이르지 않는 경찰법규 위반행위에 대하여 과해지는바, 경찰형벌과의 구별 기준에 관하여는 앞에서 보았다.

(2) **종류** 경찰질서벌은 그 부과의 근거에 따라 법률에 의한 과태료와 조례에 의한 과태료로 나눌 수 있다. 다만, 현행법상 소방사무와 제주특별자치도의 자치경찰사무를 제외한 경찰사무는 국가사무로서 조례의 제정 대상이 아니므로, 경찰질서벌로서의 조례에 의한 과태료는 소방사무와 제주특별자치도의 자치경찰사무에 관해서만 있을 수 있다.

(3) **행정형벌과의 병과** 행정형벌과 과태료는 성질과 목적이 다르다는 이유로 병과할 수 있다는 것이 판례의 입장이다(대판 1989.6.13, 88도1983; 2000.10.27., 2000도3874 등). 그러나 양자 모두 법규위반행위에 대한 직접적 제재이므로 실질적으로는 이중처벌에 해당된다고 보아야 하며, 동일 행위에 대하여 양자를 병과하는 것은 위헌의 소지가 있다.

2. 근 거

(1) **법률** 경찰질서벌은 형벌이 아니므로 죄형법정주의가 적용되지는 않지만, 국민의 재산권을 침해하는 행위이므로 법률의 근거를 요한다. 현행법상 경찰질서벌에 관한 일반법은 없고, 행정질서벌에 관한 일반법인 질서위반행위규제법이 경찰질서벌에도 적용된다. 다만, 질서위반행위규제법도 질서위반행위의 성립과 과태료의 산정·부과절차 및 징수에 관한 일반적인 사항을 정할 뿐이고, 개개의 질서위반행위의 구성요건과 과태료의 액수는 개별 법률에 의하여 정해진다(동법 6조 참조).

(2) **조례** 지방자치법은 조례로써 조례 위반에 대한 과태료와 사용료 등 면탈 또는 공공시설 부정사용에 대한 과태료를 정할 수 있도록 규정하고 있다(27조①, 139조②). 그러나 소방사무와 제주특별자치도의 자치경찰사무를 제외한 경찰사무에 관한 과태료는 조례로써 정할 수 없음은 위에서 보았다.

3. 질서위반행위의 성립

행정질서벌은 질서위반행위에 대하여 부과된다. 질서위반행위가 성립하기 위해서는 개별 법률이나 조례가 정한 구성요건에 해당하여야 하고, 행위가 위법하며,

---

과하는 과태료(민사소송법 301조, 311조① 등, 형사소송법 151조·161조), 징계벌의 성질을 가진 과태료(공증인법 83조 3호, 변호사법 90조 4호, 법무사법 48조② 3호 등) 등이 있다.

행위자에게 책임이 인정되어야 한다. 특히 문제되는 점은 다음과 같다.

(1) 행위시법주의　질서위반행위의 성립과 과태료 처분은 행위시의 법률에 따른다. 행위 후 법률이 변경되어 그 행위가 질서위반행위에 해당하지 아니하게 되거나 과태료가 변경되기 전의 법률보다 가볍게 된 때에는 법률에 특별한 규정이 없는 한 변경된 법률을 적용한다. 행정청의 과태료 처분이나 법원의 과태료 재판이 확정된 후 법률이 변경되어 그 행위가 질서위반행위에 해당하지 아니하게 된 때에는 변경된 법률에 특별한 규정이 없는 한 과태료의 징수 또는 집행을 면제한다(질서위반 3조).

(2) 고의·과실　종래 행정질서벌은 고의·과실을 요하지 않고, 객관적인 법규위반의 사실만 있으면 과할 수 있다는 것이 통설과 판례의 입장이었다. 그러나 행정질서벌도 의무위반에 대한 제재요 벌인 이상, 적어도 과실은 요구된다고 보아야 한다. 질서위반행위규제법은 "고의 또는 과실이 없는 질서위반행위는 과태료에 처하지 아니한다"고 규정하여(7조), 입법적으로 문제를 해결하였다.

(3) 책임　질서위반행위규제법은 위법성의 착오, 책임연령, 심신장애 등에 관하여, 형법학계의 통설 및 형법 제9조·제10조와 본질적으로 일치하는 명문의 규정을 두고 있다. 즉, 자신의 행위가 위법하지 아니한 것으로 오인하고 행한 질서위반행위는 그 오인에 정당한 이유가 있는 때에 한하여 과태료를 부과하지 않으며, 14세가 되지 아니한 자의 질서위반행위는 다른 법률에 특별한 규정이 있는 경우를 제외하고는 과태료에 처하지 않는다. 심신장애로 인하여 행위의 옳고 그름을 판단할 능력이 없거나 그 판단에 따른 행위를 할 능력이 없는 자의 질서위반행위는 과태료에 처하지 않고, 심신장애로 인하여 그러한 능력이 미약한 자의 질서위반행위는 과태료를 감경하되, 스스로 심신장애 상태를 일으켜 질서위반행위를 한 자에 대하여는 이를 적용하지 않는다(질서위반 8조-10조).

(4) 업무주책임　법인의 대표자, 법인 또는 개인의 대리인·사용인 및 그 밖의 종업원이 업무에 관하여 법인 또는 그 개인에게 부과된 법률상의 의무를 위반한 때에는 법인 또는 그 개인에게 과태료를 부과한다(질서위반 11조①).

4. 과태료의 부과

(1) 행정청에 의한 부과　(a) 과태료는 1차적으로 행정청이 부과한다. 행정청은 필요한 조사와 의견제출절차를 마친 후에 서면으로 과태료를 부과하여야 한다(질서위반 22조, 16조, 17조①). 행정청은 질서위반행위에 대하여 과태료를 부과하기 전

에 필요한 조사를 할 수 있으며, 당사자에게 대통령령으로 정하는 사항을 통지하고, 10일 이상의 기간을 정하여 의견을 제출할 기회를 주어야 한다(질서위반 22조, 16조). 행정청의 과태료 부과는 처분(행정행위)이지만, 뒤에서 보는 바와 같이 당사자의 이의제기에 의한 법원의 과태료 재판이라는 별도의 불복절차가 규정되어 있기 때문에, 행정쟁송의 대상은 되지 않는다. 질서위반행위가 종료된 날부터 5년이 경과하면 과태료를 부과할 수 없다(동법 19조). (b) 당사자가 과태료 부과 통지를 받은 날부터 60일 이내에 이의제기를 하지 않으면 과태료 부과처분은 확정된다.

(2) 법원에 의한 부과 (a) 행정청의 과태료 부과에 불복하는 당사자는 과태료 부과 통지를 받은 날부터 60일 이내에 해당 행정청에 서면으로 이의제기를 할 수 있다. 이의가 제기되면 행정청의 과태료 부과처분은 그 효력을 상실한다(질서위반 20조①·②). 행정청은 당사자의 이의제기에 이유가 있어 과태료를 부과할 필요가 없는 것으로 인정되는 경우에는 직권으로 과태료 부과를 취소하고, 그렇지 않은 경우에는 14일 이내에 이에 대한 의견 및 증빙서류를 첨부하여 관할 법원에 통보하여야 한다(동법 21조①). (b) 행정청의 통보에 의하여 과태료 사건은 법원의 과태료 재판으로 이행한다. 과태료 재판은 비송사건의 일종이며, 따라서 관할, 대리, 기간·기일·소명방법, 비용 등에 관해서는 비송사건절차법이 준용된다(질서위반 28조). 법원은 심문기일을 열어 당사자의 진술을 듣고 과태료의 부과 여부와 액수를 결정한다. 재판은 이유를 붙인 결정으로써 하며, 당사자와 검사에게 고지함으로써 효력이 생긴다(동법 31조-37조). 그러나 법원이 상당하다고 인정하는 때에는 심문 없이 재판을 할 수 있다. 이를 약식재판이라고 한다. 당사자와 검사는 약식재판의 고지를 받은 날부터 7일 이내에 이의신청을 할 수 있고, 이의신청이 있으면 약식재판은 효력을 잃고 정식재판으로 이행한다(동법 44조, 45조, 51조). (c) 당사자와 검사는 과태료 재판에 대하여 즉시항고를 할 수 있다. 이 경우 항고는 집행정지의 효력이 있다(질서위반 38조).

5. 과태료의 징수

(1) 징수권자 (a) 행정청이 부과한 과태료는 행정청이 징수한다. (b) 법원의 재판으로 확정된 과태료는 검사의 명령으로 민사집행법에 따르거나 국세 또는 지방세 체납처분의 예에 따라 집행하는 것이 원칙이다. 그러나 검사는 과태료를 최초 부과한 행정청에 대하여 과태료 재판의 집행을 위탁할 수 있고, 위탁을 받은 행정청은 국세 또는 지방세 체납처분의 예에 따라 집행한다(질서위반 42조, 43조①).

(2) **징수** 과태료 부과처분이나 재판이 확정되고 당사자가 납부기한까지 과태료를 납부하지 아니한 때에는 행정청은 납부기한을 경과한 날부터 체납된 과태료에 대하여 100분의 5에 상당하는 가산금을 징수한다. 당사자가 가산금 부과 후에도 과태료와 가산금을 납부하지 않는 경우에는 행정청은 국세 또는 지방세 체납처분의 예에 따라 강제징수하고, 아울러 매 1개월이 경과할 때마다 체납된 과태료의 1천분의 12에 상당하는 중가산금을 가산하여 징수한다. 이 경우 중가산금을 가산하여 징수하는 기간은 60개월을 초과하지 못한다(질서위반 24조①-③, 42조③).

(3) **과태료의 실효성 확보** 질서위반행위규제법은 과태료 납부를 확보하기 위하여 상습·고액 체납자에 대한 사업정지·인허가취소(52조)와 감치(監置, 54조)를 규정하고 있다. 사전 납부자에 대한 과태료 감경(18조)도 장려적 차원의 실효성 확보수단이라고 할 수 있다.

(4) **징수시효** 과태료는 행정청의 과태료 부과처분이나 법원의 과태료 재판이 확정된 후 5년간 징수하지 아니하거나 집행하지 아니하면 시효로 인하여 소멸한다(질서위반 15조).

제 3 절 새로운 의무이행 확보수단

Ⅰ. 개 설

(1) 행정법상의 의무위반에 대한 제재는 전통적으로 경찰벌에 의하여 이루어져 왔다. 그러나 최근에는 과징금·공급거부·공표 등의 새로운 제재수단이 등장하고, 또한 과거부터 있어 온 인허가의 철회·정지 등과 같은 수단도 행정법상의 의무위반에 대한 제재수단으로 널리 활용되고 있다. 좁은 의미의 행정제재라고 부를 수 있는 이러한 새로운 제재수단들은 경찰의무의 위반에 대하여도 적용되는 경우가 많다.

(2) 이러한 새로운 제재수단들은 직접적으로는 행정벌과 마찬가지로 과거의 의무위반에 대한 제재의 수단이지만, 간접적으로는 심리적 압박을 통하여 장래에 향하여 행정법상의 의무이행을 확보하는 효과를 가지며, 실질적으로는 그러한 효과를 위한 수단으로 활용되고 있다.

(3) 새로운 제재수단의 정확한 종류나 범위는 아직 확정되어 있지 않으며, 학자에 따라 그 내용도 다양하다. 여기에서는 금전적 제재와 비금전적 제재로 나누어 대표적인 것만을 살펴보기로 한다.

Ⅱ. 금전적 제재

1. 개 관

행정법상의 의무위반에 대한 금전적 제재로는 과징금, 가산금·가산세, 부당이득세, 범칙금 등이 있으나, 현행법상 경찰의무 위반에 대하여 규정된 것은 범칙금과 과징금뿐이다. 범칙금에 관해서는 앞에서 보았다.

2. 과징금

(1) 과징금은 오늘날 행정법상 의무위반에 대한 금전적 제재수단 중에서 가장

널리 활용되는 것으로서, 행정법상의 의무위반에 대하여 그 제재로서 행정청이 부과하는 조세 이외의 금전적 부담을 말한다. 과징금의 취지 내지 성질에도 여러 가지가 있으나, 가장 흔한 것은 영업정지처분을 갈음하는 과징금이다. 즉, 각종 영업자(사업자)의 의무위반에 대하여 영업(사업)정지·업무정지 등의 처분을 하여야 하지만, 소비자 또는 이용자의 편의를 위하여 영업정지 등의 처분을 하지 않고 영업을 계속하게 하는 대신에, 정지기간에 해당하는 기간 동안의 영업에 따른 이익을 박탈하려는 취지에서 과징금을 부과하는 것이다.

(2) 과징금은 거의 예외 없이 행정청이 부과하고, 납부기한 안에 납부하지 않는 경우에는 행정상 강제징수를 할 수 있도록 규정되고 있다. 또한 과징금부과처분에 대하여는 행정쟁송을 제기할 수 있다.

(3) 경찰의무 위반에 대한 과징금으로서 실정법상 규정된 것으로는 소방시설업자에 대한 영업정지처분을 갈음하는 과징금(소방시설공사업법 10조), 방염업자에 대한 영업정지처분에 갈음하는 과징금(소방시설 설치·유지 및 안전관리에 관한 법률 35조), 위험물제조소 등의 사용정지처분에 갈음하는 과징금(위험물안전관리법 13조) 등이 있다.

Ⅲ. 비금전적 제재

1. 개　관

행정법상의 의무위반에 대한 비금전적 제재로는 공급거부, 수익적 행정행위의 철회·정지, 관허사업의 제한(인허가 등의 거부), 위반사실의 공표 등의 수단이 널리 활용되고 있다. 이러한 수단들 중에는 법률의 근거를 요하는 것도 있고 법률의 근거 요부가 논란의 대상이 되는 것도 있다. 여기에서는 수익적 행정행위의 철회·정지에 관해서만 살펴본다.

2. 수익적 행정행위의 철회·정지

수익적 행정행위의 철회·정지는 모든 행정 영역에 걸쳐서 의무위반에 대한 제재수단으로서 널리 규정되고 있으며, 경찰행정의 영역도 예외가 아니다. 운전면허 등 각종 자격의 취소·정지(도로교통법 93조, 경비업법 20조, 총포도검 30조 등), 각종 사업·영업의 허가·등록 등의 취소·정지(도로교통법 113조, 경비업법 19조, 총포도검

45조, 사격 및 사격장 안전관리에 관한 법률 18조, 유선 및 도선사업법 9조 등), 기타 인허가의 취소·정지(총포도검 46조 등)가 그 예이다. 이에 관하여는 경찰처분의 철회와 관련하여 이미 살펴본 바 있다.

제 7 장

경찰행정과정의 절차적 통제

경찰법규의 대부분은 경찰권 발동의 실체적 요건과 효과를 정하고 있다. 전통적으로 대륙법계 국가에서는 실체법중심주의를 취하여, 절차는 실체에 봉사하는 수단에 불과하며, 실체법이 완비되면 절차는 따로 관심을 가질 필요가 없다고 생각해 왔다. 그러나 오늘날 실체법의 완비는 현실적으로 불가능하며, 실체법의 불비를 보충하기 위해서는 경찰권 발동의 과정을 절차적으로 통제할 필요가 있다는 것이 널리 인식되고 있다. 나아가 오늘날은 이러한 경찰권 발동을 위한 절차 외에 경찰작용을 위한 사전적 준비작용으로서의 경찰조사와 경찰기관이 보유하는 정보의 공개 및 개인정보의 보호도 오늘날 경찰작용에 대한 법적 통제의 중요한 요소가 되고 있는바, 이들도 넓은 의미에서 경찰작용에 대한 절차적 통제의 일환으로 볼 수 있다.

제 1 절 경찰절차

§1. 개 설

I. 경찰절차의 의의와 내용

1. 경찰절차의 의의

경찰절차란 경찰기관이 경찰작용을 함에 있어서 거쳐야 되는 절차를 말한다. 그러나 경찰절차의 구체적 의미와 범위는 다양하다.

(1) 내부절차와 외부절차 관계 부서 간의 협의, 관계 행정청과의 협의, 감독청의 승인, 자문기관의 자문, 의결기관의 의결 등과 같이 행정조직 내부에서 이루어지는 절차를 내부절차라고 하며, 상대방·이해관계인 또는 일반 국민을 상대로 하는 절차를 외부절차라고 한다. 내부절차도 적정하고 신중한 행정결정에 기여하지만, 행정의 민주화 및 국민의 권익보호와 관련하여 보다 큰 의미를 가지는 것은 외부절차이다. 따라서 보통 경찰절차라고 하면 외부절차를 의미한다.

(2) 경찰절차의 범위 경찰절차는 넓은 의미로는 경찰작용을 함에 있어서 거치는 모든 절차를 총칭한다. 여기에는 ① 경찰명령·경찰처분 등의 제1차적 행정

작용을 하기 전에 거쳐야 하는 사전절차, ② 제1차적 행정작용이 실효를 거두지 못한 경우에 강제력을 발동하여 경찰상 바람직한 상태를 실현하기 위한 집행절차, ③ 행정심판절차가 포함된다. 좁은 의미의 경찰절차는 경찰기관이 공권력을 행사하여 제1차적 경찰작용을 함에 있어서 사전적으로 요구되는 외부와의 일련의 교섭과정, 즉 사전적 경찰절차를 말한다. 경찰절차는 보통 좁은 의미로 사용된다.

(3) **실정법상의 경찰절차** 경찰절차의 구체적인 내용과 범위는 각국의 실정 행정절차법에 의하여 정해진다. 우리나라의 경우 경찰절차에 관한 일반법은 따로 없고, 행정절차법이 경찰절차에도 그대로 적용된다. 행정절차법은 처분절차·신고절차·행정상 입법예고절차·행정예고절차 및 행정지도절차를 규정하고 있다. 그러나 그 중심이 되는 것은 처분절차이다.

2. 경찰절차의 일반적 내용

경찰절차를 포함한 대외적 사전절차로서의 행정절차는 사전통지와 청문 및 결정이유의 제시를 핵심적 내용으로 한다.

(1) **사전통지** 사전통지란 행정결정을 하기 전에 미리 상대방 또는 이해관계인에 대하여 그 내용을 알려주는 것을 말한다. 사전통지는 상대방 등으로 하여금 앞으로 있을 행정작용에 대하여 미리 대비할 수 있도록 하는 의미를 가진다. 그러나 현실의 사전통지는 단순히 예정된 행정작용의 내용을 알려주는 데 그치지 않고 나아가 청문의 일시와 장소 등에 관한 통지를 포함하는 것이 보통이며, 이 경우에는 청문의 전제조건으로서의 의미도 가진다.

(2) **의견청취** 행정결정을 하기 전에 미리 상대방 기타 이해관계인의 의견을 듣고 자신에게 유리한 주장과 증거자료 등을 제출하도록 하여 조사하는 절차를 말하며, 넓은 의미의 청문(聽聞)이라고도 한다. 의견청취는 그 절차의 내용(엄격성)과 대상(상대방)을 기준으로 정식청문과 약식청문 및 공청회로 구분된다.

(가) 정식청문은 사법절차에 준하는 엄격한 절차에 따라 중립적인 청문주재자의 주재 아래 당사자(행정청과 상대방 기타 이해관계인) 간에 구술에 의한 공격과 방어가 행해지고 그 결과에 대하여도 상당한 구속력이 인정되는 절차를 말하며, 협의의 청문이라고도 한다. 행정절차법상의 '청문'이 이에 해당한다.

(나) 약식청문이란 엄격한 절차를 거치지 않고 상대방의 의견을 듣거나 주장과 증거를 제출받는 절차를 말한다. 절차의 구체적 내용은 정하기 나름이며, 대체로 문서로써 상대방의 의견을 제출받는 방식으로 이루어진다. 행정절차법

상의 의견제출이 이에 해당한다.

(다) 공청회는 특정한 상대방이 없거나 다수인인 경우에 상대방 중의 대표자나 전문가로부터 공개적으로 의견을 듣고 질문·답변 및 토론을 하는 절차를 말한다.

3) 이유제시 이유부기(理由附記)라고도 하며, 행정청이 결정의 내용만이 아니라 그 결정에 이르게 된 사실적 및 법적 근거를 명시하는 것을 말한다. 결정이유의 제시는 행정청으로 하여금 신중하고 적정한 결정을 하도록 심리적으로 강제하는 효과가 있을 뿐만 아니라, 상대방에 대하여는 결정에 승복하도록 설득하는 효과와, 결정에 불복하는 경우에는 불복의 논거를 제시하기 쉽게 함으로써 효과적인 권리구제를 가능하게 하는 효과가 있다.

Ⅱ. 우리나라의 경찰절차

1. 경찰절차의 법원(法源)

경찰절차에 관한 일반법은 따로 없고, 행정절차법(1996.12.31. 제정, 1998.1.1. 시행)이 경찰절차에도 그대로 적용된다. 그 밖에 개별 법률에서 개별적인 경찰작용의 절차를 규정하는 경우가 있다.

2. 행정절차법상 행정절차의 내용

행정절차법은 처분절차·신고절차·행정상 입법예고절차·행정예고절차 및 행정지도절차를 규정하고 있다. 이러한 절차는 경찰작용의 절차에 관하여 개별 법률에 특별한 규정이 있는 경우를 제외하고는 경찰작용에도 그대로 적용된다. 이하에서는 행정절차법에 따른 경찰절차의 내용을 처분절차와 그 밖의 절차로 나누어 살펴본다.

§2. 처분절차

Ⅰ. 개 관

1. 처분의 개념

처분이란 "행정청이 행하는 구체적 사실에 관한 법 집행으로서의 공권력의 행사 또는 그 거부와 그 밖에 이에 준하는 행정작용"을 말한다(2조 2호). 경찰작용 중에서는 경찰처분과 경찰상 즉시강제, 경찰상 강제집행, 권력적 경찰조사 등이 이에 해당한다. 그러나 경찰처분을 제외한 나머지 경찰작용은 성질상 행정절차법상의 처분절차에 관한 규정이 적용될 수 없는 경우가 대부분이다. 또한 경찰처분 중에도 행정절차법의 규정이 적용될 수 없는 경우가 있다.

2. 처분절차의 종류

처분절차에는 모든 처분에 공통되는 절차와 신청에 의한 처분에만 적용되는 절차, 불이익처분에만 적용되는 절차가 있다.

Ⅱ. 공통절차

1. 처분기준의 설정·공표

(1) 행정청은 필요한 처분기준을 해당 처분의 성질에 비추어 되도록 구체적으로 정하여 공표하여야 한다. 처분기준을 변경하는 경우에도 또한 같다. 다만, 처분기준을 공표하는 것이 해당 처분의 성질상 현저히 곤란하거나 공공의 안전 또는 복리를 현저히 해치는 것으로 인정될 만한 상당한 이유가 있는 경우에는 처분기준을 공표하지 아니할 수 있다(20조①·②). 처분기준을 미리 설정·공표하도록 하는 것은 행정의 투명성과 예측가능성을 확보하고 처분에 대한 불복을 용이하게 하며 궁극적으로는 행정의 공정·타당성과 법적 안정성을 확보하고자 하는 데 목적이 있다.

(2) 처분기준은 법규명령의 형식으로 설정될 수도 있고 행정규칙의 형식으로도 설정될 수 있다. 그러나 처분기준이 이미 법규명령의 형식으로 설정되어 있는 경우에는 행정청이 따로 처분기준을 설정할 의무가 있다고 할 수 없으므로, 일반적으로 처분기준은 행정규칙의 형식으로 설정된다고 보아야 할 것이다.

(3) 당사자등(행정청의 처분에 대하여 직접 그 상대가 되는 당사자와 행정청이 직권 또는 신청에 의하여 행정절차에 참여하게 한 이해관계인을 말한다)은 공표된 처분기준이 명확하지 아니한 경우 해당 행정청에 그 해석 또는 설명을 요청할 수 있다. 이 경우 해당 행정청은 특별한 사정이 없으면 그 요청에 따라야 한다(20조③).

2. 처분의 방식(문서주의)

(1) 처분은 다른 법령등(법령과 자치법규를 말한다. 2조 1호 나목)에 특별한 규정이 있는 경우를 제외하고는 문서로 하여야 한다. 다만, 당사자등의 동의가 있는 경우에는 전자문서로 할 수도 있다. 신속히 처리할 필요가 있거나 사안이 경미한 경우에는 말 또는 그 밖의 방법으로 할 수 있으나, 이 경우에도 당사자가 요청하면 지체 없이 처분에 관한 문서를 주어야 한한다(24조①). 경찰처분 중에는 현장에서 즉시에 이루어지는 것이 많은바, 이러한 경우는 "신속히 처리할 필요가 있거나 사안이 경미한 경우"에 해당할 것이다.

(2) 처분을 하는 문서에는 그 처분행정청과 담당자의 소속·성명과 연락처(전화번호·팩스번호·전자우편주소 등)를 적어야 한다(24조②).

3. 처분의 이유제시

(1) 의의　처분의 이유제시 또는 이유부기란 행정청이 처분을 할 때에 그 법적·사실적 근거를 밝히는 것을 말한다. 이유제시는 행정절차의 본질적 구성요소로서, 행정절차법 제정 이전에도 이미 판례상 불문의 법원리로서 인정되어 왔으나(대판 1984.7.10, 82누551; 1987.5.26, 86누788; 1990.9. 11, 90누1786), 행정절차법이 이를 명문화한 것이다.

(2) 이유제시의 대상과 시기·방식　(a) 행정청이 처분을 할 때에는 당사자에게 그 근거와 이유를 제시하여야 하며, ②와 ③의 경우에도 처분 후 당사자가 요청하는 경우에는 행정청은 그 근거와 이유를 제시하여야 한다. 다만, ① 신청내용을 모두 그대로 인정하는 처분인 경우, ② 단순·반복적인 처분 또는 경미한 처분

으로서 당사자가 그 이유를 명백히 알 수 있는 경우, 또는 ③ 긴급히 처분을 할 필요가 있는 경우는 예외이다. 그러나 ②와 ③의 경우에도 처분 후 당사자가 요청하는 경우에는 그 근거와 이유를 제시하여야 한다(23조). 경찰처분 중 현장에서 즉시에 이루어지는 처분은 ② 또는 ③에 해당하는 경우가 많을 것이다.15) (b) 이유를 제시하는 시기는 처분과 동시이어야 함이 원칙이다. (c) 이유제시의 방식에 관하여는 명문의 규정은 없으나, 처분을 문서로 하는 것이 원칙이므로(24조①) 이유제시도 문서로 하여야 한다고 해석된다. 그러나 경찰처분 중에는 문서로 할 수 없는 경우가 많고, 그 경우에는 이유제시도 말로 할 수 있다고 보아야 할 것이다.

(3) 이유제시의 내용 및 정도 (a) 행정절차법은 처분의 "근거와 이유"를 제시하도록 규정하고 있는바, '근거'는 법적 근거와 처분기준상의 적용 기준을, '이유'는 처분의 이유가 된 사실을 의미하는 것으로 해석된다. (b) 이유제시의 정도는 어느 정도로 구체적이어야 하는가에 관하여도 행정절차법은 아무런 기준을 제시하고 있지 않으나, 상대방이나 이해관계인이 어떤 사실에 대하여 어떤 법규와 처분기준이 적용되었는지 알 수 있고, 행정심판기관이나 법원이 제시된 이유에 비추어 처분의 적법·타당 여부를 판단할 수 있을 정도가 되어야 할 것이다.

(4) 이유제시의 흠과 그 효과 (a) 이유제시가 없는 처분은 위법이다. 그러나 이유제시의 결여가 무효사유인지 취소사유인지에 관하여는 논란의 여지가 있다. 이유제시가 전혀 없거나 중요한 이유가 결여된 경우에는 무효로 보아야 할 것이다. 그러나 판례는 취소사유로 보고 있다(대판 1984.7.10, 82누551; 1987.5.26, 86누788; 1990.9. 11, 90누1786 등). (b) 이유를 제시하기는 하였으나 그 내용이 불충분하거나 부적합한 경우에도 그 처분은 위법이다.

(5) 이유제시의 흠의 치유 문제 (a) 이유제시 결여의 흠이 사후 추완에 의하여 치유되는지에 관하여는, 일정한 요건 아래 제한적으로 긍정하는 견해도 있으나, 이유제시를 요구하는 취지에 비추어 부인되어야 할 것이다.16) (b) 이유를 제

15) 나아가 언어가 아닌 경찰관의 동작이나 표지 또는 자동화된 기계에 의한 경찰처분의 경우에는 사실상 이유제시가 불가능하다고 보아야 할 것이다. 그러나 그 근거를 위 예외사유의 ② 또는 ③에 해당한다고 하면, 사후에 당사자가 요청하면 이유제시를 하여야 하는지가 문제된다. 행정절차법에 명문 규정은 없지만, 이러한 경우는 성질상 이유제시의 의무가 없다고 해석하여야 할 것이다.

16) 판례도 원칙적으로 부인한다(대판 1984.7.10, 82누551; 1987.5.26, 86누788 등). 다만, 무용한 처분의 반복을 피하기 위하여 치유가 가능하다는 전제 아래, 추완은 늦어도 처분에 대한 불복 여부의 결정 및 불복신청에 편의를 줄 수 있는 상당한 기간 내에 하여야 한다고 판시한 예도 있다(대판 1983.7.26, 82누420).

시하였으나 그 내용이 불충분하거나 부적합한 경우에는, 처분사유의 추가·변경의 문제가 된다. 당초 처분의 근거로 삼은 사유와 기본적 사실관계가 동일하다고 인정되는 한도 안에서 처분사유를 추가하거나 변경할 수 있다는 것이 통설과 판례의 입장이다(대판 1989.12.8, 88누9299; 1996.9.6., 96누7427).

4. 불복고지

(1) 행정청이 처분을 할 때에는 당사자에게 그 처분에 관하여 행정심판 및 행정소송을 제기할 수 있는지 여부, 그 밖에 불복을 할 수 있는지 여부, 청구절차 및 청구기간, 그 밖에 필요한 사항을 알려야 한다(26조).

(2) 불복고지의 시기에 관하여는 행정절차법이 "처분을 할 때"라고 규정하고 있으므로, 처분과 동시에 하여야 한다고 해석된다.

(3) 행정절차법은 불복고지의 방법에 관하여는 명시하고 있지 않다. 따라서 말로도 할 수 있다고 해석된다. 그러나 처분을 문서로 하는 경우에는 고지도 문서로 하고, 특히 처분서 자체에 고지의 내용을 기재하는 것이 바람직하다.

(4) 불복고지 자체는 처분의 구성요소도 아니고 별개의 처분도 아니며, 법령의 내용을 상대방에게 설명해주는 사실행위에 불과하다. 그러나 불복고지는 행정청의 법적 의무로서 상대방의 이익을 위한 것이므로, 고지가 없는 경우에 상대방은 고지청구권이 있다고 보아야 한다.

(5) 행정청이 불복고지를 하지 않거나 고지의 내용이 잘못된 경우의 효과는 행정심판법과 행정소송법이 정하고 있다. 즉, 행정청이 행정심판청구의 제출기관을 고지하지 않거나 잘못 고지하여 청구인이 심판청구서를 다른 행정기관에 잘못 제출한 경우에는 그 행정기관은 심판청구서를 지체 없이 정당한 권한이 있는 피청구인에게 보내야 하고, 이 경우 심판청구기간을 계산할 때에는 그 행정기관에 심판청구서가 제출된 때에 행정심판이 청구된 것으로 본다(행정심판법 23조②·④). 행정청이 심판청구기간을 법정 기간보다 긴 기간으로 잘못 알린 경우에는 그 잘못 알린 기간에 심판청구가 있으면 그 행정심판청구는 법정 기간을 지킨 것으로 보며, 심판청구기간을 알리지 않은 경우에는 처분이 있은 날부터 180일 이내에만 심판청구를 하면 된다(동법 27조⑤·⑥). 또한 행정심판을 청구할 수 없는데도 청구할 수 있다고 잘못 알린 경우에는 행정소송 제기기간을 재결서 정본이 송달된 날부터 기산한다(행정소송법 20조① 단서).

(5) 처분을 하면서 불복고지를 하지 않으면 그 처분 자체가 위법으로 되는지가

문제된다. 불복고지가 없거나 고지의 내용이 잘못된 경우에는 행정심판법과 행정소송법에서 그 효과를 따로 규정하고 있으므로, 불복고지를 하지 않거나 잘못 고지하였다고 하여 처분 자체가 위법으로 되지는 않는다고 보아야 할 것이다.

5. 처분의 정정

행정청은 처분에 오기·오산 또는 그 밖에 이에 준하는 명백한 잘못이 있을 때에는 직권 또는 신청에 따라 지체 없이 정정하고 그 사실을 당사자에게 통지하여야 한다(25조).

Ⅲ. 신청에 의한 처분의 절차

행정절차법은 신청에 의한 처분에 관하여 몇 가지 규정을 두고 있다. 신청에 의한 처분이란 일반적으로 수익적 처분을 의미한다. 경찰처분 중에서는 경찰허가, 경찰상의 인가, 경찰상의 특허 등이 이에 해당한다. 나아가 경찰개입청구권이 인정되는 경우에는 타인에 대한 침익적 처분도 포함하는 것으로 해석하여야 할 것이다.

1. 신청에 의한 처분에 관한 행정청의 사전조치

(1) 필요사항의 게시·비치 행정청은 신청에 필요한 구비서류·접수기관·처리기간 기타 필요한 사항을 게시(인터넷 등을 통한 게시를 포함한다)하거나 이에 대한 편람을 비치하여 누구나 열람할 수 있도록 하여야 한다(17조③).

(2) 처리기간의 설정·공표 (a) 행정청은 신청인의 편의를 위하여 처분의 처리기간을 종류별로 미리 정하여 공표하여야 한다(19조①). (b) 행정청은 부득이한 사유로 공표된 처리기간 내에 처분을 처리하기 곤란한 경우에는 해당 처분의 처리기간의 범위에서 한 번만 그 기간을 연장할 수 있다. 이 경우 행정청은 처리기간의 연장 사유와 처리 예정 기한을 지체 없이 신청인에게 통지하여야 한다(19조②·③). (c) 행정청은 공표된 처리기간 내에 신청을 처리하여 신청된 처분(인용처분)이나 거부처분 중 하나를 하여야 한다. 행정청이 처리기간 내에 처리를 하지 않았을 때에는 신청인은 해당 행정청 또는 그 감독행정청에 신속한 처리를 요청할 수 있다(19조④). 또한 처리기간 경과 여부는 행송쟁송법상 부작위의 성립요건으로서의 '상당한 기간' 경과 여부를 판단하는 기준이 될 수 있을 것이다. 그러나 처리기간의 설

정은 일반적으로 행정규칙의 성질을 가진다고 할 것이므로, 처리기간을 경과하였다는 것만으로 그 후에 행해진 처분이 위법이라고는 할 수 없을 것이다. 또한 특별한 규정이 없는 한 거부처분이 있은 것으로 간주되지도 않는다. (d) 행정청이 처리기간 설정·공표의무를 이행하지 않은 경우에도 그것만을 이유로 처분이 위법으로 된다고는 볼 수 없다. 그러나 행정청은 처리기간을 설정·공표하지 않은 경우에도 사회통념상 당해 처분에 대한 신청을 처리하기에 필요하다고 생각되는 합리적 기간 내에 처리할 의무가 있으며, 그 기간을 경과하면 부작위가 성립된다.

2. 신 청

(1) 신청의 방식(문서주의) 행정청에 처분을 구하는 신청은, 다른 법령 등에 특별한 규정이 있는 경우와 행정청이 미리 다른 방법을 정하여 공시한 경우를 제외하고는, 문서로 하여야 한다(17조①). 문서는 전자문서를 포함하는바(8조 4호), 전자문서로 신청을 하는 경우에는 행정청의 컴퓨터 등에 입력된 때에 신청한 것으로 본다(17조②).

(2) 행정청의 접수의무 행정청은 신청을 받았을 때에는 다른 법령 등에 특별한 규정이 있는 경우를 제외하고는 그 접수를 보류 또는 거부하거나 부당하게 되돌려 보내서는 안 되고, 반드시 접수하여야 한다. 신청을 접수한 경우에는 신청인에게 접수증을 주어야 한다(17조④). 행정청이 접수를 거부한 경우에는 그 거부도 처분이므로 취소심판·의무이행심판 또는 취소소송을 제기할 수 있다.

(3) 보완요구 신청에 구비서류의 미비 등 흠이 있는 경우에는 행정청은 보완에 필요한 상당한 기간을 정하여 지체 없이 신청인에게 보완을 요구하여야 한다. 신청인이 그 기간 내에 보완을 하지 아니하였을 때에는 행정청은 그 이유를 구체적으로 밝혀 접수된 신청을 되돌려 보낼 수 있다(17조⑤·⑥).

(4) 보완·변경 및 취하 신청인은 처분이 있기 전에는, 다른 법령 등에 특별한 규정이 있거나 그 신청의 성질상 보완·변경하거나 취하할 수 없는 경우를 제외하고는, 그 신청의 내용을 보완·변경하거나 취하할 수 있다(17조⑧).

(5) 신청접수기관 신청인은 신청의 대상인 처분을 할 권한이 있는 행정청에 신청을 제출하여야 하는 것이 원칙이다. 그러나 행정절차법은 행정청이 신청인의 편의를 위하여 다른 행정청에 신청을 접수하게 할 수 있고, 이 경우 행정청은 다른 행정청에 접수할 수 있는 신청의 종류를 미리 정하여 공시하도록 규정하고 있다(17조⑦).

3. 신청의 처리

(1) 행정청의 처리의무 접수된 신청을 처리하는 절차에 관하여는 행정절차법은 별도의 규정을 두고 있지 않다. 그러나 행정청은 신청을 공정하고 성실하게 심사하여(1조·4조① 참조) 처리기간 내에 신청된 처분을 하거나 거부처분을 할 의무가 있음은 당연하다. 상당한 기간이 경과하도록 아무런 처분도 없는 경우에는, 그 기간 내에 처리할 수 없었던 특별한 사정이 없는 한, 부작위가 성립한다.

(2) 공동관할사무의 신속처리 행정청이 다수의 행정청이 관여하는 처분을 구하는 신청을 접수한 경우에는 관계 행정청과의 신속한 협조를 통하여 당해 처분이 지연되지 않도록 하여야 한다(18조).

Ⅳ. 불이익처분의 절차

1. 개 관

행정절차법은 "당사자에게 의무를 부과하거나 권익을 제한하는 처분"(이하 '불이익처분'이라 한다)에 관하여는 사전통지와 의견청취를 거치도록 규정하고 있다. 경찰처분 중에서는 경찰하명과 수익적 경찰처분(경찰허가, 경찰상의 인가, 경찰상의 특허 등)의 취소·철회·정지가 이에 해당한다. 당사자, 즉 처분의 상대방(2조 4호 가목 참조)에게 의무를 부과하거나 권익을 제한하는 처분이므로, 제삼자에 대하여 침익적 효과를 가지더라도 상대방에게 수익적인 처분(복효적 처분)은 제외된다. 그러나 제삼자가 행정개입청구권을 전제로 타인에 대한 불이익처분을 신청한 경우에도, 당사자는 그 불이익처분의 상대방이므로, 불이익처분절차는 적용되어야 한다. 한편, 인허가 등의 신청에 대한 거부처분도 실질적으로 침익적인 효과를 가지는 경우가 있으나, 거부처분은 신청에 의한 처분절차의 최종 산물이므로, 불이익처분절차의 대상은 아니다.

2. 사전통지

(1) 의의 사전통지란 행정청이 불이익처분을 하기 전에 미리 일정한 사항을 당사자등에게 통지하는 것을 말한다. 사전통지는 상대방으로 하여금 앞으로 있을

처분에 미리 대처할 수 있게 한다는 의미를 가지나, 보다 중요한 기능은 의견청취를 가능하게 한다는 데 있다. 사전통지에 관한 행정절차법의 규정도 이러한 기능에 초점을 맞추고 있다.

(2) 사전통지를 하여야 하는 경우 (a) 행정절차법상 사전통지는 행정청이 당사자에게 불이익처분을 하는 경우에 요구된다(21조① 본문). 다만, ① 공공의 안전 또는 복리를 위하여 긴급히 처분을 할 필요가 있는 경우, ② 법령 등에서 요구된 자격이 없거나 없어지게 되면 반드시 일정한 처분을 하여야 하는 경우에 그 자격이 없거나 없어지게 된 사실이 법원의 재판 등에 의하여 객관적으로 증명된 경우, ③ 해당 처분의 성질상 의견청취가 현저히 곤란하거나 명백히 불필요하다고 인정될 만한 상당한 이유가 있는 경우에는 사전통지를 하지 않을 수 있다(21조④). 침익적 경찰처분 중에는 ① 및 ③에 해당하는 경우가 많을 것이다. (b) 사전통지를 하여야 할 처분은 의견제출 또는 청문의 대상이 되는 불이익처분에 한하므로, 불특정다수인에 대한 불이익처분은 제외된다. 불특정다수인에 대한 처분은 공청회의 대상이며, 공청회를 개최하기 위한 통지 및 공고에 관하여는 따로 규정이 있다(38조①).

(3) 사전통지의 내용 사전통지를 할 때에는 ① 하고자 하는 처분의 제목, ② 당사자의 성명 또는 명칭과 주소, ③ 처분을 하려는 원인이 되는 사실과 처분의 내용 및 법적 근거, ④ 이에 대하여 의견을 제출할 수 있다는 뜻과 의견을 제출하지 않는 경우의 처리방법, ⑤ 의견제출기관의 명칭과 주소, ⑥ 의견제출기한, ⑦ 그 밖에 필요한 사항을 통지하여야 한다(21조①). 청문을 실시하고자 하는 경우에는 ①-③, ⑦과 청문주재자의 소속·직위 및 성명, 청문의 일시 및 장소, 청문에 응하지 아니하는 경우의 처리방법 등 청문에 필요한 사항을 통지하여야 한다(21조②). 의견제출기한은 의견제출에 필요한 상당한 기간을 고려하여야 정하여야 한다(21조③).

(4) 사전통지의 상대방 사전통지는 '당사자등', 즉 처분의 상대방과 행정청이 직권 또는 신청에 의하여 행정절차에 참여하게 한 이해관계인에게 하여야 한다(21조① 본문, 2조 4호). 이해관계인이라 하더라도 행정청이 행정절차에 참여하게 하기 전에는 사전통지를 받을 수 없도록 규정되어 있는바, 통지를 받지 않고서는 자신에게 이해관계 있는 처분이 행해지려 한다는 사실을 알 길이 없으므로, 행정청이 직권으로 참여시키지 않는 한 사실상 이해관계인이 사전통지를 받기는 어렵다. 따라서 행정절차에 참여하기 전에도 행정청이 적극적으로 이해관계인에게 통지하여 행정절차 참여를 신청하도록 유도하거나 또는 직권으로 참여시킬 필요가 있다.

(5) 사전통지의 시기 청문을 하는 경우의 사전통지는 청문이 시작되는 날부터 10일 전까지 하여야 한다(21조②). 청문을 하지 않는 경우의 사전통지에 관하여는, 행정절차법은 "미리……통지하여야 한다"고만 규정하고(21조① 본문), 구체적인 시한은 정하고 있지 않다. 그러나 상대방이 사전통지의 내용을 이해하고 그에 따라 사실관계와 법령을 조사하여 자신에게 유리한 증거자료 등을 수집하고 의견을 작성하기 위한 충분한 기간을 주어야 할 것이다.

(6) 사전통지의 방법 사전통지의 방법에 관하여도 명문의 규정은 없다. 원칙적으로 문서로 통지하여야 한다고 보아야 할 것이다.

(7) 사전통지의 흠과 그 효과 사전통지를 하지 않거나 하더라도 충분한 기간을 주지 않는 등 흠이 있는 경우에는 그 처분은 위법한 처분으로서 무효이거나 취소할 수 있게 된다.

3. 의견청취

1) 의의 및 종류

의견청취란 널리 행정청이 행정작용을 하기 전에 상대방 기타 이해관계인이나 일반 국민으로부터 의견을 듣는 절차, 즉 광의의 청문을 말한다. 행정절차법은 의견청취의 방법으로는 의견제출·청문 및 공청회의 3가지를 규정하고 있다.

2) 의견제출

(1) 의의 행정청이 어떠한 행정작용을 하기에 앞서 당사자 등이 의견을 제시하는 절차로서 청문이나 공청회에 해당하지 아니하는 절차를 말한다(2조 7호). 광의의 청문 중 약식청문에 해당한다.

(2) 적용대상 행정청이 불이익처분을 할 때 청문이나 공청회를 개최하지 않는 경우에는 당사자 등에게 의견제출의 기회를 주어야 한다(22조③). 즉, 의견제출은 불이익처분에 관한 의견청취의 일반적 절차인 것이다. 다만, 사전통지의 예외사유에 해당하는 경우와 당사자가 의견진술의 기회를 포기한다는 뜻을 명백히 표시한 경우에는 의견청취를 하지 않을 수 있다(21조④).

(3) 의견제출의 방법 의견제출은 당사자 등이 처분 전에 그 처분의 관할 행정청에 서면이나 말로 또는 정보통신망을 이용하여 의견을 제출함으로써 이루어진다. 당사자 등이 의견제출을 하는 경우에는 그 주장을 입증하기 위한 증거자료

등을 첨부할 수 있다. 당사자 등이 말로 의견제출을 하였을 때에는 행정청은 서면으로 그 진술의 요지와 진술자를 기록하여야 한다(27조①-③).

(4) 의견제출의 시기　행정절차법은 의견제출을 처분 전에 하도록 규정하고만 있다(27조①). 그러나 사전통지에 의하여 의견제출기한이 정해지므로, 그 기한 안에 의견을 제출하여야 할 것이다. 다만, 그 기한이 지난 뒤라도 의견이 제출된 경우에는, 처분이 부당하게 지연되지 않는 한, 행정청은 그 의견을 접수하여야 할 것이다.

(5) 의견제출의 효과　(a) 당사자 등이 제출한 의견이나 증거자료 등은 행정청에 대하여 법적 구속력은 없다. 그러나 행정절차법은 행정청은 처분을 할 때에 당사자 등이 제출한 의견이 상당한 이유가 있다고 인정하는 경우에는 이를 반영하여야 한다고 규정하고 있다(27조의2). 따라서 행정청이 당사자 등의 의견에 반하는 처분을 할 때에는 그 의견을 반영하지 않은 이유를 제시하여야 할 것이며, 의견을 전혀 고려하지 않거나 의견을 배척하는 합리적인 이유를 제시하지 못하는 경우에는 재량권의 남용으로 위법한 처분이 될 것이다. (b) 의견제출을 거치지 않은 처분이 위법임은 물론이다.

(6) 의견 미제출의 효과　당사자 등이 정당한 이유 없이 의견제출기한까지 의견제출을 하지 아니한 경우에는 의견이 없는 것으로 본다(27조④).

3) 청 문

가) 의 의

행정청이 행정청이 어떠한 처분을 하기 전에 당사자등의 의견을 직접 듣고 증거를 조사하는 절차를 말한다(2조 5호). 광의의 청문 중 정식청문에 해당한다. 그러나 행정절차법이 규정하는 청문절차는 미국 행정절차법(APA)상의 정식청문에 비하여 절차적 엄격성이나 주재자의 공정성 보장이 크게 약화되어 있다.

나) 적용대상

(1) 청문은 행정청이 처분을 함에 있어서 다른 법령 등에서 청문을 하도록 규정하고 있는 경우 또는 행정청이 필요하다고 인정하는 경우에 실시한다(22조①). 따라서 반드시 불이익처분에만 청문을 실시할 수 있는 것은 아니고, 법령 등의 규정이나 행정청의 판단에 따라서는 수익적 처분 또는 복효적 처분에도 청문을 실시할 수 있다. 그러나 실제로는 주로 불이익처분을 대상으로 하며, 개별 법령에

서는 인허가의 취소·철회에 청문을 실시하도록 규정하는 것이 일반적이다(도로교통법 114조, 사격 및 사격장 안전관리에 관한 법률 18조의2, 사행행위 등 규제 및 처벌특례법 27조, 유선 및 도선사업법 37조, 총포도검 46조의2, 소방시설공사업법 32조 등. 인허가의 정지에도 청문을 거치도록 한 예로는, 경비업법 21조).

(2) 사전통지의 예외사유에 해당하는 경우와 당사자가 의견진술의 기회를 포기한다는 뜻을 명백히 표시한 경우에는 청문을 실시하지 않을 수 있다(22조④).

다) 청문주재자

(1) 청문은 청문주재자에 의하여 진행된다. 행정절차법은 청문주재자를 행정청이 소속 직원 또는 대통령령으로 정하는 자격을 가진 사람 중에서 선정하되, 청문주재자의 선정이 공정하게 이루어지도록 노력하여야 한다고만 규정하고(28조①), 구체적인 선정기준이나 자격요건은 정하지 않고 있다.

(2) 청문주재자는 독립하여 공정하게 직무를 수행하며, 그 직무수행상의 이유로 본인의 의사에 반하여 신분상 어떠한 불이익도 받지 아니한다(28조②).

(3) 행정절차법은 청문주재자의 공정성과 중립성을 보장하기 위하여 제척·기피 및 회피의 제도를 두고 있다(29조). 제척사유에 해당하는 사람이 청문을 주재하거나, 당사자등의 기피신청이 이유 있음에도 불구하고 청문주재자를 교체하지 않은 경우, 또는 청문주재자의 회피가 이유 있음에도 불구하고 행정청이 승인을 하지 않은 경우에, 그 청문은 흠 있는 청문으로서, 그 청문을 기초로 한 처분은 위법이다.

라) 청문의 절차

(1) **사전통지** 청문의 전제로서 사전통지가 요구됨은 앞에서 본 바와 같다. 청문을 1회로 끝내지 않고 계속하는 경우에도 행정청은 당사자 등에게 다음 청문의 일시 및 장소를 서면으로(당사자 등이 동의하는 경우에는 전자문서로도 가능하다) 통지하여야 한다. 다만, 청문에 출석한 당사자 등에게는 그 청문일에 청문주재자가 말로 통지할 수 있다(31조⑤).

(2) **청문의 진행** 청문은 청문주재자가 당사자등의 의견을 직접 듣고 증거를 조사하는 방법으로 이루어진다(2조 5호). 구체적으로는 청문주재자가 먼저 예정된 처분의 내용, 그 원인이 되는 사실 및 법적 근거 등을 설명하고(31조①), 이어서 당사자 등이 의견을 진술하고 증거를 제출하며 참고인·감정인 등에 대하여 질문을 할 수도 있다(31조②). 당사자 등의 의견진술은 말로 하는 것을 전제로 하고 있으나, 의견서를 제출한 경우에는 그 내용을 출석하여 진술한 것으로 본다(31조③).

청문주재자는 청문의 신속한 진행과 질서유지를 위하여 필요한 조치를 할 수 있다(31조④). 또한 행정청은 직권으로 또는 당사자의 신청에 따라 여러 개의 사안을 병합하거나 분리하여 청문을 실시할 수도 있다(32조).

(3) 청문의 공개 청문은 비공개가 원칙이다. 그러나 당사자가 공개를 신청하거나 청문주재자가 필요하다고 인정하는 경우에는 공개할 수 있다. 다만, 공익 또는 제삼자의 정당한 이익을 현저히 해칠 우려가 있는 경우에는 공개하여서는 안 된다(30조).

(4) 증거조사 청문주재자는 직권으로 또는 당사자의 신청에 따라 필요한 조사를 할 수 있으며, 당사자등이 주장하지 아니한 사실에 대하여도 조사할 수 있다(33조①). 행정절차법은 청문절차에 있어서 직권증거조사주의를 채택하고 있는 것이다. 증거조사는 ① 문서·장부·물건 등 증거자료의 수집, ② 참고인·감정인 등에 대한 질문, ③ 검증 또는 감정·평가, ④ 그 밖에 필요한 조사의 방법으로 이루어진다(33조②). 또한 청문주재자는 필요하다고 인정할 때에는 관계 행정청에 필요한 문서의 제출이나 의견의 진술을 요구할 수 있다(33조③).

(5) 당사자 등의 권리 청문절차에서 당사자 등은 의견진술권과 증거제출권 및 참고인·감정인 등에 대한 질문권(31조①·②), 청문의 공개신청권(30조), 청문조서의 열람 및 정정요구권(34조②), 문서 열람·복사 요구권(37조) 등의 권리를 가진다. 한편 행정절차법은 누구든지 청문을 통하여 알게 된 사생활이나 경영상 또는 거래상의 비밀을 정당한 이유 없이 누설하거나 다른 목적으로 사용하여서는 안 된다고 규정하여(37조⑥), 당사자등의 개인정보를 보호하고 있다.

(6) 청문의 종결과 재개 (a) 청문주재자는 해당 사안에 대하여 당사자 등의 의견진술과 증거조사가 충분히 이루어졌다고 인정되는 경우에 청문을 마칠 수 있다. 당사자등의 전부 또는 일부가 정당한 사유 없이 청문기일에 출석하지 않거나 의견서를 제출하지 않은 경우에는 이들에게 다시 의견진술 및 증거제출의 기회를 주지 않고 청문을 마칠 수 있지만, 정당한 사유가 있는 경우에는 상당한 기간을 정하여 이들에게 의견진술 및 증거제출을 요구하여야 하며, 그 기간이 지났을 때에 청문을 마칠 수 있다(35조①-③). 청문주재자는 청문을 마친 때에는 청문조서, 청문주재자의 의견서, 그 밖의 관계서류 등을 행정청에 지체 없이 제출하여야 한다(35조④). (b) 행정청은 청문을 마친 후 처분을 할 때까지 새로운 사정이 발견되어 청문을 재개할 필요가 있다고 인정할 때에는 청문조서 등을 되돌려 보내고 청문의 재개를 명할 수 있다. 이 경우에 당사자등에게 청문의 일시와 장소를 통지하여야 함은 물론이다(36조).

(7) 청문조서와 의견서 (a) 청문주재자는 매회의 청문을 마칠 때마다 청문조서를 작성하여야 한다. 청문조서에는 ① 제목, ② 청문 주재자의 소속, 성명 등 인적사항, ③ 당사자 등의 주소, 성명 또는 명칭 및 출석 여부, ④ 청문의 일시 및 장소, ⑤ 당사자 등의 진술의 요지 및 제출된 증거, ⑥ 청문의 공개 여부 및 공개하거나 공개하지 아니한 이유, ⑦ 증거조사를 한 경우에는 그 요지 및 첨부된 증거, ⑧ 그 밖에 필요한 사항을 기재한다(34조①). 청문조서는 청문을 거친 사실 및 그 내용을 입증하는 문서로서, 청문조서가 작성되지 않으면 청문을 거친 것으로 인정되지 않는다. 당사자 등은 청문조서의 기재내용을 열람·확인할 수 있으며, 이의가 있을 때에는 그 정정을 요구할 수 있다(34조 ②). (b) 청문주재자는 청문을 모두 마치면 의견서를 작성하여야 한다. 의견서에는 ① 청문의 제목, ② 처분의 내용·주요사실 또는 증거, ③ 종합의견, ④ 그 밖에 필요한 사항을 기재한다(34조의2).

마) 청문의 효과

행정청은 처분을 할 때에 청문주재자에게서 제출받은 청문조서, 의견서, 그 밖의 관계 서류 등을 충분히 검토하고 상당한 이유가 있다고 인정하는 경우에는 청문결과를 반영하여야 한다(35조의2).

4) 공청회

가) 의 의

공청회란 행정청이 공개적인 토론을 통하여 어떠한 행정작용에 대하여 당사자 등, 전문지식과 경험을 가진 사람, 그 밖의 일반인으로부터 의견을 널리 수렴하는 절차를 말한다(2조 6호). 공청회는 다수의 특정한 상대방을 대상으로 하는 처분에 관하여도 실시될 수 있으나, 주로 불특정다수인을 상대방으로 하는 처분에 관하여 이해관계인이나 전문가 또는 일반 국민의 의견을 수렴하기 위하여 개최된다. 따라서 공청회에 참여할 수 있는 사람은 이해관계인에 한하지 않으며, 상대방의 권익보호보다는 행정에 대한 국민의 참가를 가능하게 함으로써 행정의 민주화의 중요한 수단으로 기능한다.

나) 적용대상

공청회는 다른 법령 등에서 공청회를 개최하도록 규정하고 있는 경우 또는 해당 처분의 영향이 광범위하여 널리 의견을 수렴할 필요가 있다고 행정청이 인정하는 경우에 개최된다(22조②). 따라서 불이익처분에 한하지 않고, 수익적 처분이나 복효적 처분에 관하여도 개최될 수 있으며, 신청에 의한 처분에 관하여도 개최될 수 있다(그러나 불특정다수인을 대상으로 하는 처분에는 신청권이 인정되는 경우가 거의 없을 것이다). 한편, 다른 법령 등에서 요구하는 경우 외에는 공청회 개최 여부를 행정청의 판단에 일임하고 있고, 이해관계인에게 공청회 개최에 관한 청구권을 인정하지 않고 있는 점은 문제이다.

다) 공청회의 절차

(1) **통지·공고** 행정청은 공청회를 개최하려는 경우에는 공청회 개최 14일 전까지 ① 제목, ② 일시 및 장소, ③ 주요 내용, ④ 발표자에 관한 사항, ⑤ 발표신청 방법 및 신청기한, ⑥ 정보통신망을 통한 의견제출, ⑦ 그 밖에 공청회 개최에 필요한 사항을 당사자등에게 통지하고 관보, 공보, 인터넷 홈페이지 또는 일간신문 등에 공고하는 등의 방법으로 널리 알려야 한다(38조①). 공청회를 개최하는 경우에는 불이익처분이라 하더라도 행정절차법 제21조에 의한 사전통지는 요구되지 않는다.

(2) **주재자 및 발표자의 선정** (a) 공청회의 주재자는 해당 공청회의 사안과 관련된 분야에 전문적 지식이 있거나 그 분야에 종사한 경험이 있는 사람 중에서 행정청이 지명하거나 위촉한다(38조의3①). (b) 공청회의 발표자는 발표를 신청한 사람 중에서 행정청이 선정한다. 다만, 발표를 신청한 사람이 없거나 공청회의 공정성을 확보하기 위하여 필요하다고 인정하는 경우에는 그 공청회의 사안과 관련된 당사자등이나 그 공청회의 사안과 관련된 분야에 전문적 지식이 있는 사람 또는 그 공청회의 사안과 관련된 분야에서 종사한 경험이 있는 사람 중에서 지명 또는 위촉할 수 있다(38조의3②). (c) 행정청은 공청회의 주재자 및 발표자를 지명 또는 위촉하거나 선정할 때 공정성이 확보될 수 있도록 하여야 한다(38조의3③). (d) 공청회의 주재자, 발표자, 그 밖에 자료를 제출한 전문가 등에게는 예산의 범위 안에서 수당 및 여비와 그 밖에 필요한 경비를 지급할 수 있다(38조의3④).

(3) **공청회의 진행** 공청회는 주재자의 주재 아래 발표자가 주제에 관하여 발표한 뒤 발표자 상호간에 질의 및 답변을 하는 방식으로 진행되며, 방청인도 의견을 제시할 기회가 부여된다(39조③). 공청회의 주재자는 공청회를 공정하게 진행하여야 하며, 공청회의 원활한 진행을 위하여 발표내용을 제한할 수 있고, 질서유지를 위하여 발언중지, 퇴장명령 등 안전행정부장관이 정하는 필요한 조치를 할 수 있다(39조①).

(4) 전자공청회 전자공청회란 정보통신망을 이용한 공청회를 말한다. 행정청은 제38조에 따른 공청회와 병행해서만 전자공청회를 실시할 수 있다. 전자공청회를 실시하는 경우에는 누구든지 정보통신망을 이용하여 의견을 제출하거나 제출된 의견 등에 대한 토론에 참여할 수 있다(38조의2).

라) 공청회의 효과

행정청은 처분을 할 때에 공청회, 전자공청회 및 정보통신망 등을 통하여 제시된 사실 및 의견이 상당한 이유가 있다고 인정하는 경우에는 이를 반영하여야 한다(39조의2).

V. 행정절차의 흠과 처분의 효력

행정절차에 흠이 있는 경우에 그 행정작용의 효력에 어떠한 영향을 미치는지는 모든 행정작용에 관하여 문제될 수 있으나, 실제로는 처분(보다 정확하게는 행정행위)에 관하여 주로 문제된다.

1. 행정절차의 흠의 의의

행정절차의 흠이란 거쳐야 할 행정절차를 거치지 않았거나 거쳤더라도 불충분한 경우(예컨대, 사전통지에 있어서 충분한 의견제출기간을 주지 않은 경우)를 말한다. 구체적으로는 ① 처리기간·처분기준의 설정·공표 없이 행한 처분, ② 사전통지를 결한 처분, ③ 송달 방법에 흠이 있는 처분, ④ 의견청취를 거치지 않은 처분, ⑤ 청문을 거쳐야 함에도 의견제출을 거쳐 행한 처분, ⑥ 청문주재자의 선정 및 청문과정에 흠이 있는 처분, ⑦ 이유제시를 결한 처분, ⑧ 불복고지에 흠이 있는 처분, ⑨ 문서열람에 흠이 있는 처분등이 모두 해당된다. 그러나 주로 문제되는 것은 의견청취 및 이유제시의 흠이다.

2. 절차상 흠 있는 처분의 효력

절차상 흠이 있는 처분의 효력에 관하여는, 절차상의 흠이 처분 자체를 위법하게 만드는가, 위법하다면 무효원인으로 볼 것인가 취소사유로 볼 것인가, 그리고 실체적인 흠이 없어도 절차상의 흠만을 이유로 처분을 취소할 수 있는가가 문제된다.

(1) 처분의 위법 여부 절차법도 법이므로, 절차법을 위반하여 행해진 처분이 위법이라는 점에 관하여는, 더 이상 논란의 여지가 없다. 다만, 처분기준이나 처리기간의 설정·공표와 같이 처분 자체의 절차가 아니라 처분을 위한 사전적 준비조치의 성질을 가지는 경우, 또는 불복고지와 같이 처분과는 별개의 행위로서 그 흠의 효과가 다른 법률 규정에 의하여 정해지는 경우에는, 그러한 흠으로 인하여 처분 자체가 위법으로 되지는 않는다고 보아야 할 것이다.[17)]

(2) 무효원인 여부 절차상의 흠으로 인하여 처분이 위법한 경우에 그 처분이 무효인지 취소할 수 있는 처분인지는 일률적으로 말할 수 없고, 절차상 흠의 종류와 그 중대·명백성 유무에 따라 판단하여야 할 것이다. 주로 문제되는 것은 청문을 거치지 않고 인허가의 철회 등 불이익처분을 행한 경우인바, 이에 관하여는 무효로 보는 것이 통설이나, 판례는 주로 취소사유로 보고 있다.[18)]

3. 흠의 치유의 문제

절차상의 흠에 대하여 치유를 인정할 것인지에 관하여는, 일정한 제한 아래 긍정하는 것이 통설이다. 다만, 흠의 치유는 취소사유인 흠에만 인정된다는 것이 통설이므로, 절차상의 흠이 무효사유에 해당하는 경우에는 문제가 되지 않는다.

---

17) 과거에는 실체법상 흠이 없는 경우에 절차의 흠만을 이유로 처분을 취소할 수 있는지에 관하여 논란이 있었다. 소극설은, 절차법의 규정은 실체법적으로 적정한 행정결정을 확보하기 위한 수단에 불과하며, 기속행위의 경우에 절차상 흠을 이유로 취소하더라도 다시 절차를 밟아 동일한 처분을 하게 되면 행정경제에 반한다는 것을 이유로, 절차상의 흠만을 이유로 처분을 취소할 수는 없다고 주장하였다. 이에 대하여 적극설은, 적정한 결정은 적정한 절차에 따라서만 행해질 수 있고, 적법한 절차를 거쳐 다시 처분을 하는 경우에 반드시 동일한 결정에 도달한다고 장담할 수 없으며, 소극설의 입장을 취하는 경우에는 절차적 규제의 담보수단이 없어진다는 것을 이유로 절차상 흠이 독자적인 취소사유가 된다는 보았다. 오늘날은 소극설은 거의 주장되지 않으며, 단지 절차상 흠의 치유가 문제될 뿐이다. 판례도 적극설의 입장이다(아래 주 4 참조).

18) 취소사유로 본 예로는, 대판 1977.6.28, 77누96(징계혐의자의 진술기회를 주지 않은 징계처분); 1986.8.19, 86누115(청문을 거치지 않은 약종상허가취소처분); 1990.1.23, 87누947(공청회를 열지 않고 수립한 도시계획결정) 등. 무효사유로 본 예로는, 대판 1969.3.31, 68누179(관계인의 의견청취 없이 행한 하천공작물설치허가 취소처분).

§3. 그 밖의 절차

Ⅰ. 신고절차

1. 개 관

(1) 신고의 의의　행정절차법은 따로 신고를 정의하고 있지 않다. 신고는 사인의 공법행위의 일종으로서, 사인이 행정청에 대하여 일정한 사실 또는 의사를 알리는 행위를 의미한다.

(2) 신고절차의 적용대상　행정절차법은 "법령 등에서 행정청에 대하여 일정한 사항을 통지함으로써 의무가 끝나는 신고를 규정하고 있는 경우"에 한정하여 신고의 효과와 보완절차 등을 규정하고 있다(40조①). 즉, 법령 등에서 신고라는 명칭을 사용하더라도, 행정청에 실체적 심사권이 부여되어 있어서 수리 여부를 결정할 수 있는 경우(이른바 '수리를 요하는 신고')에는 행정절차법상의 신고절차에 관한 규정이 적용되지 않으며, 신고 자체에 의하여 법적 효과가 완성되고 행정청의 수리가 필요 없는 신고(이른바 '수리를 요하지 않는 신고')만이 신고절차의 대상이 된다.

2. 신고에 관한 행정청의 사전조치

신고를 관장하는 행정청은 신고에 필요한 구비서류, 접수기관, 그 밖에 법령 등에 따른 신고에 필요한 사항을 게시(인터넷 등을 통한 게시를 포함한다)하거나 이에 대한 편람을 갖추어 두고 누구나 열람할 수 있도록 하여야 한다(40조①).

3. 신고의 효과

(1) 적법한 신고의 효과 발생　신고가 ① 신고서의 기재사항에 흠이 없고, ② 필요한 구비서류가 첨부되어 있으며, ③ 그 밖에 법령 등에 규정된 형식상의 요건에 적합한 경우에는, 신고서가 접수기관에 도달된 때에 신고의무가 이행된 것으로 본다(40조②). 따라서 행정청의 수리 여부에 관계없이 신고인은 신고의무 위

반에 따른 책임을 면하고, 금지해제의 효과를 가진 신고의 경우에는 적법하게 신고 대상 행위를 할 수 있게 된다.

(2) 보완요구　　행정청은 위의 요건을 갖추지 못한 신고서가 제출된 경우 지체 없이 상당한 기간을 정하여 신고인에게 보완을 요구하여야 하고, 신고인이 그 기간 내에 보완을 하지 아니하였을 때에는 그 이유를 구체적으로 밝혀 해당 신고서를 되돌려 보내야 한다(40조②·③). 이 경우에는 신고의무 이행의 효과가 발생하지 않음은 물론이다.

Ⅱ. 행정상 입법예고절차

1. 행정상 입법예고절차의 의의

행정상 입법예고절차란 행정청이 법령 등을 제정·개정 또는 폐지하려는 경우에 그 내용을 미리 국민에게 알리고 그에 대한 국민의 의견을 수렴하여 반영하는 절차를 말한다.

2. 적용대상

(1) 입법예고절차는 행정청이 법령 등, 즉 법령이나 자치법규를 제정·개정 또는 폐지하려는 경우에 적용된다(41조① 본문. 2조 1호 참조). 따라서 경찰명령을 제정·개정 또는 폐지하고자 할 때에는 입법예고절차를 거쳐야 한다. 그러나 경찰규칙은 법령이 아니므로, 입법예고절차의 대상이 아니다.

(2) 다만, ① 신속한 국민의 권리 보호 또는 예측 곤란한 특별한 사정의 발생 등으로 입법이 긴급을 요하는 경우, ② 상위 법령 등의 단순한 집행을 위한 경우, ③ 입법내용이 국민의 권리·의무 또는 일상생활과 관련이 없는 경우, ④ 단순한 표현·자구를 변경하는 경우 등 입법내용의 성질상 예고의 필요가 없거나 곤란하다고 판단되는 경우, ⑤ 예고함이 공공의 안전 또는 복리를 현저히 해칠 우려가 있는 경우에는 예고를 하지 않을 수 있다(41조① 단서). 그러나 법제처장은 입법예고를 하지 아니한 법령안의 심사 요청을 받은 경우에 입법예고를 하는 것이 적당하다고 판단할 때에는 해당 행정청에 입법예고를 권고하거나 직접 예고할 수 있다(41조③).

(3) 입법안을 마련한 행정청은 입법예고 후 예고내용에 국민생활과 직접 관련

된 내용이 추가되는 등 대통령령으로 정하는 중요한 변경이 발생하는 경우에는, 위의 입법예고 제외사유에 해당하는 경우를 제외하고는, 해당 부분에 대한 입법예고를 다시 하여야 한다(41조④).

3. 예고절차의 내용

입법예고절차는 입법안의 예고와 그에 따른 의견청취절차로 구성된다.

1) 입법안의 예고

(1) 예고의 방법 행정청은 입법안의 취지, 주요내용 또는 전문을 관보·공보나 인터넷·신문·방송 등을 통하여 널리 공고하여야 한다(42조①). 또한 행정청은 입법안과 관련이 있다고 인정되는 중앙행정기관, 지방자치단체, 그 밖의 단체 등이 예고사항을 알 수 있도록 예고사항의 통지 그 밖의 방법 등으로 알려야 한다(42조③).

(2) 예고의 내용 예고할 내용은 입법안의 취지, 주요내용 또는 전문과 의견접수기관·의견제출기간 등 의견제출에 필요한 사항이다(42조①, 44조②). 실무상으로는 입법안의 전문을 예고하는 경우는 드물고, 취지와 주요내용만을 예고하는 것이 보통이다. 전문 예고에 소요되는 비용을 고려할 때 신문·방송을 통한 전문 예고는 어렵더라도, 최소한 인터넷 등 정보통신망을 통한 전문 예고는 의무화할 필요가 있다.

(3) 예고기간 입법예고기간은 예고할 때 정하되, 특별한 사정이 없으면 40일(자치법규는 20일) 이상이어야 한다(43조).

2) 의견청취

예고된 입법안에 대한 의견청취는 의견제출이 원칙적인 방법이며, 필요한 경우에는 공청회를 개최할 수 있도록 하고 있다.

(1) 의견제출 입법안이 예고되면 누구든지 입법안에 대하여 의견을 제출할 수 있다(44조①). 행정청은 제출된 의견을 특별한 사유가 없으면 존중하여 처리하여야 하며, 의견을 제출한 자에게 그 제출된 의견의 처리결과를 통지하여야 한다(44조③·④).

(2) 공청회 (a) 행정청은 입법안에 관하여 공청회를 개최할 수 있다(45조①).

어떤 입법안이 공청회 개최의 대상이 되는지에 관하여는 아무런 규정이 없고, 행정청의 판단에 일임하고 있다. 공청회의 절차와 효력에 관하여는 처분절차에 있어서의 공청회에 관한 규정들이 준용된다(45②). 따라서 행정청은 공청회에서 제시된 사실 및 의견이 상당한 이유가 있다고 인정하는 경우에는 이를 입법안에 반영하여야 한다(39조의2). (b) 행정청은 예고된 입법안에 대하여 전자공청회 등을 통하여 널리 의견을 수렴할 수 있다(42조④). 전자공청회를 실시하는 경우에는 처분절차에 있어서의 전자공청회에 관한 규정(38조의2)이 준용된다(45②).

Ⅲ. 행정예고절차

1. 행정예고절차의 의의

행정예고절차란 행정에 관한 중요한 정책·제도 및 계획을 수립·시행하거나 변경하려는 경우에 이를 미리 국민에게 알리고 그에 대한 의견을 들어 반영하는 절차를 말한다.

2. 행정예고의 대상

행정예고의 대상이 되는 것은 ① 국민생활에 매우 큰 영향을 주는 사항, ② 많은 국민의 이해가 상충되는 사항, ③ 많은 국민에게 불편이나 부담을 주는 사항, ④ 그 밖에 널리 국민의 의견을 수렴할 필요가 있는 사항에 관한 정책·제도 및 계획의 수립·시행 또는 변경이다. 다만, 예고로 인하여 공공의 안전 또는 복리를 현저히 해칠 우려가 있거나 그 밖에 예고하기 곤란한 특별한 사유가 있는 경우에는 예고하지 않을 수 있고, 예고할 내용이 법령 등의 입법을 포함하는 경우에는 입법예고로 갈음할 수 있다(46조①·②).

3. 예고절차의 내용

행정예고절차는 행정상 입법예고절차와 마찬가지로 예고와 의견청취(의견제출 및 공청회)로 구성되며, 예고의 방법, 의견제출 및 처리, 공청회 및 전자공청회에 관하여는 행정상 입법예고절차에 관한 규정이 준용된다(47조). 다만 의견제출자에 대한 행정청의 처리결과 통지의무(44조④)는 준용 대상에서 제외되고 있는바, 그 합리적 이유는 찾기 어렵다.[19] 예고의 기간은 예고내용의 성격 등을 고려하여 정하되, 특별한 사정이 없으면 20일 이상으로 하여야 한다(46조②).

Ⅳ. 행정지도절차

1. 행정지도의 의의

행정절차법은 행정지도를 "행정기관이 그 소관 사무의 범위에서 일정한 행정목적을 실현하기 위하여 특정인에게 일정한 행위를 하거나 하지 아니하도록 지도, 권고, 조언 등을 하는 행정작용"으로 정의하고 있다(2조 3호).[20] 그동안 학문상으로 논의되던 행정지도의 개념을 실정화한 것으로, 경찰작용 중에서는 경찰지도가 이에 해당한다.

2. 행정지도의 원칙

(1) 비례원칙과 행정지도의 임의성 행정지도는 그 목적 달성에 필요한 최소한도에 그쳐야 하고, 상대방의 의사에 반하여 부당하게 강요하여서는 안 된다(48조①). 상대방의 의사에 반하여 강요되는 행정지도는 이미 행정지도의 범위를 넘어선 것으로 보아야 할 것이다.

(2) 불이익조치의 금지 행정기관은 상대방이 행정지도에 따르지 않았다는 것을 이유로 불이익한 조치를 취할 수 없다(48조②). 실제로 행정기관이 행정지도 불응자에 대하여 불이익조치를 하는 경우에는 대부분 행정지도와 무관한 다른 이유를 제시할 것이기 때문에, 이 원칙의 실효성을 어떻게 확보할 수 있을 것인지는 문제이다.

---

19) 또한 전자공청회 등을 통한 의견수렴에 관한 규정인 제42조 제4항도 제외되고 있으나, 준용되는 제45조에 의하여 전자공청회에 관한 제38조의2가 준용되므로, 결과적으로는 차이가 없다.

20) 행정절차법상의 행정지도의 정의는 특정인을 대상으로 한 경우에 한정함으로써 불특정다수인에 대한 행정지도를 배제하고 있다. 그러나 실제로는 다수인에 대한 행정지도에 관하여 별도의 규정을 두고 있는바(51조), 여기서의 다수인은 불특정다수인을 제외한다고 해석할 이유가 없으므로, 행정절차법이 불특정다수인을 상대로 하는 행정지도를 부인한다고는 볼 수 없다.

3. 행정지도의 방식

행정지도는 비권력적 사실행위로서의 본질상 무방식을 원칙으로 한다. 따라서 말로도 가능하며, 오히려 말로 이루어지는 것이 실무상의 관행인 것으로 보인다. 그러나 행정절차법은 행정지도의 방식에 관하여 다음과 같은 몇 가지 규정을 두고 있다.

(1) **명확성의 원칙 및 행정지도실명제** 행정지도를 하는 자는 상대방에게 행정지도의 취지 및 내용과 신분을 밝혀야 한다(49조①).

(2) **서면교부 청구** 행정지도가 말로 이루어지는 경우에 상대방이 행정지도의 취지 및 내용과 신분을 적은 서면의 교부를 요구하면 그 행정지도를 하는 자는 직무 수행에 특별한 지장이 없으면 이를 교부하여야 한다(49조②).

(3) **다수인에 대한 행정지도의 공통사항 공표** 행정기관이 같은 행정목적을 실현하기 위하여 많은 상대방에게 행정지도를 하려는 경우에는 특별한 사정이 없으면 행정지도에 공통적인 내용이 되는 사항을 공표하여야 한다(51조). 이때 '많은 상대방'은 특정된 다수인인 경우도 있을 것이나 불특정다수인인 경우도 포함된다고 해석된다.

4. 의견제출

행정지도에 관하여 규정된 일반적인 사전적인 절차는 없다. 다만 행정절차법은 상대방이 "행정지도의 방식·내용 등에 관하여 행정기관에 의견제출을 할 수 있다"고 규정하고 있는바(50조), 행정지도를 하기 전에는 그 내용이나 존부를 알 수 없을 것이므로, 주로 사후적인 절차가 될 것이다. 또한 행정지도의 비공식성에 비추어 상대방의 의견제출이 얼마나 실효성을 가질 것인지도 의문이다.

제 2 절 경찰조사

Ⅰ. 경찰조사의 의의와 종류

1. 의 의

(1) 경찰조사란 경찰상의 행정조사, 즉 경찰기관이 공공의 안녕·질서를 유지하기 위하여 필요한 정보·자료 등을 수집하는 일체의 활동을 말한다. 권력적인 수단을 사용하는지 비권력적인 수단을 사용하는지는 불문한다.[21] 행정조사기본법은 행정조사를 "행정기관이 정책을 결정하거나 직무를 수행하는 데 필요한 정보나 자료를 수집하기 위하여 현장조사·문서열람·시료채취 등을 하거나 조사대상자에게 보고요구·자료제출요구 및 출석·진술요구를 행하는 활동"으로 정의하여(2조 1호), 비권력적 조사를 제외하지 않고 있다.

(2) 오늘날 행정조사는 모든 행정영역에 있어서 중요한 활동 중의 하나로 부각되고 있다. 그러나 공공의 안녕과 질서 유지를 임무로 하는 경찰은 앞으로 발생할 수 있는 위해에 대한 사전 정보와 이미 발생한 위해에 대한 자료를 정확하게 파악하는 것이 무엇보다도 중요하다. 그리하여 경찰은 상시적으로 사회에서 발생할 수 있는 위해에 관련된 많은 정보를 수집·관리하고 있으며, 경찰조사는 경찰행정의 과정에 있어서 필수적인 요소가 되고 있다.

(3) 종래 행정조사는 행정상 즉시강제에 포함시켜 설명하는 것이 일반적이었다. 그러나 근래에는 종국적 행정작용인 즉시강제와 행정의 사전적·준비적 활동인 행정조사의 차이에 주목하여 양자를 별개의 작용으로 보는 것이 보편적이다. 나아가 행정조사는 이미 행해진 행정작용을 전제로 그 실효성을 확보하기 위한 수단이 아니라 오히려 행정작용을 준비하기 위한 활동이라는 점에서, 행정과정의

---

21) 과거에는 경찰조사라는 행위형식을 따로 인정하지 않고 경찰상 즉시강제의 일종으로 이해하였다. 이에 따라 경찰조사의 개념을 권력적 수단을 사용한 조사에 한정하는 견해도 있다(이상규(하) 349면; 석·송(하) 350면; 이철호(경찰) 295면). 그러나 실제로는 비권력적 조사가 훨씬 더 많으며, 오늘날 경찰조사는 즉시강제와는 목적과 성질이 다른 행위형식으로서 권력적 조사와 비권력적 조사를 포함하는 것으로 이해하는 것이 일반적이다.

일환으로 보는 것이 바람직하다.

2. 성 질

(1) 경찰조사는 공공의 안녕·질서 유지를 목적으로 하는 행정경찰에 속하는 작용이며, 사법경찰에 속한 수사와는 구별된다.

(2) 경찰조사는 대부분 사실행위이다. 다만, 조사의 상대방에 대하여 보고의무를 부과하는 행정행위(하명)의 형식으로 이루어지는 경우도 있다.

(3) 경찰조사는 권력적 수단(행정행위 또는 권력적 사실행위)을 사용하는 경우도 있으나, 비권력적인 수단(비권력적 사실행위)을 사용하는 경우가 더 많다. 위에서 본 바와 같이 행정조사를 권력적 조사에 한정하는 견해도 있으나, 즉시강제와 행정조사를 구별하는 이상, 비권력적인 수단에 의한 조사를 행정조사에서 제외할 이유는 없다.

(4) 경찰조사는 그 자체가 구체적으로 일정한 상태를 실현하고자 하는 종국적 행정작용이 아니라 그것을 준비하기 위한 사전적·보조적 활동이다. 이 점에서 즉시강제와 목적이 다르다. 그러나 실제로는 경찰상 즉시강제와 경찰조사를 명확하게 구별하기 어려운 경우가 많으며, 하나의 법률조항이 양자의 근거가 되는 경우도 많다.

3. 종 류

경찰조사는 다양한 방법으로 분류할 수 있다. 중요한 것은 다음과 같다.

(1) 조사의 대상에 의한 분류 경찰조사는 조사의 대상을 기준으로 대인적 조사, 대물적 조사 및 대가택 조사로 구분된다. 불심검문, 질문, 신체수색 등은 대인적 조사의 예이며, 장부·서류의 열람, 시설검사, 물품의 검사·수거 등은 대물적 조사에 속하고, 주거·창고·영업소 등의 출입·검사 등은 대가택 조사에 속한다.

(2) 수단에 의한 분류 (a) 경찰조사는 그 수단(권력적 수단의 사용 여부)에 따라 권력적 경찰조사(강제조사)와 비권력적 경찰조사(임의조사)로 나뉜다. (b) 권력적 경찰조사는 다시 권력적 수단의 내용에 따라, 실력행사에 의한 조사와 의무부과에 의한 조사로 나눌 수 있다. 전자는 조사자가 직접 사람의 신체나 물건·가택 등에 물리적 강제력을 행사하여 상대방의 저항을 배제하고 이루어지는 조사이며, 후자는 상대방에게 법령이나 행정행위에 의하여 조사에 응할 의무를 부과하고 불응하

는 경우에는 행정벌 등의 제재를 가함으로써 간접적으로 강제하는 조사이다. 협의의 강제조사는 전자를 가리키며, 경찰상 즉시강제와 구별하기 어려운 경우가 많다.

(3) 방법에 의한 분류 경찰조사는 조사의 방법에 따라 직접조사와 간접조사로 나눌 수 있다. 직접조사는 경찰기관이나 경찰공무원이 스스로 조사 대상을 조사하여 정보나 자료를 수집하는 것으로, 권력적인 경우도 있고(가택이나 신체의 수색 등) 비권력적인 경우도 있다(관찰, 상대방의 동의에 의한 조사 등). 간접조사는 보고, 자료제출 등과 같은 상대방의 행위를 통하여 필요한 정보나 자료를 수집하는 것으로, 역시 권력적인 경우(상대방에게 보고 등의 의무가 부과되는 경우)와 비권력적인 경우(보고 등이 상대방의 임의에 맡겨진 경우)가 있다.

Ⅱ. 경찰조사의 근거와 수단

1. 경찰조사의 법적 근거

(1) 권력적 경찰조사는 법률의 근거를 요한다(행정조사 5조 본문 참조). 그러나 현행법상 권력적 경찰조사에 관한 일반법은 따로 없고,[22] 경찰관직무집행법(이하 이 장에서 "경직법"으로 약칭함)과 그 밖의 각종 개별 법률에 근거하여 조사가 이루어진다.

행정조사기본법

(1) 행정조사기본법은 "행정조사에 관한 기본원칙·행정조사의 방법 및 절차 등에 관한 공통적인 사항을 규정함으로써 행정의 공정성·투명성 및 효율성을 높이고, 국민의 권익을 보호함"을 목적으로(1조) 2007년 5월 17일에 제정되어 동년 8월 18일부터 시행되었다.

(2) 행정조사기본법은 행정조사에 관한 일반법으로서, 행정기관이 행하는 행정조사에 관해서 다른 법률에 규정이 없는 사항은 동법이 적용된다(3조①). 그러나 동법은 행정조사의 일반적 근거법은 아니며, 다른 법령이나 자치법규에서 조

22) 경찰관직무집행법 제2조를 경찰권 발동의 개괄적 수권조항으로 보는 경우에는 동조 제3호('치안정보의 수집·작성 및 배포')를 경찰조사의 일반적 근거규정으로 볼 수 있다. 그러나 동조는 임무규정이지 수권규정이 아니므로, 동조를 경찰권 발동의 개괄적 수권조항으로 볼 수는 없다. 다만, 비권력적 조사는 개별적 수권 없이도 조직법상 권한의 범위 안에서 가능하다고 해석되므로, 동조 제3호는 비권력적 조사에 한하여 일반적 근거규정이 될 수 있다.

사의 근거를 정하고 있는 경우에 조사의 기본원칙과 방법, 절차 등을 정할 뿐이다(5조 본문).

(3) 행정조사기본법은 권력적 조사, 비권력적 조사를 불문하고 모든 행정조사에 적용된다. 그러나 실제로 동법의 조항 중 비권력적 조사에 적용되는 것은 많지 않으며, 대부분의 조항은 권력적 조사에 관한 것이다.

(4) 권력적인 경찰조사에도 법령에 따로 규정이 없는 사항에 대해서는 행정조사기본법이 적용되는 것은 당연하다. 그러나 동법은 연도별 행정조사운영계획의 수립, 동 계획에 의한 정기조사 등, 성질상 경찰조사에는 적용하기 어려운 내용을 상당수 포함하고 있다. 동법의 특별법으로서 경찰조사에 관한 일반법을 새로 제정하거나 경직법을 개정하여 그러한 내용을 규정하는 것이 바람직하다.

(2) 비권력적 경찰조사는 원칙적으로 법률의 근거 없이도 행정기관의 조직법상 권한 범위 안에서 수행할 수 있다(행정조사 5조 단서 참조). 그러나 비권력적 조사라 할지라도 개인정보의 수집은 개인정보 보호를 위하여 법률의 근거를 요하며, 그 밖에도 조사의 상대방 개인이나 국민 일반에 대하여 중요한 영향을 미치는 경우에는 법률의 근거를 요한다고 보아야 할 것이다.

2. 현행법상 경찰조사의 수단

현행법이 규정하고 있는 경찰조사의 수단으로는 다음과 같은 것들이 있다.

(1) 대인적 조사　경직법상으로는 불심검문(3조)과 사실조회 및 출석요구(7조)가 규정되어 있고, 개별 법률이 정하는 것으로는 화재원인 조사를 위한 관계인 조사(소방기본법 30조·31조), 소방특별조사 중 관계인에 대한 보고·자료제출명령 및 질문(소방시설 설치·유지 및 안전관리에 관한 법률 4조의3⑥, 동법 시행령 9조① 1호·3호), 사행행위 영업자 등에 대한 보고명령(사행행위 등 규제 및 처벌특례법 18조), 위험물 저장·취급 장소의 관계인에 대한 보고·자료제출명령 및 질문(위험물안전관리법 22조①), 유선업·도선업 관계인에 대한 질문·보고명령(유선 및 도선사업법 26조) 등이 있다. 행정조사기본법상으로는 출석·진술 요구(9조)와 보고·자료제출 요구(10조)가 있다.

(2) 대물적 조사　경직법에서는 대물적 조사에 관한 명문의 근거규정을 찾아볼 수 없다. 개별 법률상의 대물적 조사의 예로는 총포 등의 제조업체 등에 대한 정기안전검사(총포도검 41조), 제조 또는 수입한 총포 등의 검사(동법 42조), 소방대상물에 대한 소방특별조사(소방시설 설치·유지 및 안전관리에 관한 법률 4조의3⑥, 동법

시행령 9조① 2호), 유선·도선 및 유선장·도선장에 대한 검사·안전점검과 장부 등의 검사(유선 및 도선사업법 26조) 등이 있다. 행정조사기본법상으로는 시료채취(12조)가 있고, 현장조사(11조)도 대물적 조사의 성질을 가지는 경우가 많을 것이다.

(3) 대가택 조사　조사의 목적으로 가택에 대한 강제적 출입·조사를 규정하는 예는 많다. 경직법상으로는 범죄예방 및 위해예방을 목적으로 한 흥행장 등에의 출입(예방출입, 7조②)이 있고,[23] 개별 법률상의 예로는 총포 등의 제조소 등에 대한 출입·검사(총포도검 44조), 풍속영업소에의 출입·검사(풍속영업의 규제에 관한 법률 9조), 경비업자의 주사무소 등에 대한 출입(경비업법 24조②), 사격장의 정기점검(사격 및 사격장 안전관리에 관한 법률 16조), 사행행위 영업소 등에 대한 출입·검사(사행행위 등 규제 및 처벌특례법 18조), 위험물 저장·취급 장소에 대한 출입·검사(위험물안전관리법 22조①) 등이 있다. 행정조사기본법상의 현장조사(11조)도 대가택 조사에 해당하는 경우가 있다.

Ⅲ. 경찰조사의 기본원칙, 방법 및 절차

경찰조사만의 기본원칙과 방법 및 절차를 정한 일반법은 없고, 개별 법령에 다른 규정이 없는 한 경찰조사에도 행정조사기본법이 적용된다. 동법이 정한 행정조사의 기본원칙과 방법 및 절차를 살펴본다.

1. 경찰조사의 기본원칙

행정조사기본법은 행정조사의 기본원칙을 다음과 같이 정하고 있다(4조).

① 행정조사는 조사목적을 달성하는 데 필요한 최소한의 범위 안에서 실시하여야 하며, 다른 목적 등을 위하여 조사권을 남용하여서는 아니 된다.

② 행정기관은 조사목적에 적합하도록 조사대상자를 선정하여 행정조사를 실시하여야 한다.

---

23) 경직법 제7조 제1항에 의한 위험방지를 위한 토지·건물·선차(船車)에의 출입(긴급출입)은 "위험한 사태가 발생하여 인명·신체 또는 재산에 대한 위해가 절박한 때에 그 위해를 방지하거나 피해자를 구조하기 위하여 부득이 하다고 인정할 때"로 요건을 엄격하게 한정하고 있으므로, 조사의 목적을 위한 출입의 근거가 될 수는 없다. 그러나 동조 제2항에 의한 출입은, 그 대상이 되는 장소가 흥행장 등 이른바 경찰상 공개된 장소이고, 일반적인 범죄예방 또는 위해예방을 목적으로 하므로, 출입 자체는 권력적 즉시강제의 성질을 가지지만 그 출입에 부수하여 비권력적 조사가 허용되는 것으로 보아야 한다.

③ 행정기관은 유사하거나 동일한 사안에 대하여는 공동조사 등을 실시함으로써 행정조사가 중복되지 아니하도록 하여야 한다.

④ 행정조사는 법령 등(법령과 조례·규칙을 말한다. 2조 2호)의 위반에 대한 처벌보다는 법령 등을 준수하도록 유도하는 데 중점을 두어야 한다.

⑤ 다른 법률에 따르지 아니하고는 행정조사의 대상자 또는 행정조사의 내용을 공표하거나 직무상 알게 된 비밀을 누설하여서는 아니 된다.

⑥ 행정기관은 행정조사를 통하여 알게 된 정보를 다른 법률에 따라 내부에서 이용하거나 다른 기관에 제공하는 경우를 제외하고는 원래의 조사목적 이외의 용도로 이용하거나 타인에게 제공하여서는 아니 된다

2. 조사의 방법

행정조사기본법이 정한 조사의 방법은 출석·진술요구, 보고요구와 자료제출 요구, 현장조사 및 시료채취의 4가지이며, 그 밖에 현장조사의 일환으로서 이루어지는 자료 등의 영치에 관해서도 규정하고 있다. 주의할 것은, 행정조사기본법은 조사의 방법과 절차 등을 정할 뿐이고, 그러한 조사를 할 수 있는 근거는 다른 법령 등에 규정되어 있어야 한다는 점이다(행정조사 5조).

(1) 출석·진술 요구 행정기관의 장이 조사대상자의 출석·진술을 요구하는 때에는 일시와 장소, 출석요구의 취지, 출석하여 진술하여야 하는 내용, 제출자료, 출석거부에 대한 제재(근거 법령 및 조항 포함), 그 밖에 당해 행정조사와 관련하여 필요한 사항이 기재된 출석요구서를 발송하여야 한다. 조사대상자는 업무 또는 생활의 지장을 이유로 출석일시 변경을 신청할 수 있다. 조사원은 출석한 조사대상자가 출석요구서에 기재된 내용을 이행하지 아니하여 행정조사의 목적을 달성할 수 없는 경우를 제외하고는 조사대상자의 1회 출석으로 당해 조사를 종결하여야 한다(행정조사 9조).

(2) 보고요구, 자료제출 요구 (a) 행정기관의 장은 조사대상자에게 조사사항에 대하여 보고를 요구하는 때에는 일시와 장소, 조사의 목적과 범위, 보고하여야 하는 내용, 보고거부에 대한 제재(근거 법령 및 조항 포함), 그 밖에 당해 행정조사와 관련하여 필요한 사항이 포함된 보고요구서를 발송하여야 한다(행정조사 10조 ①). (b) 행정기관의 장은 조사대상자에게 장부·서류나 그 밖의 자료를 제출하도록 요구하는 때에는 제출기간, 제출요청 사유, 제출서류, 제출서류의 반환 여부, 제출거부에 대한 제재(근거 법령 및 조항 포함), 그 밖에 당해 행정조사와 관련하여

필요한 사항이 기재된 자료제출요구서를 발송하여야 한다(동법 10조②). (c) 행정기관의 장은 인터넷 등 정보통신망을 통하여 조사대상자로 하여금 자료의 제출 등을 하게 할 수 있다(동법 28조).

(3) 현장조사 (a) 조사원이 가택·사무실 또는 사업장 등에 출입하여 현장조사를 실시하는 경우에는 행정기관의 장은 조사목적, 조사기간과 장소, 조사원의 성명과 직위, 조사범위와 내용, 제출자료, 조사거부에 대한 제재(근거 법령 및 조항 포함), 그 밖에 당해 행정조사와 관련하여 필요한 사항이 기재된 현장출입조사서 또는 법령 등에서 현장조사시 제시하도록 규정하고 있는 문서를 조사대상자에게 발송하여야 한다(행정조사 11조①). (b) 현장조사는 해가 뜨기 전이나 해가 진 뒤에는 할 수 없다. 다만, 조사대상자(대리인 및 관리책임이 있는 자 포함)가 동의한 경우, 사무실 또는 사업장 등의 업무시간에 행정조사를 실시하는 경우, 또는 해가 뜬 후부터 해가 지기 전까지 행정조사를 실시해서는 조사목적의 달성이 불가능하거나 증거인멸로 인하여 조사대상자의 법령 등의 위반 여부를 확인할 수 없는 경우는 예외이다(동법 11조②). (c) 현장조사를 하는 조사원은 그 권한을 나타내는 증표를 지니고 이를 조사대상자에게 내보여야 한다(동법 11조③).

(4) 시료채취 조사원이 조사목적의 달성을 위하여 시료를 채취하는 경우에는 그 시료의 소유자 및 관리자의 정상적인 경제활동을 방해하지 아니하는 범위 안에서 최소한도로 하여야 하며, 시료채취로 조사대상자에게 손실을 입힌 때에는 대통령령으로 정하는 절차와 방법에 따라 그 손실을 보상하여야 한다(행정조사 12조).

(5) 자료 등의 영치 (a) 조사원이 현장조사 중에 자료·서류·물건 등(이하 "자료 등"이라 한다)을 영치하는 때에는 조사대상자 또는 그 대리인을 입회시켜야 한다(행정조사 13조①). (b) 조사원이 자료 등을 영치하는 경우에 조사대상자의 생활이나 영업이 사실상 불가능하게 될 우려가 있는 때에는 조사원은 자료 등을 사진으로 촬영하거나 사본을 작성하는 등의 방법으로 영치에 갈음할 수 있다. 다만, 증거인멸의 우려가 있는 자료 등을 영치하는 경우는 제외한다(동법 13조②). (c) 조사원이 영치를 완료한 때에는 영치조서 2부를 작성하여 입회인과 함께 서명날인하고 그 중 1부를 입회인에게 교부하여야 한다(동법 13조③). (d) 행정기관의 장은 영치한 자료 등을 검토한 결과 당해 행정조사와 관련이 없다고 인정되는 경우 또는 당해 행정조사의 목적의 달성 등으로 영치의 필요성이 없게 된 경우 경우에는 이를 즉시 반환하여야 한다(동법 13조④).

3. 조사의 시기, 조사기관 및 조사의 상대방

(1) 조사의 시기　행정조사는 법령 등 또는 행정조사운영계획으로 정하는 바에 따라 정기적으로 실시함을 원칙으로 하며, 수시조사는 법률에서 규정한 경우, 법령 등의 위반 혐의가 있는 경우, 다른 행정기관으로부터 법령 등의 위반 혐의를 통보 또는 이첩받은 경우, 법령 등의 위반에 대한 신고를 받거나 민원이 접수된 경우, 그 밖에 행정조사의 필요성이 인정되는 사항으로서 대통령령으로 정하는 경우에만 허용된다(행정조사 7조). 경찰조사는 이에 해당하는 경우가 많을 것이다.

(2) 조사기관　행정조사는 각 행정기관이 필요에 따라 독자적으로 실시하는 것이 원칙이다. 그러나 행정조사기본법은 가급적 행정조사의 횟수를 줄여 피조사자를 보호하고 행정력 낭비를 피하기 위하여 당해 행정기관 내의 둘 이상의 부서가 동일하거나 유사한 업무분야에 대하여 동일한 조사대상자에게 행정조사를 실시하는 경우 또는 서로 다른 행정기관이 대통령령으로 정하는 분야에 대하여 동일한 조사대상자에게 행정조사를 실시하는 경우에는 공동조사를 하도록 규정하고 있다(행정조사 14조①). 또한 공동조사의 사유에 해당하는 사항에 대하여 행정조사의 사전통지를 받은 조사대상자는 관계 행정기관의 장에게 공동조사를 실시하여 줄 것을 신청할 수 있고, 공동조사를 요청받은 행정기관의 장은 이에 응하여야 한다(동법 14조②·③).

(3) 조사의 상대방　(a) 행정기관의 장은 행정조사의 목적, 법령준수의 실적, 자율적인 준수를 위한 노력, 규모와 업종 등을 고려하여 명백하고 객관적인 기준에 따라 행정조사의 대상을 선정하여야 하며, 조사대상자는 조사대상 선정기준의 열람을 행정기관의 장에게 신청할 수 있다(행정조사 8조). (b) 조사는 조사대상자만을 상대로 하는 것이 원칙이다. 그러나 조사대상자에 대한 조사만으로는 당해 행정조사의 목적을 달성할 수 없거나 조사 대상 행위의 사실 여부 등을 입증하는데 과도한 비용 등이 소요되는 경우로서 다른 법률에서 제삼자에 대한 조사를 허용하고 있거나 제삼자의 동의가 있는 경우에 한하여 제삼자에 대하여 보충조사를 할 수 있도록 규정하고 있다. 제삼자에 대한 보충조사를 실시하는 경우에는 행정기관의 장은 조사개시 7일 전까지 보충조사의 일시·장소 및 보충조사의 취지 등을 제삼자에게 서면으로 통지하여야 한다(동법 19조).

4. 조사의 절차

행정조사기본법이 정한 조사의 절차는 ① 연도별 행정조사운영계획의 수립(6조), ② 조사대상자의 선정(8조), ③ 개별조사계획의 수립(16조), ④ 조사의 사전통지(17조), ⑤ 조사의 실시, ⑥ 조사결과의 통지(24조)로 이루어진다. 그 핵심은 조사의 사전통지와 조사결과의 통지라고 할 수 있다.

(1) 조사의 사전통지 행정조사를 실시하고자 하는 행정기관의 장은 출석요구서, 보고요구서·자료제출요구서 또는 현장출입조사서(이하 "출석요구서 등"이라 한다)를 조사개시 7일 전까지 조사대상자에게 서면으로 통지하여야 한다. 다만, 행정조사를 실시하기 전에 관련 사항을 미리 통지하는 때에는 증거인멸 등으로 행정조사의 목적을 달성할 수 없다고 판단되는 경우, 통계법 제3조 제2호에 따른 지정통계의 작성을 위하여 조사하는 경우 또는 조사대상자의 자발적인 협조를 얻어 실시하는 행정조사의 경우에는 행정조사의 개시와 동시에 출석요구서등을 조사대상자에게 제시하거나 행정조사의 목적 등을 조사대상자에게 구두로 통지할 수 있다(행정조사 17조).

(2) 조사결과의 통지 행정기관의 장은 법령 등에 특별한 규정이 있는 경우를 제외하고는 행정조사의 결과를 확정한 날부터 7일 이내에 그 결과를 조사대상자에게 통지하여야 한다(행정조사 24조).

5. 피조사자의 보호

(1) 의견제출 조사대상자는 사전통지의 내용에 대하여 행정기관의 장에게 의견을 제출할 수 있고, 행정기관의 장은 그 의견이 상당한 이유가 있다고 인정하는 경우에는 이를 행정조사에 반영하여야 한다(행정조사 21조).

(2) 조사원 교체신청 조사대상자는 조사원에게 공정한 행정조사를 기대하기 어려운 사정이 있다고 판단되는 경우에는 행정기관의 장에게 당해 조사원의 교체를 신청할 수 있다. 교체신청을 받은 행정기관의 장은 즉시 이를 심사하여야 하며, 교체신청이 타당하다고 인정되는 경우에는 다른 조사원으로 하여금 행정조사를 하게 하여야 한다. 그러나 교체신청이 조사를 지연할 목적으로 한 것이거나 그 밖에 교체신청에 타당한 이유가 없다고 인정되는 때에는 그 신청을 기각하고 그 취지를 신청인에게 통지하여야 한다(행정조사 22조).

(3) 조사권 행사의 제한 (a) 조사원은 출석요구서등에 의하여 사전에 발송된 사항에 한하여 조사대상자를 조사할 수 있다. 다만, 사전통지한 사항과 관련된 추가적인 행정조사가 필요할 경우에는 조사대상자에게 추가조사의 필요성과 조사내용 등에 관한 사항을 서면이나 구두로 통보한 후 추가조사를 실시할 수 있다(행정조사 23조①). (b) 조사대상자는 법률·회계 등에 대하여 전문지식이 있는 관계 전문가로 하여금 행정조사를 받는 과정에 입회하게 하거나 의견을 진술하게 할 수 있다(동법 23조②). (c) 조사대상자와 조사원은 조사과정을 방해하지 아니하는 범위 안에서 행정조사의 과정을 녹음하거나 녹화할 수 있다. 녹음·녹화의 범위 등은 상호 협의하여 정하여야 한다. 또한 녹음이나 녹화를 하는 경우에는 사전에 이를 당해 행정기관의 장에게 통지하여야 한다(동법 23조③·④).

(4) 조사의 연기 출석요구서등을 통지받은 자가 천재지변이나 그 밖에 대통령령으로 정하는 사유로 인하여 행정조사를 받을 수 없는 때에는 당해 행정조사를 연기하여 줄 것을 행정기관의 장에게 요청할 수 있다. 연기요청은 연기하고자 하는 기간과 사유가 포함된 연기신청서를 제출함으로써 하며, 행정기관의 장은 연기요청을 받은 날부터 7일 이내에 조사의 연기 여부를 결정하여 조사대상자에게 통지하여야 한다(행정조사 18조).

(5) 중복조사의 제한 정기조사 또는 수시조사를 실시한 행정기관의 장은 동일한 사안에 대하여 동일한 조사대상자를 재조사 하여서는 안 된다. 다만, 당해 행정기관이 이미 조사를 받은 조사대상자에 대하여 위법행위가 의심되는 새로운 증거를 확보한 경우는 예외이다(행정조사 15조①).

Ⅳ. 경찰조사의 한계

1. 실체적 한계

(1) 법적합성 경찰조사는 헌법과 법령에 위반하여 행하여질 수 없으며, 권력적 조사와 법률유보의 범위에 속하는 비권력적 조사는 법률의 근거를 요한다(행정조사 5조 참조). 또한 경찰조사는 평등원칙·비례원칙 등 행정법의 일반원칙에 적합하여야 한다(동법 4조① 전단 참조). 행정조사기본법이 규정한 공동조사의 원칙과 중복조사의 제한(4조③, 14조, 15조)도 비례원칙의 표현이다.

(2) 목적에 의한 한계 경찰조사는 당해 조사를 필요로 하는 목적의 범위 안에서만 할 수 있다(행정조사 4조① 후단).

(3) **권력적 조사의 보충성** 권력적 경찰조사는 비권력적 조사에 의하여 목적을 달성할 수 없는 경우에만 보충적으로 허용된다.

(4) **비권력적 조사의 강요 금지** 비권력적 조사에 응할지 여부는 피조사자의 임의에 달려 있으며, 경찰기관은 피조사자의 거부에도 불구하고 비권력적 조사를 강요할 수 없다. 행정조사기본법은 이를 명시하고 있으며, 나아가 조사대상자가 조사에 응할 것인지에 대한 응답을 하지 않는 경우에는 법령 등에 특별한 규정이 없는 한 조사를 거부한 것으로 보도록 규정하고 있다(20조).

(5) **개인정보의 수집제한** 경찰기관은 정보주체의 동의가 있거나 다른 법률에 수집대상 개인정보가 명시되어 있는 경우를 제외하고는 사상·신조 등 개인의 기본적 인권을 현저하게 침해할 우려가 있는 개인정보를 수집하여서는 안 된다(개인정보 4조).

2. 절차적 한계

(1) **영장주의** 헌법은 압수·수색에 대하여 법관이 발부한 영장을 제시할 것을 요구하고 있다(12조③). 권력적 경찰조사는 수색이나 물품의 수거 등을 포함하는 경우가 있으므로, 이 경우에도 영장이 필요한지가 문제된다. 원칙적으로 적용된다는 견해와 원칙적으로 적용되지 않는다는 견해가 대립되고 있다. 그러나 전자의 견해도 행정조사의 특수성에 비추어 영장주의가 배제되는 경우를 인정하고 있고, 후자의 견해도 형사책임의 추궁으로 연결되거나 조사 대상자의 신체나 재산에 대한 직접적 강제를 수반하는 경우에는 영장주의가 적용되어야 한다고 보고 있으므로, 실질적 차이는 없다. 생각건대, 현행법상 압수·수색영장은 형사사법절차의 일환으로서 사법경찰관의 신청에 의하여 또는 직권으로 검사가 청구할 수 있을 뿐(형사소송법 215조), 사법경찰관이 아닌 행정기관이 영장을 청구할 수 있는 제도는 마련되어 있지 않다. 경찰조사가 형사책임의 추급과 직접 관련이 있는 경우에는 형사사법작용의 성질을 겸하므로 당연히 사법경찰관의 신청에 의하여 영장을 발부받아야 하겠지만, 순수한 행정목적을 위한 조사의 경우에는 현실적으로 법원의 영장을 발부받을 수 있는 방법이 없다. 따라서 입법론적으로는 강제적 경찰조사를 위한 영장 발부절차를 마련하는 것이 바람직하지만, 현행법상으로는 증표 제시 등의 절차적 요건을 준수하는 것으로 만족할 수밖에 없을 것이다.

(2) **증표의 제시** 권력적 경찰조사의 근거를 정하는 법률은 조사를 행하는 공무원이 그 권한을 표시하는 증표를 휴대·제시하도록 요구하는 것이 일반적이다.

행정조사기본법은 현장조사의 경우에 관하여 이를 명시하고 있다(11조③). 명문의 규정이 없더라도 권력적 조사의 경우에는 영장이 발급·제시되는 경우를 제외하고는 증표를 제시하여야 할 것이다. 나아가 비권력적 조사의 경우에도 국민의 신뢰 및 임의적 협력을 확보하기 위하여 증표 제시의무를 도입할 필요가 있다.

(3) **사전통지** 경찰조사에 관한 법령은 조사의 목적과 일시·장소·범위 등에 관한 사전통지와 조사의 이유를 고지하도록 요구하는 경우가 많다. 명문의 규정이 없는 경우에도, 미리 고지하면 조사의 목적을 달성할 수 없는 경우를 제외하고는, 사전통지 및 고지를 하여야 한다고 보아야 할 것이다(행정조사 9조①, 10조, 11조① 참조).

(4) **시간적 한계** 경찰조사는 해가 뜬 후부터 해가 지기 전까지, 또는 사무실·사업장 등의 업무시간 내에 하여야 한다. 다만, 조사대상자나 그 대리인 또는 관리책임자가 동의한 경우나 해가 뜬 후부터 해가 지기 전까지 행정조사를 실시하는 경우에는 조사목적의 달성이 불가능하거나 증거인멸로 인하여 조사대상자의 법령 등의 위반 여부를 확인할 수 없는 경우는 예외이다(행정조사 11조③).

3. 실력행사의 가부

비권력적 경찰조사를 상대방이 거부하는 경우에 상대방의 신체나 재산에 실력을 행사하여 조사를 강행할 수 없음은 당연하다. 권력적 조사의 경우에 실력행사에 의하여 조사를 강행할 수 있는지에 관하여는 긍정하는 견해도 있으나,[24] 근거법이 명문으로 허용하는 경우 또는 실력을 행사해서라도 조사 목적을 달성할 수 있도록 수권한 것으로 해석되는 경우를 제외하고는 부인되어야 할 것이다.

V. 경찰조사의 흠

1. 경찰조사의 흠과 그 효과

위에서 본 경찰조사의 한계를 벗어난 조사는 위법이다. 그러나 경찰조사는 대부분 사실행위의 성질을 가지므로, 원칙적으로 무효 여부가 문제되지는 않는다. 경찰조사가 처분(하명)의 형식으로 이루어진 경우에는, 그 위법이 중대하고 명백

24) 홍정선(경찰) 433면.

한 경우에 한하여 무효이고, 그 밖의 경우에는 취소할 수 있다.

2. 경찰조사의 흠의 승계 문제

실제로 문제되는 것은 위법한 경찰조사의 결과를 기초로 하여 경찰처분이 이루어진 경우에 경찰조사의 위법성이 후행 경찰처분에 승계되는가 하는 점이다. 경찰조사에 의하여 수집된 자료 자체에 오류가 있을 때에는 그 자료에 기초한 처분이 사실적 기초의 결여를 이유로 위법으로 되는 것은 당연하다. 문제는 조사를 통하여 획득한 자료는 정확하지만 조사행위가 위법하였던 경우이다. 생각건대, 조사가 행정행위 자체의 절차를 구성하는 경우에는 위법한 조사에 의한 행정행위는 절차적 위법으로 되지만, 행정행위 자체의 절차적 요건이 아니라 사전적으로 참고자료를 수집하기 위한 의미만을 가지는 경우에는 조사의 위법을 이유로 행정행위가 위법으로 되는 것은 아니라고 보아야 할 것이다.[25]

Ⅵ. 경찰조사에 대한 권리구제

1. 적법한 조사에 대한 권리구제

적법한 경찰조사라도 그로 인하여 특정한 국민이 수인한도를 넘는 '특별한 희생'에 해당하는 손실을 입은 경우에는 손실보상을 청구할 수 있다. 경찰조사의 근거법령에 손실보상규정이 없는 경우에는 경직법 제11조의2를 근거로 손실보상을 청구할 수 있다. 그러나 경찰관의 직무집행을 원인으로 하지 않는 경우(이른바 협의의 행정경찰에 속한 작용의 경우)에는 헌법 제23조 제3항에 근거하여 손실보상을 청구할 수 있는지가 문제된다.

2. 위법한 행정조사에 대한 구제

1) 행정쟁송

(1) 경찰조사의 처분성 위법한 경찰조사에 대하여 행정심판이나 행정소송을 제기할 수 있는가는 1차적으로 행정조사의 처분성을 인정할 것인가의 문제이다.

---

25) 행정조사가 어떤 행정결정에 필수적으로 요구되는 것이 아니고 단지 예비적인 작용이라 하여도 행정조사의 위법성이 행정결정에 승계된다는 견해도 있다(홍정선(경찰) 367면).

경찰조사가 행정행위의 형식으로 이루어진 경우(보고명령, 자료제출명령 등)에는 문제가 없다. 행정행위가 아니더라도 권력적 경찰조사는 권력적 사실행위이므로 처분성이 인정된다. 그러나 실제로는 조사가 단기간에 완료되는 것이 보통이므로, 소의 이익이 부인되는 경우가 많을 것이다. 반면에 비권력적 조사는 처분이 아니므로 행정쟁송의 대상이 되지 않는다.

(2) 흠의 승계 문제 위법한 경찰조사가 완료된 후 그 조사에서 얻은 자료를 기초로 후속 행정행위(특히 제재처분)가 행하여진 경우에는 위법성의 승계 문제가 된다. 일반적으로는 후속 행정행위가 당연히 위법하게 되지는 않으나, 조사가 후속 행정행위 자체의 절차를 구성하는 경우에는 절차 위반으로, 조사의 결과로 얻은 자료에 오류가 있는 경우에는 사실적 기초의 결여를 이유로, 후속 행정행위가 위법으로 될 수 있고, 이 경우에는 후속 행정행위에 대하여 행정쟁송을 제기할 수 있다.

(3) 조사 불응을 이유로 한 제재조치에 대한 구제 위법한 경찰조사에 불응하였음을 이유로 벌칙이 적용되어 기소되거나 과태료가 부과된 경우에는 형사소송절차 또는 과태료부과절차나 과태료에 대한 이의절차에서 조사의 위법성을 항변할 수 있고, 인허가의 철회·정지와 같은 제재처분이 행해진 경우에는 그 처분의 위법을 이유로 행정쟁송을 제기할 수 있다.

(4) 예방적 구제 위법한 경찰조사가 아직 행하여지지 않은 경우에, 권력적 조사에 대하여는 무명항고소송으로서의 예방적 부작위소송의 가능성이 문제되는 바, 판례는 이를 인정하지 않고 있다.

2) 국가배상

위법한 경찰조사로 인하여 손해가 발생한 경우에는 국가배상법에 의하여 국가배상을 청구할 수 있다.

제 3 절 경찰정보의 공개와 개인정보 보호

경찰은 위해방지의 임무를 수행하기 위하여 상시적으로 방대한 정보를 수집·관리하고 있다. 경찰기관이 보유하는 정보와 관련하여 법적으로 제기되는 문제는 여러 가지가 있으나, 그 중에서도 핵심이 되는 것은 정보공개와 개인정보의 보호 문제이다. 양자는 경찰기관의 정보 수집·처리 및 이용을 통제하는 제도라는 점에서 상호 관련이 있지만, 또 한편으로는 목적과 대상 정보의 범위에 차이가 있다.

§1. 경찰정보의 공개

Ⅰ. 개 설

1. 경찰정보공개의 의의

(1) 정보공개란 국민이 정부가 보유한 정보에 접근하여 그것을 이용할 수 있게 하기 위하여 국민에게 정부가 보유한 정보의 공개를 청구할 수 있는 권리를 보장하고, 국가에 대하여 정보공개의 의무를 지우는 것을 말한다. 따라서 경찰정보공개란 국민의 청구에 의하여 경찰기관이 보유한 정보를 공개하는 제도를 말한다.

(2) 정보공개는 국민의 알 권리를 보장함으로써 '열린 정부'에 의한 행정의 민주화와 공정화를 실현하는 것을 이념으로 한다. 따라서 정보공개는 책임 있는 민주시민으로서의 모든 국민을 대상으로 하며, 반드시 당해 정보에 대하여 이해관계가 있을 것을 요구하지 않는다.

2. 정보공개의 필요성과 문제점

(1) 필요성 　정보공개는 일반적으로는 국민의 국정참여를 가능하게 하고 행정의 투명성을 확보함으로써 행정의 민주화를 기하는 동시에 국민의 알 권리를 실현하기 위하여 필요하다. 나아가 정보공개는 행정기관이 보유하는 정보를 국민

이 공동으로 활용함으로써 정보의 생산성을 높이는 데도 기여한다.

(2) 문제점　그러나 정보공개는 국가기밀과 개인정보를 침해할 우려가 있고 행정의 부담이 증대되며 국민의 정보접근능력의 차이에 따라 정보이용에 있어서의 형평성이 상실될 우려 등의 문제점도 안고 있다. 더욱이 경찰정보는 성질상 그것을 공개함으로써 오히려 위해방지의 목적 달성이 어렵게 되는 경우도 많다. 따라서 경찰정보의 공개는 다른 행정 영역에 있어서보다 많은 제한을 받게 된다.

3. 경찰정보공개의 법적 근거

1) 헌법적 근거

(1) 경찰정보공개를 포함하여 정보공개제도는 국민의 기본권인 알 권리를 실현하기 위한 수단이다. 알 권리는 소극적으로는 국가권력에 의한 방해를 받지 않고 일반적으로 접근할 수 있는 정보원으로부터 의사형성에 필요한 정보를 수집하고 수집된 정보를 취사·선택할 수 있는 자유(정보의 자유)를 의미하며, 적극적으로는 정부에 대하여 정부가 보유하고 있는 정보의 제공을 청구할 수 있는 권리(정보공개청구권)를 의미한다. 알 권리의 적극적 측면인 정보공개청구권은 다시 자기에 관한 정보 또는 자기의 권익보호와 직접 관련이 있는 정보의 공개를 청구할 권리인 개별적 정보공개청구권과 국민의 한 사람으로서 정부가 보유한 일반적인 정보의 공개를 청구할 수 있는 권리인 일반적 정보공개청구권으로 구분할 수 있는바, 정보공개법상의 정보공개제도는 후자를 근거로 한다.

(2) 알 권리가 우리 헌법상 보장되고 있다는 데 대하여는 이견이 없으나, 구체적으로 헌법의 어느 조항에서 알 권리가 도출되는지에 관하여는, ① 인간의 존엄과 가치 및 행복추구권(10조)에서 찾는 견해, ② 언론의 자유(표현의 자유)에서 찾는 견해, ③ 표현의 자유, 국민주권의 원리, 행복추구권 및 인간다운 생활을 할 권리 등에서 찾는 견해, ④ 독자적 기본권으로 보는 견해 등이 있다. 헌법재판소는 표현의 자유를 알 권리의 헌법적 근거로 보고 있다(헌결 1989.9.4, 88헌마22; 1991.5.13., 90헌마133).

2) 법률상 근거

경찰정보공개에 고유한 근거법률은 따로 없고, 정보공개의 일반법인 「공공기관의 정보공개에 관한 법률」(이하 '정보공개법'으로 약칭함)이 경찰정보의 공개에도 그

대로 적용된다.[26)]

이하에서는 정보공개법에 의한 경찰정보의 공개에 관하여 살펴본다.

Ⅱ. 경찰정보공개의 원칙·적용범위·대상 등

1. 정보공개의 목적과 원칙

(1) 목적　　정보공개법은 국민의 알 권리를 보장하고 국정에 대한 국민의 참여와 국정운영의 투명성을 확보함을 목적으로 한다(1조).

(2) 정보공개의 원칙　　정보공개법은 “공공기관이 보유·관리하는 정보는 이 법이 정하는 바에 따라 공개하여야 한다”고 규정하여(3조), 정보공개의 원칙을 선언하고 있다. 즉, 공공기관이 보유·관리하는 정보는 공개하여야 하는 것이 원칙이고, 비공개는 정보공개법 또는 다른 법률에 의하여 공개가 금지되거나 제한되는 경우에만 허용된다.

2. 적용범위

정보공개법은 정보공개에 관한 일반법으로서, 정보의 공개에 관하여 다른 법률에 특별한 규정이 있는 경우를 제외하고는 정보공개법이 적용된다(4조①). 다만, 국가안전보장에 관련되는 정보 및 보안업무를 관장하는 기관에서 국가안전보장과 관련된 정보분석을 목적으로 수집되거나 작성된 정보에 대하여는 제8조 제1항(정보목록의 작성·비치 및 공개)을 제외하고는 정보공개법이 적용되지 않는다(4조③).

3. 공개 대상 정보

1) 공개 대상

정보공개의 대상이 되는 것은 공공기관이 보유·관리하는 정보이다(9조① 본문).

---

26) 지방자치단체가 정보공개에 관한 조례를 제정한 경우에는 조례도 정보공개의 근거가 된다(정보공개 4조② 참조). 현재 대부분의 지방자치단체가 정보공개조례를 제정, 시행하고 있다. 그러나 소방과 제주특별자치도의 자치경찰사무를 제외한 경찰사무는 국가사무로 되어 있으므로, 조례는 소방과 제주특별자치도의 자치경찰사무에 관한 정보를 제외한 경찰정보공개의 법적 근거가 될 수는 없다.

(1) '공공기관'이란 국가기관, 지방자치단체, 정부투자기관관리기본법 제2조의 규정에 의한 정부투자기관, 그 밖에 대통령령이 정하는 기관을 말한다(2조 3호). 경찰기관은 국가기관으로서 당연히 공공기관에 포함된다.

(2) '정보'는 공공기관이 직무상 작성 또는 취득하여 관리하고 있는 문서(전자문서 포함)·도면·사진·필름·테이프·슬라이드 및 그 밖에 이에 준하는 매체 등에 기록된 사항을 말한다(2조 1호).

(3) '공개'란 공공기관이 정보공개법의 규정에 의하여 정보를 열람하게 하거나 그 사본·복제물을 교부하는 것 또는 전자정부법 제2조 제7호의 규정에 의한 정보통신망을 통하여 정보를 제공하는 것 등을 말한다(2조 2호). 따라서 불특정다수인을 상대로 하여 관보나 일간신문 등에 게재하는 것은 정보공개법에 의한 공개가 아니다.

2) 비공개 대상

(1) 공공기관이 보유·관리하는 정보라 하더라도 다음 각호의 1에 해당하는 정보는 공개하지 않을 수 있다(9조① 단서). 경찰정보는 제4호에 해당하는 경우가 많을 것이며, 또한 제3호에 해당하는 경우도 적지 않을 것이다. 또한 국가안전보장에 관한 정보도 공개 대상에서 제외된다(4조③ 참조).

1. 다른 법률 또는 법률이 위임한 명령(국회규칙·대법원규칙·헌법재판소규칙·중앙선거관리위원회규칙·대통령령 및 조례에 한한다)에 의하여 비밀 또는 비공개 사항으로 규정된 정보
2. 국가안전보장·국방·통일·외교관계 등에 관한 사항으로서 공개될 경우 국가의 중대한 이익을 현저히 해할 우려가 있다고 인정되는 정보
3. 공개될 경우 국민의 생명·신체 및 재산의 보호에 현저한 지장을 초래할 우려가 있다고 인정되는 정보
4. 진행중인 재판에 관련된 정보와 범죄의 예방, 수사, 공소의 제기 및 유지, 형의 집행, 교정, 보안처분에 관한 사항으로서 공개될 경우 그 직무수행을 현저히 곤란하게 하거나 형사피고인의 공정한 재판을 받을 권리를 침해한다고 인정할 만한 상당한 이유가 있는 정보
5. 감사·감독·검사·시험·규제·입찰계약·기술개발·인사관리·의사결정과정 또는 내부검토과정에 있는 사항 등으로서 공개될 경우 업무의 공정한 수행이나 연구·개발에 현저한 지장을 초래한다고 인정할 만한 상당한 이유가 있는 정보
6. 당해 정보에 포함되어 있는 이름·주민등록번호 등 개인에 관한 사항으로서 공개될 경우 개인의 사생활의 비밀 또는 자유를 침해할 우려가 있다고 인정되는 정보. 다만, 다음에 열거한 개인에 관한 정보는 제외한다.

가. 법령이 정하는 바에 따라 열람할 수 있는 정보
나. 공공기관이 공표를 목적으로 작성하거나 취득한 정보로서 개인의 사생활의 비밀과 자유를 부당하게 침해하지 않는 정보
다. 공공기관이 작성하거나 취득한 정보로서 공개하는 것이 공익 또는 개인의 권리구제를 위하여 필요하다고 인정되는 정보
라. 직무를 수행한 공무원의 성명·직위
마. 공개하는 것이 공익을 위하여 필요한 경우로써 법령에 의하여 국가 또는 지방자치단체가 업무의 일부를 위탁 또는 위촉한 개인의 성명·직업
7. 법인, 단체 또는 개인(이하 "법인 등"이라 한다)의 경영·영업상 비밀에 관한 사항으로서 공개될 경우 법인 등의 정당한 이익을 현저히 해할 우려가 있다고 인정되는 정보. 다만, 다음에 열거한 정보를 제외한다.
가. 사업활동에 의하여 발생하는 위해로부터 사람의 생명·신체 또는 건강을 보호하기 위하여 공개할 필요가 있는 정보
나. 위법·부당한 사업활동으로부터 국민의 재산 또는 생활을 보호하기 위하여 공개할 필요가 있는 정보
8. 공개될 경우 부동산 투기·매점매석 등으로 특정인에게 이익 또는 불이익을 줄 우려가 있다고 인정되는 정보

(2) 그러나 비공개는 공공기관의 의무는 아니므로, 비공개 대상 정보라도 공공기관의 판단에 따라 공개하는 것은 금지되지 않으며, 공공기관은 당해 정보의 비공개를 요구하는 공익 및 사익과 공개를 요구하는 공익 및 사익을 형량하여 공개여부를 결정할 의무가 있다고 해석하여야 한다. 또한 비공개 대상 정보라도 기간의 경과 등으로 인하여 비공개의 필요성이 없어진 경우에는 공공기관은 당해 정보를 공개대상으로 하여야 한다(9조②).

4. 정보공개에 관한 공공기관의 의무

(1) 정보공개의무 공공기관은 정보공개법이나 다른 법률에 의하여 공개 대상에서 제외되는 정보를 제외하고는 정보공개청구권자의 청구에 응하여 정보를 공개할 의무가 있다(3조 참조).

(2) 법령 및 정보관리체계 정비의무 공공기관은 정보의 공개를 청구하는 국민의 권리가 존중될 수 있도록 정보공개법을 운영하고 소관 관련 법령을 정비하여야 한다. 또한 공공기관은 정보의 적절한 보존과 신속한 검색이 이루어지도록 정보관리체계를 정비하고, 정보공개업무를 주관하는 부서 및 담당하는 인력을 적정하게 두어야 하며, 정보통신망을 활용한 정보공개시스템 등을 구축하도록 노력하여야 한다(6조).

(3) **행정정보의 공표의무**　공공기관은 공개청구되지 않은 정보라도 국민이 알아야 할 필요가 있는 정보는 적극적으로 공표하여야 한다. 특히 ① 국민생활에 매우 큰 영향을 미치는 정책에 관한 정보, ② 국가의 시책으로 시행하는 공사 등 대규모의 예산이 투입되는 사업에 관한 정보, ③ 예산집행의 내용과 사업평가 결과 등 행정감시를 위하여 필요한 정보, ④ 그 밖에 공공기관의 장이 정하는 정보는, 비공개 대상에 해당하는 정보를 제외하고는, 공개의 구체적 범위, 공개의 주기·시기 및 방법 등을 미리 정하여 공표하고, 이에 따라 정기적으로 공개하여야 한다(7조).

(4) **정보목록의 공개 등**　공공기관은 자신이 보유·관리하는 정보에 대하여 국민이 쉽게 알 수 있도록 정보목록을 작성·비치하고, 그 목록을 정보통신망을 활용한 정보공개시스템 등을 통하여 공개하여야 한다(비공개 대상 정보가 포함되어 있는 경우에는 당해 부분은 제외). 또한 공공기관은 정보의 공개에 관한 사무를 신속하고 원활하게 수행하기 위하여 정보공개장소를 확보하고 공개에 필요한 시설을 갖추어야 한다(8조).

Ⅲ. 공개절차

1. 청　구

(1) **정보공개청구권자**　공공기관에 대하여 정보공개를 청구할 수 있는 자는 모든 국민이다(56조①). 당해 정보와 이해관계 있는 자에 한하지 않으며, 자연인 외에 법인 또는 법인격 없는 사단·재단도 포함된다. 외국인도 국내에 일정한 주소를 두고 거주하거나 학술·연구를 위하여 일시적으로 체류하는 자 및 국내에 사무소를 두고 있는 법인·단체는 우리나라의 공공기관에 대하여 정보공개를 청구할 수 있다(5조②, 시행령 3조).

(2) **공개청구**　정보의 공개를 청구하는 자(청구인)는 당해 정보를 보유하거나 관리하고 있는 공공기관에 서면으로 또는 구술로 정보공개를 청구할 수 있다. 서면으로 청구하는 경우에는 청구인의 이름·주민등록번호·주소 및 연락처(전화번호·전자우편주소 등)와 공개를 청구하는 정보의 내용 및 공개방법을 기재한 정보공개청구서를 제출하여야 한다. 구술로 청구하는 경우에는 담당 공무원 또는 임·직원의 면전에서 이러한 사항을 진술하면 담당 공무원 등이 정보공개청구조서를 작성하고 이에 청구인과 함께 기명날인하여야 한다(10조).

(3) 이송 공공기관은 다른 공공기관이 보유·관리하는 정보의 공개청구를 받은 때에는 지체 없이 이를 소관기관으로 이송하여야 하며, 이송을 한 공공기관은 지체 없이 소관기관 및 이송사유 등을 명시하여 청구인에게 문서로 통지하여야 한다(11조④).

2. 제삼자에의 통지 및 의견청취

공공기관은 공개청구된 공개대상 정보의 전부 또는 일부가 제삼자와 관련이 있다고 인정되는 때에는 공개청구된 사실을 제삼자에게 지체 없이 통지하여야 하며, 필요한 경우에는 그의 의견을 청취할 수 있다(11조③). 자신에 관한 정보가 공개청구된 사실을 통지받은 제삼자는 통지를 받은 날부터 3일 이내에 당해 공공기관에 비공개를 요청할 수 있다(21조①). 일반적 정보공개의 필요성과 개인정보 보호의 필요성을 조화하기 위한 규정이다. 제삼자의 의견청취 여부는 문면상 공공기관의 재량으로 되어 있으나, 제삼자의 의사에 반하여 공개를 거부할 수는 없다고 보아야 하므로, 제삼자의 의견청취는 재량사항이 아니라 의무사항이라고 해석하여야 할 것이다.

3. 결 정

(1) 결정기간 및 결정의 내용 (a) 정보공개청구를 받은 공공기관은 청구를 받은 날부터 10일 이내에 공개 여부를 결정하여야 한다. 다만, 부득이한 사유로 그 기간 내에 공개 여부를 결정할 수 없는 경우에는 그 기간의 만료일 다음날부터 기산하여 10일 이내의 범위에서 결정기간을 연장할 수 있되, 이 경우 공공기관은 연장된 사실과 연장의 이유를 청구인에게 지체 없이 문서로 통지하여야 한다(11조①·②). 정보공개를 청구한 날부터 20일 이내에 공공기관이 공개 여부를 결정하지 아니한 때에는 비공개의 결정이 있는 것으로 본다(11조⑤). (b) 공개 여부의 결정은 공개결정과 비공개결정 및 부분공개결정으로 구분된다. 비공개결정은 청구인이 공개청구한 정보가 비공개대상 정보에 해당하는 경우에 할 수 있다. 공개청구한 정보에 비공개대상 정보와 공개 가능한 부분이 혼합되어 있는 경우에, 공개청구의 취지에 어긋나지 아니하는 범위 안에서 두 부분을 분리할 수 있는 때에는 비공개결정을 할 것이 아니라 비공개대상 정보에 해당하는 부분을 제외하고 공개하여야 한다(14조).

(2) **정보공개심의회**　공공기관 중 국가기관, 지방자치단체 및 정부투자기관에는 정보공개심의회를 두어 정보공개 여부 등을 심의하여야 한다. 정보공개심의회는 위원장 1인을 포함하여 5인 내지 7인의 위원으로 구성한다. 위원은 소속 공무원, 임·직원 또는 외부전문가 중에서 당해 국가기관 등의 장이 지명 또는 위촉하되, 위원장이 아닌 위원 중 2분의 1은 당해 국가기관 등의 업무 또는 정보공개의 업무에 관한 지식을 가진 외부전문가 중에서 위촉하여야 한다(12조).

(3) **결정의 통지**　(a) 공공기관이 정보의 공개를 결정한 때에는 공개일시·공개장소 등을 명시하여 청구인에게 통지하여야 한다(13조①). 반대로 비공개의 결정을 한 때에는 그 사실을 청구인에게 지체 없이 문서로 통지하여야 하며, 이 통지에는 비공개이유·불복방법 및 불복절차를 구체적으로 명시하여야 한다(13조④). 나아가 제삼자가 비공개를 요청하였음에도 불구하고 공공기관이 공개결정을 하는 때에는 그 제삼자에게도 공개결정이유와 공개실시일을 명시하여 지체 없이 문서로 통지하여야 한다(21조② 1문). (b) 공개의 일시는 공공기관의 업무에 지장이 없는 한도에서 최대한 빠른 시일로 정하여야 할 것이다. 그러나 제삼자의 비공개요청에도 불구하고 공개결정을 하는 경우에는, 공개결정일과 공개실시일 사이에 최소한 30일의 간격을 두어야 한다(21조③). 제삼자에게 이의신청 등 불복의 기회를 주기 위한 규정이다.

(4) **즉시공개**　법령 등에 의하여 공개를 목적으로 작성된 정보, 일반국민에게 알리기 위하여 작성된 각종 홍보자료, 공개하기로 결정된 정보로서 공개에 오랜 시간이 걸리지 아니하는 정보, 그 밖에 공공기관의 장이 정하는 정보로서 즉시 또는 구술처리가 가능한 정보에 대하여는 공개여부 결정의 절차를 거치지 아니하고 즉시 공개하여야 한다(16조).

4. 공개결정된 정보의 공개

1) 정보공개의 방법

(1) **공개방법**　공개하기로 결정된 정보를 공개하는 방법으로는 원본의 열람, 사본이나 복제물의 교부, 또는 정보통신망을 통한 정보제공이 있다(2조 2호). 이 중 원칙적인 공개방법은 원본의 열람이다. 그러나 공개대상 정보의 양이 과다하여 정상적인 업무수행에 현저한 지장을 초래할 우려가 있는 경우에는 정보의 사본·복제물을 일정 기간별로 나누어 교부하거나 열람과 병행하여 교부할 수 있고,

또한 정보를 공개함에 있어 당해 정보의 원본이 오손 또는 파손될 우려가 있거나 그 밖에 상당한 이유가 있다고 인정될 때에는 당해 정보의 사본·복제물을 공개할 수 있다(13조 ③·④).

(2) 전자적 공개 청구인은 공공기관에 대하여 정보를 전자적 형태로 공개하여 줄 것을 요청할 수 있다. 그 정보가 공공기관이 전자적 형태로 보유·관리하는 정보인 경우에는 공공기관은 당해 정보의 성질상 현저히 곤란한 경우를 제외하고는 청구인의 요청에 응하여야 하며, 그렇지 않은 정보의 경우에는 정상적인 업무수행에 현저한 지장을 초래하거나 당해 정보의 성질이 훼손될 우려가 없는 한 그 정보를 전자적 형태로 변환하여 공개할 수 있다(15조).

2) 비용부담

정보의 공개 및 우송 등에 소요되는 비용은 실비의 범위 안에서 청구인의 부담으로 한다. 다만, 공개청구된 정보의 사용목적이 공공복리의 유지·증진을 위하여 필요하다고 인정되는 경우에는 비용을 감면할 수 있다(17조).

Ⅳ. 불복절차

1. 청구인의 불복절차

(1) 이의신청 (a) 청구인이 정보공개와 관련한 공공기관의 비공개 또는 부분공개의 결정에 대하여 불복이 있는 때에는 공공기관으로부터 정보공개여부의 결정통지를 받은 날 또는 제11조 제5항의 규정에 의한 비공개의 결정이 있는 것으로 보는 날부터 30일 이내에 당해 공공기관에 문서로 이의신청을 할 수 있다(18조 ①). (b) 공공기관은 이의신청을 받은 날부터 7일 이내에(부득이한 사유로 그 기간 내에 결정할 수 없는 경우에는 7일 이내의 범위에서 연장 가능) 그 이의신청에 대하여 결정하고 그 결과를 청구인에게 지체 없이 문서로 통지하여야 하며, 그 결정이 이의신청을 각하 또는 기각하는 결정인 때에는 청구인에게 행정심판 또는 행정소송을 제기할 수 있다는 취지도 함께 통지하여야 한다(18조②·③).

(2) 행정심판 청구인이 정보공개와 관련한 공공기관의 결정에 대하여 불복이 있는 때에는 행정심판법이 정하는 바에 따라 행정심판을 청구할 수 있다(19조 ① 1문). 관할 행정심판위원회는 행정심판법에 의하여 정해진다. 다만, 국가기관

및 지방자치단체 외의 공공기관의 결정에 대한 감독행정기관은 관계 중앙행정기관의 장 또는 지방자치단체의 장으로 한다고 규정하고 있으므로(동항 2문), 관할 행정심판위원회는 중앙행정심판위원회(관계 중앙행정기관의 장이 감독행정기관인 경우) 또는 시·도 행정심판위원회행정심판위원회(지방자치단체의 장이 감독행정기관인 경우)가 된다. 행정심판은 이의신청을 거치지 않고도 청구할 수 있다(19조②).

(3) 행정소송 (a) 청구인이 정보공개와 관련한 공공기관의 결정에 대하여 불복이 있는 때에는 행정소송법이 정하는 바에 따라 행정소송을 제기할 수 있다(20조①).[27] 이의신청이나 행정심판을 거치지 않아도 행정소송을 제기할 수 있음은 물론이다(행정소송법 18조① 참조). (b) 정보공개에 관한 행정소송에 대하여는 정보공개의 특수성을 고려하여 행정소송법에 대한 최소한의 특칙이 규정되어 있다. 재판장은 필요하다고 인정되는 때에는 당사자를 참여시키지 아니하고 제출된 공개청구정보를 비공개로 열람·심사할 수 있으며, 행정소송의 대상이 제9조 제1항 제2호의 규정에 의한 정보 중 국가안전보장·국방 또는 외교에 관한 정보의 비공개 또는 부분공개결정인 경우에 공공기관이 그 정보에 대한 비밀지정의 절차, 비밀의 등급·종류 및 성질과 이를 비밀로 취급하게 된 실질적인 이유 및 공개를 하지 아니하는 사유 등을 입증하는 때에는 당해 정보를 제출하지 아니하게 할 수 있다는 규정이 그것이다(20조②·③).

2. 제삼자의 불복절차

청구인이 공개청구한 정보에 대하여 관련 있는 제삼자가 비공개를 요청하였음에도 불구하고 공공기관이 공개결정을 하고 이를 제삼자에게 통지한 경우에, 제삼자는 이의신청을 하거나 행정심판 또는 행정소송을 제기할 수 있다(21조② 1문). 이의신청은 그 통지를 받은 날부터 7일 이내에 당해 공공기관에 문서로 하여야 한다(동항 2문). 행정심판의 청구 또는 행정소송의 제기는 각각 행정심판법 또는 행정소송법에 의한다. 다만, 청구인이 제기하는 행정심판 및 행정소송에 관한 정보공개법상의 특칙(19조·20조)이 준용되어야 할 것이다.

27) 정보공개법은 "행정소송법이 정하는 바에 따라" 행정소송을 제기할 수 있다고 규정하고 있으므로, 소송형태는 취소소송이나 무효등확인소송이 될 수밖에 없다. 그러나 정보공개에 관하여는 의무이행소송이 가장 실효적인 소송형태이며, 취소소송 등은 우회적인 구제수단에 불과하다. 행정소송법상 의무이행소송이 일반적으로 허용되는 것이 가장 바람직하지만, 그것이 여의치 않다면 최소한 정보공개법에서 의무이행소송의 일종으로서 정보공개청구소송이라는 특별한 소송형태를 규정할 필요가 있다.

§2. 개인정보의 보호

Ⅰ. 개 설

1. 개인정보 보호의 의의

(1) 개인정보 보호란 개인에 관련된 정보가 공공기관이나 기업·민간단체 또는 다른 개인에 의하여 오용 또는 남용됨으로써 개인의 사생활을 침해하는 것을 막기 위하여 개인에 관한 정보의 수집·처리 및 사용을 통제하고 그에 관하여 개인의 열람·정정청구권 등을 인정함으로써 개인을 보호하는 제도를 말한다.

(2) 개인정보의 침해는 국가·지방자치단체 등의 공권력주체만이 아니라 기업·민간단체·개인 등의 사적 주체에 의해서도 이루어진다. 전통적으로 전자가 중요시되어 왔으나, 민간부문의 힘이 날로 커지고 특히 민영화(privatization)가 세계적 추세로 된 현대사회에 있어서는 사적 주체에 대한 개인정보 보호의 필요성도 그에 못지않게 부각되고 있다. 이에 따라 우리나라도 종래 공공기관만을 대상으로 한 「공공기관의 개인정보 보호에 관한 법률」을 대체하여 2011년에 공·사부문을 통합 규율하는 「개인정보 보호법」을 제정, 시행하고 있다.

(3) 경찰기관도 임무 수행을 위하여 상시적으로 방대한 정보를 수집·처리하고 있으며, 그 중 대부분은 개인정보라 하여도 과언이 아니다.[28] 경찰기관이 보유하는 개인정보는 성질상 비밀로 취급되어 국민이 접근하기 어려운 경우가 많을 것이므로, 경찰상의 개인정보에 대한 보호는 더욱 그 필요성이 크다고 할 수 있다.

2. 개인정보 보호의 법적 근거

1) 헌법적 근거

(1) 개인정보 보호의 헌법적 근거로는, 독일에서는 일반적 인격권의 한 내용으

28) 행정안전부(현 안전행정부)의 2010년도 개인정보파일목록에 의하면 경찰청과 산하기관은 운전면허정보 등 2,122개 개인정보파일을 보유하고 있었다(거기에 수록된 대상 인원은 나와 있지 않으나, 행정자치부의 2006년도 「공공기관의 개인정보화일목록집」에 의하면 총 수록 인원이 연 43,370,769명이었다). 그러나 실제로는 개인정보파일로 정리되지 않은 개인정보가 훨씬 더 많을 것으로 추측된다.

로서의 정보에 관한 자기결정권(Recht auf informationelle Selbstbestimmung)에서 찾는 것이 일반적인 데 비하여, 미국에서는 프라이버시권에서 찾는 것이 보통이다.

(2) '정보에 관한 자기결정권'이라는 독자권 기본권을 인정하든 인정하지 않든 간에, 이러한 내용의 권리가 우리 헌법상으로도 기본권으로서 인정된다는 데 대하여는 이견이 없다. 다만, 우리 헌법은 인간의 존엄과 가치(10조)를 규정하는 외에 따로 사생활의 비밀과 자유(17조)를 규정하고 있기 때문에, 정보에 관한 자기결정권 내지 개인정보 보호청구권의 근거를 구체적으로 헌법의 어느 조항에서 찾을 것인지가 문제된다. 직접적으로는 헌법 제17조에서 근거를 찾으면서, 넓게는 주거의 자유에 관한 헌법 제16조와 통신의 비밀에 관한 제18조도 근거가 될 수 있으며, 궁극적인 원천은 제10조에 있다고 보는 것이 보통이다. 판례는 제10조와 제17조를 함께 자기정보에 대한 통제권의 근거로 보고 있다(대판 1998.7.24., 96다42789).

2) 법률상의 근거

경찰기관이 보유한 개인정보의 보호에 관한 독자적 근거법은 따로 존재하지 않고, 개인정보 보호에 관한 일반법인 「개인정보 보호법」(이하 '개인정보법'으로 약칭함)이 경찰기관이 보유한 개인정보에도 그대로 적용된다.[29] 그 밖에도 다수의 개별 법률이 공공부문에 대한 개인정보 보호에 관하여 단편적인 규정을 두고 있는 바(정보공개 9조① 6호 본문, 11조③, 21조, 행절 37조⑥, 주민등록법 31조②·③, 국공 60조 등), 이러한 규정들도 경찰기관이 보유하는 정보에 적용되는 경우가 있다.

이하에서는 개인정보법에 따라서 경찰기관이 보유하는 개인정보의 보호에 관하여 살펴보기로 한다.

Ⅱ. 개인정보 보호의 목적·보호대상 및 원칙

1. 목적 및 보호대상

(1) 목적　　개인정보법은 개인정보의 수집·유출·오용·남용으로부터 사생활의 비밀 등을 보호함으로써 국민의 권리와 이익을 증진하고, 나아가 개인의 존엄과 가

29) 한편, 경찰에 의한 인적 정보의 수집·관리·활용의 상당부분은 정보상 자기결정에 대한 침해의 성질을 가지는데, 경직법은 그에 관한 일반법으로서는 미흡하므로, 동법 개정을 통해서 경찰상 인적 정보의 수집·관리·활용·폐기 등과 정보수집의 대상·방법·한계 등을 자세히 규정할 필요가 있다는 주장도 제기되고 있다(홍정선(경찰) 72-73면).

치를 구현하기 위하여 개인정보 처리에 관한 사항을 규정함을 목적으로 한다(1조).

(2) **보호대상** (a) 보호의 대상은 개인정보이다. 개인정보는 살아 있는 개인에 관한 정보로서 성명, 주민등록번호 및 영상 등을 통하여 개인을 알아볼 수 있는 정보(해당 정보만으로는 특정 개인을 알아볼 수 없더라도 다른 정보와 쉽게 결합하여 알아볼 수 있는 것을 포함한다)를 말한다(2조 1호).[30] 공공기관[31]이 보유하는 정보에 국한되지 않으며, 컴퓨터에 의하여 처리되는 정보에 국한되지도 않는다. 그러나 "살아 있는 개인에 관한 정보"만이 보호대상이므로, 죽은 사람에 관한 정보나 법인에 관한 정보는 보호되지 않는다. (b) ① 공공기관이 처리하는 개인정보 중 통계법에 따라 수집되는 개인정보, ② 국가안전보장과 관련된 정보 분석을 목적으로 수집 또는 제공 요청되는 개인정보, ③ 공중위생 등 공공의 안전과 안녕을 위하여 긴급히 필요한 경우로서 일시적으로 처리되는 개인정보 및 ④ 언론, 종교단체, 정당이 각각 취재·보도, 선교, 선거 입후보자 추천 등 고유 목적을 달성하기 위하여 수집·이용하는 개인정보에는 개인정보법이 적용되지 않는다(58조①). (c) 공개된 장소에 영상정보처리기기를 설치·운영하여 처리되는 개인정보와 동창회, 동호회 등 친목 도모를 위한 단체를 운영하기 위하여 처리하는 개인정보에는 개인정보법의 일부 조항이 적용되지 않는다(58조②·③).

2. 개인정보 보호의 원칙

개인정보법은 개인정보 보호의 원칙으로 다음과 같은 8가지 원칙을 선언하고 있다(3조).

① 개인정보처리자[32]는 개인정보의 처리[33] 목적을 명확하게 하여야 하고 그 목

---

30) 헌법재판소는 "개인정보자기결정권의 보호대상이 되는 개인정보는 개인의 신체, 신념, 사회적 지위, 신분 등과 같이 개인의 인격주체성을 특징짓는 사항으로서 그 개인의 동일성을 식별할 수 있게 하는 일체의 정보라고 할 수 있고, 반드시 개인의 내밀한 영역이나 사사(私事)의 영역에 속하는 정보에 국한되지 않고 공적 생활에서 형성되었거나 이미 공개된 개인정보까지 포함한다"고 한다(헌결 2005.5.26, 99헌마513, 2004헌마190[병합]).

31) 국회, 법원, 헌법재판소, 중앙선거관리위원회의 행정사무를 처리하는 기관, 중앙행정기관(대통령 소속 기관과 국무총리 소속 기관을 포함한다) 및 그 소속 기관, 지방자치단체와, 그 밖의 국가기관 및 공공단체 중 대통령령으로 정하는 기관을 말한다(2조 6호).

32) 업무를 목적으로 개인정보파일을 운용하기 위하여 스스로 또는 다른 사람을 통하여 개인정보를 처리하는 공공기관, 법인, 단체 및 개인 등을 말한다(2조 5호).

33) 개인정보의 수집, 생성, 기록, 저장, 보유, 가공, 편집, 검색, 출력, 정정, 복구, 이용, 제공, 공개, 파기, 그 밖에 이와 유사한 행위를 말한다(2조 2호).

적에 필요한 범위에서 최소한의 개인정보만을 적법하고 정당하게 수집하여야 한다.

② 개인정보처리자는 개인정보의 처리 목적에 필요한 범위에서 적합하게 개인정보를 처리하여야 하며, 그 목적 외의 용도로 활용하여서는 아니 된다.

③ 개인정보처리자는 개인정보의 처리 목적에 필요한 범위에서 개인정보의 정확성, 완전성 및 최신성이 보장되도록 하여야 한다.

④ 개인정보처리자는 개인정보의 처리 방법 및 종류 등에 따라 정보주체[34]의 권리가 침해받을 가능성과 그 위험 정도를 고려하여 개인정보를 안전하게 관리하여야 한다.

⑤ 개인정보처리자는 개인정보 처리방침 등 개인정보의 처리에 관한 사항을 공개하여야 하며, 열람청구권 등 정보주체의 권리를 보장하여야 한다.

⑥ 개인정보처리자는 정보주체의 사생활 침해를 최소화하는 방법으로 개인정보를 처리하여야 한다.

⑦ 개인정보처리자는 개인정보의 익명처리가 가능한 경우에는 익명에 의하여 처리될 수 있도록 하여야 한다.

⑧ 개인정보처리자는 이 법 및 관계 법령에서 규정하고 있는 책임과 의무를 준수하고 실천함으로써 정보주체의 신뢰를 얻기 위하여 노력하여야 한다.

3. 국가 등의 책무

(1) 개인정보법은 국가와 지방자치단체에 대하여 개인정보 보호를 통하여 인간의 존엄과 개인의 사생활 보호를 도모하기 위한 시책을 강구할 의무, 정보주체의 권리를 보호하기 위하여 법령의 개선 등 필요한 시책을 마련할 의무, 개인정보의 처리에 관한 불합리한 사회적 관행을 개선하기 위하여 개인정보처리자의 자율적인 개인정보 보호활동을 존중하고 촉진·지원할 의무, 개인정보의 처리에 관한 법령 또는 조례를 제정하거나 개정하는 경우에는 이 법의 목적에 부합되도록 할 의무 등을 선언하고 있다(5조).

(2) 이러한 국가 등의 책무를 실현하기 위하여 개인정보법은 개인정보 보호 기본계획과 시행계획의 수립·시행, 개인정보 보호지침의 설정, 개인정보처리자의 자율규제 촉진 및 지원, 국제협력을 위한 시책 마련 등의 구체적인 의무를 규정하고 있다(9조-14조).

34) 처리되는 정보에 의하여 알아볼 수 있는 사람으로서 그 정보의 주체가 되는 사람을 말한다(2조 3호).

Ⅲ. 개인정보의 처리

1. 개인정보의 수집, 이용, 제공 등

(1) 개인정보의 수집·이용 개인정보처리자는 ① 정보주체의 동의를 받은 경우, ② 법률에 특별한 규정이 있거나 법령상 의무를 준수하기 위하여 불가피한 경우, ③ 공공기관이 법령 등에서 정하는 소관 업무의 수행을 위하여 불가피한 경우, ④ 정보주체와의 계약의 체결 및 이행을 위하여 불가피하게 필요한 경우, ⑤ 정보주체 또는 그 법정대리인이 의사표시를 할 수 없는 상태에 있거나 주소불명 등으로 사전 동의를 받을 수 없는 경우로서 명백히 정보주체 또는 제삼자의 급박한 생명, 신체, 재산의 이익을 위하여 필요하다고 인정되는 경우, 또는 ⑥ 개인정보처리자의 정당한 이익을 달성하기 위하여 필요한 경우로서 명백하게 정보주체의 권리보다 우선하는 경우(개인정보처리자의 정당한 이익과 상당한 관련이 있고 합리적인 범위를 초과하지 아니하는 경우에 한한다)에만 개인정보를 수집할 수 있으며 그 수집 목적의 범위에서만 이용할 수 있다(15조①).

(2) 개인정보의 수집 제한 개인정보처리자는 개인정보 수집 허용 사유(15조① 각 호)에 해당하여 개인정보를 수집하는 경우에는 그 목적에 필요한 최소한의 개인정보를 수집하여야 한다. 이 경우 최소한의 개인정보 수집이라는 입증책임은 개인정보처리자가 부담한다(16조①).

(3) 개인정보의 제공 개인정보처리자가 개인정보를 제삼자에게 제공(공유를 포함한다)할 수 있는 경우는 정보주체의 동의를 받은 경우 또는 위의 개인정보 수집 허용 사유(15조① 각 호) 중 ①·②·⑤에 따라 개인정보를 수집한 목적 범위에서 개인정보를 제공하는 경우로 한정된다(17조①).

(4) 개인정보의 이용·제공 제한 개인정보처리자는 개인정보를 제15조 제1항에 따른 범위를 초과하여 이용하거나 제17조 제1항 및 제3항에 따른 범위를 초과하여 제삼자에게 제공하여서는 아니 된다. 이에 대한 예외로서 개인정보를 목적 외의 용도로 이용하거나 이를 제삼자에게 제공할 수 있는 경우는 엄격하게 제한된다(18조①·②).

(5) 개인정보를 제공받은 자의 이용·제공 제한 개인정보처리자로부터 개인정보를 제공받은 자는 정보주체로부터 별도의 동의를 받은 경우 또는 다른 법률에 특별한 규정이 있는 경우를 제외하고는 개인정보를 제공받은 목적 외의 용도

로 이용하거나 이를 제삼자에게 제공하여서는 아니 된다(19조).

(6) 정보주체 이외로부터 수집한 개인정보의 수집 출처 등 고지　개인정보처리자가 정보주체 이외로부터 수집한 개인정보를 처리하는 때에는 정보주체의 요구가 있으면 즉시 개인정보의 수집 출처와 처리 목적 및 제37조에 따른 개인정보 처리의 정지를 요구할 권리가 있다는 사실을 정보주체에게 알려야 한다(20조①).

(7) 개인정보의 파기　개인정보처리자는 보유기간의 경과, 개인정보의 처리 목적 달성 등 그 개인정보가 불필요하게 되었을 때에는, 다른 법령에 따라 보존하여야 하는 경우를 제외하고는, 지체 없이 그 개인정보를 파기하고, 복구 또는 재생되지 아니하도록 조치하여야 한다(21조①·②).

2. 개인정보의 처리 제한

(1) 민감정보·개인식별정보의 처리 제한　개인정보처리자는 정보주체의 동의를 받은 경우 또는 법령에서 처리를 요구하거나 허용하는 경우를 제외하고는 민감정보(사상·신념, 노동조합·정당의 가입·탈퇴, 정치적 견해, 건강, 성생활 등에 관한 정보, 그 밖에 정보주체의 사생활을 현저히 침해할 우려가 있는 개인정보로서 대통령령으로 정하는 정보)나 고유식별정보(법령에 따라 개인을 고유하게 구별하기 위하여 부여된 식별정보로서 대통령령으로 정하는 정보)를 처리할 수 없다(23조, 24조).

(2) 영상정보처리기기의 설치·운영 제한　영상정보처리기기란 일정한 공간에 지속적으로 설치되어 사람 또는 사물의 영상 등을 촬영하거나 이를 유·무선망을 통하여 전송하는 장치로서 대통령령으로 정하는 장치를 말한다(2조 7호). 공개된 장소에서의 영상정보처리기기 설치·운영은 ① 법령에서 구체적으로 허용하고 있는 경우, ② 범죄의 예방 및 수사를 위하여 필요한 경우, ③ 시설안전 및 화재 예방을 위하여 필요한 경우, ④ 교통단속을 위하여 필요한 경우 및 ⑤ 교통정보의 수집·분석 및 제공을 위하여 필요한 경우에만 허용된다. 또한 불특정 다수가 이용하는 목욕실, 화장실, 발한실(發汗室), 탈의실 등 개인의 사생활을 현저히 침해할 우려가 있는 장소의 내부를 볼 수 있도록 영상정보처리기기를 설치·운영하는 것은, 교도소, 정신보건 시설 등 법령에 근거하여 사람을 구금하거나 보호하는 시설로서 대통령령으로 정하는 시설을 제외하고는 금지된다. 영상정보처리기기를 설치·운영하기 위해서는 공청회·설명회의 개최 등의 절차를 거쳐 관계 전문가 및 이해관계인의 의견을 수렴하여야 하며, 영상정보처리기기 운영자에게는 안내판 설치, 기기의 설치목적 외 조작 금지, 개인정보 안전성 확보에 필요한 조치, 기기

운영·관리 방침 설정 등의 의무가 부과된다(25조).

(3) **업무위탁·영업양도 등에 따른 제한** (a) 개인정보처리자가 제삼자에게 개인정보의 처리 업무를 위탁하는 경우에는 위탁업무 수행 목적 외 처리 금지 등 일정한 사항이 포함된 문서에 의하여야 하고, 위탁자에게는 위탁 업무 및 수탁자의 공개와 정보주체에 대한 통지, 수탁자의 교육 및 감독 등의 의무가 부과되며, 수탁자에게는 위탁받은 업무 범위를 초과한 개인정보 이용 및 제삼자 제공이 금지된다(26조). (b) 개인정보처리자가 영업의 전부 또는 일부의 양도·합병 등으로 개인정보를 다른 사람에게 이전하는 경우에는 미리 그 이전 사실 등을 해당 정보주체에게 알려야 하고, 개인정보처리자가 알리지 않은 경우에는 개인정보를 이전받은 영업양수자등은 지체 없이 그 사실을 정보주체에게 알려야 한다. 또한 영업양수자등은 이전받은 개인정보를 이전 당시의 본래 목적으로만 이용하거나 제삼자에게 제공할 수 있다(27조).

3. 개인정보의 관리

(1) **개인정보처리자의 의무** 개인정보법은 개인정보처리자에게 개인정보가 분실·도난·유출·변조 또는 훼손되지 아니하도록 안전성 확보에 필요한 기술적·관리적 및 물리적 조치를 하도록 의무화하고(29조), 그 밖에도 개인정보 처리방침의 수립·공개할 의무(30조), 개인정보가 유출된 경우에는 지체 없이 해당 정보주체에게 통지할 의무(34조) 등을 규정하고 있다. 나아가 개인정보를 처리하거나 처리하였던 자에게는 거짓이나 그 밖의 부정한 수단이나 방법으로 개인정보를 취득하거나 처리에 관한 동의를 받는 행위, 업무상 알게 된 개인정보를 누설하거나 권한 없이 다른 사람이 이용하도록 제공하는 행위, 정당한 권한 없이 또는 허용된 권한을 초과하여 다른 사람의 개인정보를 훼손, 멸실, 변경, 위조 또는 유출하는 행위를 금지하고 있다(59조).

(2) **개인정보파일의 등록 및 공개** 공공기관의 장이 개인정보파일을 운용하는 경우에는 ① 개인정보파일의 명칭, ② 개인정보파일의 운영 근거 및 목적, ③ 개인정보파일에 기록되는 개인정보의 항목, ④ 개인정보의 처리방법, ⑤ 개인정보의 보유기간, ⑥ 개인정보를 통상적 또는 반복적으로 제공하는 경우에는 그 제공받는 자, ⑦ 그 밖에 대통령령으로 정하는 사항을 안전행정부장관에게 등록하고, 안전행정부장관은 개인정보파일의 등록 현황을 누구든지 쉽게 열람할 수 있도록 공개하여야 한다(32조).

(3) 개인정보 영향평가 공공기관의 장은 대통령령으로 정하는 기준에 해당하는 개인정보파일의 운용으로 인하여 정보주체의 개인정보 침해가 우려되는 경우에는 그 위험요인의 분석과 개선 사항 도출을 위한 평가를 하고 그 결과를 안전행정부장관에게 제출하여야 한다. 공공기관이 아닌 개인정보처리자는 개인정보파일 운용으로 인하여 정보주체의 개인정보 침해가 우려되는 경우에는 영향평가를 하기 위하여 적극 노력하여야 한다(33조).

Ⅳ. 정보주체의 권리와 그 보호

1. 정보주체의 권리 선언

개인정보법은 자신의 개인정보 처리와 관련하여 정보주체가 ① 개인정보의 처리에 관한 정보를 제공받을 권리, ② 개인정보의 처리에 관한 동의 여부, 동의 범위 등을 선택하고 결정할 권리, ③ 개인정보의 처리 여부를 확인하고 개인정보에 대하여 열람(사본의 발급을 포함한다. 이하 같다)을 요구할 권리, ④ 개인정보의 처리 정지, 정정·삭제 및 파기를 요구할 권리 및 ⑤ 개인정보의 처리로 인하여 발생한 피해를 신속하고 공정한 절차에 따라 구제받을 권리가 있음을 선언하고 있다(4조). 이러한 추상적인 권리는 개인정보법 제5장에서 개인정보 열람청구권, 정정·삭제청구권, 처리정지 청구권, 손해배상청구권 등으로 구체화되고 있다.

2. 정보주체의 구체적 권리

1) 개인정보 열람청구권

(1) 정보주체는 개인정보처리자가 처리하는 자신의 개인정보에 대한 열람을 해당 개인정보처리자에게 요구할 수 있다. 특히 공공기관에 개인정보 열람을 요구할 때에는 공공기관에 직접 요구할 수도 있고 대통령령으로 정하는 바에 따라 안전행정부장관을 통하여 열람을 요구할 수도 있다(35조①·②).

(2) 열람을 요구받은 개인정보처리자는 10일 내에 정보주체가 해당 개인정보를 열람할 수 있도록 하여야 한다. 다만, 그 기간 내에 열람할 수 없는 정당한 사유가 있을 때에는 정보주체에게 그 사유를 알리고 열람을 연기할 수 있으며, 그 사유가 소멸하면 지체 없이 열람하게 하여야 한다(35조③, 시행령 41조③).

(3) 개인정보처리자는 다음 각 호의 어느 하나에 해당하는 경우에는 정보주체에게 그 사유를 알리고 열람을 제한하거나 거절할 수 있다(35조④).

1. 법률에 따라 열람이 금지되거나 제한되는 경우
2. 다른 사람의 생명·신체를 해할 우려가 있거나 다른 사람의 재산과 그 밖의 이익을 부당하게 침해할 우려가 있는 경우
3. 공공기관이 다음 각 목의 어느 하나에 해당하는 업무를 수행할 때 중대한 지장을 초래하는 경우
   가. 조세의 부과·징수 또는 환급에 관한 업무
   나. 「초·중등교육법」 및 「고등교육법」에 따른 각급 학교, 「평생교육법」에 따른 평생교육시설, 그 밖의 다른 법률에 따라 설치된 고등교육기관에서의 성적 평가 또는 입학자 선발에 관한 업무
   다. 학력·기능 및 채용에 관한 시험, 자격 심사에 관한 업무
   라. 보상금·급부금 산정 등에 대하여 진행 중인 평가 또는 판단에 관한 업무
   마. 다른 법률에 따라 진행 중인 감사 및 조사에 관한 업무

2) 개인정보 정정·삭제청구권

(1) 자신의 개인정보를 열람한 정보주체는 개인정보처리자에게 그 개인정보의 정정 또는 삭제를 요구할 수 있다. 정정·삭제를 요구받은 개인정보처리자는 개인정보의 정정 또는 삭제에 관하여 다른 법령에 특별한 절차가 규정되어 있는 경우를 제외하고는 지체 없이 그 개인정보를 조사하여 정보주체의 요구에 따라 정정·삭제 등 필요한 조치를 한 후 그 결과를 정보주체에게 알려야 한다. 개인정보처리자가 개인정보를 삭제할 때에는 복구 또는 재생되지 아니하도록 조치하여야 한다(36조① 본문, ②·③).

(2) 정보주체는 다른 법령에서 그 개인정보가 수집 대상으로 명시되어 있는 경우에는 그 삭제를 요구할 수 없다. 정보주체가 그 개인정보의 정정·삭제를 요구한 때에는 지체 없이 그 내용을 정보주체에게 알려야 한다(36조① 단서, ④).

3) 개인정보 처리정지 청구권

(1) 정보주체는 개인정보처리자에 대하여 자신의 개인정보 처리의 정지를 요구할 수 있다. 공공기관이 아닌 개인정보처리자에 대하여 처리정지를 요구할 수 있는 개인정보의 범위에 관하여는 제한이 없으나, 공공기관에 대하여는 제32조에 따라 등록 대상이 되는 개인정보파일 중 자신의 개인정보에 대해서만 처리정지를

요구할 수 있다(37조①).

(2) 개인정보처리자는 처리정지 요구를 받았을 때에는 지체 없이 정보주체의 요구에 따라 개인정보 처리의 전부를 정지하거나 일부를 정지하여야 한다. 또한 개인정보처리자는 지체 없이 해당 개인정보의 파기 등 필요한 조치를 하여야 한다(37조② 본문, ④).

(3) 개인정보처리자는 ① 법률에 특별한 규정이 있거나 법령상 의무를 준수하기 위하여 불가피한 경우, ② 다른 사람의 생명·신체를 해할 우려가 있거나 다른 사람의 재산과 그 밖의 이익을 부당하게 침해할 우려가 있는 경우, ③ 공공기관이 개인정보를 처리하지 아니하면 다른 법률에서 정하는 소관 업무를 수행할 수 없는 경우, 또는 ④ 개인정보를 처리하지 아니하면 정보주체와 약정한 서비스를 제공하지 못하는 등 계약의 이행이 곤란한 경우로서 정보주체가 그 계약의 해지 의사를 명확하게 밝히지 아니한 경우에는 정보주체의 처리정지 요구를 거절할 수 있다. 이 경우에는 정보주체에게 지체 없이 그 사유를 알려야 한다(37조② 단서, ③).

4) 손해배상청구권

개인정보법은 정보주체가 개인정보처리자의 개인정보법 위반행위로 손해를 입으면 개인정보처리자에게 손해배상을 청구할 수 있음을 규정하고 있다(39조① 1문). 손해배상청구권 자체는 개인정보법에 규정이 없더라도 일반 불법행위법 및 국가배상법에 비추어 당연한 것이지만, 고의·과실에 관한 입증책임이 전환되어 개인정보처리자에게 전환되어 개인정보처리자가 고의 또는 과실이 없음을 입증하지 아니하면 책임을 면할 수 없고(39조① 2문), 반대로 개인정보처리자가 개인정보법에 따른 의무를 준수하고 상당한 주의와 감독을 게을리하지 아니한 경우에는 개인정보의 분실·도난·유출·변조 또는 훼손으로 인한 손해배상책임을 감경받을 수 있도록(39조②) 특칙을 둔 데 의의가 있다.

3. 정보주체의 권리의 보호

1) 개 관

개인정보의 위법한 처리에 대한 정보주체의 권리보호절차는 개인정보처리자가 공공기관인지 기업·단체, 그 밖의 사적 주체인지에 달려 있다. 개인정보처리자가 사적 주체인 경우에는 기본적으로 민사소송에 의하여 권리보호가 이루어지고, 공공기관인 경우에는 행정심판과 행정소송을 통하여 이루어진다. 그러나 개인정보 보호법은 이러한 일반적인 권리구제절차와 별도로 개인정보 분쟁조정절차를 도입하여 간이하고 신속한 권리구제를 도모하고 있으며, 또한 민사소송의 특수한 유형으로 개인정보 단체소송을 규정하고 있다.

2) 개인정보 분쟁조정

(1) 의의 (a) 조정(調停)이란 재판 외의 분쟁해결제도 중 하나로, 재판에 앞서 중립적인 지위에 있는 제삼자의 권고에 따라 분쟁의 양 당사자가 서로 양보하여 합의로써 분쟁을 해결하는 절차를 말한다. 개인정보 분쟁조정은 2011년 개인정보법에 의하여 새로 도입된 제도로서, 합의제 행정기관인 개인정보 분쟁조정위원회가 개인정보에 관한 분쟁을 조정하는 절차이다. (b) 행정기관에 의한 분쟁조정은 행정심판을 대체하는 것은 아니다. 따라서 개인정보에 관한 분쟁이라고 하더라도 국가나 지방자치단체의 행정청의 처분이나 부작위를 원인으로 하는 경우에는, 분쟁조정과 무관하게 행정심판법에 따라서 행정심판을 청구할 수 있다고 보아야 할 것이다.35)

(2) 개인정보 분쟁조정위원회 (a) 개인정보 분쟁조정은 안전행정부 소속의 개인정보 분쟁조정위원회(이하 "조정위원회"라 약칭함)가 담당한다. 조정위원회는 위원장 1명과 상임위원 1명을 포함한 20명 이내의 위원으로 구성하며, 일정한 자격을 갖춘 사람 중에서 안전행정부장관이 임명하거나 위촉한다(40조②·③). (b) 조정위원회는 분쟁조정 업무를 효율적으로 수행하기 위하여 필요하면 대통령령으로 정하는 바에 따라 조정사건의 분야별로 5명 이내의 위원으로 구성되는 조정부를 둘 수 있다. 이 경우 조정부가 분쟁조정위원회에서 위임받아 의결한 사항은 분쟁조정위원회에서 의결한 것으로 본다(40조⑥). (c) 분쟁조정위원회 또는 조정부는 재적위원 과반수의 출석으로 개의하며 출석위원 과반수의 찬성으로 의결한다(40조⑦). (d) 조정위원의 공정성을 확보하기 위하여 위원의 제척·기피·회피제도가 규정되어 있다(42조).

(3) 조정절차 (a) 개인정보와 관련한 분쟁의 조정을 원하는 자는 분쟁조정위원회에 분쟁조정을 신청할 수 있다(43조①). 조정은 임의적 절차이기 때문에, 상대방은 조정에 응할 의무가 없다. 그러나 공공기관은 특별한 사유가 없으면 분쟁조정에 응하여야 한다(43조③). (b) 조정위원회는 분쟁조정 신청을 받은 날부터 60

---

35) 동지: 홍정선(상) 575면.

일 이내에 이를 심사하여 조정안을 작성하여야 한다. 다만, 부득이한 사정이 있는 경우에는 분쟁조정위원회의 의결로 처리기간을 연장할 수 있다(44조①). (c) 조정위원회는 조정에 들어가기 전에 당사자에게 분쟁조정 신청의 내용을 제시하고 조정 전 합의를 권고할 수 있다(46조). 양 당사자가 권고를 받아들여 합의에 이르면 절차는 종료된다. (d) 당사자 중 한쪽이라도 조정 전 합의 권고를 거부하거나, 권고에 따라 합의를 시작했지만 합의에 이르지 못한 경우에는, 조정위원회가 조정안을 작성하여 각 당사자에게 제시함으로써 본격적인 조정이 시작된다. 조정안에는 ① 조사 대상 침해행위의 중지, ② 원상회복, 손해배상, 그 밖에 필요한 구제조치, ③ 같거나 비슷한 침해의 재발을 방지하기 위하여 필요한 조치 중 어느 하나의 사항이 포함되어야 한다. 조정안은 양 당사자가 수락해야만 조정이 성립되는데, 당사자가 제시받은 날부터 15일 이내에 수락 여부를 알리지 아니하면 조정을 거부한 것으로 본다. 양 당사자가 조정내용을 수락하면 분쟁조정위원회는 조정서를 작성하고, 분쟁조정위원회의 위원장과 각 당사자가 기명날인하여야 한다. 조정의 내용은 재판상 화해와 동일한 효력을 갖는다(47조). (e) 조정위원회는 분쟁의 성질상 분쟁조정위원회에서 조정하는 것이 적합하지 아니하다고 인정하거나 부정한 목적으로 조정이 신청되었다고 인정하는 경우에는 그 조정을 거부할 수 있다. 또한 신청된 조정사건에 대한 처리절차를 진행하던 중에 한 쪽 당사자가 소를 제기하면 조정위원회는 그 조정의 처리를 중지하고 이를 당사자에게 알려야 한다(48조).

(4) **집단분쟁조정** (a) 집단분쟁조정이란 정보주체의 피해 또는 권리침해가 다수의 정보주체에게 같거나 비슷한 유형으로 발생하는 경우로서 대통령령으로 정하는 사건[36]에 대한 일괄적인 분쟁조정을 말한다. 국가 및 지방자치단체, 개인정보보호단체 및 기관, 정보주체, 개인정보처리자는 집단분쟁조정을 의뢰 또는 신청할 수 있고, 조정위원회는 그 의결로써 집단분쟁조정절차를 개시할 수 있다. 이 경우 조정위원회는 14일 동안 그 절차의 개시를 공고하여야 한다(49조①·②, 시행령 53조①). (b) 집단분쟁조정절차가 개시되면 조정위원회는 당초 그 분쟁의 당사자로 참여하지 않은 정보주체 또는 개인정보처리자로부터 그 분쟁조정의 당사자에 추가로 포함될 수 있도록 하는 신청을 받을 수 있다. 반대로, 집단분쟁조정의 당사자인 다

---

36) 피해 또는 권리침해를 입은 정보주체(개인정보처리자와 분쟁해결이나 피해보상에 관한 합의가 이루어진 정보주체, 같은 사안으로 다른 법령에 따라 설치된 분쟁조정기구에서 분쟁조정 절차가 진행 중인 정보주체 및 해당 개인정보 침해로 인한 피해에 대하여 법원에 소를 제기한 정보주체는 제외한다)의 수가 50명 이상이고, 사건의 중요한 쟁점이 사실상 또는 법률상 공통되는 사건을 말한다(시행령 52조).

수의 정보주체 중 일부가 법원에 소를 제기한 경우에는 그 절차를 중지하지 아니하고, 소를 제기한 일부의 정보주체를 그 절차에서 제외한다(49조③·⑥). (c) 조정위원회는 그 의결로써 집단분쟁조정의 당사자 중에서 공동의 이익을 대표하기에 가장 적합한 1인 또는 수인을 대표당사자로 선임할 수 있다(49조④). (d) 집단분쟁조정의 기간은 절차 개시 공고가 종료된 날의 다음 날부터 60일 이내로 한다. 다만, 부득이한 사정이 있는 경우에는 분쟁조정위원회의 의결로 처리기간을 연장할 수 있다(49조⑦). (e) 개인정보처리자가 조정위원회의 집단분쟁조정 내용을 수락한 경우에는 조정위원회는 집단분쟁조정의 당사자가 아닌 자로서 피해를 입은 정보주체에 대한 보상계획서를 작성하여 제출하도록 권고할 수 있다(49조⑤).

3) 개인정보 단체소송

(1) 의의 단체소송이란 집단소송의 일종으로서, 다수의 피해자를 대신하여 피해자를 대표하는 단체가 원고가 되어 제기하는 소송을 말한다. 우리나라에서는 2006년 소비자기본법에 의하여 도입된 소비자 단체소송에 이어 두 번째로 개인정보법에 의한 개인정보 단체소송이 도입되었다. 개인정보단체소송은 개인정보 처리와 관련하여 다수의 정보주체가 권리침해를 당한 경우에 일정한 자격을 갖춘 단체가 개인정보처리자에 대하여 권리침해의 금지·중지를 구하는 소송이다.[37]

(2) 소송요건 (a) 개인정보 단체소송은 개인정보처리자가 집단분쟁조정을 거부하거나 집단분쟁조정의 결과를 수락하지 않은 경우에 제기할 수 있다. (b) 청구의 취지는 권리침해행위의 금지 또는 중지이다. (c) 단체소송은 다음 각 호의 어느 하나에 해당하는 단체만이 제기할 수 있다(이상 51조).

1. 「소비자기본법」 제29조에 따라 공정거래위원회에 등록한 소비자단체로서 다음 각 목의 요건을 모두 갖춘 단체
   가. 정관에 따라 상시적으로 정보주체의 권익증진을 주된 목적으로 하는 단체일 것
   나. 단체의 정회원수가 1천명 이상일 것
   다. 「소비자기본법」 제29조에 따른 등록 후 3년이 경과하였을 것

---

37) 개인정보법은 개인정보 단체소송을 민사소송의 특수한 형태로 상정하고 있다. 단체소송에 관하여 동법에 특별한 규정이 없는 경우에는 민사소송법을 적용한다"는 규정(57조①)이 이를 방증한다. 종래 공공기관에 대한 개인정보 보호 관련 소송은 개인정보에 관련된 공공기관의 결정에 불복하는 행정소송으로 처리되어 왔다. 앞으로도 처분성이 인정되는 공공기관의 결정이 있는 한 행정소송을 제기할 수 있을 것이다. 그러나 행정소송을 단체소송으로 제기할 수는 없다고 볼 수밖에 없다(동지: 홍정선, 행정법원론(상), 제20판, 박영사, 578면).

2. 「비영리민간단체 지원법」 제2조에 따른 비영리민간단체로서 다음 각 목의 요건을 모두 갖춘 단체

가. 법률상 또는 사실상 동일한 침해를 입은 100명 이상의 정보주체로부터 단체소송의 제기를 요청받을 것

나. 정관에 개인정보 보호를 단체의 목적으로 명시한 후 최근 3년 이상 이를 위한 활동실적이 있을 것

다. 단체의 상시 구성원수가 5천명 이상일 것

라. 중앙행정기관에 등록되어 있을 것

(3) 관할 개인정보 단체소송의 소는 피고의 주된 사무소 또는 영업소가 있는 곳(주된 사무소나 영업소가 없는 경우에는 주된 업무담당자의 주소가 있는 곳)의 지방법원 본원 합의부의 관할에 전속한다(52조①).

(4) 제소절차 단체소송을 제기하는 단체는 소장과 함께 소송허가신청서를 법원에 제출하여 법원의 허가를 받아야 한다. 법원은 개인정보처리자가 분쟁조정위원회의 조정을 거부하거나 조정결과를 수락하지 아니하였고 또한 소송허가신청서의 기재사항에 흠결이 없는 한하여 결정으로 단체소송을 허가한다. 단체소송을 허가하거나 불허가하는 결정에 대하여는 즉시항고를 할 수 있다(54조, 55조). 단체소송의 허가결정이 있는 경우에는 「민사집행법」 제4편에 따른 보전처분을 할 수 있다(57조②).

(5) 소송대리인 단체소송의 원고는 변호사를 소송대리인으로 선임하여야 한다(53조).

(6) 판결의 효력 원고의 청구를 기각하는 판결이 확정된 경우 이와 동일한 사안에 관하여는 제51조에 따른 다른 단체는 단체소송을 제기할 수 없다. 다만, 판결이 확정된 후 그 사안과 관련하여 국가·지방자치단체 또는 국가·지방자치단체가 설립한 기관에 의하여 새로운 증거가 나타난 경우, 또는 기각판결이 원고의 고의로 인한 것임이 밝혀진 경우는 예외이다(56조).

4) 침해사실의 신고

개인정보처리자가 개인정보를 처리할 때 개인정보에 관한 권리 또는 이익을 침해받은 사람은 안전행정부장관에게 그 침해 사실을 신고할 수 있다(62조①). 침해사실의 신고는 행정심판의 청구나 행정소송의 제기와 같이 구속력 있는 심리·판정을 요구하는 행위는 아니고, 안전행정부장관이 지정한 전문기관에 설치된 개인정보침해 신고센터에서 상담을 통하여 비정식의 구제를 도모하려는 취지이다.

제 8 장

경찰구제법

(1) 경찰은 공공의 안녕·질서를 유지하기 위하여 권력적으로 명령·강제함으로써 직접적으로 국민의 자유를 제한하는 작용이다. 그 명령·강제가 적법하다면 국민은 그 명령을 준수하고 강제를 수인하여야 할 의무가 있다. 그러나 그 명령·강제가 위법하거나 부당한 경우에는 그로 인하여 권리·이익을 침해받은 국민은 흠 있는 경찰작용의 효력을 다투거나 이미 발생한 실체적 손해를 회복할 수 있도록 구제수단이 제공되어야 한다. 나아가 경찰작용이 적법한 경우에도 그로 인하여 특정인이 자신의 책임 없는 사유로 특별한 희생을 입은 경우에는 정의와 공평의 이념을 실현하기 위하여 그 손실을 보상해줄 필요가 있다. 이처럼 경찰작용으로 인한 국민의 권익침해를 구제하는 것을 경찰구제라고 한다.

(2) 경찰구제에 고유한 제도는 따로 존재하지 않고, 널리 행정작용으로 인하여 침해된 국민의 권익을 구제하는 제도를 의미하는 행정구제제도가 경찰의 영역에도 그대로 적용된다. 행정구제의 구체적인 제도에는 여러 가지가 있으나, 그 중에서 대표적인 것은 행정작용으로 인한 실체적 손해를 전보하는 국가보상제도와 흠 있는 행정작용의 효력을 다투는 행정쟁송제도이다. 이러한 전형적인 행정구제도 외에 옴부즈만·청원제도 등의 비정식 구제수단도 오늘날 상당한 역할을 하고 있으며, 또한 행정절차도 사전적 구제의 기능을 가지는 것으로 인정되고 있다.

(3) 여기에서는 정식 구제제도에 속하는 국가보상과 행정쟁송에 관해서만 살펴본다.

제 1 절 국가보상

국가보상이란 행정상 손해전보라고도 하며, 국가 또는 공공단체의 활동에 의하여 개인에게 발생한 손해 또는 손실을 전보하여 주는 것을 말한다. 국가보상은 그 원인인 국가·공공단체의 활동이 위법한 것인지 적법한 것인지에 따라 행정상 손해배상(국가배상)과 행정상 손실보상으로 구분된다.

§1. 행정상 손해배상

I. 개 설

(1) 위법한 경찰작용으로 인하여 손해를 입은 국민은 헌법(29조) 및 국가배상법을 근거로 국가를 상대로 배상을 청구할 수 있다. 이처럼 국가 등 행정주체의 위법한 작용으로 인하여 사인이 손해를 입은 경우에 행정주체가 그 손해를 전보해 주는 제도를 행정상 손해배상 또는 국가배상이라고도 한다.[1)]

(2) 국가배상의 원인이 되는 행정주체의 작용은 공무원의 직무행위인 경우도 있고 사람(공무원)이 아닌 물건(영조물)의 상태(하자)인 경우도 있다. 어느 경우든 그 원인은 위법하다는 점에서, 적법행위를 원인으로 하는 손실보상과 구별된다.

II. 공무원의 직무상 불법행위로 인한 국가배상책임

1. 성립요건

국가배상법은 "국가나 지방자치단체는 공무원 또는 공무를 위탁받은 사인(이하 '공무원'이라 한다)이 직무를 집행하면서 고의 또는 과실로 법령을 위반하여 타인에게 손해를 입[힌] 때에는 이 법에 따라 그 손해를 배상하여야 한다"고 규정하고 있다(2조① 본문. 또한 헌법 29조① 1문 참조). 따라서 경찰업무를 담당하는 공무원(경찰공무원·소방공무원)의 위법하고 고의·과실이 있는 직무행위(직무상 불법행위)로 인하여 손해를 입은 국민은 국가나 지방자치단체를 상대로 손해배상을 청구할 수 있다. 공무원의 직무상 행위로 인한 국가배상책임(이하 '직무책임'으로 약칭함)이 성립하기 위해서는 ① 공무원이, ② 직무를 집행하면서, ③ 고의 또는 과실로, ④ 위법하게, ⑤ 타인에게 손해를 입혔어야 한다.

(1) 공무원　　손해의 원인이 된 행위를 한 자는 공무원 또는 공무를 위탁받은 사인이어야 한다. "공무를 위탁받은 사인"은 학문상 공무수탁사인으로 불리며, 신

---

1) 행정상 손해배상은 행정작용만을 원인으로 하는 것도 아니며, 배상 자체가 반드시 행정작용인 것도 아니다. 따라서 '행정상 손해배상'보다는 '공법상 손해배상' 또는 '국가배상'이라는 용어가 보다 정확하다고 할 수 있다. 이 책에서는 국가배상이라는 용어를 사용한다.

분상의 공무원은 아니지만 국가나 지방자치단체로부터 법률에 근거하여 공무를 위탁받아 실질적으로 공무에 종사하는 자를 말한다. 군인 중의 병(兵)이나 소집중인 향토예비군 대원이 그 대표적인 예이다.[2] 경찰작용과 관련해서는 전투경찰순경을 예로 들 수 있다. 이하에서는 공무원은 공무수탁사인을 포함하는 의미로 사용한다.

(2) 직무를 집행함에 당하여 손해의 원인이 된 행위는 공무원이 직무를 집행하면서 한 행위이어야 한다. (a) 직무는 행정작용만이 아니라 입법·사법작용을 포함하며, 작위는 물론, 부작위도 포함된다. 다만, 행정작용 중 국고작용에 관하여는 사법인 민법(756조)이 적용되므로, 국가배상법상의 직무에서는 제외된다. (b) '직무를 집행하면서'란 직무집행행위 자체뿐만 아니라 외형상 직무집행과 밀접한 관련이 있는 행위도 포함하는 개념이다. 예컨대, 유실물 보관을 담당하는 경찰공무원이 보관중인 유실물을 횡령하는 것은 본연의 직무집행행위는 아니지만 '직무를 집행하면서' 한 행위에 해당한다.

(3) 고의·과실 (a) 손해의 원인이 된 공무원의 행위는 고의 또는 과실에 의한 것이어야 한다. 고의란 결과 발생의 인식(이러한 행위를 하면 그러한 결과가 발생하리라는 것을 알았음) 또는 인용(그러한 결과 발생을 굳이 원하지는 않았더라도 적어도 받아들였음)을, 과실이란 주의의무 위반을 의미한다. (b) 직무책임이 성립하기 위해서는 반드시 공무원의 고의·과실이 있어야 하므로, 직무책임은 과실책임이다. 그러나 오늘날 공무원의 고의·과실이라는 요건은 완화되는 경향이 있다. 과실의 판정에 있어서 당해 공무원의 개인적인 주의력이 아니라 그 종류의 직무를 담당하는 공무원이 평균적으로 갖추어야 할 주의력을 기준으로 하며, 나아가 다른 요건이 갖추어지면 공무원의 과실을 사실상 추정하는 것 등이 그 예이다.

(4) 위법성 손해의 원인이 된 공무원의 직무행위는 위법한 것이어야 한다. 국가배상법은 "법령에 위반하여"라고 표현하고 있으나, 여기에서의 법령위반은 법률과 법규명령의 위반뿐만이 아니라 불문법을 포함한 모든 실정법의 위반, 즉 위법을 의미한다.

---

2) 2009.10.21. 개정 전의 국가배상법은 "공무원이 직무를 집행하면서"라고만 규정하고 있었지만, 여기에서 공무원은 신분상의 공무원만이 아니라 국가나 지방자치단체로부터 법률에 근거하여 공무를 위탁받아 실질적으로 공무에 종사하는 자를 모두 포함한다고 해석하는 것이 통설과 판례의 입장이었다. 그리고 이러한 공무원 개념을 '국가배상법상의 공무원'이라고 불렀다. 현행법은 '공무원'을 신분상의 공무원만으로 이해하고 공무수탁사인을 따로 직무상 불법행위의 주체로 명시하고 있지만, 과연 병이나 전투경찰순경을 '사인'으로 보아야 할 것인지는 의문의 여지가 있다.

(5) 손해발생 공무원의 직무상 불법행위로 인하여 타인에게 손해가 발생하여야 한다. 여기에서 '타인'은 가해 공무원 이외의 모든 자를 의미하며, 피해자 자신이 가해 공무원과 동일한 직무에 종사하고 있던 공무원이어도 상관없다(다만, 군인·경찰공무원 등의 경우에는 뒤에서 설명하는 군인 등에 대한 배상제한으로 인하여 실제로 국가배상을 청구할 수 없는 경우가 많다). 손해란 모든 법익의 침해를 의미하며, 재산적 손해와 비재산적 손해, 적극적 손해와 소극적 손해를 모두 포함한다. 그리고 공무원의 직무상 불법행위와 손해 사이에는 상당인과관계가 존재하여야 한다.

2. 배상책임자

(1) 국가의 배상책임 (a) 위의 요건을 갖추면 그 공무원이 속한 국가나 지방자치단체가 배상책임을 진다. 국가경찰공무원의 직무상 불법행위를 원인으로 하는 손해에 대해서는 국가에 배상책임이 있다. 반면에 제주특별자치도 자치경찰공무원의 직무상 불법행위를 원인으로 하는 손해는 제주특별자치도가 배상책임자이다. 소방공무원도 국가소방공무원인지 지방소방공무원인지에 따라 각각 국가 또는 소속 지방자치단체가 배상책임자가 된다. (b) 공무원을 선임·감독하는 행정주체와 공무원의 봉급·급여, 그 밖의 비용을 부담하는 행정주체가 다른 경우에는 양자 모두 배상책임이 있다(국배 6조①). 따라서 시·도의 소방관서에 근무하는 국가소방공무원의 직무상 불법행위로 인한 손해에 대해서는 피해자는 국가를 상대로 배상을 청구할 수도 있고 소속 시·도를 상대로 배상을 청구할 수도 있다. (c) 위법행위를 행한 것은 공무원임에도 불구하고 왜 국가가 배상책임을 지는가? 이것은 달리 말하면 공무원의 직무상 불법행위에 대하여 국가가 지는 책임의 본질은 무엇인가의 문제이기도 하다. 국가의 배상책임의 본질에 관하여는 종래 국가가 공무원을 대위하여 지는 책임이라는 견해(대위책임설), 공무원의 직무행위는 국가의 행위이므로 국가의 책임은 자기 자신의 행위에 대한 책임이라는 견해(자기책임설), 공무원에게 경과실만 있는 경우에는 국가의 자기책임이지만 고의 또는 중과실이 있는 경우에는 대위책임으로 보는 견해(중간설) 등이 대립되고 있었다. 대법원은 1996년의 대법원 전원합의체판결[3] 이래 중간설의 입장을 취하고 있다.

(2) 구상(求償) 국가나 지방자치단체가 피해자에 배상한 뒤, 공무원에게 고의 또는 중대한 과실이 있는 경우에는 공무원에게 구상할 수 있다(국배 2조②). 따라서 공무원에게 경과실만 있었던 경우에는 공무원은 완전히 면책된다.

---

3) 대전판 1996.2.15, 95다38677.

(3) 공무원 개인의 책임　피해자는 국가·지방자치단체가 아니라 가해 공무원 개인을 상대로 손해배상을 청구할 수 있는가? 이에 관하여도 학설과 판례가 엇갈리고 있었으나, 대법원은 1996년의 위 판결 이래 공무원에게 고의·중과실이 있는 경우에만 피해자는 공무원 개인을 상대로 배상을 청구할 수 있다는 입장을 견지하고 있다.

Ⅲ. 영조물책임

1. 성립요건

도로·하천, 그 밖의 공공의 영조물의 설치나 관리에 하자가 있기 때문에 타인에게 손해를 발생하게 하였을 때에는 국가나 지방자치단체는 그 손해를 배상하여야 한다(국배 5조① 1문). 따라서 국가경찰기관이 설치·관리하는 영조물의 하자로 인하여 손해가 발생한 경우에는 국가를 상대로 손해배상을 청구할 수 있다. 공공의 영조물의 설치·관리상의 하자로 인한 국가배상책임의 성립요건은 다음과 같다.

(1) 공공의 영조물　원래 영조물이란 행정조직법상의 개념으로서 계속적으로 일정한 행정목적을 수행하기 위하여 조직된 인적·물적 결합체를 뜻하지만, 여기에서 공공의 영조물이란 그러한 의미가 아니라 행정주체가 직접 공익목적(공중의 사용에 제공할 목적, 행정주체 자신이 사용할 목적, 또는 그 물건 자체를 보존할 목적)에 제공한 유체물, 즉 학문상의 공물을 의미한다는 데 이견이 없다. 도로·하천 등이 대표적인 예이지만, 그 밖에 공원·항만·공설운동장, 행정관서나 국공립학교의 청사, 신호등·교통안전표지, 지정문화재 등도 이에 속한다. 또한 경찰견과 같은 동물도 포함된다.

(2) 설치·관리상의 하자　영조물책임이 성립하기 위해서는 영조물의 설치나 관리에 하자가 있어야 한다. '하자'의 의미에 관해서는 객관적으로 그 종류의 공물이 통상 갖추어야 할 안전성의 결여를 의미한다는 견해(객관설), 공물 설치·관리를 담당하는 공무원의 고의·과실을 의미한다는 견해(주관설), 객관적 안전성의 결여와 담당 공무원의 고의·과실 양자를 포함한다는 견해(절충설) 등이 있으나, 객관설이 통설과 판례의 입장이다. 따라서 영조물책임은 무과실책임으로 이해된다.

(3) 손해발생　영조물 설치·관리상의 하자로 인하여 타인에게 손해가 발생하여야 한다. 손해는 모든 법익의 침해를 의미하며, 재산적 손해와 비재산적 손해, 적극적 손해와 소극적 손해를 모두 포함한다. 또한 영조물 설치·관리상의 하자와

손해 사이에는 상당인과관계가 존재하여야 한다.

2. 배상책임자

(1) 국가의 배상책임 (a) 위의 요건이 충족되면 그 영조물의 설치·관리주체인 국가나 지방자치단체가 그 손해를 배상할 책임이 있다. 국가경찰작용과 관련된 영조물은 국가가 설치·관리주체이므로, 그 하자로 인한 손해배상책임은 국가에 있다. 다만, 도로교통법에 의한 신호기 및 안전표지는 특별시장·광역시장·제주특별자치도지사·시장·군수(광역시의 군수는 제외한다)가 설치·관리할 책임이 있으므로(3조① 본문), 신호기나 안전표지의 하자로 인한 손해는 당해 특별시·광역시·특별자치도나 시 또는 군이 배상하여야 한다.[4] 한편, 소방과 관련된 영조물은 대부분 광역자치단체가 설치·관리주체일 것이므로, 그 하자로 인한 손해배상책임도 당해 광역자치단체에 있다. (b) 영조물 설치·관리를 맡은 행정주체와 그 비용을 부담하는 행정주체가 다른 경우에는 양자 모두 배상책임이 있고(국배 6조①), 피해자는 선택적으로 배상을 청구할 수 있다.

(2) 구상 국가·지방자치단체는 피해자에게 손해를 배상한 뒤에 그 손해의 원인에 대하여 책임을 질 자가 따로 있는 경우에는 그 자에게 구상할 수 있다(국배 5조②).

Ⅳ. 배상의 범위와 절차 등

1. 배상범위

직무책임이나 영조물책임이 성립하는 경우에 배상하여야 할 손해는 가해행위 또는 영조물의 하자와 상당인과관계 있는 모든 손해이다. 국가배상법은 사망사고

---

4) 특별시장 등의 신호기·안전표지 설치·관리가 당해 지방자치단체의 사무라고 보면 지방자치단체만이 배상책임자이다. 그러나 도로교통상의 위해방지는 국가경찰의 임무로서 이를 위한 신호기와 안전표지의 설치·관리는 원래 국가사무이지만 도로교통법에 의하여 지방자치단체의 장에게 기관위임된 것으로 해석할 여지도 있다. 이렇게 본다면 시장 등이 신호기·안전표지를 설치·관리하는 것은 국가의 지방행정관청의 지위에서 행하는 것이고, 이 경우에도 소속 행정주체는 지방자치단체가 아니라 국가이며, 따라서 국가가 배상책임자이지만, 당해 지방자치단체는 비용부담자로서 국가배상법 제6조 제1항에 의하여 국가와 함께 배상책임자가 된다(대판 1993.1.26, 92다2684 참조). 어느 쪽으로 해석하든, 신호기·안전표지를 설치·관리하는 지방자치단체에도 배상책임이 있는 것은 차이가 없다.

의 경우에 배상액 산정의 기준과 이익공제방식을 규정하고 있으나(3조, 3조의2, 5조 ① 2문), 이 규정들은 배상액을 제한하는 것이 아니라 단순한 기준을 제시하는 데 불과하고, 실제 손해액이 입증되는 경우에는 그 전액을 배상받을 수 있다는 것이 통설과 판례(대전판 1970.1.29., 69다1203)의 입장이다.

2. 군인 등에 대한 배상 제한

(1) 군인·군무원·경찰공무원 또는 향토예비군대원이 전투·훈련 등 직무집행과 관련하여 전사·순직하거나 공상(公傷)을 입은 경우에 본인이나 그 유족이 다른 법령의 규정에 따라 재해보상금·유족연금·상이연금 등의 보상을 지급받을 수 있을 때에는 국가배상법 및 민법에 따른 손해배상을 청구할 수 없다(국배 2조① 단서, 5조① 2문. 또한 헌법 29조② 참조).[5] 직무의 성질상 상시적으로 위험을 무릅써야 하는 군인·경찰공무원 등에 대하여는 사망·부상 등에 대비하여 따로 보상제도를 마련하는 대신에, 국가배상법상의 배상요건을 충족하는 경우에도 별도의 보상제도에 의한 보상 외에 추가로 국가배상을 하지 않으려는 취지이다. 그러나 국가배상 배제의 범위가 너무 넓고 평시와 전시를 가리지 않는다는 점 등은 문제이며, 나아가 헌법상의 평등원칙에 반한다는 비판을 피할 수 없다.[6]

(2) 위의 요건에 해당하는 경우에는 국가를 상대로 손해배상을 청구할 수는 없다. 그러나 가해 공무원 개인의 배상책임도 면제되는 것은 아니다(다만, 가해 공무원 개인을 상대로 손해배상을 청구하기 위해서는 고의·중과실이 있어야 함은 일반 공무원의 경우와 같다).

3. 배상절차

(1) **배상결정** 경찰업무를 담당하는 공무원의 직무상 불법행위나 경찰기관이 설치·관리하는 영조물의 하자로 인하여 손해를 입은 자는 배상심의회에 배상신청을 하여 그 결정에 따라 배상을 받을 수 있다. 배상심의회는 지역별로 설치되는

---

5) 이를 '이중배상제한'이라고 부르는 것이 통례이나, 다른 법령의 규정에 의한 재해보상금·유족연금·상이연금 등의 보상은 배상이 아니므로, 적절하지 않은 용어이다.

6) 1972년 이래 헌법 자체가 같은 내용을 정하고 있으므로(현행 헌법 29조②), 형식상 국가배상법 제2조 제1항 단서를 위헌이라고 할 수는 없다. 그럼에도 불구하고 헌법의 핵을 이루는 평등원칙에 어긋나는 것으로서 정당성을 결하고 있다고 볼 수밖에 없으며, 입법론적으로는 폐지하는 것이 바람직하다.

지구심의회와 법무부에 설치되는 본부심의회의 2단계로 되어 있으며, 배상신청은 주소지·소재지 또는 배상원인 발생지를 관할하는 지구심의회에 하여야 한다. 그러나 배상금 개산액이 5천만원 이상이거나 그 밖에 대통령령이 정하는 사건은 본부심의회에 송부하여 분부심의회가 결정한다. 지구심의회가 배상신청을 기각하거나 각하한 경우에는 본부심의회에 재심을 신청할 수 있다(국배 10조-13조, 15조의2).

(2) 소송　　국가배상을 받고자 하는 자는 배상심의회의 결정을 거쳐, 또는 곧바로, 소송을 제기할 수 있다(국배 9조). 이때 어떤 소송절차에 의하여야 하는지가 문제인바, 통설은 국가배상청구권을 공권으로 보고 국가배상청구는 행정소송(당사자소송)에 의하여야 한다고 보고 있다. 그러나 법원은 일관하여 국가배상청구권을 사권으로 보고 국가배상청구소송을 민사소송으로 처리하고 있다. 한편, 행정청의 처분이나 부작위를 원인으로 하여 발생한 손해에 대하여는 그 처분·부작위에 대한 항고소송에 병합하여 배상을 청구할 수도 있다(행소 10조).

§2. 행정상 손실보상

Ⅰ. 개 설

(1) 적법한 경찰작용으로 인하여 특정인이 손실을 입는 경우가 있다. 손실의 원인이 적법한 국가작용인 경우에는 일반적으로 그 손실은 손실자가 부담하여야 하며, 국가는 보상의 의무가 없다. 그러나 특정인이 공익을 위하여 자기에게 책임 없는 사유로 다른 국민에게는 가해지지 않는 특별한 손실을 입은 경우에는, 그 손실을 국가가 보상하여 전 국민의 부담으로 하는 것이 정의와 공평의 이념에 합당하다. 이처럼 적법한 국가작용으로 인한 특별한 손실을 전보하는 것을 널리 행정상 손실보상이라고 한다.

(2) 헌법은 적법한 국가작용으로 인한 특별한 손실 중에서도 의도적이고 권력적인 재산권 침해의 경우에만 보상하는 규정을 두고 있다. 이를 협의의 행정상 손실보상 또는 수용보상이라고 한다. 그러나 국가작용의 현실에 있어서는 재산권 이외의 법익(생명·신체·자유·명예 등)에 대한 침해나 재산적·비재산적 법익에 대한 비의도적인 침해도 발생할 수 있으며, 그에 대한 보상도 광의의 손실보상에 포함된다.

Ⅱ. 협의의 손실보상

1. 손실보상의 원인

1) 손실보상의 원인으로서의 공용수용의 개념

협의의 행정상 손실보상은 적법한 공권력행사에 의한 특별한 희생으로서의 재산권침해에 대한 보상을 말한다. 적법한 공권력행사에 의한 특별한 희생으로서의 재산권침해(헌법 제23조 제3항은 "공공필요에 의한 재산권의 수용·사용 또는 제한"이라고 표현한다)를 공용수용(광의) 또는 공용침해라고 부르므로, 협의의 손실보상을 수용보상이라고도 한다. 손실보상의 원인으로서의 공용수용의 개념요소는 다음과 같다.

(1) 적법한 권력적 재산권침해 공용수용은 적법한 공권력행사에 의하여 재산권을 침해하는 행위이다.

(가) 적법한 침해 적법행위에 의한 재산권침해만이 공용수용이다. 재산권침해가 적법하기 위해서는 법률에 근거하여야 하고, 또한 재산권침해에 대한 보상도 법률에 규정되어야 한다.7)

(나) 공권력행사 공권력행사에 의하여 일방적·강제적으로 재산권을 침해하는 행위만이 공용수용이다. 공공의 필요를 위한 것이라 하더라도 국가 등이 협의에 의하여 사인의 재산권을 취득하는 것은 사법상 매매이지 공용수용이 아니다.

(다) 재산권의 침해 재산권을 의도적·직접적으로 침해하는 행위만이 공용수용이며, 재산권 이외의 법익을 침해하는 행위는 공용수용이 아니다. 재산권

7) 보상규정이 반드시 재산권침해의 근거법률에 있어야 하는지 다른 법률에 있어도 되는지는 문제이다. 독일 기본법은 "수용은 보상의 종류와 범위를 정한 법률에 의해서나 그러한 법률에 근거해서만 행해질 수 있다(Sie darf nur durch Gesetz oder auf Grund eines Gesetzes erfolgen, das Art und Ausmaß der Entschädigung regelt)"고 규정하고 있기 때문에(14조③ 2문. 불가분조항 [Junktim-Klausel]이라고 불린다), 보상규정은 반드시 재산권침해의 근거법률에 있어야 된다고 해석된다. 그러나 우리 헌법의 해석론으로서는 견해가 갈리고 있으나, "재산권의 수용·사용 또는 제한 및 그에 대한 보상은 법률로써 하되"라고만 규정하지 수용·사용·제한과 보상을 반드시 동일 법률에서 정하도록 규정하고 있지 않은 점에 비추어, 재산권침해의 근거와 보상규정이 다른 법률에 규정되어 있어도 무방하다고 보아야 할 것이다. 특히 신설된 경찰관직무집행법 제11조의2가 동법에 근거한 경찰작용만이 아닌 경찰공무원의 모든 적법한 직무집행에 대한 손실보상의 일반적인 근거규정으로 적용되도록 하기 위해서는 우리 헌법 제23조 제3항은 불가분조항이 아니라고 해석하는 것이 절실하게 필요하다.

을 침해하는 구체적인 방식은 국가 등이 재산권 자체를 강제취득하는 경우(수용), 재산의 사용권만을 강제취득하는 경우(사용), 재산권의 권능 중 일부를 제한하는 경우(제한)로 나뉜다.

(라) 공공의 필요 　공용수용이 되기 위해서는 재산권침해가 공공의 필요를 위한 것이어야 한다. 여기에서 공공의 필요란 공익과 동의어로서, 국가안전보장·질서유지 및 공공복리를 모두 포괄하는 개념이다.

(2) **특별한 희생** 　적법한 공권력행사에 의한 재산권침해라고 하더라도 본인에게 그 손실을 감수할 책임이 있는 경우(예컨대, 형법에 의한 벌금 부과)에는 공용수용이 아니며, 보상의 필요는 없다. 나아가 재산권침해가 모든 국민에게 일반적으로 또는 평등하게 가해지는 경우(예컨대, 조세의 부과, 용도지역에 따른 건축제한)도 공용수용이 아니다. 손실보상의 대상인 공용수용이 되기 위해서는 재산권침해가 본인의 귀책사유 없이 공공복리를 위한 재산권의 일반적 제한(헌법 23조②)의 한도를 넘어서서 특정인에게 특별한 희생을 강요하는 경우에 한한다.

2) 경찰행정에 있어서의 공용수용

적법한 경찰작용에 의해서도 국민의 재산권이 침해되는 경우는 자주 발생한다. 그러나 대부분은 본인에게 책임 있는 사유에 의한 것이거나 모든 국민에게 평등하게 가해지는 제한일 것이다. 교통법규 위반을 이유로 범칙금 통고처분을 받는 경우나 주차금지구역에 주차된 자동차가 견인된 경우는 전자의 예이고, 도로에서의 위험방지를 위하여 일정한 구간의 통행이 금지된 결과로 우회하지 않을 수 없어서 교통비용이 증가하는 경우는 후자의 예이다. 따라서 경찰작용이 공용수용의 성질을 가지는 경우는 많지 않다. 그러나 경찰관직무집행법(이하 이 장에서 "경직법"으로 약칭함) 제5조 제1항 제3호에 근거하여 경찰관이 그 장소에 있는 자가 소지한 물건을 제공받아 위해방지에 필요한 조치에 사용한 경우, 또는 소방기본법 제25조 제2항에 근거하여 사람을 구출하거나 불이 번지는 것을 막기 위하여 긴급한 경우에 소방서장이 화재가 발생한 건물이나 불이 번질 우려가 있는 건물 이외의 건물의 사용을 제한하거나 소방공무원이 일시적으로 사용하는 경우와 같이, 우연히 그 사람만이 입는 특별한 희생에 해당하는 경우가 있고, 그 경우에는 공용수용으로서 손실보상의 원인이 된다. 일반적으로 경찰책임 없는 자에 대한 경찰권 발동으로 인하여 입은 재산상 손실은 공용수용에 해당한다고 할 수 있다.

2. 손실보상의 근거

(1) 헌법은 "공공필요에 의한 재산권의 수용·사용 또는 제한 및 그에 대한 보상은 법률로써 하되, 정당한 보상을 지급하여야 한다"고 규정하고 있다(23조③). 따라서 실제로 보상은 법률의 규정에 의하여 이루어진다. 현재 손실보상에 관한 일반법은 없고, 개별 법률에 의하여 보상이 이루어진다.[8)]

(2) 경찰작용에 관해서는 2013년 경직법을 개정하여 제11조의2를 신설함으로써 손실보상의 근거규정을 마련하였다(2014년 4월 6일 시행). 이 조항은 "경찰관의 적법한 직무집행으로 인하여" 손실을 입은 경우에 적용된다. 실질적 의미의 경찰작용이라 하더라도 경찰관의 직무집행을 원인으로 하는 손실이 아니면 이 조항은 적용되지 않는다.[9)] 따라서 개별 법률에 보상규정이 있어야 하는바, 협의의 경찰에 적용되는 손실보상규정을 둔 예로는 소방기본법(24조②·③, 25조④), 수난구호법(소방관서의 장의 수난구호 종사명령에 의한 경우, 29조③) 등이 있다.

경직법 제11조의2의 적용범위

(1) 경직법 제11조의2는 경찰관의 적법한 직무집행으로 인하여 손실발생의 원인에 대하여 책임이 없는 자가 재산상의 손실을 입은 경우(손실발생의 원인에 대하여 책임이 없는 자가 경찰관의 직무집행에 자발적으로 협조하거나 물건을 제공하여 재산상의 손실을 입은 경우를 포함한다) 또는 손실발생의 원인에 대하여 책임이 있는 자가 자신의 책임에 상응하는 정도를 초과하는 재산상의 손실을 입은 경우에 적용된다. 이 조항의 적용범위에 관해서는 다음과 같은 두 가지 문제가 발생한다.

(2) 첫째, 여기에서의 직무집행은 경직법에 의한 직무집행만을 의미하는가, 아니면 경직법 외의 다른 법률에 의한 직무집행도 포함하는가? "이 법에 의한 직무집행"이라고 명시하지 않은 점에 비추어, 직무집행의 근거법률을 제한하지 않고 모든 법률에 의한 적법한 직무집행의 경우에 적용되는 경찰법상 손실보상의

---

8) 「공익사업을 위한 토지 등의 취득 및 보상에 관한 법률」(이하 '토지보상법'으로 약칭함)이 사실상 일반법의 역할을 한다고 이야기하지만, 다른 법률에서 손실보상의 근거를 정하면서 보상의 절차나 방법은 토지보상법을 준용하는 경우가 많다는 의미일 뿐, 토지보상법이 손실보상의 일반적 근거법이 된다는 의미는 아니다.

9) 나아가 경직법상 경찰관은 국가경찰공무원을 의미하므로(1조①), 제주특별자치도의 자치경찰공무원의 직무행위에는 이 조항이 적용되지 않는다. 제주특별법을 개정하여 자치경찰공무원의 적법한 직무집행으로 인한 손실의 보상규정을 신설하거나, 제115조 제1항에서 이 조항을 준용하도록 하여야 할 것이다.

일반적 근거규정이라고 보아야 할 것이다.

(3) 둘째, 이 조항은 "재산상의 손실"이라고 명시되어 있으므로, 생명·신체·명예와 같은 비재산적 손실은 이 조항에 의한 보상의 대상이 아님은 명백하다. 그런데 재산상의 손실 중에서도 직접적이고 의도적인 침해행위에 의한 손실만이 전통적인 손실보상(수용보상)의 대상으로 인정되어 왔다. 그러나 경찰작용에 의하여 발생하는 손실은 경찰기관이 의도하지 않았지만 적법한 직무집행의 결과로 비정형적·부수적으로 발생하는 경우도 많다. '수용적 침해'라고 불리는 이러한 손실은 전통적인 손실보상의 대상은 아니지만, 경직법 제11조의2에 의하여 보상되는 손실에는 포함된다고 해석하여야 할 것이다.

(3) 국가경찰공무원의 직무집행을 원인으로 하지 않고 개별 법률에 보상규정도 없는 경우에는 손실보상을 받을 수 없는가? 이것은 결국 헌법 제23조 제3항의 효력(법률에 보상규정이 없는 경우에는 헌법 제23조 제3항을 근거로 손실보상을 청구할 수 있는가)의 문제이다. 이에 관하여는, ① 손실보상에 관한 헌법규정은 입법에 대한 방침규정에 불과하고 손실보상청구권은 법률에 의하여 발생하므로 법률에 보상규정이 없는 경우에는 보상을 청구할 수 없다는 견해(방침규정설), ② 재산권침해의 근거를 규정하는 법률이 보상규정을 두지 않은 경우에는 위헌·무효이므로 그 법률에 근거한 재산권침해는 위법한 것이 되어 국가배상을 청구할 수 있다는 견해(위헌무효설), ③ 헌법 제23조 제3항은 국민에 대하여 직접적인 효력을 가지므로 법률에 보상규정이 없어도 재산권을 침해당한 국민은 직접 헌법 제23조 제3항을 근거로 손실보상을 청구할 수 있다는 견해(직접효력설), ④ 법률이 재산권침해를 규정하면서 보상규정을 두지 않았다면 헌법 제23조 제3항에 근거한 공용수용으로 볼 수는 없지만 헌법상의 재산권과 평등권을 침해한 것이므로 헌법 제23조 제3항과 관련 법률을 유추적용하여 손실보상을 청구할 수 있다는 견해(유추적용설) 등이 대립되고 있다. 현행 헌법 하에서 판례의 입장은 명확하지 않으나, 법률이 보상 대상에서 제외한 재산권에 대하여 관계 법령의 보상규정을 유추적용하여 보상하여야 한다고 판시한 예가 상당수 있다(대결 1985.11.12, 84카36; 대판 1987.7.21, 84누126; 1988.12.20, 88누1059; 1999.11.23, 98다11529 등).

3. 보상기준

(1) 헌법은 공용수용이 이루어진 경우에 "정당한 보상을 지급하여야 한다"고 규정한다. 구체적으로 어떠한 보상이 정당한 보상인지에 관하여는 완전보상설과 상당

보상설이 대립하여 왔다. 그러나 어느 견해에 의하든 실질적인 차이는 거의 없다.

(2) 실제로 보상액 산정기준은 법률에 의하여 정해진다. 경직법은 경찰관의 적법한 직무집행으로 인한 손실에 대하여 "정당한 보상을 하여야 한다"는 추상적인 기준만 정하고 구체적인 보상의 기준과 보상금액은 대통령령으로 정하도록 하고 있다(11조의2④).[10] 그 밖의 개별 법률은 대부분 보상의 근거만을 정하고 보상기준에 관해서는 토지보상법을 준용하고 있다. 토지보상법은 시가보상의 원칙을 채택하여 완전보상을 원칙으로 하고 있다. 그러나 실제로는 토지의 경우 개발이익을 공제하기 위하여 공시지가를 기준으로 일정 사항을 참작하여 적정한 보상액을 산정하도록 하고 있다.

4. 보상절차

(1) 개별 법률에 보상절차가 규정되어 있는 경우에는 그에 따른다. 당사자 간의 협의를 거쳐 토지수용위원회와 같은 합의기관의 재결로 보상액을 정하도록 하는 경우가 많다. 이러한 절차규정이 없는 경우에는 소송을 제기하여 보상을 청구할 수밖에 없다.

(2) 경직법은 경찰관의 적법한 직무집행으로 인한 손실보상신청 사건을 심의하기 위하여 손실보상심의위원회를 두고, 보상금의 지급절차 및 방법, 손실보상심의위원회의 구성 및 운영, 그 밖에 필요한 사항은 대통령령으로 정하도록 하고 있다(11조의2③·④).

(3) 손실보상을 소송으로 청구하는 경우에 소송형태가 문제된다. 법률이 합의기관의 재결이나 행정청의 결정과 같은 보상절차를 규정하고 있는 경우에는, 그 재결 또는 결정이 처분의 성질을 가지므로, 그 재결 또는 결정을 대상으로 행정소송(항고소송)을 제기하여야 한다.[11] 그러한 절차규정이 없는 경우에는 곧바로 소송을 제기하여야 하는바, 이 경우의 소송은 손실보상청구권이 공권이므로 행정소송의 일종인 당사자소송이 된다.[12]

---

10) 아직 관련 대통령령은 제정되지 않고 있다. 그러나 손실보상의 기준과, 보상금액, 지급절차 및 방법 중에서 기본적인 사항은 법률로 정하는 것이 바람직하다. 이를 모두 대통령령에 백지위임한 경직법 제11조의2 제4항은 위헌의 소지가 있다.

11) 경직법에 의한 손실보상에 관한 소송은, 아직 절차규정이 제정되지 않고 있지만, 손실보상심의위원회의 결정을 거치도록 할 것이 예정되어 있으므로, 그 결정을 대상으로 하는 행정소송이 될 것으로 예상된다.

12) 법원은 오랫동안 민사소송으로 처리해 왔으나, 2006년에 판례를 바꾸어 행정청의 보상금

Ⅲ. 그 밖의 손실보상

적법한 공권력행사에 의하여 재산권 이외의 법익(생명·신체·자유·명예 등)이 침해되는 경우, 또는 재산적·비재산적 법익에 대하여 의도하지 않은 침해가 발생하는 경우가 있다. 또한 재산권침해가 공용수용의 다른 모든 요건을 갖추었으나 적법성이 결여된 경우도 있다. 특히 경찰작용의 경우에는 공용수용, 즉 재산권에 대한 의도적·직접적 침해보다, 비재산권에 대한 침해나 비의도적·간접적 침해가 발생할 가능성이 오히려 더 크다고 할 수 있다. 이러한 경우도 재산권에 대한 의도적 침해 못지않게 보상의 필요성이 있지만, 아직 그에 관한 일반적인 법제도는 마련되어 있지 않고, 단지 이론적으로만 논의되고 있을 뿐이다.

1. 수용유사침해 및 수용적 침해에 대한 보상

(1) 수용유사침해란 공용수용의 모든 요건을 갖추었으나 단지 적법성이라는 요건을 결한 재산권침해, 즉 공공의 필요를 위한 권력적이고 의도적인 재산권침해로서 특별한 희생에 해당하지만 단지 그 침해가 위법한 경우를 말한다. 특히 문제되는 것은 침해의 근거 법률이 보상규정을 두지 않아 헌법 제23조 제3항 위반으로 위헌·무효이고 따라서 그 법률에 근거한 재산권침해가 위법한 것으로 평가되는 경우이다. 이 경우에 침해행위를 위법으로 보더라도 경찰관의 과실을 인정할 수 없기 때문에 국가배상의 대상은 되지 않는다. 또한 근거 법률이 보상규정을 두고 있지 않기 때문에 헌법 제23조 제3항에 근거한 공용수용도 아니다. 그러나 공공의 필요를 위하여 권력적으로 국민에게 재산상의 특별한 희생을 야기하였다는 점에서는 공용수용과 다를 바 없고, 그에 대한 보상의 필요성은 적법한 공용수용의 경우보다 결코 작지 않다. 따라서 이러한 침해를 수용유사침해로 보아 헌법 제23조 제3항과 관계 법령을 유추적용하여 손실을 보상하여야 한다는 것이 수용유사침해의 이론이다. 우리나라에서도 이 이론의 적용을 주장하는 견해가 있지만, 판례는 아직 인정하지 않고 있다. 그러나 경직법 제11조의2가 경찰관의 모든 직무집행에 적용된다고 해석하면, 앞으로 협의의 경찰작용에 관한 한 이런 경

지급결정 없이 법령의 규정에 의하여 당연히 청구권이 발생하는 경우에는 당사자소송을 제기하여야 한다고 판시하였다(대전판 2006.5.18., 2004다6207).

우는 생기기 어려울 것이다.

(2) 한편, 적법한 행정작용에 의하여 의도하지 않은 부수적 결과로서 국민의 재산권이 특별한 희생에 해당하는 침해를 받는 경우가 있다. 경찰이 특정한 지역에서 범죄소탕활동을 장기간 집중적으로 벌임으로써 그 지역 안의 상인이 영업상의 손실을 입는 경우를 예로 들 수 있다. 이러한 경우에 일반적으로는 그 손실은 사회적으로 수인한도 안에 있는 것으로서 보상의 필요는 없다고 할 수 있다. 그러나 그 손실이 수인한도를 넘어서 장기간에 걸쳐 다액에 이르고, 당해 영업이 범죄와 무관한 것이라면, 특별한 희생으로 볼 수 있다. 이러한 손실에 대해서는 법률에 보상규정이 없는 것이 통례이지만, 손실보상의 법리에 따라 보상을 하여야 한다는 것이 수용적 침해의 이론이다. 우리나라에서도 이 이론의 적용을 주장하는 견해가 있지만, 판례는 역시 아직 인정하지 않고 있다. 하지만 이러한 손실에 대해서도 경직법 제11조의2가 적용된다고 해석하면, 협의의 경찰작용에 관한 한 입법적 해결이 이루어진 셈이다.

2. 희생보상

(1) 공공의 필요를 위한 적법한 행정작용에 의하여 생명·신체 등의 비재산적 법익이 침해되는 경우도 있다. 경찰관이 경찰관직무집행법 제10조의4 제1항 제1호 소정의 요건을 갖추어 과실 없이 무기를 사용하였으나 부득이하게 유탄이 되어 행인이 부상한 경우를 예로 들 수 있다.[13] 이러한 경우에 비재산적 법익에 대한 침해는 공용수용의 개념에 해당하지 않으므로 헌법 제23조 제3항은 적용되지 않으며, 재산권침해가 아니므로 수용유사침해나 수용적 침해의 이론에 의한 보상의 대상도 아니다. 그러나 공권력행사에 의한 생명·신체의 침해는 재산권에 대한 침해보다 오히려 보상의 필요성이 더 크다고 할 수 있다. 독일에서는 이처럼 공공의 필요를 위한 적법한 행정활동에 의하여 비재산적 법익이 침해된 경우에는 손실보상을 청구할 수 있다고 보고, 그러한 권리를 희생보상청구권이라고 부르고 있다. 다만, 보상의 범위는 비재산권침해로 인한 재산적 손해(의료비·소득상실 등)에 한정되며, 정신적 손해는 보상의 대상이 되지 않는 것으로 이해하고 있다.

(2) 우리나라에도 희생보상청구권의 법리를 표현한 것으로 볼 수 있는 개별적

---

13) 이 경우에 결과적으로 행인이 부상하였다는 점에서 경찰관의 무기사용이 위법이었다고 평가하게 되면 국가배상의 문제가 된다. 그러나 경찰관에게 과실이 없다면 국가배상을 받을 수 없다.

입법은 있으나(소방기본법 24조②, 감염병의 예방 및 관리에 관한 법률 71조 등), 일반적으로는 인정되지 않고 있다(경직법 제11조의2도 비재산적 손실에는 적용되지 않는다). 개별 법률의 규정이 없는 경우에 희생보상청구권을 인정할 것인지에 관하여는 견해가 대립되고 있으나, 판례는 아직 이를 인정하지 않고 있다.

제 2 절 행정쟁송

흠이 있는 경찰작용으로 인하여 법률상 이익이 침해된 국민은 행정심판 또는 행정소송을 제기하여 그 경찰작용을 다툴 수 있다. 다만, 실정법상의 행정심판과 행정소송은 모든 행정작용을 대상으로 하는 것이 아니라 그 중에서도 처분과 부작위만을 대상으로 한다. 따라서 경찰작용 중에서도 처분과 부작위에 대해서는 행정심판이나 행정소송을 제기하여 다툴 수 있으나, 그 밖의 경찰작용에 대해서는 직접 다툴 수 있는 수단은 없고, 단지 그 작용을 원인으로 하는 법률관계에 관하여 민사소송이나 행정소송의 일종인 당사자소송을 제기할 수 있을 뿐이다.

§1. 행정심판

(1) 행정심판이란 넓은 의미로는 행정법관계에 관한 분쟁을 행정기관이 심리·판정하는 절차를 총칭한다. 그러나 행정심판법은 그 중에서도 항고쟁송의 성질을 가진 것, 즉 행정청의 처분이나 부작위에 대하여 불복하는 행정심판절차만을 규정하고 있으며, 보통 행정심판이라고 하면 이것을 가리킨다. 경찰기관의 위법·부당한 처분이나 부작위에 대해서도 행정심판법에 의하여 행정심판을 청구할 수 있다.

(2) 행정심판은 약식 쟁송절차로서, 심판기관의 중립성이 보장되지 않고 절차적 엄격성이 약화되어 있다. 그러나 당사자의 입장에서는 비용과 시간이 절감되고 전문적인 지식도 필요하지 않다는 장점도 있다. 따라서 행정심판은 행정소송을 제기하기 전에 당사자의 선택에 의하여 행정소송의 전심절차로서 거치는(헌법 107조③), 간이·신속한 구제절차의 기능을 가진다.

(3) 이하에서는 행정심판법에 따라서 행정심판에 관하여 살펴본다.

I. 행정심판의 대상과 종류

1. 대 상

행정심판의 대상이 되는 것은 행정청[14]의 위법 또는 부당한 처분과 부작위이다.

(1) 처분　처분이란 행정청이 행하는 구체적 사실에 관한 법집행으로서의 공권력의 행사 또는 그 거부, 그 밖에 이에 준하는 행정작용을 말한다(2조② 1호). 행정행위가 대표적인 처분이지만, 그 밖에 권력적 사실행위, 처분적 법규명령, 구속적 행정계획 등도 포함된다. 경찰작용 중에서는 경찰처분(경찰하명·경찰허가 등), 경찰상 즉시강제, 경찰상 강제집행의 일부, 처분적 경찰명령 등이 처분에 해당된다. 또한 적극적인 공권력행사뿐만 아니라 그 거부, 즉 거부처분도 포함된다.

(2) 부작위　부작위란 행정청이 당사자의 신청에 대하여 상당한 기간 내에 일정한 처분을 하여야 할 법률상 의무가 있는데도 처분을 하지 아니하는 것을 말한다(2조② 2호). 여기에서 "처분을 하지 아니하는 것"은 당사자가 원하는 처분을 하지 않는 것을 의미하는 것이 아니라 어떤 처분도 하지 않는 것을 의미한다. 따라서 거부처분은 부작위가 아니다.

(3) 위법·부당　행정심판의 대상이 되는 것은 위법한 처분과 부작위만이 아니라 부당한 처분과 부작위도 포함된다. 따라서 재량권의 한계를 벗어나지 않은 재량행위에 대해서도 행정심판을 통해서는 구제를 받을 수 있으며, 이 점에서 위법한 처분·부작위만이 대상이 되는 행정소송과 차이가 있다.

(4) 제외　대통령의 처분과 부작위는 다른 법률에서 행정심판을 청구할 수 있도록 정한 경우 외에는 행정심판을 청구할 수 없고(3조②), 바로 행정소송을 제기하여야 한다. 또한 다른 법률에 따로 불복절차가 규정되어 있는 경우에는 행정심판법에 의한 행정심판은 청구할 수 없는 바(3조① 참조), 국가공무원법에 의하여 소청심사를 청구하도록 되어 있는 경찰공무원에 대한 징계 기타의 불이익처분이 그 대표적인 예이다.

---

14) 여기에서 행정청은 "행정에 관한 의사를 결정하여 표시하는 국가 또는 지방자치단체의 기관," 즉 조직법상의 행정청만이 아니라, "법령 또는 자치법규에 따라 행정권한을 가지고 있거나 위탁을 받은 공공단체나 그 기관 또는 사인"을 포함한다(2조②). 경직법이 정한 권한을 행사하는 경찰공무원은 조직법상의 행정청은 아니지만, 법령에 따라 행정권한을 가진 자로서, 여기에서 말하는 행정청에 포함된다.

2. 행정심판의 종류

행정심판은 취소심판·무효등확인심판 및 의무이행심판으로 구분된다.

(1) 취소심판은 행정청의 위법 또는 부당한 처분을 취소하거나 변경하는 심판이다(4조 1호). 여기에서 '변경'은 소극적 변경, 즉 일부취소가 아니라 적극적 변경, 즉 처분을 다른 처분으로 변경하는 것을 의미한다(43조③ 참조).

(2) 무효등확인심판은 행정청의 처분의 효력 유무 또는 존재 여부를 확인하는 심판이다(4조 2호). 따라서 구체적으로는 유효확인심판·무효확인심판·실효(失效)확인심판·존재확인심판 및 부존재확인심판으로 세분되는바, 그 중에서 대표적인 것은 무효확인심판이다.

(3) 의무이행심판은 당사자의 신청에 대한 행정청의 위법 또는 부당한 거부처분이나 부작위에 대하여 일정한 처분을 하도록 하는 심판이다(4조 3호).

Ⅱ. 행정심판의 당사자와 심판기관

1. 행정심판의 당사자

행정심판은 청구인과 피청구인이 대등한 지위에서 당사자로서 대립하는 대심구조(對審構造)를 취하고 있다. 행정심판에는 이 밖에 심판청구된 사건에 이해관계 있는 제삼자나 관계 행정청의 참가가 허용되고, 당사자는 대리인을 선임할 수 있는 등, 준사법절차화되고 있다.

(1) **청구인** 행정심판은 자연인, 법인 또는 대표자나 관리인이 정해져 있는 법인 아닌 사단 또는 재단이 청구할 수 있다. 그 중에서 구체적으로 누가 특정한 행정심판사건의 청구인이 될 수 있는지가 청구인적격의 문제이다. 청구인적격은 행정심판의 종류에 따라 정해진다. 취소심판은 처분의 취소 또는 변경을 구할 법률상 이익이 있는 자가 청구할 수 있고, 무효등확인심판은 처분의 효력 유무 또는 존재 여부의 확인을 구할 법률상 이익이 있는 자가, 의무이행심판은 처분을 신청한 자로서 행정청의 거부처분이나 부작위에 대하여 일정한 처분을 구할 법률상 이익이 있는 자가 청구할 수 있다(13조, 14조). 여기에서 '법률상 이익'은 법률상 보호되는 이익을 의미한다는 것이 통설과 판례의 입장이다. 따라서 처분이나 부작위에 의하여 단순한 사실상의 이익만이 침해된 경우에는 행정심판을 청구할 수 없다.

(2) 피청구인 피청구인이 되는 것은 심판청구의 대상인 처분을 한 행정청(처분청)이나 당사자의 신청에 대하여 일정한 처분을 할 의무가 있음에도 아무런 처분을 하지 않은 행정청(부작위청)이다(17조① 본문).[15] 심판청구의 대상인 처분이나 부작위에 관한 권한이 다른 행정청에 승계된 때에는 이를 승계한 행정청이 피청구인이 된다(17조① 단서).

2. 관계인

행정심판의 당사자가 아니지만 심판에 관여하는 관계인으로는 대리인과 참가인이 있다

(1) 대리인 청구인은 청구인의 배우자나 청구인 또는 배우자의 사촌 이내의 혈족, 변호사 등 일정한 자격을 갖춘 자 중에서 대리인을 선임할 수 있고, 피청구인도 소속 직원이나 변호사 등 일정한 자격을 갖춘 자 중에서 대리인을 선임할 수 있다(18조).

(2) 참가인 행정심판의 결과에 이해관계가 있는 제삼자나 행정청은 해당 심판청구에 대한 행정심판위원회의 의결이 있기 전까지 행정심판위원회의 허가를 받아 그 사건에 대하여 심판참가를 할 수 있다. 또한 행정위원회는 필요하다고 인정하면 그 행정심판 결과에 이해관계가 있는 제삼자나 행정청에 그 사건 심판에 참가할 것을 요구할 수도 있다. 참가인은 행정심판 절차에서 당사자가 할 수 있는 심판절차상의 행위를 할 수 있다(20조-22조).

3. 행정심판기관

행정심판은 행정심판위원회가 담당한다.[16] 행정부 소속의 행정심판위원회로는 감사원 등의 대통령 소속기관과 중앙선거관리위원회·국가인권위원회 등의 독립기관에 설치되는 행정심판위원회, 국민권익위원회에 설치된 중앙행정심판위원회

---

15) 행정심판법은 "처분을 한 행정청(의무이행심판의 경우에는 청구인의 신청을 받은 행정청)"이라고 표현하고 있다. '청구인의 신청을 받은 행정청'이 거부처분을 한 경우에는 처분청이 되고, 아무런 처분도 하지 않은 경우에는 부작위청이 된다.

16) 과거에는 행정심판기관이 실질적 심의·의결권을 가진 행정심판위원회와 형식적 재결권을 가진 재결청으로 이원화되어 있었으나, 2008년 2월 29일의 행정심판법 개정(법률 제8871호)에 의하여 재결청이 폐지되고 행정심판위원회가 재결권까지 가지는 것으로 되어 행정심판기관이 일원화되었다.

및 시·도 행정심판위원회가 있다. 경찰행정청의 처분이나 부작위에 대한 행정심판의 관할은 다음과 같다.

(1) 경찰청장·해양경찰청장, 지방경찰청장·지방해양경찰청장, 경찰서장·해양경찰서장 등의 처분이나 부작위에 대한 심판청구는 중앙행정심판위원회가 심리·재결한다(6조② 1호).

(2) 자치경찰기관이나 광역자치단체 소속 소방행정기관의 처분이나 부작위에 대한 심판청구는 시·도 정심판위원회가 심리·재결한다(6조③ 1호). 그러나 시·도지사가 소방행정기관으로서 행한 처분이나 부작위에 대한 심판청구는 중앙행정심판위원회가 심판한다(6조② 2호).

Ⅲ. 행정심판의 청구

1. 심판청구의 요건

행정심판은 청구인적격과 청구의 이익이 있는 자가 행정심판의 대상에 대하여 심판청구기간 내에 피청구인을 상대로 청구하여야 한다. 행정심판의 대상, 청구인과 피청구인 및 행정심판기관에 관해서는 앞에서 이미 보았으므로 여기에서는 청구의 이익과 심판청구기간에 관해서만 살펴본다.

1) 청구의 이익

행정심판은 청구가 인용된다면 청구인의 법률상 이익이 회복될 수 있어야만 청구의 이익이 있다. 특히 취소심판에서는 처분의 취소·변경이 가능해야만 청구의 이익이 있는데, 그러기 위해서는 처분이 실제로 존재하고 효력이 있어야 한다. 처분이 형식적으로는 존재하더라도 기간의 경과, 처분의 집행, 그 밖의 사유로 인하여 처분의 효과가 소멸된 뒤에는 처분의 취소가 불가능하거나 처분을 취소하여도 청구인의 법률상 이익이 회복될 수 없으므로 청구의 이익이 없는 것이 원칙이다. 그러나 처분의 효과가 기간의 경과, 처분의 집행, 그 밖의 사유로 소멸된 뒤에도 그 처분의 취소로 회복되는 법률상 이익이 있는 경우에는 취소심판을 청구할 수 있다(13조① 2문).

2) 심판청구기간

(1) 취소심판이나 거부처분에 대한 의무이행심판은 처분이 있음을 알게 된 날부터 90일 이내에 청구하여야 하며, 또한 정당한 사유가 있는 경우를 제외하고는 처분이 있었던 날부터 180일이 지나면 청구하지 못한다(27조①·③). '처분이 있었던 날'은 처분의 성립일(상대방에게 통지되는 처분의 경우에는 그 통지가 도달된 날, 공고에 의한 처분의 경우에는 관계 법령에 의하여 효력이 발생한 날)이다. '처분이 있음을 알게 된 날'은 처분의 존재를 실제로 안 날을 의미하지만, 상대방에게 통지되는 처분의 경우에는 특별한 사정이 없는 한 그 통지가 도달된 날 처분의 존재를 안 것으로 추정된다. 그러나 제삼자에게는 처분이 통지되지 않으므로, 제삼자가 어떤 경위로든 처분의 존재를 현실적으로 알게 된 날이 '처분이 있음을 안 날'이다.

(2) 무효등확인심판과 부작위에 대한 의무이행심판에는 청구기간의 제한이 없다(27조⑦).

2. 심판청구의 방식 및 제출기관

(1) 서면주의 행정심판의 청구는 서면으로 하여야 한다(28조①).[17] 행정심판을 청구하는 서면, 즉 행정심판청구서에는 일정한 사항을 반드시 기재하고, 청구인·대표자·관리인·선정대표자 또는 대리인이 서명하거나 날인하여야 한다(28조②-⑤).

(2) 제출기관 행정심판청구서는 행정심판위원회에 제출할 수도 있고 피청구인(처분청 또는 부작위청)에 제출할 수도 있다(23조①).

3. 심판청구에 대한 피청구인의 조치

피청구인인 행정청이 심판청구서를 청구인으로부터 직접 받거나 행정심판위원회로부터 받고서 그 심판청구가 이유 있다고 인정하면 심판청구의 취지에 따라 직권으로 처분을 취소·변경하거나 확인을 하거나 신청에 따른 처분을 할 수 있다. 이 경우 서면으로 청구인에게 알려야 한다(25조①). 통지를 받은 청구인이 심판청구를 취하하는 것이 보통이겠지만, 취하를 하지 않으면 행정심판위원회가 청구의 이익이 없다는 이유로 각하재결을 하게 될 것이다.

---

17) 심판청구서와 그 밖의 서류는 전자문서화하여 정보통신망을 이용하여 행정심판위원회에서 지정·운영하는 전자정보처리조직을 통하여 제출할 수도 있다(52조①). 피청구인이 제출하는 서류도 같다(54조①).

4. 심판청구의 효과

1) 행정심판기관에 대한 효과

행정심판이 청구되면 행정심판위원회는 그 사건을 심리·재결하여야 할 의무가 있다. 심판청구가 부적법하더라도 보정이 가능한 경우에는 보정명령이나 직권에 의한 보정을 하여야 하고(32조①), 보정이 불가능한 경우에는 각하재결을 하여야 한다.

2) 처분에 대한 효과

(1) 집행부정지원칙 처분에 대하여 행정심판을 청구하더라도 처분의 효력이나 그 집행 또는 절차의 속행은 영향을 받지 않는다(30조①). 즉, 처분은 계속하여 효력을 가지며, 처분청은 그 처분을 집행하거나 그 처분을 전제로 하는 후속절차를 진행할 수 있다.

(2) 집행정지결정 (a) 그러나 집행부정지원칙을 관철하면 취소재결 등이 확정되어도 기성사실의 완성으로 말미암아 청구인에게 실효적인 구제가 불가능한 경우가 생길 수 있다. 그리하여 행정심판법은 집행부정지원칙에 대한 예외로서 일정한 요건 하에 행정심판위원회가 집행정지결정을 할 수 있도록 하였다. 즉, 행정심판위원회는 처분, 처분의 집행 또는 절차의 속행 때문에 중대한 손해가 생기는 것을 예방할 필요성이 긴급하다고 인정할 때에는 직권으로 또는 당사자의 신청에 의하여 처분의 효력, 처분의 집행 또는 절차의 속행의 전부 또는 일부의 정지(이하 "집행정지"라 한다)를 결정할 수 있도록 한 것이다. 다만, 공공복리에 중대한 영향을 미칠 우려가 있을 때에는 집행정지결정을 할 수 없다(21조② 본문, ③). (b) 집행정지결정은 내용에 따라 처분의 효력정지, 처분의 집행정지 및 절차의 속행정지로 구분된다. 처분의 효력정지는 잠정적으로 처분이 무효인 것과 동일한 상태를 만든다. 처분의 집행정지는 처분의 집행을, 절차의 속행정지는 후속 절차의 속행을 금지하는 효과를 발생한다. 처분의 효력정지는 처분의 집행 또는 절차의 속행을 정지함으로써 그 목적을 달성할 수 없을 때에만 허용된다(21조② 단서). (c) 집행정지결정 후에 집행정지가 공공복리에 중대한 영향을 미치거나 그 정지사유가 없어진 경우에는 직권으로 또는 당사자의 신청에 의하여 행정심판위원회는 당사자의 신청 또는 직권에 의하여 행정심판위원회의 심리·의결을 거쳐 집행정지결정을 취소할 수 있다(30조④).

(3) 임시처분 (a) 집행정지결정은 효력을 발생하고 있는 처분의 효력을 잠정적으로 정지하거나 그 집행 또는 절차의 속행을 하지 못하게 할 뿐, 존재하지 않는 처분을 잠정적으로 존재하는 것처럼 만드는 효과는 없다. 예컨대, 총포 소지허가를 신청하였으나 불허가된 경우에, 불허가처분의 효력이 정지되더라도 허가처분이 있는 상태로 되지는 않는다. 이러한 경우에 잠정적으로 허가처분이 있는 상태를 조성하는 것이 임시처분이다. (b) 행정심판 위원회는 처분 또는 부작위가 위법·부당하다고 상당히 의심되는 경우로서 처분 또는 부작위 때문에 당사자가 받을 우려가 있는 중대한 불이익이나 당사자에게 생길 급박한 위험을 막기 위하여 임시지위를 정하여야 할 필요가 있는 경우에는 직권으로 또는 당사자의 신청에 의하여 임시처분을 결정할 수 있다. 임시처분도 공공복리에 중대한 영향을 미칠 우려가 있는 경우에는 허용되지 않으며, 임시처분의 취소나 임시처분의 절차에 관해서는 집행정지에 관한 규정이 준용된다. 또한 집행정지로 목적을 달성할 수 있는 경우에는 임시처분은 허용되지 않는다(31조).

5. 청구의 변경

(1) 일반적 변경 청구인은 행정심판을 청구한 후에도 청구의 기초에 변경이 없는 범위 안에서 청구의 취지나 이유를 변경할 수 있다(29조①).

(2) 처분변경에 따른 청구변경 피청구인이 심판청구 후에 그 대상인 처분을 변경한 때에는 청구인은 변경된 처분에 맞추어 청구의 취지 또는 이유를 변경할 수 있다(29조②).

6. 심판청구의 취하

청구인은 심판청구에 대한 행정심판위원회의 의결이 있을 때까지 서면으로 심판청구를 취하할 수 있다(42조①).

Ⅳ. 행정심판의 심리

행정심판이 청구되면 행정심판위원회가 심판청구의 적법 여부 및 본안에 관하여 심리·의결한다.

1. 심리의 범위

(1) 불고불리(不告不理) 행정심판위원회도 심판의 대상인 처분 또는 부작위 외의 사항에 대하여는 재결하지 못한다(47조①). 따라서 심리의 범위도 심판 대상인 처분·부작위에 한정된다.

(2) 보충적 직권심리 대심구조 하에서 심판기관은 당사자가 주장한 사실만을 심리·판단하고 당사자가 제출한 증거만을 조사할 수 있는 것이 원칙이다. 그러나 행정심판법은 " 위원회는 필요하면 당사자가 주장하지 아니한 사실에 대하여도 심리할 수 있다," "위원회는 사건을 심리하기 위하여 필요하면 직권으로……증거조사를 할 수 있다"고 규정하여(39조, 36조① 본문), 보충적으로 직권심리주의를 채택하고 있다.

2. 심리의 방식

(1) 대심주의(對審主義) 행정심판은 청구인과 피청구인이 대립되는 당사자로서 동등한 지위에서 공격·방어를 통하여 심리를 진행하는 대심구조를 취하고 있다.

(2) 서면심리와 구술심리 행정심판은 약식쟁송으로서 서면에 의하여 심리하는 것이 원칙이다. 그러나 행정심판법은 "행정심판의 심리는 구술심리나 서면심리로 한다. 다만, 당사자가 구술심리를 신청한 경우에는 서면심리만으로 결정할 수 있다고 인정되는 경우 외에는 구술심리를 하여야 한다"고 규정하여(40조①), 서면심리와 구술심리를 나란히 심리절차의 동등한 원칙으로 하였고, 나아가 당사자의 구술심리 신청권을 보장하고 있다.

V. 재 결

행정심판은 청구인이 심판청구를 취하한 경우 또는 청구인이 사망하거나 해산한 뒤 심판청구의 대상인 처분에 관계되는 권리·이익을 승계한 자가 없는 경우에도 종료된다. 그러나 행정심판의 정상적인 종료사유는 재결이다.

1. 재결의 의의와 성질

재결이란 행정심판사건에 대하여 행정심판위원회가 행하는 판단을 말한다. 재결은 실질적으로는 당사자 간의 법률적 분쟁을 유권적으로 판단하는 준사법적 행위임과 동시에 형식적으로는 행정행위(준법률행위적 행정행위 중의 확인행위)의 성질을 가진다.

2. 재결의 종류

재결은 그 내용에 따라 각하재결·기각재결·인용재결 및 사정재결로 구분된다.

(1) 각하재결 심판청구가 부적법한 경우, 즉 심판청구의 요건을 구비하지 못한 경우에 하는 재결이다(43조①).

(2) 기각재결 본안심리의 결과 심판청구가 이유 없다고 인정되는 경우, 즉 심판청구의 대상인 처분이나 부작위가 위법·부당하지 않다고 판단되는 경우에 청구를 배척하는 재결이다(43조②).

(3) 인용재결 심판청구가 이유 있다고 인정하여 그 청구를 인용하는 재결을 말하며, 행정심판의 종류에 따라 취소재결·무효등확인재결 및 의무이행재결로 구분된다.

(가) 취소재결 취소심판의 청구가 이유 있다고 인정할 때, 즉 처분이 위법 또는 부당하다고 판단되는 경우에 처분을 취소하거나 다른 처분으로 변경하거나 피청구인에게 다른 처분으로 변경할 것을 명하는 재결이다(43조③). 따라서 취소재결은 내용상 행정심판위원회가 직접 처분을 취소·변경하는 재결(직접취소재결·직접변경재결)과 처분청에게 변경을 명하는 재결(변경명령재결)로 나눌 수 있다.

(나) 무효등확인재결 무효등확인심판의 청구가 이유 있다고 인정할 때 처분의 효력 유무 또는 존재 여부를 확인하는 재결이다(32조④). 따라서 무효등확인재결에는 무효확인재결·유효확인재결·실효확인재결·부존재확인재결 및 존재확인재결의 다섯 가지가 있다.

(다) 의무이행재결 의무이행심판의 청구가 이유 있다고 인정할 때(즉, 거부처분이나 부작위가 위법 또는 부당하다고 인정할 때) 신청에 따른 처분을 하거나 피청구인에게 지체 없이 처분을 할 것을 명하는 재결이다(43조⑤). 의무이행재결은 행정심판위원회가 직접 신청에 따른 처분을 하는 재결(직접처분재결)과 피청구인인 행정청에게 신청에 따른 처분을 하도록 명하는 재결(처분명령재결)로 나뉜다.

(4) 사정재결 (a) 심판청구가 이유 있다고(심판의 대상인 처분이나 부작위가 위법 또는 부당함에도) 인정하지만 청구를 인용하면 공공복리에 크게 위배된다고 인

정하는 경우에 그 심판청구를 기각하는 재결이다(44조① 1문). 형식적으로는 기각재결의 일종이나, 처분·부작위가 위법 또는 부당함을 확인하는 효과가 발생한다는 점에서 일반적인 기각재결과 다르다. (b) 사정재결을 할 때에는 주문에서 그 처분 또는 부작위가 위법하거나 부당하다는 것을 구체적으로 밝혀야 한다(33조① 2문). 재결이 확정되는 경우에 그 처분 또는 부작위의 위법·부당에 관하여 실질적 확정력이 발생하게 하기 위한 것이다. (c) 행정심판위원회는 사정재결을 할 때에는 청구인에 대하여 상당한 구제방법을 취하거나, 피청구인에게 상당한 구제방법을 취할 것을 명할 수 있다(44조②). 구제방법의 내용은 주로 손해배상이 되겠지만, 그 밖에 제해시설의 설치, 대체적 처분의 발급 등이 있을 수 있다. (d) 사정재결은 취소심판과 의무이행심판에서만 할 수 있고, 무효등확인심판에서는 사정재결을 할 수 없다(44조③).

3. 재결의 범위

(1) 불고불리의 원칙 행정심판위원회는 심판청구의 대상이 되는 처분 또는 부작위 외의 사항에 대하여는 재결하지 못한다(47조①).

(2) 불이익변경 금지의 원칙 행정심판위원회는 심판청구의 대상이 되는 처분보다 청구인에게 불리한 재결을 하지 못한다(47조②).

4. 재결의 절차와 형식

(1) 재결기간 행정심판위원회는 피청구인이나 행정심판위원회가 심판청구서를 받은 날부터 60일 이내에 재결을 하여야 한다. 다만, 부득이한 사정이 있을 때에는 행정심판위원회의 위원장이 직권으로 30일을 연장할 수 있다(34조).

(2) 재결의 방식 재결은 서면으로 한다. 재결서에는 사건번호와 사건명, 당사자·대표자 또는 대리인의 이름과 주소, 주문(主文), 청구의 취지, 이유, 재결한 날짜가 기재되어야 한다(35조).

(3) 송달 행정심판위원회는 지체 없이 당사자에게 재결서의 정본을 송달하여야 하며, 참가인에게는 재결서의 등본을 송달하여야 한다.[18] 처분의 상대방이

---

18) 행정심판위원회는 청구인이나 참가인에게 전자정보처리조직과 그와 연계된 정보통신망을 이용하여 재결서나 그 밖에 행정심판법에 따른 각종 서류를 송달할 수 있다. 다만, 청구인이나 참가인이 동의하여야 한다(54조①).

아닌 제삼자가 심판청구를 한 경우에는 위원회는 재결서의 등본을 지체 없이 피청구인을 거쳐 처분의 상대방에게 송달하여야 한다(48조①·③·④).

(4) **효력발생** 재결은 청구인에게 재결서 정본이 송달되었을 때에 효력을 발생한다(48조②).

5. 재결의 효력

1) 개 관

재결이 일단 성립되면 행정심판위원회는 스스로 그 재결을 취소하거나 변경할 수 없다(불가변력). 나아가 행정소송 제기기간이 경과하면 재결이 확정되어 더 이상 당사자가 그 재결을 다툴 수 없게 됨과 동시에(불가쟁력, 형식적 확정력), 그 내용에 따라 기속력·형성력과 같은 효력이 발생한다. 불가변력과 불가쟁력은 행정행위의 일반적 효력에 속하므로, 여기에서는 기속력과 형성력에 관해서만 간단히 살펴본다.

2) 기속력

(1) 협의의 기속력 심판청구를 인용하는 재결은 피청구인과 그 밖의 관계행정청을 기속한다(49조①). 따라서 피청구인은 재결에 불복하여 행정소송을 제기할 수 없고, 재결의 내용을 부인하거나 재결의 내용에 모순되는 주장이나 행위를 하지 못하며, 재결이 명한 행위(처분의 변경 또는 처분의 발급, 사정재결의 경우 대체적 구제방법의 이행 등)를 이행할 의무가 있다.

(2) **처분명령재결에 따른 처분의무** 당사자의 신청을 거부하거나 부작위로 방치한 처분의 이행을 명하는 재결이 있으면 행정청은 지체 없이 이전의 신청에 대하여 재결의 취지에 따라 처분을 하여야 한다(49조②). 여기에서 행정청이 재결의 취지에 따라 다시 하여야 할 처분이란, 거부처분에 대한 처분명령재결의 경우에는, 신청의 대상인 처분이 기속행위라면 신청을 인용하는 처분이다. 그러나 신청의 대상인 처분이 재량행위라면, 행정청은 재량권을 적정하게 행사하기만 하면 다시 거부처분을 할 수도 있다. 부작위에 대한 처분명령재결의 경우에는, 그 처분이 기속행위이건 재량행위이건, 행정청은 가부간에 어떠한 처분을 하기만 하면 된다.

(3) **절차의 위법·부당을 이유로 한 취소재결에 따른 재처분의무** 신청에 따른 처분이 절차의 위법 또는 부당을 이유로 재결로써 취소된 경우에도 행정청은

지체 없이 이전의 신청에 대하여 재결의 취지에 따라 처분을 하여야 한다(49조③). 이 경우 재결의 취지는 처분이 실체적으로 위법·부당하다는 것이 아니라 거쳐야 할 절차를 거치지 않았다는 것이므로, 행정청은 필요한 절차를 거쳐 다시 처분을 하기만 하면 되며, 그 처분이 취소된 처분과 동일한 내용의 것이어도 무방하다.

(4) 공고·통지의무 법령의 규정에 따라 공고하거나 고시한 처분이 재결로써 취소되거나 변경되면 처분청은 지체 없이 그 처분이 취소 또는 변경되었다는 것을 공고하거나 고시하여야 한다. 또한 법령의 규정에 따라 처분의 상대방 외의 이해관계인에게 통지된 처분이 재결로써 취소되거나 변경되면 처분청은 지체 없이 그 이해관계인에게 그 처분이 취소 또는 변경되었다는 것을 알려야 한다(49조④·⑤).

(5) 직접처분 의무이행심판에서 처분명령재결이 내려졌음에도 불구하고 행정청이 처분을 하지 않는 경우에 당사자가 신청하면 행정심판위원회는 기간을 정하여 서면으로 시정을 명하고, 그 기간에 이행하지 아니하면 직접 처분을 할 수 있다. 다만, 그 처분의 성질이나 그 밖의 불가피한 사유로 위원회가 직접 처분을 할 수 없는 경우는 예외이다. 행정심판위원회가 직접 처분을 하였을 때에는 그 사실을 해당 행정청에 통보하여야 하며, 그 통보를 받은 행정청은 위원회가 한 처분을 자기가 한 처분으로 보아 관계 법령에 따라 관리·감독 등 필요한 조치를 하여야 한다(50조).

3) 형성력

(1) 의의 재결 자체에 의하여 처분이 취소·변경되거나 새로운 처분이 창설되는 효력을 말한다. 형성력은 취소재결 중 직접취소재결과 직접변경재결에, 또한 의무이행재결 중 직접처분재결에 발생한다.

(2) 대세적 효력 재결은 행정심판의 당사자와 참가인뿐만 아니라 제삼자에 대하여도 효력을 가진다. 행정심판법에 명문의 규정은 없으나 행정심판제도의 취지에 비추어 성질상 당연히 인정되는 효력이다(행소 29조 참조).[19] 재결의 대세적 효력은 형성력을 가진 재결만이 아니라 모든 재결에 발생한다.

---

19) 제삼자의 심판참가에 관한 규정(20조)이나, 공고·고시되거나 이해관계인에게 통지된 처분의 공고·고시·통지에 관한 규정(49조④·⑤)은 재결의 대세효를 전제로 하는 것으로 해석된다.

6. 재결에 대한 불복

심판청구에 대한 재결이 있으면 그 재결과 심판청구의 대상이었던 처분 또는 부작위에 대하여 다시 행정심판을 청구할 수 없다(39조). 따라서 재결에 불복하는 경우에는 행정소송법에 의하여 행정소송을 제기하여야 한다. 그러나 재결에 불복하여 행정소송을 제기할 수 있는 것은 청구인뿐이며, 피청구인인 행정청은 행정소송을 제기할 수 없다(49조①, 행정소송법 13조·38조 참조).

§2. 행정소송

행정소송은 행정법관계에 관한 분쟁을 법원이 소송절차에 의하여 심리·판정하는 절차로서, 정식쟁송의 성질을 가진다. 행정소송법은 행정소송을 항고소송·당사자소송·민중소송 및 기관소송의 4종으로 구분하고 있다(3조). 그 중에서 국민이 행정청의 처분이나 부작위에 불복하여 다투는 소송이 항고소송이며, 보통 행정소송이라고 하면 항고소송을 가리킨다. 따라서 이하에서는 행정소송법에 따라 항고소송에 관해서만 간략하게 살펴보기로 한다.

Ⅰ. 항고소송의 의의·대상 및 종류

1. 항고소송의 의의

항고소송이란 행정청의 공권력 행사(그와 동가치적인 불행사를 포함하여)에 불복하여 그 시정을 요구하는 소송을 말한다. 행정소송법은 항고소송을 "행정청의 처분등이나 부작위에 대하여 제기하는 소송"으로 정의하고 있다(3조 1호).

2. 항고소송의 대상

항고소송의 대상이 되는 것은 행정청의 위법한 처분등과 부작위이다.

(1) 처분등 (a) '처분등'이란 처분과 그에 대한 행정심판의 재결을 말한다(2조① 1호). 처분은 행정청이 행하는 구체적 사실에 관한 법집행으로서의 공권력의

행사 또는 그 거부와 그 밖에 이에 준하는 행정작용을 말한다(행정심판법상의 처분의 정의와 동일하다). (b) 처분에 대하여 행정심판을 거쳤을 때, 항고소송은 재결이 아니라 원래의 처분을 대상으로 제기하여야 하는 것이 원칙이다(19조 본문. 이러한 원칙을 원처분주의라고 한다). 그러나 재결 자체에 고유한 위법이 있음을 이유로 소송을 제기하는 경우에는 재결이 소송의 대상이 된다(19조 단서). 행정심판의 인용재결에 대하여 행정심판의 청구인과 이해관계를 달리하는 제삼자가 그 재결의 취소를 구하는 소송을 제기하는 경우가 전형적인 예이다.

(2) 부작위　부작위는 행정청이 당사자의 신청에 대하여 상당한 기간 내에 일정한 처분을 하여야 할 법률상 의무가 있음에도 불구하고 이를 하지 아니하는 것을 말한다(2조① 2호. 역시 행정심판법상 정의와 동일하다).

(3) 위법성　부당한 처분이나 부작위도 대상으로 하는 행정심판과 달리, 항고소송은 위법한 처분등과 부작위만을 대상으로 한다. 따라서 재량행위에 대해서는 재량권의 한계를 벗어나 위법하게 된 경우에만 항고소송에 의하여 구제를 받을 수 있다.

3. 항고소송의 종류

행정소송법은 항고소송을 취소소송·무효등확인소송 및 부작위위법확인소송으로 구분하고 있다.

(1) 취소소송은 행정청의 위법한 처분등을 취소 또는 변경하는 소송이다(4조 1호). 가장 전형적인 항고소송이며, 실제로 항고소송의 대부분을 차지한다. 여기에서의 '변경'은 행정심판에 있어서와는 달리 소극적 변경, 즉 일부취소만을 의미한다는 것이 통설과 판례의 입장이다.

(2) 무효등확인소송은 행정청의 처분등의 효력 유무 또는 존재 여부를 확인하는 소송이다(4조 2호). 구체적으로는 무효확인소송·유효확인소송·실효확인소송·부존재확인소송 및 존재확인소송으로 구분된다. 그러나 그 중심이 되는 것은 무효확인소송이다.

(3) 부작위위법확인소송은 행정청의 부작위가 위법하다는 것을 확인하는 소송이다(4조 3호). 행정심판 중 의무이행심판에 대응하는 소송이지만, 행정청에 대하여 일정한 처분을 하도록 명하는 효과는 없고 단지 부작위가 위법하다는 것을 확인하는 데 그치는 점에서, 의무이행심판보다 소극적이다. 그러나 판결의 기속력에 의하여 행정청에게 처분의무가 발생하므로, 실질적으로는 큰 차이가 없다.

Ⅱ. 항고소송의 당사자와 관할 법원

1. 항고소송의 당사자

항고소송은 원고와 피고가 대립하는 당사자로서 대등한 지위에서 공격·방어를 하는 당사자주의적·대심적 구조를 취하고 있다.

(1) 원고 (a) 항고소송의 원고는 당사자능력이 있는 자(자연인, 법인, 또는 대표자나 관리인이 있는 법인 아닌 사단·재단. 민사소송법 52조 참조)로서, 항고소송의 종류에 따라 처분등의 취소를 구할 법률상 이익이 있는 자, 처분등의 효력 유무 또는 존재 여부의 확인을 구할 법률상 이익이 있는 자, 또는 처분의 신청을 한 자로서 부작위의 위법의 확인을 구할 법률상 이익이 있는 자가 될 수 있다(12조 1문, 35조, 36조). 여기에서 '법률상 이익'은 반사적 이익과 구별되는 법률상 보호되는 이익을 의미한다는 것이 통설과 판례의 입장이다. 따라서 처분등이나 부작위에 의하여 단순한 반사적 이익만을 침해당한 자는 항고소송을 제기할 수 없다. (b) 항고소송의 원고는 사인만이 될 수 있고, 행정청은 항고소송을 제기할 수 없다.

(2) 피고 (a) 항고소송의 피고는 행정청이다. 구체적으로, 취소소송과 무효등 확인소송의 경우에는 그 처분등을 행한 행정청(처분청 또는 재결청)이, 부작위위법 확인소송은 당사자의 신청을 받고 처분을 할 의무가 있음에도 처분을 하지 않은 행정청(부작위청)이 피고가 된다(13① 본문, 38조). (b) 처분등이 있거나 부작위가 성립한 뒤에 그 처분등에 관계되는 권한이 다른 행정청에 승계된 때에는 이를 승계한 행정청이 피고가 된다. 행정청이 폐지되고 그 권한을 승계한 행정청도 없는 때에는 그 처분등에 관한 사무가 귀속되는 국가 또는 공공단체가 피고가 된다(13조① 단서, ②, 38조).

2. 항고소송의 관계인

당사자 외에 항고소송에 관여하는 관계인으로는 대리인과 참가인이 있다. 대리인에 관하여는 행정소송법에 따로 규정이 없으므로, 민사소송법이 준용된다. 참가인에 관해서도 기본적으로 민사소송법의 규정이 준용되나, 그 외에 행정소송법은 제삼자의 소송참가와 행정청의 소송참가에 관해서 따로 규정하고 있다.

(1) 제삼자의 소송참가 법원은 소송의 결과에 따라 권리 또는 이익의 침해

를 받을 제삼자가 있는 경우에는 당사자 또는 제삼자의 신청 또는 직권에 의하여 결정으로써 그 제삼자를 소송에 참가시킬 수 있다(16조①). 여기에서 제삼자란 소송의 당사자가 아닌 자를 말하며, 소송의 대상인 처분에 대해서는 상대방일 수도 있다. 항고소송의 판결이 확정되면 대세적 효력을 가지기 때문에, 소송의 결과에 따라 영향을 받는 제삼자를 보호하기 위한 규정이다.

(2) 행정청의 소송참가 법원은 다른 행정청을 소송에 참가시킬 필요가 있다고 인정할 때에는 당사자 또는 당해 행정청의 신청 또는 직권에 의하여 결정으로써 그 행정청을 소송에 참가시킬 수 있다(17조①). 소송의 결과에 따라 자신의 권한행사에 영향을 받는 다른 행정청에게 소송에 참가할 기회를 주기 위한 규정이다.

3. 항고소송의 관할법원

항고소송도 3심제로 되어 있다. 그 중 제1심은 원칙적으로 피고인 행정청의 소재지를 관할하는 행정법원이 관할한다(9조① 본문, 38조). 다만, 현재 행정법원은 서울에만 설치되어 있으므로, 그 밖의 지역에서는 지방법원 본원이 관할한다(법원조직법 부칙(1994.7.27) 2조). 제2심은 고등법원이, 제3심은 대법원이 관할한다.

Ⅲ. 항고소송의 제기

1. 항고소송 제기의 요건

항고소송을 제기하기 위해서는 일반적인 소송 제기의 요건(관할법원, 당자자능력과 당사자적격, 소의 이익 등)을 갖추어야 한다. 이 밖에 행정소송법은 항고소송에 특유한 소송요건으로서 제소기간과 예외적 행정심판전치를 규정하고 있다. 관할법원과 당사자에 관해서는 앞에서 보았으므로, 여기에서는 소의 이익과 제소기간 및 행정심판 전치에 관하여 간단히 살펴본다.

1) 소의 이익

(1) 소송을 제기하기 위해서는 분쟁이 재판을 통하여 해결될 수 있고 또한 승소하는 경우에 실제로 침해된 이익이 회복될 수 있어야 한다. 이러한 요건을 권리보호의 필요 또는 협의의 소의 이익이라고 한다.

(2) 취소소송의 경우에는 소의 이익이 인정되기 위해서는 처분등이 취소할 수

있는 상태에 있고 그것이 취소됨으로써 원고의 법률상 이익이 회복될 수 있어야 한다. 목적 달성이나 기간의 경과 등의 사유로 처분의 효과가 소멸된 뒤에는 처분이 불가능하므로 소의 이익이 없는 것이 원칙이다. 그러나 처분등의 효과가 소멸된 후에도 처분등을 취소함으로써 원고의 법률상 이익이 회복되는 경우에는 소의 이익이 인정된다(12조 2문).

2) 제소기간

(1) 취소소송은 처분이 있음을 안 날(행정심판을 거친 경우에는 재결서 정본을 송달받은 날)부터 90일 이내에 제기하여야 하며, 또한 정당한 사유가 있는 경우를 제외하고는 처분이 있은 날(행정심판을 거친 경우에는 재결이 있은 날)부터 1년을 경과하면 제기하지 못한다(20조). '처분이 있은 날' 및 '처분의 있음을 안 날'의 의미는 행정심판의 청구기간에 있어서와 같다.

(2) 무효등확인소송에는 제소기간의 제한이 없다. 무효인 처분에 대하여 행정심판을 거친 경우에도 같다. 그러나 무효인 처분이지만 취소소송을 제기하는 경우에는 제소기간을 준수하여야 한다(1990.12.26, 90누6279; 1993.3.12, 92누11039 등).

(3) 부작위위법확인소송을 제기하는 경우에는 원칙적으로 제소기간의 제한이 없다. 그러나 부작위에 대하여 행정심판을 거친 경우에는 그 재결서 정본을 송달받은 날부터 90일 이내, 재결이 있은 날부터 1년 이내에 부작위위법확인소송을 제기하여야 한다(38조②, 20조).

3) 예외적 행정심판 전치

(1) 처분이나 부작위에 대하여 행정심판을 제기할 수 있는 경우에도 원칙적으로 행정심판을 거칠 것인지 여부는 당사자의 임의이고, 항고소송을 제기하기 전에 반드시 행정심판을 거쳐야 하는 것은 아니다. 다만, 다른 법률에서 행정심판을 거치지 않으면 행정소송을 제기할 수 없도록 규정한 경우에는 행정심판을 제기하여 그 재결을 받아야만 취소소송이나 부작위위법확인소송을 제기할 수 있다(18조① 단서, 38조②). 경찰작용 중에서 반드시 행정심판을 거쳐야 하는 예로는 도로교통법에 의한 처분이 있다(도로교통법 142조).

(2) 다른 법률이 행정심판을 거치도록 요구하는 경우에도 일정한 사유가 있는 경우에는 행정심판을 제기하지 않고, 또는 행정심판을 제기한 후 재결이 있기 전에, 취소소송이나 부작위위법확인소송을 제기할 수 있다(18조②·③, 38조②).

(3) 다른 법률이 행정심판을 거치도록 요구하고 있더라도 무효등확인소송은 행정심판을 거치지 않고 곧바로 제기할 수 있다(38조① 참조). 그러나 무효인 처분에 대해서 취소소송을 제기하는 경우에는 행정심판을 거쳐야 한다.[20]

2. 항고소송 제기의 방식

항고소송은 법원에 소장(訴狀)을 제출함으로써 제기된다(8조②, 민사소송법 248조). 소장에는 당사자, 법정대리인, 청구의 취지와 원인 및 준비서면 기재사항(사건의 표시, 공격·방어방법, 덧붙인 서류의 표시 등)을 기재하여야 한다(8조②, 민사소송법 249조, 274조).

3. 소의 변경

항고소송에서도 민사소송법에 의한 소의 변경이 허용된다. 그러나 행정소송법은 그와 별도로 민사소송법에 의해서는 허용되지 않는 소의 종류의 변경과 처분변경으로 인한 소의 변경을 허용하고 있다.

(1) 소의 종류의 변경 법원이 상당하다고 인정하는 경우에는 청구의 기초에 변경이 없는 한 사실심의 변론종결시까지 항고소송을 다른 종류의 항고소송 또는 당해 처분등에 관계되는 사무가 귀속하는 국가 또는 공공단체에 대한 당사자소송으로 변경하는 것을 허가할 수 있다(21조①, 37조).

(2) 처분 변경으로 인한 소의 변경 취소소송이나 무효등확인소송의 경우에, 행정청이 소송의 대상인 처분을 소가 제기된 후 변경한 때에는 법원은 원고의 신청에 의하여 결정으로써 청구의 취지 또는 원인의 변경을 허가할 수 있다. 이 신청은 처분의 변경이 있음을 안 날로부터 60일 이내에 하여야 한다(22조, 38조①).

4. 항고소송 제기의 효과

1) 법원 및 당사자에 대한 효과

소가 제기되면 그 대상에 관하여 소송이 계속(係屬)된 상태로 된다. 소송이 계속되면 법원은 그 사건을 심리·판단할 의무가 있고, 당사자는 동일 사건에 대하

20) 대전판 1976.2.24 75누128; 1987.6.9, 87누219.

여 다시 소를 제기할 수 없다(중복제소 금지).

2) 처분에 대한 효과

(1) 집행부정지원칙 처분등에 대하여 취소소송이나 무효등확인소송을 제기하더라도 처분등의 효력이나 그 집행 또는 절차의 속행은 영향을 받지 않는다(23조①, 38조①).

(2) 집행정지결정 (a) 집행부정지의 원칙을 고수하는 경우에는 처분의 집행 등으로 인하여 인용판결이 확정되어도 위법한 처분에 의하여 침해당한 이익의 회복이 불가능한 경우가 있을 수 있으므로, 행정소송법은 집행부정지의 원칙에 대한 예외로서 일정한 요건 하에 법원의 결정에 의하여 처분의 효력이나 집행 등을 정지할 수 있도록 하고 있다. 집행정지제도 역시 취소소송과 무효등확인소송에 적용된다. (b) 집행정지는 ① 적법한 본안소송이 계속되어 있을 것, ② 처분등이 존재할 것, ③ 처분등이나 그 집행 또는 절차의 속행으로 인하여 회복하기 어려운 손해가 발생할 우려가 있을 것, ④ 손해를 예방하기 위한 긴급한 필요가 있을 것, ⑤ 처분등의 효력이나 집행 등을 정지하여도 공공복리에 중대한 영향을 미칠 우려가 없을 것 등의 요건을 갖춘 경우에, 당사자의 신청 또는 직권으로 본안이 계속된 법원이 결정한다(23조②·③). (c) 집행정지결정의 내용은 처분등의 효력정지, 처분등의 집행정지 및 절차의 속행정지의 3가지로 구분된다. 처분등의 효력이 정지되면 잠정적으로 처분등이 없는 것과 같은 상태로 되고, 집행이 정지되면 그 처분등의 사실적 집행이 금지되며, 절차의 속행이 정지되면 그 처분등을 전제로 하는 후속 절차를 진행할 수 없게 된다. 다만, 처분등의 효력정지는 처분등의 집행정지 또는 절차의 속행정지에 의해서는 목적을 달성할 수 없는 경우에만 허용된다(23조② 단서). (d) 집행정지결정이 확정된 후 집행정지가 공공복리에 중대한 영향을 미치거나 그 정지사유가 없어진 때에는 법원은 당사자의 신청 또는 직권에 의하여 결정으로써 집행정지결정을 취소할 수 있다(24조①). 집행정지결정이 취소되면 정지되었던 처분등의 효력이 회복되거나 그 집행 또는 절차의 속행이 다시 가능해진다.

(3) 민사집행법상 가처분의 가부 집행정지는 소극적으로 처분등의 효력의 전부 또는 일부를 정지시켜 현상을 유지할 뿐, 적극적으로 현상을 변경시켜 새로운 처분이 있는 것과 같은 상태를 만드는 것은 아니다. 따라서 거부처분이나 부작위에 대하여 집행정지는 효과적인 가구제의 수단이 되지 못한다. 이러한 경우에 항

고소송에 있어서도 민사집행법상의 가처분제도를 준용하여 잠정적으로 새로운 처분이 있는 것과 같은 상태를 만들 수 있는지가 문제된다. 근래에는 집행정지제도에 의하여 가구제의 목적을 달성할 수 없는 경우에는 민사집행법상의 가처분제도가 준용되어야 한다는 견해가 우세하나, 판례는 이를 인정하지 않고 있다.[21]

Ⅳ. 항고소송의 심리

1. 심리의 의의 및 기본원칙

(1) 심리의 의의 소송의 심리란 법원이 판결을 하기 위하여 그 기초가 되는 소송자료를 수집하는 과정, 즉 당사자가 사건에 관한 사실을 주장하고 증거를 제출하는 과정(변론)과 법원이 당사자가 제출한 증거를 조사해서 주장사실의 진부를 판정하는 과정(증거조사)을 말한다.

(2) 심리절차의 기본원칙 심리절차의 기본원칙으로는 당사자주의와 직권주의라는, 서로 대립하는 두 원칙이 있다. 민사소송은 몇 가지 예외를 제외하고는 당사자주의를 기본원칙으로 한다. 항고소송도 기본적으로 당사자주의를 원칙으로 한다. 그러나 소송의 대상인 처분등이나 부작위가 공익에도 영향을 미친다는 점을 고려하여, 민사소송에 비하여 직권주의가 상대적으로 강화되고 있다.

2. 심리의 범위

법원은 원고의 청구의 범위 안에서만 심리·판단할 수 있다(불고불리원칙). 따라서 예컨대 운전면허 취소처분과 그것을 전제로 한 개인택시 운송사업면허 취소처분을 함께 받은 자가 운전면허 취소처분의 취소만을 청구한 경우에, 법원은 운전면허 취소처분만을 취소할 수 있을 뿐, 개인택시 운송사업면허 취소처분을 아울러 취소할 수는 없다. 불고불리원칙은 행정소송법에 명문의 규정은 없으나, 당사자주의를 기본원칙으로 하는 행정소송법의 기본구조상 당연한 것으로 해석된다.

3. 심리절차

항고소송의 심리에 관하여도 처분권주의, 변론주의, 변론주의의 결함을 보완하기

21) 대결 1992.7.6., 92마54.

위한 법관의 석명권 및 석명의무(민사소송법 136조), 구술심리주의(동법 134조①), 직접심리주의(동법 204조), 공개심리주의(헌법 109조), 쌍방심리주의 등이 적용된다. 다만, 항고소송의 특성상 처분권주의가 일부 제한되고, 변론주의의 특례로서 직권탐지주의가 가미되며, 해석론상 주장책임과 입증책임의 문제가 논의의 대상이 된다.

(1) 직권심리주의의 가미　항고소송에 있어서도 심리절차의 기본원칙은 변론주의이다. 따라서 법원은 당사자가 주장하지 않은 사실을 판결의 기초로 삼을 수 없고, 당사자 간에 다툼이 있는 사실을 인정할 때에는 반드시 당사자가 제출한 증거에 의해야 한다. 그러나 행정소송법은 항고소송의 공익관련성을 고려하여 "법원은 필요하다고 인정할 때에는 직권으로 증거조사를 할 수 있고, 당사자가 주장하지 아니한 사실에 대하여도 판단할 수 있다"고 규정하고 있다(26조·38조). 즉, 보충적 직권증거조사와 함께 제한된 범위에서 변론주의의 특례로서 직권탐지를 인정하고 있는 것이다.

(2) 주장과 입증　변론주의 하에서 당사자는 자신에게 유리한 사실을 주장하고 그 사실을 입증할 책임이 있다. 특히 문제되는 것은 입증책임인바, 항고소송에서 처분등이나 부작위의 위법 여부에 대한 입증책임이 누구에게 있는지 하는 문제가 그것이다. 취소소송의 경우에 처분등의 위법 여부에 대한 1차적인 입증책임은 민사소송법상의 입증책임분배에 관한 일반원칙에 따라 피고인 행정청에 있다는 것이 통설과 판례의 입장이다.

Ⅴ. 항고소송의 판결

항고소송은 원고가 소를 취하하거나 원고가 사망 또는 해산하고 소송의 대상인 처분등이나 부작위에 관한 권리를 승계할 자가 없는 경우에도 종료된다(민사소송의 종료원인으로 인정되는 재판상 화해나 청구의 포기·인락은 항고소송에서는 허용되지 않는다는 것이 통설이다). 그러나 항고소송의 정상적인 종료원인은 판결이다.

1. 판결의 의의와 방식

(1) 의의　판결이란 소송사건에 대하여 법원이 원칙적으로 변론을 거쳐서 그에 대한 법적 판단을 선언하는 행위를 말한다.

(2) 방식　판결은 판결서를 작성하여 선고함으로써 성립된다. 판결서에는 당사자와 법정대리인, 주문, 청구의 취지 및 상소의 취지, 이유, 변론을 종결한 날짜

및 법원을 기재하고 판결한 법관이 서명날인하여야 하며, 이유에는 주문이 정당하다는 것을 인정할 수 있을 정도로 당사자의 주장과 그 밖의 공격·방어방법에 관한 판단을 표시한다(8조②, 민사소송법 208조①·②).

(3) 선고 및 송달　판결은 선고에 의하여 효력을 발생한다(8조②, 민사소송법 205조). 판결의 선고는 원칙적으로 변론이 종결된 날부터 2주 이내에 하여야 한다(8조②, 민사소송법 207조①). 판결이 선고되면 법원사무관등은 판결서를 받은 날부터 2주 이내에 당사자에게 그 정본을 송달하여야 한다(8조②, 민사소송법 210조).

2. 위법판단의 기준시

취소소송과 무효등확인소송의 경우에 처분등을 한 후에 판결이 있을 때까지는 상당한 시간이 경과하는 것이 보통이다. 따라서 어느 시점의 법령과 사실관계를 기준으로 처분등의 적법·위법을 판단하여야 하는가가 문제된다. 이에 관하여는 판결시설(사실심변론종결시설)과 처분시설이 있으나, 처분시설이 통설과 판례의 입장이다. 다만, 부작위위법확인소송의 경우에는 처분시라는 것이 없으므로 판결시를 기준으로 할 수밖에 없다.

3. 판결의 종류

항고소송의 판결은 내용에 따라 각하판결·기각판결·인용판결 및 사정판결로 구분된다.

(1) 각하판결　원고의 소 제기가 부적법함(소 제기의 요건 중 하나라도 결하였음)을 이유로 소를 각하하는 판결이다.

(2) 기각판결　청구가 이유 없는 경우에 원고의 청구를 배척하는 판결이다. 구체적으로는 취소소송의 경우에는 소송의 대상인 처분등이 적법한 경우(재량행위가 부당에 그치는 경우 포함)에 기각판결을 하게 되며, 무효등확인소송에 있어서는 원고가 주장하는 무효등의 사유가 없는 경우, 부작위위법확인소송에 있어서는 부작위의 성립을 인정할 수 없는 경우에 기각판결을 한다.

(3) 인용판결　원고의 청구가 이유 있는 경우에 청구를 인용하는 판결이다. 항고소송의 종류에 따라 다음과 같이 구분된다.

(가) 취소판결　취소소송에서 원고의 청구가 이유 있는 경우, 즉 처분등이 위법하다고 인정되는 경우에, 처분등을 취소 또는 변경하는 판결이다. 여기에서

변경이란 적극적 변경이 아니라 소극적 변경, 즉 일부취소만을 의미한다는 것이 통설과 판례의 입장이므로, 굳이 협의의 취소판결과 변경판결을 구별할 필요는 없다.

(나) 무효등확인판결　무효등확인소송에서 원고의 청구가 이유 있을 때 청구의 취지대로 처분등의 효력 유무 또는 존재 여부를 확인하는 판결이다. 청구의 취지에 따라 무효확인판결·유효확인판결·실효확인판결·부존재확인판결 및 존재확인판결로 구분된다.

(다) 부작위위법확인판결　부작위위법확인소송에서 원고의 청구가 이유 있을 때 부작위가 위법함을 확인하는 판결이다. 부작위가 위법함을 확인하는 데 그치고, 피고인 행정청에게 일정한 처분을 할 의무를 부과하는 판결은 아니다. 그러나 행정소송법은 부작위위법확인판결의 특별한 효력으로서 행정청의 처분의무를 규정하고 있어서, 실질적으로는 의무이행판결과 크게 다르지 않다.

(4) **사정판결**　(a) 항고소송 중에서도 취소소송에만 있는 판결의 종류로서, 처분등이 위법함에도 불구하고 보다 큰 공익을 위하여 처분등을 취소하지 않고 원고의 청구를 기각하는 판결이다(28조① 1문). 따라서 형식적으로는 기각판결의 일종이라고 할 수 있으나, 처분등의 위법에 관하여 기판력이 발생한다는 점에서 실질적으로는 인용판결에 가까운 효력도 있다. (b) 사정판결을 하기 위해서는 원고의 청구가 이유 있음(처분등이 위법함)에도 불구하고, 처분등을 취소하는 것이 현저히 공공복리에 적합하지 않아야 한다(28조① 1문). (c) 법원이 사정판결을 하려면 미리 원고가 그로 인하여 입게 될 손해의 정도와 배상방법 그 밖의 사정을 조사하여야 한다(28조②). (d) 사정판결을 하는 경우에는 주문에 그 처분등이 위법함을 명시하여야 한다(28조① 2문). 이로써 처분등의 위법에 관하여 기판력이 발생한다. (e) 사정판결을 하기 전에 원고는 피고인 행정청이 속하는 국가 또는 공공단체를 상대로 손해배상, 제해시설의 설치 그 밖에 적당한 구제방법의 청구를 당해 취소소송 등이 계속된 법원에 병합하여 제기할 수 있다(28조③). 원고는 사정판결이 확정되면 새로 소를 제기하여 국가배상 등의 구제를 청구할 수 있지만, 취소소송 종료 후 따로 소송을 제기하는 불편을 덜고 일거에 구제를 완결할 수 있도록 하기 위하여 계속 중인 취소소송절차에 대상적(代償的) 구제의 청구를 병합하여 제기할 수 있도록 한 것이다. (f) 사정판결도 원고에게 불리한 판결이므로 원고는 상소할 수 있다. 그러나 원고의 청구가 이유 있었던 경우이므로, 소송비용은 피고가 부담한다(32조).

4. 판결의 효력

판결은 일단 선고되면 법원 자신이 판결을 취소·변경할 수 없고(자박력[自縛力]), 당사자가 상소기간 내에 상소를 하지 않거나 상소를 포기하면 판결이 형식적으로 확정되어 더 이상 통상의 방법으로는 그 판결을 다툴 수 없게 된다(형식적 확정력). 판결이 확정되면 또한 그 내용에 따라 실질적 확정력(기판력)이 발생하고, 나아가 이행판결에는 집행력이, 형성판결에는 형성력이 발생한다. 이러한 효력은 항고소송의 판결에도 발생한다(다만, 항고소송의 판결에는 이행판결의 성질을 가진 것이 없으므로 집행력은 발생하지 않는다). 그 밖에 행정소송법은 항고소송판결의 특수한 효력으로서 기속력을 규정하고 있다. 여기에서는 기판력과 형성력 및 기속력만을 살펴본다.

1) 기판력

(1) 의의 및 내용　　기판력은 모든 확정판결에 발생하는 효력으로서, 판결의 내용이 당사자 및 법원에 대해서 기준이 되는 효력을 말한다. 기판력에 의하여 법원은 확정판결의 내용에 저촉되는 판단을 할 수 없으며, 특히 동일한 소송물에 대하여 다시 재판을 할 수 없다(일사부재리). 또한 당사자는 동일 소송물에 대하여 다시 소를 제기할 수 없고(재소 금지), 다른 소송물에 관한 소송에서도 확정판결의 내용과 모순되는 주장을 할 수 없다.

(2) 범위　　기판력이 누구에게, 그리고 어떤 사항에 미치는가의 문제이다.

(가) 주관적(인적) 범위　　기판력은 당사자 또는 당사자와 동일시할 수 있는 자에게만 미친다. '당사자와 동일시할 수 있는 자'란 변론종결 후에 소송물인 권리관계에 관한 지위를 승계한 자를 말하며(민사소송법 218조① 참조), 항고소송의 경우에는 피고인 행정청이 속하는 국가 또는 공공단체도 포함된다.

(나) 객관적(물적) 범위　　기판력은 판결 주문에 포함된 사항에만 발생한다(민사소송법 216조①). 그러나 주문에는 각 청구에 대한 법원의 판단의 결론만을 적으므로, 실제로 기판력이 미치는 범위를 파악하기 위해서는 청구의 취지와 판결의 이유를 참작하여야 한다.

(다) 시간적 범위　　기판력은 당해 사건의 사실심 변론종결시까지 발생한 사실에 대해서만 미친다. 따라서 그 후에 발생한 사실을 기초로 확정판결의 내용과 모순되는 주장이나 판단을 하는 것은 기판력에 위반되지 않는다.

2) 형성력

(1) 의의　취소판결이 확정되면 처분청이나 다른 기관의 별도의 취소행위가 필요 없이 판결 자체에 의하여 직접적으로 처분등이 소멸하는 효과가 발생한다. 이러한 효력을 형성력이라고 하며, 행정소송법에 명문의 규정은 없지만 취소소송의 성질과 제도적 목적에 비추어 당연히 인정되는 효력이다.

(2) 대세적 효력　형성력은 성질상 당연히 제삼자에도 미친다. 취소판결은 형성판결이므로 당연히 대세적 효력을 가진다(29조①). 그러나 행정소송법은 무효등 확인판결과 부작위위법확인판결에도 대세적 효력을 인정하고 있다(38조).

3) 기속력

(1) 협의의 기속력　항고소송의 인용판결이 확정되면 그 사건에 관하여 당사자인 행정청과 그 밖의 관계 행정청을 기속한다(30조·38조). 따라서 취소판결이나 무효확인판결이 확정되면 처분청과 관계 행정청은 그 처분등의 효력이 소멸된 사실 또는 무효인 사실을 부인할 수 없고, 그 처분등의 유효를 전제로 한 집행이나 후속절차의 진행을 할 수 없다. 또한 부작위위법확인판결이 확정되면 부작위가 성립되었고 위법하다는 사실을 부인할 수 없다. 이러한 효력을 기속력이라고 하며, 기판력과 비슷하지만 차이가 있는, 항고소송판결에 특유한 효력이다.

(2) 거부처분취소판결 등에 따른 재처분의무　거부처분에 대한 취소판결이나 무효확인판결·부존재확인판결이 확정되면 처분청은 판결의 취지에 따라 다시 이전의 신청에 대한 처분을 하여야 한다(30조②, 38조①). 이때 행정청이 다시 하여야 할 처분은, 그 처분이 기속행위인 경우에는 인용처분이다. 그러나 그 처분이 재량행위인 경우에는 행정청은 재량권을 하자 없이 행사하여 어떠한 처분이든 하기만 하면 된다. 다만, 재량권이 수축되어 신청을 인용하는 것만이 유일하게 타당한 행위로 인정되는 경우에는 인용처분을 하여야 한다.

(3) 절차의 위법을 이유로 한 취소판결 등에 따른 재처분의무　신청에 따른 처분, 즉 인용처분에 대하여 절차의 위법을 이유로 한 취소판결이나 무효확인판결·부존재확인판결이 확정된 경우에는 처분청은 판결의 취지에 따라 다시 이전의 신청에 대한 처분을 하여야 한다(30조③, 38조①). 여기에서 '절차의 위법'이란 사전통지·청문 등 좁은 의미의 절차뿐 아니라 권한과 형식의 위법을 포함하여 널리 실체법상의 위법에 대비되는 넓은 의미로 이해된다. 판결의 취지에 따른 재

처분은 절차의 위법을 시정하여 적법한 절차를 밟기만 하면 그 내용은 종전과 동일한 처분이어도 무방하다.

(4) 부작위위법확인판결에 따른 처분의무 부작위위법확인판결이 확정된 경우에도 행정청은 판결의 취지에 따라 이전의 신청에 대한 처분을 하여야 한다(38조②, 30조②). 판결의 취지는 신청에 대하여 아무런 처분을 하지 않는 것이 위법이라는 것이므로, 행정청은 신청에 대하여 가부간에 어떠한 처분이든 하기만 하면 되며, 반드시 인용처분을 하여야 하는 것은 아니다.

(5) 간접강제 거부처분에 대한 취소판결·무효등확인판결 또는 부작위위법확인판결이 확정되었으나 처분청이 그 취지에 따라 다시 이전의 신청에 대한 처분을 하지 않는 경우에, 제1심 수소법원은 당사자의 신청에 의하여 결정으로써 상당한 기간을 정하고 행정청이 그 기간 내에 이행하지 아니하는 때에는 그 지연기간에 따라 일정한 배상을 할 것을 명하거나 즉시 손해배상을 할 것을 명할 수 있다(34조①, 38조②).

5. 상 소

항고소송의 제1심판결에 대하여는 당사자는 민사소송법의 규정에 따라 항소를 할 수 있고, 제2심판결에 대하여는 상고를 할 수 있다(동법 390조 이하, 422조 이하 참조).

6. 재 심

(1) 항고소송의 판결에 대하여도 민사소송법 소정의 재심사유가 있는 경우에는 동법이 정한 절차에 따라 재심의 소를 제기할 수 있다(동법 451조 이하 참조).

(2) 그러나 행정소송법은 그 외에 제삼자의 재심청구의 제도를 규정하고 있다. 즉, 항고소송의 확정판결에 의하여 권리 또는 이익의 침해를 받은 제삼자는 자기에게 책임 없는 사유로 소송에 참가하지 못함으로써 판결의 결과에 영향을 미칠 공격 또는 방어방법을 제출하지 못한 때에는 이를 이유로 확정된 종국판결에 대하여 재심의 청구를 할 수 있다. 다만, 재심의 청구는 확정판결이 있음을 안 날로부터 30일 이내, 판결이 확정된 날로부터 1년 이내에 제기하여야 한다(31조·38조). 항고소송 판결의 대세적 효력에 의하여 자기에게 책임 없는 사유로 소송에 참가하지 못하여 불이익을 받는 제삼자를 보호하기 위한 제도이다.

부 록

경찰법
경찰관직무집행법
경찰공무원법

경찰법

[시행 2013.3.23] [법률 제11690호, 2013.3.23, 타법개정]

제 1 장 총 칙

제1조(목적) 이 법은 국가경찰의 민주적인 관리·운영과 효율적인 임무수행을 위하여 국가경찰의 기본조직 및 직무 범위와 그 밖에 필요한 사항을 규정함을 목적으로 한다. [전문개정 2011.5.30]

제2조(국가경찰의 조직) ① 치안에 관한 사무를 관장하게 하기 위하여 안전행정부장관 소속으로 경찰청을 둔다. <개정 2013.3.23>

② 경찰청의 사무를 지역적으로 분담하여 수행하게 하기 위하여 특별시장·광역시장 및 도지사(이하 "시·도지사"라 한다) 소속으로 지방경찰청을 두고, 지방경찰청장 소속으로 경찰서를 둔다. 이 경우 인구, 행정구역, 면적, 지리적 특성, 교통 및 그 밖의 조건을 고려하여 시·도지사 소속으로 2개의 지방경찰청을 둘 수 있다. <개정 2012.2.22> [전문개정 2011.5.30]

제3조(국가경찰의 임무) 국가경찰의 임무는 다음 각 호와 같다.

1. 국민의 생명·신체 및 재산의 보호
2. 범죄의 예방·진압 및 수사
3. 경비·요인경호 및 대간첩작전수행
4. 치안정보의 수집·작성 및 배포
5. 교통의 단속과 위해의 방지
6. 그 밖의 공공의 안녕과 질서유지 [전문개정 2011.8.4]

제4조(권한남용의 금지) 국가경찰은 그 직무를 수행할 때 헌법과 법률에 따라 국민의 자유와 권리를 존중하고, 국민 전체에 대한 봉사자로서 공정·중립을 지켜야 하며, 부여된 권한을 남용하여서는 아니 된다. [전문개정 2011.5.30]

제 2 장 경찰위원회

제5조(경찰위원회의 설치) ① 경찰행정에 관하여 제9조제1항 각 호의 사항을 심의·의결하기 위하여 안전행정부에 경찰위원회(이하 "위원회"라 한다)를 둔다. <개정 2013.3.23>

② 위원회는 위원장 1명을 포함한 7명의 위원으로 구성하되, 위원장 및 5명의 위원은 비상임(非常任)으로 하고, 1명의 위원은 상임(常任)으로 한다.

③ 제2항에 따른 위원 중 상임위원은 정무직으로 한다. [전문개정 2011.5.30]

제6조(위원의 임명 및 결격사유) ① 위원은 안전행정부장관의 제청으로 국무총리를 거쳐 대통령이 임명한다. <개정 2013.3.23>

② 안전행정부장관은 위원 임명을 제청할 때 국가경찰의 정치적 중립이 보장되도록 하여야 한다. <개정 2013.3.23>

③ 위원 중 2명은 법관의 자격이 있는 사람이어야 한다.

④ 다음 각 호의 어느 하나에 해당하는 사람은 위원이 될 수 없다.

1. 당적(黨籍)을 이탈한 날부터 3년이 지나지 아니한 사람
2. 선거에 의하여 취임하는 공직에서 퇴직한 날부터 3년이 지나지 아니한 사람
3. 경찰, 검찰, 국가정보원 직원 또는 군인의 직(職)에서 퇴직한 날부터 3년이 지나지 아니한 사람
4. 「국가공무원법」 제33조 각 호의 어느 하나에 해당하는 사람 [전문개정 2011.5.30]

제7조(위원의 임기 및 신분보장) ① 위원의 임기는 3년으로 하며, 연임(連任)할 수 없다. 이 경우 보궐위원의 임기는 전임자 임기의 남은 기간으로 한다.

② 위원은 정당에 가입하거나 제6조제4항제2호 또는 제3호의 직에 취임 또는 임용되거나 제4호에 해당하게 된 때에는 당연히 퇴직된다.

③ 위원은 중대한 신체상 또는 정신상의 장애로 직무를 수행할 수 없게 된 경우를 제외하고는 그 의사에 반하여 면직되지 아니한다. [전문개정 2011.5.30]

제8조(「국가공무원법」의 준용) 위원에 대하여는 「국가공무원법」 제60조 및 제65조를 준용한다. [전문개정 2011.5.30]

제9조(위원회의 심의·의결 사항) ① 다음 각 호의 사항은 위원회의 심의·의결을 거쳐야 한다. <개정 2013.3.23>

1. 국가경찰의 인사, 예산, 장비, 통신 등에 관한 주요정책 및 국가경찰 업무 발전에 관한 사항
2. 인권보호와 관련되는 국가경찰의 운영·개선에 관한 사항
3. 국가경찰 임무 외에 다른 국가기관으로부터의 업무협조 요청에 관한 사항
4. 제주특별자치도의 자치경찰에 대한 국가경찰의 지원·협조 및 협약체결의 조정 등에 관한 주요 정책사항
5. 그 밖에 안전행정부장관 및 경찰청장이 중요하다고 인정하여 위원회의 회의에 부친 사항

② 안전행정부장관은 제1항에 따라 심의·의결된 내용이 적정하지 아니하다고 판단할 때에는 재의(再議)를 요구할 수 있다. <개정 2013.3.23> [전문개정 2011.5.30]

제10조(위원회의 운영 등) ① 위원회의 사무는 경찰청에서 수행한다.

② 위원회의 회의는 재적위원 과반수의 출석과 출석위원 과반수의 찬성으로 의결한다.

③ 이 법에 규정된 것 외에 위원회의 운영 및 제9조제1항 각 호에 따른 심의·의결 사항의 구체적 범위, 재의 요구 등에 필요한 사항은 대통령령으로 정한다. [전문개정 2011.5.30]

제 3 장 경찰청

제11조(경찰청장) ① 경찰청에 경찰청장을 두며, 경찰청장은 치안총감(治安總監)으로 보한다. <개정 2011.5.30>

② 경찰청장은 경찰위원회의 동의를 받아 안전행정부장관의 제청으로 국무총리를 거쳐 대통령이 임명한다. 이 경우 국회의 인사청문을 거쳐야 한다. <개정 2011.5.30, 2013.3.23>

③ 경찰청장은 국가경찰에 관한 사무를 총괄하고 경찰청 업무를 관장하며 소속 공무원 및 각급 국가경찰기관의 장을 지휘·감독한다. <개정 2011.5.30>

④ 삭제 <2003.12.31>

⑤ 경찰청장의 임기는 2년으로 하고, 중임(重任)할 수 없다. <개정 2011.5.30>

⑥ 경찰청장이 직무를 집행하면서 헌법이나 법률을 위배하였을 때에는 국회는 탄핵 소추를 의결할 수 있다. <개정 2011.5.30> [제목개정 2011.5.30]

[2003.12.31 법률 제7035호에 의하여 1999.12.23 헌법재판소에서 위헌 결정된 이 조를 삭제함.]

제12조(차장) ① 경찰청에 차장을 두며, 차장은 치안정감(治安正監)으로 보한다.

② 차장은 경찰청장을 보좌하며, 경찰청장이 부득이한 사유로 직무를 수행할 수 없을 때에는 그 직무를 대행한다. [전문개정 2011.5.30]

제13조(하부조직) ① 경찰청의 하부조직은 국(局) 또는 부(部) 및 과(課)로 한다.

② 경찰청장·차장·국장 또는 부장 밑에 정책의 기획이나 계획의 입안(立案) 및 연구·조사를 통하여 그를 직접 보좌하는 담당관을 둘 수 있다.

③ 경찰청의 하부조직의 명칭 및 분장 사무와 공무원의 정원은 「정부조직법」 제2조제4항 및 제5항을 준용하여 대통령령 또는 안전행정부령으로 정한다. <개정 2013.3.23> [전문개정 2011.5.30]

제 4 장 지방경찰

제14조(지방경찰청장) ① 지방경찰청에 지방경찰청장을 두며, 지방경찰청장은 치안정감·치안감(治安監) 또는 경무관(警務官)으로 보한다.

② 지방경찰청장은 경찰청장의 지휘·감독을 받아 관할구역의 국가경찰사무를 관장하고 소속 공무원 및 소속 국가경찰기관의 장을 지휘·감독한다. [전문개정 2011.5.30]

제15조(차장) ① 지방경찰청에 차장을 둘 수 있다.

② 차장은 지방경찰청장을 보좌하여 소관 사무를 처리하고 지방경찰청장이 부득이한 사유로 직무를 수행할 수 없을 때에는 그 직무를 대행한다. [전문개정 2011.5.30]

제16조(치안행정협의회) ① 지방행정과 치안행정의 업무조정과 그 밖에 필요한 사항을 협의·조정하기 위하여 시·도지사(제주특별자치도지사는 제외한다) 소속으로 치안행정협의회를 둔다.

② 치안행정협의회의 조직·운영과 그 밖에 필요한 사항은 대통령령으로 정한다. [전문개정 2011.5.30]

제17조(경찰서장) ① 경찰서에 경찰서장을 두며, 경찰서장은 경무관, 총경(總警) 또는 경정(警正)으로 보한다. <개정 2012.2.22>

② 경찰서장은 지방경찰청장의 지휘·감독을 받아 관할구역의 소관 사무를 관장하고 소속 공무원을 지휘·감독한다.

③ 경찰서장 소속으로 지구대 또는 파출소를 두고, 그 설치기준은 치안수요·교통·지리 등 관할구역의 특성을 고려하여 안전행정부령으로 정한다. 다만, 필요한 경우에는 출장소를 둘 수 있다. <개정 2013.3.23> [전문개정 2011.5.30]

제18조(직제) 지방경찰청 및 경찰서의 명칭, 위치, 관할구역, 하부조직, 공무원의 정원, 그 밖에 필요한 사항은 「정부조직법」 제2조제4항 및 제5항을 준용하여 대통령령 또는 안전행정부령으로 정한다. <개정 2013.3.23> [전문개정 2011.5.30]

제 5 장 삭 제

제19조 삭제 <1996.8.8>

제20조 삭제 <1996.8.8>

제21조 삭제 <1996.8.8>

제22조 삭제 <1996.8.8>

제 6 장 국가경찰공무원

제23조(국가경찰공무원) ① 국가경찰공무원의 계급은 치안총감·치안정감·치안감·경무관·총경·경정·경감(警監)·경위(警衛)·경사(警査)·경장(警長)·순경(巡警)으로 한다.

② 국가경찰공무원의 임용·교육훈련·복무·신분보장 등에 관한 사항은 따로 법률로 정한다. [전문개정 2011.5.30]

제24조(직무수행) ① 국가경찰공무원은 상관의 지휘·감독을 받아 직무를 수행하고, 그 직무수행에 관하여 서로 협력하여야 한다.

② 국가경찰공무원은 구체적 사건수사와 관련된 제1항의 지휘·감독의 적법성 또는 정당성에 대하여 이견이 있을 때에는 이의를 제기할 수 있다.

③ 국가경찰공무원의 직무수행에 필요한 사항은 따로 법률로 정한다. [전문개정 2011.5.30]

제 7 장 비상사태 시의 특별조치

제25조(비상사태 시 자치경찰에 대한 지휘·명령) ① 경찰청장은 전시·사변, 천재지변, 그 밖에 이에 준하는 국가 비상사태, 대규모의 테러 또는 소요사태가 발생하였거나 발생할 우려가 있어 전국적인 치안유지를 위하여 긴급한 조치가 필요하다고 인정할 만한 충분한 사유가 있는 경우에는 제2항에 따라 제주특별자치도의 자치경찰공무원(이하 "자치경찰공무원"이라 한다)을 직접 지휘·명령할 수 있다. 다만, 제주특별자치도 지역 단위의 치안유지를 위하여 필요한 경우에는 제주특별자치도지방경찰청장이 지휘·명령할 수 있다.

② 경찰청장 또는 제주특별자치도지방경찰청장은 제1항에 따른 조치가 필요한 경우에는 미리 제주특별자치도지사에게 자치경찰공무원을 직접 지휘·명령하려는 사유 및

내용 등을 구체적으로 제시하여 통보하여야 한다. 이 경우 제주특별자치도지사는 정당한 사유가 없으면 즉시 소속 자치경찰공무원에게 경찰청장 또는 제주특별자치도지방경찰청장의 지휘·명령을 받을 것을 명하여야 한다.

③ 경찰청장 또는 제주특별자치도지방경찰청장이 제1항에 따라 지휘·명령권을 인수한 경우에는 경찰청장은 경찰위원회에 즉시 보고하여야 하고, 제주특별자치도지방경찰청장은 「제주특별자치도 설치 및 국제자유도시 조성을 위한 특별법」 제113조에 따른 관할 치안행정위원회에 즉시 통보하여야 한다.

④ 제3항에 따라 자치경찰공무원에 대한 지휘·명령권자가 변동된 사실을 보고받은 경찰위원회는 제1항에 규정된 사유에 해당되지 아니한다고 인정하면 그 지휘·명령권을 반환할 것을 의결할 수 있으며, 같은 사실을 통보받은 치안행정위원회는 제1항에 규정된 사유에 해당되지 아니한다고 인정하면 경찰청장 또는 제주특별자치도지방경찰청장에게 그 지휘·명령권의 반환을 건의할 수 있다.

⑤ 경찰청장 또는 제주특별자치도지방경찰청장은 제1항에 따라 경찰청장 또는 제주특별자치도지방경찰청장이 자치경찰공무원을 지휘·명령할 수 있는 사유가 해소된 때에는 자치경찰공무원에 대한 지휘·명령권을 즉시 제주특별자치도지사에게 반환하여야 한다.

⑥ 제1항 및 제2항에 따라 제주특별자치도의 자치경찰공무원이 경찰청장 또는 제주특별자치도지방경찰청장의 지휘·명령을 받는 경우 그 지휘·명령의 범위에서는 국가경찰공무원으로 본다. [전문개정 2011.5.30]

부 칙 <제11690호, 2013.3.23> (정부조직법)

제1조(시행일) ① 이 법은 공포한 날부터 시행한다.

② 생략

제2조부터 제5조까지 생략

제6조(다른 법률의 개정) ①부터 <220>까지 생략

<221> 경찰법 일부를 다음과 같이 개정한다.

제2조제1항, 제6조제1항·제2항, 제9조제1항제5호, 같은 조 제2항 및 제11조제2항 전단 중 "행정안전부장관"을 각각 "안전행정부장관"으로 한다.

제5조제1항 중 "행정안전부"를 "안전행정부"로 한다.

제13조제3항, 제17조제3항 본문 및 제18조 중 "행정안전부령"을 각각 "안전행정부령"으로 한다.

<222>부터 <710>까지 생략

제7조 생략

경찰관직무집행법

[시행 2014.4.6] [법률 제11736호, 2013.4.5, 일부개정]

제1조(목적) ① 이 법은 국민의 자유와 권리의 보호 및 사회공공의 질서유지를 위한 경찰관(국가경찰공무원에 한한다. 이하 같다)의 직무수행에 필요한 사항을 규정함을 목적으로 한다. <개정 2006.2.21>

② 이 법에 규정된 경찰관의 직권은 그 직무수행에 필요한 최소한도 내에서 행사되어야 하며 이를 남용하여서는 아니된다.

제2조(직무의 범위) 경찰관은 다음 각호의 직무를 행한다. <개정 2011.8.4>

1. 국민의 생명·신체 및 재산의 보호
2. 범죄의 예방·진압 및 수사
3. 경비·요인경호 및 대간첩작전수행
4. 치안정보의 수집·작성 및 배포
5. 교통의 단속과 위해의 방지
6. 기타 공공의 안녕과 질서유지

제3조(불심검문) ① 경찰관은 수상한 거동 기타 주위의 사정을 합리적으로 판단하여 어떠한 죄를 범하였거나 범하려 하고 있다고 의심할 만한 상당한 이유가 있는 자 또는 이미 행하여진 범죄나 행하여지려고 하는 범죄행위에 관하여 그 사실을 안다고 인정되는 자를 정지시켜 질문할 수 있다.

② 그 장소에서 제1항의 질문을 하는 것이 당해인에게 불리하거나 교통의 방해가 된다고 인정되는 때에는 질문하기 위하여 부근의 경찰서·지구대·파출소 또는 출장소(이하 "경찰관서"라 하되, 지방해양경찰관서를 포함한다)에 동행할 것을 요구할 수 있다. 이 경우 당해인은 경찰관의 동행요구를 거절할 수 있다. <개정 1988.12.31, 1996.8.8, 2004.12.23>

③ 경찰관은 제1항에 규정된 자에 대하여 질문을 할 때에 흉기의 소지여부를 조사할 수 있다.

④ 제1항 또는 제2항의 규정에 의하여 질문하거나 동행을 요구할 경우 경찰관은 당해인에게 자신의 신분을 표시하는 증표를 제시하면서 소속과 성명을 밝히고 그 목적과 이유를 설명하여야 하며, 동행의 경우에는 동행장소를 밝혀야 한다. <개정 1991.3.8>

⑤ 제2항의 규정에 의하여 동행을 한 경우 경찰관은 당해인의 가족 또는 친지등에게 동행한 경찰관의 신분, 동행장소, 동행목적과 이유를 고지하거나 본인으로 하여금 즉시 연락할 수 있는 기회를 부여하여야 하며, 변호인의 조력을 받을 권리가 있음을 고지하여야 한다. <신설 1988.12.31>

⑥ 제2항의 규정에 의하여 동행을 한 경우 경찰관은 당해인을 6시간을 초과하여 경찰

관서에 머물게 할 수 없다. <신설 1988.12.31, 1991.3.8>

⑦ 제1항 내지 제3항의 경우에 당해인은 형사소송에 관한 법률에 의하지 아니하고는 신체를 구속당하지 아니하며, 그 의사에 반하여 답변을 강요당하지 아니한다. <신설 1988.12.31>

제4조(보호조치 등) ① 경찰관은 수상한 거동 기타 주위의 사정을 합리적으로 판단하여 다음 각호의 1에 해당함이 명백하며 응급의 구호를 요한다고 믿을 만한 상당한 이유가 있는 자를 발견한 때에는 보건의료기관 또는 공공구호기관에 긴급구호를 요청하거나 경찰관서에 보호하는 등 적당한 조치를 할 수 있다. <개정 1988.12.31>

1. 정신착란 또는 술취한 상태로 인하여 자기 또는 타인의 생명·신체와 재산에 위해를 미칠 우려가 있는 자와 자살을 기도하는 자
2. 미아·병자·부상자 등으로서 적당한 보호자가 없으며 응급의 구호를 요한다고 인정되는 자. 다만, 당해인이 이를 거절하는 경우에는 예외로 한다.

② 제1항의 긴급구호요청을 받은 보건의료기관이나 공공구호기관은 정당한 이유 없이 긴급구호를 거절할 수 없다.

③ 제1항의 경우에 피구호자가 휴대하고 있는 무기·흉기 등 위험을 야기할 수 있는 것으로 인정되는 물건은 경찰관서에 임시영치할 수 있다.

④ 경찰관이 제1항의 조치를 한 때에는 지체 없이 이를 피구호자의 가족·친지 기타의 연고자에게 그 사실을 통지하여야 하며, 연고자가 발견되지 아니할 때에는 피보호자를 적당한 공중보건의료기관이나 공공구호기관에 즉시 인계하여야 한다.

⑤ 경찰관은 제4항의 규정에 의하여 피구호자를 공중보건의료기관 또는 공공구호기관에 인계한 때에는 즉시 그 사실을 소속 경찰서장 또는 지방해양경찰관서의 장에게 보고하여야 한다. <신설 1988.12.31, 1996.8.8>

⑥ 제5항의 보고를 받은 소속 경찰서장 또는 지방해양경찰관서의 장은 대통령령이 정하는 바에 의하여 피구호자를 인계한 사실을 지체 없이 당해 공중보건의료기관·공공구호기관의 장 및 그 감독행정청에 통보하여야 한다. <신설 1988.12.31, 1996.8.8>

⑦ 제1항의 규정에 의한 경찰관서에서의 보호는 24시간을, 제3항의 임시영치는 10일을 초과할 수 없다. <개정 1988.12.31>

제5조(위험발생의 방지) ① 경찰관은 인명 또는 신체에 위해를 미치거나 재산에 중대한 손해를 끼칠 우려가 있는 천재, 사변, 공작물의 손괴, 교통사고, 위험물의 폭발, 광견·분마류 등의 출현, 극단한 혼잡 기타 위험한 사태가 있을 때에는 다음의 조치를 할 수 있다.

1. 그 장소에 집합한 자, 사물의 관리자 기타 관계인에게 필요한 경고를 발하는 것
2. 특히 긴급을 요할 때에는 위해를 받을 우려가 있는 자를 필요한 한도 내에서 억류하거나 피난시키는 것
3. 그 장소에 있는 자, 사물의 관리자 기타 관계인에게 위해방지상 필요하다고 인정되는 조치를 하게 하거나 스스로 그 조치를 하는 것

② 경찰관서의 장은 대간첩작전수행 또는 소요사태의 진압을 위하여 필요하다고 인정되는 상당한 이유가 있을 때에는 대간첩작전지역 또는 경찰관서·무기고등 국가중요시설에 대한 접근 또는 통행을 제한하거나 금지할 수 있다.

③ 경찰관이 제1항의 조치를 한 때에는 지체없이 이를 소속경찰관서의 장에게 보고하여야 한다.

④ 제2항의 조치를 하거나 제3항의 보고를 받은 경찰관서의 장은 관계기관의 협조를 구하는 등 적당한 조치를 하여야 한다.

제6조(범죄의 예방과 제지) ① 경찰관은 범죄행위가 목전에 행하여지려고 하고 있다고 인정될 때에는 이를 예방하기 위하여 관계인에게 필요한 경고를 발하고, 그 행위로 인하여 인명·신체에 위해를 미치거나 재산에 중대한 손해를 끼칠 우려가 있어 긴급을 요하는 경우에는 그 행위를 제지할 수 있다.

② 삭제 <1988.12.31>

제7조(위험방지를 위한 출입) ① 경찰관은 제5조제1항·제2항 및 제6조제1항에 규정한 위험한 사태가 발생하여 인명·신체 또는 재산에 대한 위해가 절박한 때에 그 위해를 방지하거나 피해자를 구조하기 위하여 부득이 하다고 인정할 때에는 합리적으로 판단하여 필요한 한도 내에서 타인의 토지·건물 또는 선차 내에 출입할 수 있다.

② 흥행장·여관·음식점·역 기타 다수인이 출입하는 장소의 관리자 또는 이에 준하는 관계인은 그 영업 또는 공개시간 내에 경찰관이 범죄의 예방 또는 인명·신체와 재산에 대한 위해예방을 목적으로 그 장소에 출입할 것을 요구한 때에는 정당한 이유없이 이를 거절할 수 없다.

③ 경찰관은 대간첩작전수행에 필요한 때에는 작전지역 안에 있어서의 제2항에 규정된 장소 안을 검색할 수 있다.

④ 제1항 내지 제3항의 규정에 의하여 경찰관이 필요한 장소에 출입할 때에는 그 신분을 표시하는 증표를 제시하여야 하며, 함부로 관계인의 정당한 업무를 방해하여서는 아니 된다.

제8조(사실의 확인 등) ① 경찰관서의 장은 직무수행에 필요하다고 인정되는 상당한 이유가 있을 때에는 국가기관 또는 공사단체 등에 대하여 직무수행에 관련된 사실을 조회할 수 있다. 다만, 긴급을 요할 때에는 소속경찰관으로 하여금 현장에 출장하여 당해 기관 또는 단체의 장의 협조를 얻어 그 사실을 확인하게 할 수 있다.

② 경찰관은 미아를 인수할 보호자의 여부, 유실물을 인수할 권리자의 여부 또는 사고로 인한 사상자를 확인하기 위하거나 행정처분을 위한 교통사고조사상의 사실을 확인하기 위하여 필요한 때에는 관계인에게 출석을 요하는 사유·일시 및 장소를 명확히 한 출석요구서에 의하여 경찰관서에 출석할 것을 요구할 수 있다.

제9조(유치장) 경찰서 및 지방해양경찰관서에 법률이 정한 절차에 따라 체포·구속되거나 신체의 자유를 제한하는 판결 또는 처분을 받은 자를 수용하기 위하여 유치장을 둔다. <개정 1996.8.8, 1999.5.24>

제10조(경찰장비의 사용 등) ① 경찰관은 직무수행 중 경찰장비를 사용할 수 있다. 다만, 인명 또는 신체에 위해를 가할 수 있는 경찰장비에 대하여는 필요한 안전교육과 안전검사를 실시하여야 한다.

② 제1항의 "경찰장비"라 함은 무기, 경찰장구, 최루제 및 그 발사장치, 감식기구, 해안감시기구, 통신기기, 차량·선박·항공기 등 경찰의 직무수행을 위하여 필요한 장치와 기구를 말한다.

③ 경찰장비를 임의로 개조하거나 임의의 장비를 부착하여 통상의 용법과 달리 사용함으로써 타인의 생명·신체에 위해를 주어서는 아니된다.

④ 제1항 단서의 경찰장비의 종류 및 그 사용기준, 안전교육·안전검사의 기준 등에 대하여는 대통령령으로 정한다. [본조신설 1999.5.24]

제10조의2(경찰장구의 사용) ① 경찰관은 현행범인인 경우와 사형·무기 또는 장기 3년 이상의 징역이나 금고에 해당하는 죄를 범한 범인의 체포·도주의 방지, 자기 또는 타인의 생명·신체에 대한 방호, 공무집행에 대한 항거의 억제를 위하여 필요하다고 인정되는 상당한 이유가 있을 때에는 그 사태를 합리적으로 판단하여 필요한 한도 내에서 경찰장구를 사용할 수 있다. <개정 1991.3.8, 1999.5.24>

② 제1항의 "경찰장구"라 함은 경찰관이 휴대하여 범인검거와 범죄진압 등 직무수행에 사용하는 수갑·포승·경찰봉·방패 등을 말한다. <신설 1999.5.24> [제목개정 1999.5.24]

제10조의3(분사기 등의 사용) ① 경찰관은 범인의 체포·도주의 방지 또는 불법집회·시위로 인하여 자기 또는 타인의 생명·신체와 재산 및 공공시설안전에 대한 현저한 위해의 발생을 억제하기 위하여 부득이한 경우 현장책임자의 판단으로 필요한 최소한의 범위 안에서 분사기(총포·도검·화약류 등 단속법의 규정에 의한 분사기와 최루 등의 작용제) 또는 최루탄을 사용할 수 있다. <개정 1999.5.24>

② 삭제 <1999.5.24> [본조신설 1989.6.16] [제목개정 1999.5.24]

제10조의4(무기의 사용) ① 경찰관은 범인의 체포·도주의 방지, 자기 또는 타인의 생명·신체에 대한 방호, 공무집행에 대한 항거의 억제를 위하여 필요하다고 인정되는 상당한 이유가 있을 때에는 그 사태를 합리적으로 판단하여 필요한 한도 내에서 무기를 사용할 수 있다. 다만, 형법에 규정한 정당방위와 긴급피난에 해당하는 때 또는 다음 각호의 1에 해당하는 때를 제외하고는 사람에게 위해를 주어서는 아니 된다. <개정 1988.12.31, 1999.5.24>

1. 사형·무기 또는 장기 3년 이상의 징역이나 금고에 해당하는 죄를 범하거나 범하였다고 의심할 만한 충분한 이유가 있는 자가 경찰관의 직무집행에 대하여 항거하거나 도주하려고 할 때 또는 제삼자가 그를 도주시키려고 경찰관에게 항거할 때에 이를 방지 또는 체포하기 위하여 무기를 사용하지 아니하고는 다른 수단이 없다고 인정되는 상당한 이유가 있을 때
2. 체포·구속영장과 압수·수색영장을 집행할 때에 본인이 경찰관의 직무집행에 대하여 항거하거나 도주하려고 할 때 또는 제삼자가 그를 도주시키려고 경찰관에게 항거할 때 이를 방지 또는 체포하기 위하여 무기를 사용하지 아니하고는 다른 수단이 없다고 인정되는 상당한 이유가 있을 때
3. 범인 또는 소요행위자가 무기·흉기 등 위험한 물건을 소지하고 경찰관으로부터 3회 이상의 투기명령 또는 투항명령을 받고도 이에 불응하면서 계속 항거하여 이를 방지 또는 체포하기 위하여 무기를 사용하지 아니하고는 다른 수단이 없다고 인정되는 상당한 이유가 있을 때
4. 대간첩작전수행에 있어 무장간첩이 경찰관의 투항명령을 받고도 이에 불응하는 경우

② 제1항의 "무기"라 함은 인명 또는 신체에 위해를 가할 수 있도록 제작된 권총·소총·도검 등을 말한다. <신설 1999.5.24>

③ 대간첩·대테러작전 등 국가안전에 관련되는 작전을 수행할 때에는 개인화기외에 공용화기를 사용할 수 있다. <신설 1999.5.24>

제11조(사용등록의 보관) 제10조의3의 규정에 의한 분사기나 최루탄 또는 제10조의4의 규정에 의한 무기를 사용하는 경우 그 책임자는 사용일시·사용장소·사용대상·현장책임자·종류·수량 등을 기록하여 보관하여야 한다. [본조신설 1999.5.24]

제11조의2(손실보상) ① 국가는 경찰관의 적법한 직무집행으로 인하여 다음 각 호의 어느 하나에 해당하는 손실을 입은 자에 대하여 정당한 보상을 하여야 한다.

1. 손실발생의 원인에 대하여 책임이 없는 자가 재산상의 손실을 입은 경우(손실발생의 원인에 대하여 책임이 없는 자가 경찰관의 직무집행에 자발적으로 협조하거나 물건을 제공하여 재산상의 손실을 입은 경우를 포함한다)
2. 손실발생의 원인에 대하여 책임이 있는 자가 자신의 책임에 상응하는 정도를 초과하는 재산상의 손실을 입은 경우

② 제1항에 따른 보상을 청구할 수 있는 권리는 손실이 있음을 안 날부터 3년, 손실이 발생한 날부터 5년간 행사하지 아니하면 시효의 완성으로 소멸한다.

③ 제1항에 따른 손실보상신청 사건을 심의하기 위하여 손실보상심의위원회를 둔다.

④ 제1항에 따른 손실보상의 기준, 보상금액, 지급절차 및 방법, 손실보상심의위원회의 구성 및 운영, 그 밖에 필요한 사항은 대통령령으로 정한다. [본조신설 2013.4.5]

제12조(벌칙) 이 법에 규정된 경찰관의 의무에 위반하거나 직권을 남용하여 다른 사람에게 해를 끼친 자는 1년 이하의 징역이나 금고에 처한다. [전문개정 1988.12.31]

제13조(시행령) 이 법 시행에 관하여 필요한 사항은 대통령령으로 정한다.

부 칙 <제11736호, 2013.4.5>

이 법은 공포 후 1년이 경과한 날부터 시행한다.

경찰공무원법

[시행 2013.3.23] [법률 제11690호, 2013.3.23, 타법개정]

제1조(목적) 이 법은 국가경찰공무원의 책임 및 직무의 중요성과 신분 및 근무 조건의 특수성에 비추어 그 임용, 교육훈련, 복무(服務), 신분보장 등에 관하여 「국가공무원법」에 대한 특례를 규정함을 목적으로 한다. [전문개정 2011.5.30]

제1조의2(정의) 이 법에서 사용하는 용어의 정의는 다음과 같다.

1. "임용"이란 신규채용 · 승진 · 전보 · 파견 · 휴직 · 직위해제 · 정직 · 강등 · 복직 · 면직 · 해임 및 파면을 말한다.
2. "전보"란 경찰공무원의 동일 직위 및 자격 내에서의 근무기관이나 부서를 달리하는 임용을 말한다.
3. "복직"이란 휴직 · 직위해제 또는 정직(강등에 따른 정직을 포함한다) 중에 있는 경찰공무원을 직위에 복귀시키는 것을 말한다. [본조신설 2010.3.22]

제2조(계급 구분) 국가경찰공무원(이하 "경찰공무원"이라 한다)의 계급은 다음과 같이 구분한다.

치안총감(治安總監)
치안정감(治安正監)
치안감(治安監)
경무관(警務官)
총경(總警)
경정(警正)
경감(警監)
경위(警衛)
경사(警査)
경장(警長)
순경(巡警) [전문개정 2011.5.30]

제3조(경과 구분) ① 경찰공무원은 그 직무의 종류에 따라 경과(警科)에 의하여 구분할 수 있다.

② 경과의 구분에 필요한 사항은 대통령령으로 정한다. [전문개정 2011.5.30]

제4조(경찰공무원인사위원회의 설치) ① 경찰공무원의 인사(人事)에 관한 중요 사항에 대하여 경찰청장 또는 해양경찰청장의 자문에 응하게 하기 위하여 경찰청과 해양경찰청에 경찰공무원인사위원회(이하 "인사위원회"라 한다)를 둔다.

② 인사위원회의 구성 및 운영에 필요한 사항은 대통령령으로 정한다. [전문개정 2011.5.30]

제5조(인사위원회의 기능) 인사위원회는 다음 각 호의 사항을 심의한다.

1. 경찰공무원의 인사행정에 관한 방침과 기준 및 기본계획
2. 경찰공무원의 인사에 관한 법령의 제정·개정 또는 폐지에 관한 사항
3. 그 밖에 경찰청장 또는 해양경찰청장이 인사위원회의 회의에 부치는 사항 [전문개정 2011.5.30]

제6조(임용권자) ① 총경 이상의 경찰공무원은 경찰청장 또는 해양경찰청장의 추천을 받아 안전행정부장관 또는 해양수산부장관의 제청으로 국무총리를 거쳐 대통령이 임용한다. 다만, 해양경찰청장은 해양수산부장관의 제청으로 국무총리를 거쳐 대통령이 임명하고, 총경의 전보, 휴직, 직위해제, 강등, 정직 및 복직은 경찰청장 또는 해양경찰청장이 한다. <개정 2013.3.23>

② 경정 이하의 경찰공무원은 경찰청장 또는 해양경찰청장이 임용한다. 다만, 경정으로의 신규채용, 승진임용 및 면직은 경찰청장 또는 해양경찰청장의 제청으로 국무총리를 거쳐 대통령이 한다.

③ 경찰청장 또는 해양경찰청장은 대통령령으로 정하는 바에 따라 경찰공무원의 임용에 관한 권한의 일부를 소속 기관의 장, 지방경찰청장 또는 지방해양경찰관서의 장에게 위임할 수 있다.

④ 경찰청장, 해양경찰청장 또는 제3항에 따라 임용권을 위임받은 자는 안전행정부령 또는 해양수산부령으로 정하는 바에 따라 소속 경찰공무원의 인사기록을 작성·보관하여야 한다. <개정 2013.3.23> [전문개정 2011.5.30]

제7조(임용자격 및 결격사유) ① 경찰공무원은 신체 및 사상이 건전하고 품행이 방정(方正)한 사람 중에서 임용한다.

② 다음 각 호의 어느 하나에 해당하는 사람은 경찰공무원으로 임용될 수 없다.

1. 대한민국 국적을 가지지 아니한 사람
2. 「국적법」 제11조의2제1항에 따른 복수국적자
3. 금치산자 또는 한정치산자
4. 파산선고를 받고 복권되지 아니한 사람
5. 자격정지 이상의 형(刑)을 선고받은 사람
6. 자격정지 이상의 형의 선고유예를 선고받고 그 유예기간 중에 있는 사람
7. 징계에 의하여 파면 또는 해임처분을 받은 사람 [전문개정 2011.5.30]

제8조(신규채용) ① 경정 및 순경의 신규채용은 공개경쟁시험으로 한다.

② 경위의 신규채용은 경찰대학을 졸업한 사람 및 대통령령으로 정하는 자격을 갖추고 공개경쟁시험으로 선발된 사람(이하 "경찰간부후보생"이라 한다)으로서 교육훈련을 마치고 정하여진 시험에 합격한 사람 중에서 한다.

③ 다음 각 호의 어느 하나에 해당하는 경우에는 특별채용시험으로 경찰공무원을 신규채용(이하 "특별채용"이라 한다)할 수 있다.

1. 퇴직한 경찰공무원을 퇴직한 날부터 2년 이내에 퇴직 시에 재직하였던 계급의 경찰공무원으로 재임용하는 경우
2. 공개경쟁시험으로 임용하는 것이 부적당한 경우에 임용예정 직무에 관련된 자격증 소지자를 임용하는 경우
3. 임용예정직에 상응하는 근무실적 또는 연구실적이 있거나 전문지식을 가진 사

람을 임용하는 경우

4. 「국가공무원법」에 따른 5급 공무원의 공개경쟁채용시험이나 「사법시험법」에 따른 사법시험에 합격한 사람을 경정 이하의 경찰공무원으로 임용하는 경우
5. 「국가공무원법」 제85조에 따라 재학 중에 장학금을 받고 졸업한 사람을 임용하는 경우
6. 섬, 외딴곳 등 특수지역에서 근무할 사람을 임용하는 경우
7. 외국어에 능통한 사람을 임용하는 경우
8. 제주특별자치도의 자치경찰공무원(이하 "자치경찰공무원"이라 한다)을 그 계급에 상응하는 경찰공무원으로 임용하는 경우

④ 제3항에 따른 특별채용을 할 때에는 동일한 사유에 해당하는 여러 사람을 제한경쟁의 방법으로 채용할 수 있다.

⑤ 제2항에 따른 경찰간부후보생의 교육훈련, 제3항에 따라 특별채용할 수 있는 경찰공무원의 계급, 임용예정직에 관련된 자격증의 구분, 근무실적 또는 연구실적, 전보제한 등에 관한 사항은 대통령령으로 정한다. [전문개정 2011.5.30]

제8조의2(부정행위자에 대한 제재) 경찰청장 또는 해양경찰청장은 경찰공무원의 채용시험 또는 경찰간부후보생 공개경쟁선발시험에서 부정행위를 한 응시자에 대하여는 해당 시험을 정지 또는 무효로 하고, 그 처분이 있은 날부터 5년간 시험응시자격을 정지한다. [본조신설 2011.5.30]

제9조(채용후보자 명부 등) ① 경찰청장 또는 해양경찰청장(제6조제3항에 따라 임용권을 위임받은 자를 포함한다)은 신규채용시험에 합격한 사람(경찰대학을 졸업한 사람과 경찰간부후보생을 포함한다)을 대통령령으로 정하는 바에 따라 성적 순위에 따라 채용후보자 명부에 등재(登載)하여야 한다.

② 경찰공무원의 신규채용은 제1항에 따른 채용후보자 명부의 등재 순위에 따른다. 다만, 채용후보자가 경찰교육기관에서 신임교육을 받은 경우에는 그 교육성적 순위에 따른다.

③ 제1항에 따른 채용후보자 명부의 유효기간은 2년의 범위에서 대통령령으로 정한다. 다만, 경찰청장 또는 해양경찰청장은 필요에 따라 1년의 범위에서 그 기간을 연장할 수 있다.

④ 경찰청장 또는 해양경찰청장은 채용후보자 명부의 유효기간을 연장하기로 결정한 경우에는 그 사실을 공고하여야 한다.

⑤ 제1항에 따른 채용후보자 명부의 작성 및 운영에 필요한 사항은 대통령령으로 정한다.

⑥ 임용권자는 경찰공무원의 결원을 보충할 때 채용후보자 명부 또는 승진후보자 명부에 등재된 후보자 수가 결원 수보다 적고, 인사행정 운영상 특히 필요하다고 인정할 때에는 그 결원된 계급에 관하여 다른 임용권자가 작성한 자치경찰공무원의 신규임용후보자 명부 또는 승진후보자 명부를 해당 기관의 채용후보자 명부 또는 승진후보자 명부로 보아 해당 자치경찰공무원을 임용할 수 있다. 이 경우 임용권자는 그 자치경찰공무원의 임용권자와 협의하여야 한다. [전문개정 2011.5.30]

제10조(시보임용) ① 경정 이하의 경찰공무원을 신규채용할 때에는 1년간 시보(試補)로 임

용하고, 그 기간이 만료된 다음 날에 정규 경찰공무원으로 임용한다.

② 휴직기간, 직위해제기간 및 징계에 의한 정직처분 또는 감봉처분을 받은 기간은 제1항에 따른 시보임용기간에 산입하지 아니한다.

③ 시보임용기간 중에 있는 경찰공무원이 근무성적 또는 교육훈련성적이 불량할 때에는 「국가공무원법」 제68조 및 이 법 제22조에도 불구하고 면직시키거나 면직을 제청할 수 있다.

④ 다음 각 호의 어느 하나에 해당하는 경우에는 시보임용을 거치지 아니한다.

1. 경찰대학을 졸업한 사람 또는 경찰간부후보생으로서 정하여진 교육을 마친 사람을 경위로 임용하는 경우
2. 경찰공무원으로서 대통령령으로 정하는 상위계급으로의 승진에 필요한 자격 요건을 갖추고 임용예정 계급에 상응하는 공개경쟁 채용시험에 합격한 사람을 해당 계급의 경찰공무원으로 임용하는 경우
3. 퇴직한 경찰공무원으로서 퇴직 시에 재직하였던 계급의 채용시험에 합격한 사람을 재임용하는 경우
4. 자치경찰공무원을 그 계급에 상응하는 경찰공무원으로 임용하는 경우 [전문개정 2011.5.30]

제10조의2(경찰공무원과 자치경찰공무원 간의 인사 교류) ① 경찰청장은 경찰공무원의 능력을 발전시키고 국가경찰과 자치경찰 사무의 연계성을 높이기 위하여 국가경찰과 자치경찰 간에 긴밀한 인사 교류가 될 수 있도록 노력하여야 한다.

② 제8조제3항제8호에 따라 자치경찰공무원을 경찰공무원으로 채용할 때에는 특별채용시험을 거치지 아니할 수 있다. [전문개정 2011.5.30]

제11조(승진) ① 경찰공무원은 바로 아래 하위계급에 있는 경찰공무원 중에서 근무성적평정, 경력평정, 그 밖의 능력을 실증(實證)하여 승진임용한다. <개정 2011.5.30>

② 경무관 이하 계급으로의 승진은 승진심사에 의하여 한다. 다만, 경정 이하 계급으로의 승진은 대통령령으로 정하는 비율에 따라 승진시험과 승진심사를 병행할 수 있다. <개정 2011.5.30>

③ 삭제 <1994.12.22>

④ 총경 이하의 경찰공무원에 대하여는 대통령령으로 정하는 바에 따라 계급별로 승진대상자 명부를 작성하여야 한다. <개정 2011.5.30>

⑤ 경찰공무원의 승진에 필요한 계급별 최저근무연수, 승진 제한에 관한 사항, 그 밖에 승진에 관하여 필요한 사항은 대통령령으로 정한다. <개정 2011.5.30> [제목개정 2011.5.30]

제11조의2(근속승진) ① 경찰청장 또는 해양경찰청장은 제11조제2항에도 불구하고 해당 계급에서 다음 각 호의 기간 동안 재직한 사람을 경장, 경사, 경위, 경감으로 각각 근속승진임용 할 수 있다.

1. 순경을 경장으로 근속승진임용하려는 경우: 해당 계급에서 5년 이상 근속자
2. 경장을 경사로 근속승진임용하려는 경우: 해당 계급에서 6년 이상 근속자
3. 경사를 경위로 근속승진임용하려는 경우: 해당 계급에서 7년 6개월 이상 근속자
4. 경위를 경감으로 근속승진임용하려는 경우: 해당 계급에서 12년 이상 근속자

② 제1항에 따라 근속승진한 경찰공무원이 근무하는 기간에는 그에 해당하는 직급의 정원이 따로 있는 것으로 보고, 종전 직급의 정원은 감축된 것으로 본다.

③ 제1항에 따른 근속승진임용의 기준, 절차 등에 관하여 필요한 사항은 대통령령으로 정한다. [전문개정 2011.8.4]

제12조(승진심사위원회) ① 제11조제2항에 따른 승진심사를 하기 위하여 경찰청과 해양경찰청에 중앙승진심사위원회를 두고, 경찰청·해양경찰청·지방경찰청과 대통령령으로 정하는 경찰기관 및 지방해양경찰관서에 보통승진심사위원회를 둔다.

② 제1항에 따라 설치된 승진심사위원회는 제11조제4항에 따라 작성된 승진대상자 명부의 선순위자(제11조제2항 단서에 따른 승진시험에 합격된 승진후보자는 제외한다) 순으로 승진시키려는 결원의 5배수의 범위에 있는 사람 중에서 승진후보자를 심사·선발한다.

③ 승진심사위원회의 구성·관할 및 운영에 필요한 사항은 대통령령으로 정한다. [전문개정 2011.5.30]

제13조(승진후보자 명부 등) ① 경찰청장 또는 해양경찰청장(제6조제3항에 따라 임용권을 위임받은 자를 포함한다)은 제11조제2항 및 제3항에 따른 승진시험에 합격한 사람과 제12조제2항에 따라 승진후보자로 선발된 사람을 대통령령으로 정하는 바에 따라 승진후보자 명부에 등재하여야 한다.

② 경무관 이하 계급으로의 승진은 제1항에 따른 승진후보자 명부의 등재 순위에 따른다.

③ 승진후보자 명부의 유효기간과 작성 및 운영에 관하여는 제9조를 준용한다. [전문개정 2011.5.30]

제14조(특별유공자 등의 특별승진) ① 경찰공무원으로서 다음 각 호의 어느 하나에 해당되는 사람에 대하여는 제11조에도 불구하고 1계급 특별승진시킬 수 있다. 다만, 경위 이하의 경찰공무원으로서 모든 경찰공무원의 귀감이 되는 공을 세우고 전사하거나 순직한 사람에 대하여는 2계급 특별승진시킬 수 있다.

1. 「국가공무원법」 제40조의4제1항제1호부터 제4호까지의 규정 중 어느 하나에 해당되는 사람
2. 전사하거나 순직한 사람
3. 직무 수행 중 현저한 공적을 세운 사람

② 특별승진의 요건과 그 밖에 필요한 사항은 대통령령으로 정한다. [전문개정 2011.5.30]

제15조(시험실시기관 및 응시자격 등) ① 경찰공무원의 신규채용시험 및 승진시험과 경찰간부후보생 선발시험은 경찰청장 또는 해양경찰청장이 실시한다. 다만, 경찰청장 또는 해양경찰청장이 필요하다고 인정할 때에는 대통령령으로 정하는 바에 따라 그 권한의 일부를 소속 기관의 장, 지방경찰청장 또는 지방해양경찰관서의 장에게 위임할 수 있다.

② 제1항에 따른 각종 시험의 응시자격, 시험방법, 그 밖에 시험의 실시에 필요한 사항은 대통령령으로 정한다. [전문개정 2011.5.30]

제16조(보훈) 경찰공무원으로서 전투나 그 밖의 직무 수행 또는 교육훈련 중 사망한 사람(공무상 질병으로 사망한 사람을 포함한다) 및 부상(공무상의 질병을 포함한다)을 입고

퇴직한 사람과 그 유족 또는 가족은 「국가유공자 등 예우 및 지원에 관한 법률」에서 정하는 바에 따라 예우를 받는다. [전문개정 2011.5.30]

제17조(교육훈련) ① 경찰청장 또는 해양경찰청장은 모든 경찰공무원에게 균등한 교육훈련의 기회가 주어지도록 교육훈련에 관한 종합적인 기획 및 조정을 하여야 한다.

② 경찰청장 또는 해양경찰청장은 경찰공무원의 교육훈련을 위한 교육훈련기관을 설치·운영할 수 있다.

③ 경찰청장 또는 해양경찰청장은 교육훈련을 위하여 필요하면 대통령령으로 정하는 바에 따라 경찰공무원을 국내외의 교육기관에 위탁하여 일정 기간 교육훈련을 받게 할 수 있다.

④ 제2항에 따른 경찰공무원 교육훈련기관의 설치 및 운영에 필요한 사항과 제3항에 따라 교육훈련을 받은 경찰공무원의 복무에 관한 사항은 대통령령으로 정한다. [전문개정 2011.5.30]

제18조(거짓 보고 등의 금지) ① 경찰공무원은 직무에 관하여 거짓으로 보고나 통보를 하여서는 아니 된다.

② 경찰공무원은 직무를 게을리하거나 유기(遺棄)해서는 아니 된다. [전문개정 2011.5.30]

제19조(지휘권 남용 등의 금지) 전시·사변, 그 밖에 이에 준하는 비상사태이거나 작전수행 중인 경우 또는 많은 인명 손상이나 국가재산 손실의 우려가 있는 위급한 사태가 발생한 경우, 경찰공무원을 지휘·감독하는 사람은 정당한 사유 없이 그 직무 수행을 거부 또는 유기하거나 경찰공무원을 지정된 근무지에서 진출·퇴각 또는 이탈하게 하여서는 아니 된다. [전문개정 2011.5.30]

제20조(복제 및 무기 휴대) ① 경찰공무원은 제복을 착용하여야 한다.

② 경찰공무원은 직무 수행을 위하여 필요하면 무기를 휴대할 수 있다.

③ 경찰공무원의 복제(服制)에 관한 사항은 안전행정부령 또는 해양수산부령으로 정한다. <개정 2013.3.23> [전문개정 2011.5.30]

제21조(당연퇴직) 경찰공무원이 제7조제2항 각 호의 어느 하나에 해당하게 된 경우에는 당연히 퇴직한다. 다만, 같은 항 제6호에 해당하게 된 경우에는 그러하지 아니하다. [전문개정 2011.5.30]

제22조(직권면직) ① 임용권자는 경찰공무원이 다음 각 호의 어느 하나에 해당될 때에는 직권으로 면직시킬 수 있다.

1. 「국가공무원법」 제70조제1항제3호부터 제5호까지의 규정 중 어느 하나에 해당될 때
2. 경찰공무원으로는 부적합할 정도로 직무 수행능력이나 성실성이 현저하게 결여된 사람으로서 대통령령으로 정하는 사유에 해당된다고 인정될 때
3. 직무를 수행하는 데에 위험을 일으킬 우려가 있을 정도의 성격적 또는 도덕적 결함이 있는 사람으로서 대통령령으로 정하는 사유에 해당된다고 인정될 때
4. 해당 경과에서 직무를 수행하는 데 필요한 자격증의 효력이 상실되거나 면허가 취소되어 담당 직무를 수행할 수 없게 되었을 때

② 제1항제2호·제3호 또는 「국가공무원법」 제70조제1항제5호의 사유로 면직시키는 경

우에는 제26조에 따른 징계위원회의 동의를 받아야 한다.

③ 「국가공무원법」 제70조제1항제4호의 사유로 인한 직권면직일은 휴직기간의 만료일이나 휴직 사유의 소멸일로 한다. [전문개정 2011.5.30]

제23조(실종된 경찰공무원의 휴직기간 등) ① 「국가공무원법」 제71조제1항제4호의 사유로 인한 경찰공무원의 휴직기간은 같은 법 제72조제3호에도 불구하고 법원의 실종선고를 받는 날까지로 한다.

② 제1항에 따른 휴직자가 있는 경우에는 그 휴직자의 계급에 해당하는 정원이 따로 있는 것으로 보고, 결원을 보충할 수 있다. [전문개정 2011.5.30]

제24조(정년) ① 경찰공무원의 정년은 다음과 같다.

1. 연령정년: 60세
2. 계급정년
   치안감: 4년
   경무관: 6년
   총경: 11년
   경정: 14년

② 징계로 인하여 강등(경감으로 강등된 경우를 포함한다)된 경찰공무원의 계급정년은 제1항제2호에도 불구하고 다음 각 호에 따른다.

1. 강등된 계급의 계급정년은 강등되기 전 계급 중 가장 높은 계급의 계급정년으로 한다.
2. 계급정년을 산정할 때에는 강등되기 전 계급의 근무연수와 강등 이후의 근무연수를 합산한다.

③ 수사, 정보, 외사(外事), 보안 등 특수 부문에 근무하는 경찰공무원으로서 대통령령으로 정하는 바에 따라 지정을 받은 사람은 총경 및 경정의 경우에는 3년의 범위에서 대통령령으로 정하는 바에 따라 제1항제2호에 따른 계급정년을 연장할 수 있다.

④ 경찰청장 또는 해양경찰청장은 전시·사변이나 그 밖에 이에 준하는 비상사태에서는 2년의 범위에서 제1항제2호에 따른 계급정년을 연장할 수 있다. 이 경우 경무관 이상의 경찰공무원에 대하여는 안전행정부장관 또는 해양수산부장관과 국무총리를 거쳐 대통령의 승인을 받아야 하고, 총경·경정의 경찰공무원에 대하여는 국무총리를 거쳐 대통령의 승인을 받아야 한다. <개정 2013.3.23>

⑤ 경찰공무원은 그 정년이 된 날이 1월에서 6월 사이에 있으면 6월 30일에 당연퇴직하고, 7월에서 12월 사이에 있으면 12월 31일에 당연퇴직한다.

⑥ 제1항제2호에 따른 계급정년을 산정할 때 자치경찰공무원으로 근무한 경력이 있는 경찰공무원의 경우에는 그 계급에 상응하는 자치경찰공무원으로 근무한 연수(年數)를 산입한다. [전문개정 2011.5.30]

제25조(고충심사위원회) ① 경찰공무원의 인사상담 및 고충을 심사하기 위하여 경찰청, 해양경찰청, 지방경찰청, 대통령령으로 정하는 경찰기관 및 지방해양경찰관서에 경찰공무원 고충심사위원회를 둔다.

② 경찰공무원 고충심사위원회의 심사를 거친 재심청구와 경정 이상의 경찰공무원의 인사상담 및 고충심사는 「국가공무원법」에 따라 설치된 중앙고충심사위원회에서

한다.

③ 경찰공무원 고충심사위원회의 구성, 심사 절차 및 운영에 필요한 사항은 대통령령으로 정한다. [전문개정 2011.5.30]

제26조(징계위원회) ① 경무관 이상의 경찰공무원에 대한 징계의결은 「국가공무원법」에 따라 국무총리 소속으로 설치된 징계위원회에서 한다.

② 총경 이하의 경찰공무원에 대한 징계의결을 하기 위하여 대통령령으로 정하는 경찰기관 및 해양경찰관서에 경찰공무원 징계위원회를 둔다.

③ 경찰공무원 징계위원회의 구성·관할·운영, 징계의결의 요구 절차, 그 밖에 필요한 사항은 대통령령으로 정한다. [전문개정 2011.5.30]

제27조(징계의 절차) 경찰공무원의 징계는 징계위원회의 의결을 거쳐 징계위원회가 설치된 소속 기관의 장이 하되, 「국가공무원법」에 따라 국무총리 소속으로 설치된 징계위원회에서 의결한 징계는 경찰청장 또는 해양경찰청장이 한다. 다만, 파면·해임·강등 및 정직은 징계위원회의 의결을 거쳐 해당 경찰공무원의 임용권자가 하되, 경무관 이상의 강등 및 정직과 경정 이상의 파면 및 해임은 경찰청장 또는 해양경찰청장의 제청으로 안전행정부장관 또는 해양수산부장관과 국무총리를 거쳐 대통령이 하고, 총경 및 경정의 강등 및 정직은 경찰청장 또는 해양경찰청장이 한다. <개정 2013.3.23> [전문개정 2011.5.30]

제28조(행정소송의 피고) 징계처분, 휴직처분, 면직처분, 그 밖에 의사에 반하는 불리한 처분에 대한 행정소송의 경우에는 경찰청장 또는 해양경찰청장을 피고로 한다. 다만, 제6조제3항에 따라 임용권을 위임한 경우에는 그 위임을 받은 자를 피고로 한다. [전문개정 2011.5.30]

제29조(경찰간부후보생의 보수 등) 교육 중인 경찰간부후보생에게는 대통령령으로 정하는 바에 따라 보수와 그 밖의 실비(實費)를 지급한다. [전문개정 2011.5.30]

제30조(「국가공무원법」과의 관계) ① 경찰공무원에 대하여는 「국가공무원법」 제73조의4, 제76조제2항부터 제5항까지의 규정을 적용하지 아니하며, 치안총감과 치안정감에 대하여는 「국가공무원법」 제68조 본문을 적용하지 아니한다.

② 「국가공무원법」을 경찰공무원에게 적용할 때에는 다음 각 호에 따른다. <개정 2013.3.23>

1. 「국가공무원법」 제32조의5 및 제43조 중 "직급"은 "계급"으로 본다.
2. 「국가공무원법」 제42조제2항, 제85조제1항 및 제2항 중 "안전행정부장관"은 "경찰청장 또는 해양경찰청장"으로 본다.
3. 「국가공무원법」 제67조, 제68조, 제78조제1항제1호 및 제2항, 제80조제7항 및 제8항 중 "이 법"은 "이 법 및 「국가공무원법」"으로 본다.
4. 「국가공무원법」 제71조제2항제3호 중 "중앙인사관장기관의 장"은 "경찰청장 또는 해양경찰청장"으로 본다. [전문개정 2011.5.30]

제31조(벌칙) ① 경찰공무원으로서 전시·사변, 그 밖에 이에 준하는 비상사태이거나 작전 수행 중인 경우에 제18조제2항 또는 제19조, 「국가공무원법」 제58조제1항을 위반한 사람은 3년 이상의 징역이나 금고에 처하며, 제18조제1항, 「국가공무원법」 제57조를 위반한 사람은 7년 이하의 징역이나 금고에 처한다.

② 제1항의 경우 외에 집단 살상의 위급 사태가 발생한 경우에 제18조 또는 제19조, 「국가공무원법」 제57조 및 제58조제1항을 위반한 사람은 7년 이하의 징역이나 금고에 처한다.

③ 경찰공무원으로서 「국가공무원법」 제44조 또는 제45조를 위반한 사람은 1년 이하의 징역 또는 100만원 이하의 벌금에 처하고, 같은 법 제65조 또는 제66조를 위반한 사람은 2년 이하의 징역 또는 200만원 이하의 벌금에 처한다. [전문개정 2011. 5.30]

부 칙 <제11690호, 2013.3.23> (정부조직법)

제1조(시행일) ① 이 법은 공포한 날부터 시행한다.

② 생략

제2조부터 제5조까지 생략

제6조(다른 법률의 개정) ①부터 <218>까지 생략

<219> 경찰공무원법 일부를 다음과 같이 개정한다.

제6조제1항 본문, 제24조제4항 후단 및 제27조 단서 중 "행정안전부장관 또는 국토해양부장관"을 각각 "안전행정부장관 또는 해양수산부장관"으로 한다.

제6조제1항 단서 중 "국토해양부장관"을 "해양수산부장관"으로 한다.

제6조제4항 및 제20조제3항 중 "행정안전부령 또는 국토해양부령"을 각각 "안전행정부령 또는 해양수산부령"으로 한다.

제30조제2항제2호 중 "행정안전부장관"을 "안전행정부장관"으로 한다.

<220>부터 <710>까지 생략

제7조 생략

찾 아 보 기

≪ ㅊ ≫

최 영 규(崔靈圭)

〈약 력〉

서울대학교 법과대학 법학과, 동 대학원 법학과 졸업(법학박사)
한국공법학회 부회장(2002.7~2003.6),
한국행정법학회 부회장(2010.7~2012.6),
(사)행정법이론실무학회 이사장(2007.9~2010.8) 역임
경남대학교 법정대학 법학과 교수

〈저서 및 논문〉

시민생활과 법(공저, 박영사, 초판 1989, 제3전정판 2004)
한국의 공법학자들-생애와 사상-(공저, 한국공법학회, 2003)
지방자치법 주해(공저, 박영사, 2004)
행정법총론(경남대학교 출판부, 초판 2011)

제4판 경찰행정법

2013년 8월 25일 제4판 인쇄
2013년 8월 31일 제4판 발행

저 자 최 영 규
발행인 고 준 영
발행처 法 英 社

저자와의 협의 하에 인지첩부를 생략함

135-835 서울시 강남구 대치동 611
전화 (501)8898(대) Fax (501)8895
등록 1987. 5. 11. 제3-125호(윤)
Homepage : www.bubyoungsa.co.kr
E-mail : bypuco@chol.com

※ 파본은 교환해 드립니다. **정가 27,000원**

ISBN 978-89-7032-289-6